E. S. Varga
Ausgewählte Schriften 1918—1964

Dritter Band:
Der Kapitalismus nach dem zweiten Weltkrieg

Herausgegeben vom

Institut für Internationale Politik und Wirtschaft der DDR, Berlin

Wissenschaftliche Bearbeitung: Prof. Dr. habil. Horst Heininger
Prof. Dr. habil. Lutz Maier

E. S. Varga

Ausgewählte Schriften 1918—1964

Dritter Band:
Der Kapitalismus nach dem zweiten Weltkrieg

Zweite, durchgesehene Auflage
mit erweiterter Bibliographie

Akademie-Verlag · Berlin
1982

Diesem Band liegen folgende Quellen zugrunde:

Е. С. Варга
Избранные произведения.
Капитализм после второй мировой войны,
Москва 1974, издательство „Наука"

Е. Варга
Капитализм двадцатого века,
Москва 1961, „Госполитиздат"

E. Varga
Der Kapitalismus des zwanzigsten Jahrhunderts,
Berlin 1962,
Verlag Die Wirtschaft

Е. Варга
Очерки по проблемам политэкономии капитализма,
Москва 1964, Издательство политической литературы

E. Varga
Über die asiatische Produktionsweise
In: Jahrbuch für Wirtschaftsgeschichte, Berlin 1967, Teil IV

Aus der russischen in die deutsche Sprache übertragen von:
Gerhard Möchel (Der Kapitalismus des zwanzigsten Jahrhunderts)
Dr. Paul Freiberg (Beiträge zu Problemen der politischen Ökonomie des Kapitalismus, 1.—11. Beitrag)
Rainer Sämisch (Beiträge zu Problemen der politischen Ökonomie des Kapitalismus, 12.—16. Beitrag)

Die Bibliographie der Veröffentlichungen Eugen Vargas wurde erarbeitet von *Rainer Sämisch.*

Inhalt des dritten Bandes

Anhang

Inhalt des ersten Bandes

DRITTER TEIL

Inhalt des zweiten Bandes

Erster Teil

Der Kapitalismus des zwanzigsten Jahrhunderts*

* E. Varga, Kapitalizm dvadcatogo veka, Moskva 1961, „Gospolitizdat"

Vorwort

Die vorliegende Arbeit ist keine Geschichte des Kapitalismus. Sie zu schreiben würde den Rahmen dieser gedrängten Darstellung sprengen. Dem Leser soll vielmehr gezeigt werden, welche hauptsächlichen Wandlungen der Kapitalismus in den sechzig Jahren seit Beginn unseres Jahrhunderts durchgemacht hat, Wandlungen, die freilich nicht an seine Grundlagen rühren. Diese bleiben unverändert, trotz allem Gerede der Apologeten, der rechten Sozialdemokraten und der heutigen Revisionisten, die von einem gewissen neuen Kapitalismus faseln, der sich angeblich vom Kapitalismus des 19. Jahrhunderts wie Tag und Nacht unterscheiden soll. An den Bewegungsgesetzen des Kapitalismus hat sich nichts geändert. Wie ehedem muß in den kapitalistischen Ländern das Proletariat seine Arbeitskraft verkaufen, wenn es existieren will. Wie ehedem dingt die Bourgeoisie die Arbeiter, um sich den Mehrwert anzueignen, den diese schaffen. Wie ehedem ist der Profit die Triebkraft des Kapitalismus, ohne ihn gibt es keine kapitalistische Produktion. Wie ehedem ist die Großbourgeoisie die herrschende Klasse. Jene Veränderungen, die in der Wirtschaft des Kapitalismus vor sich gegangen sind, seitdem dieser in sein letztes Stadium, den Imperialismus, eingetreten ist, haben die ihm eigenen antagonistischen Widersprüche nur vergrößert und verschärft. Das Wirken der ökonomischen Gesetze des Kapitalismus unter den neuen geschichtlichen Bedingungen zeugt davon, daß es mit ihm zu Ende geht und er einer neuen, fortschrittlicheren Ordnung weichen muß. Wie wenig der Kapitalismus unserer Tage dem Kapitalismus vom Anfang des 20. Jahrhunderts auch äußerlich ähnlich sieht, im Grunde genommen ist er derselbe mit allen seinen tiefgreifenden Widersprüchen, die innerhalb der ihm gezogenen Grenzen unlösbar sind.

Wie Marx lehrt, ist der Kapitalismus eine historisch vergängliche Gesellschaftsordnung, die auf Grund der ihr innewohnenden Gesetze unvermeidlich dem Untergang entgegentreibt, indem sie die revolutionären Kräfte für ihre Ablösung durch den Sozialismus hervorbringt. Was Marx vor hundert Jahren genial vorausschauend erkannte, ist heute keine bloße wissenschaftliche Vorhersicht mehr, sondern reale Wirklichkeit. Neben dem absterbenden Kapitalismus erhebt sich die aufblühende und aufstrebende Welt des Sozialismus. Dieser Umstand übt auf die Wirtschaft, die Innen- und Außenpolitik sowie die Ideologie des Kapitalismus sehr großen Einfluß aus und führt uns noch deutlicher vor Augen, wie morsch das verfallende kapitalistische System ist und wie sehr es durch eine höhere Organisation der menschlichen Gesellschaft, durch den Kommunismus, ersetzt werden muß.

Schon heute ist nicht mehr wie einst der Kapitalismus die Hauptkraft, die den Lauf der geschichtlichen Entwicklung der Gesellschaft prägt. Heute hat sich die Lage von Grund auf geändert. Der Hauptinhalt, die Hauptrichtung und die Hauptmerkmale der Entwicklung der menschlichen Gesellschaft werden jetzt von dem inzwischen entstandenen und erstarkten sozialistischen Weltsystem sowie von den Kräften bestimmt, die gegen den Imperialismus, für die sozialistische Umgestaltung der Gesellschaft kämpfen.

*

Der Ausgangspunkt unserer Analyse und unseres Vergleichs der kapitalistischen Wirtschaft, das Jahr 1900, stellt weder wirtschaftlich noch politisch eine Zäsur dar und hebt sich von den vorangegangenen und nachfolgenden Jahren nicht sonderlich ab.

Die statistischen Angaben im Text sollen die Ausführungen lediglich veranschaulichen. Wir haben sie der Einfachheit halber abgerundet, zumal ihre Genauigkeit ohnehin nicht hoch ist. (In den Naturwissenschaften ist es längst üblich, sich bei Berechnungen nach dem Genauigkeitsgrad des Meßapparates zu richten, der zur Ermittlung der Ausgangsgrößen dient.) Die Zahlenangaben sind den offiziellen Quellen der jeweiligen Jahre entnommen. Spätere amtliche Veröffentlichungen weichen häufig etwas von den früheren Daten ab, was jedoch für unsere Zwecke ohne Belang ist. Um die Darstellung nicht zu überladen und den Leser nicht zu ermüden, haben wir bei den Zahlen, die allgemein bekannten amtlichen Publikationen entstammen, auf eine Quellenangabe in der Regel verzichtet.

Kapitel I
Der Kapitalismus zu Beginn des zwanzigsten Jahrhunderts

Anfang des 20. Jahrhunderts wußten die Menschen von der Welt weniger als heute, und sie erschien ihnen größer. Weite Gebiete der Erde — ganz Zentralafrika und Mittelamerika, das westliche China sowie die Arktis und Antarktis — lagen noch in ziemliches Dunkel gehüllt und waren bis dahin kaum von eines Menschen Fuß betreten worden. Die Erde war damals nur halb so stark bevölkert wie heute. Die verschiedenen Teile der Welt schienen weiter auseinandergerückt, denn die Kunde vom Leben und Treiben in anderen Ländern verbreitete sich nur langsam, und das Reisen kostete sehr viel Zeit. Heutzutage kann man die Strecke Moskau—New York in zehn Stunden zurücklegen, während man damals zwölf und mehr Tage benötigte. Ein gewisser Oberstleutnant Serebrennikov von der zaristischen Armee, der nach Bombay abkommandiert worden war, brach am 6. November 1901 von Taschkent auf, begab sich an Bord eines englischen Dampfers und traf am 8. Dezember, also volle 33 Tage später, an seinem Bestimmungsort Brindisi ein. Jetzt kann man diese Entfernung mit dem Flugzeug an einem Tag zurücklegen. Die Beschwerlichkeit des Reisens wirkte sich auf die Methoden der Außenpolitik lähmend aus. Staatsoberhäupter oder Minister einzelner Staaten trafen sich nur sehr selten: Zwischen den Begegnungen lagen oft viele Jahre. Die Diplomatie arbeitete schwerfällig.

Die Menschen lebten zu jener Zeit einfacher als heute. Viele Gegenstände, die aus dem Bild unseres Alltags nicht mehr fortzudenken sind, wie Rundfunk- und Fernsehgeräte, Kühlschränke, Omnibusse, Flugzeuge usw., waren um die Jahrhundertwende eine große Rarität oder noch nicht einmal dem Namen nach bekannt. Die weitaus meisten Menschen wohnten und lebten bis an ihr Lebensende in dem Orte, in dem sie zur Welt kamen.

Der Kapitalismus befand sich bereits im Stadium des Imperialismus und herrschte über die ganze Welt. Die Produktivkräfte waren jedoch im Vergleich zum gegenwärtigen Stand erheblich schwächer entwickelt. Die überwiegende Mehrheit der Bevölkerung besaß geringe berufliche Fertigkeiten und konnte weder lesen noch schreiben. Infektionskrankheiten und eine sehr hohe Kindersterblichkeit drückten die mittlere Lebenserwartung stark herab.

Haupterwerbsquelle der Bevölkerung waren der Ackerbau und die Viehwirtschaft. Selbst in den hochentwickelten kapitalistischen Ländern (ausgenommen England) arbeiteten in der Landwirtschaft ebenso viele Menschen wie in der Industrie. So hielt sich in Deutschland im Jahre 1895 die Beschäftigtenzahl in beiden Wirtschaftszweigen mit je 8,3 Mio die Waage; hinzu kamen noch 1,4 Mio, die die Landwirtschaft als Nebenerwerb betrieben. In den USA waren im Jahre 1900 in der Landwirtschaft insgesamt 9,6 Mio Menschen tätig, gegenüber 7,6 Mio im Bergbau und in der verarbeitenden Industrie. Im zaristischen Rußland befaßte sich die Bevölkerung zum größten Teil mit der Landwirtschaft.

Der Boden wurde vornehmlich mit dem Hakenpflug bearbeitet, geerntet wurde hauptsächlich mit Sense und Sichel, während der Drusch von Hand oder mit Hilfe von Zugtieren erfolgte. Anfang des 20. Jahrhunderts waren Stahlpflüge lediglich in Europa und in den USA weit verbreitet. Selbst in den Vereinigten Staaten, die als erste Maschinen in der Landwirtschaft einsetzten, entfielen im Jahre 1900 vom landwirtschaftlichen Gesamtvermögen, das auf 20,4 Mrd. Dollar geschätzt wurde, nur 750000 Dollar auf Maschinen und

Gerätschaften. Auf den Feldern waren damals weder Schlepper noch Lastkraftwagen noch Mähdrescher anzutreffen.

Die Industrie war technisch sehr viel weniger entwickelt als heute. Die Fabriken und Werkhallen boten in bezug auf ihre technische Ausrüstung das gleiche Bild, wie es Marx im „Kapital beschrieb: Dampfkessel, Transmissionsriemen und Arbeitsmaschinen. Die Elektrizität begann eben erst in den Bereich der Produktion einzudringen. Sie wurde fast ausschließlich für Beleuchtungszwecke verwendet (vgl. Tabelle 1).

Tabelle 1

Antriebsenergiestruktur der amerikanischen Industrie Ende 1899 (in Mio PS)

Dampfkraft	Verbrennungskraft-maschinen	Wasserkraft	Elektro-motoren	Gesamtverbrauch an mechanischer Energie
8,19	0,13	1,45	0,50	10,2

Quelle

Technological Trends and National Policy. Report of the Subcommittee on Technology to the National Resources Committee, Washington 1937, S. 251.

Unsere Angaben beziehen sich vorzugsweise auf die USA, weil nur dort regelmäßig Industriezählungen durchgeführt wurden.

Auf einen Industriearbeiter entfielen 2,1 PS und weniger als 2000 Dollar Kapital. (In den anderen Ländern lagen die Größen offensichtlich noch niedriger.) Die Maschinen leisteten natürlich mehr als zu Marx' Lebzeiten, aber weder die sogenannte wissenschaftliche Betriebsführung (scientific management) noch das Fließband waren erfunden.

In der USA-Industrie zählte man auf 100 Beschäftigte in der Produktion nur sechs Angestellte. Obwohl die Monopole in dieser Zeit schon die Vormachtstellung innehatten, leiteten viele Kapitalisten ihre Unternehmen selbst.

Den Verkehr zu Lande bewältigten Dampflokomotiven und Pferdefuhrwerke. In den USA verbrauchten die Eisenbahnen dreimal soviel Energie wie die Industrie. Automobile gab es praktisch nur in den USA. Im Jahre 1900 wurden dort rund 8000 Stück gezählt. In Großbritannien war es bis 1906 gesetzlich vorgeschrieben, daß vor jedem Kraftfahrzeug ein Mann mit einer roten Flagge geht, um die Passanten zu warnen. Auf den Meeren fuhren fast ebenso viele Segler wie Dampfschiffe, doch waren diese den Segelschiffen der Tonnage und vor allem der Transportleistung nach bereits erheblich überlegen.

Noch recht einfach mutete, verglichen mit unserer Zeit, die Kriegstechnik an, die sich seit den napoleonischen Kriegen kaum wesentlich gewandelt hatte: die gleiche mit Gewehren bewaffnete Infanterie (das Maxim-Maschinengewehr gab es zwar schon, allerdings nur vereinzelt), die gleiche Kavallerie und die gleiche bespannte Artillerie. Gewiß, Gewehre und Geschütze waren inzwischen vervollkommnet worden, aber neuartige Waffen sah man nirgends. Viel von sich reden machten damals das rauchlose Pulver und der Feldfernsprecher, die als Neuerung galten. Weder motorisierte Fahrzeuge noch Panzer noch Flugzeuge gehörten zur Ausrüstung der Armeen. Noch 1910 erklärte der britische Kriegsminister vor dem Parlament: „Wir glauben, daß es möglich sein wird, Flugzeuge in gewissem Grade für Kriegszwecke einzusetzen."[1]

1 J. Jewkes, D. Sawers, R. Stillman, The Sources of Invention, London 1958, S. 231.

Die Deutschen begannen Kriegszeppeline zu bauen, die leichter als Luft waren, im übrigen aber längst nicht hielten, was man sich von ihnen versprochen hatte. Lediglich die Kriegsflotte war auf einem beträchtlich höheren Stand angelangt als vor hundert Jahren. Unterseeboote wurden jedoch noch nicht eingesetzt.

Anfang unseres Jahrhunderts machte die Industrieerzeugung der Welt rund die Hälfte des Produktionsvolumens von 1925 und ein Sechstel des Ausstoßes von 1957 aus (vgl. Tabelle 2).

Tabelle 2
Indizes der kapitalistischen Industrieproduktion* (1901—1913 = 100)

	1860	1870	1880	1890	1900
Index	17	23	31	52	73
Zuwachs in jedem Jahrzehnt (in %)	—	35	35	68	40

* *Berechnet* auf der Grundlage des Index der Weltindustrieproduktion nach R. Wagenführ in: Vierteljahreshefte zur Konjunkturforschung, Sonderheft 31, Berlin 1933, sowie auf der Grundlage der UNO-Statistik.

Obwohl die vorstehenden Angaben nicht sehr genau sind, vermitteln sie doch einen Eindruck von der Entwicklung der Produktion bis 1900. Der rasche Zuwachs der industriellen Erzeugung war zum Teil darauf zurückzuführen, daß die bäuerliche Wirtschaft in den kapitalistischen Markt einbezogen und das Handwerk in Massen vernichtet wurde. Hinzu kommt die Ausweitung des kapitalistischen Weltmarktes, die mit der Umwandlung vieler Gebiete in Kolonien zusammenhing.

Die Stahlerzeugung der Welt bezifferte sich im Jahre 1901 auf 31 Mio t, das sind annähernd 15 kg pro Kopf der Bevölkerung. In den führenden imperialistischen Ländern betrug die Pro-Kopf-Produktion im Durchschnitt bis zu 150 kg, während sie in Indien, China und anderen ähnlichen Ländern fast Null war. Der Kohleabbau belief sich mit 769 Mio t — auf die Hälfte der derzeitigen Weltförderung. Die Gewinnung von Erdöl lag mit 20 Mio t sehr niedrig. In einem Jahr wurde damals in der Welt die gleiche Menge Erdöl gefördert wie heute in der UdSSR in zwei Monaten.

Die Industrieproduktion war, wie im kapitalistischen Wirtschaftsgebiet noch heute der Fall, zu mehr als 90 Prozent in Westeuropa und in den USA konzentriert. Das gilt vor allem für die Produktion von Produktionsmitteln. Aber auch in den westeuropäischen Ländern und in den Vereinigten Staaten spielte die Industrie noch längst nicht eine derart dominierende Rolle wie in der Jetztzeit. Vom Nationalreichtum der USA, der im Jahre 1900 offiziell auf 88,5 Mrd. Dollar beziffert wurde, entfielen (in Mrd. Dollar) 52,5 auf Bodengrundstücke und Gebäude, 9 auf die Eisenbahn, 6,9 auf Gebrauchsgüter (Kleidung, Möbel und anderes) und nur 2,5 auf produktionsbestimmte Maschinen einschließlich Werkzeugmaschinen.[2]

Die Arbeitsproduktivität war weitaus niedriger als heutzutage. (Da die verfügbaren Angaben lückenhaft sind, lassen sich keine exakten Vergleiche ziehen.) Trotz der niedrigen Arbeitsproduktivität hatte Westeuropa hohe Ernteerträge zu verzeichnen. Im Jahre 1900 belief sich der Hektarertrag an Weizen in Deutschland auf 18,7 dt. In Belgien,

2 Historical Statistics of the United States. 1789—1945, Washington 1949, S. 10.

Holland, Dänemark und England lag er noch höher, während in den USA und in Südeuropa weniger als 10 dt/ha geerntet wurden.

Die Aufnahmefähigkeit des kapitalistischen Marktes war, verglichen mit dem Produktionsvolumen, geringer als heute, denn auf ihn gelangte der kleinere Teil der Agrarerzeugnisse, und die Bauern, namentlich in den weniger entwickelten kapitalistischen Ländern, stellten noch viele Verbrauchsgüter (Brot, Kleidung, Schuhwerk u. dgl.) selbst her.

Die Wertsumme des Außenhandels war, vom Standpunkt der Gegenwart betrachtet, verschwindend klein. Im Jahre 1900 stand in den USA einem Export von 1371 Mio Dollar ein Import von 850 Mio Dollar gegenüber. Über den Außenhandel wurden damals innerhalb eines Jahres weniger Waren umgesetzt als heute innerhalb eines Monats. Allerdings besaß der Dollar eine drei- bis viermal so hohe Kaufkraft wie gegenwärtig.

Die allgemeine Richtung des kapitalistischen Außenhandels war damals wie heute im wesentlichen die gleiche. Die westeuropäischen Industriestaaten versorgten die unentwickelten Länder mit industriellen Fertigwaren und kauften von ihnen Rohstoffe und Lebensmittel. Den ersten Platz im Welthandel belegte England, das in bezug auf den Warenaustausch die USA um 100 Prozent und Deutschland um 50 Prozent übertraf. Als größter Kapitalexporteur und kolonialer Ausbeuter hatte es eine passive Handelsbilanz. Deutschland und Japan schickten sich jedoch bereits an, England von seinen Absatzmärkten zu verdrängen. Im Jahre 1900 wurde England in der Stahlerzeugung von Deutschland überflügelt. Um die Waren deutschen Ursprungs qualitativ von vornherein in Mißkredit zu bringen, zwang England die deutschen Exportfirmen, ihre Erzeugnisse mit „Made in Germany" zu kennzeichnen.

Der Außenhandel der USA trug noch deutlich erkennbare koloniale Züge. Obwohl die Maschinenlieferungen einen beachtlichen Umfang aufwiesen (1900: 55 Mio Dollar), lag das Schwergewicht des Exports auf Nahrungsmitteln und Rohprodukten (vgl. Tabelle 3).

Tabelle 3

Export der USA im Jahre 1900 (in Mio Dollar)

Rohstoffe	340	Halbfabrikate	152
Nahrungsmittel		Industrielle Fertigerzeugnisse	332
unverarbeitet	226		
verarbeitet	320		
Gesamt	886	Gesamt	484

Die USA hatten einen hohen Ausfuhrüberschuß, aus dem sie die Dividenden und Zinsen auf das importierte Auslandskapital bestritten. Rund 75 Prozent ihres Exports gingen nach Westeuropa. Auch die Außenhandelsstruktur des zaristischen Rußlands ähnelte der der USA.

In dieser Zeit konnten sich Güter, Kapital und Arbeitskräfte auf dem kapitalistischen Weltmarkt ungehindert über die Ländergrenzen hinweg bewegen. Die Ein- und Ausfuhr war weder durch Verbote noch durch Kontingente und Quoten eingeschränkt. Zölle wurden zwar erhoben, doch die Kapitale der einzelnen Länder fanden überall gleiche Konkurrenzbedingungen vor. Handelsverträge, die damals gewöhnlich auf die Dauer von zehn Jahren abgeschlossen wurden, enthielten fast stets eine Klausel über die Meistbegünstigung. Diese besagt, daß sämtliche Vergünstigungen, die einer der vertragschließenden Teile während der Gültigkeitsdauer des Vertrags einem dritten Staat zugesteht, sich von selbst auf alle

Länder ausdehnen, die mit dem betreffenden Partner handelsvertragliche Vereinbarungen getroffen haben. Ausgenommen von dieser Regelung waren die Kolonien, auf deren Märkten sich die Metropolen durch verschiedene Maßnahmen eine bevorzugte Stellung verschafft hatten. Im Jahre 1900 nahmen die Kolonien ein Drittel des englischen Exports und die Hälfte des französischen Exports auf.

Die *Währungen* fast aller Staaten waren stabil, die Banknoten hatten eine solide Golddeckung. Gold diente nicht nur als Weltgeld; neben Banknoten und Papiergeld kursierten Goldmünzen in beträchtlicher Menge. So befanden sich im Jahre 1900 in den USA Goldmünzen im Gesamtbetrag von 611 Mio Dollar im Umlauf, während 1227 Mio Dollar in Banknoten und Papiergeld zirkulierten. In Deutschland war die umlaufende Menge an geprägten Goldmünzen doppelt so hoch wie die umlaufende Menge an Banknoten.[3] Eine Devisenbewirtschaftung bestand nicht. Jeder Kapitalist konnte seine Gelder in jedes Land frei transferieren, dort Liegenschaften erwerben und Unternehmen gründen. Der Reiseverkehr war durch nichts behindert; Pässe brauchte man nur in Rußland und auf dem Balkan.

Die *Monopole* hatten noch nicht wie heute die Kraft, die Preise auf einem hohen Niveau zu halten, wie Tabelle 4 zeigt.

Tabelle 4
Entwicklung des Preises für Bessemer-Roheisen in Pittsburgh (Dollar/t)

1887	1897	1902	1904
21,4	10,1	20,7	13,8

Quelle
R. Hilferding, Das Finanzkapital, Berlin 1947, S. 256.

Die Fäulnis und der Parasitismus traten, wie Lenin nachwies, jedoch schon ziemlich stark in Erscheinung. Dies trifft namentlich auf England und Frankreich zu. In England stammten in den Jahren 1900 bis 1901 von 594 Mio Pfund einkommensteuerpflichtigem Vermögen rund 60 Mio Pfund aus ausländischen Kapitalanlagen. In Frankreich wurde 1901 über ein Drittel der Etatmittel dazu verwandt, die auf Grund von Staatsschulden fälligen Zinsen zu zahlen.

Dennoch war der Staat in den kapitalistischen Ländern sehr viel weniger mit der Wirtschaft verzahnt, als dies heute der Fall ist. Außer Arsenalen und vereinzelt auch Waldungen und Eisenbahnen hatte er kein Vermögen, das Produktionszwecken diente. Abgesehen von der Einziehung von Steuern und der Emission von Papiergeld griff er nur selten in das Räderwerk der Wirtschaft ein. Er „regulierte" weder die Produktion noch die Preise. Seine wichtigste innere Funktion bestand darin, „Ruhe und Ordnung" im Interesse der Ausbeuter aufrechtzuerhalten. In jener Zeit erhob der Staat weitaus weniger Steuern als heute. Tabelle 5 widerspiegelt das Einkommen der kapitalistischen Hauptländer im Jahre 1900.

3 Natürlich ist nicht bekannt, wie viele geprägte Goldmünzen thesauriert wurden oder ins Ausland flossen. Die Goldgewinnung war verglichen mit der Produktion und dem Außenhandel beträchtlich höher als heute.

Tabelle 5
Einkommen der kapitalistischen Hauptländer im Jahre 1900 (Mio Dollar)

USA	Deutschland	England	Frankreich
600	550	700	760

Dabei ist jedoch zu berücksichtigen, daß die Kaufkraft des Geldes in jener Periode etwa dreimal so hoch war wie in der Gegenwart, während sich das Nationaleinkommen in einem wesentlich bescheideneren Rahmen hielt.

Nach der Agrarkrise des 19. Jahrhunderts glaubten die meisten der damaligen Zeitgenossen, die kapitalistische Wirtschaft sei im wesentlichen stabil und vor Störungen sicher.

Die *herrschende* Klasse, die die Politik der imperialistischen Staaten bestimmte, war die *Monopolbourgeoisie*. Aber es hatten sich noch sehr starke Überreste des Feudalismus erhalten. Ausgenommen in Frankreich, den USA und einigen anderen Ländern standen Kaiser oder Könige an der Spitze der Staaten, wobei sie längst nicht überall (wie zum Beispiel in Großbritannien) als bloße Staffage dienten. In Deutschland, Österreich-Ungarn und Rußland waren die obersten Regenten ermächtigt, die Ministerpräsidenten und die Minister ihres Postens zu entheben, Verordnungen zu erlassen, auch gegen den Willen des Parlaments, und das Parlament aufzulösen. Die höchsten Ämter in der Verwaltung, in der Armee und im diplomatischen Dienst wurden ausschließlich von Angehörigen des Adels bekleidet. Als der deutsche Kaiser Wilhelm II im Jahre 1906 keinen Mann adliger Herkunft, sondern den Kapitalisten Dernburg zum Kolonialdirektor berief, schlug diese Ernennung im Inland wie eine Bombe ein. In England, Frankreich und den USA ging die Legislative von den Parlamenten aus, nicht so in Deutschland und Österreich-Ungarn, von Rußland ganz zu schweigen. In den Parlamenten saßen die adligen Grundbesitzer, Vertreter der Bourgeoisie, Rechtsanwälte und vereinzelt auch Repräsentanten der Industriearbeiterschaft.[4] Der zur Wahl zugelassene Personenkreis war stark eingeengt.

Frauen besaßen nirgends Stimmrecht. In vielen Ländern waren auch für die Männer einschränkende Bestimmungen festgesetzt: Alterszensus (21—24 Jahre), Ansässigkeitszensus (Wähler mußten mehrere Jahre an ein und demselben Ort wohnhaft sein), Vermögenszensus, Schriftkundigkeit und anderes. Im klassischen Land der bürgerlichen Demokratie — in England — besaßen im Jahre 1900 nur rund 6 Mio Männer das Stimmrecht. In Deutschland, wo das Parlament sehr geringen Einfluß hatte, war das Wahlrecht am weitesten ausgebaut. Von 12,5 Mio Wahlberechtigten machten bei den Wahlen im Jahre 1903 nur 9,5 Mio von ihrem Stimmrecht Gebrauch. In Frankreich belief sich die Zahl der Stimmberechtigten im Jahre 1909 auf 11,5 Mio, in Italien (1900) auf 2,6 Mio oder 7 Prozent der Gesamtbevölkerung und in Japan auf 2 Prozent der Bevölkerung. In den USA hatten die Neger schon damals praktisch keine Möglichkeit, zur Wahlurne zu gehen, obwohl ihnen dieses Recht formell zustand. Bis heute hat sich daran nichts geändert.

Anfang des 20. Jahrhunderts hatten die imperialistischen Mächte die Welt unter sich bereits aufgeteilt, und zwar ohne jegliche Rücksicht auf die wirtschaftlichen Beziehungen, die na-

4 Der deutsche Reichstag setzte sich im Jahre 1900 unter anderem aus 115 Großgrundbesitzern (darunter 15 Barone, 20 Grafen sowie 6 Fürsten und Prinzen), 21 Fabrikanten und 22 Geistlichen zusammen (K. D. Petrjaev, Očerki po istorii Germanii načala XX veka (1900—1914gg.), Odessa 1959, S. 70). Im englischen Parlament hatten Grundbesitzer und Kapitalisten das Übergewicht.

tionale Zugehörigkeit, die Geschichte und die Kultur der Völker, die in den unterworfenen Gebieten ansässig waren. Ein besonders aufschlußreiches Beispiel bietet in dieser Beziehung Afrika. Die Kolonisatoren zerstörten die Reiche und die Kultur der dort lebenden Völker und stempelten sie einfach zu „Wilden". Archäologische Ausgrabungen lassen indes erkennen, daß die afrikanischen Völker Schöpfer hervorragender Skulpturen und anderer Kulturwerte waren, nicht zu reden von der indischen und von der chinesischen Kultur, die auf ein erheblich ehrwürdigeres Alter zurückblicken können als die Zivilisation der Kolonialherren.

Die wirtschaftliche Entwicklung Westeuropas mußten hunderte Millionen von Menschen in den Kolonien mit unsäglichen Leiden und Entbehrungen bezahlen. Kapitalanlagen in den Kolonien waren für die europäischen Kolonisatoren zwei- bis dreimal so lukrativ wie Investitionen in den Metropolen. In den Gebieten der Erde, in denen das Klima für sie günstig war, in Nordamerika, Australien, Nord-, Ost- und Südafrika also, vernichteten sie mit Waffengewalt die einheimische Bevölkerung oder richteten sie mit Alkohol zugrunde, entrissen ihr die fruchtbaren Ländereien und pferchten die Überlebenden in „Reservaten" zusammen. Um nicht zu verhungern, mußten sich die eingesessenen Bewohner in den Gruben und auf den Pflanzungen der Kolonialherren für einen Bettellohn abschinden. Obwohl die Sklaverei formal verboten war, fand sie in Afrika, Asien und in den Südstaaten der USA in verschiedenen Formen weite Anwendung. Eine Armee von Missionaren verbreitete unter der angestammten Bevölkerung mit großer Beharrlichkeit das Christentum und versuchte ihr einzureden, sie müsse die Ausbeutung in Demut auf sich nehmen. Zum „segensreichen Wirken" der Missionare bemerkte ein afrikanischer Bauer sehr treffend: „Als die Missionare zu uns kamen, hatten sie die Heilige Schrift und wir das Land, jetzt gehört ihnen das Land und uns die Heilige Schrift." Den Kolonialherren gelang es vielfach, bewaffnete Eingeborenenabteilungen aufzustellen, die, wie die Askaris und die Senegalneger, zur Unterdrükkung anderer Völker eingesetzt wurden.

Die Anfang des 20. Jahrhunderts bestehende Verteilung der Kolonien war das Ergebnis einer langen geschichtlichen Entwicklung, entsprach aber nicht mehr dem damaligen Kräfteverhältnis zwischen den Kolonialmächten. Großbritannien herrschte fast über die halbe Welt. Neben ihm besaß Frankreich ein großes Kolonialreich. Und selbst ein so kleines Land wie die Niederlande verfügte über ausgedehnte koloniale Besitzungen. Deutschland wie auch die USA (beide Staaten hatten Ende des 19. Jahrhunderts die Epoche der Kriege um die Neuaufteilung der Welt eröffnet) hatten den wirtschaftlichen Vorsprung Englands eingeholt, waren jedoch, was Kolonien anbelangt, fast leer ausgegangen.

Die deutsche imperialistische Bourgeoisie formulierte in den Entschließungen des Deutschen Kolonialkongresses vom 10.—11. Oktober 1902 klipp und klar, worum es ihr ging. „Der Kolonialkongreß vertritt die Ansicht", so heißt es dort, „daß es im wirtschaftlichen Interesse des Vaterlandes notwendig ist, unser Land in der Rohstoffeinfuhr von Ausländern unabhängig zu machen und den Industriewaren Deutschlands Absatzmärkte zu verschaffen, die ein Höchstmaß an Sicherheit bieten. Diese doppelte Rolle müssen die künftigen deutschen Kolonien übernehmen, selbst wenn die örtliche Bevölkerung gezwungen wird, öffentliche Arbeiten zu verrichten oder in die Landwirtschaft zu gehen."[5] Mit der den deutschen Imperialisten eigenen brutalen Offenheit wurde hier verkündet, was die scheinheiligen englischen Kolonialherren hinter den verlogenen Phrasen von der „heiligen Mission der Weißen bei der Zivilisierung der Eingeborenen", von der „Last des weißen Mannes" und anderen

5 J. H. Jackson, The Post-war World, 4. Aufl., London 1938, S. 358.

hochtrabenden Redensarten verbergen. Doch die Herrschaft Englands zur See zerstörte die Träume der auf Kolonien erpichten deutschen Imperialisten, die sich in Afrika mit den Gebieten (hauptsächlich Wüste) begnügen mußten, die Großbritannien keines Blickes wert hielt.

Die ungleichmäßige wirtschaftliche und politische Entwicklung des Kapitalismus barg den Keim des ersten Weltkrieges um die Neuaufteilung der Kolonien in sich. Die Vorbereitungen dazu waren bereits im Gange. Deutschland und Frankreich bauten riesige Armeen in einer Stärke von 604000 bzw. 570000 Mann auf. Mit der Armee, vor allem mit dem Offizierskorps, wurde ein regelrechter Kult getrieben. Die offizielle Politik überhäufte beide mit Ehrungen. Wer es nicht wenigstens bis zum Reserveleutnant gebracht hatte, galt in Deutschland und Österreich-Ungarn als „nicht gesellschaftsfähig". In England umwob man die Kriegsflotte mit einem besonderen Nimbus. Die Herrschaft Großbritanniens zur See war unangefochten, denn seine Marine war stärker als die Seestreitkräfte zweier beliebiger anderer Großmächte zusammengenommen. Gestützt auf diese Überlegenheit, betrieb England seine Politik der „splendid isolation", der „glänzenden Absonderung": Es ging keinerlei offizielle Bündnisse mit fremden Staaten ein, hatte aber bei allem, was auf der Welt geschah, seine Hand im Spiele.

Die englische Seeherrschaft lenkte die Expansionspolitik des Deutschen Reiches in eine ganz bestimmte Richtung. Da die deutschen Imperialisten England auf dem Wasser unterlegen waren, zugleich aber über die stärkste Landstreitmacht verfügten, wandten sie sich vor allem landeinwärts dem „Osten" zu. Sie verherrlichten offen Eroberungskriege. Losungen wie „Drang nach Osten" wurden verstärkt verbreitet. Die Militärausgaben waren schon in jenen Jahren hoch, doch im Vergleich zur Gegenwart erscheinen sie gering. Im Jahre 1900 wandten die USA für militärische Zwecke 209 Mio Dollar auf. In Deutschland beliefen sich diese Ausgaben im gleichen Jahr auf 620 Mio Reichsmark. Allerdings waren damals die Waffen verhältnismäßig billig, und als Löhnung erhielten die Soldaten einige kümmerliche Groschen.

An der Schwelle unseres Jahrhunderts verzeichnen wir den Überfall Englands, Frankreichs, Deutschlands, des zaristischen Rußlands und anderer imperialistischer Länder auf China, den Kolonialkrieg zwischen den USA und Spanien und den Burenkrieg.

Die Kluft zwischen arm und reich war sehr tief. Im wohlhabendsten Lande der damaligen Zeit, in England, gab es im Jahre 1900 (nach Erhebungen des namhaften Statistikers Mulhall) 158000 begüterte Familien mit einem Vermögen im Werte von 6361 Mio Pfund und 6 Mio Familien, die in Armut lebten, und deren Hab und Gut sich auf 680 Mio Pfund bezifferte. Im gleichen Jahr wurden offiziell 1 Mio Pauper gezählt, bei einer Gesamtbevölkerung der Insel von 41 Mio. In den USA waren im Jahre 1900 von 29 Mio Beschäftigten 4,9 Mio Kinder im Alter von 10 bis 15 Jahren. (Im zaristischen Rußland herrschte ein noch schlimmeres Elend.) In den imperialistischen Ländern, vor allem in England, hatte sich in Gestalt der Arbeiteraristokratie eine mehr oder minder beträchtliche Zwischenschicht ausgebildet. Die gleiche Schicht entstand auch in den USA, obwohl diese keine Kolonien besaßen. In den Vereinigten Staaten selbst fand das Kapital die notwendigen Bedingungen vor, die es seinen Eigentümern gestatteten, koloniale Extraprofite herauszuschlagen, nämlich: Überfluß an fruchtbarem Land, reiche Bodenschätze und die billige Arbeitskraft der Einwanderer.

Die Arbeiteraristokratie war der Nährboden für den Reformismus und den Opportunismus, die sich in der Arbeiterbewegung breitzumachen begannen.

Die Bevölkerung der imperialistischen Staaten bestand schon damals zur Hälfte aus

Proletariern. In Deutschland wurden im Jahre 1907 insgesamt 26,2 Mio Beschäftigte gezählt; 14,3 Mio davon waren Arbeiter und 1,6 Mio Angestellte. In Frankreich belief sich die Zahl der Beschäftigten 1906 auf 20,7 Mio, darunter 10,2 Mio Arbeiter und Angestellte.

Die Arbeitsbedingungen waren schwer. Obwohl sich die Arbeiterbewegung den Achtstundentag zum unmittelbaren Kampfziel gestellt hatte (um es zu erreichen, beschloß 1889 der Kongreß der II. Internationale, alljährlich am 1. Mai zu demonstrieren), dauerte in den kapitalistischen Ländern die Arbeitswoche im Durchschnitt 60 Stunden und mehr. In der Eisen- und Stahlindustrie betrug die tägliche Arbeitszeit zwölf Stunden. In Rußland wurde im Jahre 1897 ein Gesetz erlassen, das den Arbeitstag auf 11,5 Stunden begrenzte. Doch die russischen Kapitalisten umgingen dieses Gesetz auf ähnliche Weise wie seinerzeit die englischen Fabrikherren (vgl. „Das Kapital", Bd. I). Lenin schrieb dazu: „Die Forderung des Gesetzes, der Fabrikant solle ... [die Arbeiter — E.V.] nicht länger als $11^1/_2$ Stunden täglich beschäftigen, ist durch keinerlei Strafen für den Fall ihrer Nichtbeachtung gesichert. Was geschieht denn dem Fabrikanten, der gegen dieses Gesetz verstößt? Höchstens muß er vor dem Friedensrichter erscheinen, der keine Strafe über 50 Rubel verhängen kann, oder aber die Fabrikkammer selbst erlegt ihm eine Geldstrafe auf. Wird aber den Fabrikanten eine Geldbuße von 50 Rubeln schrecken? ... Für den Fabrikanten wird es geradezu vorteilhafter sein, gegen das Gesetz zu verstoßen und die Strafe zu zahlen."[6]

Die Fabrikanten zwangen die Arbeiter, samstags nach Arbeitsschluß die Maschinen zu säubern. Sie setzten den Arbeitsbeginn auf vier Uhr morgens an, so daß die Arbeiter um drei Uhr in der Frühe aufstehen mußten. Für Mahlzeiten wurden keine Pausen gewährt. In der Konfektionsindustrie der USA „war bis 1910 in den meisten Nähereien die Arbeitswoche offiziell auf 56 bis 60 Stunden festgesetzt ... In vielen ‚nebengewerblichen' Betrieben war jedoch eine Arbeitszeit von wöchentlich 84 Stunden gang und gäbe ... In der Hochsaison waren die Arbeiter 15 bis 16 Stunden täglich eingespannt, von 5 Uhr morgens bis 9 und 10 Uhr abends, wobei sie vielfach noch Arbeit mit nach Hause nehmen mußten. Die in dieser Branche schon länger tätigen Arbeiter erzählten, daß sie in der Werkstatt öfters übernachteten, um Zeit und Geld für den Hin- und Rückweg zu sparen".[7]

Noch schlechter ging es den Landarbeitern. In Preußen stellten auf Grund der „Gesindeordnung" die gutsherrlichen Junker für die auf ihren Gütern lebenden Tagelöhner die administrative und gerichtliche Obrigkeit dar. Der Gutsarbeiter durfte ohne ausdrückliche Erlaubnis des Gutsherrn weder fortziehen noch Gäste bei sich beherbergen. Der Junker konnte unter anderem über seine Bauern Recht sprechen, ihnen Strafen auferlegen, sie exmittieren und als Vertreter des Staates in das Gutsgefängnis einsperren.

In einer schrecklichen Lage waren die Arbeiter im zaristischen Rußland. Ein russischer Fabrikarbeiter kam im Jahre 1901 nach den Berichten der Fabrikinspektoren auf einen Jahresdurchschnittsverdienst von 201 Rubel. I. A. Volkov, der in der Kattunweberei der Gebrüder Gandurin in Iwanowo-Wosnessensk beschäftigt war, schrieb[8]: „Ich habe die in der Fabrik der Gebr. Gandurin in der Zeit von 1890 bis 1900 geltenden Tarifsätze aufbewahrt. Sie sprechen für sich selbst (vgl. Tabelle 6)."

Wie es in den russischen Baumwollfabriken aussah, schildert uns Volkov ebenfalls. „Geradezu unglaublich sind die Enge, die Feuchtigkeit, der Schmutz, die stickige Luft und der schroffe Temperaturwechsel ... Die zahlreichen Maschinen stehen so dicht nebeneinander,

6 W. I. Lenin, Das neue Fabrikgesetz, in: Werke Bd. 2, Berlin 1961, S. 297.
7 J. Hardy, The Clothing Workers, New York 1935, S. 178.
8 I. A. Volkov, Sitcevoe carstvo, Bd. II, Ivanovo-Voznesensk 1926, S. 14.

Tabelle 6
Monatliche Tariflöhne in der Kattunweberei der Gebr. Gandurin in Iwanowo-Wosnessensk (1890—1900)

Ungelernter Arbeiter	7,50— 8,0 Rubel
Ungelernte Arbeiterin	6,50— 7,0 Rubel
Ungelernter Jugendlicher	6,0 — 6,50 Rubel
Facharbeiter (drei bis vier Jahre in der Fabrik mit erlerntem Beruf)	10,0 —12,0 Rubel
Besonders qualifizierter Arbeiter	12,0 —15,0 Rubel

daß sich der Arbeiter förmlich seitlich durchzwängen muß, wobei er jede Sekunde in der Gefahr schwebt, in die stählernen Fangarme der Maschine zu geraten oder einen Arbeitskollegen so unglücklich anzustoßen, daß dieser von der Maschine erfaßt wird ... Nicht selten trifft man Arbeiter an, die durch die Maschine einen oder mehrere Finger eingebüßt, ein Bein verloren oder am Fuß Quetschungen erlitten haben ..."[9]

Die Fabrikanten bereicherten sich an den Arbeitern zusätzlich, indem sie ihnen anstelle des Geldlohnes Naturalien verabfolgten. Im Jahre 1901 wurden den Moskauer Arbeitern 8,9 Prozent ihres Lohnes in Form von Waren aus den Fabrikläden ausgehändigt, 7,3 Prozent wurden für Einkäufe in den Konsumvereinen und 2,4 Prozent für Beköstigung durch den Unternehmer einbehalten.[10]

Im Jahre 1899 bemerkte Lenin: „In der Tat, man sehe sich die Gewerbezweige an, in denen sich die Arbeiter noch keinen gesetzlichen Schutz erkämpft haben und in denen die Arbeiter den Kapitalisten keinen Widerstand leisten können, und man wird einen maßlos langen Arbeitstag — der 17 bis 19 Stunden erreicht — finden, man wird Kinder im Alter von 5 bis 6 Jahren finden, die durch schwere Arbeit zugrunde gerichtet werden, man wird eine Generation ständig Hunger leidender und an Hunger allmählich hinsterbender Arbeiter finden."[11]

Fabriken und Werksanlagen wurden nicht geheizt, waren schlecht beleuchtet und hatten keine Lüftung. Noch 1914 urteilte ein amerikanischer bürgerlicher Schriftsteller: „Die Fabriken aus früheren Jahren wie auch ein sehr großer Teil der heutigen Fabriken können nicht den Ruhm für sich in Anspruch nehmen, daß sie ihre Umgebung irgendwie verschönern. Viele ähneln eher Besserungsanstalten, Gefängnissen oder Kasernen — es sind langgestreckte, düstere Kästen, die einen abstoßenden Eindruck erwecken und alles ringsum in schwarze Rauchschwaden hüllen ..."[12]

Auf das erschütternde Los der Werktätigen in den Kolonien braucht nicht besonders eingegangen zu werden.

Die Gewerkschaften hatten (ausgenommen in England) noch sehr wenig Mitglieder. Als stark gegenüber den Unternehmern erwiesen sich die Arbeiter in den Zweigen, in denen es eine Vielzahl von Kleinbetrieben gab, also im graphischen Gewerbe, im Bauwesen und in der holzbearbeitenden Industrie. Den Arbeitern dieser Zweige gelang es hin und wieder, Verträge abzuschließen, die dann innerhalb eines Landes für alle Betriebe der betreffenden Branche Gültigkeit erlangten. Sehr schwach dagegen waren die Arbeiter in der Schwerindustrie, wo die Großkapitalisten in der Regel den Herrn-im-Hause-Standpunkt vertraten

9 Ebenda, S. 23—24.
10 Vgl. W. I. Lenin, Die Sprache der Zahlen, in: Werke, Bd. 19, Berlin 1962, S. 353.
11 W. I. Lenin, Über Streiks, in: Werke, Bd. 4, Berlin 1955, S. 307.
12 G. M. Price, The Modern Factory, New York, 1914, S. 57.

und weder Gewerkschaften noch Arbeitervertreter anerkannten, mit den Arbeitern keine Tarifverträge abschlossen und ihnen die Arbeitsbedingungen ohne schriftliche Vereinbarung diktierten.

Die Mehrwertrate hatte bereits damals die Größe von 100 Prozent überschritten, was auch Marx im „Kapital" unterstellte. In den USA belief sie sich 1899 auf 128 Prozent und 1909 auf 130 Prozent, in Rußland 1900 auf 113 Prozent und 1908 auf 161 Prozent.[13] Diese Berechnung stimmt natürlich nicht haargenau. In Wirklichkeit lag die Mehrwertrate höher, denn die erzeugten Waren werden dem Handelskapital unter dem Produktionspreis abgegeben, damit dieses die durchschnittliche Profitrate realisieren kann.

Zu Streiks kam es schon in jenen Jahren häufig (vgl. Tabelle 7); an ihnen beteiligten sich auch nichtorganisierte Arbeiter.

Tabelle 7
Zahl der Streikenden und Ausgesperrten im Jahre 1900 (in Tsd.)

USA	England	Frankreich	Deutschland
568	135	223	132

In den meisten entwickelten kapitalistischen Ländern bestanden sozialdemokratische Parteien. In den Programmen dieser Parteien und in den feierlichen Reden ihrer Führer wurden damals — ganz im Gegensatz zu heute — die proletarische Revolution und der Sozialismus als Endziel der Arbeiterbewegung proklamiert. In der Praxis lief die Tätigkeit dieser Parteien aber darauf hinaus, sich mit einzelnen Reformen im Rahmen der kapitalistischen Gesellschaft zu begnügen. Die überwiegende Mehrheit der sozialdemokratischen Parteien und ihrer Führer dachte nicht an die Eroberung der Macht durch die Arbeiterklasse und warf nicht die Frage nach Verbündeten des Proletariats im Kampf gegen die Bourgeoisie auf; sie sahen in der Bauernschaft als Ganzes den Lieferanten von Lebensmitteln, dessen Interessen denen des Proletariats entgegengesetzt seien. Der Revisionismus, der in der Arbeiteraristokratie und in den Spitzen der Gewerkschaftsbewegung nistete, hatte bereits feste Wurzeln geschlagen.[14] Die Grundlagen für den Zusammenbruch der II. Internationale waren damit gegeben.

Ein Teil der revolutionären Arbeiter, die das unredliche Spiel ihrer reformistischen Führer ahnten, suchte einen Ausweg im Syndikalismus und Anarchismus.

Fest gefügt, unerschütterlich und von zeitloser Dauer — so stellte sich der Bourgeoisie, den Reformisten und Revisionisten Anfang des 20. Jahrhunderts die kapitalistische Ordnung dar. Doch sie trug bereits die Keime der allgemeinen Krise in sich. Die der kapitalistischen Ordnung innewohnenden Gesetze führten zu einer immer schärferen Polarisierung

13 Von uns berechnet, für die USA auf Grund von Zensusangaben und für Rußland auf Grund des Statistischen Jahrbuchs von 1912, St. Petersburg 1912, S. 201.

14 Bereits 1899 bemerkte D. De Leon, linker Arbeiterführer in den USA, daß „alle Gewerkschaftsführer demoralisiert und von den Herren Unternehmern bestochen sind. Der Käuflichste unter ihnen war ... Gompers, der prinzipienloseste und einflußreichste Feind des Sozialismus im Lager der organisierten Arbeiter" (Zitiert nach M. Beer, Fifty Years of International Socialism, London 1935, S. 111).

der Gesellschaft mit einer Handvoll Kapitalmagnaten auf der einen Seite und dem Riesenheer der Werktätigen, an seiner Spitze das Proletariat, auf der anderen Seite. Während die Ausbeutung verschärft wurde und sich die Kapitalmagnaten immer mehr bereicherten, verschlechterte sich die Lage der werktätigen Massen, wobei die Zahl derer, die an der Existenz der kapitalistischen Ordnung interessiert sind, zusehends kleiner wird, während die Zahl ihrer Feinde ständig wächst. Die ungleichmäßige wirtschaftliche und politische Entwicklung der einzelnen Länder unter der ungeteilten Herrschaft des Imperialismus verstärkte sich und machte in der Folge schließlich den Ausbruch imperialistischer Kriege um die Neuaufteilung der Welt unvermeidlich. Der Kapitalismus steuerte in seinem gesamten Entwicklungsverlauf unaufhaltsam der allgemeinen Krise entgegen.

Kapitel II
Bis zum Ausbruch des ersten Weltkrieges

Die Jahre vor dem ersten Weltkrieg brachten einen großen wissenschaftlichen, technischen und wirtschaftlichen Fortschritt. Plancks Quantentheorie und Einsteins Relativitätstheorie legten den Grundstein zur modernen Atomphysik. Der Elektro- und der Verbrennungsmotor traten ihren Siegeszug an. Die Erdölförderung stieg von 20 Mio t 1900 auf 51 Mio t 1913. Die Produktion von Kraftfahrzeugen vergrößerte sich im gleichen Zeitraum von einigen tausend Stück auf 485000. Das System der „wissenschaftlichen Betriebsführung" begann Schule zu machen: Im Jahre 1912 lief bei Ford das erste Fließband an. Neuartige Verkehrsmittel ermöglichten es, Menschen und Güter rasch von einem Ort zum anderen zu befördern.

Gerade in dieser Periode erfuhr die kapitalistische Industrieproduktion des 20. Jahrhunderts ihr höchstes Entwicklungstempo in Friedenszeiten. Der Index der industriellen Erzeugung (1901—1913 = 100) stieg von 72 im Jahre 1900 auf 121 im Jahre 1913, was einem durchschnittlichen Zuwachs um rund 5 Prozent jährlich entspricht. Das Weltaufkommen an Weizen nahm von 74 Mio t 1896 bis 1900 auf 106 Mio t 1913 zu. Die Hektarerträge vergrößerten sich im Zeitraum von 1911 bis 1913 wie folgt (in Dezitonnen): in Belgien auf 26, in den Niederlanden auf 25, in Deutschland auf 24 und in England auf 21. Das Eisenbahnnetz der kapitalistischen Welt wurde von 1900 bis 1914 um mehr als 300000 km erweitert; es hatte damit den Höhepunkt seines Zuwachses erreicht. Im Jahre 1913 wurde der Panama-Kanal eingeweiht. Der Außenhandelsumsatz der 33 höchstentwickelten kapitalistischen Länder dehnte sich insgesamt von 18,8 Mrd. Golddollar im Jahre 1900 auf 36,1 Mrd. Golddollar im Jahre 1913 aus, das heißt, er verdoppelte sich fast.[15]

Diese Periode allgemein charakterisierend, stellte W. I. Lenin fest: „Im großen und ganzen wächst der Kapitalismus bedeutend schneller als früher . . ."[16]

Es war dies die Zeit, in der die Preise in die Höhe kletterten, die Währungen stabil blieben und die Kapitalisten außerordentlich hohe Profite einsteckten. Die Entwicklung verlief jedoch sehr ungleichmäßig. Bei einer Reihe wichtiger industrieller Rohstoffe mußte England im Jahre 1912 seine führende Stellung als Produzent an die USA bzw. an Deutschland abtreten (vgl. Tabelle 8).

Tabelle 8

	England	Deutschland	USA
Baumwollverbrauch (in Mio Ballen)	3,8	1,6	5,8
(Stein-)Kohleförderung (in Mio t)	265	175 + 81 Braunkohle	450 (1911)
Roheisenerzeugung (in Mio t)	9	18	30

Quelle
Statistisches Jahrbuch für das Deutsche Reich 1914, Internationale Übersichten.

15 Vgl. Mirovye ėkonomičeskie krizisy 1848—1955gg., t. I, Priloženie, Moskva 1937, S. 486.

16 W. I. Lenin, Der Imperialismus als höchstes Stadium des Kapitalismus, in: Werke, Bd. 22, Berlin 1960, S. 306.

Den Vereinigten Staaten kamen über 10 Mio Einwanderer zu Hilfe, vorwiegend junge und tatkräftige Menschen aus Europa. Im Jahre 1914 betrug der Anteil der nicht in den USA geborenen Arbeiter (in Prozent) im Braunkohlebergbau 62, in der Eisen- und Stahlindustrie 58, in der Textilerzeugung 62 und im Bekleidungsgewerbe 69.[17]

Mit immer größerer Erbitterung rangen die imperialistischen Mächte um Absatzmärkte und Kolonien. Obwohl die britischen Kolonien dreimal soviel Einwohner zählten wie die Kolonien aller anderen imperialistischen Staaten und England zudem in China, Persien, Argentinien und anderen Halbkolonien über wichtige Positionen verfügte, kannte das Bestreben des englischen Imperialismus zur Ausdehnung seiner kolonialen Besitzungen keine Grenzen. Wie sehr Großbritannien damals auf die Außenwelt angewiesen war, läßt sich daran ermessen, daß im Jahre 1912 die Exportquote der englischen Industrie 40 Prozent ausmachte und die Neuinvestitionen im Ausland 145 Mio Pfund betrugen, während im Inland nur 45 Millionen Pfund neu investiert worden waren. Für 1913 lauten die entsprechenden Kapitalsummen 150 und 36 Mio Pfund.[18] Auslandsinvestitionen hatten für die englische Bourgeoisie große Bedeutung. Im Jahre 1909 betrugen die britischen Anlagen im Inland 11654 Mio Pfund und im Ausland 2322 Mio Pfund.

Da das im Ausland untergebrachte Kapital mindestens doppelt so hohe Gewinne wie im Inland abwarf, ist es nicht verwunderlich, daß knapp ein Drittel des Einkommens der englischen Bourgeoisie aus ausländischen Investitionen stammte. Unter Ausnutzung seiner Überlegenheit zur See und gestützt auf seine Flottenstützpunkte Gibraltar, Malta, Suez und Aden, beherrschte England das Mittelmeer und den Indischen Ozean. Die wachsende Konkurrenz und die Expansion Deutschlands beschworen jedoch eine Gefahr herauf, die es England geraten erscheinen ließ, von seiner traditionellen Politik der „splendid isolation" abzurücken und im Jahre 1902 mit Japan ein Bündnis zu schließen. Mit Frankreich verständigte es sich 1904 über die Aufteilung verschiedener Gebiete in Afrika, und mit dem zaristischen Rußland einigte es sich 1907 über die Abgrenzung der Einflußsphären in Persien. England rüstete sich zur großen militärischen Auseinandersetzung mit dem ihm drohend im Nacken sitzenden deutschen Imperialismus.

Die deutsche Bourgeoisie wollte ihre Eroberungsgelüste auf Kolonien stillen. Mit viel Stimmenaufwand gründete sie den sogenannten Flottenverein und ließ Landkarten drucken, auf denen alle Gebiete mit deutscher Bevölkerung als Bestandteil des Deutschen Reiches eingezeichnet waren. (Sie lieferte damit das Beispiel, dem später Hitler folgte.) Die rechten Sozialdemokraten stärkten ihr den Rücken. Die Kriegskamarilla und der Kaiser kamen ihr nur zu gern entgegen. Es verging kaum ein Jahr, ohne daß ein außenpolitischer „Zwischenfall" provoziert worden wäre (Agadir u. a.). Doch durch die Vormachtstellung Englands zu Wasser waren Deutschland in vieler Beziehung die Hände gebunden. Aus diesem Grunde gedachte der deutsche Imperialismus sein militärisches Übergewicht zu Lande in die Waagschale zu werfen, um seinen Machtbereich vor allem in Richtung Osten weiter hinauszuschieben. Als Folge dieser Politik kam es zu einer Annäherung zwischen dem durch die Niederlage im Krieg gegen Japan und durch die Revolution von 1905 geschwächten zaristischen Rußland einerseits sowie England und Frankreich anderseits.

Doch der deutsche Imperialismus gab sich mit der Überlegenheit seiner Armee nicht zufrieden, sondern begann mit dem forcierten Ausbau der Kriegsflotte. Im Jahre 1914 verfügte Deutschland über 133 Kriegsschiffe, darunter 37 Schlachtschiffe. Die zahlenmäßige

17 W. Z. Foster, Abriß der politischen Geschichte beider Amerika, Berlin 1957, S. 352.
18 W. Sombart, Das Wirtschaftsleben im Zeitalter des Hochkapitalismus, München 1928, Bd. 1, S. 492.

Stärke der Seestreitkräfte belief sich auf 80000 Mann. An Geldern wurden für die Flotte jährlich 200 Mio Mark verausgabt.[19] Das mit Nachdruck betriebene Flottenbauprogramm, das von Kaiser Wilhelm II demonstrativ gebilligt wurde, bedrohte die Grundlagen der britischen Seeherrschaft und damit auch die Rolle Englands als Weltmacht Nummer Eins. Die herausfordernde Haltung Deutschlands gab den Anstoß zu einem englisch-französisch-russischen Bündnis (Entente), während Deutschland mit Österreich-Ungarn und Italien den Dreibund schloß. Die Umrisse eines Weltkrieges zeichneten sich immer deutlicher ab. Mit „kleinen" Kriegen fing es an. Teile des Osmanischen Reiches wurden losgerissen: Italien ergriff von Tripolitanien Besitz, Österreich-Ungarn bemächtigte sich Bosniens und der Herzegowina, und Griechenland schluckte Kreta. Die Kriege auf dem Balkan bildeten das unmittelbare Vorspiel zum ersten Weltkrieg.

Mit der Entwicklung der wirtschaftlichen und politischen Kräfte des Kapitalismus wuchsen auch die Arbeiterbewegung, ihre organisatorische Geschlossenheit und der Kampf gegen die Bourgeoisie.

Die Arbeitergewerkschaften gewannen in dieser Zeit immer mehr Mitglieder (vgl. Tabelle 9).

Tabelle 9

Mitgliederzahl der Arbeitergewerkschaften im Jahre 1913 (in Mio)

Deutschland	England	USA	Frankreich	Italien	Welt insgesamt	Davon Frauen
3,7	3,3	2,5	1,0	1,0	13,9	0,9

Quelle

Statistisches Jahrbuch für das Deutsche Reich 1914, Internationale Übersichten, S. 102. Die Angaben enthalten auch verschiedene Organisationen, die keinen Klassenkampf führen.

Obwohl die Gewerkschaften an Zahl und Einfluß erheblich zugenommen hatten, versagten ihnen die Schwerindustriellen in allen Ländern (außer in England) weiter die „Anerkennung" und lehnten es ab, Kollektivverträge mit ihnen abzuschließen. Besonders unversöhnlich zeigte sich das Unternehmertum in den USA, wo die sogenannten open shops (antigewerkschaftliche Betriebe, d. Übers.) zum Aktionsprogramm der Großbourgeoisie im Kampf gegen die Gewerkschaften wurden. Im Jahre 1909 brüsteten sich die Besitzer der Kohlegruben vor der Bergarbeitergewerkschaft: „Wir werden Euch als Gewerkschaft der Bergarbeiter niemals anerkennen, weder heute noch künftig, wann immer es auch sei. Wir erkennen Euch nur an als Vertreter derer, die bei uns arbeiten."[20] Der Vorstandsvorsitzende der Steel Corporation Carnegie und spätere Vorstandsvorsitzende der United States Steel Corporation, Frick, erklärte: „Wir wollen mit dem Vereinigten Bergarbeiterverband als einer Organisation ein für allemal nichts mehr zu tun haben." Eine derartige Haltung war bis 1937 für die United States Steel Corporation bezeichnend.

Im Kampf gegen die Gewerkschaften war den Kapitalisten jedes Mittel recht: Sie hielten sich in ihren Werken eine bewaffnete Polizei, ließen die Arbeiter bespitzeln, organisierten Überfälle auf Gewerkschaftsgebäude und mieteten Streikbrecher, die die Arbeitsniederlegungen zum Scheitern bringen sollten.

19 Statistisches Jahrbuch für das Deutsche Reich 1915, S. 342, 350 (Die Zahl der Unterseeboote ist nicht angegeben).

20 Th. R. Fisher, Industrial Disputes and Federal Legislation, New York 1940, S. 56.

Im Jahre 1910 betrug die wöchentliche Arbeitszeit in den Produktionszweigen, in denen die Arbeiter gewerkschaftlich organisiert waren, 50 Stunden, in den Zweigen dagegen, in denen keine Gewerkschaften bestanden, 60,5 Stunden.[21] In der Eisen- und Stahlindustrie galt noch 1914 der Zwölfstundentag als völlig normal. In England und in Deutschland wurden vor dem ersten Weltkrieg 48 bis 60 Stunden in der Woche gearbeitet.

Mit dem Aufkommen des Fließbandes trat eine empfindliche Verschlechterung der Arbeitsbedingungen ein. Sogar Ford gestand: „die Arbeiter haben daher nur einen, sich ständig wiederholenden Handgriff zu versehen ... Einige unserer Handgriffe sind zweifellos überaus eintönig, — so eintönig, daß man es kaum für möglich halten sollte, daß ein Arbeiter sie auf die Dauer verrichten möchte".[22]

Wie die englische Arbeiterklasse damals differenziert war, geht aus den Angaben der Tabelle 10 hervor.

Tabelle 10
Differenzierung der englischen Arbeiterklasse (in %)

Arbeiteraristokratie (Facharbeiteroberschicht)	rund 15
Arbeiter mittlerer Qualifikation und halbqualifizierte Arbeiter	45—50
Ungelernte Arbeiter, Hilfsarbeiter	33—40

Quelle
A. L. Morton, G. Tate, The British Labour Movement 1770—1920, London 1956, S. 199—200.

Durch das Fließbandsystem änderte sich die Zusammensetzung der Arbeiter, vor allem in den USA. Aus Zweigen mit einer beträchtlichen Arbeiteraristokratie als Zwischenschicht wurden Zweige, in denen „angelernte" Arbeiter das Bild bestimmten. Schon 1915 schrieben zwei Amerikaner: „Ford kommt ohne erfahrene Arbeiter aus. Er zieht für den Einsatz an den mechanischen Maschinen Leute vor, die nichts zu lernen brauchen ... und lediglich das ausführen, was man ihnen sagt, und von einem Klingelzeichen zum anderen ein- und dasselbe tun."[23] Beim Eintritt in die Ford-Werke mußten die Arbeiter sogar ihren Familiennamen ablegen; sie erhielten dafür eine Nummer angeheftet, nach der sie ihren Lohn ausgezahlt bekamen, aufgerufen wurden usw.

Wer acht Stunden täglich im Dreischichtbetrieb eingespannt war, erhielt eine Eßpause von zehn Minuten. „Beim Essen bleiben die Arbeiter im allgemeinen an ihren Arbeitsplätzen."[24] Der Produktionsprozeß war so weit zerlegt, daß den Arbeitern für jede Verrichtung eine Sekunde Zeit blieb.[25]

In den USA und in England kam der Reallohn der Arbeiter nach Aussage der bürgerlichen Statistik ins Gleiten, weil die Preise den Löhnen davonliefen.

In der Arbeiterbewegung schälten sich die beiden Pole stärker heraus: Die Arbeiter wurden revolutionärer (Generalstreik in Belgien 1902, Revolution in Rußland 1905, erbitterte Klassenschlachten in den USA), während die reformistischen Führer der Sozialdemokratie noch unverhüllter als bisher in das Lager der Bourgeoisie überschwenkten (Eintritt

21 R. A. Lester, Economics of Labor, New York 1941, S. 346.
22 H. Ford, Mein Leben und Werk, Leipzig o. J., S. 101, 123.
23 Arnold and Faurote, Ford Methods and the Ford Shops, New York 1919, S. 41.
24 Ebenda, S. 60.
25 Ebenda, S. 118

der Sozialisten in die bürgerliche französische Regierung; David, Herzfeld, Calwer und vor allem Hildebrand[26] in Deutschland). Die Zentristen — „Austromarxisten" und Kautsky — verschleierten ihren Opportunismus mit linken Phrasen. In Rußland spaltete sich die sozialdemokratische Partei in Menschewiki und Bolschewiki. Unter dem Druck der Massen nahmen die Delegierten der II. Internationale auf dem Baseler Kongreß einstimmig ein Manifest gegen den Krieg an. Die Führung der englischen Labourpartei erhob am 6. August 1914 die Forderung nach Neutralität Großbritanniens. Doch als es darauf ankam, kapitulierten sämtliche Arbeiterparteien, außer den Bolschewiki, vor der Bourgeoisie ihrer Länder.

Als der erste Weltkrieg ausbrach, machte die II. Internationale bankrott und zerfiel. Lenin schrieb: „. . . in einer Reihe von Ländern ist der Opportunismus vielmehr reif, überreif geworden und in Fäulnis übergegangen, da er sich als Sozialchauvinismus mit der bürgerlichen Politik restlos verschmolzen hat."[27] In diesem Zusammenhang wies er darauf hin, daß der Opportunismus nichts Zufälliges, kein Verrat einzelner Personen, sondern ein Produkt der Geschichte ist.

Kurz vor dem ersten Weltkrieg hatte die Arbeiterklasse an Organisiertheit und Geschlossenheit erheblich gewonnen, ihre Widerstandskraft war im Klassenkampf zwischen den proletarischen Massen und der Bourgeoisie gewachsen. Der imperialistische Krieg führte der ganzen Welt den Verrat des reformistischen Flügels in der internationalen sozialistischen Bewegung plastisch vor Augen. Zugleich begannen sich unter dem Einfluß Lenins und der Bolschewiki wahrhaft revolutionäre Kräfte zu regen, die in der Folgezeit im Klassenkampf gegen den Imperialismus die entscheidenden Siege davontrugen.

26 Das im Jahre 1910 in Jena erschienene Buch von Gerhard Hildebrand „Die Erschütterung der Industrieherrschaft und des Industriesozialismus" ist eine derart unverbrämte Apologie des Imperialismus, daß die Führung der Sozialdemokratischen Partei nicht umhin konnte, seinen Verfasser aus der Partei auszuschließen.

27 W. I. Lenin, Der Imperialismus als höchstes Stadium des Kapitalismus, in: Werke, Bd. 22, Berlin 1960, S. 290.

Kapitel III
Die erste Etappe der allgemeinen Krise des Kapitalismus

Mit der Errichtung des ersten Staates der Diktatur des Proletariats in der Welt trat ein ganz neuer Faktor auf, der jenen inneren Kräften starken Auftrieb verlieh, die zum unausbleiblichen Zusammenbruch der gesamten kapitalistischen Ordnung führen. Damit wurde durch die Praxis erhärtet, daß der Sturz der Diktatur der Bourgeoisie nicht nur notwendig, sondern auch möglich ist, daß das „Endziel" der Arbeiterbewegung, die Schaffung der sozialistischen Ordnung, nicht in nebelhaften Fernen liegt, sondern für die jetzige Generation erreichbar ist und das Proletariat bei der Beherrschung und Lenkung der Produktivkräfte auch ohne die Bourgeoisie auskommt, während die Bourgeoisie als Klasse ohne das Proletariat nicht zu existieren vermag.

Die breiten Massen des Proletariats in allen Ländern der Welt wurden sich rasch der Bedeutung der Großen Sozialistischen Oktoberrevolution bewußt. Eine Welle von wirtschaftlichen und politischen Streiks brach über die gesamte kapitalistische Welt herein. Es begannen kommunistische Parteien zu entstehen. Nach dem ersten Weltkrieg spitzte sich in den besiegten Ländern die revolutionäre Krise derart zu, daß die Möglichkeit bestand, die Bourgeoisie zu entmachten und Voraussetzungen für den Übergang zum Aufbau des Sozialismus zu schaffen. Das wurde, wenn auch nur für kurze Zeit, in Ungarn und Bayern durchgeführt.

Bis zum letzten Bauern drang schließlich die Kunde, daß es in der Welt ein Land gibt, wo eine Arbeiterregierung den Grund und Boden der Gutsbesitzer beschlagnahmt und der werktätigen Bauernschaft unentgeltlich übergeben hat. Für die Bourgeoisie rückte damit die Gefahr in bedrohliche Nähe, daß die werktätigen Massen der Bauernschaft ihrem Einfluß entzogen und aus einer Reserve der Bourgeoisie, was sie in den bürgerlichen Revolutionen des Westens waren, zu einem Verbündeten des revolutionären Proletariats würden.

Die Kolonialvölker erkannten allmählich, daß die sozialistische Revolution in Rußland den Völkern der zaristischen Kolonien Freiheit und Gleichberechtigung gebracht hatte und ihnen die Möglichkeit bot, ihr materielles und kulturelles Niveau rasch zu heben. Die sozialistische Oktoberrevolution strahlte mächtige Impulse aus, die den antiimperialistischen Kampf in aller Welt beflügelten. Der Imperialismus geriet in tödliche Bedrängnis.

Die Oktoberrevolution lieferte den praktischen Beweis für die Richtigkeit der marxistischen Ideen, die sich danach wie im Fluge über die Welt verbreiteten. Ihr Sieg trug den Marxismus in die entferntesten Winkel des Erdballs; es war dies aber nicht der verfälschte, reformistische, „evolutionäre" Marxismus, sondern der wiederhergestellte, von echt revolutionärem Geist erfüllte und von Lenin mit neuen Erfahrungen bereicherte Marxismus — es war der Marxismus-Leninismus. Für den Kapitalismus zog damit eine tödliche Bedrohung herauf, denn ohne den Einfluß der bürgerlichen (reformistischen) Ideologie auf weite Kreise des Proletariats kann die Großbourgeoisie, die nur eine verschwindende Minderheit der Bevölkerung bildet, ihre Herrschaft nicht behaupten. Das Entstehen eines sozialistischen Staates auf den Trümmern des ehemaligen Russischen Reiches, die Gründung kommunistischer Parteien, die sich auf die Lehre des Marxismus-Leninismus stützen, sowie die Schaffung der III. Kommunistischen Internationale anstelle der bankrott gegangenen II. Internationale — all das bedeutete den Anfang vom Ende der kapitalistischen Ordnung.

Die Bourgeoisie sah die Gefahr kommen, daß das Proletariat der ganzen Welt, namentlich der im ersten Weltkrieg besiegten Länder, wo die Armee und andere Teile des Zwangsapparates infolge der militärischen Niederlage zerbröckelt waren, dem Beispiel der russischen Arbeiterklasse folgt. Sie sammelte daher alle ihre Kräfte, um den Kapitalismus vor dem Untergang zu bewahren. Ihr Versuch, durch militärische Intervention und durch Entfachen der Konterrevolution die Diktatur des Proletariats in der Sowjetunion zu stürzen, schlug fehl. Das Proletariat und die Bauernschaft des Sowjetlandes nahmen Hunger und Entbehrungen auf sich und verteidigten unter Führung der kommunistischen Partei und mit Unterstützung der revolutionären Arbeiterbewegung in heldenhaftem Ringen die Oktoberrevolution und ihre Errungenschaften. In Bayern und in Ungarn dagegen gelang es der Bourgeoisie, die Arbeitermacht zu Fall zu bringen; sie vermochte, die Diktatur des Proletariats ein Vierteljahrhundert auf die Sowjetunion zu begrenzen und die revolutionäre Nachkriegskrise nach einigen Jahren zu überwinden.

Wie die Bourgeoisie dies fertiggebracht hat, läßt sich am besten am Beispiel Deutschlands verfolgen. Ihre Strategie lief im wesentlichen darauf hinaus, den weniger bewußten Teil des Proletariats, der die Mehrheit bildete, durch einzelne Zugeständnisse von der revolutionären Avantgarde zu trennen und Zeit für die Wiederherstellung des Machtapparates zu gewinnen. Die deutsche Bourgeoisie spannte die rechten Sozialdemokraten vor ihren Karren und legte die Regierungsgeschäfte in die Hände dieser schändlichen Arbeiterverräter (Ebert, Noske, Scheidemann u. a.). Sie sah sich gezwungen, den traditionellen Forderungen der Arbeiter nach dem Achtstundentag, nach gleicher und geheimer Wahl, nach Pressefreiheit, Versammlungsfreiheit usw. nachzugeben. Sie setzte eine Kommission zur Vorbereitung der „Sozialisierung" ein und berief den Renegaten Kautsky zum Vorsitzenden. Außerdem erhöhte sie die Löhne der Arbeiter. Durch alle diese Maßnahmen konnte die Bourgeoisie die revolutionär gestimmte Masse der Arbeiterschaft etwas besänftigen und den Einfluß der revolutionären Avantgarde zurückdrängen. Die rechtssozialistischen Führer spalteten die Arbeiterbewegung. Die Bourgeoisie fand Zeit, mit Unterstützung der rechten Sozialdemokraten aus ehemaligen Offizieren der kaiserlichen Armee einen neuen Zwangsapparat aufzubauen. Durch Zusammenstöße, die sich über drei bis vier Jahre hinzogen, wurden die Reihen des revolutionären Proletariats erheblich gelichtet. Da eine wirklich marxistische Partei fehlte und die KPD noch jung und unerfahren war, hatte die deutsche Bourgeoisie ein leichteres Spiel. Mit ähnlichen Methoden wurde auch in anderen Ländern die revolutionäre Krise behoben.[28]

Wenn dies auch dem Kapitalismus gelang und er die Diktatur des Proletariats zunächst auf ein Land in der Welt begrenzen konnte, so war doch der Fortgang seiner allgemeinen Krise unverkennbar. Der einstige Glaube an die Ewigkeit und Unerschütterlichkeit der kapitalistischen Ordnung schwand endgültig dahin. Die „Demokratisierung" Mitteleuropas, mit der die Apologeten der Bourgeoisie so viel Aufhebens gemacht hatten, brachte dem Volk herzlich wenig ein. Hinüber in die Weimarer Republik rettete sich nicht nur der Monopolkapitalismus, mit ihm blieben auch die alten Generale, der alte,

28 So wurde der Achtstundentag u. a. in folgenden Ländern durch Gesetz festgelegt: 1918 in Deutschland, der Tschechoslowakei und Österreich, 1919 in Frankreich, Polen, der Schweiz und Norwegen, 1922 in den Niederlanden, und 1923 in Belgien und Schweden. Keine gesetzliche Regelung in dieser Beziehung trafen damals die USA und England.

reaktionäre Staatsapparat, die Richter usw. Hinzu kam, daß die Bourgeoisie den reaktionärsten Klüngel der rechten Sozialdemokratie und der Gewerkschaftsbürokratie zeitweilig in die Führung des Landes einbezog. Unter den damaligen geschichtlichen Verhältnissen indessen war die Bourgeoisie nicht imstande, durch diese „Demokratisierung" ihre Herrschaft zu stabilisieren. In verschiedenen Ländern, darunter in Ungarn, Italien, Polen, Deutschland und Spanien, mußten die herrschenden Klassen die bürgerliche Demokratie über Bord werfen, die der Bourgeoisie die Macht nur dann zu sichern vermag, wenn die Mehrheit der Wähler weiter „im alten Trott" leben will und der staatliche Gewaltapparat stark genug ist, um die bürgerliche Gesellschaft vor dem Ansturm der revolutionären Kräfte zu schützen. Die Bourgeoisie setzte deshalb ihre Hoffnung auf den Faschismus.

Um den Arbeitern Sand in die Augen zu streuen, bekannten sich die Faschisten nicht offen zur kapitalistischen Ordnung, sondern betrieben mit dem Schlagwort vom „Genossenschaftsstaat" eine zum Schein gegen den Kapitalismus gerichtete Agitation, verbreiteten die Rassenwahnlehre und den Antisemitismus und züchteten demagogisch den Chauvinismus hoch. Die Abkehr von der bürgerlichen Demokratie und der Übergang zu faschistischen Methoden ließen die innere Schwäche der kapitalistischen Ordnung deutlich werden. Selbst in den stärksten kapitalistischen Ländern, in den USA und in England, gab es eine faschistische Bewegung. Die Großbourgeoisie aller Länder frohlockte, als sie sah, wie Mussolini und Hitler die Arbeiterbewegung unterdrückten und sich zum Krieg gegen die Sowjetunion rüsteten (Achse Berlin—Rom, „Antikominternpakt").

Um unter den revolutionären Arbeitern Verwirrung zu stiften, posaunten die Kapitalisten und die rechten Sozialdemokraten die „Theorie" aus, die Oktoberrevolution sei etwas spezifisch Russisches und durch den Absolutismus des Zaren, durch das Fehlen einer Demokratie ausgelöst worden. Selbst die „russische Seele mit ihren besonderen Zügen" mußte herhalten. Aber alle diese Hirngespinste vermochten an der internationalen Bedeutung der Oktoberrevolution nichts zu ändern.

In Auswirkung der ökonomischen und politischen Verhältnisse, die inzwischen entstanden waren, gingen mit dem Weltkapitalismus wesentliche Wandlungen vor sich.

Nach dem ersten Weltkrieg schwächte sich das Wachstumstempo der kapitalistischen Produktion erheblich ab (vgl. Tabelle 11).

Tabelle 11
Index der kapitalistischen Industrieproduktion (1901—1913 = 100)

1913	1920	1929	1932	1938
121	116	176	114	181

Der mittlere Jahreszuwachs der kapitalistischen Produktion betrug zwischen 1913 und 1938 weniger als 3 Prozent, wobei die gesamte Steigerung in das erste Jahrzehnt fiel. In diesem Jahrzehnt hatte sich das Volumen des kapitalistischen Marktes, bedingt durch den wirtschaftlichen Wiederaufbau nach dem Kriege, ausgedehnt, was die Bourgeoisie zu einer gewaltigen Erweiterung des fixen Kapitals anregte. Der Aufschwung endete mit der verheerendsten und längsten Überproduktionskrise[29], an die sich ein Zyklus ohne Aufschwung, eine Stagnation anschloß[30]. Der amerikanische bürgerliche Ökonom Hansen stellte fest: „Am Ende der Periode zwischen den beiden Weltkriegen war das Realeinkommen je Kopf der Bevölkerung in den USA, in Großbritannien, Deutschland und Frankreich insgesamt um 18 Prozent höher als 1913."[31] Dies sind weniger als 0,66 Prozent Steigerung im Jahr, was innerhalb der Grenzen der statistischen Ungenauigkeit liegt.

Den Einfluß der allgemeinen Krise des Kapitalismus bekam auch die Landwirtschaft der meisten kapitalistischen Länder zu spüren. Durch die außergewöhnlich hohe Nachfrage während des Krieges hatten die Farmer in Übersee die Anbauflächen stark vergrößert und die Erträge beträchtlich gesteigert. In den entwickeltsten kapitalistischen Ländern machte sich infolgedessen eine allgemeine Überproduktion an Nahrungsmitteln bemerkbar, die während der Wirtschaftskrise von 1929 bis 1933 einen ausgesprochen heftigen Charakter annahm. In den USA begann die Regierung, an Farmer, die ihre Anbaufläche verkleinerten, Entschädigungen zu zahlen. In Holland und Dänemark wurde die Erzeugung tierischer Produkte eingeschränkt. Die gleiche Entwicklung war unter anderem in Frankreich bei Weizen, in Japan bei Reis und in Brasilien bei Kaffee zu beobachten. Lebensmittel wurden in Massen vernichtet, und dies, obwohl hunderte Millionen Menschen in den schwachentwickelten Ländern und während der Überproduktionskrise auch in den am weitesten entwickelten kapitalistischen Ländern bitteren Hunger litten. Wohl selten ist die Fäulnis des Kapitalismus derart deutlich zutage getreten. Die Agrarkrise dauert seitdem mit mehr oder minder großer Schärfe an, weil sich der Widerspruch zwischen der Ausweitung der Produktion und dem Mangel an Kaufkraft vertieft.

Aus dem gleichen Grunde entstanden in der Industrie Überkapazitäten, waren die Betriebe chronisch unterbelastet, herrschte ständige Massenarbeitslosigkeit, insbesondere im letzten Jahrzehnt dieser Periode, und übertraf die Zahl der Beschäftigten in der nichtproduzierenden Sphäre die Zahl derer, die den Neuwert schaffen. So sank in England die Beschäftigtenzahl in den Zweigen der materiellen Produktion (verarbeitende Industrie, Bergbau, Baugewerbe, Verkehrswesen) von 7,9 Mio 1928 auf 7,1 Mio 1933, das heißt von 77,2 auf 69,2 Prozent. Demgegenüber stieg sie im nichtproduzierenden Bereich (Handel,

29 Geblendet vom großen zyklischen Aufschwung der zwanziger Jahre glaubte die Bourgeoisie, namentlich in den USA, an eine „ewige Prosperität". In der Abschiedsbotschaft des USA-Präsidenten Coolidge an den Kongreß vom 4. Dezember 1928 heißt es: „Noch niemals bot sich dem Kongreß, wenn er die Lage des Landes betrachtete, ein derart rosiges Bild wie jetzt: ... Der ungeheure Reichtum, den wir durch Tatkraft und Fleiß erworben haben, ... wird unter die breitesten Schichten unseres Volkes verteilt ... Die gewachsene Industrieproduktion wird von der erhöhten Nachfrage des Binnenmarktes und dem in Ausweitung begriffenen Außenhandel aufgesogen. Das Land kann mit Befriedigung auf die Gegenwart und mit Optimismus in die Zukunft schauen." Neun Monate später entlud sich die verheerendste und längste Wirtschaftskrise, die der Kapitalismus in seiner bisherigen Geschichte erlebte.
Ähnliche hoffnungsvolle Erwartungen an die Zukunft knüpften sowohl die Großkapitalisten Europas und Amerikas als auch die Ideologen des Kapitalismus.

30 Das Ausscheren der Sowjetunion aus dem kapitalistischen Markt war nicht die unmittelbare Ursache dafür. Die Gesamtausfuhr machte nur 10 bis 15 Prozent der kapitalistischen Weltproduktion aus. Die Exporte nach Rußland fielen niemals sonderlich ins Gewicht. Im Jahre 1913 setzte Deutschland, eines der Hauptlieferländer des zaristischen Rußland, nur 9 Prozent seiner Ausfuhr auf dem dortigen Markt ab; dies waren rund 1,5 Prozent der deutschen Industrieerzeugung.

31 A. H. Hansen, The American Economy, New York 1957, S. 3.

Banken, staatliche und kommunale Angestellte) im gleichen Zeitraum von 2,3 Mio (22,8 Prozent) auf 3,2 Mio (30,8 Prozent).[32] Die Krise, in der der Kapitalismus steckt, zeigte sich in der nahezu generellen Aufhebung des Goldstandards, in der Inflation und Deflation der Währungen, im Anwachsen des Parasitismus sowie darin, daß in einigen Ländern, zum Beispiel in England und Frankreich, die Zinsen für die Staatsschuld fast die Hälfte des Staatshaushalts schluckten.

Durch den ersten Weltkrieg kam es im Lager des Kapitalismus zu einer nachhaltigen Kräfteverschiebung. Österreich—Ungarn löste sich in mehrere kleinere Staaten auf, das Osmanische Reich verschwand von der Landkarte, Deutschland mußte seine Kolonien abtreten sowie die Kriegsflotte und einen Teil der Handelsflotte ausliefern, Frankreich erhielt Elsaß-Lothringen zurück, und das Rheinland wurde von den Franzosen besetzt. Die ungleichmäßige wirtschaftliche und politische Entwicklung führte zu einer neuen Konstellation der Kräfte in der kapitalistischen Welt. Frankreich wurde zur stärksten kapitalistischen Landmacht, während England seinen führenden Platz einbüßte; an seine Stelle traten mehr und mehr die USA, die im Gegensatz zu den europäischen Ländern am Krieg enorm verdient hatten.

Mit dem Moment, wo die Waffen ruhten, triumphierte in den USA äußerlich der traditionelle Isolationismus über die expansionistische imperialistische Politik des Monopolkapitals. Der Kongreß lehnte den Versailler Vertrag ab und sprach sich auch gegen den Beitritt der USA zum Völkerbund aus. Die imperialistische Politik wurde jedoch in Gestalt eines gewaltigen Kapitalexports mit Hochdruck weiter betrieben. Außerdem schalteten sich die USA maßgeblich in die europäischen Angelegenheiten ein (Dawes- und Youngplan, Kampf gegen die Sowjetunion, Wiedererrichtung des militaristischen und imperialistischen Deutschlands). Mit der Drohung, die Aufrüstung zur See zu forcieren, setzten die USA auf der Washingtoner Flottenkonferenz England stark unter Druck, so daß diesem nichts anderes übrig blieb, als ein Verhältnis der Flottenstärke beider Länder von 1:1 vertraglich zu akzeptieren. Damit wurde die jahrhundertelange britische Seeherrschaft zu Grabe getragen, während die USA die erste Stufe zur Anerkennung als führende Weltmacht erklommen hatten. Die USA drangen immer tiefer in die Wirtschaft des amerikanischen Kontinents ein und verwandelten die dortigen Länder in ihre Halbkolonien. Großbritannien mußte in Ottawa im Jahre 1932 seine ängstlich behütete Freihandelspolitik zugunsten eines Systems von Empirepräferenzen (Vorzugszölle für das Commonwealth) aufgeben.

Der Kampf gegen die Sowjetunion wurde mehr und mehr zum bestimmenden Moment in der Außenpolitik der kapitalistischen Mächte. Bestürzt über den Rapallovertrag, zimmerte Frankreich die Kleine Entente zusammen (ihr gehörten außerdem die Tschechoslowakei, Rumänien und Jugoslawien an), die als Schutzbündnis gegen Deutschland gedacht war, sich zugleich aber gegen die Sowjetunion richtete. Die angelsächsischen Mächte indessen, die Frankreich stärker fürchteten als Deutschland, machten in ihrer Politik immer weniger Hehl aus ihrer Absicht, Deutschland militärisch wieder auf die Beine zu helfen, um es dann zum Überfall auf die Sowjetunion zu ermuntern. Sie pumpten riesige Kapitalmengen nach Deutschland und verzichteten auf die Reparationszahlungen. Reaktionäre Kreise in England und in den USA finanzierten die Faschisten und ebneten Hitler den Weg zur Macht. England leistete (obwohl es 1924 unter dem Druck der Volksmassen die Sowjetunion „anerkannt" hatte) Hitler Beistand. Im Jahre 1933 schloß es mit ihm

32 Angaben nach „Labour Gazette", ohne Berücksichtigung der Arbeitslosenzahl.

ein „Flottenabkommen“, das Deutschland das Recht einräumte, eine Flotte aufzubauen, und zwar im Verhältnis 1:3 gegenüber der britischen. Außerdem ließ es 1936 Frankreich im Stich, als die Truppen Hitlers in die entmilitarisierte Zone des Rheinlands einmarschierten. Sogar in Frankreich gewann allmählich eine Politik das Übergewicht, die den Kampf gegen die Sowjetunion für wichtiger hielt als den Kampf gegen Deutschland (Vertrag Briand-Stresemann). Die Westmächte und der Völkerbund rührten im Grunde genommen keinen Finger, als Japan einen beträchtlichen Teil Chinas an sich riß und Italien Besitz von Abessinien ergriff. Durch ihre Politik der „Nichteinmischung“ arbeiteten England wie auch Frankreich dem faschistischen Deutschland und dem faschistischen Italien praktisch in die Hände. Damit wurde der Grundstein für die Politik von München gelegt und der zweite Weltkrieg vorbereitet.

Im ersten Weltkrieg ging es um die Neuaufteilung der Kolonien. Den deutschen Kolonialbesitz teilten England (mit seinen Dominien) und Frankreich unter sich auf. Um nach außen den Schein zu wahren, ließen sie sich vom Völkerbund mit einem entsprechenden Mandat ausstatten. Das ehemalige Osmanische Reich fiel ihnen ebenfalls zur Beute (ausgenommen die Türkei, die Teile ihres Gebietes an Italien und Griechenland abtreten mußte). Obwohl sich das Kolonialsystem territorial gesehen, inzwischen noch weiter ausgedehnt hatte (Annexion Abessiniens durch Italien 1935, Eroberung der Mandschurei sowie Nord- und Ostchinas durch Japan), war es jedoch innerlich infolge der allgemeinen Krise des Kapitalismus bereits geschwächt. Der Widerstand der Völker gegen ihre Unterjochung durch die Imperialisten hatte zum Teil Erfolg. Die Türkei unter Kemal Pascha vertrieb die italienischen und griechischen Eindringlinge. Iran, das nach dem ersten Weltkrieg unter die militärische und politische Kontrolle Englands gekommen und zu dessen Halbkolonie herabgesunken war, schüttelte 1925 die britische Herrschaft ab; das Erdöl allerdings blieb weiter in englischer Hand.

Ein besonders dunkles Blatt in der Geschichte der kolonialen Eroberungen der damaligen Zeit sind die Umtriebe des englischen Imperialismus in den arabischen Ländern. Während des ersten Weltkrieges machte sich England die berechtigte Empörung der Araber über die türkische Willkürherrschaft zunutze und verhieß ihnen aus dem Munde seines Agenten Lawrence die Unabhängigkeit. Darüber hinaus unterstützte es die Araber mit Waffenlieferungen und mobilisierte ihre Truppen gegen die Türken, vor allem, nachdem der Versuch Churchills, die Dardanellen in Besitz zu bekommen, gescheitert war.

Nach Kriegsschluß löste England das den Arabern gegebene Versprechen allerdings nicht ein, sondern schwang sich selbst zum Herren über die arabischen Länder auf, zerstückelte ihre Gebiete und schanzte Frankreich einen Teil Syriens und Libanons zu. Auf die Wünsche der Araber wurde dabei keine Rücksicht genommen. Mehr noch, unter dem Vorwand, „dem jüdischen Volk eine Heimat zu geben“, entrissen die Engländer den Arabern Palästina, um in diesem Raum eine Militärbasis des Imperialismus zu errichten — zunächst unter dem Deckmantel eines britischen Mandats und nach dem zweiten Weltkrieg in Gestalt des Staates Israel. Seit über zehn Jahren führt deshalb eine Million palästinensischer Araber, die ihre Heimat verloren haben, ein beklagenswertes Dasein in Lagern. Durchaus begreiflich ist der Haß der Araber gegen die willfährigen Werkzeuge des angloamerikanischen Imperialismus in Palästina. Seinen wahren Charakter als Instrument des Imperialismus enthüllte der israelische Staat durch seine Beteiligung am Überfall der Engländer und Franzosen auf Ägypten im Jahre 1956.

Wie wenig die imperialistischen Siegerstaaten trotz ihrer schwülstigen Phrasen das Geschick der schwachen Völker im Grunde genommen kümmerte, geht allein daraus hervor, daß sie auf der Versailler Friedenskonferenz eine Klage des chinesischen Volkes gegen die Kolonisatoren nicht einmal entgegennahmen, wobei sie sich damit herauszureden versuchten, China habe nicht am Krieg teilgenommen.

Das Beispiel der Sowjetunion, wo die zaristischen Kolonien beseitigt worden waren, ermutigte die Völker der kolonialen Länder in ihrem Kampf, der dadurch intensiver wurde und die Macht der Imperialisten bedrohte. Dies bewiesen die Aufstände in Marokko, auf Madagaskar und in Ägypten, davon zeugten der Kampf Iraks gegen die englischen Okkupanten, der 1920 rund 2000 britischen Soldaten das Leben kostete, die Widerstandsbewegung in Indien nach dem Blutbad in Amritsar und andere Ereignisse. Allmählich reiften die Voraussetzungen für die Krise des gesamten imperialistischen Kolonialsystems heran.

Die revolutionäre Krise nach dem ersten Weltkrieg rief in den meisten kapitalistischen Ländern ein gewaltiges Anwachsen der Streikbewegung hervor. In Deutschland traten 1920 aus ökonomischen und politischen Gründen insgesamt 7 Mio Arbeiter in den Ausstand. In England belief sich in der Zeit von 1918 bis 1921 die Zahl der Streikenden im Jahresdurchschnitt auf knapp 2 Mio. Durch Arbeitsniederlegungen gingen 1921 in den Kohlengruben 72 Mio Arbeitstage verloren. Größere Streiks fanden in Frankreich, Italien und den USA statt.

Im Verlaufe dieser Klassenschlachten strömten den Gewerkschaften viele neue Mitglieder zu. Nach Angaben des Internationalen Arbeitsamtes beim Völkerbund entwickelte sich die Mitgliederzahl der Gewerkschaften wie in Tabelle 12 angeführt.

Tabelle 12
Entwicklung der Mitgliederzahl der Gewerkschaften (in Mio)

	Deutschland	England	USA	Frankreich	Italien	Kapitalistische Welt insgesamt
1906	2,2	2,1	2,0	1,0	0,6	8,0
1920	13,0	8,0	5,2	2,5	3,1	43,0*

* In dieser Zahl sind rund 3 Mio Mitglieder „neutraler" Gewerkschaften enthalten: christlicher, gelber Gewerkschaften, die von den kapitalistischen Unternehmern als Gegengewicht gegen die wirklich klassenbewußten Gewerkschaften aufgezogen wurden.

In der Periode, in der sich der Kapitalismus stabilisierte, setzte die Bourgeoisie zum Angriff auf die Arbeiter an und entzog ihnen einen beträchtlichen Teil der Zugeständnisse, die ihr in den Jahren des revolutionären Aufschwungs abgerungen worden waren. Durch „Rationalisierung" der Produktion nahm die Arbeitsintensität erheblich zu. Die Inflation machte alle Lohnerhöhungen zunichte. In den Ländern, deren Währung stabil blieb, baute die Bourgeoisie die Löhne direkt ab. Am 24. Juni 1924 gab der englische Finanzminister vor dem Parlament die in Tabelle 13 genannten Zahlen bekannt.

Dazu erübrigt sich jeder Kommentar. In den USA waren die besitzlosen Klassen, die 95 Prozent der Gesamtbevölkerung des Landes ausmachen, nach offiziellen Angaben 1920 mit 77,9 Prozent und 1927 mit 74 Prozent am Nationaleinkommen beteiligt.[33]

33 Historical Statistics of the United States 1789—1945, Washington 1949, S. 15.

Tabelle 13
Finanzeinnahmen in England (in Mio Pfund St.)

	Gewinne und Einkommen der Kapitalisten und der Angehörigen freier Berufe	Lohn der Arbeiter
1920/21	1271	945
1921/22	1394	520

Quelle
M. Beer, Das England der Gegenwart, Berlin 1924, S. 83.

Wenn das Proletariat das, was es während der revolutionären Krise errungen hatte, später wieder einbüßte, so ist dies hauptsächlich dem Verrat der rechten Führer der Sozialdemokratie und der Gewerkschaften zuzuschreiben: der von ihnen betriebenen Spaltung der Arbeiterbewegung — der Parteien und Gewerkschaften — sowie ihrem Paktieren mit der Bourgeoisie gegen die Arbeiterklasse.

Anderseits entlarvten sich die rechten Führer der Sozialdemokratie durch ihre gegen die Interessen der Arbeiterklasse gerichtete Politik selbst, was dazu beitrug, daß in dieser Periode in mehreren kapitalistischen Ländern die Bildung und Festigung der kommunistischen Parteien schnelle Fortschritte machte. In Deutschland, Frankreich und Italien wurden sie zu Massenorganisationen der fortgeschrittenen Arbeiter. Der Faschismus trieb die kommunistischen Parteien in die Illegalität. Doch in ihrem heroischen Kampf gegen den Faschismus, im Feuer der Klassenschlachten, sammelten sie reiche politische Erfahrungen, stählten ihre Kraft und bereiteten sich darauf vor, den Platz einzunehmen, den sie seit Beendigung des zweiten Weltkrieges innehaben.

Kapitel IV
Die zweite Etappe der allgemeinen Krise des Kapitalismus

Die zweite Etappe der allgemeinen Krise des Kapitalismus war eine außerordentlich ereignisreiche Zeit, die die Mehrzahl der Leser selbst miterlebt hat. Aus dieser Etappe ging der Imperialismus vor allem politisch und in geringerem Grade auch wirtschaftlich erheblich geschwächt hervor, während der Sozialismus sowohl in politischer als auch in wirtschaftlicher Beziehung wesentlich erstarkte und sich das sozialistische Weltsystem gebildet hatte. Dies war das Hauptergebnis der zweiten Etappe, es sah aber ganz anders aus, als es sich die Imperialisten im Zusammenhang mit dem zweiten Weltkrieg ausgemalt hatten.

Hitler und die deutsche imperialistische Bourgeoisie gierten nach „Lebensraum" bis zum Ural, sie wollten sich zum Herrscher über ganz Kontinentaleuropa aufschwingen und „die Bolschewiken nach Asien zurücktreiben". Die reaktionären Staatsmänner des Westens (Chamberlain und andere), die das Münchener Abkommen abgeschlossen hatten, trachteten danach, die Aggression des deutschen Imperialismus gegen die Sowjetunion zu lenken. Sie taten dies in der stillen Hoffnung, Deutschland und die Sowjetunion würden dabei gegenseitig verbluten. Deshalb führten sie, selbst als der Krieg bereits ausgebrochen war, noch fast ein Jahr lang den sogenannten „seltsamen" Krieg an der Westfront.

Doch die Imperialisten beider militärischer Gruppierungen sahen sich durch den Ausgang des zweiten Weltkrieges in ihren Erwartungen getäuscht. Die Widersprüche innerhalb des imperialistischen Lagers erwiesen sich als stärker als die Widersprüche zwischen den beiden gesellschaftlichen Systemen. Die Waffenstreckung der französischen Armee, die nach dem ersten Weltkrieg als stärkste in der kapitalistischen Welt galt[34], der fluchtartige Rückzug der britischen Truppen aus Frankreich sowie die Unterjochung fast ganz Kontinentaleuropas (eine nicht geringe Rolle spielte dabei das verräterische Treiben solcher Reaktionäre wie Petain, Laval und Quisling, die dem Kampf gegen die Kommunisten die Unabhängigkeit ihrer Länder opferten) zwangen die angelsächsischen Machthaber, auf die Seite der Sowjetunion zu treten sowie ein politisches und militärisches Bündnis mit ihr zu schließen. Dabei verfolgte die UdSSR im zweiten Weltkrieg freilich ganz andere Ziele als ihre Verbündeten. Ihr ging es darum, den Faschismus und alle seine Folgeerscheinungen restlos zu zerschlagen, während es England und die USA darauf anlegten, ihrem imperialistischen Rivalen eine Niederlage zu bereiten und die Sowjetunion zu schwächen.

Doch auch nach dem Übereinkommen hörte die Auseinandersetzung zwischen den beiden Systemen, dem Sozialismus und dem Kapitalismus, nicht auf. Sogar während des Krieges galt die Hauptsorge Churchills nicht der Unterstützung der Sowjetunion und der Bezwingung Hitlerdeutschlands, sondern der Erhaltung des Britischen Empire und der

34 Strategisch erklärt sich die Niederlage Frankreichs vor allem durch die konservative Einstellung der französischen Militärs, die glaubten, das Land wie im ersten Weltkrieg durch Festungsgürtel (Maginot-Linie) schützen zu können, und das Aufkommen neuer Waffenarten (Panzertruppen und Luftwaffe) in ihre Abwehrpläne nicht einkalkulierten.

Errichtung aller möglichen Hindernisse, die es dem Sozialismus unmöglich machen sollten, sich bei Kriegsende auf andere Länder auszuweiten. Aus diesem Grunde wurde auch die Eröffnung der zweiten Front in Westeuropa solange hinausgezögert, bis es klar war, daß die Sowjetunion aus eigner Kraft ganz Europa von der faschistischen Sklaverei zu befreien vermag. Dadurch erklärt sich auch, daß England seine Hauptkräfte auf Nebenkriegsschauplätzen stationierte (Afrika, Naher Osten, Griechenland), wobei es vorgab, dies sei notwendig, um eine Vereinigung deutscher und japanischer Truppen zu vereiteln. Auf der gleichen Linie liegen die in den letzten Kriegsjahren aus der Schublade gezogenen Pläne, eine zweite Front auf dem Balkan zu errichten, Wien zu erobern usw., an denen die westlichen Alliierten hartnäckig festhielten.[35]

Noch ehe die Waffen ruhten, kam es zwischen der Sowjetunion und ihren Verbündeten, namentlich Großbritannien, zu heftigen Meinungsverschiedenheiten über die künftigen Regierungen in den vom Hitlerjoch befreiten Ländern. Die Verbündeten wollten in Polen sowie in der Tschechoslowakei die reaktionären bürgerlichen Politiker an die Macht lancieren, die ihren Sitz als Emigranten in London aufgeschlagen und dort Regierungen ausgerufen hatten. Nach Ansicht der Sowjetunion dagegen sollte es den Völkern dieser Länder überlassen bleiben, ob sie an der Spitze der Regierung die alten Reaktionäre wiedersehen oder unter Führung der antifaschistischen Widerstandskämpfer leben wollten.

Die Rivalitäten zwischen den imperialistischen Mächten innerhalb der beiden militärischen Gruppierungen des Imperialismus gingen auch während des Krieges weiter. Italien, der Hauptverbündete Hitlers in Europa, griff bis zur Kapitulation Frankreichs nicht in die militärische Auseinandersetzung ein. Es führte seinen „eigenen" Krieg gegen Griechenland zur Eroberung Albaniens. Japan ließ in Ostasien die Kanonen sprechen und eröffnete die Feindseligkeiten gegen die USA. Trotz seiner Mitgliedschaft im „Antikominternpakt" unterzeichnete es mit der Sowjetunion einen Nichtangriffspakt. Hauptkriegsziel der USA im antifaschistischen Lager waren die Besiegung Japans und neben der Niederwerfung Hitlers die Schwächung Großbritanniens und die Zerschlagung seines Kolonialreiches. Aus diesem Grunde lieferten die Vereinigten Staaten an England Kriegsmaterial anfangs nur gegen Bargeld (das heißt gegen Gold); sie zogen damit dessen Goldreserven ab und holten sich die in englischem Besitz befindlichen amerikanischen Wertpapiere zurück. Erst nachdem diese Quellen versiegt waren, setzten die USA das Leih- und Pachtgesetz (Lend Lease Act) in Kraft, das gegen Kriegsende von ihnen völlig unvermittelt wieder aufgehoben wurde. Während des Krieges richtete Roosevelt bei jeder sich bietenden Gelegenheit an Großbritannien die Aufforderung, es solle sein Präferenzensystem, das wirtschaftliche Rückgrat des Commonwealth, abschaffen, Indien die politische Unabhängigkeit gewähren und dergleichen mehr. All das veranlaßte Churchill zu einer scharfen Entgegnung im Parlament. „Ich bin nicht deshalb Ministerpräsident geworden", erklärte er, „um das Britische Empire zu liquidieren."

Somit nahm sowohl der Kampf zwischen den beiden Systemen im antifaschistischen Lager als auch der Kampf zwischen den imperialistischen Mächten innerhalb der beiden imperialistischen militärischen Gruppierungen während des zweiten Weltkrieges seinen Fortgang, griff ineinander über und komplizierte den Kriegsverlauf.

Die Sowjetunion ging aus dem zweiten Weltkrieg trotz des imperialistischen Ränkespiels dank dem heroischen Kampf der Völker ihres Landes unter Führung der KPdSU

35 Umfangreiches Material darüber findet sich in den Erinnerungen Churchills und Marschall Montgomerys.

als Sieger über den Hitlerfaschismus hervor. Obwohl die UdSSR ungeheure Opfer an Menschen und Material zu beklagen hatte, waren die dunklen Absichten der reaktionären Kreise des Weltimperialismus, die Sowjetunion politisch lahmzulegen, fehlgeschlagen. Im Gegenteil, der Einfluß der Sowjetunion in der Weltpolitik war noch nie so groß gewesen wie am Ende des Krieges. Und er wuchs in der Nachkriegszeit weiter an, so daß sich im Laufe der Entwicklung die Zahl der Großmächte faktisch auf zwei reduzierte: auf die Sowjetunion und die USA.[36]

*

Der zweite Weltkrieg endete damit, daß das kapitalistische System in den besiegten Ländern in allen Fugen krachte, in mehreren Ländern Europas und Asiens volksdemokratische Staaten entstanden und in Westeuropa die kapitalistische Ordnung bestehen blieb.[37]

Die durch den zweiten Weltkrieg hervorgerufene Erschütterung des Kapitalismus glich zwar in mancher Beziehung der revolutionären Krise nach dem ersten Weltkrieg, wich aber in vielen Dingen wesentlich von ihr ab.

Während der revolutionären Krise nach dem ersten Weltkrieg waren die kommunistischen Parteien (ausgenommen die Kommunistische Partei der Sowjetunion) noch jung, zahlenmäßig schwach, politisch und organisatorisch unerfahren und theoretisch wenig gefestigt. Zwischen den beiden Weltkriegen legten diese Parteien einen weiten Weg zurück. Fast alle sammelten Erfahrungen in der illegalen Arbeit, einige von ihnen wurden zu Massenparteien. In allen Ländern, die der Agression Hitlerdeutschlands zum Opfer gefallen waren, traten die Kommunisten als führende Kraft des Widerstands auf und erwarben für ihre Parteien die Achtung breiter Bevölkerungskreise.

Nach Kriegsende waren die USA und England, bestürzt über das mächtige Anschwellen des Einflusses der Kommunisten, hauptsächlich bestrebt, die kapitalistische Ordnung zu erhalten. In den von ihnen besetzten Ländern (Italien, Frankreich, Westdeutschland, Griechenland) entwaffneten sie die Volkskräfte, die sich gegen ein Regime erhoben hatten, das von den deutschen Okkupanten oder von Vaterlandsverrätern zur Rettung des Kapitalismus errichtet worden war. Obwohl sie in einigen Ländern die kommunistischen Parteien in die Regierung aufnehmen mußten, unterbanden sie alle Versuche der Volkskräfte, die Gesellschaft grundlegend umzugestalten, und sicherten, gestützt auf die Bajonette ihrer Soldaten, die kapitalistische Ordnung. Es ist kaum anzunehmen, daß Italien und Frankreich ohne die Anwesenheit englischer und amerikanischer Truppen im Lande kapitalistisch geblieben wären.

Abgesehen von Waffengewalt, unternahmen die Imperialisten und ihre Verfechter gewisse Schritte, um das Proletariat und die in der Masse unzufriedene Bevölkerung zu beschwichtigen. Die Maßnahmen, die sie ergriffen, ähnelten zum Teil denen, mit denen sie den Völkern nach dem ersten Weltkrieg Sand in die Augen gestreut hatten. Die Ab-

36 Als Großmächte im weiteren Sinne gelten außer der UdSSR und den USA noch eine Reihe anderer Staaten (zum Beispiel China, Indien, Großbritannien, Frankreich u. a.). Im vorliegenden Falle gebraucht der Verfasser den Begriff „Großmacht" im engeren Sinne.

37 Die Ausdrücke „Osten" und „Westen" sind nur relativ. Die ČSSR und die DDR zählen, ausgehend von ihrer Geschichte, eher zum Westen als zum Osten. Gegenwärtig haben beide Termini keinen kulturgeschichtlichen, sondern einen sozialen Inhalt. Mit der weiteren Ausbreitung und dem Sieg des Sozialismus in anderen Ländern werden sie diesen gegenwärtigen Sinn verlieren.

lösung der Hitlerwehrmacht durch die Anglo-Amerikaner als Besatzung sowie die Wiederherstellung „normaler" bürgerlicher Verhältnisse söhnten die weniger bewußten Massen aus. Wie nach dem ersten Weltkrieg wurden zum Schutze des Kapitalismus die rechten sozialdemokratischen Führer aufgeboten. Dieselben rechten Sozialdemokraten, die in Hitlers Konzentrationslagern den Schwur geleistet hatten, ewig mit den Kommunisten zusammen gegen die Bourgeoisie zu kämpfen, die mit den Kommunisten in der Widerstandsbewegung in Frankreich, Italien und anderen Ländern zusammengearbeitet hatten, begannen unmittelbar nach Schluß des Krieges erneut mit der Bourgeoisie und den Besatzungsmächten zu paktieren und die Kommunisten und Volksmassen wie früher mit wütendem Haß zu verfolgen.

Doch in den meisten besiegten Ländern sah das Kräfteverhältnis zwischen Kommunisten und rechten Sozialdemokraten anders aus als nach dem ersten Weltkrieg. In Frankreich und Italien mußten nach 1945 die Besatzer und die herrschenden Klassen dem gewachsenen Einfluß der Kommunisten unter den Arbeitermassen Rechnung tragen und sich zeitweilig damit abfinden, daß Kommunisten verantwortliche Positionen im Verwaltungsapparat bekleideten. Mit dem Erstarken der Reaktion indessen wurden die Kommunisten überall aus der Regierung ausgebootet. Inzwischen hatten sich die kommunistischen Parteien allerdings auch in den Gewerkschaften und in den Jugendorganisationen die Leitung erkämpft, wie sie überhaupt in der gesamten Arbeiterbewegung dieser Länder führend vorangingen.[38] Die Versuche der rechten Verräter, die Gewerkschaften zu spalten, hatten kaum Erfolg.

Im Gegensatz zur Zeit nach dem ersten Weltkrieg begann die Kirche, namentlich die katholische, bei der Aufrechterhaltung der kapitalistischen Ordnung eine große politische Rolle zu spielen. Breite Kreise der Bevölkerung waren damals durch die Leiden und Entbehrungen der langen Kriegsjahre und der Hitlertyrannei entmutigt. Ihre Niedergeschlagenheit machte sich die katholische Kirche zunutze, indem sie bürgerliche politische Massenparteien gründen ließ, deren Mitglieder aus allen Bevölkerungsschichten zusammengewürfelt waren. Nach dem Krieg kamen diese Parteien in Italien und Frankreich und Westdeutschland ans Ruder. Sie hatten wesentlichen Anteil daran, daß die kapitalistische Ordnung in Westeuropa das Feld behaupten konnte.

Die Bestrebungen der katholischen Kirche, dem Kapitalismus mit einer Massenpartei unter die Arme zu greifen, und die Versuche, Menschen mit entgegengesetzten Klasseninteressen auf religiöser Grundlage zu vereinen, hatten nur vorübergehend Erfolg. In Frankreich wurde die Partei der Katholiken zahlenmäßig jetzt zu einer der schwächsten, in Italien hat sie die absolute Mehrheit im Parlament eingebüßt und steht in einer tiefen Krise, und in der BRD ging sie ebenfalls nicht gestärkt aus den letzten Bundestagswahlen hervor. In der BRD entwickelte sich die CDU jedoch zu der am unverhülltesten auftretenden reaktionären bürgerlichen Partei. Doch der Katholizismus ist nach wie vor eines der Hauptwerkzeuge der Großbourgeoisie bei der Erhaltung der kapitalistischen Ordnung, und zwar nicht nur in den imperialistischen Staaten, sondern auch in den abhängigen Ländern und ehemaligen Kolonien.

38 Das Kräfteverhältnis zwischen Kommunisten und Sozialdemokraten in Westdeutschland ist schwer zu beurteilen, da sich dort die kommunistische Partei, von einer kurzen Zeitspanne unmittelbar nach Kriegsende abgesehen, bis zu ihrem Verbot bereits faktisch und danach auch juristisch in der Illegalität befand.

Ein anschauliches Beispiel hierfür bietet der indische Staat Kerala, wo die katholische Kirche maßgebend an dem reaktionären Kesseltreiben gegen die kommunistische Regierung beteiligt war, die über die Mehrheit im Parlament verfügte. Alle bürgerlichen Kräfte — Kongreßpartei, Sozialisten, Katholiken und Moslemliga — bildeten während der Wahlen im Februar 1960 eine Einheitsfront gegen die Kommunisten. Es gelang ihnen, die kommunistische Parlamentsmehrheit zu beseitigen, obwohl die kommunistische Partei eine Million Stimmen mehr erhielt als bei den vorangegangenen Wahlen und sich die Gesamtzahl der für sie abgegebenen Stimmen von 35 Prozent im Jahre 1957 auf 43 Prozent im Jahre 1960 erhöhte. Die Wahlen in Kerala trugen trotz der ihnen von der katholischen Kirche und der Moslemliga gegebenen religiösen Färbung sichtbar Klassenkampfcharakter. Dies bestätigte indirekt auch die bürgerliche „Neue Zürcher Zeitung", die in einem Bericht ihres Korrespondenten am 23. Januar 1960 schrieb: „Die höheren Kasten kämpfen gemeinsam mit den Christen und Mohammedanern gegen die niedrigeren Kasten und Parias, und die Parteien richten sich danach ein . . . Aber die Kommunisten hatten während ihrer zweieinhalbjährigen Herrschaft so zielbewußt auf eine Begünstigung der unteren Volksschichten hingewirkt, daß sie heute mit der Treue der großen Massen der Armen und gesellschaftlich Geächteten rechnen können." Der Wahlausgang zeigte, daß die religiöse Agitation nicht geholfen hatte, obwohl in den katholischen Kirchen Keralas am Wahltag ab vier Uhr morgens Sondermessen gelesen wurden, in deren Verlauf die Priester die Gläubigen eindringlich ermahnten, ihre Stimme nicht den Kommunisten zu geben, und wobei sich der einflußreiche Moslemführer Tangol sogar auf den Koran berief.

Der Öffentlichkeit hinlänglich bekannt ist auch das erzreaktionäre Spiel, das die katholische Kirche in Südvietnam treibt.

In den volksdemokratischen Ländern mit vorwiegend katholischer Bevölkerung (Polen, Ungarn) sind Teile des katholischen Klerus bis auf den heutigen Tag Brutstätten der Konterrevolution.

In Mittel- und Südosteuropa nahmen die Geschehnisse einen völlig anderen Verlauf als im Westen. Mit der Befreiung der mittel- und südeuropäischen Länder vom Hitlerjoch ebnete die Sowjetunion den antifaschistisch gesinnten Patrioten, die die Widerstandsbewegung gegen den Faschismus und dessen Verbündete unter den herrschenden Klassen der besetzten Länder organisiert und an der Befreiung vom Faschismus mitgewirkt hatten, den Weg für eine ungehinderte politische Betätigung. Es entspann sich ein drei bis vier Jahre währendes Ringen, in dessen Verlauf die antikapitalistischen Kräfte die Oberhand über die Kapitalisten behielten und alle Länder Mittel- und Südosteuropas sich dem Sozialismus zuwandten. Eine Ausnahme bildete lediglich Griechenland, wo es die britischen Truppen verstanden, das reaktionäre Regime zu retten. Auf dem Territorium Deutschlands entstanden zwei Staaten: das kapitalistische und militaristische Westdeutschland und die sozialistische friedliebende Deutsche Demokratische Republik. Mit dem Sieg der Revolution in China und der Gründung von Volksrepubliken in Nordkorea und Nordvietnam bildete sich im Zuge der Nachkriegsentwicklung das sozialistische Weltsystem, das von der Elbe bis zum Stillen Ozean, vom Polarkreis bis zu den Tropen reicht. Zwischen den Ländern dieses Systems bestehen keine antagonistischen Widersprüche, wie sie die Beziehungen zwischen den kapitalistischen Ländern belasten. Die sozialistischen Länder sind vielmehr an einem gemeinsamen wirtschaftlichen und politischen Fortschritt interessiert. In ihrer Planung lehnen sie sich immer enger aneinander an, und die Stärkeren stehen den Schwächeren uneigennützig bei. Enge wirtschaftliche Zusammenarbeit und kameradschaftliche gegenseitige Hilfe der Länder des sozialistischen Lagers sind das Charakteristikum für das Weltsystem des Sozialismus.

Mit der Bildung des sozialistischen Weltsystems hat sich das Kräfteverhältnis zwischen Kapitalismus und Sozialismus grundlegend zugunsten des Sozialismus geändert. Dies ist das herausragendste Ergebnis der Entwicklung nach dem Kriege.

Die imperialistischen Staaten, an ihrer Spitze die USA, entfachten als Antwort auf diese Kräfteverschiebung den „kalten Krieg", der bald schwächer, bald heftiger aufflammte und bis heute nicht erloschen ist.

*

Die kapitalistischen Länder, mit Ausnahme der USA, erlitten durch den Krieg empfindliche Verluste an nationalen Vermögenswerten, denn die Kriegskosten, die Zerstörungen und der zivile Verbrauch (obwohl er im Laufe des Krieges stark heruntergedrückt wurde) übertrafen zusammengenommen beträchtlich das Volumen der laufenden Produktion, die aus Mangel an Arbeitskräften und Rohstoffen sowie infolge der Abnutzung des fixen Kapitals immer mehr schrumpfte. Der Aderlaß am Nationalreichtum blieb dem oberflächlichen Betrachter verborgen, man schien vielmehr im Geld zu schwimmen. Die Kapitalisten, die dem Staat ihre Waren verkauften und dabei sehr hohe Profite erzielten, erwirtschafteten sich ein Riesenvermögen, das sie allerdings nicht wieder in produktives Kapital verwandeln konnten, da auf dem Markt nicht genügend Rohstoffe, Maschinen und Arbeitskräfte angeboten wurden. Kapitalisten, Beamte, Angestellte und ein Teil der Arbeiter vermochten ihre Einkünfte nicht vollständig für Verbrauchsgüter auszugeben, da bei Bestehen staatlicher Festpreise die Lebensmittel, Möbel, Textilien, Maschinen und Wohnungen nicht ausreichten. Infolgedessen sammelten sich bei ihnen freie Geldmittel, obwohl der Schwarze Markt einen Teil ihres Einkommens schluckte.

Durch die Verringerung des Nationalreichtums und den kriegsbedingten Nachfragestau nach Produktionsmitteln und langlebigen Verbrauchsgütern (Wohnraum, Möbel, Gegenstände des Haushaltsbedarfs u. dgl.) ergab sich nach Abschluß des zweiten Weltkrieges die Möglichkeit, die Produktion schnell zu steigern, zumal sich zur gleichen Zeit der kapitalistische Markt außerordentlich stark ausdehnte und bis 1957/58 von einer weltweiten Überproduktionskrise verschont blieb (vgl. Tabelle 14).

Tabelle 14
Index der kapitalistischen Industrieproduktion (1901—1913 = 100)

1937	1946	1948	1950	1952	1954	1956	1957	1958	1959
198	216	258	294	333	354	411	421	411	450

Die Angaben der Tabelle 14 sind, wie wir bereits an früherer Stelle erwähnten, sehr ungenau. Die einzelnen Indizes werden häufig „bereinigt", und zwar stets mit der Tendenz zu einer günstigeren Aussage.[39] Dennoch kann man feststellen, daß die kapitalistische Industrieerzeugung nach 1945 relativ rasch zunahm. Im Jahre 1956 war sie

39 Eine Indexberichtigung ist nur insofern berechtigt, als sich der Anteil der „neuen" Fertigungszweige mit fortschreitender Technik erhöht.

doppelt so hoch wie vor dem Kriege.[40] Nach 1956 allerdings schwächte sich die Zuwachsrate ab, und der zyklische Verlauf der Reproduktion, wie er für den Kapitalismus typisch ist, setzte sich wieder durch.

Der Index der kapitalistischen Weltproduktion sagt über die sehr stark ausgeprägte Ungleichmäßigkeit in der Entwicklung der kapitalistischen Hauptländer nichts aus, vgl. daher Tabelle 15.

Tabelle 15

Index der Industrieproduktion der kapitalistischen Hauptländer (1953 = 100)

Jahr	USA	Kanada	England	Frankreich	BRD	Japan
1937	46	43	80	78	78*	80
1946	67	69	72	60	30—35**	24
1948	75	75	84	80	39	36
1954	94	100	107	109	112	108
1957	110	120	115	144	146	167
1958	102	118	113	150	151	168
1959	116	128	120	159	162	208
1960 (vorläufige Angaben)	119	130	128	169	179	258

* 1938
** Von uns geschätzt

Quelle

Angaben der UNO. In verschiedenen UNO-Publikationen finden sich mitunter Abweichungen um 1 bis 2 Punkte, was jedoch im Bereich der zulässigen statistischen Ungenauigkeit liegt. Der neue USA-Index ist um 3 Punkte höher als der alte.

So wenig exakt die vorstehenden Daten auch sind, lassen sie doch folgende Rückschlüsse zu:

1. Im ersten Nachkriegsjahr lag der Produktionsausstoß in den USA und in Kanada um 50 Prozent höher als vor dem Kriege. Diese beiden Länder waren die Nutznießer des Blutvergießens der Völker. In Westeuropa und in Japan dagegen war der Produktionsstand erheblich niedriger als 1937: in England um 10 Prozent, in Frankreich um 24 Prozent, in Westdeutschland um mehr als 50 Prozent und in Japan um 70 Prozent. Diese Zahlen machen deutlich, daß die besiegten Länder des faschistischen Blocks weitaus größere Einbußen erlitten als England und Frankreich.

2. In den darauffolgenden Jahren trat in den USA und in England eine spürbare Verlangsamung des Wachstumstempos ein. In Frankreich dagegen und vor allem in Westdeutschland und Japan ging die Produktionskurve steil nach oben. Die Wirtschaftskrise von 1957/58 unterbrach diesen Anstieg nur kurz bzw. dämpfte ihn leicht.

3. Im Zuge der Nachkriegsentwicklung erreichten sämtliche führenden kapitalistischen Industriestaaten im Jahre 1958 einen annähernd doppelt so hohen Produktionsausstoß wie vor dem Kriege. Eine Ausnahme bildet England, das seine Produktion nur um 40 Prozent vergrößern konnte und dementsprechend gegenüber allen anderen führenden kapitalistischen Ländern deutlich ins Hintertreffen geraten ist. Dies rührt vor allem daher, daß

40 Damit beim Leser kein falscher Eindruck über das gesetzmäßige Wachstumstempo entsteht, wurde als Vergleichsbasis nicht das Krisenjahr 1938 gewählt.

die Zweige der britischen Industrie, die sich gegenwärtig in einer „Struktur"-Krise befinden, nämlich die Textilindustrie, die Kohleindustrie und der Schiffbau, einen großen Teil der industriellen Erzeugung auf sich vereinigen.

Eine gewisse Rolle bei dem raschen wirtschaftlichen Wiederaufbau in den besiegten Ländern spielte der Zustrom amerikanischen Kapitals in Form von Direktinvestitionen, Anleihen, Aktienkäufen, staatlicher Hilfe usw.

Die Ungleichmäßigkeit der wirtschaftlichen Entwicklung läßt sich nach dem Kriege besonders instruktiv am Beispiel der USA verfolgen. Das amerikanische Kapital machte sich die Schwächung seiner Konkurrenten zunutze und riß einen großen Teil des Waren- und Kapitalexports an sich. Der Anteil der USA an der kapitalistischen Gesamtausfuhr stieg von 14 Prozent 1937 auf 33 Prozent 1947.[41] Dabei verschanzten sich jedoch die USA weiterhin hinter ihren Schutzzollmauern, um die Preise auf dem Binnenmarkt im Interesse der Monopole hoch zu halten, die hauptsächlich daraus den Extraprofit ziehen. Der Anteil des Imports am Nationaleinkommen der Vereinigten Staaten blieb äußerst niedrig. Er belief sich 1938 auf 2,6 Prozent, 1954 auf 2,8 Prozent und 1956 auf 3,1 Prozent.[42] Im Zeitraum von 1946 bis 1949 betrug der reine Exportüberschuß der USA rund 25 Mrd. Dollar. Im Jahre 1953 schrieben wir bereits: „Kein einziges kapitalistisches Land kann endlos mehr exportieren als importieren."[43] (Die Kolonien hatten in der Regel einen ständigen Exportüberschuß; es ist dies die Naturalform ihres Tributs an die Imperialisten.) Tatsächlich rief die Außenhandelspolitik der USA, die den amerikanischen Monopolen Gelegenheit gab, ihr Schäfchen ins Trockene zu bringen, einen „Dollarhunger" hervor, führte zur Spaltung des kapitalistischen Weltmarkts in Währungszonen und zwang die anderen kapitalistischen Länder, die Einfuhr amerikanischer Waren zu drosseln und gegen sie auf den Außenmärkten heftig zu konkurrieren.

Die beherrschende Stellung der USA auf dem kapitalistischen Weltmarkt wurde jedoch allmählich schwächer. Im Jahre 1959 wies die amerikanische Außenhandelsbilanz einen Aktivsaldo von nur 2,4 Mrd. Dollar auf, während die Zahlungsbilanz, vor allem infolge der riesigen Militärausgaben im Ausland (Errichtung militärischer Stützpunkte, Unterhalt der in fremden Ländern stationierten amerikanischen Streitkräfte, Militär-„Hilfe" usw.), stark passiv war. Dadurch wurde aus den USA innerhalb eines Jahres für 4 Mrd. Dollar Gold abgezogen. Selbst der mächtigste kapitalistische Staat kann nicht für längere Zeit die ökonomischen Gesetze des Kapitalismus ungestraft verletzten.

Seit Herbst 1960 hat der Goldabfluß aus den USA derart rapide zugenommen, daß die Dollarkrise perfekt wurde. Der Goldpreis an der Londoner Börse belief sich zeitweilig auf 40 Dollar je Unze gegenüber einem offiziellen Preis von 35 Dollar je Unze. Um den Dollar zu retten, mußten die USA Notmaßnahmen zum Ausgleich der Zahlungsbilanz ergreifen. Der amerikanische Finanzminister und andere hochstehende Persönlichkeiten sprachen in Bonn und London als Bittsteller vor. Die Vereinigten Staaten waren gezwungen, beim Internationalen Währungsfonds Gold zu kaufen. Dennoch hört der Goldabfluß auch jetzt noch nicht auf.

Recht aufschlußreich verlief im gleichen Zeitraum die Entwicklung der Industrie in den schwachentwickelten Ländern (vgl. Tabelle 16).

41 Vgl. Ėkonomika kapitalističeskich stran, Moskva 1959, S. 494.

42 Vgl. Ebenda, S. 518.

43 E. Varga, Grundfragen der Ökonomik und Politik des Imperialismus (nach dem zweiten Weltkrieg), Berlin 1955, S. 92.

Tabelle 16
Index der Industrieproduktion (1953 = 100)

Jahr	Indien	Pakistan*	Mexiko	Argentinien	Brasilien	Belgisch Kongo
1938	76	—	64	64	39	11
1948	87	84	83	105	69	40
1957	130	192	139	121	126	150
1958	132	215	147	125	—	140
1959	147	240	159	111	—	—
1960 (vorläufige Angaben)	158	—	170	114	—	—

* Angaben für 1938 liegen nicht vor, da Pakistan zu diesem Zeitpunkt Bestandteil Indiens war.

Quelle
Angaben der UNO.

Die genannten Daten sind noch ungenauer als die Angaben für die führenden Industriestaaten, die eine seit langem funktionierende Statistik besitzen. Doch auch sie machen hinreichend deutlich, daß die schwachentwickelten Länder in den letzten zehn Jahren, was die Ausweitung ihrer industriellen Erzeugung anbelangt, zum Teil hinter den hochentwickelten Ländern zurückgeblieben sind, zum Teil diese aber auch übertroffen haben (zum Beispiel Kongo, Pakistan). Insgesamt erwecken die Daten (sie sind, wie gesagt, sehr unzuverlässig) den Eindruck, daß sich in den schwachentwickelten Ländern die Industrie trotz der von den Imperialisten so viel gerühmten „Entwicklungshilfe" absolut nicht schneller entwickelt hat als in den kapitalistischen Hauptländern. Indien als das größte schwachentwickelte Land hatte 1958 eine niedrigere industrielle Zuwachsrate zu verzeichnen als jedes hochentwickelte kapitalistische Land, ausgenommen Großbritannien.

Wie die Angaben der Tabelle 17 erkennen lassen, hat sich in der Verteilung der kapitalistischen Industrieproduktion nach dem Kriege auch nicht das Geringste zugunsten der schwachentwickelten Länder verändert.

Tabelle 17
Anteil der hochentwickelten kapitalistischen Länder an der kapitalistischen Industrieproduktion

Jahr	USA	Kanada	England	Frankreich	BRD	Italien	Japan	Gesamt
1937	41,4	2,7	12,5	6,0	9,0*	3,0	4,8	79,4
1948	56,4	3,6	11,7	4,1	4,3	2,1	1,5	83,7
1957	48,6	3,5	8,1	5,0	9,9	3,6	3,0	81,7

* Deutsches Reich.

Quelle
Ėkonomika kapitalističeskich stran, Moskva 1959, S. 67 (Gruppierung — E. V.).

Zwischen 1937 und 1948 nahm der Anteil der sieben bedeutendsten kapitalistischen Industriestaaten an der Industrieproduktion der kapitalistischen Welt um rund 4 Prozent zu; zwischen 1948 und 1957 dagegen sank er um rund 2 Prozent. Sollte sich die Entwicklung im folgenden Jahrzehnt in der gleichen Richtung fortsetzen, wird nach abermals rund 10 Jahren der Vorkriegsstand wieder erreicht sein.

Erhebliche Veränderungen vollzogen sich während des Krieges in der Agrarproduktion. In den USA und in Kanada wurden die Anbauflächen stark erweitert und die Erträge wesentlich gesteigert. In Westeuropa dagegen, wo Arbeitskräfte, Düngemittel und anderes knapp waren, bewegte sich beides rückläufig. Die Agrarkrise, die in der Zeit zwischen den beiden Weltkriegen immer wieder in mehr oder minder scharfer Form hervortrat, fand vorübergehend ihr Ende. In Übersee hielt der Zuwachs der landwirtschaftlichen Produktion noch mehrere Jahre nach Kriegsende an, während Kontinentaleuropa sich noch nicht wieder aus eigener Kraft zu ernähren vermochte.

Im Laufe der Zeit bahnte sich ein Umschwung an. In Westeuropa, wo die Produktion während des Krieges merklich gesunken war, erholte sich die Landwirtschaft allmählich. Nach 1955 überschritten die Ernteergebnisse in diesen Ländern, ausgenommen in Spanien, den Vorkriegsstand erheblich. Infolgedessen machten sich auf dem kapitalistischen Weltmarkt erneut Anzeichen einer Überproduktion bemerkbar. Der Anteil der USA und Kanadas an der Weltweizenerzeugung verringerte sich von 42 Prozent in den Jahren 1945 bis 1949 auf 30 Prozent im Jahre 1957. Die kapitalistischen Überseeländer wurden von der Agrarkrise erneut schwer getroffen: In Kanada und in Australien fiel die Erzeugung unter den Stand von 1939 zurück. Australischer Importweizen, dessen Preis man annähernd als identisch mit dem Weltmarktpreis ansehen kann, notierte in London, wie in Tabelle 18 angegeben.

Tabelle 18
Londoner Börsenpreis für australischen Importweizen (Pfd. St./t)

1952	1955	1958	1959	August 1960
31,3	26,8	25,3	24,0	24,2

Ähnliche Preisrückgänge waren in Kanada, Australien und anderen Agrarexportländern zu beobachten.

Eine besondere Lage ergab sich in den Vereinigten Staaten. Die USA-Regierung gibt aus innenpolitischen Gründen, um sich die Unterstützung der zahlenmäßig starken Schicht kapitalistischer Farmer zu sichern, jährlich 5 Mrd. Dollar als Preisstütze für Weizen und andere Agrarprodukte aus. Infolge dieser Politik haben sich die Inlandspreise für landwirtschaftliche Erzeugnisse von den Weltmarktpreisen gelöst. Die Weizenpreise zum Beispiel fielen in den USA nur unbedeutend: 1951 kostete 1 Bushel 2,62 Dollar, 1959 wurde er für 2,26 Dollar verkauft. Den Farmern zahlt der Staat hohe Preise, sofern sie die Anbaufläche einschränken. Der Ertragszuwachs macht jedoch die Bestrebungen der Regierung zur Beseitigung der Überproduktion zunichte. Der Hektarertrag an Weizen stieg von 8,7 dt 1934 bis 1938 auf 11,1 dt 1950 bis 1954 und weiter auf 13,8 dt 1955 bis 1957. Die staatlichen Vorräte an landwirtschaftlichen Produkten vergrößerten sich wertmäßig auf 10 Mrd. Dollar. Dabei verdienen die amerikanischen Farmer von Jahr zu Jahr weniger. Der Staat vermag der Überproduktion in der amerikanischen Landwirtschaft nicht Herr zu werden, und die Agrarkrise schwelt im Verborgenen weiter. Würde die USA-Regierung von ihrer Stützungspolitik abgehen und die Vorräte an landwirtschaftlichen Erzeugnissen zu kommerziellen Bedingungen auf den kapitalistischen Weltmarkt werfen, dann käme der Agrarkrise im gesamten kapitalistischen Wirtschaftsgebiet offen zum Ausbruch, obwohl die Bevölkerung der kapitalistischen Welt, wie wir noch sehen werden, nach wie vor am Randes des Hungers lebt.

*

Durch den zweiten Weltkrieg hat sich die Lage der kapitalistischen Länder wesentlich gewandelt.

Deutschland, das zeitweilig ganz Europa vom Atlantischen Ozean bis nach Wolgograd, vom Polarkreis in Norwegen bis nach Nordafrika besetzt hielt, wurde aus den von ihm unterjochten Gebieten wieder vertrieben. Auf deutschem Boden entstanden zwei deutsche Staaten.

Japan, dessen Herrschaftsbereich sich von Korea bis nach Indonesien erstreckte, mußte sämtliche alten und neuen Eroberungen räumen und sich auf sein eigentliches Inselterritorium beschränken.

Italien verlor die afrikanischen Kolonien und die von Slawen bewohnten Gebiete in Europa.

Die führende, die einzige kapitalistische Weltmacht wurde die USA.

Ihre Geltung als einzige kapitalistische Weltmacht beruht auf dem riesigen wirtschaftlichen Übergewicht über alle anderen kapitalistischen Mächte. Obwohl dieses Übergewicht, wie wir bereits feststellten, in den letzten fünfzehn Jahren infolge der ungleichmäßigen ökonomischen Entwicklung der kapitalistischen Länder immer mehr an Bedeutung verlor, hat sich nichts Grundlegendes geändert. Dies zeigt sich, wenn wir, wie in Tabelle 19, einige wichtige wirtschaftliche Daten herausgreifen und miteinander vergleichen (die Angaben sind amtlichen Quellen entnommen).

Die Gegenüberstellung, die sich beträchtlich erweitern ließe, beweist, wie sehr die USA, von der Bevölkerungszahl abgesehen[44], alle imperialistischen Staaten Europas zusammen-

Tabelle 19
Die USA als führende Wirtschaftsmacht der kapitalistischen Welt

	USA	England, Frankreich, BRD und Italien zusammen*
Territorium (Tsd. km^2)	7828	1344
Acker- und Gartenfläche (Mio ha)	188	52
Einwohner (Mio, 1959)	178	199
Stahlerzeugung (Mio t, 1958)	77	65
Einwohner (Mio, 1959)	721	301
Goldreserven (Mrd. Dollar, Ende 1958)	21	8
Nationaleinkommen (Mrd. Dollar, 1957)	364	142**

* Japan wurde ausgelassen, da es bislang in politischer Hinsicht faktisch von den USA abhängig ist.
** Umgerechnet in Dollar auf Grund des amtlichen Kurses. Da die Originaldaten äußerst ungenau sind, stimmt auch die Umrechnung in Dollar nicht ganz, was jedoch für den gegebenen Zusammenhang ohne Belang ist.

44 Durch Einbeziehung der Bevölkerungszahl der britischen Dominien würde sich das Bild bis zu einem gewissen Grade verschieben, was aber nicht zu vertreten ist. Kanada als stärkstes Dominion ist mehr mit den USA als mit Großbritannien verflochten. Südafrika hat dem Commonwealth bereits den Rücken gekehrt. Die Fliehkräfte innerhalb des britischen Reiches werden allmählich immer größer.

genommen[45] wirtschaftlich überragen. Dabei ist in Betracht zu ziehen, daß nach Angaben der OEEC im Jahre 1957 die Arbeitsproduktivität der Arbeiter in den Vereinigten Staaten im Durchschnitt 2,2mal so hoch war wie in England. Der Abstand in wirtschaftlicher Beziehung kann sich zwar verringern, doch dürfte dies das enorme Übergewicht der USA kaum beeinträchtigen, da die Hauptfaktoren, die dieses Übergewicht begründen — Arbeitsproduktivität, Territorium und Bevölkerungszahl — ständig wirksam sind.[46]

Um ihre Vorrangstellung in der kapitalistischen Welt zu behaupten, setzen die USA große finanzielle Mittel ein: Jährlich geben sie rund 50 Mrd. Dollar für die Rüstung, für die Entwicklung der Atomenergie sowie für militärische und wirtschaftliche „Hilfe" aus (dieser ständige Aderlaß geht, wie die Ereignisse von 1960 lehren, an ihnen selbst nicht spurlos vorüber). Demgegenüber beträgt das gesamte Nationaleinkommen Frankreichs rund 40 Mrd. Dollar im Jahr. Frankreich wie auch Großbritannien oder die BRD haben nicht die Kraft, mit den USA als Weltmacht gleichzuziehen. Überdies nahm Frankreich in den letzten zehn Jahren amerikanische Militär- und Wirtschafts-„Hilfe" in Höhe von etwa 6 Mrd. Dollar in Anspruch.

In einer ähnlichen Lage befindet sich England. Die Summen, die die USA zur Wahrung ihres Prestiges als Weltmacht jährlich auswerfen, entsprechen annähernd dem britischen Nationaleinkommen. Gewiß, Großbritannien ist das Zentrum einer großen „Gemeinschaft", was seine Positionen stärkt, sofern es sich um gemeinsame Interessen der Mitgliedsländer des Commonwealth handelt (Währungs- und Geschäftsinteressen). Sobald jedoch England seinen Sonderinteressen in der Weltpolitik nachgeht, versagen ihm die Dominien, namentlich die jüngeren unter ihnen, die Gefolgschaft.

England hat im Grunde genommen seine Rolle als Weltmacht ausgespielt, wie es auch das Suez-Abenteuer anschaulich zu erkennen gab. Trotz seines Bündnisses mit Frankreich und Israel mußte es die kriegerischen Handlungen gegen Ägypten unverzüglich einstellen, als die Weltmeinung sein Vorgehen verurteilte und die Sowjetunion Ägypten ihre Unterstützung anbot.[47]

In den ersten Jahren nach dem zweiten Weltkrieg, als die imperialistischen Rivalen der USA empfindlich geschwächt waren, hatten die USA auch das größte politische Übergewicht in der kapitalistischen Welt. In dem Maße, wie diese Rivalen wieder zu Kräften

45 Es sei daran erinnert, daß 1958 in den USA eine Krise herrschte; 1957 belief sich die Stahlerzeugung auf 102 Mio t.

46 In den letzten Jahren hat sich die USA-Wirtschaft sehr langsam entwickelt. Im Zeitraum von 1954 bis 1958 betrug der Stand der Industrieproduktion im Jahresdurchschnitt (1953 = 100):

USA und Kanada	Westeuropa	Asien
102	124	145

47 Eden vermittelt in seinen Erinnerungen eine völlig falsche Vorstellung von dem damaligen Geschehen. Einmal läßt er kein Wort über die Verschwörung mit Israel laut werden, und zum anderen bagatellisiert er die Bedeutung der Haltung der UdSSR, die für Ägypten Partei ergriff. Er wirft den USA vor, sie wären ihren Bündnisverpflichtungen nicht nachgekommen, und behauptet, die Einstellung der Kampfhandlungen sei durch den Sturz des Pfundkurses an den kapitalistischen Börsen unumgänglich geworden, ohne zu sehen, daß dahinter zum Teil einflußreiche Kreise der Großbourgeoisie in der Welt steckten, die das Wagnis des englischen Kriegsabenteuers nüchtern einschätzten. Eden will oder kann nicht begreifen, daß die Zeiten vorüber sind, in denen England eine Weltmacht war, die in der Weltpolitik den Ton angab und tun konnte, was ihr beliebte.

kamen, verminderte sich zwar das Übergewicht der USA, aber es blieb bis auf den heutigen Tag bestehen.

Nach dem Eingeständnis der führenden englischen Zeitschrift „Economist“ wurde England zu einer Macht zweiter Klasse degradiert. Die Zeitschrift schreibt: „Schon fast eine ganze Generation lang zeigt England alle Hauptmerkmale einer zweitrangigen Macht. Seit ... 1941 sind seine militärische Abhängigkeit von einem starken Verbündeten oder einer Koalition, die chronische Anfälligkeit seiner Wirtschaft sowie die immer geringer werdende außenpolitische Bewegungsfreiheit vor aller Welt offenkundig.“[48]

Ihre Stellung als einzige kapitalistische Weltmacht nutzen die USA vor allem für folgende Zwecke aus:

a) Sie sind die Urheber des „kalten Krieges“ gegen das sozialistische Lager, verhängten gegen diese Länder ein Ausfuhrverbot für sogenannte strategische Güter, behindern den Reiseverkehr nach dort, lehnen die Anerkennung der Volksrepublik China ab, verweigern ihr den rechtmäßigen Sitz in der UNO usw. Häufig zwingen sie ihre Verbündeten, gegen deren eigene Interessen, diese Politik mitzumachen. Ein Herd des „kalten Krieges“ ist Westberlin, wo noch heute, über siebzehn Jahre nach Kriegsende, die westlichen Besatzungsmächte regieren, die es zum Aufmarschgebiet und zum „Schaufenster der freien Welt“ erkoren haben und als solches behalten möchten. „Wenn man die Blüte Westberlins einmal unter die Lupe nimmt, so stellt sich heraus, daß sie zu einem beträchtlichen Grade auf Hilfe von außen beruht“, bemerkt das „United States News and World Report“ in seiner Ausgabe vom 8. Juni 1959. „Seit der Blockade pumpte Westdeutschland 3,5 Mrd. Dollar als Unterstützung nach Westberlin. Die USA-Hilfe betrug 850 Mio Dollar.“ Bei einer Einwohnerzahl von rund zwei Millionen kommen somit über 2000 Dollar auf den Kopf der Bevölkerung. Zum gleichen Zeitpunkt gab es nach Mitteilung der genannten Zeitschrift in Westberlin 75000 Arbeitslose (die tatsächliche Zahl dürfte noch höher gewesen sein), was in den USA einer Arbeitslosenziffer von 7 Mio gleichkommt, wenn man das Verhältnis der Arbeitslosen zur Gesamtbevölkerung zugrunde legt. So sieht in Wirklichkeit der „Aufschwung“ Westberlins aus.

b) Unter dem Vorwand, die „freie Welt“ vor der Bedrohung durch den Weltkommunismus schützen zu müssen, treffen die USA Vorbereitungen, um gegen die Länder des sozialistischen Weltsystems einen Weltbrand zu entfachen. So zimmerten sie verschiedene Militärpakte zusammen (NATO, SEATO, CENTO, Militärbündnis mit Japan, Spanien usw.), treiben nicht nur bei sich, sondern in allen kapitalistischen Ländern, die sich zu dieser Politik hergeben, die Aufrüstung fieberhaft voran, errichteten um das sozialistische Lager einen Ring von Luft- und Flottenstützpunkten und entsandten Spionageflugzeuge über das Territorium der Sowjetunion. Die Hauptlinie, die die USA bei ihrem Kriegskurs verfolgen, liegt klar auf der Hand: Sie versorgen ihre Verbündeten mit Waffen, was für die amerikanischen Atom- und Rüstungsmonopole ein recht lukratives Geschäft ist (allerdings waren an der Entwicklung der ersten Atombombe vornehmlich europäische und nicht amerikanische Wissenschaftler beteiligt, darunter Bohr, Fermi, Teller und Szilard); die Landstreitkräfte dagegen, die in einem Krieg die meisten Verluste erleiden, müssen von den Bundesgenossen (Türken, Japanern, Deutschen usw.) gestellt werden.

Die USA-Regierung hat riesige Summen von Steuergeldern, vornehmlich aus den Taschen der Werktätigen gepreßt, aufgebracht, um die kapitalistischen Länder gegen das sozialistische Lager bis an die Zähne zu bewaffnen. Anfang 1960 veröffentlichte das

48 The Economist vom 26. November 1960, S. 857.

State Department erstmalig Angaben über die Militärhilfe der USA an die westeuropäischen Länder in den letzten zehn Jahren (vgl. Tabelle 20).

Tabelle 20
US-Militärhilfe an westeuropäische Länder in den 50er Jahren (Mio Dollar)

Frankreich	Italien	Belgien	Niederlande	England	BRD	Norwegen	Spanien
4337	1847	1163	1093	952	892	623	315

Riesige Summen wurden auch der Türkei, Südkorea und Jiang Jieshi (Tschiang Kai-schek) zugeschanzt.

Die Remilitarisierung Westdeutschlands gehört zu der allgemeinen Linie der USA-Politik, die darauf hinausläuft, jedem Waffen zu geben, der bereit ist, sie gegen das sozialistische Lager zu erheben. Die Geschichte fängt wieder von vorn an. Aber während sich nach dem ersten Weltkrieg die Nachbarstaaten Deutschlands seiner Wiederbewaffnung lange Zeit widersetzten und die „Kleine Entente" gründeten und es damals eines massiven Druckes der USA und Englands bedurfte, bevor Deutschland erlaubt wurde, wieder offen aufzurüsten, war man nach dem zweiten Weltkrieg mit der Wiederherstellung des Kriegspotentials der revanchistischen BRD viel schneller bei der Hand, da die Auseinandersetzung zwischen den beiden Systemen an Gewicht gewonnen hatte. Bereits im Jahre 1955 wurde die BRD in die NATO aufgenommen.[49]

Alle Greueltaten Hitlerdeutschlands waren in Westeuropa vergessen. Die imperialistischen Mächte, an ihrer Spitze die USA, stellen sich den beharrlichen Friedensbestrebungen der Sowjetunion und einer Reihe anderer friedliebender Länder gegenüber blind und helfen der BRD militärisch wieder auf die Beine. Die USA liefern der BRD Raketen und Flugzeuge. England versorgt sie mit Panzerkanonen, die als „Standardwaffe" für englisch-deutsche Panzer dienen, und arbeitet mit ihr bei der „Entwicklung" neuer Panzertypen zusammen.[50] Die dänische Regierung stimmte der Errichtung eines vereinigten westdeutsch-dänischen Flottenkommandos „zum Schutz der Ostsee" zu.[51] Frankreich erhielt, wie BRD-Kriegsminister Strauß am 6. Februar 1960 erklärte, von der Bundesrepublik Aufträge über Waffenlieferungen im Werte von einer Milliarde Mark. Holland räumte der BRD das Recht ein, auf seinem Gebiet Nachschubbasen anzulegen.[52] Mit Einverständnis der französischen Regierung hielt die Bundeswehr im Jahre 1960 in Frankreich Manöver ab. Selbst Israel verkauft der BRD Armeepistolen. Die Wiederbewaffnung des Bonner Staates wurde zum gemeinsamen „Anliegen" aller Gegner des Sozialismus. Wie Hitler verkündet Adenauer, es sei Deutschlands „Mission", die „westliche Zivilisation" zu retten, während Kriegsminister Strauß unverfroren erklärt, das Territorium der BRD reiche für die Entfaltung der Bundeswehr nicht aus und die BRD sei deshalb auf ausländische Militärstützpunkte angewiesen.

*

49 Montgomery schreibt in seinen Erinnerungen (S. 458), daß auf der Sitzung des NATO-Rates im September 1950 die „Aufnahme [West]-Deutschlands bei den Franzosen auf entschiedene Opposition stieß".

50 The Times vom 3. Dezember 1959.

51 Neue Zürcher Zeitung vom 15. Dezember 1959.

52 The Times vom 23. Februar 1960.

Heute, siebzehn Jahre nach Beendigung des zweiten Weltkrieges und nach Eröffnung des „kalten Krieges“, kann kein Zweifel mehr bestehen, daß die gesamte amerikanische Politik von Truman über Dulles bis Eisenhower, die auf die Errichtung der Weltherrschaft abzielte, jämmerlich Schiffbruch erlitten hat.

Diese Politik stützte sich hauptsächlich auf zwei Hypothesen: 1. auf die Annahme, daß das Territorium der Vereinigten Staaten im Falle eines dritten Weltkrieges von Kampfhandlungen verschont bleibt, da allein sie über die modernsten Waffen verfügen oder ihren potentiellen Gegnern weit überlegen sind, und 2. auf den Glauben an die Allmacht des Dollars, die es ihnen gestattet, jedes Land zu kaufen.

Beide Hypothesen sind jedoch zusammengebrochen. Der ungeheure Fortschritt der sowjetischen Wissenschaft und Technik ermöglichte es der UdSSR, mächtige interkontinentale Raketen zu bauen, die in der Lage sind, jedes Objekt, gleich an welchem Punkt der Erde, vernichtend zu treffen. Mit der Überlegenheit der USA auf dem Gebiete der neuzeitlichen Kriegstechnik ist es vorbei. G. F. Kennan schätzte dies richtig ein: „Vor uns steht nicht mehr das Problem, wie hindern wir die Völker, daß sie lernen, uns zu vernichten — damit kommen wir schon zu spät. Vor uns steht vielmehr das Problem, wie erreichen wir, daß bei diesen Völkern nicht der Wunsch wach wird, das erworbene Wissen zu gebrauchen.“[53]

Die veränderte Lage warf die gesamte strategische und außenpolitische Konzeption der herrschenden Klassen in den USA über den Haufen.[54]

Die offiziellen amerikanischen Militärsachverständigen versuchen das amerikanische Volk damit zu trösten, daß die aus der Luft von Flugzeugen abgeworfenen amerikanischen Wasserstoffbomben angeblich weitaus größere Zerstörungen verursachen als die interkontinentalen Raketen. Chester Bowles hat darauf mit Recht erwidert: „Wenn russische Raketen unser Land zerstören sollten, was haben wir dann davon, daß unsere Bomber in der Sowjetunion noch größere Verwüstungen anrichten werden!“

Die neue Situation, der sich die USA gegenübersehen, läßt das Hauptwerkzeug der amerikanischen Aggression, die NATO, allmählich untauglich werden. Es wird immer schwieriger, innerhalb dieses Militärblocks zu einer koordinierten Politik zu kommen. Frankreich und die BRD fordern in der Führung der NATO die gleichen Rechte wie die USA. Sollten sie ihren Anspruch durchsetzen, würde sich die NATO aus einem Instrument der USA-Politik in ein Instrument der imperialistischen Mächte Kontinentaleuropas verwandeln. Die NATO steckt in einer chronischen Krise.

Nicht erfüllt haben sich auch die Hoffnungen, die auf die Allmacht des Dollars gesetzt wurden. Die „Marshallplanhilfe“ wurde nicht allein von den sozialistischen Ländern abgelehnt. Nachdem die westeuropäischen Verbündeten der USA wirtschaftlich erstarkt waren, erhoben sie nämlich die Losung „Nicht Hilfe, sondern Handel“. Aber, was das Wichtigste ist, eine immer größere Zahl nichtsozialistischer Länder, große wie kleine, weigern sich, die von feindseligen Gefühlen gegenüber dem sozialistischen Lager diktierte amerikanische Politik noch länger mitzumachen; sie schlagen eine unabhängige Politik ein und unterhalten freundschaftliche Beziehungen zur Sowjetunion und den anderen sozialistischen Staaten. Zu diesen Ländern gehören unter anderem Indien, Burma, Ceylon, der Irak, Syrien, Indonesien und Afghanistan in Asien sowie Ägypten, Äthiopien und

53 G. F. Kennan, Russia, the Atom Bomb and the West. London 1958, S. 12.

54 Ein deutlicher Beweis hierfür ist die gesamte zeitgenössische militärpolitische Literatur in den USA (Kissinger und andere, Gutachten für den USA-Kongreß usw.).

Guinea in Afrika. Kuba, Tunesien und Marokko drängen auf die Auflösung der auf ihren Territorien befindlichen ausländischen Militärstützpunkte. In allen diesen Ländern zusammengenommen lebt rund eine Milliarde Menschen, das heißt mehr als ein Drittel der Erdbevölkerung. Die Völker dieser Länder ziehen die Unabhängigkeit den amerikanischen Dollars vor.

*

Das wichtigste Ereignis in der zweiten Etappe der allgemeinen Krise des Kapitalismus war der beginnende Zerfall des imperialistischen Kolonialsystems. Vor dem zweiten Weltkrieg zählte die Bevölkerung der Kolonien (ohne Halbkolonien) fast eine Milliarde Menschen. Mitte 1960 waren es nur noch etwa 100 Mio, die sich auf den nördlichen Teil von Kalimántan (Borneo), auf die portugiesischen Kolonien in Asien, die britischen Kolonien im Osten der Arabischen Halbinsel, die geringen Reste des britischen und französischen Kolonialreichs in Mittelamerika sowie auf die britischen, französischen und portugiesischen Kolonialbesitzungen in Afrika verteilen.

Die Souveränität freilich ist nicht immer ein Zeichen dafür, daß das Kolonialregime verschwunden ist. Die Republik Südafrika zum Beispiel bildet einen souveränen Staat, für die dort lebenden zehn Millionen Neger jedoch ist sie eine Kolonie übelster Art.

Die Befreiung der Kolonien vollzieht sich im Kampf ihrer Völker. Der „freiwillige" Verzicht der Imperialisten auf ihre kolonialen Besitzungen ist eine glatte Erfindung. So herrschte der holländische Imperialismus rund 400 Jahre über Indonesien, während der britische Imperialismus in Indien mehr als 200 Jahre nach Belieben schaltete. Warum eigentlich sind die Imperialisten nicht früher von ihrer Macht „freiwillig" zurückgetreten? Erst als die Völker der Kolonien durch ihren machtvollen nationalen Befreiungskampf den Imperialisten entgegentraten und ihnen zeigten, daß sie nicht länger gewillt sind, sich politisch gängeln zu lassen, „verzichteten" diese auf ihre Herrschaft, wobei sie aber nach wie vor versuchen, ihre ökonomischen Positionen in ihren Kolonialbesitzungen zu retten. Darin bestand ihre ganze „Freiwilligkeit".

Der Kampf der Kolonialvölker ist in eine Vielzahl von Formen gekleidet. Er reicht je nach den historischen Gegebenheiten vom friedlichen Massenwiderstand bis zu bewaffneten Auseinandersetzungen, die von fast regulären Truppen geführt werden. Die entscheidende Form ist jedoch in allen Kolonien der politische Kampf, da die Imperialisten in militärischer Hinsicht stets und überall die Übermacht hatten. Dies gilt selbst für Vietnam, wo der französische Imperialismus eine offene militärische Niederlage einstecken mußte. Ein amerikanischer Augenzeuge berichtet: „Von denjenigen, die den Einzug der kommunistischen vietnamesischen Truppen in Hanoi im Oktober 1954 miterlebten, wird kaum jemand dieses Bild vergessen. Die Sieger schleppten sich mit unzulänglichem Schuhwerk an den Füßen durch den tiefen Schmutz. Ihre Waffen trugen sie auf Bambusgestellen. Auf dreirädrigen Karren lagen die Nachrichtengeräte, und die Funker fuhren auf Fahrrädern. Die Besiegten dagegen flohen in Panzern, in Panzerspähwagen, in Kettenfahrzeugen und in Lastkraftwagen, Minenwerfer und sonstige Waffen hinter sich lassend ... Während der acht Kriegsjahre besaßen die Vietnamesen kein einziges Flugzeug. Die an den täglichen Bombardierungen beteiligten Kampfflugzeuge und Jäger gehörten ausschließlich den Franzosen."[55]

Die tragende Kraft im Befreiungskampf der Kolonien sind die Bauernschaft und das

55 D. Warner, Have We Learned the Lessons of the War?, in: New Republic vom 14. Dezember 1959.

Proletariat. An ihm beteiligten sich jedoch mehr oder weniger konsequent auch alle anderen Klassen und Gruppen (außer der Kompradoren-Bourgeoisie) bis zum König von Marokko und den Stammesfürsten in Afrika. In denjenigen Kolonien, die ihre politische Freiheit errungen haben, hängt die weitere Entwicklung vor allem davon ab, wer den Kampf des Volkes anführt. Dort, wo das Proletariat an der Spitze stand, wie in China und Nordvietnam, folgte der politischen Unabhängigkeit die volle wirtschaftliche Befreiung, wurde das ausländische Kapital aus seinen Positionen und der Feudalismus aus seinen letzten Zwingburgen vertrieben, begann der Aufbau des Sozialismus. Dort aber, wo die Führung des Kampfes in die Hände der herrschenden Klassen glitt — und dies war in den meisten Ländern der Fall —, wurden nicht selten mit dem Imperialismus Kompromisse geschlossen und die Reste des Feudalismus nicht beseitigt. Aus diesem Grunde ist die politische Souveränität nicht gleichbedeutend mit der ökonomischen Unabhängigkeit von den Imperialisten.

Als Musterbeispiel mag Indien dienen. In den zwölf Jahren, die seit der Befreiung vergangen sind, haben sich dort die englischen Kapitalanlagen nicht etwa verringert, sondern sind sogar auf das Doppelte angewachsen. Im Jahre 1958 betrugen sie 4,3 Mrd. Rupien, das sind 81 Prozent aller ausländischen Investitionen in Indien. „Die Zusammenarbeit zwischen englischen und indischen Industriegesellschaften hat sich ständig erweitert, und zwar nicht nur bei der Errichtung von Unternehmen der Schwerindustrie und des Schwermaschinenbaus, sondern auch in weniger bedeutenden Fertigungszweigen.“[56] Trotz seiner politischen Souveränität entrichtet Indien regelmäßig in jedem Jahr in klingender Münze seinen Tribut an den britischen Imperialismus. Auch die Agrarverhältnisse wurden in Indien bisher nicht grundlegend umgestaltet. Die Bauern fristen nach wie vor ein kümmerliches Dasein. „Neun Zehntel aller Agrarkredite kommen noch immer von Wucherern und Landlords.“[57]

In Indonesien wurde das holländische Kapital aus seinen Stellungen im wesentlichen vertrieben, während der Feudalismus noch nicht mit der Wurzel ausgerottet ist. Wie der Vorsitzende der Kommunistischen Partei Indonesiens, Aidit, feststellte, müssen die indonesischen Bauern noch heute die Hälfte ihrer Ernte an die Grundbesitzer abtreten. Die kommunistische Partei fordert, den Bauern einen höheren Teil der Erträge zu belassen.[58]

In den Ländern, die das Joch des Imperialismus abgeschüttelt haben, dehnt sich die Industrie mehr oder minder stark aus, wie das kräftige Ansteigen der Maschinenimporte in diese Länder beweist (vgl. Tabelle 21).

Die Angaben der Tabelle sollten jedoch nicht überbewertet werden. Die Kaufkraft des Dollars ist seit 1938 um mehr als die Hälfte gesunken. Der Investitionsumfang in den schwachentwickelten kapitalistischen Ländern ist, bezogen auf den Kopf der Bevölkerung, noch immer unvergleichlich geringer als in den hochentwickelten kapitalistischen Staaten.

Von allen ehemaligen Kolonien bemüht sich Indien zweifellos am konsequentesten um den Aufbau seiner Industrie und Wirtschaft. In Einklang mit dem zweiten Fünfjahrplan beziffern sich die Neuinvestitionen (einschließlich Wohnungsbau und kommunale Dienstleistungen) auf 4,7 Mrd. Pfund Sterling.[59] In England dagegen, das nur den achten Teil der

56 The Times vom 22. Dezember 1959.

57 The Economist vom 6. Juni 1959, S. 951.

58 Probleme des Friedens und des Sozialismus, 2/1960, S. 25.

59 The Economist vom 26. März 1960, S. 1269.

Tabelle 21
Einfuhr von Maschinen (in Mio Dollar)

	1938	1951	1957
Indien	13	142	478
Indonesien	8	24	96
Ägypten	15	65	56
Irak	6	16	57

Quelle
Yearbook of International Trade Statistics, 1950, 1952, 1957 (umgerechnet in Dollar zum amtlichen Kurs).

Bevölkerung Indiens zählt, wurden von 1954 bis 1958 insgesamt 15,5 Mrd. Pfund angelegt, und in den USA, wo rund halb soviel Menschen wie in Indien leben, stellten sich die privaten Kapitalaufwendungen im Inland im gleichen Zeitraum auf 280 Mrd. Dollar bzw. 100 Mrd. Pfund Sterling. Der Investitionsbetrag je Kopf der Bevölkerung lag demzufolge in den USA 40mal so hoch wie in Indien! Dabei darf nicht übersehen werden, daß die in den schwachentwickelten Ländern neuinvestierten Gelder zum Teil den Kapitalisten imperialistischer Mächte gehören.

Die angeführten Angaben können als Beweis dafür gelten, daß es zwischen den hochindustrialisierten und den schwachentwickelten kapitalistischen Ländern keinerlei Niveauangleichung gibt. (Die Rolle der Sowjetunion und der übrigen Länder des sozialistischen Lagers bei der Industrialisierung der schwachentwickelten Länder wird im folgenden Kapitel behandelt.) Einzig und allein durch die unterschiedliche Gesellschaftsordnung ist es zu erklären, daß China, das mehrere Jahre später als Indien die Unabhängigkeit erlangte, dieses wirtschaftlich weit überholt hat, obwohl Indien eine günstigere Ausgangsposition besaß: Es war nicht Schauplatz von Kriegshandlungen gewesen, verfügte über ein entwickelteres Eisenbahnnetz, seine Wasserstraßen waren besser reguliert usw.

Hinzu kommt, daß in den schwachentwickelten Ländern auf Grund der billigen Arbeitskräfte vorwiegend die „alteingesessenen“ Industriezweige erweitert werden, während die modernen Fertigungszweige vorläufig noch ein Monopol der hochentwickelten Länder sind (vgl. Tabelle 22).

Tabelle 22
Bestand an Spindeln (Mio Stück)

	1939	1957
Kapitalistische Länder, gesamt	113	102
Hochentwickelte Länder (USA, England, Frankreich, BRD)	70	53
Übrige Länder	43	49

Quelle
Statistical Yearbook, 1958, S. 189 (Mulespindeln umgerechnet in Ringspindeln, Koeffizient 0,6).

In den vier hochentwickelten Ländern nahm die Zahl der Spindeln um 17 Mio ab, in den übrigen Ländern dagegen trat eine Zunahme um 6 Mio ein. (Die Leistung der Spindeln hat sich im angegebenen Zeitraum selbstverständlich erhöht.)

Betrachtet man den Verlauf, den die Befreiung der Kolonien von der imperialistischen Zwangsherrschaft in den letzten 15 Jahren genommen hat, so drängen sich nachstehende Erkenntnisse auf.

Unter dem Druck der nationalen Befreiungsbewegung finden sich die Imperialisten bereit, den Kolonien die politische Freiheit zu gewähren, in denen nur eine kleine Zahl von Kolonialisten ihren ständigen Wohnsitz hat, der Grund und Boden sich im wesentlichen in der Hand der einheimischen Bevölkerung befindet und die Aussicht besteht, daß das Privateigentum der kolonialen Unterdrücker nach der politischen Befreiung des Landes erhalten bleibt. Ein typisches Beispiel dafür ist Belgisch-Kongo. Nach schweren „Unruhen" im Kongo mußte Belgien dem Land die Selbstverwaltung gewähren. Es tat dies unter der Bedingung, daß seine wirtschaftlichen Positionen nicht angetastet werden.

Die Vorgänge im Kongo in den Jahren 1960/1961 haben mit aller Deutlichkeit gezeigt, daß es den Kolonialherren nicht im Traume einfällt, auf ihre kolonialen Extraprofite „freiwillig" zu verzichten.

Um die Vorfälle im Kongo im rechten Licht zu sehen, muß man sich vergegenwärtigen, daß dieses riesige Land mit einer Gesamtfläche von 2,3 Mio km^2 fast ebenso groß wie ganz Westeuropa ist. Die Interessen der belgischen Kolonialisten konzentrieren sich auf die reichen Bodenschätze Kongos, die enorme Profite abwerfen. Der Schlüsselkonzern, die Union Minière du Haut-Katanga, besitzt in Katanga ein Konzessionsgebiet von 34000 km^2 und steht, was die Gewinne anbelangt, an neunter Stelle unter den Unternehmen der kapitalistischen Welt außerhalb der USA. Im Jahre 1959 verblieb ihm nach Abzug der Steuern und nach Abführung stiller Rücklagen ein Reingewinn von 57 Mio Dollar.[60] Dieser Riesenprofit wurde aus 24011 Arbeitern herausgepreßt, das sind im Jahr je Arbeiter 2400 Dollar Reingewinn.

Uns liegen keine Unterlagen über die Löhne der Minenarbeiter im Kongo vor. Dem allgemein gehaltenen Bericht einer Studienkommission des Internationalen Arbeitsamtes, die im Frühjahr 1960 das Land bereiste, ist zu entnehmen, daß der monatliche Mindestlohn der Kongolesen 6 Dollar betrug. Demgegenüber erhielt ein Belgier, der sich zum Dienst im Kongo verpflichtete, monatlich mindestens 9687 Francs zuzüglich Miete, d. h., er verdiente rund 30mal mehr als ein einheimischer Arbeiter. „Die Mehrzahl der Europäer hat jedoch einen wesentlich höheren Verdienst", wie die „Neue Zürcher Zeitung" bestätigte.[61] Selbst gesetzt den Fall, die kongolesischen Minenarbeiter erhielten nicht 6, sondern 30 Dollar im Monat (was absolut unwahrscheinlich ist), so ergäbe dies eine Ausbeutungsrate von mehr als 500 Prozent. Ähnlich ist die Lage auch in den anderen Bergbaudistrikten des Landes.

Verständlich, daß weder die belgischen Kolonialherren, an ihrer Spitze der König, noch ihre amerikanischen und englischen Gesellschafter, noch der Papst[62] diese Profite preisgeben wollten.

Katanga kommt darüber hinaus große militärische Bedeutung zu, denn es ist der größte Kobaltproduzent der kapitalistischen Welt und einer der Hauptlieferanten von Uran, Kupfer, Diamanten und anderen strategisch wichtigen Rohstoffen. Die Imperialisten wollen deshalb unter allen Umständen verhindern, daß die reichen Bodenschätze Katangas

60 Fortune, August 1960, S. 137.

61 Neue Zürcher Zeitung vom 21. Oktober 1960.

62 Der Papst ist Aktionär der belgischen Großbank Société Générale, die die Union Minière du Haut-Katanga gründete und finanziert.

in die Hände des kongolesischen Volkes fallen. Außerdem besitzen die Kolonialherren in dieser Provinz Großplantagen (Baumwolle, Kopra), auf denen 200000 Lohnarbeiter tätig sind. In den Händen der Kolonialisten befinden sich ferner die Schiffahrt, der Luftverkehr, die Banken und der Außenhandel des Landes. Belgien hatte im Kongo 1,5 Mrd. Dollar investiert.[63] Im Jahre 1955 belief sich die Preissumme aller Aktien kongolesischer Unternehmen an der Börse in Brüssel auf 2 Mrd. Dollar.

So sieht der politisch-ökonomische Hintergrund aus, vor dem sich die verwickelten Ereignisse im Kongo abspielen.

Die Kolonialisten ordneten die Wirtschaft des Landes den Interessen der Montangewaltigen unter. Die Eisenbahnen, die gebaut wurden, waren für den Abtransport der Bergbauprodukte in die Seehäfen der benachbarten Länder bestimmt. Folgende Angaben sprechen eine eindeutige Sprache: Während das kleine Belgien im Jahre 1957 einen Bestand von 1902 Lokomotiven, 6600 Reisezugwagen und 71000 Güterwagen (ohne solche für Schmalspurbahnen) aufwies, verfügte der viel größere Kongo über nur 464 Lokomotiven, 261 Reisezugwagen und 9000 Güterwagen. Durch das Fehlen von Verkehrswegen waren beträchtliche Teile des Landes abgeschnitten. Die Stammes- und Gentilordnung wucherte weiter und wurde von dem Kolonialisten ausgenutzt, um das Volk zu entzweien. Im Kongo gibt es aber auch kapitalistische Großunternehmen, die insgesamt 800000 Lohnarbeiter beschäftigen (ein erheblicher Teil von ihnen war 1959 arbeitslos).

Die Kolonialherren stürzten das kongolesische Volk in tiefe Armut. Innerhalb der 80 Jahre, in denen sie ihr Regime ausübten, sank die Zahl der einheimischen Bevölkerung von 20 auf 14 Mio Menschen. Die Kolonialisten entzogen dem Volk bewußt jede Möglichkeit, sich kulturell zu entwickeln. Negern war der Zutritt zu den höheren Bildungsstätten verwehrt. Im Lande gibt es kaum zehn Kongolesen mit Hochschulbildung. Die Zahl der Ärzte beträgt 594, sie praktizieren vorwiegend in den Städten und betreuen hauptsächlich die im Kongo lebenden 90000 Belgier. Die Rassendiskriminierung war im Kongo nicht weniger scharf ausgeprägt als in der Republik Südafrika. Wie die einheimische Bevölkerung Südafrikas durften auch die Kongolesen die Europäerviertel in den Städten nur mit einem Sonderausweis betreten.

Die belgischen Kolonialherren terrorisierten die Bevölkerung. Sie schufen auch eine starke, unter dem Kommando belgischer Offiziere stehende Armee aus kongolesischen Söldnern, die sogenannte Force Publique, und hetzten sie gegen das eigene Volk. In dieser Armee, die 70 Jahre bestand, mußten die kongolesischen Söldner sieben Jahre dienen (sie konnten sich auch für weitere sieben Jahre verdingen) und wurden bei kleinsten Vergehen grausam bestraft. Auch durch die Armee zog sich die Rassentrennung. Kein Neger durfte einen Offiziersrang bekleiden. Die Soldaten wurden nicht für den Kampf gegen bewaffnete Kräfte, sondern zum Einsatz gegen die wehrlose Bevölkerung ausgebildet; sie erinnerten an eine „Bande von Wegelagerern“[64] und haßten ihre hochbesoldeten belgischen Vorgesetzten. Die Armee zählte 23000 Soldaten und 1006 belgische Offiziere.

So sehr sich die belgischen Kolonialisten auch mühten, die Bevölkerung in Unwissenheit zu halten, die Befreiungsbewegung brach sich auch im Kongo Bahn. Vor der Erhebung in Leopoldville im Januar 1959 gab es im Lande 4000 politische Häftlinge.

Um allen Unannehmlichkeiten aus dem Weg zu gehen, gestanden die Kolonialherren dem Kongo eine politische Scheinunabhängigkeit zu. In dem Ende Juni 1960 zwischen Belgien

63 Fortune, November 1960, S. 129.

64 B. Davidson, Report on the Congo, in: New Statesman and Nation vom 23. Juli 1960, S. 110.

und der Regierung des „unabhängigen" Kongo unterzeichneten Vertrag wurde festgelegt, daß Belgien seine Militärstützpunkte im Kongo behält, der Kongo seine Außenpolitik „mit Unterstützung des belgischen Außenministeriums" betreibt und beide Länder einander Beistand leisten.[65] Man kam ferner überein, die belgischen Offiziere wie auch die übrigen belgischen Beamten auf ihren Posten zu belassen. Belgien mußte lediglich bei der Zahlung der Gehälter an seine Offiziere etwas dazuzahlen.

Die Kolonialherren hatten allerdings zwei Faktoren nicht einkalkuliert, die ihnen einen Strich durch die Rechnung machten:

1. Der vom Parlament gewählte Ministerpräsident Patrice Lumumba gab unzweideutig zu verstehen, daß er gewillt ist, die Wünsche des Volkes nach Unabhängigkeit nicht nur formell, sondern auch de facto durchzusetzen und das Land dem tödlichen Griff der belgischen Kolonialisten zu entziehen;

2. Die Soldaten der „Force Publique" erhoben sich, so daß diese Armee völlig auseinanderfiel. Die Angehörigen dieser Truppe hatten sich von der Gewährung der „Unabhängigkeit" eine Änderung ihrer Lage erhofft. Der Oberkommandierende der Force Publique, der belgische General Janssens, erließ jedoch einen Tagesbefehl, in dem er erklärte, daß in der Armee alles beim alten bliebe. Die Soldaten empörten sich und machten mit den belgischen Offizieren und deren Familien kurzen Prozeß, so wie man sie gelehrt hatte, mit dem Volk umzugehen. Der Zwangsapparat geriet in Zerfall.

Die belgischen Kolonialherren haben dank ihrer raffinierten Manipulationen die Macht über Katanga, die reichste Provinz Kongos, nicht einen Tag lang aus der Hand gegeben. Der Korrespondent der Pariser Zeitung L'Express J. Daniel schrieb nach seiner Rückkehr aus Katanga Anfang August 1961 folgendes: „In Katanga spielen drei Männer eine einflußreichere Rolle als Tschombé, es sind dies General Haysens, der Kommandierende der belgischen Truppen in Katanga, Major Trinquier, der Befehlshaber der Katanga-Armee und Oberst Weber, der sogenannte „Militärattaché" des Ministerpräsidenten von Katanga. Diese drei Belgier kontrollieren die Polizei, die Armee, den Nachrichtendienst, die Propaganda und die Lebensmittelversorgung. Die belgische ‚technische Hilfe' ... entpuppte sich als eine verfeinerte Form des Kolonialismus."[66] Die belgischen Kolonialisten brachten im Verein mit dem amerikanischen Imperialismus und mit Unterstützung der UNO-Truppen fast das ganze Land allmählich wieder unter ihre Macht. Der rechtmäßige Ministerpräsident des Landes, Lumumba, wurde von gedungenen Kreaturen der Imperialisten meuchlings gemordet. Teile des Landes werden auf Geheiß der belgischen und amerikanischen Kolonialisten von ihren Marionetten Mobuto, Kalonji, Kasavubu und Tschombé regiert.[67]

Die Botschafter der Länder, die dem Kongo bei der Befreiung vom kolonialen Joch aufrichtig helfen wollten, wie die UdSSR, die ČSSR, die VAR und Ghana, mußten das Land verlassen.

Andererseits wurden die Heuchelei, der Zynismus und die Grausamkeit der Kolonialisten, die die UNO als Aushängeschild für ihre schmutzigen Geschäfte benutzten, vor aller Welt entlarvt.

65 Meldung der Reuter-Agentur aus Leopoldville vom 29. Juni 1960.

66 New Statesman and Nation vom 13. August 1960, S. 204.

67 Tschombé stammt aus einer reichen Kaufmannsfamilie, ist mit der Tochter eines dortigen Stammesfürsten verheiratet und erhielt seine Ausbildung in einer Missionarsschule; er ist seit langem mit der Union Minière du Haut-Katanga liiert. Kasavubu ist Katholik, erlangte die Priesterweihe und war Lehrer an einer Missionarsschule. Auch in Katanga spielt die katholische Kirche eine reaktionäre Rolle.

Der weitere Verlauf der Ereignisse im Kongo ist aus der Tagespresse bekannt.

Völlig anders liegen die Dinge in den Kolonien, wo die weißen Siedler günstige klimatische Bedingungen vorfanden, wo sie sich deshalb in großen Scharen niederließen und der ansässigen Bevölkerung fast alle fruchtbaren Ländereien entrissen, wie in der Republik Südafrika, in Rhodesien, Njassaland und Algerien. Wie die weißen Eindringlinge sich des Grund und Bodens bemächtigten, der die Existenzgrundlage der Bewohner dieser Länder bildet, veranschaulichen nachstehende Beispiele.

In der Republik Südafrika ist es der Eingeborenenbevölkerung seit 1913 untersagt, Land außerhalb der Reservate zu erwerben. Die Reservate aber machen flächenmäßig 25 Prozent von Natal, 7 Prozent der Kapprovinz, 3 Prozent von Transvaal und 0,5 Prozent des Oranje-Freistaats aus. Die wachsende Negerbevölkerung kann natürlich mit derartigen Handtuchflächen nichts anfangen und muß sich auf den Farmen und in den Fabriken der Kolonialherren verdingen. In ihrer Heimat lebend, werden ihr sämtliche bürgerliche Rechte vorenthalten.

Ähnlich sieht es in Rhodesien und Njassaland aus. In Süd-Rhodesien sitzen 211000 europäische Kolonialisten auf 52 Mio Acres ertragreichen Bodens, während sich 2,6 Mio Neger mit 42 Mio Acres kargen Landes begnügen müssen. Somit kommen auf jeden Weißen im Durchschnitt 2500 Acres, während auf jeden Neger 16 Acres entfallen.

In der Republik Südafrika und in Rhodesien muß jeder Neger, der sich außerhalb der Reservate aufhält, einen Ausweis bei sich tragen. Nach einem in Rhodesien im Jahre 1957 erlassenen Gesetz wird jeder „Eingeborene, der bei einer Razzia, gleich in welchem Teil des Landes, ohne Zertifikat, Personalerlaubnis oder offizielle Genehmigung angetroffen wird, als der Gesetzesübertretung für schuldig befunden und mit einer Gefängnisstrafe von drei Monaten belegt (Artikel 21) . . . Jeder Eingeborene, ob Mann oder Frau, bei dem der Verdacht besteht, daß er gegen Vorschriften dieses Gesetzes verstoßen hat, kann mit oder ohne Haftbefehl festgenommen werden . . . (Artikel 25).“[68] Dieses Gesetz wurde angenommen, als die Befreiung Afrikas bereits mitten im Gange war.

Die Herren der genannten Kolonien wollen auch von einer Gleichberechtigung der einheimischen Bevölkerung nichts wissen. Verzweifelt kämpfen sie darum, ihre Plantagen und die billige Arbeitskraft der Neger nicht zu verlieren, die bei ihnen halbe Sklaven sind. Sie spielen sich dabei als „Hüter der weißen Zivilisation“ auf. Obwohl sie, wie das Beispiel Algeriens zeigt, selbst vor einem Putsch nicht zurückschrecken, wird auch in diesen Kolonien der Kampf der Völker mit der Befreiung vom kolonialen Joch enden. In der Republik Südafrika schürten die Weißen im April 1960 die Atmosphäre gegen die Neger bis zum Bürgerkrieg. An den Massakern gegen die schwarze Bevölkerung beteiligten sich nicht nur reguläre Truppen und Polizei, auch die weißen Farmer wurden bewaffnet. Die Neger traten in den Generalstreik. Die Londoner Börse reagierte mit heftigen Kursstürzen bei Montanwerten. Angesichts dieser Verluste wenden sich die Großkapitalisten der Republik Südafrika, wie der Minenkönig Oppenheimer, gegen die Politik der kolonialen Grundbesitzer; sie brauchen „normale“ Verhältnisse für die Ausbeutung der Arbeiter, weshalb sie an der Aufrechterhaltung von „Ruhe und Ordnung“ interessiert sind.

So sehr sich die weißen Plantagenbesitzer zur Wehr setzen, auch für die Kolonien, die gegenwärtig noch bestehen, naht unaufhaltsam die Stunde der Freiheit.

68 G. Gluton-Brock, Dawn in Nyasaland, o. O. u. J., S. 89.

Kapitel V
Der Kapitalismus unserer Tage

1. Die neue Lage in der Welt

Mit dem Beginn des zwanzigsten Jahrhunderts brach der katastrophenreichste Abschnitt in der Entwicklung des Kapitalismus an. In diesem Zeitraum, der bis in die unmittelbare Gegenwart reicht, wurde die Welt in die seit Menschengedenken verheerendsten Kriege gestürzt, wurden Millionen Menschen vernichtet und ungeheure Produktivkräfte sowie materielle und geistige Werte zerstört. In dieser Zeit brüteten die finstersten Kräfte des Imperialismus eine ungeheuerliche Ideologie und Politik aus, nämlich den Faschismus mit seiner entsetzlichen Rassentheorie, der die bürgerliche Demokratie mit Füßen trat, die Persönlichkeit unterdrückte und alle fortschrittlich gesinnten Menschen verfolgte und in Massen umbrachte. Der Imperialismus, seine Politik und Ideologie enthüllten vor aller Welt ihr barbarischstes Antlitz.

In dieser Periode schlug jedoch auch die Geburtsstunde des mächtigen sozialistischen Systems, das in historisch kurzer Frist seine Überlegenheit über den Kapitalismus demonstrierte, die Produktivkräfte, die Kultur und den Wohlstand des Volkes in atemberaubendem Tempo entwickelte und auf die Geschicke der Welt einen fruchtbaren Einfluß ausübte. Die Entstehung und Entwicklung des sozialistischen Weltsystems führte zur weiteren Vertiefung der allgemeinen Krise des Kapitalismus, beschleunigte den Zerfall des Kolonialsystems und schuf die Möglichkeit, einen Weltbrand zu vermeiden und den Frieden zwischen den Völkern zu festigen.

Seit rund 100 Jahren schreiben sich die Apologeten des Kapitalismus — Politiker, Ökonomen, Philosophen und Soziologen, Geistliche, rechte Sozialdemokraten und Renegaten des Kommunismus — die Finger wund, um in Tausenden von Schriften und Hunderttausenden von Artikeln zu „beweisen", daß der Marxismus unhaltbar sei. Doch die Geschichte ging den von Marx vorausgesagten Weg. Eine Milliarde Menschen, mehr als ein Drittel der Gesamtbevölkerung der Erde, schüttelte das Joch des Kapitalismus ab, errichtet den Sozialismus und Kommunismus und liefert damit den Beweis für die Richtigkeit der Lehre von Marx, wonach der Kapitalismus eine historische Übergangserscheinung, nicht aber eine ein für allemal gegebene ewige Daseinsform der menschlichen Gesellschaft darstellt.

Die Verfechter des Kapitalismus können die Existenz der sozialistischen Welt nicht ignorieren und wie früher den Marxismus-Leninismus mit einer Handbewegung abtun, sondern sie müssen ihre Haltung ändern. Heute erzählen sie, der Marxismus sei die Lehre vom Kapitalismus des neunzehnten Jahrhunderts, einem primitiven, schwach ausgeprägten Kapitalismus. Der Kapitalismus des zwanzigsten Jahrhunderts dagegen sei, auf jeden Fall in den hochentwickelten Ländern, ein völlig anderer, es sei überhaupt kein Kapitalismus mehr, sondern etwas anderes, dem Sozialismus näherstehendes. Der amerikanische „Wissenschaftler" und Diplomat George F. Kennan zum Beispiel schrieb: „. . . In der nichtkommunistischen Welt . . . hat der Begriff ‚Kapitalismus' seine umfassende Bedeutung und Anwendung von früher bereits verloren . . . Heute existiert außerhalb der Grenzen der kommunistischen Einflußsphäre mehr als nur ein soziales und ökonomisches System; heute gibt es dort fast ebensoviele Systeme wie Länder, *und viele dieser Systeme kommen dem, was Marx als Sozialismus definierte, näher als der freie Kapitalismus seiner Zeit*".[69]

Aus der erdrückenden Fülle ähnlicher Beispiele sei die Äußerung eines westdeutschen SPD-Führers auf dem Hamburger Kongreß der Sozialistischen Internationale angeführt, auf dem ein neues, bis ins letzte bürgerliches Programm angenommen wurde. „Die Forderung", so sagte er, „das politische Programm von Karl Marx und Friedrich Engels zum Inhalt des sozialdemokratischen Grundsatzprogramms vom Jahre 1959 zu machen, ist absolut nicht im Sinne von Marx."

Der Führer der englischen Labour-Partei, Gaitskell, erklärte vor Studenten in Leeds, daß es keine Kapitalisten mehr gebe. „Wer da glaubt, es bestehe eine Klasse von Kapitalisten und eine Arbeiterklasse, weiß nicht, wie die Dinge in Wirklichkeit liegen, denn 99,9 Prozent aller Menschen arbeiten und nichts ist mehr übriggeblieben von einer Klasse von Menschen, die nicht arbeiten, obwohl sie arbeitsfähig sind."[70]

Im Rahmen dieser Schrift haben wir keine Möglichkeit, uns mit den endlosen „theoretischen" Varianten auseinanderzusetzen, wonach der Kapitalismus unserer Tage sich grundlegend vom Kapitalismus des neunzehnten Jahrhunderts unterscheiden soll. Die Argumentation dieser „Theoretiker" läuft im wesentlichen auf folgendes hinaus:

a) Im modernen Kapitalismus werden die Arbeiter der hochentwickelten Länder zu Kapitalisten.

b) Der Kapitalist kann in seinem Unternehmen nicht mehr nach eigenem Gutdünken schalten und walten. Herren seines Unternehmens sind die von den Aktionären gewählten Direktoren (institutioneller Sozialismus).

c) Der Typ des modernen Staates ist der sogenannte „Wohlfahrtsstaat": er schöpft einen beträchtlichen Teil des Gewinns der Kapitalisten ab und verwendet ihn, um den Wohlstand der Arbeiterklasse zu heben.

Alle diese Behauptungen sind aus den Fingern gesogen. Selbstverständlich besitzen amerikanische Arbeiter vereinzelt ein paar Aktien, nennen ein auf Raten gekauftes Häuschen, ein Auto und Möbel ihr eigen und haben eine Lebensversicherungspolice in der Tasche. Das Vermögen, das „Kapital" eines solchen Arbeiters, kann, wie es die Apologeten des Kapitalismus berechnen, 10000 bis 15000 Dollar betragen. All das macht ihn aber noch nicht zum Kapitalisten. Dazu ist ein auf Ausbeutung beruhendes Einkommen notwendig, daß es seinem Träger gestattet, ein Leben ohne Arbeit, auf jeden Fall ohne körperliche Anstrengung, zu führen. Der amerikanische Arbeiter aber muß, selbst wenn er über ein sogenanntes Kapital von 25000 Dollar verfügt, auch weiterhin dem Kapitalisten seine Arbeitskraft täglich verkaufen und die Ausbeutung ebenso über sich ergehen lassen, als stünde er völlig mittellos da.

Was nun die „Macht" der Direktoren anbelangt, so ist dies eine Vorspiegelung falscher Tatsachen, denn die Direktoren werden faktisch von den Großkapitalisten ernannt, die über das Kontrollaktienpaket des betreffenden Unternehmens verfügen und ihren Direktoren, wann immer es ihnen paßt, den Stuhl vor die Tür setzen können.

Zu den hohen Steuern, die den Kapitalisten angeblich abverlangt werden, ist zu bemerken, daß ihnen dies nicht weh tut. Bekanntlich sind nicht nur die Gewinne, die nach Abzug der Steuern verbleiben, sondern auch die an die Aktionäre zur Ausschüttung kommenden Dividenden trotz Krisen von einem Jahrzehnt zum anderen gewachsen. Übrigens

69 G. F. Kennan, Peaceful Coexistence, in: Foreign Affairs, Januar 1960, S. 175 (Hervorhebungen — E. V.).
70 The Times vom 12. März 1960.

kann man in der USA-Presse immer wieder lesen, daß die im Reichtum schwimmenden Kapitalisten 90 Prozent ihrer Einkünfte in Form von Steuern abführten. Dies ist ein ausgemachter Schwindel. Die Einkommensteuer steigt zwar mit zunehmendem Einkommen, doch die erhöhten Sätze beziehen sich nicht auf das Gesamteinkommen, sondern jeweils nur auf den die vorhergehende Steuerklasse übersteigenden Betrag. Mitunter zahlen sie für die Einkommenspitze, die den kleinsten Teil des Einkommens ausmacht, 90 Prozent. Ein derart auf seinen Ruf bedachtes Organ der Großkapitalisten wie das Bulletin der „National City Bank" schrieb in seiner Ausgabe vom Dezember 1959: „... im Jahre 1957 erbrachten die Steuersätze, die 50 Prozent überschritten, insgesamt 700 Mio Dollar, das sind 2 Prozent des Gesamtaufkommens an Einkommensteuer in Höhe von 35,2 Mrd. Dollar."[71]

In Wirklichkeit sieht alles ganz anders aus, als es uns die Apologeten weismachen wollen. Der moderne Kapitalismus in den hochentwickelten Ländern erinnert seiner sozialen Struktur nach viel eher an die ausschließlich aus den beiden Klassen — Bourgeoisie und Proletariat — bestehende kapitalistische Gesellschaft, von deren angenommener Existenz Marx bei seiner theoretischen Analyse ausging, als an die tatsächliche kapitalistische Gesellschaft, wie sie zu Marx' Lebzeiten bestand. Damals gab es nämlich neben den Kapitalisten und dem Proletariat noch eine zahlenmäßig starke Bauernschaft, die vorwiegend für den eigenen Verbrauch produzierte, sowie eine Vielzahl von Handwerkern, die ihre Waren auf dem örtlichen, nichtkapitalistischen Markt verkauften. Außerdem hatten sich noch beträchtliche Überreste des Feudalismus erhalten. Heute dagegen bildet das Proletariat (Arbeiter und Angestellte) in den hochentwickelten Ländern die übergroße Mehrheit der Bevölkerung, während sich hier die Zahl der Bauern und der Handwerker beträchtlich verringert hat und der Feudalismus restlos beseitigt ist.

Fest steht, daß in der kapitalistischen Gesellschaft seit Beginn des zwanzigsten Jahrhunderts keine prinzipiellen, grundlegenden Veränderungen eingetreten sind.

Die Gesetze des Kapitalismus haben sich nicht gewandelt. Die Konzentration des Kapitals auf dem Wege der Akkumulation und Zentralisation, die Erhöhung seiner organischen Zusammensetzung, das Anwachsen der Arbeitsproduktivität und die Steigerung der Ausbeutungsrate, Wirtschaftskrisen, Anarchie der Produktion und Konkurrenzkampf — all das ist wie ehedem wirksam. Auch die Klassenbeziehungen innerhalb der kapitalistischen Gesellschaft sind die gleichen geblieben. In der Welt sind indessen beträchtliche Veränderungen vor sich gegangen. Auf der Erde leben heute doppelt soviel Menschen wie Anfang des Jahrhunderts. Der Bevölkerungszuwachs war demzufolge in den letzten 60 Jahren ebenso hoch wie in der gesamten vorangegangenen vielhundertjährigen Menschheitsgeschichte. Die materiellen Produktivkräfte der Gesellschaft erlebten ebenfalls einen beachtlichen Aufschwung. Wissenschaft und Technik machten erstaunliche Fortschritte. Die Arbeitsproduktivität stieg kräftig an. Die Industrieproduktion der kapitalistischen Welt ist heute annähernd fünfmal so hoch wie Anfang des zwanzigsten Jahrhunderts. Obwohl es bei dem derzeitigen Stand der Technik möglich wäre — vorausgesetzt, daß man die Ketten des Kapitalismus gesprengt hätte — 20- bis 30mal mehr als heute zu erzeugen, sieht man in der kapitalistischen Welt, wohin man auch blickt, wie ehedem Hunger, Not und Furcht vor dem Morgen. Wie der Leiter des UNO-Sonderfonds für Entwicklungshilfe erklärte, kann man von den 82 Mitgliedsländern der UNO 60 in die Kategorie der unterentwickelten einstufen. In diesen 60 Ländern lebte im Jahre 1957 über eine Milliarde

71 National City Bank Monthly Letter, Dezember 1959, S. 6.

Menschen. Ihr durchschnittliches Jahreseinkommen wurde auf 120 Dollar geschätzt,[72] das sind 33 Cents je Tag und Kopf der Bevölkerung. Faktisch erhalten die Werktätigen sogar nur rund die Hälfte dieses Einkommens, während die andere Hälfte in die Taschen der Grundbesitzer und Wucherer sowie der einheimischen und ausländischen Kapitalisten fließt.

Die krassen Unterschiede in den Lebensverhältnissen zwischen den imperialistischen und den schwachentwickelten Ländern äußern sich auch darin, daß die durchschnittliche Lebenserwartung in den hochentwickelten Industrieländern 65 Jahre beträgt, während sie in Indien oder Südamerika bei rund 33 Jahren liegt.

Wenn die Bevölkerung in den schwachentwickelten Ländern trotz des großartigen Fortschritts der Technik und der Ausweitung der Produktion in der kapitalistischen Welt als ganzes ein dürftiges Dasein fristet, so hat dies seine Ursache darin, daß in den schwachentwickelten Ländern und vor allem in dem für sie ausschlaggebenden Industriezweig, der Landwirtschaft, von diesem Fortschritt nichts zu spüren ist. Als Beispiel mag Indien dienen. Nach der letzten Zählung im Jahre 1956 gab es dort 37 Mio Holzpflüge, 2 Mio Eisenpflüge und 18000 Traktoren.

In anderen schwachentwickelten Ländern ist es um die Technik in der Landwirtschaft noch schlechter bestellt. So kommt es, daß die Pro-Kopf-Produktion an Nahrungsmitteln in der kapitalistischen Welt nur unbedeutend steigt (vgl. Tabelle 23).

Tabelle 23

Kapitalistische Gesamterzeugung im Jahresdurchschnitt (Ertrag in Mio t)

	1909—1913	1954—1956
Weizen	103	120
Reis	78	123
Roggen	45	9
Mais	104	146
Kartoffeln	54	61

Quelle
UNO-Publikationen. Vgl. a. Sel'skoe chozjajstvo kapitalističeskich stran, Moskva 1959, S. 119.

Die vorstehenden Angaben sind sehr ungenau und enthalten Schwankungen bis zu 20 Prozent. Die Bevölkerung im kapitalistischen Teil der Welt zählte im Jahre 1910 rund 1,6 Mrd. und 1956 über 1,8 Mrd. Im gleichen Zeitraum nahm die Getreideerzeugung von 330 Mio t auf 398 Mio t zu. Diese Steigerung ist kaum nennenswert, besonders wenn man sich vor Augen hält, daß die Erträge in erster Linie in den reichen Ländern erhöht wurden (USA, Kanda, Australien), und zwar überdies hauptsächlich bei Mais, der vorwiegend an das Vieh verfüttert wird.

Hunger und Elend sind jedoch nicht nur in den schwachentwickelten Ländern zu Hause. Im kapitalistischen „Paradies", in den Vereinigten Staaten von Amerika, gab es im Jahre 1957 nach offiziellen Veröffentlichungen 7512000 Familien und alleinstehende Personen, die insgesamt 8,4 Mrd. Dollar verdienen, das sind 1120 Dollar im Jahre. Demgegenüber beläuft

72 The Times vom 17. Juli 1959.

sich der vom Heller-Ausschuß errechnete Haushalt einer Einheitsfamilie auf mehr als 4000 Dollar. Angesichts der bestehenden Teuerung bei Mieten und kommunalen Leistungen heißt dies nichts anderes, als daß diese Menschen buchstäblich am Hungertuche nagen. Zu dem gleichen bedauernswerten Dasein sind auch Millionen Arbeitslose verurteilt, die keine Unterstützung mehr erhalten, da sie ausgesteuert sind. So wehklagte die „Labour's Economic Review", ein Organ des amerikanischen Gewerkschaftszentrums (einer der Hochburgen des Antikommunismus in den USA): „Gleich einem Krebsgeschwür breiten sich die Elendsviertel in den Städten und die Notstandsgebiete auf dem flachen Lande aus ... Trotz der von uns mit großen Aufwand verkündeten ‚Gesellschaft des Überflusses' leben mindestens 20 Prozent aller Amerikaner noch immer in drückender Armut."[73]

Der Fürsorgeangestellte F. R. Fulton aus Morgantown schilderte vor einem Unterausschuß des USA-Senats die Lage der Arbeitslosen in dieser Stadt: „Ich suchte sie in ihren Wohnungen auf und mußte dabei folgendes feststellen: Die Menschen wohnen in ungeheizten Häusern, ohne ein Dach über dem Kopf und ohne den geringsten Komfort. Ich sah, wie Kinder ohne Schuhe und ohne etwas Warmes anzuhaben zur Schule gingen. Ich sah Häuser und Familien, in denen die Kinder nichts zu beißen haben außer das, was ihre Eltern als Unterstützung empfangen oder im Sommer auf den Feldern und im Wald finden ... Dieses Bild ist ebenso erschütternd wie das, was ich in den Jahren 1932 und 1934 in Baltimore sah. Zum erstenmal in meinem Leben aber erblickte ich Kinder, die barfuß durch den Schnee stapften. Das ist noch schrecklicher als damals."[74]

Aber wie viele unterernährte und notleidende Familien gibt es erst in solchen Ländern wie Italien (besonders im Süden), Spanien u. a. Bis auf den heutigen Tag sind ganze Kontinente agrarisch übervölkert.[75] Man kann annehmen, daß in der kapitalistischen Welt rund 1,5 Mrd. Menschen leben, denen es am Notwendigsten fehlt; unter ihnen befindet sich eine nicht geringe Zahl von Negern, die in den Südstaaten der USA, in Südafrika, Rhodesien, Kenia und anderen Ländern ansässig sind und ein sklavenähnliches Dasein führen. „Die Welt ist für die übergroße Mehrheit der Besitzlosen nach wie vor ein Ort der Not, des Hungers und der Drangsal."[76] Die Ausbeutungsrate erhöhte sich. In den Industriestaaten wurde die Arbeitswoche etwas verkürzt, dafür aber wurde die Arbeit unvergleichlich intensiver, einseitiger und ermüdender.

Die Furcht vor dem Morgen verdunkelt auch heute noch das Leben der Werktätigen in der kapitalistischen Welt: Furcht vor der Arbeitslosigkeit[77], Furcht vor dem Kapitalisten, dem Gutsherrn, dem Hausbesitzer und dem Steuereintreiber; Furcht vor der Polizei, den Gendarmen, dem bürgerlichen Gericht und vor allem Furcht vor einem neuen Krieg.

73 Labour's Economic Review, Nr. 11, Bd. IV, November 1959, S. 72.

74 Political Affairs, April 1960, S. 9.

75 In Brasilien und Chile besitzen rund zwei Prozent der Bevölkerung die Hälfte des gesamten Grund und Bodens (vgl. The Times vom 25. Juli 1959).

76 The Times vom 7. Oktober 1959.

77 Wie der frühere USA-Arbeitsminister Mitchell erklärte, seien 3 Millionen Arbeitslose „für Länder mit einer ungelenkten Friedenswirtschaft praktisch minimal" (National City Bank Monthly Letter, November 1959, S. 123). Und das Sprachrohr der englischen Großbourgeoisie, der „Economist", wurde nicht müde, seinen Lesern klar zu machen, daß sich England mit rund einer Million Arbeitslosen abzufinden habe.

Warum muß die Mehrzahl der Menschen in der kapitalistischen Welt trotz des gewaltigen Anwachsens der Kapazitäten und der Produktion weiterhin darben? Die Hauptursache liegt natürlich in der kapitalistischen Ordnung selbst, im Charakter der Produktionsweise, die auf der Ausbeutung beruht, und der daraus resultierenden antagonistischen Verteilungsweise. Konkret äußert sich dies in folgendem:

Rund 20 Prozent der Arbeitskräfte arbeiten direkt oder indirekt für den Kriegsbedarf und produzieren Dinge, die für die Bevölkerung völlig nutzlos sind.

Da sich die organische Zusammensetzung des Kapitals ständig erhöht, wird ein erheblich größerer Teil der Arbeitszeit der Gesellschaft als früher für die Produktion von Produktionsmitteln, namentlich für Rüstungsgüter aufgewandt, die den Monopolen Riesenprofite bringt. So hat sich der von der Federal Reserve Bank errechnete Produktionsindex der USA wie in Tabelle 24 gezeigt entwickelt.

Tabelle 24
Entwicklung der Produktion in den USA (1947—1949 = 100)

Jahr	Produktion langlebiger Waren	Produktion kurzlebiger Waren
1919	38	37
1957	160	130

Während sich 1919 Abteilung I und II die Waage hielten (Anfang des Jahrhunderts dürfte Abteilung II dominiert haben), hatte 1957 Abteilung I ein beträchtliches Übergewicht.[78]

Die Konzentration des Reichtums und der Einkünfte in der Hand der vermögenden Klassen führt dazu, daß ein größerer Teil der Produktion als früher die Form von Luxusgütern annimmt.

Der Anteil der unmittelbar im Produktionsprozeß beschäftigten Arbeiter verringerte sich merklich. In einzelnen Industriestaaten macht er weniger als die Hälfte aller Beschäftigten aus. Entsprechend erhöhte sich der Anteil der Beschäftigten, die keinen Neuwert schaffen. Dazu gehören der riesige Zwangs- und Verwaltungsapparat sowie die Angestellten der Banken, der Handelsunternehmen und der Dienstleistungsbetriebe. In den USA waren Anfang 1959 in der Landwirtschaft, in der Industrie, im Baugewerbe und im Verkehrswesen 29 Mio Menschen tätig, das sind 40 Prozent aller Arbeitskräfte des Landes.

Die Produktionskapazitäten werden während eines Zyklus im Durchschnitt nur zu rund 50 Prozent genutzt, wenn man von der vollen Auslastung des Produktionsapparats ausgeht. In den kapitalistischen Ländern Übersees wird ein beträchtlicher Teil des fruchtbaren Bodens nicht bearbeitet. Die USA-Regierung ließ über die Bodenkreditbank 28 Mio Acres stillegen, wobei sie den Farmern Milliarden Dollar dafür zahlte, daß sie diese Ländereien nicht bestellten. Der frühere USA-Präsident Eisenhower schlug in seiner Botschaft vom 9. Februar 1960 vor, die ungenutzte Ackerfläche mit Hilfe der Bodenkreditbank auf 60 Mio Acres zu vergrößern. Für 9 Mrd. Dollar „überschüssige“ Agrarprodukte wurden

78 Die Unterteilung der Produktion in langlebige und kurzlebige Gebrauchsgüter deckt sich nicht ganz mit der Aufgliederung in Abteilung I und Abteilung II. So werden Personenkraftwagen, Fernsehgeräte und Rundfunkempfänger als „langlebige Gebrauchsgüter“ angesehen; anderseits dient ein Teil der Erzeugnisse, die zur Gruppe der „kurzfristigen Gebrauchsgüter“ zählen, als Produktionsmittel.

vom Markt abgezogen. Noch immer geschieht es häufig, daß landwirtschaftliche Erzeugnisse vorsätzlich vernichtet werden.

In den schwachentwickelten Ländern ist die Arbeitsproduktivität infolge des Einsatzes längst veralteter Produktionsmittel, namentlich in der Landwirtschaft, nach wie vor sehr niedrig.

Das sind die wichtigsten „konkreten" Ursachen dafür, warum die Bevölkerung der kapitalistischen Welt in ihrer überwiegenden Mehrheit Mangel am Notwendigsten leidet. Der Kapitalismus vermag ohne Not und Elend der Werktätigen nicht zu existieren.

All dies beweist, daß der Kapitalismus bereits hochgradig in Fäulnis übergegangen ist und die materiellen Voraussetzungen für den Sozialismus und Kommunismus innerhalb der kapitalistischen Gesellschaftsordnung voll herangereift sind.

Obwohl die inneren Bewegungsgesetze in der bürgerlichen Gesellschaft die gleichen geblieben sind, hat sich die Lage des Kapitalismus seit Anfang dieses Jahrhunderts beträchtlich geändert. Die wichtigsten dieser Veränderungen sind folgende:

Neben dem faulenden Kapitalismus entwickelt sich die sozialistische Welt, die bereits mehr als ein Drittel der Weltbevölkerung ausmacht. Innerhalb der kapitalistischen Welt gibt es neben den imperialistischen Mächten nicht nur Kolonien, Halbkolonien und abhängige Länder, wie dies bereits zu Beginn des Jahrhunderts der Fall war, sondern auch eine ständig wachsende Zahl von souveränen Staaten, die aus ihrer Feindschaft gegenüber dem Imperialismus kein Hehl machen und freundschaftliche Beziehungen zur sozialistischen Welt unterhalten.

Die Sorge um den Erhalt der kapitalistischen Ordnung und der Kampf gegen den Kommunismus wurden zum Kernstück der Politik und der Ideologie der Imperialisten. In seinem Kampf gegen die werktätigen Massen stützt sich das Monopolkapital auf den Staats- und Militärapparat, der stark aufgebläht wurde und besonders reaktionäre Züge annahm. Alle Kräfte der Reaktion werden gegen die Kommunisten und die kommunistische Ideologie, gegen die sozialistische Welt in ihrer Gesamtheit mobilisiert. Der Zwangsapparat macht Jagd auf die Kommunisten. In der BRD, Spanien, Griechenland und verschiedenen anderen Ländern sind die kommunistischen Parteien verboten. In den USA hat man die kommunistische Partei erst kürzlich außerhalb von Gesetz und Recht gestellt. Verfolgt werden nicht nur die Kommunisten, sondern alle fortschrittlich gesinnten Menschen schlechthin. Wer sich gegen die Monopole oder Grundbesitzer wehrt, wird zum Kommunisten gestempelt. Gleichzeitig versucht das Monopolkapital unter dem Druck der Werktätigen, die Arbeiterklasse zufrieden zu stimmen, indem es die Sozialfürsorge einführt, den Arbeitstag verkürzt und bezahlten Urlaub gewährt. In den imperialistischen Hauptländern setzt das Monopolkapital — nicht ohne Erfolg — alles daran, um dem Proletariat seine antirevolutionäre Ideologie einzuimpfen. Zu diesem Zweck baut es der Arbeiteraristokratie und besonders der Arbeiterbürokratie, die sein Rückhalt innerhalb der Arbeiterklasse sind, goldene Brücken.

Einer der Haupthebel, die das Monopolkapital in seinem Kampf gegen den Kommunismus in Bewegung setzt, ist die Kirche, vor allem die katholische. Das Christentum, einst entstanden als Religion der Sklaven und Armen, wurde zu seinem Helfershelfer. Missionare, Bischöfe, einfache Geistliche und Jesuiten — ihren gesamten weitverzweigten Apparat bietet die katholische Kirche auf, um unter Mißbrauch jahrhundertealter religiöser Überlieferungen in der ganzen Welt gegen den Kommunismus zu Felde zu ziehen. Dabei geht sie immer offener zu Werke. Die „New York Times", Sprachrohr der amerikanischen Großbourgeoisie, schrieb frohlockend: „Papst Johannes XXIII. untersagte allen Katholiken, gleich in welchem Land, ihre Stimme Kandidaten oder Parteien zu geben, die die Kommunisten unterstützen oder mit ihnen sympathisieren. Es war dies zum erstenmal, daß der Vatikan gegenüber einem Kandidaten oder einer Partei ein Verbot aussprach. Dieses Verbot ist generell, es erstreckt sich auch auf die Anwärter und Parteien, die ... sich für Katholiken halten ... Es war dies der erste große politische Entscheid Papst Johannes XXIII. gegenüber dem Kommunismus. Er ließ deutlich werden, daß Papst Johannes XXIII. gegenüber dem Kommunismus eine nicht weniger harte Politik verfolgt als sein Vorgänger Pius XII."[79] Haßerfüllt meinte der Erzbischof von Boston, Kardinal Cushing, als er von dem Besuch N. S. Chruščevs in den USA erfuhr: „Den Führer des Sowjetstaates in die USA einzuladen ist dasselbe, als wenn wir im Kriegsfalle dem Feind unsere Grenzen öffneten."[80] Kein Wunder, daß der Katholizismus unter der Großbourgeoisie der USA so feste Wurzeln gefaßt hat. Mit Kennedy bestieg zum erstenmal in der Geschichte der USA ein Katholik den Präsidentenstuhl.

Die unverhüllt reaktionäre Politik des Vatikans läuft jedoch den Klasseninteressen der Arbeiter und Bauern zuwider und tut dem Einfluß der katholischen Kirche unter den Massen Abbruch. Daraus erklären sich der Bankrott der katholischen Regierungspartei in Frankreich, die Wahlniederlage der katholischen Partei auf Sizilien, wo eine Million Katholiken wider den Befehl des Vatikans stimmten, sowie die Schwächung der Adenauer-CDU.

Das Monopolkapital bedient sich im Kampf gegen die Werktätigen auch der rechten Führung der sozialdemokratischen Partei, die die Arbeiterklasse spaltet, die Arbeiterbewegung schwächt und versucht, sie vor den Karren der Bourgeoisie zu spannen. Die sozialdemokratischen Parteien stellen noch eine große Kraft dar. Zum Zeitpunkt des Kongresses der Sozialistischen Internationale in Hamburg im Juli 1959 zählten die sozialdemokratischen Parteien rund 11 Mio Mitglieder und erhielten bei den Wahlen in ihren Ländern insgesamt über 60 Mio Stimmen.[81] Unter der Führung der Rechten sagt sich die Sozialdemokratie in ihrer Politik immer mehr vom Marxismus, vom Sozialismus los. In ihren neuen Programmen haben die rechten Sozialdemokraten nicht nur das „Endziel" und den Klassenkampf aufgegeben, sondern sogar die bürgerliche Nationalisierung der Produktionsmittel zu den Akten gelegt. „Der geschworene Feind — die kapitalistische Ausbeutung — wurde nur am Rande gestreift", bemerkte die „Times" am 20. Juli 1959 in ihrem Kommentar zum Hamburger Kongreß. Der Kampf gegen den Kommunismus und die Verfechtung der antisowjetischen Politik des Imperialismus war die Hauptlinie, um die es auf dem Kongreß ging. Selbst Bevin, der dem Kongreß ein Projekt zur Unterstützung der arabischen Länder unterbreitete, motivierte seinen Vorschlag damit, es sei dies ein „realer Schutz gegen die Infiltration des Kommunismus im Mittleren Osten"[82].

In seiner Entschließung fordert der Kongreß in voller Übereinstimmung mit den Zielen des amerikanischen Imperialismus „die Befreiung der Völker Osteuropas". Die aus den volksdemokratischen Ländern Europas verjagten Rechtssozialisten, die in Hamburg gesondert tagten, verlangen in ihrer Entschließung, „das Privateigentum an Grund und Boden müsse wiederhergestellt und garantiert und die kleinen und mittleren Industriezweige sowie

79 The New York Times (International edition) vom 15. April 1959.
80 The Times vom 8. August 1959.
81 The New York Times (International edition) vom 19. Juli 1959.
82 The New York Times vom 17. Juli 1959.

der Einzelhandel in den Händen des privaten Unternehmertums belassen werden"[83], mit einem Wort, der Kapitalismus soll restauriert werden.

Die antikommunistische Haltung der amerikanischen Gewerkschaftsbosse, die in der Politik eine ebensolche Rolle spielen wie die rechten Sozialdemokraten, ist allgemein bekannt. Jährlich vergeuden sie riesige Summen aus amerikanischen Arbeitergeldern zum Kampf gegen die kommunistische Bewegung in der ganzen Welt. Ihre offiziellen Reden unterscheiden sich in nichts von denen des verstorbenen Herrn Dulles. In der Entschließung, die anläßlich der Vereinigung von AFL und CIO gefaßt wurde, heißt es beispielsweise: „Der jetzige Kampf zwischen den Ländern der kommunistischen Diktatur und der freien Welt (das heißt der kapitalistischen Welt — E.V.) . . . ist der Kampf zwischen zwei feindlichen Lebensweisen — der Demokratie . . . und dem kommunistischen Totalitarismus mit seinem umfassenden Programm der Eroberung und Umgestaltung der Welt . . ."[84].

Die rechten Führer der einzelnen sozialdemokratischen Parteien sind mit der Bourgeoisie derart eng verwachsen (häufig sind sie, wie Attlee, Cripps, Gaitskell und Guy Mollet, großbürgerlicher Herkunft), daß ihnen ohne weiteres die Führung eines Landes anvertraut wird. Die Tatsache, daß Bevin in England als bedeutender Staatsmann gefeiert wurde, läßt darauf schließen, daß sie es verstanden haben, die Interessen der Großbourgeoisie zu den ihren zu machen. Der Krieg Frankreichs gegen Vietnam wurde bezeichnenderweise auf Geheiß des sozialistischen Ministerpräsidenten Blum und der Krieg gegen Algerien auf Geheiß des sozialistischen Ministerpräsidenten Guy Mollet eröffnet, der auch zusammen mit Eden im Jahre 1956 den Überfall auf Ägypten beschloß. In Schweden bildet die Sozialdemokratie seit über 25 Jahren allein oder in Koalition mit anderen Parteien die Regierung des Landes, ohne daß dem Monopolkapital in Schweden bisher ein Haar gekrümmt worden wäre.

Aber trotz ihrer politischen Durchtriebenheit sehen sich die reformistischen Führer immer weniger imstande, das Proletariat mit der kapitalistischen Ordnung zu versöhnen. In Frankreich ist die Sozialistische Partei nicht nur in bezug auf ihre Politik, sondern auch in bezug auf die Zusammensetzung ihrer Mitglieder und Wähler fast zu einer kleinbürgerlichen Partei herabgesunken. In der englischen Labour-Partei wird es immer schwieriger, den linken und den rechten Flügel unter einen Hut zu bringen.

Es bedarf keines Beweises, daß der Kampf gegen den Kommunismus zum Angelpunkt der imperialistischen Außenpolitik geworden ist. Davon zeugen die Existenz der NATO und der anderen Militärblocks, die Anlage von Luftwaffenstützpunkten rund um das sozialistische Lager, die Militärhilfe, die die USA allen reaktionären Staaten gewähren sowie die Produktion von Waffen mit immer größerer Zerstörungskraft.

Die rechten Führer der Sozialdemokratie heißen diese Politik gut. Der ehemalige Generalsekretär der NATO, Spaak, schrieb, wie es Dulles nicht besser hätte formulieren können: „Wenn es schon nicht möglich ist, ein Gleichgewicht der Kräfte durch Abrüstung zu erreichen, so ist ein Gleichgewicht des Schreckens immer noch besser als überhaupt kein Gleichgewicht."[85]

Kriegsminister Brown vom Labour-Schattenkabinett[86] erklärte: „Weit davon entfernt . . .

83 The New York Times vom 3. August 1959.

84 American Federationist, Dezember 1958, S. 31.

85 Foreign Affairs, April 1959, S. 363.

86 Als „Schattenkabinett" wird eine kleine Gruppe von Labourführern bezeichnet, die bei einem Wahlsieg der Partei das Kabinett bilden sollen.

uns in einen Krieg hineinzuziehen, ist die NATO wohl die stärkste Kraft, um die Freiheit gegen eine weitere Aggression in Europa zu schützen."[87]

Der Kampf gegen die Länder des sozialistischen Lagers beeinflußt auch den Kampf der Imperialisten untereinander. Die dem Imperialismus eigenen Gesetzmäßigkeiten drängen nach wie vor zum Krieg. Seit Beendigung des zweiten Weltkrieges fanden bereits mehr als zehn „lokale" Kriege statt (Korea, Vietnam, Suez, Algerien usw.). Aber die Entfesselung eines neuen Weltkrieges ist für die Imperialisten gegenwärtig nicht so einfach. In unserer Zeit gibt es Kräfte, die einen neuen Weltkrieg zu verhindern vermögen, allen voran das mächtige sozialistische Weltsystem, das in der Lage ist, die Pläne der Kriegsbrandstifter zu vereiteln. Das Bangen um den Erhalt der kapitalistischen Ordnung sowie die Furcht vor einem Erstarken des sozialistischen Lagers verhindern, daß die sich verschärfenden Widersprüche zwischen den kapitalistischen Großmächten zum Kriege führen. Obwohl Großbritannien über das Eindringen amerikanischen Kapitals in England selbst und in den Commonwealth nicht erfreut ist und die gesamte Wirtschaftspolitik der USA seine Interessen schädigt und obwohl die britische Regierung die Politik der USA gegenüber China und der EWG nicht billigt und die Politik Frankreichs in Algerien nicht begrüßt, koordiniert es seine Außenpolitik mit diesen Staaten und mit der BRD. Das französische und westdeutsche Monopolkapital arbeiten entsprechend ihrer reaktionären Innenpolitik auf dem Gebiet der Wirtschaft und der Außenpolitik eng zusammen. Obwohl den Völkern Europas die beispiellosen Grausamkeiten und die Ermordung von Millionen unschuldiger Menschen in allen Ländern Europas durch die Hitlerfaschisten in lebhafter Erinnerung sind, rüsten die vom Haß gegen die Länder des sozialistischen Lagers geblendeten herrschenden Klassen der imperialistischen Staaten die imperialistische BRD wieder auf, so wie sie es vor dem ersten Weltkrieg getan haben. Obwohl die überwältigende Mehrheit der Bevölkerung in den kapitalistischen Staaten den Frieden will, obwohl N. S. Chruščev vor der Vollversammlung der Vereinten Nationen den Vorschlag der Sowjetregierung über die allgemeine und vollständige Abrüstung unterbreitete und dieser Vorschlag in allen Ländern der Erde lebhafte Zustimmung fand, setzen das an Rüstungsgeschäften interessierte Monopolkapital und die reaktionären Kreise, insbesondere die Militärs, die Politik der forcierten Aufrüstung und des „kalten Krieges" fort und propagieren die Losung einer „Welt in Waffen".

Die Behauptung, daß der Kapitalismus in seinem gegenwärtigen Entwicklungsstadium ohne Rüstungsaufträge nicht existieren könne, entspricht jedoch nicht der Wahrheit. Aufschlußreich ist in dieser Hinsicht eine Stellungnahme des Organs der Morgangruppe. Das Blatt schrieb:

„Die wahrscheinlichere Perspektive der Abrüstung, und zwar der begrenzten Abrüstung und der allmählichen Rüstungseinschränkung, sollte eigentlich keine Befürchtungen hinsichtlich ihrer ökonomischen Folgen auslösen. Im Gegenteil, wenn ein wesentlicher Schritt zur Abrüstung auf einer mit den Interessen der nationalen Sicherheit zu vereinbarenden Grundlage erzielt werden kann, so verspricht dies große wirtschaftliche Vorteile auf lange Sicht."[88]

Viele große und einflußreiche Monopole, vor allem in den USA, sind jedoch nicht gewillt, auf ihre riesigen Profite zu verzichten, die ihnen aus dem Rüstungsgeschäft mühelos zufließen. Es ist symptomatisch, daß unmittelbar nach dem Bekanntwerden der sowjetischen

87 The Times vom 13. Juli 1959.

88 Morgan Guaranty Trust Company Survey, November 1959, S. 3.

Vorschläge über die Abrüstung und die Einleitung von Maßnahmen zur Verhütung eines neuen Krieges die Aktienkurse an der New Yorker Börse zu fallen begannen. Der Kampf zwischen den Kräften des Friedens und den Kräften des Krieges wird noch so lange währen, bis die Kräfte des Friedens die Oberhand errungen haben. Die materiellen Interessen vieler Monopole, die von der bürgerlichen Presse und den rechten Gewerkschaftsführern betriebene Propaganda, wonach die Einstellung der Rüstungsproduktion eine chronische Massenarbeitslosigkeit hervorrufe, die Haßgesänge gegen den Kommunismus, in die auch die liberale und religiöse Presse sowie ein gewisser Teil der Arbeiterpresse einstimmt, sowie die immer wieder aufgewärmte Verleumdung, daß „den Kommunisten nicht zu trauen sei" — all dies erschwert den Kampf um die friedliche Koexistenz, obwohl dieser bei immer mehr Menschen in den kapitalistischen Ländern Unterstützung findet, vor allem auch in den Kreisen der Intelligenz, die erkennen, daß bei dem gegenwärtigen Stand der Kriegstechnik ein dritter Weltkrieg mit einer Katastrophe großen Ausmaßes enden würde.

*

Anfang des zwanzigsten Jahrhunderts führten die imperialistischen Mächte große Kriege um die Ausdehnung ihres Kolonialbesitzes. Im ersten Weltkrieg ging es um die Neuaufteilung der Kolonien. Gegenwärtig ist von diesem riesigen Kolonialbesitz nicht mehr allzuviel übrig.

Diese radikale Veränderung stellt den Imperialismus vor völlig neue wirtschaftliche und politische Probleme, die es zu Beginn des Jahrhunderts noch nicht gab und die mit dem Kampf zwischen Kapitalismus und Sozialismus zusammenhängen. Dabei bereiten die politischen Probleme den Imperialisten viel mehr Kopfzerbrechen als die wirtschaftlichen.

Betrachtet man die Wirtschaftslage der imperialistischen Staaten insgesamt oder die einiger Länder, wie England, Frankreich oder Holland, so kann man nicht sagen, daß diese Länder durch die Einbuße ihrer Kolonien bisher empfindlichen wirtschaftlichen Schaden erlitten hätten. Nehmen wir beispielsweise Holland, das etwa 400 Jahre lang den größten Kolonialbesitz im Vergleich zur eigenen Bevölkerung hatte. „Indonesien ist der Kork, auf dem Holland schwimmt", bemerkte der „Economist". Und dennoch hat die holländische Wirtschaft den Verlust Indonesiens bisher überstanden. Der Index ihrer Industrieproduktion stieg von 1953 bis November 1959 um 42 Prozent. Im Jahre 1958 wurden 89000 neue Wohnhäuser gebaut im Vergleich zu 45000 im Jahre 1952. Der Dollarkurs des holländischen Gulden blieb gegenüber 1949 unverändert. Die niederländische Ausfuhr wuchs von 8 Mrd. Gulden 1952 auf 12,2 Mrd. Gulden 1958. Der Index für Industrieaktien erhöhte sich von 100 im Jahre 1953 auf 255 im Dezember 1959. Gewiß hat Holland wirtschaftliche Schwierigkeiten, aber diese unterscheiden sich prinzipiell nicht von den Schwierigkeiten der anderen kapitalistischen Länder, die keine Kolonien besaßen und demzufolge auch keine verlieren konnten.

Wenn die imperialistischen Staaten bei dem Verlust ihrer Kolonien in wirtschaftlicher Hinsicht bisher mit einem blauen Auge davon gekommen sind, so hat dies hauptsächlich folgende Ursachen:

1. Beträchtliches Anwachsen der Masse des Mehrprodukts, die das Kapital durch Ausbeutung des Proletariats im eigenen Lande erhält, da sich die Produktionsleistung in der Nachkriegszeit dank des technischen Fortschritts bei fast unveränderter Dauer des Arbeitstages rasch erhöht hat. (Auf diese Frage werden wir später noch zurückkommen.)

2. Die politische Befreiung der Kolonien ist nicht gleichbedeutend mit der Beseitigung

des kolonialen Charakters ihrer Wirtschaft. Nur diejenigen ehemaligen Kolonien, die den Weg zum Sozialismus eingeschlagen haben, liquidieren in kurzer Zeit den kolonialen Charakter ihrer Wirtschaft. In den einstigen Kolonien entwickelte sich zwar eine gewisse Industrie, aber die wirtschaftliche Kluft zwischen den imperialistischen Industriestaaten und den schwachentwickelten bürgerlichen Ländern blieb bis auf den heutigen Tag bestehen. Nach dem Index der kapitalistischen Industrieproduktion, der von den Vereinten Nationen aufgestellt wurde, ergeben sich zwischen den einzelnen Erdteilen die in Tabelle 25 dargestellten Relationen.

Tabelle 25
Kapitalistische Industrieproduktion nach Gebieten im Jahr 1953 (in %)

	Verarbeitende Industrie, gesamt	davon metallverarbeitende Industrie
Nordamerika	57,6	64,0
Westeuropa	32,0	30,8
Übrige kapitalistische Welt	10,4	5,2

Quelle
Statistical Yearbook of the United Nations, 1958, S. 98, 99.

Ein bedeutender Teil der Industriebetriebe in den schwachentwickelten Ländern — sowohl alte als auch neu erbaute — befindet sich im Besitz ausländischen Kapitals.[89]

Abgesehen davon besteht gegenwärtig wie auch vor dem Kriege ein prinzipieller Unterschied in den Beziehungen der schwachentwickelten zu den imperialistischen Ländern. Bis zum Kriege hatten die Imperialisten das Monopol, die schwachentwickelten Länder mit Produktionsmitteln, Kapital und Krediten zu versorgen und von ihnen Rohstoffe gegen Lieferung von Rüstungsgütern zu erhalten.

Nunmehr ist dieses Monopol der imperialistischen Staaten zusammengebrochen. Heute liefern die UdSSR und die anderen sozialistischen Industriestaaten den schwachentwickelten Ländern alle beliebigen Produktionsmittel, gewähren ihnen Kredite zu günstigeren Bedingungen als die imperialistischen Staaten, erweisen ihnen uneigennützige technische Hilfe und kaufen ihre Rohstoffe.

Die schwachentwickelten Länder haben nunmehr die Möglichkeit, ihre Politik selbst zu be-

89 Das Monopolkapital der USA zieht selbst aus einem so verhältnismäßig reichen Land wie Australien riesige Profite. Die Zeitschrift „The New Republic" schrieb dazu: „Die Veröffentlichung der Geschäftsbilanz der General Motors Holdens Ltd. entfachte in Australien . . . einen wahren Sturm. Aus ihrem nach dem Kriege in Australien investierten Kapital von ursprünglich insgesamt 4 Mio Dollar wird die Muttergesellschaft in Detroit im laufenden Jahr mehr als 16 Mio Dollar beziehen. Der Gesamtgewinn der General Motors Holdens Ltd. beläuft sich auf 34 Mio Dollar, das sind 874% des in Stammaktien angelegten Kapitals; es ist dies der höchste Gewinn, den eine Gesellschaft bisher überhaupt jemals in Australien erzielte. Aus diesem Füllhorn fließen den Australiern, die insgesamt 6% der Vorzugsaktien besitzen, ganze 39000 Dollar zu" (The New Republic vom 13. Juli 1959, S. 6). Aber nicht nur einzelne Unternehmen, sondern das gesamte exportierte Kapital wirft hohe Profite ab. Nach dem Geschäftsbericht der Bank von England für das Jahr 1957 erbrachten die Aktien ausländischer Gesellschaften mit einem Nennwert von 466 Mio Pfund rund 14% Dividende, das sind 65 Mio Pfund. Darüber hinaus wurde ein beträchtlicher Teil des Gewinns als Reserve zurückgelegt.

stimmen. Die wachsende politische Solidarität zwischen den asiatischen und afrikanischen Ländern, die auf den Konferenzen von Bandung und Accra ihren Ausdruck fand, beunruhigt die Imperialisten. Es ist noch nicht lange her, daß die UNO aufhörte, eine Organisation zu sein, in der die imperialistischen Staaten nach Belieben schalten und walten konnten, indem sie die Abstimmungsmaschine für ihre Zwecke in Gang setzten. Immer mehr schwachentwickelte Länder arbeiten aktiv mit dem sozialistischen Lager zusammen und nehmen seine Hilfe in Anspruch.

Darüber hinaus stehen die vom Kolonialismus befreiten Länder vor einer weiteren Wahl, der Wahl zwischen dem kapitalistischen und dem sozialistischen Entwicklungsweg.

Die Frage, welchen Weg die schwachentwickelten Länder einschlagen — die Halbkolonien Lateinamerikas, die früheren asiatischen Kolonien, schon souverän gewordene Staaten und die Länder Afrikas, die sich gegenwärtig von der politischen Macht der Imperialisten befreien (sie alle machen zusammen die Mehrheit der Weltbevölkerung aus) — diese Frage wurde zu einer der wichtigsten im Kampf der beiden Weltsysteme. Den bürgerlichen Politikern flößt die Vorstellung, daß sich diese Länder im ökonomischen Wettstreit auf die Seite der Sowjetunion und der sozialistischen Länder stellen könnten, Entsetzen ein. Die Imperialisten versuchen mit allen Mitteln, diese Entwicklung zu verhindern. Als Werkzeug für diese Zwecke benutzen die USA-Imperialisten die reaktionären herrschenden Kreise in den Kolonien und abhängigen Ländern. Aus den gleichen Gründen halten sie Südkorea, Taiwan und Südvietnam besetzt, gewähren ihnen militärische „Hilfe“ (wie zum Beispiel Pakistan und anderen Ländern) und inszenieren einen großangelegten Propagandafeldzug für die Entwicklungs-„Hilfe“.

Aber unabhängig von den Versprechungen der Politiker und dem Rummel um die Entwicklungs-„Hilfe“ bewirken die kapitalistischen Entwicklungsgesetze, daß die wirtschaftliche Ausbeutung der schwachentwickelten Länder durch das Monopolkapital der imperialistischen Staaten nach wie vor stark ist.

Das Vorhandensein des sozialistischen Lagers und die wachsende Hilfe, die sie den schwachentwickelten Ländern zuteil werden lassen, heben diese Wirkung jedoch allmählich auf.

Die imperialistischen Länder verkaufen ihre Industriegüter den schwachentwickelten Ländern zu hohen Monopolpreisen. Die Monopole haben eine derartige Machtfülle in ihrer Hand konzentriert, daß sie selbst bei Überproduktionskrisen mit ihren Preisen entweder gar nicht oder nur unwesentlich heruntergehen. Die schwachentwickelten Länder liefern wie eh und je hauptsächlich Rohstoffe und Nahrungsmittel zu „freien“ Preisen; die Monopole, die dabei als Käufer auftreten, diktieren ihnen häufig niedrige Preise. Das Preisverhältnis zwischen den Waren, die die hochentwickelten Länder den schwachentwickelten verkaufen, und den Waren, die sie von ihnen beziehen, hat sich in den letzten zehn Jahren beträchtlich zugunsten der Imperialisten verschoben. Das ist eine der Ursachen, weshalb die imperialistischen Staaten der Verlust der politischen Macht in den Kolonien wirtschaftlich bisher nur wenig geschmerzt hat.

Die Preisbewegung auf dem kapitalistischen Weltmarkt zeigen die in Tabelle 26 aufgeführten Angaben der UNO.

Im Vergleich zu 1952 (das Jahr 1951 wurde nicht gewählt, weil damals die Rohstoffpreise wegen des Koreakrieges sehr hoch lagen) verschlechterte sich das Preisverhältnis für die schwachentwickelten Länder um 12 Prozent. Auf diese Weise pumpten die imperialistischen Monopole in den vergangenen Jahren, von dem üblichen Gewinn abgesehen, jährlich über 1 Mrd. Dollar aus diesen Ländern.

Tabelle 26
Preisentwicklung auf dem kapitalistischen Weltmark (1953 = 100)

Jahr	Rohstoffpreise	Fertigwarenpreise
1952	104	104
1958	96	106
1959	94	106
1960, III. Quartal	93	109

Quelle
Monthly Bulletin of Statistics, Februar 1961, S. VII.

Das ist keine zufällige Erscheinung. Auf Grund des technischen Fortschritts in den hochentwickelten Ländern werden die natürlichen Rohstoffe, mit denen die schwachentwickelten Länder auf dem kapitalistischen Weltmarkt Handel treiben, in zunehmendem Maße durch künstliche Werkstoffe, wie Synthesekautschuk, Kunstseide, Kunstfasern, Plaste und künstliche Diamanten, ersetzt, oder aber es tauchen neue technische Verfahren auf, durch die sich der Bedarf an bestimmten Rohstoffen, wie NE-Metallen, verringert. Die Umwandlung der Landwirtschaft der hochentwickelten Länder in einen mechanisierten Produktionszweig (näheres darüber später) läßt die Nachfrage nach landwirtschaftlichen Produkten aus den schwachentwickelten Ländern zurückgehen. Aus diesem Grunde ist nicht damit zu rechnen, daß sich im Handel der imperialistischen Staaten mit den schwachentwickelten Ländern die Preisbildung zugunsten letzterer ändern oder die von den Monopolen vermittels des Außenhandels betriebene Ausbeutung nachlassen wird.

Die einzige Möglichkeit, um sich aus der ökonomischen Abhängigkeit und der Ausbeutung durch die kapitalistischen Staaten zu befreien, besteht für die schwachentwickelten Länder darin, die Produktivkräfte auszubauen und alle feudalen Überreste durch eine umfassende Agrarreform und durch die Industrialisierung zu beseitigen. Obwohl jedoch in den kapitalistischen Ländern sehr viel über Entwicklungs-„Hilfe" geredet wird, steht das Wesen des Imperialismus selbst diesem Vorhaben im Wege.

Das Monopolkapital der imperialistischen Länder kann kein Interesse an der Industrialisierung der schwachentwickelten Länder haben, weil es dadurch seine enormen Profite einbüßen würde, die es beim Absatz von Erzeugnissen auf den Märkten dieser Länder zu hohen Monopolpreisen realisiert. Es ist dagegen, daß der imperialistische Staat Mittel für eine wirklich selbständige ökonomische Entwicklung der rückständigen Länder einsetzt. Wie die einflußreiche „International Economic Policy Association" erklärte, dürfe die amerikanische Regierung anderen Staaten nur für den Ausbau des Verkehrswesens sowie für die Errichtung von Häfen, Krankenhäusern und Schulen Hilfe leisten, während die Erweiterung der Industrie die Domäne des Privatkapitals bleiben müsse.[90]

Was die einzelnen kapitalistischen Unternehmen in den ökonomisch schwachentwickelten Ländern anbelangt, so sind ihre Besitzer am allerwenigsten geneigt, ihre Profite um der Entwicklungs-„Hilfe" willen zu opfern. Angesichts des Risikos einer eventuellen Nationalisierung errichten die ausländischen Kapitalisten in den schwachentwickelten Ländern nur dann Betriebe, wenn sie dadurch schneller zu höheren Profiten kommen als in den kapitalistischen Industriestaaten. Von den Privatinvestitionen der USA (sogenannte langfristige

90 Vgl. Neue Zürcher Zeitung vom 30. Juni 1959.

Direktinvestitionen), die sich 1957 auf 25 Mrd. Dollar beliefen, entfielen 17 Mrd. auf den amerikanischen Kontinent, 4 Mrd. auf Westeuropa, 0,8 Mrd. auf Australien und Japan sowie 3,2 Mrd auf die schwachentwickelten Länder Asiens und Afrikas (vorwiegend für die Erdölförderung im Nahen Osten). Der Bau von Produktionsstätten durch das ausländische Kapital trägt zwar zur Entfaltung der Produktivkräfte in den schwachentwickelten Ländern bei, doch gleichzeitig handelt es sich um eine Ausbeutung dieser Länder, da die Gewinne ins Ausland transferiert werden.

In den kapitalistischen Ländern verbieten es die Gesetze jedem außer dem Staat, den schwachentwickelten Ländern Kredite zu niedrigen Zinssätzen zu gewähren. Gelder, die in dieser Form angelegt werden, müssen höhere Zinsen abwerfen als im eigenen Land.

Was amerikanische Kapital-„Hilfe" eigentlich bedeutet, wird am Beispiel des 25-Millionen-Dollar-Kredits deutlich, den Österreich (das man keineswegs als schwachentwickeltes Land im üblichen Sinne des Wortes bezeichnen kann) Ende 1958 für $9^1/_2$ Jahre erhielt. Die Anleihe war mit 5,5 Prozent verzinst, wurde aber an der New Yorker Börse zu einem Kurs von 96 herausgegeben. Außerdem behielten die Banken 3 Prozent für die Vermittlung und für die Deckung ihrer „Unkosten" ein, so daß der österreichischen Regierung von den ganzen 25 Millionen Dollar lediglich 23,1 Millionen Dollar zur Verfügung standen und der jährliche Zinssatz faktisch 6,75 Prozent betrug.[91]

Man kann sich ausmalen, was die amerikanischen Kapitalisten aus Ländern herauspressen, die weniger entwickelt sind als Österreich.

Mit einem Wort, würden in der Welt allein die kapitalistischen Gesetze wirken, so hätte das zur Folge, daß die imperialistischen Länder auch in Zukunft immer reicher und die schwachentwickelten Länder immer ärmer würden. Diese Entwicklung birgt für die Imperialisten große politische Gefahren in sich. Nüchtern denkende und weitsichtige Verfechter des kapitalistischen Systems begreifen dies sehr gut. So schrieb A. Stevenson im „New York Times Magazine" vom 1. März 1959: „Dem wirtschaftlichen und politischen Vordringen der Sowjetunion ist schwer Einhalt zu gebieten. Offensichtlich aber unterschätzen wir die Realität der vor uns stehenden Gefahr . . . *Reiche Länder werden immer reicher und arme immer ärmer*. Für uns, die Reichen, ist es eine Katastrophe, die die Russen im Weltmaßstab zu nutzen wissen. Rußland, das sich durch eigene Kraft aus der Armut befreite, ist ein außerordentlich anziehendes Beispiel für alle armen Länder, die dem Westen stets mißtrauisch gegenüberstehen und unsere militärischen Verhandlungen und unsere Beweihräucherung über die eigene Unfehlbarkeit satt haben."[92] Der bekannte englische Ökonom T. Balogh schrieb: „Die Ungleichheit zwischen den reichen und den armen Ländern hat sich faktisch verstärkt . . . Nach dem Weltwirtschaftsbericht der UNO für das Jahr 1958 verloren die armen Länder, die Rohstoffe erzeugen, durch die Verschlechterung der Terms of Trade mehr, als sie an ausländischer Hilfe erhielten . . . In der in einen sowjetischen und einen antisowjetischen Block zerrissenen Welt wäre es reine Unvernunft, der sich vertiefenden Spaltung innerhalb des antisowjetischen Blocks in arme und reiche Länder weiter tatenlos zuzusehen. Aber was noch schlimmer ist, politisch liegen die Dinge so, daß ein großer Teil der reichen Länder von Weißen bewohnt ist, während die armen Länder zu einem großen Teil von Farbigen bevölkert sind. Wenn wir gegen diese Armut nichts unternehmen, dann kann es passieren, daß sich das in den neutralen Ländern bestehende Kräfteverhältnis ernstlich zu unseren Ungunsten verändert. Gerade darin liegt

91 Neue Zürcher Zeitung vom 23. Januar 1959.

92 The New York Times Magazine vom 1. März 1959 (Hervorhebungen — E. V.).

auch die Hauptgefahr für den Frieden, die die heutige wirtschaftliche Lage mit sich bringt."[93] Aber eine Gefahr sehen und sie beheben sind zweierlei Dinge. Der Kapitalismus ist nicht in der Lage, die Kluft zwischen den wenigen reichen imperialistischen Mächten und den armen schwachentwickelten Ländern zu überbrücken. An dieser Tatsache vermag auch die Propagierung der Entwicklungs-„Hilfe" nichts zu ändern.

Nur die Sowjetunion und die anderen sozialistischen Länder, deren gesellschaftliche Entwicklungsgesetze sich grundsätzlich von den Gesetzen des Kapitalismus unterscheiden und die an der Industrialisierung und am wirtschaftlichen Aufstieg der schwachentwickelten Länder ehrlich interessiert sind, können diesen sehr viel wirksamere Hilfe erweisen und tun es auch, und zwar sowohl materiell und finanziell als auch durch ihre Erfahrungen, wie die eigenen Quellen am besten zu nutzen sind.

Die Völker der schwachentwickelten Länder glauben an die Wirksamkeit der Hilfe seitens der sozialistischen Länder, weil sie sehen, daß sich die Sowjetunion ohne die Imperialisten aus einem Land, das in der Vergangenheit dem ihren ähnelte, innerhalb einer historisch kurzen Frist in die zweite (und in absehbarer Zeit in die erste) Industriemacht der Welt verwandelt hat. Sie glauben nicht der kapitalistischen Propaganda, weil sie sehen, daß sich die ausländischen Kapitalisten nach wie vor auf ihre Kosten bereichern, weil sie sich erinnern, daß, solange das sozialistische Lager nicht bestand, die imperialistischen Kolonialisten nichts taten, um ihnen zu helfen.

2. Die wichtigsten ökonomischen Veränderungen innerhalb des Kapitalismus

Bei der kapitalistischen Gesellschaft unserer Tage handelt es sich um den gleichen Imperialismus, wie er uns zu Beginn des Jahrhunderts begegnete, denn die ihm innewohnenden Gesetze sind die gleichen wie damals. Innerhalb dieser Gesellschaft indes hat sich vieles gewandelt: Teilweise sind quantitative Veränderungen, bedingt durch das Wirken der inneren ökonomischen Gesetze, in qualitative umgeschlagen, teilweise völlig neue Erscheinungen entstanden. Dies trifft insbesondere auf die hochentwickelten kapitalistischen Staaten zu. In den schwachentwickelten bürgerlichen Ländern hingegen hat sich im Laufe des zwanzigsten Jahrhunderts trotz der politischen Befreiung von den Ketten des Imperialismus in wirtschaftlicher Hinsicht wenig geändert.

Versuchen wir, den wichtigsten ökonomischen Veränderungen auf den Grund zu gehen, die, ganz natürlich, mit dem Kampf der beiden Systeme eng zusammenhängen und die Grundlage für einen gewissen sozialen Wandel in den imperialistischen Ländern bilden.

*

Unter den derzeitigen kapitalistischen Verhältnissen sind die Produktion und das Kapital viel stärker in der Hand der Monopole konzentriert als zu Beginn des zwanzigsten Jahrhunderts, und vor allem der Finanzoligarchie stehen unvergleichlich mehr Möglichkeiten als damals zu Gebote, fremdes Kapital für sich arbeiten zu lassen. Die Monopole und die Finanzoligarchie sind in dieser Zeit bedeutend stärker geworden.

Anfang dieses Jahrhunderts galt ein Unternehmen mit tausend Arbeitern als Großbetrieb; heute ist es nicht viel mehr als eine Produktionsstätte mittlerer Größe, während man von ei-

93 The New Statesman vom 12. Dezember 1959.

nem kapitalistischen Großbetrieb erst dann spricht, wenn mindestens 10000 bis 20000 Arbeiter und Angestellte darin beschäftigt sind.

Anfang dieses Jahrhunderts wurde ein Unternehmen mit einem Anlagevermögen von 100 Mio Dollar als Großbetrieb angesehen. Heute verfügt die Standard-Oil-Gruppe über Aktiva im Werte von rund 10 Mrd. Dollar, während die American Telephone and Telegraph Co. mit 8 Mrd. Dollar ausgestattet ist. Mehrere Milliarden Dollar Vermögen haben die Royal Dutch Shell, die United States Steel und viele andere Konzerne.

Anfang dieses Jahrhunderts waren in den imperialistischen Ländern die Monopole bereits die ausschlaggebende Kraft, doch besaßen sie längst nicht die Machtfülle wie heute, da beispielsweise drei Gesellschaften den Aluminium- bzw. Automobilmarkt der USA beherrschen.

Anfang des Jahrhunderts war die Finanzoligarchie bei weitem nicht so mächtig wie heute. In seiner Schrift „Der Imperialismus als höchstes Stadium des Kapitalismus“ führte Lenin an, daß Rockefeller und Morgan über ein Kapital von 11 Mrd. Mark, das sind 2,5 Mrd. Dollar, geboten. Victor Perlo veranschlagt in seinem Buch „Das Reich der Hochfinanz“ die Sphäre, welche sie beherrschen, auf 126 Mrd. Dollar. Selbst wenn man die Abwertung des Dollars in Rechnung stellt, so hat sich ihre Macht dennoch auf das 20- bis 25fache vergrößert. Dabei geht die Finanzoligarchie mit viel mehr Raffinesse zu Werke als früher. Die eigentlichen Drahtzieher der Monopole flüchten häufig in die Anonymität von Finanzgesellschaften und Tochterunternehmen.

Auf Grund dieser Entwicklung hat sich der Widerspruch zwischen dem gesellschaftlichen Charakter der Produktion und der privatkapitalistischen Form der Aneignung seit der Jahrhundertwende beträchtlich verschärft.

Solche umfangreichen quantitativen Veränderungen mußten ganz einfach zu qualitativen, die Struktur berührenden Umschichtungen führen. Die Konzentration der Produktion ebnete der modernen Technik rasch den Weg. Die Anwendung der neuesten technischen Errungenschaften macht ihrerseits eine weitere Massierung der Produktion in Mammutunternehmen unumgänglich. Auf der Grundlage einer mächtigen Zusammenballung von Kapital und Produktion reifte der staatsmonopolistische Kapitalismus zu voller Blüte. Die Methoden, deren sich die Finanzoligarchie bedient, um aus dem Vermögen der gesamten Gesellschaft, darunter auch aus den Spargroschen der Arbeiter und Angestellten, Kapital zu schlagen und in die eigenen Taschen zu wirtschaften, wurden immer undurchsichtiger. Die Beziehungen zwischen den Banken und der Industrie änderten sich, und auch bei der Verteilung der Lasten, die durch die Überproduktionskrisen hervorgerufen werden, traten bestimmte Verschiebungen ein.

Doch weder durch das enorme Anwachsen des Reichtums der Bourgeoisie noch durch die Ausdehnung des Machtbereichs der Monopole, noch durch die volle Ausbildung des staatsmonopolistischen Kapitalismus war es möglich, den historischen Prozeß des Zusammenbruchs des Kapitalismus aufzuhalten, zu einer zeitweiligen Stabilisierung der kapitalistischen Verhältnisse zu gelangen, wie sie nach dem ersten Weltkrieg eintrat, und die Wirtschaft des Kapitalismus zu festigen. Die besten Beweise dafür sind die Militarisierung der Wirtschaft in den imperialistischen Ländern, die Inflation, die Zersplitterung des kapitalistischen Weltmarktes, die chronische Agrarkrise, der heftige Klassenkampf, die allgemeine Schwächung des Imperialismus und im Zusammenhang damit die Stabilisierung des sozialistischen Weltsystems. Gehen wir nun auf diese Veränderungen etwas genauer ein.

Die Technik hat heute ein völlig anderes Gesicht als an der Schwelle unseres Jahrhunderts. Während damals, wie schon im wesentlichen zu Marx' Lebzeiten, in Industrie und Verkehr die Dampfmaschinen konkurrenzlos das Feld behauptete, hat sich der Mensch unserer Tage die Energie der Verbrennungskraftmaschinen, den elektrischen Strom und die Atomkraft nutzbar gemacht. Zu Beginn des Jahrhunderts bestimmte die Einzelmaschine, die von einem Arbeiter bedient wird, das Bild der Produktion. Die Leistung hing in erster Linie von der Geschicklichkeit des einzelnen ab. In den kapitalistischen Unternehmen ging man mehr und mehr dazu über, die Antreibersysteme eines Taylor, Gilbreth und anderer Leute ihres Schlages einzuführen, die Bewegungsstudien anfertigten, die Bewegungselemente mit der Stoppuhr maßen und für jedes von ihnen die maximale Zeitdauer (häufig in Sekunden) festlegten. Damit alle Arbeiter die gleiche Leistung erbringen wie die „besten", produktivsten unter ihnen, wurden raffinierte Lohnsysteme ausgeklügelt.

In den neuzeitlichen kapitalistischen Produktionsstätten finden wir anstelle von Einzelmaschinen ein kompliziertes Taktstraßensystem, das nach dem Prinzip der Fließfertigung arbeitet. Das Arbeitstempo wird von der Maschine diktiert, die dem Arbeiter ihren Rhythmus aufzwingt. Aus diesem Grunde haben die Kapitalisten den Taylorismus durch ein perfekteres System ersetzt, das dem Arbeiter den Schweiß aus den Poren treibt und dem Charakter der modernen Technik — der Mechanisierung und Automatisierung der Produktion — entspricht. Im Zusammenhang damit ist der Akkordlohn immer weniger gefragt und verliert zusehends an Bedeutung. Der „Economist" schildert, wie in den Automobilwerken des britischen Vauxhall-Konzerns die Löhne „gemacht" werden. „Alle Arbeiten werden bei Vauxhall im Zeitlohn bezahlt. Im Jahre 1956 kam die Konzernleitung zu dem Schluß, daß die Entlohnung nach den Arbeitsergebnissen in den Zweigen, die bereits mechanisiert sind und in denen das Arbeitstempo nicht von den Menschen, sondern von den Maschinen bestimmt wird, keinen wirksamen Anreiz mehr bietet. Deshalb wurde, wie dies in Amerika häufig geschieht, der Prämienlohn generell in den Zeitlohn umgewandelt ... Die Ergebnisse sollen fast immer vielversprechend ausgefallen sein. Selbst in Zeiten eines Nachfragebooms ist die Produktivität offenbar nicht gesunken."[94]

Immer größer wird die Zahl der vollautomatisierten Betriebe, in denen die Arbeiter in der Regel nicht mehr körperlich tätig sind, sondern lediglich die Maschinen überwachen, Störungen beseitigen und Kleinreparaturen ausführen. Bei der Steuerung der Anlagen eines vollautomatisch arbeitenden Betriebes von einem Punkt aus erlangt die Kybernetik zunehmende Bedeutung.

Die moderne Technik ist eine sehr kostspielige Angelegenheit, denn sie erfordert ausgedehnte Kapitalinvestitionen und eine großindustrielle Fertigung. Kleine und sogar mittlere Betriebe haben keine Möglichkeit, sich ihrer zu bedienen. Das Übergewicht der Großunternehmen über die kleinen wird damit noch erdrückender. Anfang dieses Jahrhunderts, als in den Fabriken Serien von gleichartigen Maschinen (Textilmaschinen, Metall- oder Holzverarbeitungsmaschinen) liefen, lagen die Produktionskosten je Fertigungseinheit in einem kleinen Betrieb mit 50 Maschinen nicht wesentlich höher als in einem gleichgelagerten Großunternehmen mit 1000 Maschinen. Heute dagegen hat ein technisch veralteter Kleinbetrieb der gleichen Branche kaum eine größere Chance, sich auf längere Sicht neben den Industriegiganten zu behaupten, die die technischen Errungenschaften der Neuzeit zu ihrem Vorteil ausnutzen. Die neueste Technik führt zu einer verstärkten Herrschaft der Monopole in der Wirtschaft des modernen Kapitalismus.

Zu grundlegenden Umschichtungen kam es in der Landwirtschaft der hochentwickelten

94 The Economist vom 2. Januar 1960, S. 14.

kapitalistischen Länder. Anfang unseres Jahrhunderts hatte Lenin nachgewiesen, daß sich die Landwirtschaft noch immer im Stadium der Manufaktur befindet. In den landwirtschaftlichen Großbetrieben der hochentwickelten Länder wird heute die Produktion maschinell betrieben. Durch das intensive Eindringen der Maschine in die agrarische Produktion hat sich der Umfang der Investitionen beträchtlich ausgedehnt (vgl. Tabelle 27).

Tabelle 27
Vermögen der Farmer in den USA (per 1. Januar)

Jahr	Wert der Maschinen und Ausrüstungen (Mio Dollar)*	Beschäftigtenzahl (Mio)*	Wert der Maschinen und Ausrüstungen (in Dollar)** im Durchschnitt	
			je Acre	je Beschäftigten
1910	1395	13,6	1,9	103
1958	17400	7,5	16,6	2320

* Offizielle Angaben.
** Berechnet nach offiziellen Angaben.

Die angeführten Zahlen vermitteln ein klares Bild von den Veränderungen, die innerhalb der letzten 50 Jahre in der Landwirtschaft der USA vor sich gegangen sind. Die Zahl der Beschäftigten verringerte sich in diesem Zeitraum nahezu auf die Hälfte. Selbst wenn man bedenkt, daß der Dollar heute nur halb soviel wert ist wie 1910, vergrößerte sich der Bestand der USA-Farmen an Maschinen und Ausrüstungen wertmäßig auf das Sechsfache. Je Acre Land stieg ihr Wert auf mehr als das Vierfache und je Beschäftigten auf das Elffache. Infolge der weitgehenden Verwendung von Maschinen und anderen Investitionsgütern erzeugt heute die Hälfte der in der USA-Landwirtschaft beschäftigten Arbeiter doppelt soviel Agrarprodukte (in Naturalform) wie 1910. Mit anderen Worten, die jährliche Arbeitsproduktivität der Landarbeiter hat sich vervierfacht. Ähnlich verlief die Entwicklung in Kanada und in Westeuropa. Sehen wir von der Grundrente und der nach wie vor großen Zahl von bäuerlichen Kleinwirtschaften ab, die ökonomisch in ihrer Gesamtheit gegenüber den kapitalistisch geführten Landwirtschaftsbetrieben immer mehr in den Hintergrund treten, dann können wir sagen, daß sich die Landwirtschaft der hochentwickelten kapitalistischen Staaten in einen Zweig der kapitalistischen maschinellen Produktion verwandelt bzw. im wesentlichen bereits verwandelt hat. (In den schwachentwickelten Ländern hat die Landwirtschaft seit Anfang unseres Jahrhunderts kaum irgendwelche Fortschritte gemacht.)

*

Der staatsmonopolistische Kapitalismus, dessen Entstehung bis in die Zeit des ersten Weltkrieges zurückreicht, gelangte zur vollen Entfaltung. Seine Existenz und seine Entwicklung wurzeln in der Herrschaftsstellung der Monopole, die diese in den kapitalistischen Ländern in der Periode der allgemeinen Krise des Kapitalismus einnehmen. In dieser Periode befindet sich die kapitalistische Ordnung in der letzten Etappe ihres Bestehens, erlebt sie die Periode des Zusammenbruchs des gesamten gesellschaftlichen Systems des Kapitalismus.

Das Wesen des staatsmonopolistischen Kapitalismus besteht darin, daß sich die Kraft der Monopole mit der des bürgerlichen Staates vereinigt, um zwei Ziele zu erreichen, nämlich erstens die kapitalistische Ordnung im Kampf gegen die revolutionäre Bewegung im Innern des jeweiligen Landes und im Kampf gegen das Lager des Sozialismus am Leben zu erhalten und zweitens das nationale Einkommen über den Staat zugunsten des Monopolkapitals umzuverteilen. Bei der Verwirklichung dieser ihrer Absichten stoßen sie auf große Schwierigkeiten und Gegensätze.

Bei der Verteidigung der kapitalistischen Ordnung genießen die Monopolherren die Unterstützung der nichtmonopolistischen Bourgeoisie, der Rentiers sowie der Grundbesitzer und Großbauern, d. h. der vermögenden Klassen. Da aber die Monopolisten mit Hilfe des staatsmonopolistischen Kapitalismus die Verteilung des Nationaleinkommens in ihrem Interesse und zum Schaden aller anderen Schichten der Gesellschaft umdirigieren, verbreitern sie die Kluft zwischen sich und den übrigen begüterten Schichten und verstärken ihre Isolierung innerhalb der Gesellschaft. Dadurch wird es leichter, einen Teil der Bourgeoisie auf die Seite derer zu ziehen, die gegen das monopolistische Großkapital Front machen.

Der Zusammenschluß der Kräfte von Staat und Monopolen vollzieht sich hauptsächlich in der Form, daß die Monopole mit dem Staatsapparat verwachsen. Die Monopole entsenden ihre Vertreter[95] auf führende Posten im Staatsapparat — als Minister, Senatoren oder Parlamentsabgeordnete. Umgekehrt wechseln die aus dem Staatsdienst ausscheidenden Generale, Diplomaten und Minister in besser bezahlte Stellungen in der Wirtschaft über.

Die enge Verflechtung zwischen Staat und Monopolen kommt auch darin zum Ausdruck, daß wichtige wirtschaftliche Fragen gemeinsam entschieden werden. Diese Feststellung hat absolut nichts mit kommunistischer Propaganda zu tun. Auf die Anfrage eines Lesers, wer das politische Geschick Frankreichs bestimmt, traf die französische Unternehmerzeitschrift „Entreprise“ im August 1959 folgende Einschätzung: „In Frankreich haben wir namentlich seit Ende des Krieges eine kapitalistische Wirtschaftsordnung, bei der Staat und Privatunternehmer eine Rolle spielen, in der sie sich gegenseitig ergänzen. Alle wichtigen Entscheidungen gehen von diesen beiden Zentren aus — den Organen der Staatsmacht und den führenden Männern des privaten Sektors, die ihr Vorgehen aufeinander abstimmen müssen. Diese beiden Kräfte vereinigen sich dazu häufig, wenn die Vertreter des privaten Unternehmertums am Zustandekommen von staatlichen Beschlüssen mitwirken.“[96]

Staatliche Regulierung der Wirtschaft, staatliche Unternehmen sowie Entzug und Umverteilung eines großen Teiles des Nationaleinkommens durch den Staat sind die wesentlichen sichtbaren Zeichen dafür, daß der staatsmonopolistische Kapitalismus voll entwickelt ist.

Die staatliche Regulierung der Wirtschaft und das staatliche Eigentum entsprechen keineswegs dem Wunschbild der Monopolherren. Sie lassen sich nur darauf ein, wenn der Kapitalismus in Gefahr schwebt, wie während der Weltkriege und in Perioden, in denen ihre Wirtschaft von Überproduktionskrisen erschüttert wird. Hin und wieder plädieren

95 Die Spitzen der Finanzoligarchie vermieden es lange Zeit, in höchst eigener Person offen die Staatsgeschäfte zu betreiben; Mellon in den USA war in diesem Falle eine Ausnahme. Während des zweiten Weltkrieges und danach änderte sich diese Situation. Im Kabinett des Präsidenten Eisenhower saßen neun Millionäre; Rockefeller bekleidet im Staate New York den Posten des Gouverneurs und bewarb sich um die Anwartschaft auf den Stuhl des Präsidenten.

96 Zitiert nach einem Beitrag von L. A. Leont'ev in dem Buch „Problemy sovremennogo Kapitalizma, Sbornik statej“, Moskva 1959, S. 326.

die Monopolherren für eine Nationalisierung, aber nur dann, wenn es sich um Zweige handelt, die mit Verlust arbeiten, und hohe Entschädigungssummen winken. Sobald sich die Monopolherren jedoch sicher im Sattel fühlen, setzen sie die Regierung des betreffenden Landes unter Druck, damit diese die Regulierungsmaßnahmen abbaut oder völlig aufhebt und die staatlichen Unternehmen zum Verkauf an Privathand anbietet.[97] Aus diesem Grunde verläuft die Entwicklung des staatsmonopolistischen Kapitalismus in diesen Richtungen ungleichmäßig.

Die Umverteilung des Nationaleinkommens mit Hilfe des Staatshaushaltes nimmt, von wenigen Unterbrechungen abgesehen, ständig größeren Umfang an. Die staatlichen Ausgaben der USA entwickelten sich, wie aus Tabelle 28 zu ersehen.

Tabelle 28
Staatsausgaben der USA (Mrd. Dollar)

1900	1930	1938	1943	1950	1959	1960
0,5	3,4	7,2	100,4	40,1	81,0	78,4

Der kapitalistische Staat entzieht heute seinen Bürgern mehr als ein Viertel des Nationaleinkommens und verteilt diese riesige Summe in einer für die Monopole profitablen Art und Weise. Das Steueraufkommen (staatliche, regionale und kommunale Steuern) ist wie aus Tabelle 29 ersichtlich am Bruttonationaleinkommen beteiligt.

Tabelle 29
Anteil des Steueraufkommens am Bruttonationaleinkommen (in %)

BRD	Frankreich	Großbritannien	Italien	USA
32,5	31,1	29,2	28,0	25,2

Quelle
U. S. News & World Report vom 13. April 1959, S. 88.

In den imperialistischen Ländern dient der Staat durch seine gesamte Tätigkeit direkt oder indirekt den Interessen des Monopolkapitals. Mit seinem Zwangsapparat schützt er die kapitalistische Ordnung. Dazu benutzt der Staat auch die Steuern, die diejenigen aufbringen müssen, die die Opfer dieser Ordnung sind. Durch verschiedene Manipulationen hilft der Staat den Monopolen, auf dem Binnenmarkt hohe Monopolpreise festzusetzen. Zu diesem Zweck beschneidet er die Einfuhr durch Quoten und Verbote, verteuert die Importgüter durch hohe Zölle, fördert den Export von Waren, die innerhalb des Landes keinen Käufer finden, durch Kredite an fremde Staaten. Der Export von Rohstoffen dagegen, auf die die Monopole angewiesen sind, wird durch staatliche Maßnahmen blockiert oder zumindest erschwert.

97 In der BRD hat man 1959 zum Beispiel nicht nur das Hitlersche Volkswagenwerk, sondern auch die Preussag AG, die seit dem 19. Jahrhundert zum Teil Eigentum des preußischen Staates war, dem Privatkapital zugeschanzt. Diese Reprivatisierung geht Hand in Hand mit der Propagierung des „Volkskapitalismus", da ein Teil der Kleinaktien auch an Arbeiter verkauft wird.

Eine recht ergiebige Einkommensquelle für die Monopole ist der Staatshaushalt. Es ist unmöglich, alle die raffinierten Methoden aufzuzählen, mit deren Hilfe die Monopole den Staatshaushalt plündern. Generell zeichnen sich vier Hauptkanäle ab:

1. Lieferungen von Waren an den Staat zu hohen Preisen;
2. Kauf von Grundstücken, Produktionsstätten usw. aus den Händen des Staates zu niedrigen Preisen;
3. Senkung der Steuern für die Monopole mit allen erdenklichen Mitteln;[98]
4. Inanspruchnahme staatlicher Kredite und Subventionen unter dem Vorwand der Produktion von Erzeugnissen, die „für die Verteidigung von Bedeutung sind".

Die Begünstigung der Monopole durch den Staat erreicht ihren Höhepunkt in Kriegszeiten, wenn der Staat die verfügbaren Rohstoffe, Maschinen und Arbeitskräfte des gesamten Landes den Monopolen zuschanzt.

Die Ausgaben des Staates kommen in erster Linie den Monopolen zugute. Selbst die Gelder, die angeblich im Interesse der werktätigen Klassen aufgewandt werden, gereichen den Monopolen indirekt zum Vorteil. Die Schulen bilden für sie die künftigen Techniker, Ingenieure und Wissenschaftler heran. Die ärztliche Betreuung soll die Arbeiter gesund erhalten, damit sie um so besser ausgebeutet werden können. Die Anlage von Straßen, Kanälen und Häfen schränkt die Transportkosten ein und vergrößert so den Profit der Monopole.

Der staatsmonopolistische Kapitalismus ist durch und durch reaktionär, denn sein Wesen besteht darin, die zum Untergang verurteilte kapitalistische Ordnung zu retten. Dadurch unterscheidet er sich scharf vom Staatskapitalismus, der im Anfangsstadium der kapitalistischen Entwicklung und heute in den schwachentwickelten Ländern eine fortschrittliche Rolle spielt, indem er zur Entfaltung der Produktivkräfte beiträgt.

*

Im Laufe des zwanzigsten Jahrhunderts ist die Finanzoligarchie beträchtlich erstarkt. Die Methoden ihrer Herrschaft über fremdes Kapital wurden immer verwickelter und verschleierter.

Die Macht der Finanzoligarchie beruht nicht so sehr auf dem Eigenkapital als vielmehr auf der Herrschaft über fremdes Kapital. Das persönliche Vermögen Morgans veranschlagt die Zeitschrift „Fortune" auf weniger als eine Milliarde Dollar. Es gibt in den USA Leute, die durchaus reicher sind als er, doch besitzt er Macht über viele Milliarden Dollar Fremdkapital. Die Methoden, mit denen die Finanzoligarchie Anfang dieses Jahrhunderts

98 Besonders interessant sind die Kapitalinvestitionen, für die beschleunigte Abschreibungen zulässig sind. Mit Genehmigung des Staates dürfen die Monopole von ihrem Gewinn steuerfreie Beträge für Amortisationszwecke absetzen, die die tatsächliche Abschreibung um das Drei- bis Vierfache übersteigen. Aus diesen Mitteln (der Abschreibungssatz beträgt gewöhnlich 20% im Jahr) errichteten die USA-Monopole zahlreiche Produktionsstätten:

	Summe (in Mio Dollar)	Anteil an den Neuinvestitionen (in %)
Erster Weltkrieg	650	11
Zweiter Weltkrieg	5700	52
Koreakrieg	21500	66

(Die Tabelle wurde dem Manuskript von S. A. Dalin „Voennogosudarstvennyj monopolističeskij kapitalizm v SŠA" entnommen.)

bei verhältnismäßig bescheidenen Eigenmitteln über ein um ein vielfaches größeres Fremdkapital herrschte, sind den Lesern aus der Arbeit Lenins „Der Imperialismus als höchstes Stadium des Kapitalismus" geläufig und brauchen an dieser Stelle nicht wiederholt zu werden. Seit dieser Zeit hat sich die Finanzoligarchie eine Vielzahl neuer Schliche ausgedacht, um mit verhältnismäßig wenig eigenem Kapital Großunternehmen an sich zu ketten. Dazu gehören: die Ausgabe von Aktien ohne Stimmrecht (preferential shares) und von Sonderaktien, die ihren Inhabern mehr als eine Stimme sichern; die Aktiengesellschaften räumen in ihren Satzungen häufig nur den Aktionären das Stimmrecht ein, die 10, 50 oder 100 Aktien besitzen; Durchführung von Lombardgeschäften mit Hilfe von Aktien, die von ihren Besitzern bei „befreundeten" Banken deponiert wurden, usw. So kommt es, daß die „normalen" Aktionäre in den Unternehmen, in denen sie ihr Geld angelegt haben, keinerlei Stimme besitzen und vielfach nicht einmal wissen, wer wirklich Herr der betreffenden Aktiengesellschaft ist. Gleichzeitig übt die Finanzoligarchie, in deren Hand sich nur eine kleine Anzahl von Aktien, mitunter 5 Prozent des gesamten Aktienkapitals, befindet, anonym die Aufsicht über das betreffende Unternehmen aus, wobei sie sich durch verschiedene Kunstgriffe einen weitaus größeren Gewinnanteil verschafft als den, den die Besitzer der „gewöhnlichen" Aktien in Form der Dividende erhalten.

Eine völlig neue Erscheinung sind die Investmenttrusts. Es handelt sich hierbei um kapitalistische Unternehmen, die für den Kauf von Aktien verschiedener Gesellschaften in Industrie, Handel oder Bankwesen gegründet wurden. Diese Trusts sammeln die Dividenden, die ihnen auf Grund ihres Aktienbestandes aus den einzelnen Unternehmen zufließen, und geben die eingegangenen Gelder an ihre Aktionäre aus. Ihre Aufgabe ist es, für die Aktionäre, die faktisch Kapitalrentenbezieher sind, das Risiko zu verringern, das besteht, wenn sie ihr ganzes Kapital in ein oder zwei Unternehmen stecken. Es ist dies fiktives Kapital im Quadrat. Derartige Gesellschaften versetzen die Finanzoligarchie, die sie ins Leben ruft, in die Lage, mit Hilfe von Fremdkapital Betriebe zu beherrschen, deren Aktien in den Tresoren der betreffenden Investitionstrusts liegen.

Die Finanzoligarchie hat neben den Sparkassen und Banken neue lohnende Kanäle ausfindig gemacht, um sich die Ersparnisse der Bevölkerung zu ergattern. Es sind dies die Versicherungsgesellschaften, allen voran die Lebensversicherungen. In den USA verfügten im Jahre 1958 die Lebensversicherungsanstalten über insgesamt 107 Mrd. Dollar, davon waren 54 Mrd. Dollar in Aktien und Obligationen angelegt. Ihre Rücklagen waren im angegebenen Jahr fast ebenso hoch wie die Depositen sämtlicher Arten von Sparkassen zusammengenommen, wobei sie sich allein 1958 um 4,2 Mrd. Dollar erhöhten.[99] In Großbritannien besaßen die Versicherungsgesellschaften im gleichen Jahr Aktiva in Höhe von 6 Mrd. Pfund. Davon waren 2,2 Mrd. Pfund in Form von Aktien und Obligationen an Privatgesellschaften vergeben. Die Mittel aller englischen Banken und Finanzgesellschaften beliefen sich auf 11,5 Mrd. Pfund. Die Versicherungen haben den Banken und Sparkassen eines voraus: Bei einer Kreditkrise bleiben sie von einem Sturm auf die Einlagen verschont.[100] Dies macht begreiflich, warum sich die Finanzoligarchie um die Herrschaft über die Versicherungsgesellschaften häufig heftige Kämpfe liefert.

99 Statistical Abstract of the United States, 1959, S. 472.

100 Die Versicherungsnehmer können zwar den Vertrag kündigen und die Abrechnung der aufgelaufenen Leistungen verlangen, doch ist dies für sie mit hohen Verlusten verbunden. Außerdem können die Versicherungsgesellschaften aus formalen Gründen die Auszahlung solange hinauszögern, bis die Kreditkrise vorüber ist.

Eine ähnliche Rolle spielen auch die Altersversicherungen. Selbst Streikgelder der Gewerkschaften werden über die Sparkassen und Banken der Finanzoligarchie dienstbar gemacht.

Anfang des Jahrhunderts, als die Industrie, namentlich in Deutschland, einen stürmischen Aufschwung nahm, hatte sie nicht genügend eigene Mittel für die weitere Entwicklung. Sie benötigte deshalb nicht nur zur Finanzierung ihrer Umlaufmittel, sondern auch zur Erweiterung des fixen Kapitals ständig Bankkredite.

In seinem Buch „Das Finanzkapital" stellte Hilferding fest: „Ein immer wachsender Teil des Kapitals der Industrie gehört nicht den Industriellen, die es anwenden. Sie erhalten die Verfügung über das Kapital nur durch die Bank . . .".[101] Auf diese Weise gerieten die Industrieunternehmen in die Abhängigkeit der Banken. In der Folgezeit und vor allem nach dem zweiten Weltkrieg wurde dies allerdings anders. (Aber selbst in dieser Periode trifft dies vor allem auf Deutschland und die schwachentwickelten Länder, nicht aber auf England zu, wie auch Hilferding selbst darlegt.) Ausschlaggebend waren dabei zwei Faktoren. Im Laufe des Krieges und in der Nachkriegszeit hatten es die Großmonopole verstanden, von ihren hohen Profiten enorme Reserven anzulegen. Die Inflation stärkte die Positionen der Industriemonopole, da ihr Vermögen vorwiegend in Gebäuden, Maschinen, Ausrüstungen, Rohstoffen und Fertigwaren angelegt ist, die mit fortschreitender Inflation im Preise anziehen, so daß sie Gelegenheit erhielten, ihre alten Bankschulden in entwertetem Geld abzustoßen. Die Inflation war für die Banken kein Geschäft. Gewiß leisten sie an ihre Kunden Zahlungen in entwertetem Geld; in der gleichen Währung aber kommen die Schuldner ihren Bankverpflichtungen nach.[102]

Die Industriemonopole waren mehr oder minder von den Banken abhängig. Heute dagegen vergrößern sie ihr fixes Kapital in der Regel aus eigenen Mitteln.

Die Aktiengesellschaften der USA wandten im Jahre 1958 für den Bau von Produktionsanlagen und Ausrüstungen insgesamt 21,5 Mrd. Dollar auf. Ihnen standen für diese Zwecke an eigenen Mitteln 6 Mrd. Dollar aus unverteilten Gewinnen und 21,5 Mrd. Dollar aus Abschreibungen zur Verfügung.[103]

In den Jahren 1949 bis 1956 wurden in England 67 bis 89 Prozent aller Kapitalanlagen aus inneren Quellen, 7 bis 11 Prozent durch Obligationen und 2 bis 12 Prozent durch Bankkredite finanziert.[104]

Die Großmonopole in der Industrie bilden heute aus ihren Extraprofiten derart umfangreiche Reserven, daß sie in der Regel nicht nur keine Kredite bei den Banken mehr aufzunehmen brauchen, sondern sogar selbst große Bankinstitute errichten oder aufkaufen. So erwarb Rockefeller die Chase National Bank, eine der Spitzenbanken der USA. Ein eigenes großes Bankunternehmen unterhielt vor dem zweiten Weltkrieg die IG Farben.

Die Angaben der Tabelle 30, die sich auf die USA beziehen, lassen erkennen, daß die

101 R. Hilferding, Das Finanzkapital, Berlin 1947, S. 305.

102 Dieser Unterschied erklärt, warum sich die Vertreter des Industriekapitals, wie die namhaften amerikanischen Professoren S. H. Slichter und A. H. Hansen, in der Frage der Inflation restlos zu Keynes bekennen und für eine „gelenkte Inflation" aussprechen, während die Organe des Bankkapitals, so die First National City Bank oder die Guaranty Trust Company, an einer stabilen Währung interessiert sind.

103 Economic Report of the President, 20. Januar 1959, S. 207.

104 Bulletin for Industry, London, April 1959.

Banken heute, verglichen mit den Industriemonopolen, eine zweitrangige Stellung einnehmen.

Tabelle 30
Reineinkommen der führenden USA-Gesellschaften (nach Abzug der Steuern, in Mrd. Dollar)

Jahr	Gesamt	Verarbeitende Industrie	Finanzgesellschaften	Geschäftsbanken
1957	15,8	10,4	1,3	0,8
1958	13,9	8,5	1,4	0,9

Quelle
First National City Bank Monthly Letter, März 1959, S. 21.

Das gesamte Reineinkommen aller Finanzgesellschaften machte den sechsten bis achten Teil des Einkommens aus, das die Industriemonopole zusammengerafft hatten.[105]

Die Veränderung in den Beziehungen zwischen den Banken und den Industriemonopolen bedeutet freilich nicht, daß die Investitionsbanken bei der Ausgabe der Aktien und Obligationen von Industrieunternehmen leer ausgehen, es sei denn, die neuen Aktien werden ausschließlich an alte Aktionäre abgegeben. So erhielt im Jahre 1956, als Ford Aktien emittierte, ein Syndikat von Investitionsbanken, die den Erfolg der Transaktion garantierten, eine Vermittler-„Gebühr“ von 15,3 Mio Dollar, das heißt von 1,5 Dollar je Aktie,[106] obwohl sie faktisch keinerlei Risiko übernommen hatten. Aber nur sie verfügen über einen entsprechenden Apparat und über Verbindungen, um die Aktien unter der „Bevölkerung“ an den Mann zu bringen. Ford hätte ohne die Banken auskommen können, doch die Streuung der Aktien unter die „Bevölkerung“ hätte den Aufbau eines ständigen Apparats im ganzen Lande erfordert.

Die Frage nach den gegenseitigen Beziehungen zwischen Banken und Industriemonopolen verliert indessen zusehends an Bedeutung, da die gleiche kleine Finanzgruppe ihre Herrschaft in immer stärkerem Maße sowohl auf die Banken als auch auf die Industriemonopole ausdehnt.

In den schwachentwickelten Ländern, wo empfindliche Kapitalknappheit herrscht, üben die Banken bis auf den heutigen Tag eine starke Macht über die Industrie aus.

Das Erstarken der Monopole und die Entwicklung des staatsmonopolistischen Kapitalismus hatten zur Folge, daß *in der Auswirkung der Überproduktionskrisen auf die verschiedenen Klassen und Schichten ein Wandel eintrat.* Anfang unseres Jahrhunderts erlitt die Bourgeoisie durch krisenbedingte Preiseinbrüche, heftige Kreditkrisen und Massenbankrotte erhebliche wirtschaftliche Einbußen. Heute dagegen denken die Großmonopole nicht daran, bei Krisen mit den Preisen herunterzugehen, und brauchen auch keinen Konkurs zu fürchten (falls notwendig, greift ihnen der Staat unter die Arme). Die ganze Schwere einer Krise bekommen fast ausschließlich die Arbeiter zu spüren, die am eigenen Leib erfahren, was es heißt, lange Zeit arbeitslos zu sein, desgleichen die schwach-

105 Im Jahre 1958, in dem in der Hauptsache der während der Krise 1957 und 1958 erzielte Gewinn ausgewiesen wurde, sind die Gewinne der Banken gestiegen, während die Gewinne der Industrieunternehmen beträchtlich abgenommen haben. Demzufolge verdienen die Banken an den Schwierigkeiten anderer.

106 Vgl. V. Perlo, Das Reich der Hochfinanz, Berlin 1960, S. 97.

entwickelten Länder infolge des Preisverfalls ihrer Erzeugnisse[107] sowie der schwächere Teil der nichtmonopolistischen Bourgeoisie. Der Großbourgeoisie schadet die Krise wenig. Eine tiefgreifende und anhaltende Überproduktionskrise ist jedoch in der gegenwärtigen Etappe der allgemeinen Krise des Kapitalismus und angesichts des Ringens der beiden Systeme für die Bourgeoisie politisch gefährlich.

*

Trotz des verhältnismäßig hohen Produktionszuwachses und der gewaltigen Kapitalakkumulation in den am weitesten entwickelten kapitalistischen Ländern ist *der Kapitalismus unserer Tage in vieler Beziehung nicht nur politisch, sondern auch wirtschaftlich schwächer als der Kapitalismus zu Beginn des Jahrhunderts.*

Der Kapitalismus ist außerstande, alle diejenigen, die vom Verkauf ihrer Arbeitskraft leben müssen, mit Arbeit zu versorgen. An die Stelle der industriellen Reservearmee, die Anfang des Jahrhunderts im wesentlichen nur in Zeiten von Wirtschaftskrisen auftrat, ist das chronische Arbeitslosenheer getreten. In dem reichsten Land der kapitalistischen Welt, in den USA, gab es im März 1960, als die Konjunktur im allgemeinen noch ein freundliches Bild bot, nach offiziellen Angaben 4,2·Mio Vollerwerbslose. Eine annähernd gleiche Zahl von Arbeitern war wöchentlich nur 1 bis 14 Stunden beschäftigt, hatte faktisch also ebenfalls keine geregelte Tätigkeit. Rechnet man diejenigen hinzu, die zwar einen Arbeitsplatz besaßen, aus verschiedenen Gründen (infolge zeitweiliger Stillegung der Fabriken, infolge Streik u. dgl.) aber feiern mußten, so kommen wir auf rund zehn Millionen Arbeitslose. Unterstellt man, daß im Durchschnitt jeder Arbeitslose zumindest einen Angehörigen zu ernähren hat, so ergibt dies rund 20 Mio, was der Einwohnerzahl Belgiens, Dänemarks, Finnlands und Irlands zusammengenommen entspricht. Fügt man den amtlichen Daten noch die latente Arbeitslosigkeit in Gestalt der agrarischen Überbevölkerung (in Italien, Spanien und den schwachentwickelten Ländern) hinzu, so dürften in der kapitalistischen Welt 50 bis 100 Mio Menschen ohne Arbeit sein.[108]

Eine Reihe von Zweigen, darunter der Bergbau, die Baumwollindustrie und die Landwirtschaft, steckt in den hochentwickelten kapitalistischen Ländern in einer Dauerkrise, wodurch sich das tendenzielle Anwachsen der ständigen Arbeitslosenarmee weiter verstärkt.

Der einheitliche kapitalistische Weltmarkt, wie er zu Anfang des Jahrhunderts bestand, gehört der Vergangenheit an. Territorial eingeengt, ist er in Währungszonen (Dollar-Zone, Sterling-Zone u. a.) aufgespalten. Die Festsetzung von Warenkontingenten und Vorzugszöllen sowie das Fehlen der Meistbegünstigung für die Kapitalisten verschiedener Länder sind die Ursachen dafür, daß die Konkurrenzbedingungen recht erheblich voneinander abweichen. Der freie Kapitalverkehr ist eingestellt: Für die Ausfuhr von Kapital bedarf es entweder einer Genehmigung, oder aber der Staat tritt selbst als Exporteur in Erscheinung, wobei er den Monopolen das Risiko abnimmt, usw. Obwohl Versuche unternommen

107 Wie wir bereits an früherer Stelle darlegten, hat das Großkapital der imperialistischen Mächte, vor allem Englands, während der letzten Wirtschaftskrise die krisenbedingten Verluste durch das Fallen der Preise für die in den schwachentwickelten Ländern erzeugten Rohstoffe mehr als wettmachen können.

108 In den imperialistischen Ländern Westeuropas war die Arbeitslosigkeit nach dem Kriege verhältnismäßig niedrig. Als Ursachen hierfür sind zu nennen: die hohen Menschenverluste im Krieg, der Rückgang der Geburtenziffer während des Krieges sowie die außerordentlich starke Nachfrage nach Arbeitskräften während des wirtschaftlichen Wiederaufbaus nach dem Kriege.

werden, mehrere kapitalistische .Länder zu einem einheitlichen Markt zusammenzuschließen, erschweren die widerstrebenden Interessen der verschiedenen Monopolgruppen doch sehr stark das Zustandekommen dieser Pläne und führen zu Reibungen zwischen den einzelnen Ländern. Das zeigt sich gegenwärtig auch wieder bei dem Versuch, die Länder der EFTA in die EWG einzugliedern. Dem „Gemeinsamen Markt“ (EWG) mit der BRD an der Spitze sowie Frankreich, Italien, den Niederlanden, Belgien und Luxemburg steht bislang noch die „Freihandelszone“ (EFTA) mit Großbritannien an der Spitze sowie Schweden, Norwegen, Dänemark, Österreich, der Schweiz und Portugal gegenüber.

Das Fehlen eines einheitlichen kapitalistischen Marktes zeugt von der Brüchigkeit der kapitalistischen Wirtschaft. Aus diesem Grund ist das als Weltgeld fungierende Gold äußerst ungleichmäßig verteilt. Die kleine Schweiz mit ihren 5 Mio Einwohnern hat einen Goldvorrat von 2 Mrd. Dollar, während Frankreich mit seinen 44 Mio Bewohnern über weniger als 1 Mrd. Dollar verfügt. Indien, dessen Bevölkerung fast 400 Mio ausmacht, besitzt eine Goldreserve von 250 Mio Dollar.

Die Verschärfung des Grundwiderspruchs des Kapitalismus bewirkt, daß die Aufnahmefähigkeit des Marktes in den kapitalistischen Ländern chronisch eingeengt wird. Dies zwingt die Kapitalisten, die Waren auf Raten abzugeben und so einen Vorgriff auf das künftige Einkommen der Verbraucher zu machen. In den USA hat das Teilzahlungsgeschäft im Automobileinzelhandel eine derartige Verbreitung erlangt, daß man dem Käufer nicht einmal mehr den Preis der Maschine nennt, die er kaufen will, sondern ihm nur den Betrag mitteilt, den er, sagen wir in 36 Monaten, zu entrichten hat. Ende 1960 hatte der Konsumentenkredit in den USA einen Umfang von 55 Mrd. Dollar erreicht. Auch in England und den anderen kapitalistischen Ländern dehnt er sich rasch aus.

Die Monopole benutzen den Konsumentenkredit, um den Werktätigen das Geld aus der Tasche zu ziehen. So erhebt die Finanzabteilung von General Motors bei Teilzahlungsverkäufen von Kraftfahrzeugen 12 Prozent Zinsen jährlich. Bleibt der Käufer mit einer Rate im Rückstand, so ist der Konzern berechtigt, den Wagen zu seinen Gunsten einzuziehen. Es kommen sogar noch höhere Zinssätze bis zu 31 Prozent jährlich vor.[109]

Der Konsumentenkredit war Anfang des Jahrhunderts nicht bekannt, er ist im Kapitalismus von heute etwas völlig Neues.

Wie labil die Wirtschaft des modernen Kapitalismus seit der Jahrhundertwende geworden ist, zeigt die Inflation, der sich keine kapitalistische Währung zu entziehen vermochte. Selbst in den USA mit ihren riesigen Goldreserven ist die Kaufkraft des Dollars, ausgehend vom Verbraucherpreisindex, in den letzten zehn Jahren um 24 Prozent gefallen.

Die Kaufkraftabschwächung des Geldes resultiert nicht nur aus der Inflation, sondern auch aus der Tätigkeit der Monopole. Im Mai 1959 stellte sich der Preisindex in den USA wie in Tabelle 31 angegeben dar.

Ohne Zweifel ist der Wert (das heißt die in einer Wareneinheit enthaltene gesellschaftlich notwendige Arbeitszeit) des Stahls stärker gesunken, als der Wert von Möbeln oder Ledererzeugnissen. Die Tatsache jedoch, daß diese Güter im Preis weitaus mehr gestiegen sind als die weniger monopolisierten Waren, zeugt von dem Einfluß der Monopole, die die Preise für ihre Erzeugnisse beträchtlich über den Wert hinaus steigern und sich auf diese Weise Extraprofite verschaffen.

109 U. S. News and World Report vom 11. April 1960, S. 50.

Tabelle 31
Preisindex in den USA im Mai 1959 (1947—1949 = 100)

Aluminium	Stahl	Möbel	Textilien	Lederwaren	Lebensmittel
168	170	124	94	118	108

Die Inflation in der Nachkriegszeit rührt daher, daß während des zweiten Weltkrieges und danach dem Nationaleinkommen für unproduktive Zwecke mehr Geld entzogen wurde, als dies dem normalen Fungieren des Kapitals zuträglich ist.

Dies soll natürlich nicht heißen, daß der Kapitalismus schlechthin bereits keine Kraft mehr zu einer festen Währung aufbringt. Für die meisten kapitalistischen Länder wäre eine stabile Währung auch heutzutage möglich. Aber die Industriemonopole legen darauf überhaupt keinen Wert. Die „schleichende" Geldentwertung schafft für das Kapital sehr vorteilhafte Bedingungen, um die Ausbeutung der Werktätigen zu verschärfen, da der Reallohn der Arbeiter und Angestellten infolge der Geldentwertung ständig sinkt. Dies zwingt letztere, für Lohnerhöhungen zu kämpfen. So entsteht der Trugschluß, als ob die Arbeiterklasse unentwegt im Angriff liege, während sich die Kapitalisten nur verteidigen; in Wirklichkeit aber sind es die Monopole, die einen Raubzug gegen den Lebensstandard der Werktätigen führen.

*

Die Militarisierung der Wirtschaft in den kapitalistischen Ländern hat hauptsächlich politische Ursachen. Die Finanzoligarchie, die in ständiger Furcht vor der sozialistischen Revolution lebt, betreibt eine totale Militarisierung: Produktion, Technik und Wissenschaft werden von ihr vor allem in den Dienst der Aufrüstung gespannt. Die Rüstungsausgaben in „Friedenszeiten" klettern in schwindelnde Höhen. In den USA stiegen sie von 191 Mio Dollar im Jahre 1900 auf mehr als 40 Mrd. Dollar im Jahre 1958.

Ursächlich mit der Militarisierung der Wirtschaft in den kapitalistischen Industriestaaten verbunden sind die begrenzte Aufnahmefähigkeit des kapitalistischen Marktes sowie die durch die niedrige Kaufkraft der breiten Massen der Werktätigen hervorgerufenen Absatzschwierigkeiten — eine Erscheinung, die im Kapitalismus zwangsläufig auftritt und sich durch den stürmischen Fortschritt der Technik in den letzten zehn Jahren weiter verstärkt hat.

Der Militarismus ist der eklatanteste Beweis für die Fäulnis des modernen Kapitalismus. Rüstungsgüter sind weder Produktionsmittel noch Gegenstände des normalen Verbrauchs. Die Rüstungslasten bringen dem Volk keinerlei Nutzen; sie sind ein ungeheurer faux frais (falsche Kosten) der kapitalistischen Gesellschaft, im Grunde genommen ein Raub am Nationaleinkommen. Für die einflußreichen Gruppen des Monopolkapitals hingegen bilden sie ein äußerst lukratives Geschäft. Aus diesem Grunde widersetzt sich das Monopolkapital in seiner Gesamtheit der Forderung der Völker, mit dem „kalten Krieg" Schluß zu machen und eine echte Abrüstung durchzuführen. Es gibt indessen auch Monopole, die ausschließlich für den Binnenmarkt arbeiten und sich gegen eine übermäßige Aufblähung der Rüstung wenden, da zu diesem Zweck die Steuerschraube angezogen werden muß. Um die Frage der Abrüstung ist in den kapitalistischen Ländern ein heftiger Klassenkampf entbrannt.

*

Beträchtlichen Veränderungen unterlag der Kapitalexport. Anfang unseres Jahrhunderts war er eine reine Angelegenheit der privaten Hand. Der Staat stellte zwar anderen Ländern Anleihen zur Verfügung, doch mit der Ausfuhr von Kapital befaßte er sich nicht. Heute wickelt sich rund die Hälfte des Kapitalexports auf staatlicher und halbstaatlicher Ebene ab, wie die Tätigkeit der Weltbank, die staatlichen Anleihen an die schwachentwickelten Länder, die staatlichen Garantien für den privaten Kapitalexport usw. zeigen. Die staatliche Kapitalausfuhr ist zu einer wichtigen Waffe im Kampf gegen das sozialistische System geworden.

Die Sowjetunion, die den schwachentwickelten Ländern Kredite zu einem Zinssatz von 2,5 Prozent jährlich einräumt, hilft ihnen, sich vom Finanzjoch der Imperialisten zu befreien. Ganz andere Ziele verfolgen die imperialistischen Mächte mit der Kapitalausfuhr.

Auch die Richtung des privaten Kapitalexports hat sich geändert. Anfang unseres Jahrhunderts wurde Kapital vorwiegend ins Ausland transferiert, um die Industrie Westeuropas mit Rohstoffen zu versorgen. Heute fließt ein beträchtlicher Kapitalstrom aus einem hochentwickelten Land in das andere, wobei das Geld in erster Linie für den Bau von Zweigunternehmen monopolistischer Firmen bestimmt ist. Dies erklärt sich durch die Zersplitterung des kapitalistischen Weltmarktes sowie durch das bestehende Lohngefälle. So investierten die Konzerne der USA in England rund 3 Mrd. Dollar[110], da dort bei gleicher technischer Ausstattung wie in den Vereinigten Staaten die Lohnkosten niedriger sind und die Waren als Erzeugnisse „Made in England“ deklariert werden können, so daß sie in den Dominien in den Genuß der Präferenzzölle kommen. Aufschlußreich ist auch die Bewegung des in Kanada investierten Auslandskapitals (vgl. Tabelle 32).

Tabelle 32
Ausländische Kapitalinvestitionen in Kanada (Mrd. Dollar)

	1900	1945	1958
USA	0,2	5,0	14,6
Großbritannien	1,0	1,7	3,1
Andere Länder	—	0,4	1,4
Gesamt	1,2	7,1	19,1

Die Gewinne, die die USA und England aus ausländischen Privatinvestitionen ziehen, entsprechen dem Kapitalexport eines ganzen Jahres, der demzufolge vom Standpunkt der Zahlungsbilanz aus ohne jede Wertübertragung vorgenommen werden kann.

Was den staatlichen Kapitalexport in die schwachentwickelten Länder anbelangt, so sichert er dem Großkapital, von politischen Zielen abgesehen, den risikolosen Absatz von Waren auf diesen Märkten zu hohen Preisen. Die Entwicklungshilfe der kapitalistischen Industriestaaten entpuppt sich in Wirklichkeit als eine Hilfe, die sie sich selbst erweisen.

110 Vgl. Probleme des Friedens und des Sozialismus, 9/1959, S. 20.

3. Die wichtigsten sozialen Veränderungen innerhalb des Kapitalismus

Die Beziehungen zwischen den Klassen in der kapitalistischen Gesellschaft blieben natürlich im Verlauf des 20. Jahrhunderts unverändert. Wie schon zu Beginn des Jahrhunderts gibt es in der kapitalistischen Gesellschaft zwei Hauptklassen, die Bourgeoisie und das Proletariat, die miteinander im Klassenkampf stehen. In den schwachentwickelten Ländern spielt der Kampf zwischen den Gutsbesitzern und den Bauern um Grund und Boden nach wie vor die dominierende Rolle.

Doch gleichzeitig gingen innerhalb der Klassen in den entwickelten kapitalistischen Ländern beträchtliche Veränderungen vor sich. Zahlenmäßig ist die Bourgeoisie im Vergleich zum Proletariat schwächer geworden. 1910 hatte die Zahl der „Selbständigen" in den USA noch 27 Prozent der Erwerbstätigen betragen, 1954 war sie auf 13,3 Prozent zusammengeschrumpft.[111] Dabei ist zu berücksichtigen, daß es heutzutage unter den „Selbständigen" auch sehr viele gibt, die effektiv völlig von den Monopolen abhängig sind, so zum Beispiel die Autohändler. Darüber hinaus zählt zu den „Selbständigen" eine Vielzahl von Personen, deren Einkommen geringer als das Einkommen der Arbeiter ist, zum Beispiel die Straßenhändler, die kleinen Handwerksmeister und andere. In den Industrieländern stellt die Großbourgeoisie gegenwärtig eine verschwindend geringe Minderheit und das Proletariat die überwältigende Mehrheit der Bevölkerung dar. Der letzten Volkszählung zufolge betrug die Zahl der Proletarier wie in Tabelle 33 angegeben.

Tabelle 33
Zahlenmäßige Stärke und Anteil der Arbeiterklasse

	Großbritannien	USA	BRD
Erwerbstätige insgesamt (Mio)	22,6	60,0	22,0
darunter:			
Arbeiter und Angestellte	20,9	49,3	15,6
in Prozent	93,0	82,0	71,0

Quelle
Statistisches Jahrbuch für die Bundesrepublik Deutschland. 1959, Internationale Übersichten, S. 34, 35.

Die Bourgeoisie ist nicht nur zahlenmäßig schwächer geworden, auch ihre organisatorische Rolle im Produktionsprozeß hat sich verringert. Zwar hatten die Monopole auch schon zu Anfang dieses Jahrhunderts die dominierende Position inne und gab es auch damals schon eine ziemlich große Schicht von Rentiers, doch ein beträchtlicher Teil der Bourgeoisie spielte eine aktive Rolle im Wirtschaftsleben, als Unternehmer, Organisatoren und Leiter der eigenen Betriebe, Ingenieure und Erfinder. Die erste Generation der Siemens, Krupp und Ford waren aktive Ingenieure und Betriebsleiter. Heute werden fast alle diese Funktionen von Angestellten ausgeübt. Die operative Leitung der Betriebe liegt in den Händen von angestellten Direktoren und Leitern. Die Finanzoligarchie dagegen befaßt sich mit der Bildung neuer Monopole, mit Politik und Spekulationen großen Maßstabs. Die wissenschaftliche Arbeit und das Erfindungswesen sind vor allem in den

111 Journal of the International Sociological Association, Mai 1956, S. 70.

Laboratorien der Großmonopole konzentriert. Sämtliche Früchte der von den Wissenschaftlern und Erfindern geleisteten Arbeit gehören nicht diesen Wissenschaftlern und Erfindern, sondern den Monopolen. Ein sehr großer und ständig zunehmender Teil der Bourgeoisie wird parasitär und verwandelt sich in Rentiers.

Im Jahre 1960 hatten die Rentiers in den USA ein Einkommen von 14 Mrd. Dollar Dividende und ein persönliches Zinseinkommen von 26,8 Mrd. Dollar, das ergibt zusammen 40,8 Mrd. Dollar.[112] Das parasitäre Einkommen in den USA ist größer als das gesamte Nationaleinkommen Indiens mit seinen 400 Millionen Einwohnern.

Die moderne kapitalistische Gesellschaft der hochentwickelten Länder besteht also einerseits aus Ausbeutern, zu denen die zahlenmäßig sehr kleine Finanzoligarchie sowie die übrige Bourgeoisie, die Gutsbesitzer und die Großbauern gehören, und anderseits aus Lohnempfängern — den Arbeitern und Angestellten, die die überwältigende Mehrheit der Bevölkerung ausmachen. Die Zahl der Menschen, die objektiv an der Erhaltung der kapitalistischen Ordnung interessiert sind, wird immer kleiner. Wenn die kapitalistische Ordnung aber immer noch fortbesteht, so vor allem deshalb, weil die Bourgeoisie in den hochentwickelten kapitalistischen Ländern auf Grund der enorm gestiegenen Arbeitsproduktivität dieser Länder und durch die Ausbeutung der schwachentwickelten Länder bislang noch die Möglichkeit hat, die Lage eines Teils der Arbeiter zu bessern bzw. nicht wenige Arbeiter zu korrumpieren und es ihr immer noch gelingt, einen Teil der Arbeiter mit Hilfe der Religion, des Reformismus und anderer Arten der bürgerlichen Ideologie unter ihrem Einfluß zu halten. Natürlich spielt dabei auch der Machtapparat nach wie vor eine wichtige Rolle. Doch unter den Bedingungen des Kampfes der beiden Systeme ist ein bestimmter Teil der Bourgeoisie bestrebt, offenen Konflikten mit dem Proletariat aus dem Wege zu gehen.

Unter Ausnutzung der Inflation und hoher Monopolpreise geben die Monopole zum Teil den Forderungen der Arbeiter nach, ohne daß dies ihren Profiten abträglich ist.

In den Zweigen, die sich in einer strukturellen Krise befinden (Kohlebergbau, Baumwollindustrie u. a.) sind die Monopole natürlich in einer schwierigeren Lage als in den Zweigen, die rasche Fortschritte machen. Die Lage der nichtmonopolistischen, kleinen und mittleren Bourgeoisie, die an sich selbst das Joch der Finanzoligarchie verspürt, ist noch komplizierter.

*

In der Ideologie der Bourgeoisie gingen ebenfalls Veränderungen vor sich. Die Ideologie des Imperialismus war stets reaktionär. Doch Anfang des Jahrhunderts gab es noch beträchtliche Überreste der antifeudalen, liberalen, radikalen bürgerlichen Ideologie. Heute ist die Ideologie des Kapitalismus durch und durch reaktionär; ihr Wesen besteht in der Verteidigung der kapitalistischen Ordnung, im Antikommunismus.[113] Die von ihr gepriesene „Freiheit" und der „Schutz der Persönlichkeitsrechte" werden von den bürgerlichen Ideologen unter der Losung des Antikommunismus in alle Welt hinausposaunt; die Gesellschaftswissenschaften und auch die Kirche verteidigen und beschönigen

112 Economic Report of the President, 19. Januar 1961, S. 1.

113 Eine Ausnahme bildet die nationale Bourgeoisie der schwachentwickelten Länder, die gegen den Imperialismus und Feudalismus kämpft und eine fortschrittliche Rolle spielt. Auf Grund ihres zwiespältigen Charakters ist die nationale Bourgeoisie aber auch geneigt, mit dem Imperialismus und Feudalismus zu paktieren.

den verfaulenden Kapitalismus, den Imperialismus, propagieren die Überlegenheit der weißen Rasse[114] und verleumden zugleich den Kommunismus. Die Bourgeoisie der entwickelten kapitalistischen Länder hat keinerlei Ideale, keinerlei hohe gesellschaftliche Ziele mehr. Äußerliche Religiosität und Obskurantismus verknüpfen sich mit einem Profitstreben, bei dem alle Mittel recht sind. Gangster, Mörder und Großspekulanten wurden die Helden der bürgerlichen Literatur, des Films und des Theaters. In den kapitalistischen Industrieländern kämpft nur das revolutionäre Proletariat konsequent für die hohen Menschheitsideale und schart dabei alle fortschrittlichen Elemente der Gesellschaft um sich. In den Kolonien, Halbkolonien und ehemaligen Kolonien beteiligen sich die Intelligenz und die nationale Bourgeoisie, wenn auch schwankend, am Kampf des Volkes für die völlige Unabhängigkeit von den Imperialisten.

*

Beträchtliche Strukturveränderungen, die sich aus der raschen Entwicklung der Technik ergeben, erfuhr im Laufe des 20. Jahrhunderts auch die Arbeiterklasse. Wie wir bereits ausführten, hatten die qualifizierten Arbeiter Anfang des Jahrhunderts in der Produktion die entscheidende Bedeutung. Diese Arbeiter brachten vier bis fünf Jahre damit zu, sich zu Facharbeitern heranzubilden. Ihr Lohn lag dementsprechend erheblich über dem Lohn der Ungelernten. Die Arbeiteraristokratie bestand ausschließlich aus solchen qualifizierten Arbeitern. Durch diese relativ dünne Schicht hochqualifizierter Arbeiter übte die Bourgeoisie großen Einfluß auf die Massen der einfachen Arbeiter aus. Heute gibt es in den Fabriken fast keine Facharbeiter in dem alten Sinne dieses Wortes mehr. Der technische Fortschritt in den kapitalistischen Ländern führt dazu, daß die berufliche Qualifikation der Arbeiter keine so entscheidende Rolle in der Produktion wie damals mehr spielt. Deshalb wurden auch die Löhne beträchtlich nivelliert. Der britische Arbeitsminister legte dem Parlament folgende Angaben über die Entlohnung der Arbeiter vor (vgl. Tabelle 34).

Tabelle 34
Löhne der qualifizierten Arbeiter in Prozent zu den Löhnen der ungelernten Arbeiter in England

	Juli 1914	April 1960
Maschinenbau (Wochenlohn)		
Einrichter	184	133
Schlosser und Dreher	170	119
Bauwesen (Stundenlohn)		
Maurer	150	114
Eisenbahn (Wochenlohn)		
Lokomotivführer	211	147

Quelle
The Economist vom 23. April 1960, S. 363.

114 In Florida wurde die Forderung erhoben, ein gewisses Büchlein mit dem Titel „Die drei Ferkel“ nur deshalb zu verbieten, weil dort geschrieben steht, daß ein Wolf ein weißes und ein geschecktes Ferkel auffraß, während ihn das schwarze überlistete. In Alabama wurde die gleiche Forderung hinsichtlich des Buches „Zwei Kaninchen“ erhoben, weil es dort heißt, ein weißes Kaninchen sei eine Ehe mit einem schwarzen Kaninchen eingegangen.

Die Abstufung zwischen den einzelnen Löhnen wurde geringer. Doch damit ist natürlich nicht gesagt, daß die Arbeiteraristokratie als politische Kraft nicht mehr besteht. Lenin sprach stets von der Arbeiteraristokratie als einer Schicht von Arbeitern, die sich vom Gros des Proletariats gelöst hat, nicht am politischen Kampf des Proletariats teilnimmt, ihre Zugehörigkeit zum Proletariat bestreitet und sich in ihrer Haltung und Lebensweise bemüht, die Bourgeoisie nachzuahmen. In diesem Sinne bleibt die Schicht der Arbeiteraristokratie auch heute erhalten.

*

Die Arbeitsproduktivität der kapitalistischen Industrieländer ist im Laufe dieses Jahrhunderts stark gestiegen, vermutlich um mehr als 100 Prozent.[115] Die Steigerung der Arbeitsproduktivität war in den letzten Jahren so bedeutend, daß das Produktionsvolumen in vielen Fällen nicht nur ohne entsprechende Erhöhung der beschäftigten Arbeiterzahl, sondern sogar bei deren Rückgang gestiegen ist. Ein Beispiel dafür sind die USA (vgl. Tabelle 35).

Tabelle 35
Entwicklung der Arbeitsproduktivität in der verarbeitenden Industrie der USA

Jahr	Produktionsindex in der verarbeitenden Industrie (1947—1949 = 100)	Anzahl der beschäftigten Arbeiter (in Mio)
1953	139	17,2
1959	158	16,2

Bei einem Rückgang der beschäftigten Arbeiterzahl um eine Million, das heißt um 6 Prozent, stieg die Produktion um 14 Prozent.

Infolge der steigenden Arbeitsproduktivität veränderte sich die Verteilung der Arbeitskräfte auf die einzelnen Zweige wesentlich. In den hochentwickelten Ländern ist die Zahl der Beschäftigten, die den Wert und Mehrwert produzieren, nicht mehr viel größer als die Zahl der in den unproduktiven Zweigen Tätigen (vgl. Tabelle 36).

Diese Entwicklung ist damit verbunden, daß die Zahl der Angestellten in den am höchsten entwickelten kapitalistischen Ländern rasch zunimmt. Einerseits ist dies die Folge der Vergrößerung des Staatsapparates und der Erweiterung der Dienstleistungszweige, in denen vorwiegend Angestellte tätig sind; anderseits wächst in der Industrie infolge des technischen Fortschritts — Automatisierung, Einführung der Elektronik usw. — rasch die Zahl der Angestellten im Vergleich zu den Arbeitern. In der Industrie der USA beispielsweise entfielen auf 100 Beschäftigte im Jahre 1899 nur 6 Angestellte, 1919 waren es 19,4 und 1954 bereits 21,3 Angestellte.[116] Im Jahre 1957 erhielten die Angestellten ein Drittel der in der Industrie gezahlten Lohn- und Gehaltssumme.[117]

115 Es ist sehr schwer, die Arbeitsproduktivität zu messen. Je nachdem, ob man eine Stunde, einen Tag oder ein Jahr zugrunde legt, ob man die Berechnungen für einzelne Zweige oder für die gesamte Wirtschaft des Landes anstellt, erhält man verschiedene Ergebnisse.

116 W. Sombart, Das Wirtschaftsleben im Zeitalter des Hochkapitalismus, München 1928, Zweiter Halbband, S. 921; „Monthly Labor Review", April 1957, S. 436.

117 S. Hill and F. Harbison, Manpower and Innovation in American Industry, Princeton University, 1959, S. 62.

Tabelle 36
Arbeitskräfte der USA nach Zweigen 1959 (in Mio)

In Neuwert produzierenden Zweigen		In Zweigen, die keinen Neuwert produzieren*	
Verarbeitende Industrie	16,2	Handel	11,4
Bergbau	0,7	Finanzwesen	2,4
Vertragsbauwesen	2,8	Dienstleistungszweige	6,5
Landwirtschaft	5,8	Bundes- und Lokalbehörden	8,1
Verkehrswesen und Kommunalwirtschaft	3,9		
Insgesamt	29,4	Insgesamt	28,4

(Zu den unproduktiven Kategorien kann man auch noch über drei Millionen Militärangehörige zählen.)

* Diese Einteilung ist ungenau: Im Handel wird zum Teil Neuwert geschaffen, kein Neuwert entsteht dagegen im Personenverkehr. Wir nehmen an, daß sich diese Zahlen gegenseitig aufheben.

Zusammenfassende Angaben über die Zahl der Arbeiter und Angestellten liegen für die BRD vor, wo es im Oktober 1957 insgesamt 12,7 Mio Arbeiter aller Kategorien (einschließlich Lehrlinge und unentgeltlich arbeitende Anlernlinge usw.) sowie 5,4 Mio Beamte und Angestellte gab. In Großbritannien betrug die Zahl der Büroangestellten nach den Angaben der Betriebszählung, wie in Tabelle 37 angegeben.

Tabelle 37
Entwicklung der Zahl der Büroangestellten in England (in Tsd.)

1891	1911	1931	1951
414	843	1465	2124

In den Industrieländern nähert sich die Zahl der Angestellten infolge ihres rascheren Wachstums allmählich der Zahl der Produktionsarbeiter.

Diese Tatsache besitzt große politische Bedeutung. Natürlich ist die überwältigende Mehrheit der Angestellten Proletarier; ihr Gehalt ist in vielen Fällen niedriger als der Lohn der qualifizierten Arbeiter. Doch die obersten Schichten der Angestellten von Privatfirmen verwachsen mit den Kapitalisten, und die Oberschicht der Staats- und Arbeiterbürokratie spielt eine wichtige politische Rolle. Eine Reihe von Angestellten kann im Unterschied zu den Arbeitern von einem Aufstieg in die Bourgeoisie träumen. Außerdem arbeiten sie nicht körperlich; es sind Menschen im „weißem Kittel".

Die Bourgeoisie bemüht sich, diese unwesentlichen Unterschiede zwischen dem Fabrikproletariat und den Proletariern, die am Schreibtisch arbeiten, auszunutzen.[118] Sie will die einen gegen die anderen ausspielen. Doch die Angestellten organisieren sich in zuneh-

118 Die Einteilung in körperliche und geistige Arbeit paßt hier nicht. Die Arbeit vieler Angestellten erfordert einen sehr geringen Aufwand an geistiger Energie und die Arbeit vieler Fabrikarbeiter einen sehr großen.

mendem Maße gewerkschaftlich, und ihre Organisationen kommen hinsichtlich der Zielstellung und der Formen des Kampfes den Arbeiterorganisationen immer näher.

Besondere Bedeutung hat die rasch wachsende Schicht der Arbeiterbürokratie — der Angestellten der sozialdemokratischen Parteien, der Parlamentarier, Redakteure, berufsmäßigen Propagandisten, Angestellten von Arbeiterkonsumgenossenschaften usw. Diese Schicht erfüllt zum Teil im Interesse der Bourgeoisie jene Funktionen, die Anfang des Jahrhunderts von der Arbeiteraristokratie, einem Teil der qualifizierten Arbeiter, wahrgenommen wurden.[119]

*

Die Großbourgeoisie steht in der Epoche der allgemeinen Krise des Kapitalismus, in der das Weiterbestehen der kapitalistischen Ordnung potentiell ständig gefährdet ist, in der das Proletariat die überwältigende Mehrheit der Bevölkerung darstellt und mächtige Gewerkschafts- und Parteiorganisationen besitzt und in der die Arbeiter die kolossalen Erfolge der Sowjetunion und der anderen sozialistischen Länder vor Augen haben, in viel größerem Maße als zu Anfang unseres Jahrhunderts vor der Frage, wie sie ihren Einfluß auf das Proletariat bewahren und es vom revolutionären Weg abhalten kann. Und man muß leider zugeben, daß dies der Bourgeoisie in den kapitalistischen Hauptländern bisher gelang.[120] Hierbei stößt sie jedoch besonders in den Ländern, wo der Einfluß der kommunistischen Parteien auf das Proletariat sehr stark ist, wie in Frankreich und Italien, auf erheblichen Widerstand.

In den USA gibt es bis heute nicht einmal eine reformistische Massenpartei. Dutzende Millionen Arbeiter stimmen bei den Wahlen auch heute noch für die Kandidaten einer der beiden Parteien der Großbourgeoisie, und die Gewerkschaftsführer betreiben eine wütende Propaganda gegen den Kommunismus, gegen die Sowjetunion.

In England ist der politische Einfluß der Bourgeoisie auf das Proletariat nach wie vor ziemlich groß. Die letzten Parlamentswahlen brachten den Konservativen eine noch größere Stimmenmehrheit. Aus verschiedenen Erwägungen stimmte rund ein Drittel der in den Gewerkschaften organisierten Arbeiter für die Konservativen. Bei den letzten Wahlen stimmten 15,6 Mio Menschen für unverhüllt bürgerliche Parteien (für die Konservativen, die Liberalen und andere) und 12,2 Mio für die Labour-Partei, deren rechte Führung immer offener den Kapitalismus unterstützt.

Wie verstand die britische Bourgeoisie ihren Einfluß auf das Proletariat zu bewahren? Eine große Rolle spielen dabei zweifellos die historischen Traditionen — der „parlamen-

119 Die Oberschicht der Arbeiterbürokratie bezieht sehr hohe Gehälter. So erhält beispielsweise der Vorsitzende der amerikanischen Maschinenbauer-Gewerkschaft, I. S. Deloney, 55000 Dollar Gehalt im Jahr und 17225 Dollar „Aufwandsentschädigung"; das Haupt der Gütertransportarbeiter-Gewerkschaft, Hoffa, erhält 50000 Dollar (und zusätzlich das, was er sich illegal aneignet); der Vorsitzende der Bergarbeiter-Gewerkschaft, Lewis (vor kurzem zurückgetreten), erhielt 50000 Dollar im Jahr usw. Das sind Einkommen von Rentiers mit einem Millionen-Vermögen.

120 Der Widerspruch zwischen den wirtschaftlichen und politischen Interessen des Kapitals trat im Stahlarbeiterstreik der USA 1959 klar zutage. Der Vorsitzende des Direktoriums der „United States Steel Corporation", R. M. Blough, der den Kampf auf seiten der Kapitalisten leitete, hätte es gern zu einer weiteren Verschärfung der Auseinandersetzung kommen lassen, um die Wiederherstellung des unkontrollierten Rechtes der Unternehmer über die Arbeiter in der Produktion zu erreichen. Doch die Kapitalisten wollten im Interesse der gesamten Bourgeoisie aus politischen Erwägungen den Kampf nicht noch weiter verschärfen und veranlaßten ihn, sich mit den Arbeitern zu verständigen.

tarische Kretinismus" — und der ideologische Einfluß — der Reformismus, die Kirche, die bürgerliche Presse, sowie Film und Rundfunk.

Lenin erklärte den Zusammenbruch der Zweiten Internationale mit dem Einfluß der Arbeiteraristokratie, die ein bürgerliches Leben führt. In Analogie dazu wären die Stärke der bürgerlichen Parteien und das Fehlen einer kommunistischen Massenpartei in Großbritannien (und auch in den USA) ausgeschlossen, wenn sich nicht ein Teil der Arbeiterklasse, und zwar breitere Schichten als die alte Arbeiteraristokratie, in einer materiellen Lage befände, bei der er der Auffassung ist, daß es sich bis jetzt noch im Kapitalismus leben läßt, ohne Revolution. Dies wäre unmöglich, wenn (wie es bei uns manchmal bis heute unrichtig behauptet wird) eine ständige allgemeine Verelendung der Arbeiterklasse stattfände.

Effektiv kam es auf Grund des Kampfes der Arbeiterklasse und der Bestrebungen der Bourgeoisie, unter den Bedingungen des Kampfes der beiden Systeme ihren politischen Einfluß auf das Proletariat zu behalten, in den letzten zehn Jahren in einzelnen kapitalistischen Ländern zu einer gewissen Erhöhung der Reallöhne, unter anderem selbst in einem so relativ armen Lande wie Italien.[121]

Die Bourgeoisie kann sich heute leicht mit einer gewissen Erhöhung der Reallöhne für einen Teil der beschäftigten Arbeiter einverstanden erklären und trotzdem ihre Profite steigern. Die Arbeitsproduktivität wächst auf Grund des technischen Fortschritts beständig und schnell. Seit dem Ende des ersten Weltkrieges erhöhte sie sich zweifellos um mindestens 50 bis 60 Prozent. Und die Arbeitswoche, die seinerzeit eine Länge von 48 Stunden hatte, ist etwas kürzer geworden (vgl. Tabelle 38).

Tabelle 38
Stundenzahl der Arbeitswoche 1958/1959 in den kapitalistischen Hauptländern

Frankreich	BRD	Großbritannien	Italien	Japan	USA
43	46	46	48	50	40,1*

* Diese Zahl ist eine Durchschnittsgröße für die Ganztagsbeschäftigten und die Kurzarbeiter, nicht jedoch für die normale Arbeitswoche.

Die gestiegene Arbeitsproduktivität machte die Verkürzung der Arbeitswoche ungefähr fünfmal wieder wett. Das heißt, die Menge des Mehrprodukts in seiner Naturalform (unabhängig von der Preisbewegung und den Devisenkursen), die sich das Kapital aneignet, ist heute bedeutend größer als vor 40 Jahren oder selbst vor zehn Jahren. Und dies wiederum bedeutet, daß die Bourgeoisie der hochentwickelten Länder, die eine zunehmende Profitmasse einstreicht, breitere Schichten der Arbeiterklasse als die alte Arbeiteraristokratie zu bestechen vermag.

Daß sich heute noch ein beträchtlicher Teil der englischen Arbeiterklasse mit seiner Lage im Kapitalismus abfindet, ist zu einem erheblichen Teil auf die nach dem zweiten Weltkrieg eingeführte Sozialversicherung zurückzuführen, die eine Versicherung „von der Wiege bis zum Grabe" darstellt.

Die Arbeiter und ihre Frauen erhalten im Falle von Krankheit, Alter und Schwangerschaft eine Unterstützung; Witwen erhalten eine Beihilfe; es wird ein Sterbegeld gezahlt;

121 Vgl. die Rede von P. Togliatti auf dem IX. Parteitag der Kommunistischen Partei Italiens.

Kinderbeihilfe erhalten Eltern mit mehr als einem Kind; ferner gibt es eine Invalidenunterstützung. Auf Grund von Kollektivverträgen erhalten die Arbeiter einen zweiwöchigen bezahlten Urlaub. Neben Großbritannien spielt die Sozialversicherung auch in Frankreich, der BRD und den USA eine große Rolle bei der Aussöhnung eines Teils der Arbeiter mit der kapitalistischen Ordnung.[122]

Obgleich die Arbeiter dem Buchstaben nach nur einen Teil der Sozialversicherungsaufwendungen in Form unterschiedlicher Wochenbeiträge finanzieren (den Rest bezahlen die Kapitalisten und der Staat), bezahlt die Arbeiterklasse effektiv in Form von Beiträgen, direkten und indirekten Steuern jährlich bedeutend mehr, als sie in Gestalt sämtlicher Unterstützungen erhält. Obwohl die Leistungen der Sozialversicherung viel niedriger als der Lohn sind, geben sie den Arbeitern eine gewisse Sicherheit, daß sie keine Not zu leiden, nicht zu hungern brauchen. Es versteht sich, daß die Bourgeoisie nach Kräften bemüht ist, ihren Einfluß auf die Arbeiter zu behalten und sich dabei aller Formen der Bestechung und Demagogie bedient.

Der dominierende Einfluß der bürgerlichen Ideologie bei den Arbeitern Großbritanniens und der USA ist natürlich eine vorübergehende Erscheinung. Mit der Vertiefung der allgemeinen Krise des Kapitalismus, mit der zunehmenden chronischen Arbeitslosigkeit, mit der Verschärfung des Klassenkampfes und der Ausweitung des Friedenskampfes wie auch auf Grund anderer Faktoren wird er allmählich nachlassen. Davon zeugen der Kampf der linken gegen die rechten Führer in der Labour-Partei, der wachsende Einfluß der Kommunisten in den Gewerkschaften Großbritanniens und der USA und die zunehmenden Klassenkämpfe der Arbeiterklasse gegen die Herrschaft der Kapitalisten.

122 In den USA gibt es keine staatliche Sozialversicherung; es besteht lediglich die Praxis, daß in einzelnen Kollektivverträgen ein Unternehmerbeitrag für diese Zwecke vorgesehen ist.

Kapitel VI

Die neue (dritte) Etappe der allgemeinen Krise des Kapitalismus

In der Erklärung der Beratung von Vertretern der kommunistischen und Arbeiterparteien, die im November 1960 in Moskau stattfand, wurden die gegenwärtige internationale Lage tiefschürfend analysiert und die Perspektiven der weiteren Entwicklung gezeigt. Der Hauptinhalt unserer Zeit ist der Übergang vom Kapitalismus zum Sozialismus, den die Große Sozialistische Oktoberrevolution in Rußland einleitete. Unsere Epoche ist die Epoche des Kampfes der beiden entgegengesetzten sozialökonomischen Weltsysteme, die Epoche der sozialistischen Revolutionen und nationalen Befreiungsrevolutionen, die Epoche des Zusammenbruchs des Imperialismus und der Beseitigung des Kolonialsystems, die Epoche des Übergangs immer neuer Völker auf den Weg des Sozialismus, die Epoche des Triumphes des Sozialismus und Kommunismus im Weltmaßstab.

Auf Grund dieses Charakters, den die Entwicklung der Gegenwart trägt, ergab sich als Hauptmerkmal unserer Zeit — wie es in der Erklärung formuliert wird —, daß „das sozialistische Weltsystem zum ausschlaggebenden Faktor der Entwicklung der menschlichen Gesellschaft wird".

Die bürgerlichen und die rechtssozialistischen Apologeten des Kapitalismus wie auch die Revisionisten bestreiten diese These. Sie verweisen darauf, daß die wirtschaftliche Macht der kapitalistischen Welt größer als die der sozialistischen Welt ist und daß das Wachstumstempo der Produktion in der kapitalistischen Welt während der Nachkriegsperiode höher als in der ersten Etappe der allgemeinen Krise des Kapitalismus war.

Doch das ökonomische Übergewicht der kapitalistischen über die sozialistische Welt wird durch das weitaus schnellere Entwicklungstempo der Produktion in den sozialistischen Ländern rasch aufgewogen. Das erwähnte schnellere Wachstumstempo der Produktion in der kapitalistischen Welt gegenüber der Vorkriegszeit stellt eine Ausnahme dar; es handelt sich hierbei nicht um eine „normale" Erweiterung des kapitalistischen Marktes, sondern um eine Erweiterung, die dadurch hervorgerufen wurde, daß in der Periode des zweiten Weltkrieges die Warenvorräte der kapitalistischen Betriebe und der Bevölkerung aufgezehrt, sowie ganze Städte und Gebiete zerstört worden waren. Hinzu kam, daß die Produktion ziviler Güter während des Krieges stark gedrosselt worden war.

Diese außergewöhnliche Ausdehnung des kapitalistischen Marktes, die dazu führte, daß es bis 1958 keine Weltwirtschaftskrise gab, hat sich nunmehr erschöpft. In der vor uns liegenden Periode wird das Wachstumstempo der kapitalistischen Produktion bedeutend geringer sein als bisher, und je weiter die Zeit voranschreitet, desto tiefer, schärfer und verheerender werden die Überproduktionskrisen sein und die kapitalistische Produktion erheblich zurückwerfen.

Nach wie vor wird, wie wir bereits ausführten, die Produktion der kapitalistischen Welt, besonders in den hochentwickelten kapitalistischen Ländern, gesteigert; die wirtschaftlich schwachentwickelten Länder blieben aber im wesentlichen genau so arm wie früher. Die jüngsten Angaben der UNO über das Nationaleinkommen der schwachentwickelten Länder zeugen von der riesigen Kluft zwischen den reichen und den armen Ländern der kapitalistischen Welt (vgl. Tabelle 39).

Diese Angaben beziehen sich auf einen Zeitraum, der vier bis zehn Jahre zurückliegt,

Tabelle 39
Nationaleinkommen pro Kopf der Bevölkerung (in Dollar)

Hochentwickelte Länder			
USA	2027	Großbritannien	1000
Schwachentwickelte Länder			
Indien	68	Nigeria	64
Pakistan	65	Kongo	83
Burma	56	Saudi-Arabien	
Indonesien	65	Jemen	
Bolivien	55	Libyen	
Paraguay	96	Angola	unter 50
Haiti	67	Jordanien	
Uganda	52	Liberia	
Kenia	60	Äthiopien usw.	

und sind natürlich nicht genau. Doch der Niveauunterschied beispielsweise zwischen Indien, den USA und Großbritannien ist so groß, daß die Ungenauigkeit dieser Zahlen keine wesentliche Rolle spielt. Es ist eine offensichtliche Tatsache, daß trotz der Propaganda, die bürgerliche Apologeten für die angebliche Prosperität des Kapitalismus machen, die breiten Volksmassen in den kapitalistischen Ländern nach wie vor in Not und Elend leben, nicht satt zu essen haben und manchmal buchstäblich hungern.

Daß dies keine kommunistische Propaganda, sondern reale kapitalistische Wirklichkeit ist, erkennt man an den Äußerungen maßgeblicher Vertreter der großkapitalistischen Kreise und der bürgerlichen Presse. Die führende amerikanische Zeitung „New York Times" schrieb: „Das Bestreben, die Lage der breiten Massen in den schwachentwickelten Ländern zu bessern, war bislang ein tragischer Mißerfolg. Fast zwei Milliarden unserer Mitmenschen hungern und leiden an Krankheiten (ohne daß sie ärztliche Hilfe erhalten), laufen zerlumpt herum, leben in Schmutz, haben kein festes Dach über dem Kopf . . . und, was das Schlimmste ist, haben keine Hoffnung, daß sie oder ihre Kinder es einmal besser haben werden . . . Die notleidenden und hungernden Länder entwickeln sich nur sehr langsam, und in manchen Teilen der Erde hat sich ihre Lage in den letzten 10 Jahren effektiv verschlechtert . . . Die Kluft zwischen den ‚Bemittelten' und den ‚Mittellosen' zeigt eine wachsende und keine sinkende Tendenz."[123] Der amerikanische Großkapitalist Randall schreibt: „Unsere Prosperität und ihre (der schwachentwickelten Länder) entwürdigende Armut sind miteinander unvereinbar geworden . . . Von Jahr zu Jahr vergrößert sich die Kluft in tragischer Weise: Die reichen Länder entfernen sich immer weiter von den minder glücklichen."[124]

Die Apologeten des Kolonialismus machen viel Lärm um die „Hilfe", die die imperialistischen Großmächte in der Vergangenheit ihren Kolonien erwiesen und heute den schwachentwickelten Ländern zukommen lassen. Doch ganz davon zu schweigen, daß diese „Hilfe" nur einen verschwindend geringen Teil der Profite ausmacht, die die Kolonia-

123 The New York Times (International edition) vom 27. Juni 1960.
124 C. B. Randall, The Communist Challenge to American Business, Boston 1959, S. 122.

listen alljährlich aus ihren heutigen und ehemaligen Kolonien ziehen[125], machen die inneren Gesetze des Kapitalismus eine uneigennützige Hilfeleistung einfach unmöglich. Die schwachentwickelten Länder können ihre Armut nur mit Hilfe der sozialistischen Welt überwinden und nur dann, wenn sie den Weg einer selbständigen Entwicklung ihrer Wirtschaft beschreiten und die Fesseln des Imperialismus endgültig gesprengt haben.

Die kapitalistische Welt ist in mehrere einander ökonomisch feindliche Gruppen zersplittert, obwohl zwischen diesen Gruppen ein Militärbündnis gegen die sozialistische Welt besteht. Die USA, die unmittelbar nach dem zweiten Weltkrieg auf Grund ihrer wirtschaftlichen Vormachtstellung andere kapitalistische Länder ihrem Willen unterworfen haben („Marshall-Plan", Wirtschafts- und Militär-„Hilfe", Errichtung von Militärstützpunkten in fremden Ländern rings um das sozialistische Lager), müssen jedoch nunmehr, um den Dollar vor der drohenden Abwertung — eine Folge der passiven Zahlungsbilanz und des ständig schrumpfenden Goldvorrats — zu retten, die BRD und Großbritannien um Hilfe angehen und ihre Auslandsausgaben einschränken.[126] Nicht einmal ein so reiches Land wie die USA ist also imstande, die riesige Rüstung zu finanzieren und einen „kalten Krieg" in der ganzen Welt zu führen, ohne das Risiko einzugehen, dabei selbst wirtschaftlichen Schaden zu erleiden.

Die inneren Gesetze des Kapitalismus führen unvermeidlich dazu, daß im Kampf aller gegen alle die kapitalistische Welt als Ganzes geschwächt wird; dabei werden die schwächeren Länder zwangsläufig von den stärksten unterworfen.

Im Gegensatz dazu sind alle Länder der sozialistischen Welt gleichberechtigt. Sie stellen eine brüderliche Gemeinschaft sozialistischer Staaten dar, die durch enge sozialistische Beziehungen miteinander verbunden sind. Jedes Land des sozialistischen Lagers ist am ökonomischen Fortschritt aller anderen sozialistischen Länder interessiert; die Stärkeren betrachten es als ihre internationale Pflicht, den Schwächeren uneigennützig zu helfen, wie dies die Sowjetunion tut. Darin besteht die großartige Überlegenheit der sozialistischen über die kapitalistische Welt.

Dieser Unterschied ist ein wichtiger Faktor, durch den die sozialistische Welt zur ausschlaggebenden Kraft bei der Entwicklung der menschlichen Gesellschaft geworden ist.

*

Die sozialistische Welt besteht aus Ländern mit gleichartiger Gesellschaftsordnung (obgleich sie sich auf verschiedenen Entwicklungsstufen befinden), die durch gemeinsame Ziele, eine gemeinsame politische Linie und durch die einheitliche Ideologie des Marxismus-Leninismus vereinigt sind. Dies verleiht der sozialistischen Welt außerordentliche Stärke

125 Drei britische (zum Teil niederländische) Kolonialkonzerne — Royal Dutch Shell, Unilever und Britisch Petroleum — erzielten im Jahre 1959 zusammen einen Reingewinn (nach Abzug der Steuern und anderen Abgaben) von 844 Mio Dollar. Dieser Betrag übertrifft das Gesamtvolumen der „Hilfe", die Großbritannien seinen Kolonien und den schwachentwickelten Ländern geleistet hat, um ein vielfaches.

126 Es ist bezeichnend, daß Ford trotz einer von der USA-Regierung geäußerten Bitte nicht vom Kauf sämtlicher Aktien der britischen Fordgesellschaft Abstand nahm und dafür 300 Mio Dollar ausgab, daß ferner die Kaiser Corp. nicht auf den Bau eines neuen Aluminiumwerkes in Australien verzichtete und dafür 100 Mio Dollar aufwandte. Profit geht über Patriotismus!

und ist die Basis dafür, daß sich die sozialistische Welt zur ausschlaggebenden Kraft der Gegenwart entwickelt hat, obgleich sie bislang nur eine Milliarde Menschen zählt, während fast zwei Milliarden die nichtsozialistische Welt bevölkern.

Die kapitalistische Welt wird im Gegensatz dazu von einer Vielzahl sich ständig zuspitzender Widersprüche zerrissen und geschwächt. Nennen wir nur die wichtigsten dieser Widersprüche:

1. Der Widerspruch zwischen den USA und den kapitalistischen Ländern, die bestrebt sind, sich von den Fesseln des amerikanischen Imperialismus zu befreien, mit denen die USA die Länder unter ihrer Fuchtel halten. Der Schutz gegen den Kommunismus dient ihnen dabei als Vorwand.

2. Der Widerspruch zwischen den imperialistischen Großmächten und den Kolonien. Von der Schärfe dieses Widerspruchs zeugen der bereits siebenjährige Krieg in Algerien, die Ereignisse im Kongo, der Kampf der afrikanischen Kolonien Großbritanniens usw. Den Kampf der Kolonialvölker gegen das Joch des Imperialismus unterstützen aktiv die Länder, die sich vom Kolonialismus befreit haben; ihre Bevölkerung zählt rund 800 Millionen. Von selbst versteht sich, daß die Länder des sozialistischen Lagers diesen Kampf mit allen Mitteln unterstützen.

3. Der Widerspruch zwischen den von den USA geführten Ländern, die für eine Verschärfung des Kampfes zwischen den beiden Systemen, für Militärbündnisse und gegen die Abrüstung eintreten, und der großen Gruppe friedliebender Länder, die im Kampf beider Systeme eine neutrale Haltung einnehmen. Obgleich amerikanische Politiker die Neutralität für „unmoralisch" erklärt haben, nimmt die Zahl der neutralen Länder ständig zu.

4. Die Widersprüche zwischen den imperialistischen Ländern hinsichtlich des Waren- und Kapitalexports und der Außenpolitik. Zwischen den imperialistischen Ländern, die Mitglieder der NATO sind, tobt ein erbitterter Kampf um die Kommandohöhen der NATO, um die Verteilung der Kosten, um die atomare Bewaffnung Westdeutschlands und um die Konzeption der gemeinsamen Politik gegenüber den Ländern des sozialistischen Lagers. (Die USA streben zum Beispiel eine starre Haltung gegenüber China an: eine Politik der Nichtanerkennung, der Blockade, der weiteren Bewaffnung Jiang Jieshis (Tschiang Kai-scheks) usw.; Großbritannien und Japan wollen Handel mit China treiben und ihm gegenüber eine „gemäßigtere" Politik betreiben. Die USA und die BRD sind bestrebt, die mit der Westberlin-Frage verbundene Lage zu verschärfen; andere kapitalistische Länder suchen nach Wegen, um eine Übereinkunft in dieser Frage zu erzielen. Die BRD erkennt die Oder-Neiße-Linie nicht als Grenze an; de Gaulle und die britische Regierung urteilen in dieser Frage realer usw.)

Alle diese Widersprüche schwächen die kapitalistische Welt in ihrer Gesamtheit.

Scharfe Widersprüche bestehen auch innerhalb eines jeden kapitalistischen Landes.

1. Der Widerspruch zwischen Arbeit und Kapital. Von der Schärfe dieses Widerspruchs zeugen der Streik, den die Stahlarbeiter der USA im Jahre 1959 durchgeführt haben — er dauerte über vier Monate — ferner der Generalstreik in Belgien, der das ganze Land erschütterte, usw.

2. Der Widerspruch zwischen dem Monopolkapital und den anderen Volksschichten, der mit der Verteilung des Nationaleinkommens und der auf solche Fragen wie Preise, Steuern, Zölle usw. gerichteten Wirtschaftspolitik verbunden ist. Mit dem Machtzuwachs der Monopole und der Verschlechterung der Wirtschaftslage in dem betreffenden Land verstärkt sich der Kampf der Volksmassen gegen das Monopolkapital.

3. Der Widerspruch in der Agrarfrage zwischen den landlosen und landarmen Bauern einerseits und den Gutsbesitzern, die ihren Boden und ihre feudalen Rechte verteidigen,[127] sowie den Kolonialisten, die an ihren geraubten Ländereien und Plantagen festhalten, anderseits. Dieser Widerspruch kommt besonders kraß in Afrika und Lateinamerika zum Ausdruck, aber auch in einigen asiatischen Ländern (Pakistan, Iran). Der Widerspruch zwischen den Bauern bzw. Farmern der kapitalistischen Länder und den großen Monopolen, von denen sie ausgeplündert werden.

4. Der in mannigfaltigen Formen geführte Kampf der weißen Rassenhetzer und ihrer Anhänger zur Unterdrückung und Diskriminierung der Neger, gegen den sich letztere immer stärker zur Wehr setzen, tobt nicht nur in Afrika, sondern auch in den USA. Von der Heftigkeit dieses Kampfes in den USA zeugen folgende Tatsachen. Es ist über sechs Jahre her, seitdem das Oberste Gericht der USA jene „historische“ Entscheidung über den gemeinsamen Unterricht weißer und schwarzer Kinder getroffen hat.[128] Nichtsdestoweniger gibt es im Süden der USA bis auf den heutigen Tag Staaten, in denen kein einziges Negerkind zusammen mit weißen Kindern unterrichtet wird. Im Süden der USA kann die farbige Bevölkerung bei Wahlen zu den Staatsorganen faktisch von ihrem Wahlrecht keinen Gebrauch machen, das ihnen formal vom Gesetz zuerkannt wurde. In mehreren afrikanischen Ländern — zum Beispiel in Südafrika und Rhodesien — werden die Afrikaner, deren Heimat diese Länder sind, nicht in die Schulen aufgenommen, können keine Facharbeiter werden und nicht den Gewerkschaften der weißen Arbeiter beitreten.

5. Der Widerspruch zwischen den Kriegstreibern und den Friedenskämpfern. Die Friedensbewegung, die eine Bewegung der gesamten Menschheit ist, umfaßt auch immer breitere Volksmassen der kapitalistischen Länder. An dieser Bewegung nehmen Menschen verschiedener Klassen und aller Bevölkerungsschichten teil, angefangen von dem Millionär Cyrus Eaton, von Gelehrten mit Weltruf und Nobelpreisträgern bis zu den breitesten Massen der Werktätigen und einfachen Arbeitern. An ihr beteiligen sich Menschen der verschiedensten politischen Anschauungen — Konservative, Liberale, Sozialdemokraten und Kommunisten; Menschen verschiedenster Konfessionen — Katholiken und Mohammedaner; Atheisten; Menschen aller Rassen und Hautfarben.

Von der Heftigkeit und dem Massencharakter des Kampfes um den Frieden zeugen zum Beispiel die Ereignisse, die 1960 in Großbritannien stattfanden: der Beschluß des Kongresses der Labour-Partei, in dem gefordert wurde, daß Großbritannien auf die Atombewaffnung verzichten soll, die effektive Spaltung der Labour-Fraktion im Parlament bei der Frage, ob Großbritannien eine Politik des Krieges oder des Friedens verfolgen soll. Die Kriegstreiber, wie die amerikanischen Waffenlieferanten, die Generale und Revanchisten in der BRD und die französischen Militaristen, verlieren allmählich ihre Anhänger, stellen jedoch immer noch eine große und gefährliche Kraft dar.

Diese obengenannten Widersprüche verknüpfen sich oft miteinander.

127 In der östlichen Türkei beispielsweise ist der Feudalismus noch lebendige Wirklichkeit: „. . . manche Gutsbesitzer (bevor die neue türkische Regierung dies abänderte — E. V.) besaßen 50 oder noch mehr Dörfer als ihr individuelles Eigentum . . . Die Einwohner dieser Dörfer waren dem Wesen nach Sklaven des feudalen Großgrundbesitzers.“ (The Times vom 12. Dezember 1960).

128 Im Schuljahr 1959/60 wurden von 3021000 afroamerikanischen Schülern nur 181000, das heißt 6%, gemeinsam mit Weißen unterrichtet. In den Staaten Alabama, Georgia, Louisiana, Mississippi und South-Carolina wurde in den Schulen der Weißen kein einziges Negerkind zugelassen.

Der USA-Imperialismus bestach in vielen Ländern die käufliche Oberschicht der herrschenden Klassen, Feudale und Reaktionäre, zum Kampf gegen den Kommunismus, zur Gewährung von Militärstützpunkten usw. Beispiele dafür sind Li Syng Man und Jiang Jieshi (Tschiang Kai-schek).

Eine großbürgerliche Zeitung der USA gab offen zu: „Wir betrieben eine Politik des kalten Krieges und betrachteten jeden, der gegen den Kommunismus kämpft, als unseren Verbündeten ... Besonders gut waren unsere Beziehungen zu Perón in Argentinien, Pérez Jiménez in Venezuela, Somoza in Nikaragua, Batista auf Kuba, Trujillo in der Dominikanischen Republik und Franco in Spanien."[129] Die USA spielen die Rolle des Gendarms der Reaktion in der gesamten kapitalistischen Welt.

Deshalb verbindet sich der Kampf gegen den amerikanischen Imperialismus in vielen Ländern mit dem Kampf gegen das reaktionäre Regime im eigenen Lande, gegen die Statthalter des amerikanischen Imperialismus in diesen Ländern. Von der Erbitterung dieses Kampfes legen unter anderem die Volksrevolution in Kuba, die Ereignisse in Laos und in Südvietnam sowie im Irak Zeugnis ab.

Der Kampf gegen den amerikanischen Imperialismus ist in vielen Fällen mit dem Friedenskampf verbunden. Einen derartigen Charakter trugen die antiamerikanischen Massendemonstrationen in Japan, die es verhinderten, daß Eisenhower Japan besuchte.

Alle diese Widersprüche und auch jene, auf die wir hier nicht eingehen konnten, schwächen die kapitalistische Welt und insbesondere die Positionen des amerikanischen Imperialismus, der einen Führungsanspruch für die gesamte kapitalistische Welt erhebt. Besonders anschaulich zeigte sich dies auf der UNO-Tagung Ende 1960, als es den USA im Gegensatz zu früheren ähnlichen Anlässen nicht gelang, die notwendige Stimmenzahl zur Unterstützung ihrer eigenen Kongo-Resolution aufzubringen, und als die Vollversammlung mit überwältigender Mehrheit und gegen den Widerstand des amerikanischen Imperialismus die Deklaration über die Gewährung der Unabhängigkeit an die kolonialen Länder und Völker annahm.

*

Ein wichtiger Faktor, der dazu führte, daß die sozialistische Welt nunmehr die entscheidende Rolle spielt, ist die Tatsache, daß die Sowjetunion nicht nur das Atommonopol der USA brach, sondern auch auf sehr wichtigen Gebieten der Wissenschaft und Technik, insbesondere hinsichtlich der modernsten Waffenarten, die USA überflügelt hat.

Das ist kein Zufall, sondern resultiert letzten Endes aus dem unterschiedlichen Charakter der Gesellschaftsordnung. In der UdSSR genießen Volksbildung und Wissenschaft umfassende staatliche Förderung. An den Universitäten und Hochschulen werden die fähigsten und begabtesten Jugendlichen des gesamten Volkes ausgebildet und zur wissenschaftlichen Arbeit herangezogen.

In den USA können lediglich junge Menschen aus einem verhältnismäßig engen Kreis von Familien mit hohem Einkommen die Universität besuchen. Nach jüngsten Untersuchungen belaufen sich die Ausgaben eines Medizinstudenten im Verlauf seiner vierjährigen Ausbildung auf 11642 Dollar, das heißt auf 2910 Dollar jährlich. Über 80 Prozent dieser Kosten werden von den Eltern des Studenten oder von anderen Verwandten auf-

129 The New York Times vom 21. August 1957.

gebracht.[130] Es ist klar, daß Arbeiter, kleine Angestellte und einfache Farmer nur in Ausnahmefällen ihre Kinder auf Universitäten schicken können. Auch die Auswahl der wissenschaftlichen Mitarbeiter wird aus einem sehr engen Kreis von Jugendlichen vorgenommen.

Die wissenschaftliche Arbeit wird in den USA vorwiegend in Laboratorien der Großunternehmen geleistet, beispielsweise bei General Electric oder Bell Telephone und Radio Corporation. Die Wissenschaftler müssen an Problemen arbeiten, deren Lösung ihren Brotgebern höhere Profite einbringen kann. Selbst die Universitäten sind von Subventionen der Großkapitalisten abhängig.

Die Ausgaben des Staates für Bildung und Wissenschaft sind in den USA verschwindend gering. Im Haushaltsjahr 1959/60 wurden ausgegeben:

Für Rüstung	46,4 Mrd. Dollar
Für Beihilfen an Kriegsveteranen	5,2 Mrd. Dollar
Für Zinsendienst der Kriegsanleihen	7,7 Mrd. Dollar
Für militärische Zwecke insgesamt	59,3 Mrd. Dollar
Für das Bildungswesen	0,468 Mrd. Dollar
Für Wissenschaft, Bibliotheken und Museen	0,119 Mrd. Dollar

Für die Wissenschaft und das Bildungswesen werden also nur 1 Prozent aller Staatsausgaben der USA aufgewendet.[131]

Wissenschaftliche Erfolge wurden in den USA vor allem mit Hilfe europäischer Forscher errungen, die zur Zeit des Faschismus, während des zweiten Weltkrieges und nach dem Krieg in die USA übergesiedelt sind (Einstein, Szilard, von Braun, Fermi, Wagner und andere). Die Sowjetwissenschaft dagegen entwickelt sich mit den Kräften der sowjetischen Gelehrten.

Es besteht kein Zweifel, daß mit der weiteren Entwicklung des Wettbewerbs der beiden Systeme das Übergewicht der sozialistischen über die kapitalistische Welt auf dem Gebiet der Wissenschaft und Technik immer größer werden wird.

*

Wie wir bereits ausführten, hat die kapitalistische Welt keine einheitliche Ideologie; als Gesellschaft antagonistischer Klassen kann sie diese auch nicht haben.

Die offizielle Ideologie der herrschenden Klassen in den imperialistischen Ländern ist der Antikommunismus. Sämtliche Maßnahmen des bürgerlichen Staates und alle Weltereignisse werden von ihnen unter diesem Gewichtswinkel beurteilt. Und dies ist schon an und für sich ein Beweis dafür, daß in der gegenwärtigen Epoche der Hauptinhalt, die Hauptrichtung und die Hauptmerkmale der historischen Entwicklung der menschlichen Gesellschaft vom sozialistischen Weltsystem bestimmt werden, von den Kräften, die gegen den Imperialismus und für die sozialistische Umgestaltung der Gesellschaft kämpfen.

Auf dem Antikommunismus beruht die gesamte Politik der USA. Doch der amerikanische Publizist Sulzberger schreibt hierzu ganz richtig „. . . unsere Politik wurde ein

130 The Economist vom 18. Juni 1960, S. 1215.

131 Statistical Abstract of the United States, 1960, S. 369.

Synonym des Antikommunismus. Aber Antikommunismus allein ist keine Politik. Das hat Hitler gezeigt".[132]

Die Ideologie des Antikommunismus wird indes weder von den Völkern der neutralen Länder noch von den Völkern der Kolonien und Halbkolonien noch vom revolutionären Proletariat der imperialistischen Länder geteilt, obwohl die Imperialisten rechtssozialistische Führer vom Schlage eines Gaitskell, Spaak und Brandt sowie die Kirche aufgeboten haben, um die Ideologie des Antikommunismus verbreiten zu helfen.

Die Tatsache, daß eine einheitliche Ideologie fehlt, schwächt die kapitalistische Welt. Persönliche, eigensüchtige Interessen, das Bestreben — das man insbesondere in den USA findet — sich mit allen Mitteln zu bereichern, untergräbt die Pfeiler der bürgerlichen Gesellschaft. Ununterbrochen nehmen Kriminalität, Alkoholismus und Drogensucht zu, wächst die Zahl der Selbstmorde und die Zahl der Geisteskranken. Der Polizeichef der USA und das Federal Bureau of Investigation machen für 1959 folgende Angaben:[133]

Im Jahre 1959 geschahen:

jede Stunde	ein Mord
alle sieben Minuten	ein Raubüberfall
alle vier Minuten	eine schwere Körperverletzung
jede Minute	ein schwerer Diebstahl
alle zwei Minuten	ein Autodiebstahl
alle 46 Sekunden	ein Einbruchsdiebstahl.

Ein Verfasser skizziert die gegenwärtige Situation in den USA mit folgenden Worten: „Dies ist eine Welt, in der Gangster über das ganze Land herrschen können . . ., eine Welt, in der der Bürgermeister Ihrer Stadt einem Mörder die Strafe erlassen kann, nachdem er dafür Geld bekommen hat; eine Welt, in der es nicht ungefährlich ist, auf dunklen Straßen zu gehen, weil Gesetz und Ordnung Dinge sind, von denen wir nur reden, von deren Anwendung wir jedoch Abstand nehmen; eine Welt, in der Sie am hellichten Tage Zeuge eines Raubüberfalls werden und sogar sehen können, wer diesen Raub begangen hat, doch lieber in der Menge untertauchen, anstatt irgend jemand etwas davon zu erzählen, weil die Räuber Freunde haben könnten, vor denen Sie nirgends sicher wären, oder weil der Polizei Ihre Aussagen vielleicht nicht gefallen könnten . . ."[134]

Der größte Raub — der von den Monopolen an der Staatskasse und damit am gesamten Volk begangen wird — gilt natürlich nicht als gesetzwidrig.[135] Die Fäulnis und der Parasitismus des Kapitalismus äußern sich auf allen Gebieten des Lebens in den kapitalistischen Ländern.

All das oben Gesagte zählt unserer Meinung nach zu den wichtigsten Ursachen dafür, daß das sozialistische Weltsystem unvermeidlich die entscheidende Kraft in der Entwicklung der Gegenwart wird und daß der Übergang zur neuen, dritten Etappe der

132 C. L. Sulzberger, What's Wrong with U. S. Foreign Policy, New York 1959, S. 232.

133 U. S. News and World Report vom 26. September 1960, S. 58.

134 R. Chandler, The Simple Art of Murder, Montreal 1950, S. 192—193.

135 Senator Douglas führte einige Beispiele für Diebstahl am Staat an. Das US-Marinebeschaffungsamt bezieht beispielsweise Fassungen für elektrische Lampen zum Preis von 21,1 Dollar je Stück; im Laden kann man sie jedoch für 25 Cents das Stück erwerben. Das Heeresbeschaffungsamt kauft einen Satz Schraubenschlüssel für 29 Dollar; im Laden ist er für 3,98 Dollar erhältlich usw. (U.S. News and World Report vom 27. Juni 1960, S. 24). Die größten Gaunereien der großen Monopole bei Rüstungslieferungen an den Staat indes läßt er dabei selbstverständlich noch unerwähnt.

allgemeinen Krise des Kapitalismus stattgefunden hat. In der Erklärung der Beratung von Vertretern der kommunistischen und Arbeiterparteien heißt es: „Der Triumph des Sozialismus in einer großen Gruppe Länder Europas und Asiens, die ein Drittel der Menschheit umfaßt; das mächtige Wachstum der Kräfte, die für den Sozialismus in der ganzen Welt kämpfen, und die stetige Schwächung der Positionen des Imperialismus im ökonomischen Wettbewerb mit dem Sozialismus; der neue gewaltige Aufschwung des nationalen Befreiungskampfes und der immer raschere Zerfall des Kolonialsystems; die zunehmende Labilität des gesamten Wirtschaftssystems der kapitalistischen Welt; die Zuspitzung der Widersprüche des Kapitalismus infolge der Entwicklung des staatsmonopolistischen Kapitalismus und des wachsenden Militarismus; die Vertiefung der Gegensätze zwischen den Monopolen und den Interessen der gesamten Nation; der Abbau der bürgerlichen Demokratie, die Tendenz zu autokratischen und faschistischen Regierungsmethoden; die tiefe Krise der bürgerlichen Politik und Ideologie — all das sind Beweise dafür, daß *die Entwicklung der allgemeinen Krise des Kapitalismus in eine neue Etappe eingetreten ist.*"

In der Erklärung wird weiter jene wichtige Tatsache unterstrichen, daß die neue Etappe der allgemeinen Krise des Kapitalismus unter friedlichen Bedingungen herangereift ist, im Unterschied zu den beiden ersten Etappen, bei deren Entstehen die Weltkriege eine bedeutende Rolle spielten. „Die Besonderheit dieser Etappe besteht darin, daß sie nicht im Zusammenhang mit einem Weltkrieg entstanden ist, sondern unter den Bedingungen des Wettbewerbes und des Kampfes der beiden Systeme, einer immer größeren Veränderung des Kräfteverhältnisses zugunsten des Sozialismus, der schroffen Zuspitzung aller Widersprüche des Imperialismus — unter Bedingungen, in denen es der erfolgreiche Kampf der friedliebenden Kräfte für die Durchsetzung und Festigung der friedlichen Koexistenz den Imperialisten nicht gestattete, den Weltfrieden durch ihre Aggressionshandlungen zu brechen — unter den Bedingungen des Aufschwungs des Kampfes der breiten Volksmassen für Demokratie, nationale Befreiung und Sozialismus."[136]

Aus all dem geht hervor, daß die mechanische Gegenüberstellung der sozialistischen und der kapitalistischen Welt in bezug auf Bevölkerung, Größe des Territoriums oder Produktionsvolumen, wie es die Verfechter des Kapitalismus zu tun belieben, als Maßstab für die Kräfte der beiden gesellschaftlichen Systeme völlig ungeeignet ist.

Die Stärke des sozialistischen Lagers ist einmal viel größer als die Summe aller Kräfte der Länder, die dieses System bilden. Zum anderen hat der Sozialismus mächtige Verbündete in der kapitalistischen Welt — die Arbeiterklasse, die einen ökonomischen und politischen Kampf gegen das Kapital führt, und insbesondere ihren fortschrittlichen Teil, der unter Führung der marxistisch-leninistischen Parteien einen politischen Kampf mit dem Ziel führt, die kapitalistische Ordnung zu beseitigen; die werktätigen Bauern, die gegen die Feudalherren und Gutsbesitzer sowie Monopolherren kämpfen; die Völker der Kolonien und ehemaligen Kolonien, die gegen die Imperialisten kämpfen, usw. Objektiv (obwohl bei weitem noch nicht bewußt) ist die überwältigende Mehrheit der Bevölkerung in den kapitalistischen Ländern ein Bundesgenosse der sozialistischen Länder. Der Kapitalismus dagegen hat (mit Ausnahme erbärmlicher Überreste der ehemals herrschenden Klassen) in der sozialistischen Welt keine Verbündeten.

Die Bewegungsgesetze der kapitalistischen Gesellschaft führen unausweichlich dazu,

136 Erklärung der Beratung von Vertretern der kommunistischen und Arbeiterparteien, November 1960, Berlin 1960, S. 17/18.

daß die Zahl der Feinde dieser Gesellschaftsordnung in dem Maße wächst, wie sich der Grundwiderspruch des Kapitalismus verschärft. Und weiter, je mehr sich die sozialistische Ordnung in dem einen oder anderen Lande festigt, je schneller sich die sozialistische Produktion und Kultur entwickeln, desto eher verschwinden dort die potentiellen Verbündeten des Kapitalismus. Deshalb entbehren die Wunschträume der Kapitalisten von der Restauration des Kapitalismus jeder realen Grundlage. Die sich festigende Einheit und ununterbrochen zunehmende Stärke des sozialistischen Lagers sichern allen Ländern des sozialistischen Weltsystems den vollen Sieg des Sozialismus.

Die Zeit arbeitet für den Sozialismus, für den Kommunismus!

*

Versuchen wir, die weitere Perspektive des Kapitalismus kurz zu skizzieren.

Das Schicksal der kapitalistischen Ordnung ist historisch gesehen bereits besiegelt: Sie ist zum Untergang verurteilt, dazu, einer höheren Gesellschaftsordnung — dem Kommunismus — Platz zu machen. Wann dieser Prozeß im Weltmaßstab abgeschlossen sein und in welchen Formen er vonstatten gehen wird, ist schwer vorauszusagen. Der Untergang des Kapitalismus wird durch den Kampf der Arbeiterklasse, die um sich alle Werktätigen, alle fortschrittlichen Kräfte der bürgerlichen Gesellschaft schart, herbeigeführt. Doch dieser Kampf wird nicht überall unbedingt die Form eines bewaffneten Aufstandes annehmen. In manchen Ländern wird sich der Übergang zum Sozialismus in relativ friedlichen Formen vollziehen. Marx' Idee, man könne die Bourgeoisie „auskaufen", kann in einzelnen Ländern Wirklichkeit werden.

Für einen kürzeren Zeitraum läßt sich folgendes vorhersehen.

Die UdSSR wird die USA in wirtschaftlicher Hinsicht überholen und das Land mit der mächtigsten Wirtschaft der Welt werden.

China, das Land mit einem Viertel der Erdbevölkerung, wird sich, wenn es einen gewissen Entwicklungsstand der Produktivkräfte erreicht hat, auch in ökonomischer Hinsicht zu einer der größten Weltmächte entwickeln.

Das sozialistische Weltsystem insgesamt wird in wirtschaftlicher Hinsicht das kapitalistische System überholen. Diese Entwicklung wird die kapitalistische Ordnung schwächen, erschüttern, wird ihren Untergang beschleunigen. Das sozialistische Weltsystem wird zum entscheidenden Faktor der Entwicklung der menschlichen Gesellschaft.

Der Zerfall des Kolonialsystems wird zum Abschluß kommen. Mit Unterstützung der Sowjetunion und der anderen Länder des sozialistischen Lagers werden die ehemaligen Kolonien eine rasche wirtschaftliche Entwicklung nehmen.

Ein dritter Weltkrieg zwischen Kapitalismus und Sozialismus wird kaum ausbrechen, wenn die Völker aller Länder aktiv für den Frieden kämpfen werden und wenn die Frage „Krieg oder Frieden" auch in den kapitalistischen Ländern von vernünftig denkenden Staatsmännern entschieden wird.[137] Das Bewußtsein, ein mit modernen Mitteln

137 Die politische Linie der amerikanischen reaktionären Kreise kam in dem Buch von Senator Goldwater „The Conscience of a Conservative" klar zum Ausdruck, das 1960 erschien. Goldwater verlangt den Abbruch der Verhandlungen mit N. S. Chruščev, die Verweigerung der Anerkennung sämtlicher (!) Länder des sozialistischen Lagers, die Belieferung der antikommunistischen Untergrundorganisationen in diesen Ländern mit Waffen und die ständige Gefechtsbereitschaft der mit Atomwaffen ausgerüsteten Streitkräfte für den Fall, daß es zu einem Aufstand kommt. Mit einem Wort, alle diese Forderungen sind ein offenes Programm für die Restaurierung des Kapitalismus in den volksdemokratischen Ländern und für die Organisierung eines dritten Weltkrieges.

geführter Krieg werde zu so riesigen Opfern an Menschen und Material führen, daß sie der Sieg in diesem Krieg nicht zu kompensieren vermag, ferner die Erkenntnis, daß die Sowjetunion die Vormachtstellung auf dem Gebiet der Raketentechnik hat, und schließlich die fest begründete Tatsache, daß die Niederlage in einem Krieg, der gegen den Willen der überwältigenden Mehrheit aller Menschen begonnen wurde — wovon die wachsende Friedensbewegung zeugt — das Ende der kapitalistischen Gesellschaftsordnung bedeuten würde — das Bewußtsein all dessen in den Köpfen der bürgerlichen Politiker dürfte einen dritten Weltkrieg wenig wahrscheinlich machen. Mit den vereinten und aktiven Anstrengungen aller friedliebenden Kräfte ist es möglich, wie auf dem XX. Parteitag der KPdSU gesagt wurde, den Frieden zu erhalten und einen neuen Weltkrieg zu verhindern.

Doch ein dritter Weltkrieg kann gegen den Willen der Völker und vernünftig denkender Staatsmänner in den kapitalistischen Ländern entfesselt werden, wenn Militärs unverantwortliche Handlungen begehen, oder gar durch irgendein Mißverständnis von Beobachtern hinter dem Radarschirm.

Der allgemeinen und vollständigen Abrüstung und einer echten friedlichen Koexistenz stehen nach wie vor jene Monopole, die an Kriegslieferungen profitieren, die Militärkaste und andere in ihrem Haß blind gewordene Feinde des Sozialismus in den imperialistischen Ländern hindernd entgegen. Die Ereignisse, die das Pariser Gipfeltreffen unmöglich gemacht haben, zeugen von dem großen Einfluß, den die Feinde der friedlichen Koexistenz noch besitzen.

Dabei sichert nicht nur der offene Krieg, sondern schon die Aufrechterhaltung der internationalen Spannung und das Wettrüsten den Rüstungslieferanten riesenhafte Extraprofite. Bei der gegenwärtigen außerordentlich raschen Entwicklung der Kriegstechnik veralten die einzelnen Waffenarten ununterbrochen und werden durch neue ersetzt (bisweilen, wie dies mit der englischen Rakete „Blue Streak“ geschah, veraltet eine Waffe bereits, bevor sie hergestellt wurde). Man müßte daher annehmen, daß dies den Rüstungslieferanten voll und ganz genüge.

Der Kampf zwischen den imperialistischen Ländern und den einander bekämpfenden Gruppierungen im kapitalistischen Lager wird zwangsläufig anhalten. Doch die Tatsache, daß die unvermeidlichen großen Opfer und der mögliche Gewinn bei einem Sieg in keinem Verhältnis zueinander stehen und insbesondere die Sorge um das Schicksal der kapitalistischen Ordnung überhaupt werden dem Ausbruch von Weltkriegen zwischen diesen Gruppen entgegenstehen. „Lokale“ Kriege und insbesondere Kriege um die Befreiung der Halbkolonien von der imperialistischen Unterdrückung (Südamerika) sind möglich und wahrscheinlich.

Die Kapitalkonzentration und der weitere rasche technische Fortschritt in den entwickelten kapitalistischen Ländern werden zu einer zunehmenden chronischen Massenarbeitslosigkeit und zur Verschärfung des Klassenkampfes führen. Das Bestreben, die Existenz der kapitalistischen Ordnung zu verlängern, wird in gewissem Maße das Kapital zu bestimmten Zugeständnissen an die Arbeiterklasse nötigen.

Die Zyklen werden zu einer Verkürzung tendieren, da beim gegenwärtigen Stand der Technik der moralische Verschleiß des fixen Kapitals schneller eintritt und der Bau von Fabriken sowie die Erneuerung und Erweiterung des fixen Kapitals rascher vonstatten gehen als früher. Davon zeugt die Wirtschaftskrise, die 1960 in den USA eingesetzt hat. Die Wirtschaftskrisen werden tiefer sein, als sie es in den ersten fünfzehn Jahren nach dem zweiten Weltkrieg waren.[138] Die überaus komplizierten Verhältnisse des historischen Über-

138 (Fußnotentext siehe S. 100)

gangs vom Kapitalismus zum Sozialismus gestatten es nicht, konkrete Prognosen zu stellen. Man kann jedoch mit ziemlicher Wahrscheinlichkeit voraussagen, daß das 20. Jahrhundert das letzte Jahrhundert der Existenz des Kapitalismus ist. Ende dieses Jahrhunderts wird es entweder überhaupt keinen Kapitalismus mehr geben oder es werden nur geringe Reste davon übrig geblieben sein.

Das zwanzigste Jahrhundert wird in die Geschichte der Menschheit als das Jahrhundert eingehen, in dem der Kapitalismus zugrunde geht und der Kommunismus triumphiert.

138 Nach dem neuen Index des Federal Reserve System betrug die Tiefe der Wirtschaftskrise in den USA:

1948–1949	8%
1953–1954	10%
1957–1958	14%

(National City Bank Monthly Letter, März 1960, S. 85.)

Zweiter Teil

Beiträge zu Problemen der politischen Ökonomie des Kapitalismus*

* E Varga, Očerki po problemam politėkonomii kapitalizma, Moskva 1964, Izdatel'stvo političeskoj literatury

Vorwort

Dieses Buch ist für Leser bestimmt, die sich ernsthaft mit Problemen der marxistisch-leninistischen Politischen Ökonomie des Kapitalismus befassen wollen. Dabei wird vorausgesetzt, daß dem Leser die allgemeinen Grundlagen des Marxismus-Leninismus bereits bekannt sind.

Die in dem Buch enthaltenen Beiträge, mit denen ich mich viele Jahre hindurch beschäftigt habe, sind überwiegend strittigen Problemen des Marxismus gewidmet. Wir hoffen, hier etwas Klarheit hineinzubringen, zumindest aber dem Leser Stoff zum Nachdenken, zur Kritik und zur Diskussion zu geben.

Das Buch ist polemisch gehalten und gegen sturen Dogmatismus gerichtet, der vor noch nicht allzu langer Zeit in den Arbeiten zur Ökonomie und Politik des Kapitalismus weit verbreitet war.

Was bedeutet in diesem Fall Dogmatismus?

Das heißt vor allem, das Wesen des Marxismus zu negieren, nämlich die konkrete wissenschaftliche Analyse der historischen Fakten, aber auch Negation dessen, was Lenin den „lebendigen Geist“ des Marxismus nannte. Der Dogmatismus setzt an die Stelle der marxistischen Forschungsmethode fertige Schlußfolgerungen, zu denen Marx unter bestimmten historischen Bedingungen im Ergebnis seiner Untersuchungen gelangte. Die Dogmatiker gehen ferner davon aus, daß nicht nur die von Marx entdeckten allgemeinen Gesetzmäßigkeiten der Entwicklung des Kapitalismus bis heute gültig sind, sondern auch alle Fakten die gleichen sein müssen wie zu Zeiten von Marx oder Lenin. Von hier ist es für die Dogmatiker nur noch ein Schritt, um die Fakten den einzelnen Schlußfolgerungen des Marxismus anzupassen; die nicht dem Schema entsprechenden neuen Fakten werden ignoriert, statt sie zu untersuchen und die für den gegenwärtigen Kapitalismus typischen neuen Erscheinungen zu analysieren. Die Dogmatiker versuchen, mit *einzelnen untypischen Fakten* zu beweisen, daß alle Erkenntnisse von Marx unverändert gültig sind. Wie W. I. Lenin sagte, lassen sich bei der Kompliziertheit der kapitalistischen Gesellschaft immer *einzelne Fakten* ausfindig machen, um eine beliebige Theorie zu beweisen.

Der Dogmatiker hält sich für einen „orthodoxen“ Marxisten. In Wirklichkeit ist er aber ein solcher „Marxist“, von dem Marx einmal scherzhaft in bezug auf sich sagte, daß er dann „kein-Marxist mehr“ sein möchte.

Das Ziel dieses Buches besteht nicht darin, den Revisionismus in der politischen Ökonomie des Kapitalismus zu kritisieren, denn offenen Revisionismus gibt es bei uns nicht. Ein Anklingen an revisionistische Ideen ist manchmal in versteckter Form nur bei Anhängern der Ökonometrie anzutreffen.

Der Begriff „politische Ökonomie“ wird in diesem Buch im weitesten Sinne des Wortes gebraucht, d. h. ohne scharfe Abgrenzung zwischen Politik und Ökonomie. Deshalb werden gelegentlich nicht nur ökonomische, sondern auch politische Probleme behandelt. Das entspricht dem Geist der Arbeiten von Lenin, der bekanntlich die Politik als „konzentrierten Ausdruck der Ökonomie“ bezeichnete.

Die Probleme der politischen Ökonomie des Kapitalismus, die eine neue kritische Untersuchung erfordern, sind in diesem Buch keineswegs erschöpfend behandelt. Man kann noch auf eine ganze Reihe weiterer Fragen hinweisen, wie z. B. auf das Problem der Strategie der proletarischen Revolution in den hochentwickelten kapitalistischen Ländern, auf die Notwendigkeit einer gründlichen marxistischen Analyse und Kritik der Ökonometrie, auf die Bestimmung der Grenzen für die Anwendung der Mathematik bei der Untersuchung der sich anarchisch entwickelnden kapitalistischen Produktionsweise oder auf das Problem, ob das Denken und die Haltung des einzelnen Menschen nur von seinem gesellschaftlichen Sein oder auch von anderen Faktoren (biologischen, genetischen usw.) bestimmt wird. Anders gesagt: Bezieht sich die Feststellung von Marx, daß das Bewußtsein des Menschen von seinem gesellschaftlichen Sein abhängt, auf Klassen oder auf jeden einzelnen Menschen?

Leider reichen meine Kräfte nicht aus, um mich auch mit einer Analyse dieser Probleme zu befassen. Ich hoffe, daß Jüngere dies tun werden.

Abschließend möchte ich meinen Dank E. L. Chmel'nickaja aussprechen, die das Manuskript gelesen und wertvolle Anmerkungen dazu gemacht hat, ebenso S. A. Drabkina für ihre Hilfe bei der Vorbereitung dieses Buches zum Druck.

Moskau, 1963. *E. Varga*

Der Marxismus und das ökonomische Grundgesetz des Kapitalismus

Nach dem Erscheinen der Arbeit von J. W. Stalin „Ökonomische Probleme des Sozialismus in der UdSSR" fand der Begriff „ökonomisches Grundgesetz" in unserer Wirtschaftsliteratur und in den Lehrbüchern große Verbreitung. In jüngster Zeit gab es demgegenüber Versuche, die Möglichkeit eines solchen Begriffs gänzlich abzulehnen. In diesem Beitrag soll der Platz des ökonomischen Grundgesetzes im Marxismus bestimmt werden. Zuvor wollen wir die Leser an die Lehre des Marxismus über Gesetze im allgemeinen und an den Unterschied zwischen Naturgesetzen und Gesetzen der Gesellschaft erinnern.

Was ist ein Gesetz?

Marx selbst definiert nirgends den Begriff „Gesetz". Im Gegensatz zu bürgerlichen Ökonomen gab er der Analyse konkreter Fakten den Vorzug und formulierte aufgrund der Analyse dieser Fakten die Gesetze an sich.

Alle diejenigen, die bei ihren Analysen vom dialektischen Materialismus ausgehen, bejahen die Definition von Engels, wonach „Gesetze die Widerspiegelung objektiver Prozesse sind, die in der Natur und Gesellschaft vor sich gehen". Die Anerkennung des objektiven Charakters der Gesetze unterscheidet den dialektischen Materialismus grundlegend vom Idealismus, der von dem falschen Grundsatz ausgeht, daß Gesetze nur Hypothesen sind, die sich Wissenschaftler ausgedacht haben, um Ordnung in die chaotischen Prozesse der Natur zu bringen und deren Verständnis durch den Menschen zu erleichtern.

„Die Tatsache, daß unser subjektives Denken und die objektive Welt denselben Gesetzen unterworfen sind und daher auch beide in ihren Resultaten sich schließlich nicht widersprechen können, sondern übereinstimmen müssen, beherrscht absolut unser gesamtes theoretisches Denken."[1]

Aus der Tatsache, daß Gesetze die Widerspiegelung tatsächlich ablaufender Prozesse sind, ergibt sich ihr objektiver Charakter, und zwar in zweifacher Beziehung: Sie sind unabhängig vom *Willen* der Menschen und existieren unabhängig davon, ob sie von diesen *erkannt* wurden oder nicht. Der erste Grundsatz ist allgemein bekannt, auf den zweiten wird weniger Aufmerksamkeit verwandt. Es ist aber völlig klar, daß die Gesetze der Natur bereits existierten, bevor sie der Mensch entdeckte; es existiert eine Vielzahl noch nicht entdeckter, in der Natur aber wirkender Gesetze;[2] Fortschritte in der Naturwissenschaft wären sonst gänzlich unmöglich.

Die größten bürgerlichen Naturwissenschaftler haben Idealismus und Pragmatismus stets abgelehnt. Obwohl Max Planck konservativ und religiös eingestellt war, schrieb er in seiner „Wissenschaftlichen Selbstbiographie": „Dabei ist von wesentlicher Bedeutung, daß die Außenwelt etwas von uns Unabhängiges, Absolutes darstellt, dem wir gegenüberstehen, und das Suchen nach den Gesetzen, die für dieses Absolute gelten, erschien mir als

1 F. Engels, Dialektik der Natur, in: K. Marx/F. Engels, Werke (im folgenden MEW), Bd. 20, Berlin 1962, S. 529.

2 Der Philosoph Bernard Bolzano hatte dies bereits 150 Jahre früher begriffen. Er nannte die noch nicht entdeckten Naturgesetze „Wahrheiten in sich selbst".

die schönste wissenschaftliche Lebensaufgabe."[3] Albert Einstein schrieb: „Der Glaube an eine vom wahrnehmenden Subjekt unabhängige Außenwelt liegt aller Naturwissenschaft zugrunde."[4]

Auch die Existenz der ökonomischen Gesetze hängt nicht davon ab, ob die Menschen sie erkennen oder nicht. Die Gesetze über die Aneignung des Mehrwerts, über dessen Umwandlung in Profit, in Unternehmergewinn, in Zins und Rente existierten bereits, bevor Marx sie erforschte und formulierte.

Engels ergänzte seine ursprüngliche Definition des Gesetzes als Widerspiegelung objektiver Prozesse, die in Natur und Gesellschaft vor sich gehen, durch zwei wichtige Einschränkungen:

a) das Gesetz kann nur solche Prozesse widerspiegeln, die unmittelbar im Wesen der Dinge vor sich gehen;

b) die Widerspiegelung *einzelner* Prozesse ist kein Gesetz; ein Gesetz ist nur die *adäquate* Widerspiegelung *regelmäßig sich wiederholender* Prozesse in Natur und Gesellschaft.

Das Gesetz widerspiegelt nicht die Erscheinung, sondern das Wesen des Prozesses, der in Natur und Gesellschaft vor sich geht. Das ist außerordentlich wichtig. Erscheinung und Wesen stimmen weder in der Natur noch in der kapitalistischen Gesellschaft überein.[5] Es ist das „Werk der Wissenschaft . . ., die sichtbare, bloß erscheinende Bewegung auf die innere wirkliche Bewegung zu reduzieren . . ."[6]

Würden Erscheinungsform und Wesen der Dinge unmittelbar zusammenfallen, so schrieb Marx, brauchte es keine Wissenschaft zu geben. Die Sonne geht jeden Tag auf und unter, zumindest scheint es so; in Wirklichkeit dreht sich aber die Erde um ihre eigene Achse. Es könnte den Anschein haben, daß der Arbeiter nur dank des Kapitalisten existiert, der „ihm das Brot gibt". In Wirklichkeit existieren aber die Kapitalisten dank der Arbeiter und ihrer Mehrarbeit. Die Aneignung von Mehrwert macht den Menschen nämlich erst zum Kapitalisten.

Den Gesetzen liegen somit Prozesse zugrunde, die das Wesen von Natur und Gesellschaft zum Ausdruck bringen.

Die Gesetze drücken tatsächlich vor sich gehende Prozesse aus, aber sie kopieren sie nicht einfach und mechanisch. Nicht jeder einzelne Prozeß, sondern nur Prozesse, die sich unter gleichartigen Voraussetzungen regelmäßig wiederholen, bilden die Grundlage der Gesetze. Um ein Gesetz zu formulieren, ist eine große geistige Arbeit zu leisten: Es ist das Zufällige und Einmalige von dem Zweitrangigen zu trennen, das Wesentliche zu erkennen und aus der Vielfalt der Prozesse auszusondern.

Der Weg zur Erkenntnis der Naturgesetze verläuft meist über die Aufstellung einer Hypothese. Engels schreibt darüber: „Die Entwicklungsform der Naturwissenschaft, soweit sie denkt, ist die *Hypothese*. Eine neue Tatsache wird beobachtet, die die bisherige Erklä-

3 M. Planck, Wissenschaftliche Selbstbiographie, Leipzig 1955, S. 7.

4 A. Einstein, Mein Weltbild, Zürich — Stuttgart — Wien 1953, S. 207/208.

5 In der antiken, auf Sklavenarbeit beruhenden Welt, und im Feudalismus war das Bestehen der Ausbeutung völlig offensichtlich, Erscheinung und Wesen fallen dort zusammen. Nur in Ausnahmefällen, wenn nämlich eine Ware für den Markt produziert wurde, erfolgte in gewissem Maße eine Trennung von Erscheinung und Wirklichkeit. Deshalb unterscheidet sich die politische Ökonomie dieser Gesellschaftsformationen prinzipiell von der politischen Ökonomie des Kapitalismus.

6 K. Marx, Das Kapital, Dritter Band, in: MEW, Bd. 25, Berlin 1969, S. 324.

rungsweise der zu derselben Gruppe gehörenden Tatsachen unmöglich macht. Von diesem Augenblick an werden neue Erklärungsweisen Bedürfnis — zunächst gegründet auf nur beschränkte Anzahl von Tatsachen und Beobachtungen. Ferneres Beobachtungsmaterial epuriert diese Hypothesen,beseitigt die einen, korrigiert die andren, bis endlich das Gesetz rein hergestellt. Wollte man warten, bis das Material fürs Gesetz *rein* sei, so hieße das, die denkende Forschung bis dahin suspendieren, und das Gesetz käme schon deswegen nie zustande."[7]

In der politischen Ökonomie spielt die Hypothese nur eine untergeordnete Rolle, denn in ein und derselben Produktionsweise tauchen selten neue Fakten auf, die früheren Erklärungen widersprechen, wie dies bei den Naturwissenschaften der Fall ist. Der Übergang des Kapitalismus der freien Konkurrenz zum Imperialismus stellt z. B. eine solche Veränderung des Kapitalismus der freien Konkurrenz dar, die die Gesetze des Kapitalismus *modifiziert*. Das gleiche kann man auch von der allgemeinen Krise des Kapitalismus sagen.

Zur Entdeckung von Modifikationen der Gesetze des Kapitalismus bedarf es indes keiner Hypothese (nur auf dem relativ engen Gebiet, das sich mit der laufenden Erforschung des zyklischen Verlaufs der kapitalistischen Reproduktion befaßt, sind oftmals Hypothesen erforderlich). Die Fakten aus dem Wirtschaftsleben des Kapitalismus sind bekannt; die Wissenschaft muß das Wesentliche, die allgemeine Erscheinung, die Gesetze aufdecken. Im Kapitalismus erfolgen z. B. Millionen von Kauf- und Verkaufsakten. Millionenfach wechselt das Geld seinen Besitzer. Die von Marx entdeckten Gesetze des Geldumlaufs spiegeln das wider, was bei allen einzelnen Geschäften wiederholbar ist, also das Wesentliche, das den Millionen einzelner Kauf- und Verkaufshandlungen zugrunde liegt.

Die verschiedenartigen Gesetze von Natur und Gesellschaft haben ein unterschiedliches Anwendungsgebiet. Es gibt eine gewisse Rangordnung der Gesetze, die sich danach richtet, wie verallgemeinerungsfähig sie ihrem Charakter nach sind und wie groß die Anwendungsbereiche in Natur und Gesellschaft sind, auf die sie sich erstrecken. *Die allgemeinsten Gesetze sind die Grundgesetze der Dialektik.*

Engels schreibt: „Es ist also die Geschichte der Natur wie der menschlichen Gesellschaft, aus der die Gesetze der Dialektik abstrahiert werden. Sie sind eben nichts andres als die allgemeinsten Gesetze dieser beiden Phasen der geschichtlichen Entwicklung, sowie des Denkens selbst. Und zwar reduzieren sie sich der Hauptsache nach auf drei:

das Gesetz des Umschlags von Quantität in Qualität und umgekehrt;
das Gesetz von der Durchdringung der Gegensätze;
das Gesetz von der Negation der Negation."[8]

Wir möchten hier auf eine Ungenauigkeit hinweisen, die J. W. Stalin bei der Darstellung der dialektischen Methode in seiner Arbeit „Über dialektischen und historischen Materialismus" unterlaufen ist.

Die Klassiker des Marxismus gehen davon aus, daß unser subjektives Denken und die objektive Welt den gleichen Gesetzen der Dialektik untergeordnet sind. Wir können dialektisch denken, weil wir selbst ein Teil der objektiven dialektischen Welt sind. Wir erkennen, verstehen und interpretieren diese Welt. Daraus erklärt sich, warum wir Keime der Dialektik bereits bei den alten Philosophen (Heraklit) und die Dialektik (zwar nicht die

7 F. Engels, Dialektik der Natur, in: MEW, Bd. 20, a. a. O., S. 507.
8 Ebenda, S. 348.

materialistische) bei Hegel sowie bei einzelnen bedeutenden ausländischen Naturwissenschaftlern der Gegenwart finden, obwohl sie sich als Gegner des Marxismus betrachten. Die Dialektik der Natur zwingt sie, dialektisch zu denken.

Die Entdeckung des dialektischen Materialismus als System des Denkens durch die Begründer des Marxismus bedeutet für das Studium der Natur und besonders der Gesellschaft einen gewaltigen Schritt vorwärts. Dabei darf man aber nicht vergessen, daß das dialektische Herangehen an das Studium von Natur und Gesellschaft nur deshalb richtig ist, weil sich sowohl Natur als auch Gesellschaft dialektisch entwickeln.

Bei der Darlegung des dialektischen Materialismus hat J. W. Stalin dies ungenügend berücksichtigt. Er betont ständig die subjektive Seite, das dialektische Herangehen des Menschen an die Erscheinungen in Natur und Gesellschaft, während die objektive Seite, d. h. die Tatsache, daß die Dialektik in Natur und Gesellschaft an sich schon verkörpert ist, zurücktritt. J. W. Stalin schrieb: „Der dialektische Materialismus ist die Weltanschauung der marxistisch-leninistischen Partei. Diese Weltanschauung heißt darum dialektischer Materialismus, weil ihr Herangehen an die Naturerscheinungen, ihre Methode der Erforschung der Naturerscheinungen, ihre Methode der Erkenntnis dieser Erscheinungen die dialektische ist."[9]

Obwohl dies an sich natürlich richtig ist, kann ohne Erwähnung der objektiven Seite der falsche Eindruck entstehen, daß wir nicht deshalb dialektisch denken, weil die Natur als solche dialektisch ist, sondern weil unser Denken, als Teil der Natur, dialektisch ist und die Natur uns nur deshalb dialektisch erscheint, weil unser „Herangehen", die von uns angewandte Methode zur Untersuchung der Naturerscheinungen dialektisch ist.

Wir wollen natürlich die Bedeutung der dialektischen Methode keineswegs unterschätzen; ohne sie hätte es in der Wissenschaft keine so großen und raschen Fortschritte gegeben. Wir wollen damit nur betonen, daß die Dialektik von Natur und Gesellschaft und die dialektische Methode eine Einheit bilden.

Im Gegensatz zu J. W. Stalin betont W. I. Lenin den objektiven Charakter der Dialektik: „Im eigentlichen Sinne ist die Dialektik die Erforschung des Widerspruchs *im Wesen der Dinge selbst*."[10]

Mancher Leser mag dies für pedantisch ansehen, aber dem ist nicht so. W. I. Lenin hielt es stets für außerordentlich wichtig, die Position des dialektischen Materialismus mit äußerster Präzision zu formulieren und ihn jeder beliebigen Art des Subjektivismus gegenüberzustellen, um Mißverständnisse und falsche Auslegungen auszuschließen. Die einseitige Darlegung der subjektiven Seite durch J. W. Stalin konnte zu ideologischer Phantasterei und zu Mißverständnissen führen.

Die Gesetze in Natur und Gesellschaft unterscheiden sich trotz der identischen dialektischen Entwicklung wesentlich voneinander. J. W. Stalin sah den Hauptunterschied darin, daß die meisten Gesetze der Gesellschaft „nicht von Dauer" seien, da sie nur im Rahmen einer Gesellschaftsordnung fungieren. Nach unserer Auffassung liegt hier nicht der Hauptunterschied. Die ökonomischen Gesetze der Produktion wirken so lange, wie die Menschheit besteht (nachdem sie den primitiven Zustand überwunden hatte, als sich der Mensch seine Nahrung noch mit den Händen aus dem suchte, was er in der Natur fand). Weiter

9 J. W. Stalin, Über dialektischen und historischen Materialismus, in: ders., Fragen des Leninismus, Berlin 1950, S. 647.

10 W. I. Lenin, Konspekt zu Hegels „Vorlesungen über die Geschichte der Philosophie", in: Werke, Bd. 38, Berlin 1964, S. 240.

unten bringen wir Beispiele für diese in mehreren Gesellschaftsformationen wirkenden ökonomischen Gesetze. Spezifische ökonomische Gesetze wirken in einzelnen ökonomischen Gesellschaftsformationen der Klassengesellschaft. Der Weltkommunismus wird ebenfalls seine eigenen ökonomischen Gesetze haben. Da der Kommunismus die endgültige Form der menschlichen Gesellschaft darstellt, werden seine Gesetze „ewig" gelten — solange die Menschheit auf dem Erdball existiert.

Die wichtigsten Unterschiede sind unseres Erachtens folgende: Das Wirken der Naturgesetze kann man durch wissenschaftliche Beobachtung und nachfolgendes Abstrahieren in reiner Form erfassen. Marx schreibt: „Der Physiker beobachtet Naturprozesse entweder dort, wo sie in der prägnantesten Form und von störenden Einflüssen mindest getrübt erscheinen, oder, wo möglich, macht er Experimente unter Bedingungen, welche den reinen Vorgang des Prozesses sichern."[11]

Soweit Erscheinungen in der Natur unter gleichen Bedingungen ablaufen bzw. ihre Veränderung erfaßbar ist, sind auch ihre Gesetze völlig gleichartig.[12]

Anders wirken die ökonomischen Gesetze. Sie wirken in einer sich ständig verändernden Situation. Die politische Ökonomie ist somit eine historische Wissenschaft, denn sie „behandelt einen geschichtlichen, das heißt einen stets wechselnden Stoff"[13].

Das betrifft alle Gesellschaftswissenschaften. *Die Gesetze der Gesellschaft drücken deshalb Tendenzen aus*, deren Wirksamwerden ständig verletzt, modifiziert und durch die Einwirkung gegenläufiger Tendenzen abgeschwächt wird. Zwischen Gesetzen und Tendenzen besteht kein Unterschied: Die vorherrschendste Tendenz ist zugleich das Gesetz. Im Vorwort zum ersten Band des „Kapital" schreibt Karl Marx: „Es handelt sich um diese *Gesetze selbst*, um diese mit eherner Notwendigkeit wirkenden und sich durchsetzenden *Tendenzen*."[14]

Marx wiederholt ständig diese Behauptung bei der Analyse der Gesetze des Kapitalismus. So schreibt er: „Das Steigen der Mehrwertsrate . . . ist ein Faktor, wodurch die Masse des Mehrwerts und daher auch die Profitrate mit bestimmt wird. Er hebt nicht das allgemeine Gesetz auf. Aber er macht, daß es *mehr als Tendenz* wirkt, d. h. *als ein Gesetz*, dessen absolute Durchführung durch gegenwirkende Umstände aufgehalten, verlangsamt, abgeschwächt wird."[15] Und weiter: „So *wirkt das Gesetz nur als Tendenz*, dessen Wirkung nur unter bestimmten Umständen und im Verlauf langer Perioden schlagend hervortritt."[16]

Zur Konzentration des Kapitals schreibt Marx: „Dieser Prozeß würde bald die kapitalistische Produktion zum Zusammenbruch bringen, wenn nicht widerstrebende Tendenzen beständig wieder dezentralisierend neben der zentripetalen Kraft wirkten."[17]

Selbst in den wenigen Fällen, in denen Marx ein Gesetz herauskristallisiert, das er

11 K. Marx, Das Kapital. Erster Band, Vorwort zur ersten Auflage, in: MEW, Bd. 23, Berlin 1969, S. 12.

12 In der „Mikrowelt", d. h. auf dem Gebiet der inneratomaren Physik, hat die „Genauigkeit" ihre Grenzen. Das hindert aber keineswegs, die inneratomare Energie praktisch zu nutzen. Vielleicht wird diese Ungenauigkeit mit dem weiteren Fortschritt der Wissenschaft verschwinden.

13 F. Engels, Herrn Eugen Dührings Umwälzung der Wissenschaft (Anti-Dühring), in: MEW, Bd. 20, a. a. O., S. 136.

14 K. Marx, Das Kapital. Erster Band, Vorwort zur ersten Auflage, in: MEW, Bd. 23, a. a. O., S. 12 (Hervorhebungen E. V.).

15 K. Marx, Das Kapital. Dritter Band, in: MEW, Bd. 25, a. a. O., S. 244 (Hervorhebungen E. V.).

16 Ebenda, S. 249 (Hervorhebuhgen E. V.).

17 Ebenda, S. 256.

„absolut“ oder „allgemein“ nennt, betont er das Vorhandensein entgegenwirkender Tendenzen. Als er seine Untersuchungen über die Gesetze der Kapitalakkumulation und die Entstehung einer industriellen Reservearmee zusammenfaßt, schreibt er: „Je größer der gesellschaftliche Reichtum, ... desto größer die industrielle Reservearmee[18] ... Je größer aber diese Reservearmee ... desto massenhafter die konsolidierte Überbevölkerung ... Je größer endlich die Lazarusschichte der Arbeiterklasse und die industrielle Reservearmee, desto größer der offizielle Pauperismus. *Dies ist das absolute, allgemeine Gesetz der kapitalistischen Akkumulation.* Es wird gleich allen andren Gesetzen in seiner Verwirklichung durch mannigfache Umstände modifiziert, deren Analyse nicht hierher gehört.“[19]

Aus dem unterschiedlichen Ablauf der Prozesse in Natur und Gesellschaft ergibt sich ferner folgende wichtige Besonderheit: Die Naturgesetze (ausgenommen die der Astronomie und Geologie) können in reiner Form mit Hilfe von Experimenten dargestellt und jederzeit nachgewiesen werden, während wissenschaftliche Experimente bei den Gesellschaftswissenschaften unmöglich oder nur sehr begrenzt durchführbar sind.

Was ist ein Experiment? Das ist die Widerspiegelung einer Erscheinung, eines Prozesses, einer Bewegung unter wissenschaftlich präzisen, vom Menschen im voraus bestimmten Bedingungen. Bei gleichen Bedingungen verläuft die Bewegung stets gleichartig in Übereinstimmung mit dem Gesetz. Der gesamte Prozeß ist vorausberechenbar. Das beweist die Richtigkeit des Gesetzes oder modifiziert aufgrund der Ergebnisse der Experimente unsere Kenntnisse vom Gesetz.

Einige Versuche werden ständig zu pädagogischen Zwecken in Schulen durchgeführt. Andere, im Interesse der Produktion vorgenommenen Versuche, tragen nach einiger Zeit schon bereits nicht mehr den Charakter von Experimenten und werden produktionswirksam. Formeln, die bestimmte Prozesse in der Natur zum Ausdruck bringen, kann man in der Naturwissenschaft durch Versuche überprüfen, was den Weg zur Entdeckung neuer Gesetze abkürzt.[20] Bei den Gesellschaftswissenschaften ist so etwas nicht oder kaum möglich.

Der Begriff „Experiment“ wird auch in der Ökonomie verwendet. Der Kapitalist führt ein „Experiment“ durch, wenn er eine neue Seifenart oder einen neuen Automobiltyp herstellt und auf dem Markt testet; findet sich für dieses neue Erzeugnis eine ausreichende Zahl von Käufern, setzt der Kapitalist die Produktion fort, wenn nicht, stellt er sie ein.

In unserem Land werden kleine Betriebe zu Versuchszwecken errichtet, um bei einer neuen Produktionsmethode oder bei Maschinen und Apparaturen eventuelle Mängel herauszufinden, bevor ein großes Werk gebaut wird. Aber solche Experimente unterscheiden

18 Diese vor 100 Jahren geschriebenen Worte finden mit der chronischen Massenarbeitslosigkeit im reichsten Land der kapitalistischen Welt, nämlich den USA, gegenwärtig eine besonders aktuelle Bestätigung.

19 K. Marx, Das Kapital. Erster Band, in: MEW, Bd. 23, a. a. O., S. 673/674.

20 So wurde z. B. ein neuer Planet aufgrund der Berechnungen von Leverrier entdeckt. Die Möglichkeit, auf diese Weise zu neuen Erkenntnissen und Gesetzen zu gelangen, wurde von den Anhängern des subjektiven Idealismus als Beweis für die Richtigkeit ihrer Anschauungen gewertet. Dabei gehen sie aber von falschen Voraussetzungen aus, denn Mathematik kann nicht existieren, ohne sich auf Erfahrungen zu stützen. Engels schreibt dazu in der „Dialektik der Natur“, daß auf einer gewissen Entwicklungsstufe die verschiedenen, aus der real vorhandenen Welt abstrahierten Gesetze von dieser real vorhandenen Welt isoliert und ihr als etwas Selbständiges gegenübergestellt werden, als von außen aufgezwungene Gesetze, denen sich die Welt anzupassen hat. Das führt zur Religion, zum Agnostizismus und zum Idealismus in der Philosophie.

sich grundlegend von wissenschaftlichen Experimenten auf dem Gebiet der Naturwissenschaften. Solche Experimente verfolgen rein praktische und nicht wissenschaftlich-theoretische Ziele. In den Gesellschaftswissenschaften sind solche Experimente in Anbetracht der in der Gesellschaft ständig vor sich gehenden Veränderungen unmöglich.

Den Unterschied zwischen Naturgesetzen und gesellschaftlichen Gesetzen möchten wir anhand von zwei Beispielen nachweisen. Sowjetische Wissenschaftler und Techniker konnten einen Satelliten in Richtung Mond starten, damit die dem menschlichen Auge nicht zugängliche Rückseite fotografieren und die Aufnahmen zur Erde übermitteln. Das machte außerordentlich komplizierte Berechnungen der Rotation des Mondes, der Geschwindigkeit der Rakete und der auf sie wirkenden Anziehungskraft der Erde sowie außerhalb ihrer Anziehungskraft der Einwirkung von Reibung, Atmosphäre, Temperatur usw. erforderlich. Die Rakete mußte nicht nur richtig berechnet, sondern auch mit absoluter Präzision gebaut werden, einschließlich der gesamten an Bord der Rakete befindlichen wissenschaftlichen Apparatur. Man mußte ihre Wirkung in dem betreffenden konkreten Fall vorher berechnen und bestimmen. Das gelang, weil alle Gesetze der physischen Bewegung genau bekannt waren.

Nehmen wir als Vergleich ein gewöhnliches Ereignis aus der kapitalistischen Welt. Eine Gewerkschaft spricht sich für einen Streik aus, um eine Lohnerhöhung durchzusetzen und hofft, diesen Kampf erfolgreich durchzustehen. Obwohl dies im Vergleich zum Start einer Rakete um den Mond eine einfache Sache zu sein scheint und die Gewerkschaft über die Erfahrungen vieler zehntausend vorangegangener Streiks verfügt, kann sie den Ausgang des Streiks nicht genau absehen. Keiner kann exakt sagen, ob und in welcher Zahl die Kapitalisten Streikbrecher auftreiben, ob bei der Hauptmasse der Streikenden die Bereitschaft vorhanden ist, die mit dem Streik verbundenen materiellen Opfer zu tragen, die Kapitalisten sich mit den entgangenen Profiten abfinden werden, wie sich die Kapitalisten und Arbeiter in anderen Wirtschaftszweigen verhalten werden, vor allem in denen, die mit dem bestreikten Zweig in enger Verbindung stehen, wie die Reaktion der „öffentlichen Meinung“ ist, welche Haltung die Regierung und deren Organe einnehmen usw. usf. Die Auswirkungen aller dieser Faktoren lassen sich nicht in gleicher Weise vorausberechnen, wie die Faktoren, die den Flug der Rakete zum und um den Mond bestimmen.

Die Ursachen dieses Unterschiedes sind klar. Wir wissen, daß der Klassenkampf ein allgemeines Gesetz aller antagonistischen Gesellschaftsordnungen ist. Wir wissen, daß der Klassenkampf letztlich mit der Brechung der Macht der Kapitalisten und dem endgültigen Sieg des Proletariats in der ganzen Welt endet. Aber der Klassenkampf vollzieht sich innerhalb der kapitalistischen Gesellschaft in jedem einzelnen Fall unter verschiedenen und ständig wechselnden Bedingungen. Wie sich diese Bedingungen verändern, läßt sich dabei nicht in gleicher Weise voraussehen, wie das in der Natur der Fall ist.

Die Gesetze der Gesellschaft (besonders der kapitalistischen) sind uns ebenso unbekannt, wie die Gesetze der Natur, und zwar aus folgenden Gründen.

Der Mensch ist unbestreitbar das komplizierteste Produkt der Naturentwicklung, zumindest auf unserem Planeten (welche Lebewesen auf anderen Planeten vorhanden sein können, ist uns noch unbekannt). Zugleich ist der heutige Mensch das Produkt einer langen Geschichte, und zwar das differenzierteste Produkt der ganzen Geschichte: differenziert je nach dem Stand der Kultur, der Naturbedingungen, der Hautfarbe, der Geschichte, der Klassenzugehörigkeit, seiner individuellen Erziehung, den Erfahrungen usw. usf.

Jede gesellschaftliche Bewegung und somit auch alle gesellschaftlichen Gesetze sind das Ergebnis der Tätigkeit des Menschen, der selbst das komplizierteste und differenzierteste

Produkt von Natur und Gesellschaft ist. Diese Behauptung widerspricht keineswegs der Grundthese des dialektischen Materialismus, daß alle Gesetze der Gesellschaft objektiv, unabhängig vom Willen der Menschen, wirken. Ohne Menschen, ohne ihre produktive Tätigkeit, ohne ihre Vereinigung zu Gruppen und Klassen und ohne Klassenkampf gäbe es keine Geschichte und keine Gesetze der menschlichen Gesellschaft. *Die Gesetze der Gesellschaft sind das Ergebnis der Tätigkeit der Menschen, aber nicht ihres bewußten Willens.* Die Kapitalisten gieren nach großen Profiten, deshalb erweitern sie die Produktion; das Ergebnis ihrer Tätigkeit ist aber — entsprechend den objektiven Gesetzen des Kapitalismus — etwas völlig anderes als das, was sie erstreben, nämlich Überproduktion und ein zeitweiliger Rückgang der Profite.

Über diese beiden Feststellungen, daß nämlich die gesellschaftlichen Gesetze das Ergebnis der *Tätigkeit* des Menschen sind, daß sie aber nicht von seinem Willen bestimmt werden, sondern objektiv und unabhängig davon existieren, muß man sich genau klar werden, um Mißverständnisse zu vermeiden. Die Formulierung von J. W. Stalin z. B., daß „das ökonomische Gesetz der unbedingten Übereinstimmung . . . in den kapitalistischen Ländern seit langem zum Durchbruch (drängt)“[21], kann hier als Beispiel dienen; in Wirklichkeit ist es doch der Klassenkampf des Proletariats, der darauf abzielt, den Kapitalismus zu stürzen, und die Haupttriebkraft der Geschichte ist. Nicht das Gesetz „drängt zum Durchbruch“ (das widerspricht der Grundthese des dialektischen Materialismus, wonach die Gesetze das Wesen der Bewegung widerspiegeln), sondern das kämpfende Proletariat „drängt zum Durchbruch“. Dabei kann es nur dann siegreich sein, wenn die historischen Voraussetzungen für seinen Sieg vorhanden sind. Natürlich sind die Stärke und die Zielstrebigkeit des Klassenkampfes des Proletariats sowie das Vorhandensein einer revolutionären marxistisch-leninistischen Partei eine entscheidende historische Voraussetzung für seinen Sieg.

Wir können also feststellen: Die Gesetze der Natur (besonders der unbelebten) sind klar und bestimmt, sie lassen sich durch mathematische Formeln ausdrücken, denn die Prozesse, die sie widerspiegeln, laufen stets gleichermaßen unverändert ab, wie oft sie auch wiederholt werden (bei gleichen Bedingungen). Die Gesetze der Gesellschaft sind das Ergebnis der Tätigkeit der Menschen in einer historisch ständig wechselnden Situation; sie lassen sich deshalb nicht in präzisen mathematischen Formeln ausdrücken, und es ist nicht exakt vorhersehbar, wie sich die Ereignisse in einzelnen konkreten Fällen entwickeln.

*

Jetzt wollen wir versuchen, die an verschiedenen Stellen verstreuten Ausführungen von Marx und Engels zur Klassifizierung der Gesetze der politischen Ökonomie als Grundlage des Marxismus-Leninismus zusammenzufassen und zu verallgemeinern. Als Ausgangspunkt kann die Feststellung von Engels dienen: „Die politische Ökonomie, im weitesten Sinne, ist die Wissenschaft von den Gesetzen, welche die Produktion und den Austausch des materiellen Lebensunterhalts in der menschlichen Gesellschaft beherrschen.“[22]

Die politische Ökonomie ist eine Wissenschaft von Gesetzen; diese Gesetze betreffen Bereiche von Produktion und Zirkulation mit unterschiedlichen Größenordnungen.

a) *Allgemeine Gesetze, die allen Produktionsweisen eigen sind.* Sie betreffen die Produktion

21 J. W. Stalin, Ökonomische Probleme des Sozialismus in der UdSSR, Berlin 1952, S. 8.

22 F. Engels, Herrn Eugen Dührings Umwälzung der Wissenschaft (Anti-Dühring), in: MEW, Bd. 20, a. a. O., S. 136.

im allgemeinen und existieren deshalb nicht in einer konkreten historischen Epoche. Marx schreibt: „Es gibt allen Produktionsstufen gemeinsame Bestimmungen, die vom Denken als allgemeine fixiert werden; aber die sogenannten *allgemeinen Bedingungen* aller Produktion sind nichts als diese abstrakten Momente, mit denen keine wirkliche geschichtliche Produktionsstufe begriffen ist."[23]

Deshalb werden sie auch von den bürgerlichen Ökonomen in deren „Werken" so heftig angefeindet. Wir stellen sie hier vor allem darum heraus, weil bei uns gelegentlich behauptet wird, daß im Kapitalismus „alles" anders und keineswegs so wie bei uns sei. Im Vorwort „Zur Kritik der politischen Ökonomie" und an verschiedenen Stellen im „Kapital" weist Marx auf zahlreiche Gesetze hin, die in allen Produktionsweisen die gleichen sind. Wir nennen hier einige von ihnen, die für uns auch heute noch von Bedeutung sind.

Die Arbeit als notwendige Voraussetzung für das Leben des Menschen. „Als Bildnerin von Gebrauchswerten, als nützliche Arbeit, ist die Arbeit daher eine von allen Gesellschaftsformen unabhängige Existenzbedingung des Menschen, ewige Naturnotwendigkeit, um den Stoffwechsel zwischen Mensch und Natur, also das menschliche Leben zu vermitteln."[24]

Das Produkt der Arbeit ist immer Gebrauchsgegenstand. „Das Arbeitsprodukt ist in allen gesellschaftlichen Zuständen Gebrauchsgegenstand, aber nur eine historisch bestimmte Entwicklungsepoche . . . verwandelt das Arbeitsprodukt in Ware."[25]

Das Gesetz der Verteilung nach Arbeitsleistung. „. . . die Teilung der Arbeit im Ganzen einer Gesellschaft, ob vermittelt oder unvermittelt durch den Warenaustausch, (gehört) den verschiedenartigsten ökonomischen Gesellschaftsformationen an . . .".[26]

Den Fonds von Lebensmitteln produzieren stets Arbeiter. „Das variable Kapital ist also nur eine besondre historische Erscheinungsform des Fonds von Lebensmitteln oder des Arbeitsfonds, den der Arbeiter zu seiner Selbsterhaltung und Reproduktion bedarf und den er in allen Systemen der gesellschaftlichen Produktion stets selbst produzieren und reproduzieren muß."[27]

Die Notwendigkeit der Leitung der Produktion. „Alle unmittelbar gesellschaftliche oder gemeinschaftliche Arbeit auf größrem Maßstab bedarf mehr oder minder einer Direktion, welche die Harmonie der individuellen Tätigkeiten vermittelt . . .".[28]

Von den zahlreichen Gesetzen, die allen Produktionsweisen innewohnen, soll noch auf zwei hingewiesen werden.

Das Gesetz der schnelleren Steigerung der Produktion von Produktionsmitteln gegenüber derjenigen von Konsumtionsmitteln. In jeder Gesellschaftsordnung, auch bei einfacher Reproduktion, muß die Produktion von Produktionsmitteln rascher wachsen als die Produktion von Konsumtionsmitteln, d. h. wenn die Gesellschaft nicht stagniert, die Bevölkerung also zunimmt. Es bedarf keiner besonderen Erwähnung, daß in jeder Gesellschaftsordnung die Produktionsmittel (so primitiv sie auch sein mögen) für die von der jungen Generation zu leistende produktive Arbeit zuerst von der älteren Generation erzeugt werden müssen. Verallgemeinernd kann man sagen: Die Produktion von Konsumtionsmitteln

23 K. Marx, Grundrisse der Kritik der Politischen Ökonomie (Rohentwurf), Berlin 1953, S. 10.
24 K. Marx, Das Kapital. Erster Band, in: MEW, Bd. 23, a. a. O., S. 57.
25 Ebenda, S. 76.
26 Ebenda, S. 380.
27 Ebenda, S. 593.
28 Ebenda, S. 350.

kann in jeder Gesellschaftsordnung erst dann erhöht werden, wenn zuvor die Produktion von Produktionsmitteln erweitert worden ist.

Marx sagt: „In den verschiedensten ökonomischen Gesellschaftsformationen findet nicht nur einfache Reproduktion statt, sondern, obgleich auf verschiednem Maßstab, Reproduktion auf erweiterter Stufenleiter.“[29]

Es gibt ein Gesetz, nach dem der *Verbrauch auf lange Sicht niemals höher sein kann als die Produktion.* Diese Feststellung scheint eine Tautologie ohne jeden Sinn zu sein. Aber im Anfangsstadium der Diktatur des Proletariats hat sie große politische Bedeutung.

Das Proletariat erwartet von seinem Staat, daß sich seine materielle Lage sofort und beträchtlich verbessert. Die Diktatur des Proletariats führt zwar sofort eine radikale Umverteilung des Nationaleinkommens in *Geldform* zugunsten der Arbeiter und zum Nachteil der Bourgeoisie und der Großgrundbesitzer durch. Sie kann den Arbeitern die privaten Bestände an Nahrungsmitteln, Kleidung usw., die den herrschenden Klassen gehörten, zur Verfügung stellen. Sie kann aber nicht die Arbeiter aus ihren armseligen Wohnungen in die Paläste der Reichen umquartieren. Auch kann sie nicht allen Arbeitern sofort mehr Konsumtionsmittel geben.

In der Anfangsperiode der Diktatur des Proletariats, in der Periode der revolutionären Umgestaltungen, geht die Produktion in den wichtigsten Betrieben in der Regel zurück: Die besten Arbeiter gehen in die revolutionäre Armee und in andere Organe des neuen sozialistischen Staates; die alte Arbeitsdisziplin in der Produktion, die von der Klassenherrschaft der Bourgeoisie diktiert war, läßt nach; es braucht eine gewisse Zeit, bis eine neue sozialistische Arbeitsdisziplin entsteht. Anstelle eines bedeutenden Aufschwungs der Produktion, wie er zur Steigerung des Realeinkommens der Werktätigen erforderlich ist, kann ein zeitweiliger Rückgang eintreten. Außerdem ist der Produktionsapparat, den die proletarische Diktatur als Erbe von der Bourgeoisie übernommen hat, darauf ausgerichtet, das Einkommen der bürgerlichen Gesellschaft umzuverteilen. In diesem Zustand kann er nicht sofort die notwendige Menge zusätzlicher Konsumtionsmittel erzeugen, die erforderlich ist, um eine reale Erhöhung des Lebensstandards der Bevölkerung zu bewirken. Die Produktion muß auf solche Konsumgüter umgestellt werden, die das Proletariat, aber nicht die Bourgeoisie braucht. In vielen Fällen müssen neue Produktionskapazitäten geschaffen werden, um die wachsenden Konsumtionsbedürfnisse des Proletariats zu sichern. Das braucht Zeit.

In der Landwirtschaft, die Nahrungsgüter herstellt, wirken zusätzliche Faktoren. Mit der Errichtung der Diktatur des Proletariats erfolgt eine Agrarrevolution, nämlich die Beschlagnahme des den Großgrundbesitzern gehörenden Bodens und dessen Übergabe an die Knechte sowie armen und mittleren Bauern. Dadurch verbleibt die Grundrente, die sich vor der Revolution die Gutsbesitzer angeeignet hatten, jetzt bei den werktätigen Schichten des Dorfes. Diese werden sich besser ernähren, aber die Städte erhalten vorübergehend weniger Nahrungsmittel. Die Stadtbevölkerung wird schlechter ernährt, bis schließlich die Produktion von Nahrungsmitteln steigt.[30]

Die Feinde der Arbeiterklasse, vor allem die rechten Gewerkschaftsführer, nutzen die anfangs eintretende vorübergehende Verschlechterung der Lage der Arbeiter in den

29 Ebenda, S. 624.

30 Eine Verschlechterung braucht ausnahmsweise in solchen Ländern nicht einzutreten, in denen es eine chronische Überproduktion von landwirtschaftlichen Erzeugnissen gibt.

Städten dazu aus, um unter den Arbeitern Unzufriedenheit mit der Diktatur des Proletariats hervorzurufen.

b) *Das Gesetz des revolutionären Übergangs von einer Gesellschaftsordnung zur folgenden.* J. W. Stalin formulierte dieses Gesetz des Marxismus neu: „Gesetz der *unbedingten Übereinstimmung* der Produktionsverhältnisse mit dem Charakter der Produktivkräfte“.[31] In dieser Form ging es auch in die später erschienenen Lehrbücher ein. Von einigen Speichelleckern wurde es als neue theoretische Entdeckung bezeichnet. Nach unserer Auffassung stellt die Stalinsche Formulierung eine wesentliche Verschlechterung dar, denn hier wird der historische und revolutionäre Inhalt des von Marx formulierten Gesetzes verwischt.

Schon die Definition ist sehr unklar und ungenau. Man kann daraus nicht entnehmen, ist die Übereinstimmung nun immer vorhanden oder nicht?[32] Wenn nicht, wann und unter welchen Bedingungen tritt die Übereinstimmung dann ein? Bei Marx ist dieses Gesetz konkret, historisch und revolutionär formuliert.

„Auf einer gewissen Stufe ihrer Entwicklung geraten die materiellen Produktivkräfte der Gesellschaft in Widerspruch mit den vorhandenen Produktionsverhältnissen, ... innerhalb deren sie sich bisher bewegt hatten. Aus Entwicklungsformen der Produktivkräfte schlagen diese Verhältnisse in Fesseln derselben um. Es tritt dann eine Epoche sozialer Revolution ein.“[33]

Also nicht „unbedingte Übereinstimmung“, sondern „Epoche sozialer Revolution“. Außerdem nimmt Marx an, daß die „Epoche sozialer Revolution“ nicht immer unbedingt mit der Herstellung der „Übereinstimmung der Produktionsverhältnisse mit dem Charakter der Produktivkräfte“ abschließen muß. Das sehen wir bei vielen revolutionären Versuchen, die mit einer Niederlage endeten. Die Kampf kann mit einer allgemeinen Niederlage der kämpfenden Klassen enden.

Auf der ersten Seite des „Kommunistischen Manifests“ heißt es: „... Unterdrücker und Unterdrückte standen in stetem Gegensatz zueinander, führten einen ununterbrochenen, bald versteckten, bald offenen Kampf, einen Kampf, der jedesmal mit einer revolutionären Umgestaltung der ganzen Gesellschaft endete oder mit dem *gemeinsamen Untergang der kämpfenden Klassen*“.[34] Geschichte und vor allem Archäologie liefern ausreichendes Material, das von der Existenz und dem Untergang vieler hundert Staaten und Zivilisationen in der Vergangenheit zeugt. Wir wissen nicht, welche Rolle dabei die nicht zu Ende geführten Klassenkämpfe spielten. Ohne Zweifel haben aber z. B. die langandauernden Sklavenaufstände beim Untergang des Römischen Reiches eine wesentliche Rolle gespielt, auch wenn sie nicht siegreich waren.

c) *Gesetze, die mehreren Gesellschaftsformationen innewohnen.* Kennzeichnend für alle antagonistischen Klassengesellschaften ist das Gesetz der *unbezahlten Aneignung von Mehrarbeit*, die von den ausgebeuteten Massen geleistet wird. Marx schreibt: „Das Kapital hat die Mehrarbeit nicht erfunden. Überall, wo ein Teil der Gesellschaft das Monopol der Pro-

31 J. W. Stalin, Ökonomische Probleme des Sozialismus in der UdSSR, Berlin 1952, S. 7.

32 Weiter spricht Stalin „vom Widerstand der überlebten Kräfte der Gesellschaft“ (S. 8.). In seiner Arbeit „Über dialektischen und historischen Materialismus“ schreibt er richtiger, daß „die Produktionsverhältnisse nicht allzulange hinter dem Wachstum der Produktivkräfte zurückbleiben ... können“. (J. W. Stalin, Über dialektischen und historischen Materialismus, in: ders., Fragen des Leninismus, Berlin 1950, S. 668.)

33 K. Marx, Zur Kritik der Politischen Ökonomie. Vorwort, in: MEW, Bd. 13, Berlin 1972, S. 9.

34 K. Marx/F. Engels, Manifest der Kommunistischen Partei, in: MEW, Bd. 4, Berlin 1959, S. 462 (Hervorhebung E. V.).

duktionsmittel besitzt, muß der Arbeiter, frei oder unfrei, der zu seiner Selbsterhaltung notwendigen Arbeitszeit überschüssige Arbeitszeit zusetzen, um die Lebensmittel für den Eigner der Produktionsmittel zu produzieren."[35]

Die Form der Aneignung ändert sich: direkte Aneignung von Mehrarbeit in der Sklavenhaltergesellschaft, Aneignung des Mehrprodukts im Feudalismus, Aneignung des Mehrwertes im Kapitalismus. Zur letzteren Form schreibt Marx: „Produktion von Mehrwert oder Plusmacherei ist das *absolute Gesetz* dieser Produktionsweise."[36]

d) *Gesetze, die nur in einer Gesellschaftsformation wirken.* Es gibt viele Gesetze, die nur im Kapitalismus wirken, wie z. B. das Gesetz der Durchschnittsprofitrate, die Gesetze über die kapitalistische Grundrente usw. Ein großer Teil der ökonomischen Gesetze des Sozialismus gilt ebenfalls nur für die sozialistische Gesellschaft.

*

Wir wollen noch kurz bei jenen „Gesetzen" verweilen, die in Wirklichkeit keine Gesetze im marxistischen Sinne sind.

1. *Gesetze, die vom Staat erlassen werden.* Sie verkörpern überhaupt keine objektiven, vom Willen der Menschen unabhängigen Erscheinungen. Vielmehr sind sie Vorschriften, die von der Bevölkerung des Landes bei Androhung von Strafe (bis zur Todesstrafe) ein entsprechendes Verhalten verlangen. (Objektive Gesetze „verlangen" nicht, sondern wirken.) In den Ausbeutergesellschaften stellen sie ein ausgeklügeltes „Rechtssystem" dar, das angeblich auf moralischen Prinzipien beruht.

„Eurer Recht", heißt es im „Kommunistischen Manifest", „(ist) nur der zum Gesetz erhobene Wille eurer Klasse ..., ein Wille, dessen Inhalt gegeben ist in den materiellen Lebensbedingungen eurer Klasse."[37]

Der heuchlerische Charakter der staatlichen Gesetze zeigt sich im Kapitalismus z. B. in folgendem: Raubüberfälle auf einzelne Personen zum Zwecke der persönlichen Bereicherung können sogar mit dem Tode bestraft werden; plündern aber die Truppen der imperialistischen Staaten massenweise die kolonialen Völker aus, damit die Kapitalisten sich bereichern, so wird dies allenthalben gepriesen und nicht als Verbrechen angesehen.

Die staatlichen Gesetze können der Bevölkerung von der herrschenden Klasse solange aufgezwungen werden, bis sie in einen scharfen Konflikt mit den wirtschaftlichen Verhältnissen geraten. Marx schreibt: „Gesetze können ein Produktionsinstrument, z. B. Land, in gewissen Familien verewigen. Diese Gesetze bekommen nur ökonomische Bedeutung, wenn das große Grundeigentum in Harmonie mit der gesellschaftlichen Produktion ist, wie z. B. in England. In Frankreich wurde kleine Agrikultur getrieben trotz des großen Grundeigentums, letztres daher auch von der Revolution zerschlagen."[38]

Die ökonomischen Gesetze wirken, historisch gesehen, stärker als die staatliche Macht der herrschenden Klassen.

2. *Gesetze des „Gewohnheitsrechts"*. In allen ökonomischen Gesellschaftsformationen gibt es Gesetze, die wichtige Beziehungen zwischen den Menschen auf Grund von Gewohnheiten regeln (z. B. die Nutzung von Wald oder Weideflächen, von Straßen oder Brunnen). Auf einer gewissen Entwicklungsstufe nehmen sie die Form staatlicher Gesetze an

35 K. Marx, Das Kapital. Erster Band, in: MEW, Bd. 23, a. a. O., S. 249.

36 Ebenda, S. 647 (Hervorhebung E. V.).

37 K. Marx/F. Engels, Manifest der Kommunistischen Partei, in: MEW, Bd. 4, Berlin 1959, S. 477.

38 K. Marx, Grundrisse der Kritik der politischen Ökonomie (Rohentwurf), a. a. O., S. 19.

oder sie werden durch den Kampf zwischen Großgrundbesitzern und Bauern aufgehoben. Überreste des Gewohnheitsrechts gibt es sogar noch in den hochentwickelten kapitalistischen Ländern. Hat in Großbritannien z. B. ein Grundbesitzer den Leuten viele Jahre hindurch gestattet, über sein Grundstück zu gehen oder zu fahren, so darf er den Weg nicht mehr sperren.

3. Die *Gesetze der Kirche* verlangen, ebenso wie die staatlichen Gesetze, ein bestimmtes Verhalten von den Gläubigen, sonst können kirchliche Maßnahmen gegen die Sünder verhängt werden.

Die Kirche ist meistens eng mit den herrschenden Klassen verbunden. Sie sanktioniert im Namen Gottes den Klassenstaat und wird von ihm gestützt.

Diese „Gesetze" sind streng von den objektiven Gesetzen in Natur und Gesellschaft zu unterscheiden. Die Gesetze von Staat und Kirche verlangen von der Bevölkerung ein bestimmtes Verhalten. Das setzt voraus, daß die Menschen auch anders handeln können.

Wenn Stalin behauptete, daß das ökonomische Grundgesetz dieses und jenes „verlangt", so ist das ein für einen Marxisten eigenartiger Fehler. Ein objektives Gesetz spiegelt doch Ereignisse wider, die das Wesen der Dinge ausmachen: Eine solche Widerspiegelung kann nicht „verlangen".[39] Die objektiven Gesetze existieren und wirken unabhängig vom Willen der Menschen, von ihnen kann man nichts verlangen.

*

Nachdem wir das Wesen der ökonomischen Gesetze im allgemeinen dargelegt haben, können wir zum Charakter und zur Bedeutung der ökonomischen Grundgesetze übergehen.

Wenn uns das Gedächtnis nicht täuscht, verwendet Marx diesen Ausdruck im „Kapital" zweimal, und zwar um die Bedeutung eines bestimmten Gesetzes hervorzuheben. Aber er formuliert kein besonderes „Grundgesetz" als ein Gesetz, das eine besondere Bedeutung hat, und sich von anderen Gesetzen hervorhebt. Daneben verwendet er den Begriff „absolutes Gesetz". Aber er hat niemals versucht, die Gesetze des Kapitalismus in einem Gesetz zusammenzufassen. Das gleiche kann man auch bei Lenin feststellen. Lenin hat nicht vom ökonomischen Grundgesetz des Imperialismus gesprochen; er hat nur die entscheidenden Merkmale des Imperialismus nacheinander aufgezählt. Erst J. W. Stalin hob die Bedeutung des Problems der Grundgesetze hervor. Und nach dem Erscheinen seiner Arbeit „Ökonomische Probleme des Sozialismus in der UdSSR" ließen sich unsere Ökonomen dazu hinreißen, ökonomische Grundgesetze für alle Gesellschaftsformationen auszuarbeiten; es wurden auch Versuche unternommen, aus dem „Grund"gesetz andere weniger wichtige Grundgesetze abzuleiten, was natürlich falsch ist.

Bedeutet die Tatsache, daß die Klassiker des Marxismus keine ökonomischen Grundgesetze für die verschiedenen Gesellschaftsformationen formuliert haben, daß allein schon der Versuch ihrer Formulierung antimarxistisch ist? Nein. Obwohl Marx sich zur Frage der Grundgesetze nicht direkt äußert, kann man seine Meinung dennoch erkennen. Er schreibt: „*Die Produktion im Allgemeinen* ist eine Abstraktion, aber eine verständige

39 Bei Naturforschern hört man oft den Ausdruck: „Dieses Gesetz verlangt". Allerdings ist das hier nur als Abkürzung gemeint, der volle Sinn dieses Ausdrucks ist folgender: Damit dieses Gesetz genau wirkt, muß z. B. die Temperatur oder der Luftdruck gleichbleibend sein, denn mit einer Veränderung des Luftdrucks ändert sich auch die Erscheinung selbst.

Abstraktion, sofern sie wirklich das Gemeinsame hervorhebt, fixiert, und uns daher die Wiederholung erspart."[40]

Das ökonomische Grundgesetz wäre demnach eine verständige Abstraktion, die Wiederholungen erspart und die wesentlichsten allgemeinen Gesetzmäßigkeiten der Wirtschaft einer bestimmten Gesellschaftsformation enthält und somit didaktisch nützlich wäre. Doch kein ökonomisches Grundgesetz kann alle Prozesse und Erscheinungen einer bestimmten Produktionsweise umfassen.

1. Das „Grundgesetz" des Kapitalismus kann natürlich nichts Neues bringen, was nicht schon bei den Klassikern des Marxismus zu finden ist.

2. Kein Grundgesetz kann alle oder auch nur die wichtigsten Gesetze des Kapitalismus ausdrücken. Wie könnte man alle Gesetze verallgemeinern, die im „Kapital" analysiert wurden: die Gesetze der einfachen oder erweiterten Reproduktion sowie des zyklischen Verlaufs der kapitalistischen Reproduktion, die Gesetze der Aneignung von Mehrwert und dessen Verwandlung in Profit sowie dessen Umverteilung, die Gesetze der Bewegung des Leihkapitals und der Grundrente, die Gesetze des Arbeitsmarktes und der Lohnbildung usw.? Das ist einfach unmöglich! Die Feststellung von J. W. Stalin, daß sein Grundgesetz *alle* wesentlichen Seiten und *alle* Hauptprozesse des Kapitalismus ausdrückt, ist in keiner Weise begründet.

Es widerspricht dem Marxismus, wenn man versucht, aus einem Grundgesetz andere, nicht so allgemeine Gesetze abzuleiten, wie dies bei uns oft der Fall ist. Das widerspricht dem Wesen des Marxismus, der eine Analyse der konkreten historischen Fakten verlangt, um aus deren Verallgemeinerung Gesetze abzuleiten.

Marx schreibt: „Die Forschung hat den Stoff sich im Detail anzueignen, seine verschiedenen Entwicklungsformen zu analysieren und deren innres Band aufzuspüren. Erst nachdem diese Arbeit vollbracht, kann die wirkliche Bewegung entsprechend dargestellt werden. Gelingt dies und spiegelt sich nun das Leben des Stoffs ideell wider, so mag es aussehn, als habe man es mit einer Konstruktion a priori zu tun."[41] Jeder Versuch, aus einem allgemeinen Gesetz konkretere Gesetze abzuleiten, wäre unmarxistisch.

Jetzt wollen wir uns der Frage zuwenden, ob das von Stalin formulierte ökonomische Grundgesetz des *modernen* Kapitalismus den Forderungen des Grundgesetzes dieser Gesellschaftsformation entspricht, nämlich:

a) Bringt es die wichtigsten Prozesse dieser Gesellschaftsordnung zum Ausdruck?

b) Drückt es die Prozesse aus, die nur dieser Gesellschaftsordnung innewohnen und sie von anderen unterscheiden?

Das von J. W. Stalin formulierte ökonomische Grundgesetz entspricht diesen Forderungen nicht. *Es enthält nicht das entscheidende Endergebnis aller im Kapitalismus vorgehenden Prozesse, nämlich die Schaffung der Voraussetzungen für den unvermeidlichen Sturz der kapitalistischen Gesellschaftsordnung im Zuge der proletarischen Revolution.*

Das ökonomische Grundgesetz des Kapitalismus von Stalin spricht nur von „Ausbeutung, Ruinierung und Verelendung der Bevölkerung", doch wird kein Wort darüber verloren, daß die Massen im Kapitalismus zunehmend revolutionärer werden, was die Klassiker des Marxismus-Leninismus stets als das Wesentliche bezeichneten.

Schon die Formulierung ist sehr ungenau. Unter „modernem Kapitalismus" kann man den modernen industriellen Kapitalismus verstehen, d. h. den Kapitalismus nach der in-

40 K. Marx, Grundrisse der Kritik der Politischen Ökonomie (Rohentwurf), a. a. O., S. 7.
41 K. Marx, Das Kapital. Erster Band, in: MEW, Bd. 23, a. a. O., S. 27.

dustriellen Revolution im Gegensatz zur Manufakturperiode; unter diesem Begriff kann man den Monopolkapitalismus im Unterschied zum Kapitalismus der freien Konkurrenz verstehen; oder den Kapitalismus in der Periode seiner allgemeinen Krise; oder schließlich den Kapitalismus der gegenwärtigen Nachkriegsperiode. Nach den Ausführungen von J. W. Stalin ist anzunehmen, daß er mit dem modernen Kapitalismus den Imperialismus meinte. Doch er drückt sich nicht klar darüber aus.

Alle von Stalin in seinem Grundgesetz genannten Merkmale beziehen sich auf den Kapitalismus im allgemeinen, nicht nur auf den heutigen Kapitalismus. Der persönliche Beitrag Stalins, seine Darlegungen über den Maximalprofit sind völlig unklar und ungenau.

Das *Streben* nach maximalem, d. h. möglichst hohem Profit, war stets bei jedem einzelnen Kapitalisten zu finden. Gut bekannt ist das von Marx im „Kapital" angeführte eindrucksvolle Zitat: „Mit entsprechendem Profit wird Kapital kühn. Zehn Prozent sicher, und man kann es überall anwenden; 20 Prozent, es wird lebhaft; 50 Prozent, positiv waghalsig; für 100 Prozent stampft es alle menschlichen Gesetze unter seinen Fuß; 300 Prozent, und es existiert kein Verbrechen, das es nicht riskiert, selbst auf Gefahr des Galgens!"[42]

Vom *gesellschaftlichen* Standpunkt ist der Maximalprofit die Summe des gesamten in der kapitalistischen Gesellschaft erzielten Mehrwerts. (In diesem Sinne haben die Kapitalisten insgesamt stets Maximalprofit erzielt.) Ist damit aber gemeint, daß das Monopolkapital oder aber *ein* großes Monopol sich den gesamten Mehrwert aneignet, so ist dies völlig falsch, wie die Statistik jedes kapitalistischen Landes ausweist: Etwa die Hälfte des Mehrwerts oder des Profits entfällt bis heute auf das nichtmonopolisierte Kapital. Wie Lenin hervorhob, gibt es keinen „reinen" Monopolkapitalismus und kann es ihn auch nicht geben. Trotz aller Bemühungen verschiedener Autoren ist mit dem Begriff „Maximalprofit" des Monopolkapitals nichts Vernünftiges anzufangen. Als trauriges Beispiel, wie tief der Personenkult gewirkt hat, kann man die Tatsache werten, daß dies alles auch nach dem Tode Stalins wiederholt wurde.[43]

Was die „Ausbeutung, Ruinierung und Verelendung der Mehrheit der Bevölkerung" innerhalb des kapitalistischen Landes und über dessen Grenzen hinaus betrifft, so ist dies richtig, doch weisen die Arbeiten von Marx und Engels überzeugend nach, daß dieser Prozeß auch bereits vor 100 Jahren vor sich ging und keine Besonderheit des gegenwärtigen Kapitalismus ist.

So bleiben noch „Kriege und Militarisierung" als besondere Methode zur Aneignung von Profiten im gegenwärtigen Kapitalismus. Auch diese These ist nicht richtig. Schon im vormonopolistischen Stadium des Kapitalismus bereicherte sich das Kapital an den Kriegen. Zwar sind die Beträge, die vor mehr als 100 Jahren für die Militarisierung ausgegeben wurden, nach unseren heutigen Vorstellungen minimal. Aber wir dürfen nicht vergessen, daß die Geldeinheit damals eine wesentlich höhere Kaufkraft als heute aufwies, die Bevölkerungszahl erheblich geringer war und die Arbeitsproduktivität und damit auch die Höhe des in einem Jahr erzeugten Mehrwerts bedeutend unter der heutigen lag. Die Rüstungslasten wogen aber sehr schwer, auch wenn sie nach jetzigen Begriffen

42 Ebenda, S. 788.

43 So finden wir diese Behauptung unverändert in der 1955 erschienenen zweiten Auflage des Lehrbuchs „Politische Ökonomie", die unter Redaktion von Akademiemitglied K. V. Ostrovitjanov u. a. erschienen ist. Erst in der dritten Auflage (1958) ist diese Behauptung nicht mehr enthalten.

absolut nicht so hoch lagen. Engels, der in Militärangelegenheiten eine Autorität war, schrieb vor mehr als 80 Jahren: „Die Armee ist Hauptzweck des Staats, ist Selbstzweck geworden; die Völker sind nur noch dazu da, die Soldaten zu liefern und zu ernähren. Der Militarismus beherrscht und verschlingt Europa."[44] Die Militärlieferungen waren bereits damals und sogar schon im Römischen Reich eine Quelle gewaltiger Profite.

In dem von J. W. Stalin formulierten ökonomischen Grundgesetz sind außerdem nicht alle jene spezifischen Gesetze des heutigen Monopolkapitalismus enthalten, wie sie W. I. Lenin in seiner Arbeit über den Imperialismus nennt: das Gesetz der fortschreitenden Konzentration, das Gesetz der ungleichmäßigen Entwicklung usw.

Zusammenfassend kann man sagen, daß die Thesen Stalins über das ökonomische Grundgesetz des modernen Kapitalismus keineswegs den Anforderungen genügen, die man an ein solches Gesetz zu stellen hat.

Wir können auch nicht die Definition des ökonomischen Grundgesetzes des Kapitalismus als richtig ansehen, wie sie im Lehrbuch „Politische Ökonomie" formuliert wurde: „Produktion von Mehrwert als das ökonomische Grundgesetz des Kapitalismus."[45]

Natürlich ist die Produktion von Mehrwert im Kapitalismus ein außerordentlich wichtiger Prozeß. Ohne Mehrwertproduktion gibt es keinen Kapitalismus. Deshalb nennt Marx auch die Produktion von Mehrwert das absolute Gesetz des Kapitalismus, aber nicht das Grundgesetz. Wird doch der Mehrwert nicht nur produziert, sondern auch angeeignet, und zwar *angeeignet von der Bourgeoisie.* Dieser Prozeß ist ebenso wichtig wie die Produktion des Mehrwertes.

Wenn in der Formulierung nur von der Mehrwertproduktion gesprochen und nicht mehr gesagt wird, so kann man annehmen, daß die Mehrwertproduktion, d. h. der Kapitalismus, ewig existieren kann. *Hier wird, wie bei J. W. Stalin, nicht das Wesen der Gesamtheit der ökonomischen Gesetze des Marxismus erfaßt, denn die Wirksamkeit der ökonomischen Gesetze des Kapitalismus führt unvermeidlich zum Niedergang des Kapitalismus und schafft die Voraussetzungen für den revolutionären Sturz der Herrschaft der Bourgeoisie.*

Wir wollen jetzt versuchen, ein ökonomisches Grundgesetz für den gesamten Kapitalismus einschließlich seines imperialistischen Stadiums zu formulieren. Das ist ganz gesetzmäßig, denn der Monopolkapitalismus weist zwar viele besondere Züge auf, die ihn vom vormonopolistischen Kapitalismus unterscheiden, doch er verkörpert die gleiche Produktionsweise und die gleiche Gesellschaftsformation wie der vormonopolistische Kapitalismus.

Wir erinnern den Leser nochmals daran, daß nach Marx Grundgesetze eine *verständige Abstraktion* darstellen müssen, *die wirklich das Gemeinsame hervorhebt*, und daß die Zweckmäßigkeit und Nützlichkeit einer solchen Formulierung darin besteht, daß sie uns Wiederholungen erspart: mehr nicht! Ökonomische Grundgesetze können und dürfen nichts Neues bringen.

Ein ökonomisches Grundgesetz des Kapitalismus, das dem revolutionären Sinn des Marxismus entspricht, könnte etwa folgendermaßen formuliert werden:

Das Kapital eignet sich den von den Arbeitern produzierten Mehrwert an, konzentriert und vergesellschaftet die Produktion durch Akkumulation und Zentralisation, schafft die

44 F. Engels, Herrn Eugen Dührings Umwälzung der Wissenschaft (Anti-Dühring), in: MEW, Bd. 20, a. a. O., S. 158.

45 Politische Ökonomie, Lehrbuch, Nach der vierten überarbeiteten und ergänzten russischen Ausgabe, Berlin 1965, S. 86.

materiellen Voraussetzungen für den Sozialismus, verschärft den Widerspruch zwischen dem gesellschaftlichen Charakter der Produktion und der privaten Aneignung immer mehr, der nur zeitweilig durch periodische Überproduktionskrisen gelöst wird, läßt die Macht des Kapitals für die Werktätigen der ganzen Welt immer unerträglicher werden und führt den Kapitalismus seinem unausweichlichen Untergang durch die proletarische Revolution entgegen.

Wir sind der Auffassung, daß eine solche Definition des ökonomischen Grundgesetzes des Kapitalismus die wichtigsten Prozesse enthält, die sich in allen Stadien des Kapitalismus vollziehen und dem revolutionären Geist der gesamten marxistischen Lehre entspricht.[46]

Will man die besondere Gesetzmäßigkeit für den Imperialismus definieren, so muß deren Definition auf den Merkmalen beruhen, die ihn vom Kapitalismus im allgemeinen unterscheiden und von W. I. Lenin definiert wurden.

Die spezifische Gesetzmäßigkeit des Imperialismus könnte man — ausgehend vom Grundgesetz des Kapitalismus — etwa so formulieren:

Mit der Aufhebung der freien Konkurrenz, der Aufteilung der Märkte und der Verflechtung mit dem Staat sichert sich das Monopolkapital Maximalprofite und ordnet sich die kapitalistische Welt unter; es vertieft die Kluft zwischen den reichen imperialistischen Staaten und den schwach entwickelten Ländern, zwischen der Finanzoligarchie und den werktätigen Massen immer mehr, verwandelt einen immer größeren Teil der Bevölkerung in Lohnarbeiter und den Kapitalismus in einen sterbenden Kapitalismus und führt ihn an den Rand der proletarischen Revolution.

Der Hauptunterschied zwischen der von Stalin gegebenen Formulierung des ökonomischen Grundgesetzes des Kapitalismus und unserer Formulierung besteht darin, daß die Formulierung Stalins statisch ist und nicht die Bewegung des Kapitalismus zum Ausdruck bringt, während unsere Formulierung dynamisch ist und den unvermeidlichen Sturz des Kapitalismus aufzeigt.

46 Natürlich könnte man noch einige wichtige Prozesse hinzufügen wie den Warencharakter der Produktion, oder man könnte die periodischen Krisen auslassen, obwohl dies die Definition verschlechtern würde. Aber dies ist eine didaktische und keine prinzipielle Frage.

Zur Frage des bürgerlichen Staates

Die marxistisch-leninistische Lehre vom Staat ist allgemein bekannt. Sie wurde in ihren Grundzügen von Lenin in seiner Arbeit „Staat und Revolution“ dargelegt. Ihr Wesen besteht in folgendem:

Der Staat existiert nur in der Klassengesellschaft. Er ist das Instrument der herrschenden Klasse, das dazu dient, ihre Herrschaft zu festigen (oder zu erweitern). In der antagonistischen Klassengesellschaft ist das Hauptmittel dazu der staatliche Zwangsapparat, nämlich Armee, Polizei, Gendarmerie, Gerichte und Gefängnisse. Eine große Rolle spielen auch die historisch überkommenen Mittel der Ideologie, wie Religion, Chauvinismus, Sozialdemagogie usw. In der kommunistischen Gesellschaft wird der Staat mit dem Ende der Klassenherrschaft überflüssig und stirbt allmählich ab.

Die Richtigkeit der marxistisch-leninistischen Lehre vom Staat ist so augenfällig, daß sie nur von unverbesserlichen Demagogen bestritten werden kann, die fälschlicherweise behaupten, daß es einen Staat gibt, der über den Klassen steht.

Aber wenn wir diese Lehre anwenden und die *Rolle des Staates in einzelnen Ländern während bestimmter konkret-historischer Zeitabschnitte* analysieren, so dürfen wir nicht vergessen, daß diese Lehre wie alle Thesen des Marxismus eine wissenschaftliche Abstraktion darstellt: sie enthält das Allgemeine, das für alle Staaten in der Klassengesellschaft zutrifft, und spiegelt natürlich nicht die ganze konkrete Wirklichkeit wider, die in ihrer Vielfalt wesentlich reichhaltiger ist. Bei der konkreten Analyse müssen wir immer das Wesen dieser Lehre beachten, denn allein ihre Wiederholung, wie das bei uns oft vorkommt, kann nicht die konkrete Analyse der Wirklichkeit ersetzen.

Auch Marx ging von diesem Standpunkt aus, wie seine hervorragende Analyse der Ereignisse in Frankreich ganz deutlich zeigt, die er in seiner Arbeit „Der achtzehnte Brumaire des Louis Bonaparte“ gibt. Obwohl die Ereignisse historisch in der Zeit der Herrschaft der Bourgeoisie spielen, zeigt Marx, wie deren Furcht vor dem Proletariat und dem Kleinbürgertum sowie die Unklarheit über den Ausgang des Klassenkampfes einem Abenteurer die Möglichkeit gab, gestützt auf eine korrumpierte Armee, die Macht im Staat zu ergreifen. „Der Kampf scheint so geschlichtet, daß alle Klassen gleich machtlos und gleich lautlos vor dem Kolben niederknien ... der Staat (scheint sich) völlig verselbständigt zu haben.“[1] „So klatscht die industrielle Bourgeoisie dem Staatsstreiche vom 2. Dezember, der Vernichtung des Parlaments, dem Untergang *ihrer eignen Herrschaft*, der Diktatur Bonapartes ihr serviles Bravo zu.“[2]

Jeder Staat muß aber seine Klassengrundlage haben. Marx schrieb: „Und dennoch schwebt die Staatsgewalt nicht in der Luft. Bonaparte vertritt eine Klasse, und zwar die zahlreichste Klasse der französischen Gesellschaft, *die Parzellenbauern*.“[3]

In seiner nachfolgenden Analyse entwickelt Marx diesen Gedanken weiter. „Die Dynastie Bonaparte repräsentiert nicht den revolutionären, sondern den konservativen

1 K. Marx: Der achtzehnte Brumaire des Louis Bonaparte, in: MEW, Bd. 8, Berlin 1960, S. 196/197.

2 Ebenda, S. 191. (Hervorhebung E. V.)

3 Ebenda, S. 198.

Bauer, nicht den Bauer, der über seine soziale Existenzbedingung, die Parzelle hinausdrängt, sondern der sie vielmehr befestigen will, nicht das Landvolk, das durch eigne Energie im Anschluß an die Städte die alte Ordnung umstürzen, sondern umgekehrt dumpf verschlossen in dieser alten Ordnung sich mitsamt seiner Parzelle von dem Gespenste des Kaisertums gerettet und bevorzugt sehen will."[4]

An diesem Beispiel sehen wir, wie Marx durch konkret-historische Analyse die allgemeine Theorie des Staates entwickelt und bereichert. Die Herrschaft Napoleons III., der sich neben dem Staatsapparat und den Streitkräften auf die französische Bauernschaft stützte, währte fast 20 Jahre. Erst nach der Niederlage der Pariser Kommune mit Hilfe preußischer Besatzungstruppen konnte die französische Großbourgeoisie erneut ihre direkte, offene Klassenherrschaft errichten, wie sie bis 1848 unter dem „Bürgerkönig" bestand.

Man könnte einwenden, daß diese Ereignisse von vor 100 Jahren heute keine Bedeutung mehr haben. Das ist nicht richtig: wir wurden Zeugen, wie 1960/61 ein Teil der französischen Streitkräfte, nämlich die OAS, gegen den Staat kämpfte, wir erlebten die erfolgreichen revolutionären Erhebungen junger Offiziere in Ägypten und im Jemen usw.

Obwohl seit der Niederschrift des „Achtzehnten Brumaire des Louis Bonaparte" mehr als einhundert Jahre vergangen sind und sich die jetzige historische Situation gänzlich von der damaligen unterscheidet, ist diese Arbeit außerordentlich aktuell, und zwar im Hinblick auf den Konflikt, der zwischen de Gaulle und dem Parlament bezüglich einer Direktwahl des Präsidenten besteht.

Marx schrieb: „Während die Stimmen Frankreichs sich auf die 750 Mitglieder der Nationalversammlung zersplittern, konzentrieren sie sich dagegen hier auf *ein* Individuum. Während jeder einzelne Volksrepräsentant nur diese oder jene Partei, diese oder jene Stadt, diesen oder jenen Brückenkopf oder auch nur die Notwendigkeit vertritt, einen beliebigen Siebenhundertundfünfzigsten zu wählen, bei dem man sich weder die Sache noch den Mann so genau ansieht, ist *er* der Erwählte der Nation, und der Akt seiner Wahl ist der große Trumpf, den das souveräne Volk alle vier Jahre einmal ausspielt. Die erwählte Nationalversammlung steht in einem metaphysischen, aber der erwählte Präsident in einem persönlichen Verhältnis zur Nation. Die Nationalversammlung stellt wohl in ihren einzelnen Repräsentanten die mannigfaltigen Seiten des Nationalgeistes dar, aber in dem Präsidenten inkarniert er sich. Er besitzt ihr gegenüber eine Art von göttlichem Recht, er ist von Volkes Gnaden."[5]

Ähnlich wie Louis Bonaparte machte sich auch de Gaulle zum Präsidenten von „Volkes Gnaden", um wie vor 100 Jahren das Parlament zu unterdrücken, wo die Interessen der verschiedenen Klassen der französischen Gesellschaft vertreten werden, und es völlig zu entmachten.

*

Die Vielfalt der Kräfte, die um die staatliche Macht kämpfen und von denen Marx in seiner Arbeit „Der achtzehnte Brumaire des Louis Bonaparte" schreibt, beruht darauf, daß es in der konkreten Wirklichkeit keine „reinen" Produktionsweisen gibt, wie weiter unten nachgewiesen wird.[6] Obwohl die Finanzoligarchie in der ganzen kapitalistischen Welt herrscht, gibt es keine „reine" Produktionsweise bis zum heutigen Tag weder in

4 Ebenda, S. 199.

5 Ebenda, S. 128.

6 Vgl. den Beitrag „Über die asiatische Produktionsweise".

hochentwickelten Ländern noch in solchen Gebieten, wo feudale Verhältnisse bestehen oder in Gebieten, in denen es noch eine primitive staatliche Organisation ohne eigentliche Staatsmacht gibt, wie in abgelegenen Teilen Südamerikas oder im Innern Afrikas. Außerdem befinden sich die Produktionsweisen historisch in einem Prozeß ständiger Veränderungen, der evolutionär oder revolutionär verläuft. Neben der herrschenden Produktionsweise existieren Überreste früherer und schon Teile künftiger Produktionsweisen. Eine Ausnahme bildet lediglich die sozialistische Produktionsweise: In der kapitalistischen Gesellschaft reifen erst die *Voraussetzungen* des Sozialismus heran.

Das trifft auch bei einzelnen Ländern zu. So ist z. B. Italien zweifellos ein monopolkapitalistisches Land, in dem die Großbourgeoisie herrscht. Aber in Süditalien existieren fast mittelalterliche feudalistische Elemente, wie Latifundien, die ihre Rente von den Bauern in Naturalform beziehen usw. Im Süden der Vereinigten Staaten von Amerika, des stärksten imperialistischen Staates, gibt es umfangreiche Überreste vorkapitalistischer Produktionsweisen.

Das alles ändert nichts am Wesen dieser Staaten und am Wesen der Herrschaft der Finanzoligarchie. Aber bei einer konkret-historischen Analyse müssen diese Aspekte berücksichtigt werden. In den Jahren 1961/62 mußten z. B. Teile der Streitkräfte der Vereinigten Staaten in einige Südstaaten verlegt werden, um die örtliche Polizei abzulösen, die die Durchsetzung des Gesetzes über den gemeinsamen Unterricht von Weißen und Schwarzen mit Gewalt verhinderte.

Gegenwärtig, da der Sozialismus immer stärker wird und der Kapitalismus in einer tiefen Krise steckt, die politische Herrschaft des Imperialismus in den Kolonien zu Ende geht und jedes Jahr einige neue politisch unabhängige Staaten entstehen, die zum Teil schwanken, ob sie den kapitalistischen oder sozialistischen Entwicklungsweg wählen sollen, tauchen bei uns oft Zweifel am Charakter der einzelnen Staaten und darüber auf, welche Klassen dort die herrschenden sind, denn wir verfügen vielfach nicht über eine ausreichende Kenntnis der Fakten.

Nehmen wir ein Beispiel.

In Ägypten wurde der König mit seiner feudalen Umgebung aus dem Lande gejagt und eine Agrarreform durchgeführt. Aber die Entwicklung ging weiter: So wurden alle Betriebe nationalisiert, die dem ausländischen Kapital gehörten. Das ist ebenfalls eine übliche Maßnahme einer *antiimperialistischen* Revolution. Die Entwicklung ging indes noch weiter: Es wurden alle Banken und Schiffahrtsgesellschaften nationalisiert, ein staatliches Außenhandelsmonopol eingeführt, es gibt Anfänge einer kollektiven Bodenbearbeitung usw. Diese Maßnahmen gehen weit über den Rahmen einer bürgerlichen Revolution hinaus. Alle diese Maßnahmen wurden von der Regierung der VAR vorgenommen, die eine unabhängige antiimperialistische Außenpolitik mit guten Beziehungen zur Sowjetunion und den anderen sozialistischen Staaten verfolgt.

Es taucht die Frage auf: Welchen Charakter trägt gegenwärtig der Staat in der VAR? Oder, anders gesagt: Wer ist zur Zeit die herrschende Klasse in Ägypten? Ohne Zweifel ist es nicht die Arbeiterklasse, auch wenn sich die Zahl der Arbeiter in den Städten gegenwärtig auf 1 Million beläuft und die Arbeiterklasse insgesamt zweifellos die Politik der Regierung Nasser unterstützt. Aber die kommunistische Partei ist verboten, und die Arbeiterklasse verfügt nur über begrenzte Möglichkeiten zur Verteidigung ihrer Interessen. Auch die feudale Grundbesitzerklasse ist nicht mehr als herrschend anzusehen, denn die Bodenreform, die eine Höchstgrenze für den Grundbesitz festlegte (42 ha), hat die Grundlage ihrer Herrschaft untergraben.

Ist vielleicht die ägyptische Bourgeoisie die herrschende Klasse? Unsere Kenntnis der konkreten Wirklichkeit reicht nicht aus, um diese Frage zu entscheiden. In diesem Zusammenhang könnte man darauf hinweisen, daß die Arbeiterklasse vom legalen politischen Leben ausgeschlossen ist. Andererseits beweist die völlige Nationalisierung wichtiger Wirtschaftszweige das Gegenteil. Die nationale ägyptische Bourgeoisie war immer schwach, da es in Ägypten nur eine Leichtindustrie gab, deren Besitz sich die einheimische Bourgeoisie weitgehend mit ausländischem Kapital teilte. Die Entwicklung der Schwerindustrie erfolgt heute fast ausschließlich mit staatlichen Mitteln oder unter staatlicher Kontrolle, auch wenn dabei privates (einheimisches oder ausländisches) Kapital mitwirkt. Die Hilfe der sozialistischen Staaten spielt bei der Entwicklung des staatlichen Sektors ebenfalls eine wesentliche Rolle.

Natürlich muß der Staat in der VAR eine Klassenbasis haben. Diese Klassenbasis können nur die breiten Schichten des Kleinbürgertums in Stadt und Land sein.

Anhand dieser sehr unvollständigen Fakten sind wir der Auffassung, daß die Frage des kapitalistischen oder sozialistischen Entwicklungsweges in der Vereinigten Arabischen Republik noch ungelöst ist, weshalb auch der Charakter des Staates noch nicht klar ist.[7] Ebenso schwierig ist es unserer Meinung nach, in der gegenwärtigen Entwicklungsetappe den Klassencharakter der Staaten solcher Länder wie Burma, Ghana usw. zu bestimmen.

Aufgrund der historischen Erfahrungen neigen wir übrigens oft dazu, alle Militärputsche als reaktionär anzusehen. Zahlreiche „Generals"putsche in Lateinamerika tragen tatsächlich bis heute ausschließlich reaktionären Charakter. Aber im Nahen Osten, z. B. in Ägypten und im Jemen, stoßen wir auf eine neue Erscheinung, nämlich auf Offiziersrevolutionen mit fortschrittlichem Charakter.

Wir können diesen Unterschied hier nicht ausführlich analysieren. Der Hauptgrund liegt zweifellos darin, daß die Struktur der Gesellschaft anders ist und die lateinamerikanischen Generale aus der herrschenden Klasse hervorgehen und ihr eng verbunden sind, während die ägyptischen und jemenitischen „jungen" Offiziere aus dem Kleinbürgertum stammen.

*

Charakter und Rolle des Staates können in den imperialistischen Ländern selbst auf der gleichen Entwicklungsstufe des Kapitalismus, nämlich im Imperialismus, erheblich differieren. Wir wollen dies am Beispiel Deutschlands im 20. Jahrhundert aufzeigen.

Obwohl die Großbourgeoisie die gesamte Zeit hindurch zweifellos die herrschende Klasse war, ergaben sich im Charakter des Staates erhebliche Veränderungen. Im Kaiserreich, also bis 1918, war die Großbourgeoisie unbestritten die herrschende Klasse, dennoch mußte sie aus historischen Gründen die politische Macht dem Kaiser und dem Junkertum überlassen. Sie verfügte nicht über den genügenden ökonomischen Einfluß, um die politische Macht den Junkern zu entreißen. Armee, Flotte und Regierung blieben weiter unter der persönlichen Kontrolle des Kaisers, das Ministerkabinett war nur ihm verantwortlich, und die Regierung brauchte bei einem Mißtrauensvotum des Parlaments solange nicht zurückzutreten, wie sie das Vertrauen des Kaisers genoß. Der Staatsapparat befand sich in Händen des Adels und der Junker, alle Minister, Diplomaten und Generale waren Junker. Als Wilhelm II. erstmals einen Bürgerlichen, nämlich Bernhard Dernburg, zum Kolonialdirektor ernannte, war dies eine Sensation.

7 Leider liegen uns keine Angaben über die Verteilung des Nationaleinkommens in der VAR vor.

Aber die gesamte Wirtschaftspolitik des Staates war auf die Interessen der Großbourgeoisie ausgerichtet.[8] Die gesellschaftlichen und politischen Privilegien des Adels kränkten zwar den Ehrgeiz der Großbourgeoisie, wurden von ihr aber nicht angetastet.

Die Revolution in Deutschland am Ende des ersten Weltkrieges beseitigte die Macht des Kaisers und die Privilegien des Adels und erschütterte vorübergehend sogar die Herrschaft der deutschen Bourgeoisie (Räteregierung in Bayern, Rote Ruhrarmee). Aber in der Weimarer Republik konnte die Bourgeoisie mit Hilfe der Gewerkschaftsführer und der führenden Sozialdemokratie sowie mit Hilfe der Generale und der Freikorps die Revolution niederschlagen und ihre Herrschaft erneut festigen.

Der Staat unterschied sich während der Weimarer Republik in mehrfacher Hinsicht vom Staat des kaiserlichen Deutschland, obwohl die Bourgeoisie weiterhin herrschte. Um diese Herrschaft zu verschleiern, als sie real bedroht war, leiteten rechte Sozialdemokraten, wie Noske und Kumpanen, die Regierung. Von sozialistischen Umgestaltungen wurde viel gesprochen, aber nichts unternommen. In dem Maße, wie sich die Herrschaft der Bourgeoisie festigte, wurden die Sozialdemokraten an der Spitze des Staatsapparates allmählich gegen solche Politiker ausgewechselt, die die Großbourgeoisie vertraten, wie Rathenau, Stresemann usw. Die Regierungsmacht ging offen in ihre Hände über.

Die große Wirtschaftskrise von 1929—1933, der Zusammenbruch von Großbanken, die Massenarbeitslosigkeit, die allgemeine Unzufriedenheit in der Bevölkerung und das Anwachsen der Kommunistischen Partei Deutschlands zu einer Massenpartei erschütterten erneut die Herrschaft der deutschen Großbourgeoisie. Um ihre Herrschaft zu retten, wandte sie sich immer mehr dem Faschismus zu. Im Jahre 1933 kam Hitler an die Macht.

Der faschistische Staat unterscheidet sich wiederum weitgehend vom Staat in der Weimarer Republik, obwohl die Herrschaft der Bourgeoisie unangetastet blieb. An die Spitze des Staates traten Abenteurer, ehemalige Polizeispitzel wie Hitler, Diebe, die sich am Staatsvermögen vergriffen, wie Göring, oder hemmungslose Demagogen, wie Goebbels. Aber diese Clique führte das durch, was eine Regierung der Großbourgeoisie nicht tun konnte. Mit Demagogie und Zwang unterwarf sie die Arbeiterklasse ihrer Macht; sie festigte die Herrschaft der Großbourgeoisie erneut, ernannte Kapitalisten zu offiziellen „Führern" der Arbeiter und Angestellten in den Betrieben; durch Rüstungsausgaben wurde die Wirtschaft angekurbelt; die deutsche Bourgeoisie schluckte das Eigentum der jüdischen Bourgeoisie; durch den Appell an niedrigste Instinkte wie Antisemitismus, Rassismus, Chauvinismus, Mordgier usw. bereitete sie den zweiten Weltkrieg vor, der den alten Traum der deutschen Bourgeoisie erfüllen sollte, nämlich ihre Macht in Europa bis zum Ural auszudehnen.

Mit der Niederlage Hitlers endete der faschistische Staat; die Herrschaft der Bourgeoisie in Westdeutschland wurde durch die Besatzungstruppen der Westmächte gerettet.

Der jetzige westdeutsche Staat verkörpert eine erheblich offenere Form der Herrschaft der Finanzoligarchie als der faschistische Staat, der sich weitgehend auf eine antikapitalistische Demagogie stützte. Diese Herrschaft ist nur aus Zweckmäßigkeitsgründen christlich-katholisch getarnt. Einige Züge des Faschismus wurden beibehalten, wie das

8 Nur die hohen Schutzzölle für landwirtschaftliche Erzeugnisse und die Lizenzpflicht bei Importen bestanden speziell im Interesse der Junker.

Verbot der kommunistischen Partei sowie der Chauvinismus und Militarismus.[9] Doch die Sozialdemokratie, die wie in der Weimarer Republik auf Grund der in den Wahlen erhaltenen Parlamentssitze formell erneut eine Regierung bilden könnte, unterstützt die Politik der Großbourgeoisie.

Aus diesem flüchtigen Überblick erkennen wir, daß nur eine Wiederholung der Grundaussagen des Marxismus-Leninismus vom Staat und die Feststellung, daß der Staat im Imperialismus die Herrschaft der Großbourgeoisie verkörpert, nicht die vielfältigen Veränderungen in der Staatsmacht des kapitalistischen Deutschland im zwanzigsten Jahrhundert zum Ausdruck bringt. Es braucht nicht besonders nachgewiesen zu werden, daß diese Veränderungen sehr große Bedeutung für das Schicksal des deutschen Proletariats und für die Entwicklung der revolutionären Bewegung hatten.

Wir möchten richtig verstanden werden. Wenn wir davon sprechen, daß lediglich die Wiederholung der Hauptgrundsätze der marxistisch-leninistischen Lehre vom Staat nicht ausreicht, um die konkrete historische Entwicklung zu erklären, so bedeutet das keineswegs, daß wir irgendwie an deren Richtigkeit zweifeln. Die Veränderungen, von denen die Rede war, berührten nicht das Wesen des Staates. Die Großbourgeoisie herrschte trotz aller Veränderungen nach wie vor (mit Ausnahme des kurzen Zeitraumes einer revolutionären Krise am Ende des ersten Weltkrieges und natürlich in der Deutschen Demokratischen Republik, wo die Herrschaft der Bourgeoisie beseitigt ist). Verändert haben sich nur die *Herrschaftsmethoden der Bourgeoisie, der Staatsapparat und die Ideologie, mit der sie das Proletariat vom revolutionären Entwicklungsweg abzubringen versuchte.*

*

Einige Worte zum Staatsapparat. Die Zahl der Beamten im Staatsapparat wächst in allen kapitalistischen Ländern ständig. Dieses Wachstum ist ungleichmäßig. Die Anzahl der Beschäftigten nimmt während der Weltkriege am stärksten zu. Dann werden Hunderttausende zeitweilig zur Arbeit in den staatlichen Dienststellen herangezogen, darunter auch Kapitalisten, die hier die Interessen ihrer eigenen Betriebe vertreten. Nach Friedensschluß wird der Staatsapparat kleiner, doch allmählich wieder aufgebläht. Die wachsende Zahl von Beschäftigten in den staatlichen Dienststellen zeigen nachfolgende Angaben aus den USA (vgl. Tabelle 1).

Tabelle 1

Anzahl der Lohnarbeiter und Angestellten in nichtlandwirtschaftlichen Betrieben und Institutionen (in Mio)

	Insgesamt	Darunter in staatlichen Betrieben und Behörden*
1955	50,7	6,9
1961	54,1	8,8
1962	55,3	9,2

* In dieser Zahl sind nicht die Beamten der einzelnen Staaten und Stadtverwaltungen enthalten.

Quellen

Federal Reserve Bulletin, August 1962, S. 1048; Mai 1963, S. 700.

9 In der BRD erzählt man folgende glaubwürdige Geschichte. Als der ehemalige Außenminister Hitlers, Neurath, aus Gesundheitsgründen aus dem Kriegsverbrechergefängnis entlassen wurde, stattete er Adenauer und dem Außenministerium einen „Höflichkeitsbesuch" ab. Als man ihn im Außenministerium fragte, ob er finde, daß sich in Deutschland viel verändert habe, antwortete Neurath: „Im Grunde hat sich wenig verändert, *nur der Führer ist sehr alt geworden!*"

Somit ist ein Sechstel der gesamten erwerbstätigen nichtlandwirtschaftlichen Bevölkerung im Staatsapparat tätig. Während die Gesamtzahl der erwerbstätigen Bevölkerung in den Städten innerhalb von 7 Jahren um 10% stieg, erhöhte sich die Zahl der im Staatsapparat Beschäftigten um über 30%. Demgegenüber ist die Anzahl der in der Industrie, im Bauwesen und im Verkehr Beschäftigten in dieser Zeit nicht etwa gestiegen, sondern sogar etwas zurückgegangen.

Der Staatsapparat ist das Mittel der herrschenden Klasse und dieser untergeordnet. Aber nur die hochbezahlte Oberschicht dieses Apparates ist mit der Großbourgeoisie verbunden und hat gleichlaufende Interessen wie sie. Der überwiegende Teil der mittleren und unteren Beamtenschaft ist ein Teil des Proletariats, auch wenn sich die Lage der Beamten in vielfacher Hinsicht von der Lage der Lohnarbeiter unterscheidet (gesicherter Arbeitsplatz und monatliche Vergütung, „Stehkragenproletarier" oder Uniformträger usw.). Ihre Interessen unterscheiden sich von denen der Großbourgeoisie, zum Teil stehen sie ihnen sogar entgegen. In vielen Ländern haben sie ihre eigenen Gewerkschaften, fordern Lohnerhöhungen und organisieren manchmal auch Streiks.

Obwohl die Beamtenschaft im wesentlichen aus Gehaltsempfängern besteht, ist sie lange nicht so homogen wie das Industrieproletariat. Die Unterschiede zwischen den hoch- und niedrigbezahlten Beamten sind wesentlich größer als zwischen der Arbeiteraristokratie und den unqualifizierten Arbeitern. Oft befehden sich einzelne Gruppen von Beamten untereinander.

In Deutschland bestanden stets Differenzen zwischen Preußen und Süddeutschen, zwischen Katholiken und Protestanten. In der Weimarer Republik haßten die aus dem Adel kommenden Beamten die sozialdemokratischen „Emporkömmlinge" und in der Hitlerzeit die Abenteurer, die ihre Chefs wurden.

Absolut richtig ist, daß der Staatsapparat das Instrument der herrschenden Klasse zur Niederhaltung der unterdrückten Klassen ist. Aber unter gewissen historischen Bedingungen kann sich der Staatsapparat teilweise oder völlig gegen die herrschende Klasse wenden, wie dies bereits Marx in seiner Arbeit „Der achtzehnte Brumaire des Louis Bonaparte" nachgewiesen hat. Das ist meistens nach einer Niederlage im Krieg der Fall.

Das bedeutet natürlich nicht, daß der bürgerliche Staatsapparat nach dem Sieg des Proletariats nicht zerschlagen werden muß. Wir wollen nur darauf hinweisen, daß es möglich ist, ihn mit einer entsprechenden Propaganda bereits vor der Machtergreifung zu zersetzen, was die Zerschlagung dieses Apparates vorbereiten und erleichtern kann.

Wenn Marx und Lenin von der „Zerschlagung des bürgerlichen Staatsapparates" sprechen, so bezieht sich dies vor allem auf den Unterdrückungsapparat, die Verwaltung und Justiz. Es wäre aber sinnlos, das Gesundheitswesen, die Post und die Schulbildung zu zerschlagen; hier besteht die Aufgabe in erster Linie darin, die Leitung auszuwechseln und die bürgerliche Ideologie auszumerzen.

*

In diesem Zusammenhang möchten wir auf eine große Diskussion zurückkommen, die 1947 mit der Kritik an einem meiner Bücher über die Rolle des bürgerlichen Staates in der Kriegswirtschaft stattgefunden hat.[10]

10 Vgl. „Diskussion zum Buch von E. Varga ‚Veränderungen in der kapitalistischen Wirtschaft im Gefolge des zweiten Weltkrieges'". Beilage zur Zeitschrift „Mirovoe chozjajstvo i mirovaja politika", November 1947, deutsch: 1. Beiheft zur „Sowjetwissenschaft", Berlin (o.J.).

Heute, mit den Erfahrungen der 16 zurückliegenden Jahre und nach weiterer Erforschung dieser Frage wird immer klarer, warum diese Diskussion nur geringe Ergebnisse brachte. Die Hauptursache liegt darin, daß einigen Hauptgrundsätzen der marxistischen Methode keine oder nur ungenügende Aufmerksamkeit geschenkt wurde. Deshalb wurde in der Diskussion die konkret-historische Analyse vernachlässigt. In der Diskussion wurde außer acht gelassen:

a) daß die Gesetze des Kapitalismus Tendenzen sind, denen stets Gegentendenzen entgegenwirken;

b) daß, wie bereits oben gesagt, es in der Geschichte keine „reinen", „statischen" Gesellschaftsformationen oder Produktionsweisen gibt, daß deren Charakteristik eine wissenschaftliche Abstraktion darstellt, daß jede Gesellschaftsformation in ständiger Veränderung begriffen ist und es in jeder Produktionsweise (mit Ausnahme des Kommunismus) Überreste früherer und Keime künftiger Produktionsweisen gibt;

c) daß es keine unveränderlichen Dinge „an sich" gibt, sondern daß jedes Ding entsprechend den Umständen und je nach dem Standpunkt, von dem man es betrachtet, seine Bedeutung in gewisser Weise verändert.

Die Hauptprobleme in der Diskussion zur Frage des Staates waren folgende.

1. Ist der Staat im Monopolkapitalismus der Staat der gesamten Bourgeoisie, was von mir im Buch behauptet wurde, oder nur der Staat der Monopolbourgeoisie und der Finanzoligarchie, wie es die Gegner dieses Standpunktes behaupteten?

Beide Thesen sind richtig und beide sind falsch, je nach der konkreten historischen Situation.

Die These, wonach der Staat des Monopolkapitalismus der Staat der gesamten Bourgeoisie ist, ist, insgesamt gesehen, falsch: Unter „normalen" Bedingungen, d. h. wenn es also keine reale Bedrohung für die kapitalistische Gesellschaftsordnung gibt, ist er der Staat der Monopolbourgeoisie. Die gesamte Außen-, Wirtschafts- und Steuerpolitik und selbst die Sozialpolitik dienen den Interessen des Monopolkapitals und sind darauf ausgerichtet, die Ausbeutung der Arbeiterklasse entsprechend den Möglichkeiten der modernen Technik zu sichern und diese Ausbeutung zu festigen.

Selbst solche Gesetze, die auf den ersten Blick den Interessen der Arbeiterklasse dienen, wie die Erweiterung der allgemeinen Schulpflicht, entsprechen ihrem Wesen nach den Interessen des Kapitals, das jetzt höherqualifizierte Arbeiter als früher benötigt. Wir brauchen darauf nicht weiter einzugehen.

Doch unsere These, daß der Staat die Interessen der gesamten Bourgeoisie zum Ausdruck bringt, trifft nur für solche Zeiten zu, wenn die *Existenz der kapitalistischen Gesellschaftsordnung unmittelbar bedroht ist.*

Mit der Vertiefung der allgemeinen Krise des Kapitalismus ist die Existenz der kapitalistischen Gesellschaftsordnung ständig bedroht. Deshalb gewinnt der Schutz der kapitalistischen Gesellschaftsordnung immer entscheidendere Bedeutung für den kapitalistischen Staat.

Fragen wir konkret: Handelt der USA-Staat, der mit allen Mitteln die kapitalistische Gesellschaftsordnung, das Privateigentum an den Produktionsmitteln und die Ausbeutung verteidigt, *nur* im Interesse der Monopolbourgeoisie? Das ist offensichtlich nicht der Fall.

Am Weiterbestehen des Kapitalismus sind offenbar alle Klassen und Schichten interessiert, deren Einnahmen direkt oder indirekt auf der Ausbeutung der Arbeiterklasse beruhen. Hierzu gehören neben der Monopolbourgeoisie die nichtmonopolisierte und Handelsbourgeoisie, die Bankiers und Spekulanten, die Rentiers und die Landbourgeoisie (die großen Farmer) sowie der hochdotierte Teil der Beamten, Angestellten, Gewerkschaftsführer[11], Rechtsanwälte usw.

Folglich können beide Thesen je nach den konkret-historischen Bedingungen richtig oder falsch sein, also sowohl die These, daß der Staat im Imperialismus ausschließlich den Interessen der Monopolbourgeoisie dient, als auch die These, daß er die Interessen der gesamten Kapitalistenklasse vertritt.

2. Ein weiterer Diskussionspunkt bestand darin, ob der monopolkapitalistische Staat unter bestimmten Umständen, z. B. in einer totalen Kriegswirtschaft, gegen die Interessen *einzelner Monopole* handeln kann, was von uns behauptet wurde, oder ob das unter keinen Umständen der Fall sein kann, wie es einige Kritiker darstellten. Diese Frage wird in dem folgenden Beitrag über die Probleme des staatsmonopolistischen Kapitalismus behandelt. Hier sei nur bemerkt, daß die Staatsmacht je nach den konkreten historischen Bedingungen unterschiedlich verfahren kann. Je stärker das Weiterbestehen der kapitalistischen Gesellschaftsordnung in einem Lande bedroht ist, um so mehr muß die gesamte Wirtschaft mobilisiert werden, um die notwendigen Kriegslieferungen zu sichern. *Um also eine Niederlage im Krieg zu vermeiden, muß der monopolkapitalistische Staat im Gesamtinteresse aller Monopole konsequent gegen einzelne Monopole auftreten, die in ihrem Privatinteresse der Kriegführung schaden.*

Die Notwendigkeit, die Privatinteressen der einzelnen Monopole im Interesse einer erfolgreichen Kriegführung dem Gesamtinteresse des Monopolkapitals unterzuordnen, bestand für die USA längst nicht in dem Maße, wie bei den am Krieg beteiligten europäischen kapitalistischen Ländern, denn die Vereinigten Staaten verfügten über überschüssige Produktionskapazitäten und waren darüber hinaus kürzere Zeit und auch nicht so stark im Krieg engagiert. Würden die jeweiligen privaten Interessen der Monopolunternehmen nicht gezügelt, so würde ein unwahrscheinlicher Preisanstieg (was die Preise auf dem „schwarzen Markt" zeigen) und eine hemmungslose Inflation einsetzen. Es käme vor, daß anstelle von Rüstungsgütern Luxusautos und Villen für solche Personen gebaut werden, die sich am Krieg bereichert haben, da dies größere Profite abwirft.

Das Unverständnis, auf Grund einer konkreten Analyse der historischen Fakten die Kompliziertheit und Widersprüchlichkeit dieses Prozesses zu sehen, zeigte sich in der Diskussion bei K. V. Ostrovitjanov, als er erklärte:

„Das Monopolkapital beherrscht den Staatsapparat und nützt ihn für seine eigenen privatkapitalistischen Interessen aus. Dieser Wesenszug ist entscheidend bei der Charakterisierung der Rolle des Staates in der Periode des Monopolkapitalismus sowohl in Friedenszeiten als auch während des Krieges."[12] K. V. Ostrovitjanov macht keinen Unterschied zwischen der Wirtschaft des Kapitalismus in Friedens- und Kriegszeiten. Wie ein Sprichwort sagt, sind in der Nacht alle Katzen grau.

3. In meinem Buch schrieb ich, daß „der Staat in der Kriegswirtschaft entscheidende Bedeutung erlangte".

11 Bei einigen amerikanischen Gewerkschaftsführern machen die Jahreseinnahmen 100000 Dollar aus, das entspricht einer 5%igen Verzinsung eines Kapitals von 2 Mio Dollar. Natürlich sind sie die leidenschaftlichsten Verfechter des Kapitalismus. Um sich davon zu überzeugen, braucht man nur die Artikel von George Meany im zentralen Presseorgan der amerikanischen Gewerkschaft zu lesen. Bemerkenswert ist, daß die Zeitung der amerikanischen „Internationalen Hafenarbeitergewerkschaft" bereits am 9. Oktober 1962, d. h. zwei Wochen vor der von Kennedy offiziell verkündeten Blockade Kubas, von ihren Mitgliedern den Boykott aller nach Kuba abgehenden Schiffe forderte.

12 Vgl. die zitierten Materialien der Diskussion zum Buch von E. Varga, S. 115.

An den dazu angeführten Fakten ist kaum zu zweifeln. Bekanntlich hat der Staat zur Kriegführung fast die Hälfte der gesamten Industrieproduktion aufgekauft, Rohstoffe und Arbeitskräfte umverteilt, die Preise festgesetzt usw. Selbstverständlich wurden diese Maßnahmen des Staates oft umgangen, es bestand ein „schwarzer Markt", auf dem die Preise wesentlich höher waren usw. Aber das ändert nichts am Wesen der Sache.

Hinzu kam der Einwand, daß „nicht der Staat, sondern die Monopole die entscheidende Kraft in der Kriegswirtschaft sind".

Dieser Einwand ist ein einfacher logischer Fehler, eine „Verwischung der Begriffe"[13]. Der Klassencharakter des Staates und seine Rolle in der Kriegswirtschaft sind völlig verschiedene Dinge. Der proletarische Klassenstaat spielt immer die entscheidende Rolle in der Wirtschaft, der bürgerliche Staat spielt diese Rolle nur in der Kriegswirtschaft. Der monopolkapitalistische Staat ist der Klassenstaat der Finanzoligarchie und nicht irgendein über den Klassen stehender Staat. Daß der monopolkapitalistische Staat die entscheidende Rolle in der Kriegswirtschaft spielt, bestätigt nur die Macht der Monopole, die in ihrer Gesamtheit auch in der Zeit der Kriegswirtschaft wirkt. Die entscheidende Rolle spielen aber nicht die einzelnen Monopole, sondern ihr Staat.

Nebenbei möchten wir bemerken, daß diejenigen Genossen, die von der Allmacht der Monopole im Sinne der Stalinschen Formulierung von der „völligen und bedingungslosen Unterordnung" des modernen bürgerlichen Staates unter die Monopole sprechen, damit die im neuen Programm unserer Partei genannte Möglichkeit negieren, nämlich eine antimonopolistische Volksfront zu schaffen und die Macht der Monopole durch politische Aktionen der Massen noch vor dem Sturz der kapitalistischen Gesellschaftsordnung einzuschränken oder zu beseitigen.

4. Schließlich geht es um die Möglichkeit der Planung der Wirtschaft durch den kapitalistischen Staat. Auch in dieser Frage erfolgte bei der Diskussion keine konkrethistorische Analyse, sondern herrschte Dogmatismus vor. Es wurde entweder von einer Planwirtschaft oder von völliger Anarchie der Produktion gesprochen.

Selbstverständlich kann es eine Planwirtschaft, wie sie der Marxismus versteht, im Kapitalismus nicht geben. Da die wichtigsten Produktionsmittel in der sozialistischen Gesellschaft gesellschaftliches Eigentum sind, *bestimmt* der Staat unmittelbar, welche Erzeugnisse hergestellt werden sollen, zu welchen Preisen sie verkauft werden usw. Das ist die Voraussetzung für eine die gesamte Volkswirtschaft umfassende Planung. Da im Kapitalismus die Produktionsmittel Privateigentum der Kapitalisten sind, kann der Staat nur Gesetze und Anordnungen erlassen, die den Kapitalisten vorschreiben, was sie zu produzieren haben usw. Inwieweit diese Gesetze und Verordnungen von den einzelnen Kapitalisten ausgeführt werden, hängt von der konkret-historischen Situation ab.

Das bedeutet aber nicht, daß es im Kapitalismus keine Art von „Planung" geben kann. Natürlich kann man daraus einen Streit um Worte machen und behaupten, daß alle Maßnahmen des kapitalistischen Staates, mit denen er auf Umfang und Art der Produktion, auf die Verteilung der Investitionen usw. einzuwirken versucht, keine „Planung" darstellen. Aber damit verbauen wir uns selbst die Möglichkeit, eine weitere konkrete Analyse vorzunehmen.

In einem solchen Krieg wie dem zweiten Weltkrieg, der das Aufgebot nahezu aller wirtschaftlichen Ressourcen der kriegführenden Staaten erforderte, muß zwangsläufig ein

13 Dieser Fehler wurde bereits in der antiken griechischen Philosophie als Verwechslung von Kategorien verurteilt.

beträchtlicher Teil der Produktion geplant werden. Der Generalstab forderte von der Regierung die Materialien und Menschen, die er im folgenden Jahr zur Kriegführung benötigte: soundsoviel Kanonen, Gewehre, Panzer, Flugzeuge, Menschen usw. Würde ein Land über unbegrenzte wirtschaftliche Ressourcen verfügen, so brauchte sich die Rolle des Staates lediglich darauf zu beschränken, die Rüstungsaufträge des Generalstabes an die Monopole weiterzugeben und sie zu bezahlen.

Aber selbst bei einem so reichen kapitalistischen Land wie den USA reichten die Ressourcen nicht aus, um die Forderungen des Generalstabes, d. h. die Kriegsbedürfnisse, aber auch die zahlungsfähige Nachfrage der privaten Konsumenten zu befriedigen. Man konnte also keinen Krieg führen, wenn völlige Anarchie der Produktion herrschte. Die Staatsorgane in den USA mußten den Verbrauch von Stahl und anderen Rohstoffen in bestimmtem Umfange rationieren, die Herstellung von Personenkraftwagen und nicht unbedingt notwendigen Konsumtionsmitteln verbieten, die vorhandenen Menschen für die Kriegführung bzw. die Wirtschaft einsetzen, wobei wiederum eine Umverteilung zwischen den einzelnen Wirtschaftszweigen erforderlich war, Höchstpreise festsetzen usw.

Bei denjenigen kapitalistischen Ländern, die über noch wesentlich begrenztere Ressourcen verfügten als die USA, spielte der Staat eine noch größere Rolle in der Wirtschaft. Im faschistischen Deutschland mußten selbst Scherben von Fensterglas an den Staat abgeliefert werden, und *für alle Nahrungsmittel* wurde ein Kartensystem eingeführt.

Natürlich braucht man diese Tätigkeit des bürgerlichen Staates nicht „Planung" zu nennen, sondern kann sie mit „*Verteilung*" bezeichnen. Vielleicht wäre das sogar zweckmäßig, um diese Tätigkeit sofort von unserer Planwirtschaft abzugrenzen. Aber die Bezeichnung ändert nichts an den Tatsachen. Und diese zeigen, daß die Tätigkeit des bürgerlichen Staates im zweiten Weltkrieg eine Situation herbeiführte, die sich wesentlich von der *Produktion für einen unbekannten Markt* unterschied, der die Grundlage für die Anarchie der Produktion im Kapitalismus bildet.

Auch in Friedenszeiten haben einige bürgerliche Staaten eigene „Fünfjahrpläne". Indien z. B. verwirklicht bereits seinen dritten Fünfjahrplan. Diese Pläne unterscheiden sich grundsätzlich von unseren Fünfjahrplänen. Trotzdem kommt ihnen eine bestimmte Bedeutung zu. Durch Direktinvestitionen im staatlichen Sektor und durch die Anregung neuer Investitionen im privaten Sektor mit Hilfe der Steuerpolitik verleiht der Staat der Entwicklung der Produktion und den Produktivkräften zumindest teilweise einen planmäßigen Charakter, was bei völliger Anarchie der Produktion nicht der Fall ist.

Wir möchten nochmals betonen, daß es im Kapitalismus keine echte Planung geben kann. Aber Tatsache ist, daß die sechs Länder, die den „Gemeinsamen Markt" bilden, ihre Wirtschaftspolitik für 12 Jahre im voraus „geplant" haben und diesen Plan bis jetzt bekanntermaßen erfüllen. Das gleiche trifft auch für die „Europäische Gemeinschaft für Kohle und Stahl" zu.

Die dogmatische Einteilung in *völlige Anarchie der Produktion oder völlige Planwirtschaft* ist unkonkret, unmarxistisch und falsch.

Obwohl ich mich nicht speziell mit der Sowjetwirtschaft befaßt habe, möchte ich darauf hinweisen — wobei ich mir der Lückenhaftigkeit meiner Kenntnisse bewußt bin —, daß auch bei uns nach einigen Jahrzehnten echter Planwirtschaft noch immer Elemente einer Anarchie der Produktion anzutreffen sind und die Planung nicht sämtliche Bereiche der Wirtschaft umfaßt. So besteht eine individuelle Nebenwirtschaft der Bauern auf ihrem eigenen Hofland, die zum Teil für einen „unbestimmten" Markt bestimmt ist, es besteht ein Kolchosmarkt, auf dem die Preise nicht von den staatlichen Organen festgesetzt werden, obwohl sie reguliert und von den Preisen im staatlichen Einzelhandel beeinflußt werden.

Auch die Verbrauchernachfrage kann bei einzelnen Waren nicht mit absoluter Genauigkeit vorhergesehen und geplant werden. Den Bedarf an Brot, Salz, Zucker und ähnlichen Waren, für die eine feste Nachfrage besteht, kann man im voraus mit großer Genauigkeit berechnen. Aber die Planungsorgane können nicht im voraus exakt sagen, ob die Verbraucher im folgenden Jahr soundsoviel Anzüge oder Fernseher kaufen oder ob die Frauen diesen oder jenen Stoff bevorzugen. Deshalb ist eine allumfassende Planung des Verbrauchs unmöglich.

*

Zum Abschluß möchte ich sagen, daß ich seinerzeit gezwungen war, die Diskussion abzubrechen, indem ich die im Buch enthaltenen Fehler anerkannte. Nicht deshalb, weil mich dazu irgendein Druck in der Sowjetunion zwang. Doch die kapitalistische Presse, insbesondere die amerikanische,[14] machte aus der Diskussion eine politische Sensation in bürgerlicher Manier und nutzte sie zu antisowjetischer Propaganda, indem man erklärte, daß ich angeblich „westlich orientiert" sei, im Gegensatz zur kommunistischen Partei stehe usw. Für mich war es nun nicht so wichtig, ob ich oder meine Kritiker in dieser oder jener Frage Recht hatten. Aber ich konnte nicht zulassen, daß ich nach einer Tätigkeit von fast einem halben Jahrhundert in den Reihen der internationalen Arbeiterbewegung vor der kapitalistischen Welt als Gegner meiner eigenen Partei hingestellt wurde.

14 Vgl. z. B. die New York Times vom 25. Januar 1948.

Probleme des staatsmonopolistischen Kapitalismus

In den letzten Jahren wurden bei der Erforschung des staatsmonopolistischen Kapitalismus große Erfolge erreicht. Das neue Programm unserer Partei, das auf der Lehre Lenins beruht, gibt eine genaue Charakterisierung des staatsmonopolistischen Kapitalismus. In der marxistischen Literatur erschienen einige Monographien über die Entwicklung in den Hauptländern des staatsmonopolistischen Kapitalismus.[1] Es gab nützliche wissenschaftliche Diskussionen zu diesem Problem. Trotzdem sind nach unserer Auffassung einige Probleme noch nicht genügend geklärt.

Die inneren Widersprüche des staatsmonopolistischen Kapitalismus

Bei der allgemeinen theoretischen Analyse des staatsmonopolistischen Kapitalismus wird das Monopolkapital in Übereinstimmung mit der marxistischen Lehre als *einheitliche Kraft* angesehen, und die gesamte Monopolbourgeoisie wird in der Weise analysiert, daß sie als Klasse oder führende Schicht der kapitalistischen Klasse über gemeinsame Klasseninteressen verfügt. Lenin schrieb in seiner Arbeit „Krieg und Revolution": Der „alte Kapitalismus, der Kapitalismus der Epoche der freien Konkurrenz (verwandelte sich, E. V.) in den Kapitalismus der riesigen Trusts, der Syndikate und Kartelle ... Diese Gruppe entwickelte die Grundlagen für die Verstaatlichung der kapitalistischen Produktion, für die Vereinigung der Riesenmacht des Kapitalismus mit der Riesenmacht des Staates zu einem einzigen Mechanismus, der viele Millionen Menschen in einer einzigen Organisation des Staatskapitalismus erfaßt. Das eben ist die Geschichte der Ökonomie, die Geschichte der Diplomatie während mehrerer Jahrzehnte, woran niemand vorbeigehen kann."[2]

Die Vereinigung von *zwei Kräften*, nämlich der Monopole und des Staates, bildet die Grundlage des staatsmonopolistischen Kapitalismus. Diese Thesen wurden im Programm der KPdSU weiterentwickelt: „Der staatsmonopolistische Kapitalismus vereint die Macht der Monopole und die Macht des Staates in einem einheitlichen Apparat, der für die Bereicherung der Monopole, die Unterdrückung der Arbeiterbewegung und des nationalen Befreiungskampfes sorgen, die kapitalistische Ordnung retten und aggressive Kriege entfesseln soll."[3]

Wir möchten hervorheben, daß sowohl Lenin als auch das Programm der KPdSU vom Zusammenwirken *zweier Kräfte* sprechen. Das bedeutet, daß das *Monopolkapital und der Staat selbständige Kräfte* darstellen, die in der Epoche des Monopolkapitalismus zusammen-

1 Vgl. die Arbeiten von S. A. Dalin, Voenno-gosudarstvennyj monopolističeskij kapitalizm, Moskva 1961; Ja. A. Pevzner, Gosudarstvenno-monopolističeskij kapitalizm v Japonii, Moskva 1961; E. L. Chmel'-nickaja, Monopolističeskij kapitalizm v Zapadnoj Germanii, Moskva 1959.

2 W. I. Lenin, Krieg und Revolution, in: Werke, Bd. 24, Berlin 1959, S. 401.

3 Programm und Statut der Kommunistischen Partei der Sowjetunion, angenommen auf dem XXII. Parteitag der KPdSU, 17. bis 31. Oktober 1961, Berlin 1961, S. 24/25.

wirken, um bestimmte Ziele zu erreichen. Das ist keine bloße einseitige „Unterordnung" des Staates unter das Monopolkapital, wie Stalin behauptete und bis heute von einigen unserer Ökonomen dogmatisch wiederholt wird.

Wir haben versucht, das Wesen des staatsmonopolistischen Kapitalismus etwas konkreter zu formulieren: „Das Wesen des staatsmonopolistischen Kapitalismus besteht darin, daß sich die Kraft der Monopole mit der des bürgerlichen Staates vereinigt, um zwei Ziele zu erreichen, nämlich erstens die kapitalistische Ordnung im Kampf gegen die revolutionäre Bewegung im Innern des jeweiligen Landes und im Kampf gegen das Lager des Sozialismus am Leben zu erhalten und zweitens das nationale Einkommen über den Staat zugunsten des Monopolkapitals umzuverteilen."[4]

In dieser allgemeinen Formulierung erscheint das Monopolkapital als einheitliche Kraft. Aber wenn wir das Monopolkapital genauer analysieren, so stellen wir fest, daß es innerhalb der Monopolbourgeoisie bei bestimmten Fragen eine völlige Übereinstimmung, bei anderen dagegen starke Widersprüche gibt. Es kann auch nicht anders sein. Schon Marx wies darauf hin, daß die Bourgeoisie sich darin einig ist, soviel Mehrwert wie möglich aus der Arbeiterklasse herauszupressen, daß von dieser Einigkeit aber nichts übrigbleibt, wenn es um die Verteilung des zu Profit gewordenen Mehrwerts geht. Lenin betonte, daß die Konkurrenz im Monopolkapitalismus und damit auch im staatsmonopolistischen Kapitalismus fortbesteht. Das schließt aus, daß sich die gesamte Monopolbourgeoisie in ihren Interessen völlig einig ist.

Deshalb ist die These falsch, die man gelegentlich in unserer Literatur antreffen kann, daß in jedem monopolkapitalistischen Land ein Zentrum der Monopolbourgeoisie besteht, das ihre Interessen vertritt und dem Staatsapparat verbindliche Direktiven erteilt, wie z. B. die „Federation of British Industries" in Großbritannien oder die „National Association of Manufacturers" in den USA. Das trifft nicht zu. Wenn auch die gesamte Monopolbourgeoisie bestimmte gemeinsame Interessen hat, so vertreten ihre einzelnen Schichten in den jeweiligen Wirtschaftszweigen ihre besonderen Interessen, die zu den Interessen der gesamten Monopolbourgeoisie in Gegensatz stehen. Selbst zwischen den Monopolen ein und desselben Zweiges bestehen ständig Widersprüche. Die wichtigsten gemeinsamen Interessen der Monopolbourgeoisie sind nach unserer Auffassung folgende:

a) *Erhaltung der kapitalistischen Gesellschaftsordnung*. Das ist — so absolut gesagt — das gemeinsame Ziel ausnahmslos der gesamten Monopolbourgeoisie.

b) *Einfrieren der Löhne auf einem möglichst niedrigen Stand.* Daran ist ebenfalls die gesamte Monopolbourgeoisie interessiert.[5]

c) *Senkung der Steuerlast* und Verlagerung der Steuerlast auf andere Klassen und Bevölkerungsschichten.

In allen übrigen Fragen gehen die Interessen der verschiedenen Schichten der Monopolbourgeoisie auseinander und widersprechen sich. Obwohl die gesamte Monopolbourgeoisie an hohen Monopolpreisen interessiert ist, differieren ihre Interessen im konkreten Fall.

4 E. Varga, Der Kapitalismus des zwanzigsten Jahrhunderts, Berlin 1962, S. 82 bzw. S. 70/71 des vorliegenden Bandes.

5 In diesem Falle sind einige zusätzliche Aspekte zu berücksichtigen. Die Monopole haben in den verschiedenen Zweigen ihre eigenen Interessen. Alle wollen den Lohn ihrer Arbeiter möglichst stark drücken. Aber jene Monopole, die Konsumgüter für den gehobeneren Bedarf der breiten Massen herstellen (z. B. Automobile mit geringem Kraftstoffverbrauch, Radio- und Fernsehapparate), sind daran interessiert, daß die zahlungsfähige Nachfrage der Arbeiter in anderen Monopolen steigt.

Die Monopole der Eisen- und Stahlindustrie wollen beim Verkauf ihrer Waren, wie Stahl, Aluminium, Kupfer usw., möglichst hohe Monopolpreise erzielen. Die Monopole, die diese Waren kaufen (die Automobilindustrie, der Maschinenbau usw.) sind am Gegenteil interessiert. Sie möchten diese Waren zu möglichst niedrigen Preisen erwerben. *Alle* Monopole sind auf hohe Schutzzölle für Industrieerzeugnisse bedacht. Doch die Monopole eines bestimmten Zweiges treten für hohe Schutzzölle bei *ihren* Waren ein; ihre Interessen werden vor allem durch solche Schutzzölle sehr geschmälert, die die Waren, die sie für ihre Produktion benötigen, verteuern.

Man kann viele ähnliche Beispiele anführen, aber bereits diese wenigen zeigen, daß die Interessen der *gesamten* Monopolbourgeoisie nur auf wenigen Gebieten übereinstimmen, nämlich bei der Erhaltung der kapitalistischen Gesellschaftsordnung, eines hohen Ausbeutungsgrades der Arbeiter und der Verlagerung der Steuerlast auf andere Klassen. Auf allen übrigen Gebieten hat die Monopolbourgeoisie in den verschiedenen Zweigen neben gemeinsamen Interessen ihre *eigenen*, diesen entgegenstehenden Interessen.[6]

Zwischen einzelnen Monopolen eines Zweiges bestehen neben gemeinsamen Interessen auch erhebliche Widersprüche. Die gegenseitige Konkurrenz ruiniert oft die Schwächeren. Monopole desselben Zweiges sind gemeinsam an Regierungsaufträgen interessiert, die hohe Profite abwerfen, aber sie kämpfen mit legalen und illegalen Mitteln erbittert darum, wem bestimmte Aufträge zufallen.

Zwischen den Monopolen verschiedener Zweige, oft aber auch zwischen den Monopolen eines Zweiges, wird hart um die Marktanteile auf solchen Märkten gerungen, die eine begrenzte Aufnahmefähigkeit haben oder, was dasselbe ist, um den Anteil am Gesamtprofit. Dieser Kampf hat die Tendenz, daß er sich im Laufe der Zeit verschärft (sieht man von zyklischen Schwankungen ab), da die Kluft zwischen den Produktionskapazitäten und der Aufnahmefähigkeit des Marktes ständig zunimmt.

Besonders scharfe Auseinandersetzungen entbrennen zwischen Monopolen ein und desselben Industriezweiges um staatliche Rüstungsaufträge. Im März 1963 vergab US-Kriegsminister McNamara den größten Auftrag in der Geschichte der USA in Höhe von 6.5 Mrd. Dollar zur Lieferung neuer Kampfflugzeuge vom Typ „TFX". Er wollte diesen Auftrag an die „Dynamics Corporation" vergeben. Im USA-Senat kam es zu einer heftigen Auseinandersetzung, diesen Auftrag nicht der „Dynamics", sondern deren Konkurrenten, der „Boeing Company" zu erteilen.[7]

Die vielfältigen Widersprüche zwischen den Interessen der Monopole eines Zweiges oder einzelner Monopolunternehmen und den Interessen des gesamten Monopolkapitals zeigen, daß Konflikte zwischen dem Staat und dem Monopolkapital verschiedener Zweige oder einzelnen Monopolunternehmen ausbrechen können. Der Leser sei z. B. an den scharfen Konflikt zwischen der amerikanischen Stahlindustrie und Präsident Kennedy im Jahre 1961 erinnert, als die Monopole unter dem Druck des Staates gezwungen wurden, eine bereits angekündigte Stahlpreiserhöhung zurückzunehmen, oder an den Konflikt zwischen dem Wirtschaftsminister der BRD, Ludwig Erhard, und dem Volkswagenwerk, das sich weigerte, der Forderung Erhards nachzukommen und auf Preiserhöhungen für Kraftfahrzeuge zu verzichten. Der Staat nahm daraufhin eine beträchtliche Senkung der Importzölle für Kraftfahrzeuge vor.

6 Die Widersprüche werden durch Bildung von Monopolen, die Unternehmen verschiedener Industriezweige vereinigen, durch die wechselseitige Verflechtung mit dem Finanzkapital usw. abgeschwächt, aber sie werden nicht beseitigt.

7 The Times vom 15. März 1963.

Solche Konflikte zeigen, daß *im staatsmonopolistischen Kapitalismus der Staat die Gesamtinteressen des Monopolkapitals vertritt*, die durchaus den Interessen einzelner Monopole oder Monopolgruppen widersprechen können. Deshalb ist z. B. die Definition des staatsmonopolistischen Kapitalismus, wie sie nach der Auffassung Stalins gegeben wird („Der staatsmonopolistische Kapitalismus besteht darin, daß sich die kapitalistischen Monopole den Staatsapparat unterordnen . . .“[8]) in dieser Form falsch.

Das Wesen der Sache besteht darin, daß es sich nicht um eine einseitige „Unterordnung“, sondern um ein „Zusammenwirken“ der Kräfte handelt, die trotz des Zusammenwirkens in bestimmtem Maße ihre Selbständigkeit behalten haben. Niemals bedeutet dies die Unterordnung des Staatsapparates unter einzelne Monopole oder Monopole bestimmter Zweige. Sonst gäbe es keine Konflikte zwischen dem Staat und einzelnen Monopolen. Die Dogmatiker vergessen eine der wichtigsten Grundlagen der marxistischen Philosophie, daß nämlich *alle* Gesetze des Kapitalismus nur Tendenzen darstellen, die *stets* von Gegentendenzen begleitet werden.

Unsere Dogmatiker wiederholen trotz der Hinweise Lenins und der Feststellungen im alten und neuen Programm unserer Partei bis auf den heutigen Tag beharrlich die fehlerhaften Thesen Stalins von der „Unterordnung“ des Staatsapparates unter die Monopole. I. Kuźminov schreibt: „Das Wesen des staatsmonopolistischen Kapitalismus besteht . . . in der Unterordnung des Staatsapparates unter die Monopole, wobei diese ihn ausnutzen, um sich hohe Monopolprofite zu sichern und die Herrschaft der Finanzoligarchie zu festigen.“[9] A. Šneerson schreibt: „Die Entwicklung des staatsmonopolistischen Kapitalismus bedeutet einen verstärkten Prozeß der Unterordnung des Staatsapparates unter die Monopole.“[10] Es wäre interessant zu wissen, wie sich diese Genossen die Unterordnung der vielen Millionen Staatsangestellten unter die Monopole *konkret* vorstellen und *was* die Monopole davon haben, sich die im Staatsdienst stehenden Stenotypistinnen, Postangestellten usw. unterzuordnen!

Das in den monopolkapitalistischen Ländern herrschende parlamentarische System kompliziert die Beziehungen zwischen dem Monopolkapital und dem Staat (bei der faschistischen Form der Diktatur der Bourgeoisie entfällt dies). Der Staatsapparat im engeren Sinne, d. h. die Gesamtheit der Beamtenschaft, der Unterdrückungsapparat usw., bleibt in der Regel konstant.[11] Doch die führende Oberschicht des Staatsapparates, die Regierung sowie die gesetzgebenden Machtorgane wechseln ständig je nach den Ergebnissen der Parlamentswahlen.[12] Ändern sich die Mehrheiten im Parlament und wechselt

8 Politische Ökonomie, Lehrbuch, 2. Auflage, Moskau 1955, S. 266; Politische Ökonomie, Lehrbuch, Berlin 1955, S. 292. Im Jahre 1958 erschien eine dritte, überarbeitete und ergänzte Auflage des Lehrbuches, in der die alte Formulierung verbessert wurde. Doch wurde die Auffassung Stalins von der „Unterordnung des Staatsapparates unter die Monopole“ beibehalten (Politische Ökonomie. Lehrbuch, Berlin 1959, S. 282).

9 O gosudarstvenno-monopolističeskom kapitalizme. Redaktion V. F. Klepikov, I. I. Kuźminov, I. T. Nazarenko, Moskva 1963, S. 7.

10 Ebenda, S. 37.

11 Siegt in den USA die Opposition über die Regierungspartei, so wird ein erheblicher Teil der Beamten entlassen und gegen Anhänger der neuen Regierungspartei ausgewechselt. In Westeuropa ist das nicht der Fall.

12 Der meistens konstant bleibende Staatsapparat hat gegenüber den wechselnden Regierungen sehr großen Einfluß. Der britische Premierminister Lloyd George sagte einmal: Man spricht immer von den Beschlüssen der Regierung, aber 95 Prozent dieser Entscheidungen werden vom Apparat, und die restlichen 5 Prozent von der Regierung auf Vorschlag des Apparates getroffen.

die Regierung, so ergeben sich auch dann keine wesentliche Veränderungen zwischen Monopolkapital und Staat, wenn die Regierung von der Labour-Partei oder, wie in Schweden, von der Sozialdemokratie gebildet wird.[13]

Damit ist aber nicht gesagt, daß das parlamentarische System, der Kampf der Parteien um die Mehrheit bei den Wahlen, *ohne Bedeutung ist*. Hinge alles nur vom Willen der Monopole ab, so hätte z. B. England ständig eine konservative Regierung. Das ist aber längst nicht immer der Fall. Wo liegt die Ursache?

Die Ursache liegt darin, daß in den Ländern des staatsmonopolistischen Kapitalismus die Arbeiter, Angestellten und Beamten den überwiegenden Teil der Bevölkerung und der Wähler darstellen. Die bürgerlichen Parteien und Regierungen müssen mit diesem Faktor rechnen und die Herrschaft des Monopolkapitals verschleiern und beschönigen. In Einzelfällen bewirkt das eine gewisse Veränderung der Regierungspolitik. Kennedy war als Sohn eines Millionärs, der ein Vermögen von mehreren hundert Millionen Dollar besaß, natürlich kein Feind des Monopolkapitals. Da aber die Wähler der Demokratischen Partei überwiegend Arbeiter und Angestellte sind, lehnte er die Forderung nach einer sofortigen Steuersenkung zugunsten des Monopolkapitals ab, die die Monopolbourgeoisie im Sommer 1962 unabhängig von ihrer Parteizugehörigkeit gestellt hatte. Die Steuersenkung wurde auf 1963 verschoben, um die Aussichten der Demokratischen Partei bei den Wahlen vom Herbst 1962 nicht zu schmälern. Wir sehen also, daß die Beziehungen zwischen Monopolbourgeoisie und Staat trotz ihres ständigen Zusammenspiels in der konkreten Wirklichkeit wesentlich komplizierter und widersprüchlicher sind, als sich das am Anfang einer theoretischen Analyse darstellt.

Der staatsmonopolistische Kapitalismus umfaßt einen einzelnen Staat (von einem beginnenden supranationalen staatsmonopolistischen Kapitalismus wird später die Rede sein). Die Widersprüche zwischen den Interessen der Monopole in den einzelnen Staaten bewirken deshalb auch Widersprüche und Zusammenstöße zwischen den Staaten. Das war im Imperialismus stets der Fall. In dieser Hinsicht hat sich an der Entwicklung des staatsmonopolistischen Kapitalismus nichts geändert.

*

Wir möchten noch einmal auf den *grundlegenden Widerspruch* hinweisen, der zwischen den beiden Hauptzielen der Monopolbourgeoisie besteht: der Erhaltung der kapitalistischen Gesellschaftsordnung und der Umverteilung des Nationaleinkommens zugunsten des Monopolkapitals mit Hilfe des Staates. Bei ihrem Kampf um das erste Hauptziel, die Erhaltung der kapitalistischen Gesellschaftsordnung, werden die Monopole von denjenigen Schichten der kapitalistischen Gesellschaft unterstützt, die ihre Einnahmen ganz oder teilweise aus der Ausbeutung der Arbeitskraft beziehen, nämlich von der nichtmonopolisierten Bourgeoisie, den Großgrundbesitzern, Großbauern, dem Kleinbürgertum, der hochbezahlten Oberschicht der Angestellten, Beamten sowie der korrumpierten Arbeiterbürokratie und der Arbeiteraristokratie, also kurz gesagt, von denjenigen Elementen, die keine sozialistische Umgestaltung der Gesellschaft wünschen. Bei ihrem zweiten Hauptziel, das Nationaleinkommen mit Hilfe des Staates zugunsten des Monopolkapitals umzuverteilen,

13 In den USA sichern die Monopole ihre Interessen dadurch, daß sie bei den Wahlen beide Parteien finanzieren; die Vertreter der Monopolbourgeoisie gehören sowohl der einen wie der anderen Partei an. In der Regierung Johnson waren zwei wichtige Posten, nämlich die des Kriegsministers und des Finanzministers, mit Republikanern besetzt.

benachteiligen die Monopole diejenigen Schichten der kapitalistischen Gesellschaft, die den Kampf der Monopolbourgeoisie um die erste Zielsetzung unterstützen. Diese werden so zu Gegnern der Monopole, wodurch es möglich wird, zwischen den Werktätigen und den von den Monopolen benachteiligten bürgerlichen Schichten eine breite Front gegen die Herrschaft des Monopolkapitals zu bilden.

Um zu zeigen, wie die Interessen der nichtmonopolisierten Ausbeuterklassen durch die Monopolbourgeoisie mit Hilfe des Staates geschädigt werden, sei ein Beispiel aus dem Großbritannien unserer Tage gewählt. Am 17. Mai 1962 übermittelte der konservative Abgeordnete Osborne dem Handelsminister eine Anfrage zu den hohen Preisen für Ammoniumsulfat, den die Imperial Chemical Industries (ICI), die in England das Monopol für Kunstdünger besitzen, für die englischen Farmer festgesetzt hatten. Er nannte folgende Fakten. In den letzten 20 Jahren wurde beim Import von Ammoniumsulfat ein Zoll von 4 Pfund Sterling je Tonne erhoben. Am 3. Mai 1962 wurde der Zoll um weitere 3 Pfund, d. h. auf 7 Pfund je t erhöht. Geschützt durch diesen Zoll, verkauft ICI den britischen Farmern das Ammoniumsulfat für 20 Pfund je t, während es das gleiche Erzeugnis zu einem Preis von 12 Pfund je t in großen Mengen ins Ausland exportiert und ausländische Firmen dieses Erzeugnis zum gleichen Preis nach England liefern würden. Osborne verlangte vom Minister die Aufhebung des Schutzzolls für Ammoniumsulfat. Der Handelsminister leugnete nicht die genannten Fakten, weigerte sich aber, den Schutzzoll aufzuheben, weil der Absatz der Waren im Ausland zu niedrigeren Preisen eine höhere Auslastung der Produktionskapazitäten ermöglicht, wodurch die Produktionskosten gesenkt werden können. Das ist ein altbekanntes Argument, um Extraprofite des Monopolkapitals zu rechtfertigen.

Das ist aber nicht alles. Während der Debatten wurde darauf hingewiesen, daß der Staat in Großbritannien den Farmern Stützungen in Höhe von 8,75 Pfd. St. je t gekauften Superphosphats zahlt. Diese Stützungen, die den Farmern gezahlt werden, um die landwirtschaftliche Produktion durch verstärkte Anwendung von Kunstdünger zu steigern, kommen in Form hoher Monopolpreise nahezu vollständig ICI zugute. Als der Handelsminister dies verteidigte, bemerkte der Labour-Abgeordnete Douglas Jay: „Würde es die Regierung je wagen, eine Maßnahme von ICI zu verurteilen?“[14]

Die englischen Großgrundbesitzer und Farmer unterstützen das Monopolkapital im Interesse der Erhaltung der kapitalistischen Gesellschaftsordnung. Geht es aber um die Verteilung der Einnahmen, so sind sie dessen Gegner. Allerdings werden die Widersprüche dadurch abgeschwächt, daß die reichen Großgrundbesitzer mit dem Monopolkapital vielfach eng liiert sind.

Dieses Beispiel zeigt zugleich, auf welch komplizierte Weise das Nationaleinkommen zugunsten des Monopolkapitals umverteilt wird. Der Staat erhebt in Großbritannien die Steuern von seinen Bürgern, darunter auch von den Arbeitern; aus diesen Mitteln zahlt er den Farmern Unterstützungen, ICI schöpft diese wiederum bei den Farmern ab und setzt für das Superphosphat einen Preis fest, der um 7 Pfd. St. über dem Weltmarktpreis liegt. Auf diesem komplizierten Wege gelangt ein Teil der Einnahmen der englischen Arbeiter (für die sie sich zuvor von den Kapitalisten haben ausbeuten lassen müssen) in die

14 Entnommen den in der „Times“ vom 18. Mai 1962 enthaltenen Parlamentsberichten. Bezeichnenderweise erklärte Hugh Gaitskell, der verstorbene Führer der Labour-Party, einige Monate nach diesen Parlamentsdebatten in einer Rede, daß die Labour-Partei die „Imperial Chemical Industries“ im Falle eines Wahlsieges *nicht nationalisieren* würde.

Taschen der Monopole. Das Zusammenwirken von Staat und Monopolkapital vollzieht sich dialektisch mittels zahlloser Widersprüche, die erst bei einer konkreten Analyse zutagetreten.

Die Stalinsche Formulierung von der „Unterordnung" des Staates unter die Monopole verhindert aber, die Wirklichkeit durch konkrete Analyse zu erkennen.

Die ungleichmäßige und sprunghafte Entwicklung des staatsmonopolistischen Kapitalismus

Wie alle Prozesse im Imperialismus verläuft die Entwicklung des staatsmonopolistischen Kapitalismus sowohl zeitlich als auch in den einzelnen Ländern ungleichmäßig. Mit einzelnen Erscheinungsformen des staatsmonopolistischen Kapitalismus haben wir es bereits vor dem ersten Weltkrieg zu tun. So enthielt z. B. der vor dem Krieg abgeschlossene Handelsvertrag zwischen Deutschland und Japan ein privates Abkommen zwischen dem deutschen „Verband der Chemischen Industrie" und japanischen Textilfirmen über die Lieferung von Farbstoffen an letztere, wobei diese Übereinkunft Bestandteil des Vertrages war. Aber der endgültige Übergang zum staatsmonopolistischen Kapitalismus vollzog sich erst im ersten Weltkrieg.

Lenin schrieb: „Der Weltkapitalismus, der in den sechziger und siebziger Jahren des vorigen Jahrhunderts die progressive, die fortschrittliche Kraft der freien Konkurrenz war und der am Anfang des 20. Jahrhunderts *in den monopolistischen* Kapitalismus, d. h. in den Imperialismus hinübergewachsen ist, hat während des Krieges einen beträchtlichen Schritt *vorwärts* getan nicht nur zu einer noch stärkeren Konzentration des Finanzkapitals, sondern auch zu seiner Umwandlung in den *Staatskapitalismus.*"[15]

Seitdem vollzieht sich eine weitere sprunghafte Entwicklung des staatsmonopolistischen Kapitalismus. Aus dem ersten Weltkrieg ging er geschwächt hervor, während der großen Wirtschaftskrise 1929/33 erstarkte er erneut, nach Ende der Krise verlor er an Bedeutung, während des zweiten Weltkrieges nahm die staatsmonopolistische Entwicklung wieder bedeutend zu, um sich nach dessen Beendigung abzuschwächen, während gegenwärtig ein *qualitativ neuer* Aufschwung zu verzeichnen ist, der in der Bildung supranationaler staatsmonopolistischer Organe und in dem Bestreben, einen supranationalen staatsmonopolistischen Kapitalismus zu schaffen, zum Ausdruck kommt.

Diese sprunghafte Entwicklung beruht darauf, daß die Tendenzen zur Verstärkung des staatsmonopolistischen Kapitalismus von starken Gegentendenzen begleitet sind, die zeitweilig die Oberhand gewinnen. Aber nur zeitweilig, denn letztlich überwiegt die Tendenz zur Verstärkung des staatsmonopolistischen Kapitalismus. Vergleicht man historisch analoge Zeiträume, wie z. B. die Jahrzehnte nach dem ersten und zweiten Weltkrieg, so stellt sich heraus, daß der staatsmonopolistische Kapitalismus aus diesen Kriegen zwar geschwächt, aber jeweils stärker als in der Periode zuvor hervorgegangen war.

Es gibt bestimmte Ursachen für diese sprunghafte Entwicklung. Die Monopolbourgeoisie versucht natürlich in ihrer Gesamtheit, das Hauptziel des staatsmonopolistischen Kapitalismus zu verwirklichen, nämlich die kapitalistische Gesellschaftsordnung zu verteidigen und das Nationaleinkommen zu ihren Gunsten umzuverteilen. Aber *im Prinzip* ist sie gegen die Einmischung des Staates in die Wirtschaft und gegen eine Sozialgesetzgebung.

15 W. I. Lenin, Eine Wendung in der Weltpolitik, in: Werke, Bd. 23, Berlin 1957, S. 279.

Bis heute bleibt ihr Ideal der „Herr-im-eigenen-Hause"-Standpunkt. Dieses widersprüchliche Verhältnis der Monopolbourgeoisie zum staatsmonopolistischen Kapitalismus erklärt dessen jähes Erstarken, sobald die Existenz der kapitalistischen Gesellschaftsordnung real bedroht ist, und dessen teilweise Abschwächung, sobald keine konkrete Gefahr mehr droht. Lenin schrieb: „Krieg und Zerrüttung zwingen alle Länder, vom monopolistischen Kapitalismus zum staatsmonopolistischen Kapitalismus überzugehen. Das ist die objektive Lage."[16] Eine ähnliche Feststellung finden wir im Programm der KPdSU: „Die Weltkriege und Wirtschaftskrisen, der Militarismus und die politischen Erschütterungen haben das Hinüberwachsen des Monopolkapitalismus in den staatsmonopolistischen Kapitalismus beschleunigt."[17]

Natürlich muß der staatsmonopolistische Kapitalismus in der *historischen Perspektive* zunehmen. Die inneren Widersprüche des Kapitalismus verschärfen sich ständig. Der Sozialismus ist im Wettbewerb mit dem Kapitalismus siegreich, die Kolonialherrschaft nähert sich rasch ihrem endgültigen Zusammenbruch, die ehemaligen Kolonialvölker sind Feinde des Imperialismus und versuchen zunehmend, den Weg des Sozialismus zu beschreiten. Der Sozialismus wird immer mehr zum entscheidenden Faktor der historischen Entwicklung. Das bedeutet für die Existenz der kapitalistischen Gesellschaftsordnung eine ständig wachsende Gefahr. Um die kapitalistische Gesellschaftsordnung zu erhalten, bleibt der Monopolbourgeoisie kein anderer Ausweg, als den staatsmonopolistischen Kapitalismus ständig zu stärken. Den gesamten Charakter dieser Entwicklung formulierte unseres Erachtens O. V. Kuusinen sehr gut: „In der ersten Zeit war das eine Art ‚Notstandsmaßnahme', die in Kriegszeiten sowie zur Zeit schwerster wirtschaftlicher und politischer Krisen getroffen und nach deren Ende allmählich wieder aufgehoben wurde. Heutzutage aber kann die imperialistische Bourgeoisie auch in relativ normalen Zeiten nicht mehr ohne den staatsmonopolistischen Kapitalismus herrschen. Das hängt mit der Vertiefung der allgemeinen Krise des kapitalistischen Systems zusammen, mit der fortschreitenden Zersetzung des Kapitalismus und der Schwächung seiner inneren Kräfte, der wirtschaftlichen wie der politischen und ideologischen."[18]

Aber die Monopolbourgeoisie und die Finanzoligarchie beschreiten diesen historisch unvermeidbaren Weg bis zum heutigen Tage inkonsequent und sporadisch. So bauen sie staatsmonopolistische Elemente ab, sobald sie fühlen, daß sich ihre Herrschaft etwas gefestigt hat. In Großbritannien und der BRD wurde in den letzten Jahren ein erheblicher Teil früher verstaatlichter Betriebe reprivatisiert und dem Privatkapital zu günstigen Bedingungen überlassen. In der BRD wurden dem Privatkapital solche Staatsbetriebe zugeschanzt wie z. B. das Hitlersche „Volkswagenwerk", das mit dem Geld der Arbeiter errichtet wurde, das ihnen mit dem verlogenen Versprechen, billige Automobile zu liefern, abgeknöpft worden war. Dasselbe traf auf Staatseigentum zu, das schon im 19. Jahrhundert dem preußischen Staat gehörte. Bezeichnenderweise wurde gleichzeitig in Italien die gesamte Energiewirtschaft nationalisiert, natürlich gegen entsprechende Entschädigung. Hier zeigt sich deutlich die Ungleichmäßigkeit der Entwicklung. Trotz der Reprivatisierung einzelner Staatsbetriebe umfaßte das Staatseigentum in der BRD 1962 noch 74 Industriebetriebe mit einem Aktienkapital von jeweils mehr als 100 Mio DM, also mit einem Gesamtaktienkapital von 20,2 Mrd. DM. Davon waren 22 Gesellschaften mit einem Gesamtkapital von

16 W. I. Lenin, Zur Revision der Parteiprogramms, in: Werke, Bd. 26, Berlin 1961, S. 157.
17 Programm und Statut der Kommunistischen Partei der Sowjetunion, a. a. O., S. 24.
18 Probleme des Friedens und Sozialismus, 4/1960, S. 8.

5,8 Mrd. DM staatsmonopolistische Betriebe.[19] Berücksichtigt man noch die Staatseinnahmen, so hat die Reprivatisierung bisher den Anteil des Staatseigentums nicht wesentlich verändert.

In den USA, wo die Bourgeoisie ihre Herrschaft als relativ gesichert ansieht, wehrt sie sich ständig gegen die staatliche „Einmischung" in ihre Angelegenheiten. Kennzeichnend sind dafür die Forderungen des äußersten rechten Flügels der Republikanischen Partei, die die faschistische „John Birch Society" unterstützt. Sie tritt für die Kandidatur des reaktionären Senators Barry Goldwater bei den Präsidentschaftswahlen ein. Diese Bewegung fordert u. a.:

Aufhebung der gesamten nach 1932 erlassenen Wirtschafts- und Sozialgesetzgebung;
Beschneidung der Rechte der Gewerkschaften;
Annahme von „Gesetzen über Recht auf Arbeit"[20];
Eindämmung des staatlichen Wohnungsbaus;
Abschaffung der Einkommenssteuer;
Verzicht auf jegliche Abrüstungsvereinbarungen, ganz gleich, ob mit oder ohne Garantien.[21]

Diese faschistische Bande spricht das offen aus, wovon die amerikanische Monopolbourgeoisie träumt: Die breiten Massen der Verbraucher haben alle Steuern zu zahlen; keine gesetzlichen oder gewerkschaftlichen Beschränkungen hinsichtlich der Ausbeutung der Arbeit und keinerlei Rüstungsbegrenzung.

Natürlich will die Monopolbourgeoisie nicht auf Rüstungsaufträge verzichten, von Abrüstung gar nicht zu sprechen. Rüstungsaufträge bringen wesentlich höhere Profite als andere Aufträge. Gelegentlich, wenn auch sehr selten, werden Zahlen bekannt. Eine unter Leitung von Senator McClellan vorgenommene Untersuchung über die Lieferung von Raketen des Typs „Nike", für die der Staat 2,5 Mrd. Dollar aufwandte, ergab folgendes: Den Auftrag erhielt die Firma „Western Electric Company", die wiederum 40% des Auftragsvolumens an die „Douglas Aircraft Corporation" weitergab, die ebenfalls weitere Nachauftragnehmer heranzog. Die Profite wurden wie folgt aufgeteilt: die „Consolidated Steel" lieferte an die „Douglas" Erzeugnisse im Werte von 146 Mio Dollar und erzielte einen Profit von 9 Mio Dollar. „Douglas" setzte dem Preis 10 Mio Dollar als Profit hinzu und verkaufte die Erzeugnisse an die „Western Electric". Diese schlug auf den Preis weitere 9,8 Mio Dollar als ihren Profit auf. Die Erzeugnisse, deren Produktionskosten sich auf 146 Mio Dollar beliefen, brachten den drei beteiligten Unternehmen 28,8 Mio Dollar Profite, also fast 29%.[22]

Mögen die einzelnen Monopolunternehmen im Prinzip auch gegen staatliche „Einmischung", gegen den staatsmonopolistischen Kapitalismus sein und die Regierungsvertreter verlachen, wenn sie unter sich sind, so möchten sie doch nicht auf die Staatsaufträge verzichten, die einen erheblichen Teil des Mechanismus des staatsmonopolistischen Kapitalismus darstellen.

19 DWI-Berichte, 14/1962, S. 290—291.

20 Hierunter fallen Gesetze, die den Einsatz von Streikbrechern legalisieren, die Unternehmern das Recht geben, den Arbeitern schlechtere Bedingungen zu diktieren als im Kollektivvertrag festgelegt usw. Kurz gesagt, der Gedanke eines völligen „Herr-Im-Hause-Standpunkts".

21 The New Republic vom 28. Mai 1962, S. 16.

22 The Economist vom 21. April 1962, S. 250.

Wie die Großunternehmer über diejenigen denken, die die höchsten Ämter im Staat einnehmen, zeigt das folgende Zitat: „In den ruhigen, hohen Räumen des ‚Atlantic Club' in Detroit, wo sich die Spitzen der Automobilindustrie versammeln, modifizierte man einen alten Ausdruck: ‚Roosevelt demonstrierte, daß die Präsidentschaft eine Lebensbeschäftigung darstellen kann, *Truman zeigte, daß jeder Präsident sein kann, Ike, daß wir im Grunde genommen gar keinen Präsidenten benötigen und Kennedy, daß es gefährlich sein kann, einen Präsidenten zu haben*'".[23]

Die Angehörigen der tonangebenden Führungsschicht der Finanzoligarchie, zumindest jedenfalls ein Teil davon, sind indes in der Politik Realisten und geben sich keinen Illusionen hin. Sie müssen mit den sozialistischen Staaten, aber auch mit der Stärke der Gewerkschaften rechnen. Deshalb versuchen sie, aus politischen Motiven die Illusion zu verbreiten, daß der Staat gegen die Monopole vorgehe. Aus propagandistischen Gründen „bekämpft" der USA-Staat die Kartelle, die gesetzlich verboten (!) sind. In den Jahren 1961—1962 beschuldigte die Regierung die „General Electric Company" und 28 andere Unternehmen der Elektroindustrie, daß sie nach gegenseitiger Absprache dem Staat elektrotechnische Großausrüstungen zu überhöhten Preisen verkauft haben. Verschiedene Staatsorgane und Privatfirmen reichten 1600 ähnliche Klagen ein.

Die Auseinandersetzungen der Regierung mit der „General Electric" endeten mit einem außerordentlichen Vergleich: Die Gesellschaft zahlte dem Staat eine Entschädigung von 7,47 Mio Dollar. Die Regierung will alle übrigen Klagen in ähnlicher Weise außergerichtlich regeln, was dem Staat nach Schätzungen des Londoner „Economist" etwa 50 Mio Dollar einbringen wird. Das ist eine recht solide Summe, doch sind es nur 20% der Profite des Jahres 1961! Der ganze Schwindel besteht aber in folgendem: Sollte — was durchaus wahrscheinlich ist — „International Revenue Service" entscheiden, daß „der Schaden darin besteht, daß die steuerpflichtigen Einnahmen sinken . . ., so werden die Verluste in Wirklichkeit vom Staat getragen"[24].

Der Staat gibt den Unternehmen mit der linken Hand, was er mit der rechten wegnimmt.

Die Entwicklung des staatsmonopolistischen Kapitalismus ist in ihrem konkreten Verlauf sehr kompliziert und widerspruchsvoll. Letztlich sind die größten Monopole immer im Vorteil, doch sind die Wege dahin kompliziert, verschlungen und widersprüchlich.

Der staatsmonopolistische Kapitalismus und das Proletariat

Die ständige Weiterentwicklung des staatsmonopolistischen Kapitalismus ist ein objektiver Prozeß. Historisch ist er die letzte Phase des Imperialismus, die Vorstufe des Sozialismus. In dem bekannten Ausspruch von Lenin heißt es, daß „der staatsmonopolistische Kapitalismus die vollständige *materielle* Vorbereitung des Sozialismus, seine unmittelbare *Vorstufe* ist, denn auf der historischen Stufenleiter *gibt es* zwischen dieser Stufe und derjenigen, die Sozialismus heißt, *keinerlei Zwischenstufen* mehr".[25]

Auf den ersten Blick könnte man hieraus schlußfolgern, daß das Proletariat — wie dies auch die rechten Sozialdemokraten behaupten — *unbesehen alle* Maßnahmen unterstützen

23 Newsweek vom 16. Juli 1962, S. 11 (Hervorhebungen E. V.).

24 The Economist vom 4. August 1962, S. 444.

25 W. I. Lenin, Die drohende Katastrophe und wie man sie bekämpfen soll, in: Werke, Bd. 25, Berlin 1960, S. 370.

muß, die auf eine Stärkung des staatsmonopolistischen Kapitalismus abzielen. Sie versichern sogar, daß Staatskapitalismus bereits Sozialismus darstelle, was bei Beibehaltung der Herrschaft der Bourgeoisie natürlich pure Demagogie ist. Die Haltung der Bourgeoisie zum staatsmonopolistischen Kapitalismus ist, wie bereits oben nachgewiesen wurde, widersprüchlich und wechselnd, je nachdem, wie fest oder wie schwach ihre Herrschaft im jeweiligen Augenblick ist.

Kann die Haltung des Proletariats gegenüber staatsmonopolistischen Maßnahmen stets positiv sein, unabhängig von deren Charakter?

Ohne Zweifel kann das nicht der Fall sein! Der staatsmonopolistische Kapitalismus verkörpert einen dialektischen Widerspruch: Einerseits bedeutet er die materielle und organisatorische Vorstufe des Sozialismus; anderseits trägt er dazu bei, das kapitalistische System zeitweilig zu festigen und die Ausbeutung des Proletariats mit Hilfe des Staates zu verstärken. Deshalb darf das Proletariat staatsmonopolistische Maßnahmen nicht losgelöst von deren konkretem historischen Inhalt unterstützen oder ablehnen.

Um das zu illustrieren, seien zwei Beispiele angeführt, die sich auf die gleiche historische Periode beziehen. Die im Zusammenhang mit dem „New Deal" Roosevelts beschlossenen Gesetze zielten im ganzen gesehen darauf ab, den amerikanischen Imperialismus vor dem drohenden wirtschaftlichen Zusammenbruch infolge der großen Überproduktionskrise 1929/1933 zu retten. Andererseits entsprach die *Sozialgesetzgebung* des „New Deal", nämlich freie Betätigung für die Gewerkschaften und deren Anerkennung, Begrenzung der Arbeitszeit usw. zweifellos den Interessen des amerikanischen Proletariats. Da noch nicht die Voraussetzungen herangereift waren, um die Herrschaft der amerikanischen Bourgeoisie zu stürzen, wäre es für das amerikanische Proletariat sinnlos gewesen, gegen die Politik des „New Deal" aufzutreten, insbesondere gegen die sozialpolitischen Maßnahmen Roosevelts.

Eine ganz andere Situation bestand in bezug auf die staatsmonopolistischen Maßnahmen Hitlers. Die Unterstützung irgendwelcher Maßnahmen zur Förderung des staatsmonopolistischen Kapitalismus wäre in diesem Fall Verrat am Proletariat gewesen, was die rechten Sozialdemokraten und die Gewerkschaftsführer denn auch taten.

In der konkreten historischen Situation wird die Haltung des Proletariats zu staatsmonopolistischen Maßnahmen einer Regierung vor allem davon bestimmt, inwieweit die Bedingungen für die sozialistische Revolution herangereift sind. Handelt es sich schon um den Kampf um die Macht, so wäre es sinnlos, Maßnahmen der Regierung zur Festigung der kapitalistischen Gesellschaftsordnung zu unterstützen. Besteht im Lande keine revolutionäre Situation und scheint die Herrschaft der Bourgeoisie noch gefestigt, so kann der Kampf um die Einschränkung der Willkür des Monopolkapitals und um die demokratische Nationalisierung wichtiger Wirtschaftszweige ein gutes Mittel sein, um die Massen zu mobilisieren.

Je nach den konkreten Bedingungen hat die Nationalisierung wiederum unterschiedliche Bedeutung für die Bourgeoisie und das Proletariat. Die Bourgeoisie tritt grundsätzlich gegen die Nationalisierung auf. Wie Lenin einmal bemerkte, ist sie für die Nationalisierung solcher Wirtschaftszweige, die mit Verlust arbeiten, allerdings bei guter Entschädigung. Wenn die politische Situation es erfordert, nimmt sie auch die Nationalisierung profitabler Wirtschaftszweige hin, doch bleibt das Bestreben, sie den Kapitalisten zurückzugeben, sobald die politische Lage es gestattet.

Ein Beispiel dafür ist die Geschichte der Nationalisierung und Reprivatisierung in Großbritannien, und zwar nach dem Sieg der Labour-Partei bei den Wahlen unmittelbar nach Kriegsende 1945 und nach dem Wahlsieg der Konservativen Partei im Jahre 1951.

Der erste und zweite Weltkrieg verursachte in breiten Schichten der englischen Arbeiterklasse eine tiefe Unzufriedenheit mit der kapitalistischen Gesellschaftsordnung, was sich im Wahlsieg der Labour-Partei zeigte. Die rechte Führung der Labour-Partei sah in einer umfassenden Nationalisierung ein Mittel, um die Arbeiter zu beruhigen. Die Bourgeoisie stimmte dem zu. So erfolgte die Nationalisierung, wobei die Kapitalisten entsprechend entschädigt wurden.

Das weitere Schicksal der verstaatlichten Zweige war recht bezeichnend. Die Kohleindustrie, die nicht nur in Großbritannien in einer tiefen Krise steckt[26], ist noch heute verstaatlicht. Die englische Bourgeoisie hat niemals, auch nicht unter der konservativen Regierung, die Reprivatisierung gefordert. Das ist verständlich. Die ehemaligen Grubenbesitzer erhalten vom Staat Ausgleichszahlungen, der Staat beliefert die kapitalistische Industrie mit Kohle zu Verlustpreisen, und die Verluste werden von den Steuerzahlern getragen.[27] Den von den Bergarbeitern produzierten Mehrwert eignet sich die gesamte industrielle Bourgeoisie auf diese indirekte Weise an. Eine ähnliche Situation herrscht bei den Eisenbahnen.

Andererseits wurden die von der Labourregierung verstaatlichten profitablen Betriebe in der Stahlindustrie und im Kraftverkehr von der konservativen Regierung reprivatisiert, und zwar zu günstigen Bedingungen für die Monopole. Mitte 1962 befand sich nur noch ein unbedeutender Teil in Staatseigentum.

Das Proletariat tritt im Prinzip für die Nationalisierung der Wirtschaftszweige ein, in denen die Monopole herrschen. Das bezieht sich nicht nur auf die Kommunisten, die die Nationalisierung als wichtigen Schritt zur materiellen und organisatorischen Vorbereitung des Sozialismus ansehen, sondern auch auf die parteilosen Arbeiter, und zwar aus Gründen des ökonomischen Kampfes.

Zwar verteidigt der Staat im Monopolkapitalismus in erster Linie die Interessen des Monopolkapitals, doch ist es ein großer Unterschied, ob die Arbeiter in einem Privatbetrieb, der einem Monopol gehört, oder in einem Staatsbetrieb um höhere Löhne kämpfen. Der Kampf um höhere Löhne bedroht einen Teil der Profite der Monopolbourgeoisie. Die Leiter der Betriebe sind materiell direkt am Ausgang des Konflikts interessiert. Wird in einem Staatsbetrieb um höhere Löhne gekämpft, so stehen den Arbeitern und Angestellten Direktoren, Minister usw. gegenüber, die materiell nicht unmittelbar am Ausgang des Kampfes interessiert sind. Deshalb leisten sie meistens nicht so heftigen Widerstand wie die Monopolbourgeoisie. Eine Ausnahme bilden solche Länder, in denen der Faschismus

26 Eckzahlen zur Entwicklung der britischen Kohleindustrie:

	1938	1951	1960
Kohleförderung (Mio t)	227	223	194
Anzahl der Bergarbeiter (Tsd.)	782	699	602
Kohleförderung je Arbeiter und Schicht (t)	3,0	3,2	4,0

(United Kingdom Annual Abstract of Statistics, 1961, S. 135 und 138.) Die Anzahl der Bergarbeiter ist innerhalb von 10 Jahren um 100000 zurückgegangen, während die Arbeitsproduktivität um 25% gestiegen ist!

27 Nach offiziellen Angaben (United Kingdom Annual Abstract of Statistics, 1961, S. 256—257) lagen in der Kohleindustrie die Ausgaben des Staates von 1951 bis 1961 um 534 Mio Pfund Sterling über den Einnahmen. Es ist nicht bekannt, ob mit diesem Betrag alle Verluste erfaßt sind.

herrscht. In den parlamentarisch regierten Staaten treten noch politische Motive hinzu. In den hochentwickelten Ländern des staatsmonopolistischen Kapitalismus stellen Arbeiter und Angestellte den überwiegenden Teil der Wähler. Deshalb ist es für die Regierungspartei aus wahltaktischen Gründen unzweckmäßig, Forderungen der Arbeiter und Angestellten nach Lohnerhöhung kategorisch abzulehnen. Eine große Rolle spielt schließlich auch der „kalte Krieg", das Bestehen des sozialistischen Weltsystems, worüber weiter oben bereits gesprochen wurde, und das Bemühen, die Arbeiter nicht durch Provokationen herauszufordern, damit sie dem Kommunismus nicht noch mehr zuneigen.

Für das revolutionäre Proletariat ist vor allem der *Kampf um die Nationalisierung* wichtig. Durch ihn können nicht nur die Arbeiter und Angestellten, sondern auch breite Kreise der von den Monopolen bedrängten Bauernschaft und des städtischen Kleinbürgertums in den Kampf gegen die Monopole einbezogen werden. Die Schaffung einer demokratischen Leitung in den verstaatlichten Betrieben kann die Lage der Werktätigen erleichtern.

Supranationale staatsmonopolistische Organisationen

Eine wichtige neue Erscheinung in der Entwicklung des staatsmonopolistischen Kapitalismus nach dem zweiten Weltkrieg ist die rasche Zunahme staatsmonopolistischer Organisationen, die mehrere Staaten umfassen. Ihre Zahl geht bereits in die Hunderte.[28]

Wie alle Erscheinungen in der Entwicklung der Gesellschaft haben auch die supranationalen Organisationen ihre Vorläufer in der Zeit vor dem zweiten Weltkrieg. Ein bekanntes Beispiel ist die Bank für Internationalen Zahlungsausgleich in Basel, die ursprünglich für die Verrechnung der Reparationszahlungen Deutschlands nach dem ersten Weltkrieg geschaffen wurde. Sie entwickelte sich zu einer Bank der Zentralnotenbanken (sie alle sind staatliche oder halbstaatliche Institutionen). Die Bank nahm ihre Aufgabe auch während des zweiten Weltkrieges wahr. Die Sitzungen des Direktoriums der Bank ermöglichten es den Monopolen der kriegführenden Länder, sich auf neutralem Boden zu treffen und gemeinsame Angelegenheiten zu regeln (internationale Kartelle, Trusts, Zahlungsabkommen usw.).

Bereits vor dem zweiten Weltkrieg wurden internationale Kartelle gebildet, die mit Billigung und Unterstützung der jeweiligen Staaten tätig wurden. Es gab zahlreiche zwischenstaatliche Abkommen über den Transitverkehr auf Eisenbahnen, über Post- und Telegrafenverbindungen usw. Aber vor dem zweiten Weltkrieg war dies die *Ausnahme*, jetzt wird es die *Regel*.

Die Ursachen und Zielsetzungen des staatsmonopolistischen Kapitalismus, der supranationalen Charakter angenommen hat, sind im allgemeinen die gleichen wie beim staatsmonopolistischen Kapitalismus, der auf die nationale Ebene beschränkt ist. Durch die immer stärker fortschreitende Konzentration der Produktion in Betrieben mit Riesenausmaßen wird der Binnenmarkt jedes einzelnen Staates für die Bedürfnisse des Monopolkapitals zu eng. Darüber hinaus haben nach dem zweiten Weltkrieg der Zerfall des Weltmarktes in willkürlich geschaffene Währungszonen, die Importkontingentierung, die staatliche Kontrolle über den Kapitalex- und -import, die hohen Zölle usw. das Tätigkeitsfeld der Monopole eingeschränkt. Die supranationalen staatsmonopolistischen Maßnahmen sollen sie hier unterstützen.

28 Vgl. Meždunarodnye ėkonomičeskie organizacii, Spravočnik, Moskau 1962.

Die Ziele der supranationalen Organisationen sind die gleichen wie beim staatsmonopolistischen Kapitalismus im Rahmen eines Landes, denn es geht darum, die kapitalistische Gesellschaftsordnung zu verteidigen und hohe Monopolprofite zu sichern.

Der Verteidigung der kapitalistischen Gesellschaftsordnung dienen sowohl wirtschaftliche als auch militärpolitische Organisationen. Die Unterschiede zwischen beiden sind unbedeutend, denn alle supranationalen Wirtschaftsgebilde haben auch politischen Charakter. Unter den supranationalen Wirtschaftsorganisationen verfügt der Internationale Währungsfonds über ein Kapital von vielen Milliarden Dollar. Er soll zur Aufrechterhaltung stabiler Währungen vor allem in den imperialistischen Ländern beitragen, wenn vorübergehend passive Zahlungsbilanzen eintreten. Die Weltbank (und die mit ihr liierten Finanzinstitutionen) soll dafür sorgen, daß besonders die wirtschaftlich schwachentwickelten Länder einen Weg einschlagen, der für das Monopolkapital der imperialistischen Länder vorteilhaft ist und sie weiterhin in Abhängigkeit von diesen Ländern hält. Bis zum heutigen Tag sprechen die USA das entscheidende Wort in beiden Institutionen und besitzen bei beiden den größten Kapitalanteil.

Einige staatliche Abkommen und Organisationen (Internationales Weizen- und Kaffeeabkommen usw.) sollen verhindern, daß die Preise durch die agrarische Überproduktionskrise, die in nahezu allen Zweigen der Landwirtschaft spürbar ist, fallen. Ein weiteres Ziel der Abkommen besteht darin, die wohlhabenderen Bauern wirtschaftlich zu unterstützen, die eine sehr breite Schicht darstellen und für das Privateigentum eintreten.

Im Bereich der Produktion gibt es bis jetzt nur erste Anfänge supranationaler staatsmonopolistischer Organisationen, wie die einflußreiche Vereinigung von sechs westeuropäischen Ländern EGKS[29], die die Kohle- und Stahlindustrie umfaßt, sowie die Euratom. In Zukunft wird ihre Zahl ohne Zweifel zunehmen. Die immer engere gegenseitige Verflechtung von Monopolen einzelner imperialistischer Länder durch wechselseitige Investitionen schafft die Voraussetzung für diese Entwicklung.

Es ist unmöglich, ein vollständiges und der Wirklichkeit entsprechendes Bild von der gegenseitigen Kapitalverflechtung zu erhalten, da die Statistiken der einzelnen Länder große Unterschiede aufweisen. Die Lage verändert sich durch das ständige Hin- und Herfließen von kurzfristigem Kapital, wie Bankeinlagen, von Mitteln für Börsenspekulationen usw.

Zur Kapitalverflechtung sei folgendes Beispiel angeführt. Die langfristigen Privatinvestitionen der USA im Ausland beliefen sich 1961 nach Angaben des Handelsministeriums auf 49 Mrd. Dollar und die langfristigen privaten Auslandsinvestitionen in den USA auf 21 Mrd. Dollar.

In der BRD besaßen Ende 1960 nach Angaben des Statistischen Bundesamtes bei 2537 Aktiengesellschaften 261 ausländische Aktionäre 53% des Aktienkapitals, das sind 17% des gesamten Aktienkapitals des Landes. Britischen Aktionären gehörten 932 Mio DM, niederländischen 422 Mio und französischen 215 Mio DM. Hinzu kommen die Niederlassungen amerikanischer, britischer, belgischer und sonstiger Firmen in der BRD, deren Kapitalhöhe nicht bekannt ist.

Gleichzeitig beliefen sich die privaten Auslandsinvestitionen der BRD-Unternehmen Anfang 1961 auf 2,750 Mrd. DM, von denen 963 Mio auf Westeuropa entfielen.

Die langfristigen Auslandsinvestitionen in Italien lagen Ende 1960 bei über 3 Mrd. Dollar

29 Die Neuinvestitionen in der Kohle- und Stahlindustrie der sechs Mitgliedsländer betrugen 1961 nach Angaben der Obersten Behörde der EGKS 1,5 Mrd. Dollar.

(nach Angaben des Staatskonzerns IRI), während die italienischen Auslandsinvestitionen bei 2 Mrd. Dollar ausmachten.

Darüber hinaus bestehen zahlreiche weitere Formen gegenseitiger Beziehungen, wie die Mitgliedschaft in internationalen Institutionen (Internationaler Währungsfonds, Weltbank), die Nutzung von Patenten und Lizenzen usw.

So wichtig die wechselseitige Kapitalverflechtung auch sein mag, so *darf man ihre Bedeutung aber nicht überbewerten*: Wie in der Vergangenheit bleibt das *nationale* Monopolkapital und auch jetzt der entscheidende Faktor in der Wirtschaft und Politik jedes hochentwickelten Landes.

Den militärpolitischen Schutz der kapitalistischen Gesellschaftsordnung sollen solche supranationalen Organisationen wie die NATO, CENTO usw. gewährleisten. Sie unterscheiden sich von den militärpolitischen Bündnissen früherer Zeiten durch ihre festere Organisation: gemeinsames Oberkommando über einen Teil der Streitkräfte, Stationierung von Militäreinheiten der NATO in anderen Ländern, besonders solchen, die sozialistischen Staaten benachbart sind, Abhalten gemeinsamer Manöver, Standardisierung eines Teils der Ausrüstung usw. Ein weiterer Unterschied besteht darin, daß sie für einen längeren Zeitraum bestimmt sind. Trotz ihrer ständig wiederkehrenden inneren Krisen[30] werden die NATO und die anderen militärpolitischen Bündnisse der hochentwickelten kapitalistischen Länder offenbar solange in der einen oder anderen Form als Mittel zum Kampf gegen die sozialistische Welt fortbestehen, bis der Kapitalismus endgültig zusammengebrochen ist.

Eine wichtige neue Erscheinung in der Entwicklung des supranationalen staatsmonopolistischen Kapitalismus ist der „*Gemeinsame Markt*". Er wurde in unserer Literatur und Presse umfassend behandelt. Deshalb brauchen wir darauf nicht besonders einzugehen. In diesem Zusammenhang möchten wir nur auf folgendes hinweisen:

Der „Gemeinsame Markt" ist nicht nur etwas *Neues*, sondern in vielfacher Beziehung auch eine Rückkehr zum Alten, zu einer Situation, wie sie vor dem ersten Weltkrieg bestand. Er stellt den Versuch dar, die Zersplitterung des Weltmarktes durch die Vereinigung der Märkte von sechs Ländern zu überwinden und gleiche Konkurrenzbedingungen wiederherzustellen, und zwar durch allgemeine Anwendung des Prinzips der Meistbegünstigung in den Handelsverträgen, durch freie Kapitalbewegung, festen Goldgehalt der Währungen der meisten kapitalistischen Länder usw. Der Schaffung gleicher Konkurrenzbedingungen soll auch die Abschaffung der Zölle dienen. Diese Maßnahmen entsprechen in erster Linie den Interessen der großen Monopole.[31] Zugleich stellen sie einen Versuch der westeuropäischen Imperialisten dar, nach der politischen Befreiung der Kolonien ihre Kräfte zusammenzufassen, um in ihrem Konkurrenzkampf mit den USA eine energische Politik des Neokolonialismus zu betreiben.

Politisch ist der „Gemeinsame Markt" der verzweifelte Versuch, die unausweichlichen inneren Widersprüche des Imperialismus zu lösen und dem sozialistischen Weltsystem eine

30 Die Hauptwidersprüche innerhalb der NATO entzünden sich an dem Monopol, das die USA an der wichtigsten Waffenart, nämlich der Atomwaffe, besitzen, und die damit auch den entscheidenden Einfluß auf die Frage von Krieg oder Frieden ausüben können. Trotz des Drucks ihrer NATO-Partner wollen die USA nicht auf dieses Monopol verzichten.

31 Am deutlichsten sieht man dies bei den innenpolitischen Auseinandersetzungen in England über die Frage eines EWG-Beitritts. Das Monopolkapital tritt für einen Beitritt ein; dagegen sind die Großgrundbesitzer, Bauern und Arbeiter in ihrer überwiegenden Mehrheit dagegen.

Einheitsfront der imperialistischen Länder oder zumindest den Anschein einer solchen Einheit gegenüberzustellen. Alle führenden politischen Persönlichkeiten der imperialistischen Länder, wie de Gaulle, Hallstein, Churchill usw., geben zu, daß bei der Bildung des „Gemeinsamen Marktes" die Politik das Primat vor der Wirtschaft hatte.[32]

Gerade diese politischen Überlegungen gaben in den USA den Ausschlag dafür, die Vereinigung der westeuropäischen Länder zum „Gemeinsamen Markt" zu unterstützen und auf Großbritannien Druck auszuüben, damit es sich der EWG anschließt, obwohl die Vereinigung der europäischen imperialistischen Mächte dazu beiträgt, daß der wirtschaftliche und politische Einfluß der USA zurückgeht.

Die EWG-Länder wollen gegenüber den USA eine selbständige Wirtschaftspolitik verfolgen. Dafür ist die folgende Episode charakteristisch. Im Mai 1962 verfügte Präsident Kennedy unter dem Druck interessierter Monopole eine Zollerhöhung für Fensterglas und Teppiche, wodurch vor allem der Export von Glas aus Belgien nach den USA erschwert wurde. Als Gegenmaßnahme erhöhten die Länder des „Gemeinsamen Marktes" mit Wirkung vom 17. Juli 1962 die Außenzölle für verschiedene Arten von Kunstfasern sowie für Stoffe und Kleidung von 20 auf 40%.[33]

Tiefe Widersprüche herrschen auch zwischen den Mitgliedsländern des „Gemeinsamen Marktes". Die BRD und Frankreich sehen sich bis heute außerstande, sich auf gemeinsame Preise für landwirtschaftliche Erzeugnisse zu einigen. Die italienischen Unternehmer verkaufen in Frankreich die von ihnen hergestellten Kühlschränke zu 25% unter den Preisen auf dem französischen Markt; im ersten Halbjahr 1963 konnten sie in Frankreich 140000 Kühlschränke absetzen. Die französische Regierung erließ daraufhin eine Anordnung, daß aus Italien importierte Kühlschränke nur mit einer Sondergenehmigung des Industrieministers in den Verkauf gelangen dürfen.

Auf der Mitgliederversammlung der westdeutschen „Wirtschaftsvereinigung Eisen- und Stahlindustrie" in Düsseldorf am 28. Juni 1963 beklagte man sich über die unbefriedigende Lage, die sich aus dem „Gemeinsamen Markt" für die westdeutsche Stahlindustrie ergibt. Der Präsident der Vereinigung, Hans-Günther Sohl, erklärte in seinem Referat: „Während alle anderen großen Stahlländer, durch Zoll- und Steuergrenzen geschützt, einen Inlandmarkt mit stabilem Preisniveau haben, ist der deutsche Stahlmarkt zum Exportziel für alle Länder der Welt geworden." Weiter schreibt die Zeitung: „Durch die französischen Francabwertungen in den Jahren 1957/58 um fast 30% ist der französische Stahl in der Bundesrepublik billiger geworden als der deutsche. Überdies hat die Blockierung der Stahlpreise durch die französische Regierung die Preisdiskrepanz gegenüber dem deutschen Stahl noch verstärkt. Belgische und luxemburgische Stahlwerke übten einen verstärkten Preisdruck auf den deutschen Markt aus. Vor allem die Belgier hätten mit ihren Reserven aus relativ hohen Inlandpreisen ihre Position im Gemeinsamen Markt ausgebaut, wurde auf der Versammlung festgestellt."[34]

Die politischen Widersprüche sind nicht weniger tief. De Gaulle wandte sich aus politischen Gründen gegen einen Beitritt Englands zur EWG, da er England als „trojanisches

32 Während seiner Reise durch westeuropäische Länder im Sommer 1962 erklärte Eisenhower auf einer Pressekonferenz in London zum „Gemeinsamen Markt" rundheraus folgendes: „Dies ist eine sehr wichtige Frage, die im Rahmen der Vereinigung der freien Welt gegen den aggressiven kommunistischen Imperialismus gesehen werden muß", d. h. gegen die Gemeinschaft der sozialistischen Länder.

33 The Times vom 7. Juni 1962. Im Jahre 1963 entbrannte der „Hähnchenkrieg" zwischen den USA und einigen Ländern des „Gemeinsamen Marktes".

34 Neue Zürcher Zeitung vom 4. Juli 1963.

Pferd" für den amerikanischen Einfluß in Westeuropa betrachtet, während Belgien und die Niederlande den Beitritt Großbritanniens gerade aus politischen Gründen unterstützen, bedeutet er doch ein Gegengewicht gegen die drohende politische Vorherrschaft der BRD in Westeuropa.

Erhebliche Widersprüche über die weitere Entwicklung des „Gemeinsamen Marktes" bestehen selbst zwischen Politikern ein und desselben Landes. Der Vorsitzende der Brüsseler EWG-Kommission, Hallstein, befürwortet eine enge wirtschaftliche Vereinigung der sechs Länder und die Ausarbeitung einer gemeinsamen Wirtschaftspolitik. Aber nicht nur de Gaulle, auch Erhard tritt entschieden dagegen auf. Auf der Konferenz der Minister und Botschafter der sechs Länder erklärte er, „daß er keinen zentralisierten europäischen Staat anstrebe, sondern ein föderativ organisiertes Europa, in dem die verschiedenen Länder und Völker sich nach ihren eigenen Idealen ihr eigenes Leben gestalten könnten. Wurde die wirtschaftliche Vereinigung der Sechs auch durch politische Entscheidungen herbeigeführt, so darf das Streben nach Harmonisierung der Wirtschaftspolitik nicht die künftige politische Organisation Europas vorwegnehmen,"[35] Erhard warnte nachdrücklich vor Empfehlungen der EWG-Kommission für eine gemeinsame nationale Wirtschaftspolitik der Teilnehmerländer.

Die zwischenimperialistischen Widersprüche können nicht beseitigt werden. Das Monopolkapital der USA errichtet beschleunigt Filialen seiner Industriebetriebe in Westeuropa, um nicht vom Binnenmarkt der EWG-Länder verdrängt zu werden. Und je mehr Länder sich dem „Gemeinsamen Markt" anschließen, desto stärker werden die Widersprüche untereinander zunehmen.

„Die Dialektik des staatsmonopolistischen Kapitalismus", heißt es im Programm der KPdSU, „ist so beschaffen, daß er nicht etwa, wie die Bourgeoisie hofft, das kapitalistische System festigt, sondern die Widersprüche des Kapitalismus noch mehr verschärft und ihn bis auf die Grundfesten erschüttert."[36]

35 The Times vom 23. November 1961.

36 Programm und Statut der Kommunistischen Partei der Sowjetunion, a. a. O., S. 25.

Imperialistische Widersprüche und Krieg

Im Herbst 1951 warfen wir bei der Diskussion des Entwurfs für das Lehrbuch „Politische Ökonomie“ folgendes Problem auf: Ist unter den gegenwärtigen Bedingungen der Existenz zweier Weltsysteme — des sozialistischen und kapitalistischen —, angesichts des „kalten Krieges“ und der Bedrohung durch einen thermonuklearen Krieg Lenins *These von der Unvermeidlichkeit eines Krieges zwischen den imperialistischen Mächten richtig*?

Die Teilnehmer der Beratung sprachen sich nahezu einmütig dafür aus, daß diese These Lenins auch unter den heutigen Bedingungen richtig ist. Das ist auch verständlich: Damals herrschte der Dogmatismus, und keinem außer Stalin kam es zu, etwas Neues zu sagen.

Dieses Problem wurde wie alle strittigen Fragen dem Hauptschiedsrichter der Beratung, nämlich J. W. Stalin, zur Entscheidung unterbreitet, der darauf eine eindeutig positive Antwort gab. Stalin behauptete, daß diejenigen Genossen, die die Unvermeidlichkeit von Kriegen zwischen den imperialistischen Mächten verneinen, sich im Irrtum befinden. „Sie sehen“, so schrieb er, „die an der Oberfläche schimmernden äußeren Erscheinungen, . . . aber nicht die in der Tiefe wirkenden Kräfte, die, obwohl sie vorläufig unmerkbar wirken, dennoch den Lauf der Ereignisse bestimmen werden.“[1]

Seitdem sind 12 Jahre vergangen, ein angesichts des raschen Verlaufs der Ereignisse nicht geringer Zeitraum. Aber die Wahrscheinlichkeit eines Krieges zwischen den imperialistischen Mächten ist heute noch geringer als 1951.

Es gibt Dogmatiker, die auch heute getreu nach Stalin behaupten, daß Kriege zwischen den imperialistischen Mächten auch jetzt unvermeidlich sind. Sie befinden sich aber in einem tiefen Irrtum, denn sie berücksichtigen nicht die bedeutenden Veränderungen, die seit damals in der Welt vor sich gegangen sind.

Der XX. Parteitag der KPdSU räumte mit der Behauptung von der schicksalhaften Unvermeidlichkeit von Kriegen auf. In der Entschließung des Parteitages heißt es, daß „die Leninsche These Gültigkeit (behält), daß, solange der Imperialismus existiert, *auch die ökonomische Grundlage* für die Entstehung von Kriegen erhalten bleibt. Deshalb müssen wir höchste Wachsamkeit üben . . . Aber eine schicksalhafte Unvermeidlichkeit von Kriegen gibt es nicht.“[2]

Die Frage kann als endgültig entschieden betrachtet werden. Es gibt jedoch Genossen, die meinen, daß die Verneinung der Unvermeidlichkeit von Kriegen nur solche zwischen dem imperialistischen und sozialistischen Lager betrifft, während in bezug auf Kriege zwischen den imperialistischen Mächten auch heute noch die These gilt, daß diese unvermeidlich seien. Diese falsche Stalinsche Behauptung wird gegenwärtig von einigen Dogmatikern wiederholt. Deshalb halten wir es für notwendig, uns noch einmal mit der Stalinschen Argumentation zu befassen.

J. W. Stalin erkannte an, daß die theoretischen Widersprüche zwischen Kapitalismus

1 J. W. Stalin, Ökonomische Probleme des Sozialismus in der UdSSR, Berlin 1952, S. 34.

2 Rechenschaftsbericht des Zentralkomitees der KPdSU an den XX. Parteitag, Berlin 1956, S. 170 (Hervorhebung E. V.).

und Sozialismus stärker sind als die Widersprüche zwischen den kapitalistischen Ländern. Er wies darauf hin, daß das bereits vor dem zweiten Weltkrieg so war; als aber Hitlerdeutschland die Sowjetunion überfiel, „schloß sich der englisch-französisch-amerikanische Block nicht nur nicht Hitlerdeutschland an, sondern war im Gegenteil gezwungen, eine Koalition mit der UdSSR gegen Hitlerdeutschland einzugehen.“[3]

In dieser Argumentation fehlt das, worin nach Lenin „*das innerste Wesen, die lebendige Seele des Marxismus besteht: die konkrete Analyse einer konkreten Situation.*“[4]

Vor dem zweiten Weltkrieg und während des Krieges war die UdSSR das einzige sozialistische Land. Weite Kreise in der bürgerlichen Welt waren davon überzeugt, daß der Sieg des Sozialismus in Rußland „zufällig“ war und daher rührte, daß unter dem Zarismus keine Demokratie geherrscht habe. Diese Kreise betrachteten den Sozialismus in der UdSSR als eine vorübergehende historische Erscheinung, die bei Angriffen äußerer Kräfte oder inneren Schwierigkeiten nicht weiterbestehen würde.

Heute gibt es eine mächtige sozialistische Welt. Am stärksten sind die Kapitalisten heutzutage darüber bestürzt, daß einige Länder, die das Joch des Imperialismus abgestreift haben, den sozialistischen Weg wählen, daß *der Sozialismus auch ohne Krieg weiter um sich greift.* Jetzt nimmt *keiner* mehr in der kapitalistischen Welt an, daß der Sozialismus in derUdSSR eine vorübergehende Erscheinung ist, und nur wenige behaupten, der Sozialismus fände nur durch Krieg weitere Verbreitung. Die Apologeten des Kapitalismus beschränken sich jetzt auf die Behauptung, daß der Sozialismus sich nur in schwachentwickelten Ländern, aber nicht in den reichen entwickelten kapitalistischen Ländern entfalten kann.

Die konkrete historische Situation ist heute grundlegend anders als bei Ausbruch des zweiten Weltkrieges. Der Sozialismus wurde zum entscheidenden Faktor des Weltgeschehens. Natürlich kann die sozialistische Welt gegenüber der kapitalistischen kein Diktat ausüben. Aber jede imperialistische Macht muß bei jedem Schritt in ihrer Außen- und ebenfalls in ihrer Innenpolitik sorgfältig abwägen, welche Auswirkungen sich daraus auf das Verhältnis zwischen Sozialismus und Kapitalismus ergeben. Historisch gesehen, ist die Situation im Vergleich zu derjenigen vor und während des zweiten Weltkrieges völlig neu.

Auf diese neue historische Situation trifft das Argument nicht zu, daß der englisch-französisch-amerikanische Block trotz der Gegensätze zwischen Sozialismus und Kapitalismus mit der UdSSR eine Koalition gegen Hitlerdeutschland eingehen mußte. Diese Länder gingen die Koalition mit der Sowjetunion *erst nach* Ausbruch des Krieges zwischen den imperialistischen Mächten ein. Die Haltung der britischen und französischen Militärmission 1939 in Moskau zeigte deutlich, daß der englische Imperialismus vor Ausbruch des Krieges nicht ernsthaft an ein Militärbündnis mit der UdSSR dachte. Die westlichen Imperialisten schlossen das Bündnis mit der UdSSR erst, als Hitlerdeutschland sie überfallen hatte, die französische Armee zerschlagen und nahezu ganz Westeuropa besetzt war. Jetzt drohte der Krieg auch auf das Territorium Großbritanniens überzugreifen und Hitler zum Diktator ganz Europas zu werden. Sie gingen die Koalition nicht deshalb ein, um die UdSSR zu schützen, sondern vor allem, um gleichzeitig sowohl Hitler als auch die UdSSR zu schwächen.[5] Deshalb verzögerten sie auch die Eröffnung einer zweiten Front.

3 J. W. Stalin, Ökonomische Probleme des Sozialismus in der UdSSR, a. a. O., S. 36.

4 W. I. Lenin, „Kommunismus“, in: Werke. Bd. 31, Berlin 1959, S. 154 (Hervorhebung E. V.).

5 Truman trat offen für eine Politik der gleichzeitigen Schwächung sowohl Deutschlands als auch der UdSSR ein.

Die Memoiren Churchills und anderer westlicher Politiker machen klar, daß sie ein Vordringen sowjetischer Truppen nach Mitteleuropa verhindern wollten. Konkrete Bedingungen des zweiten Weltkrieges können nicht als Argument für eine historisch völlig andere Situation herangezogen werden.

Die gegenwärtige historische Situation unterscheidet sich auch noch in anderer Beziehung gänzlich von allen früheren Etappen in der Epoche des Imperialismus. *Früher standen sich stets Koalitionen der imperialistischen Mächte gegenüber.* Vor dem ersten Weltkrieg war dies der Dreibund und das französisch-russische Bündnis. Vor dem zweiten Weltkrieg bestanden die deutsch-italienisch-japanische und die englisch-französisch-amerikanische Militärgruppierung. Jetzt bilden angesichts der Herausbildung und des raschen Wachstums der sozialistischen Welt *alle imperialistischen Westmächte ein einziges Militärbündnis, nämlich die NATO*, obwohl zwischen ihnen erhebliche Gegensätze vorhanden sind. Insofern unterscheidet sich die Situation grundsätzlich gegenüber der Lage vor dem zweiten Weltkrieg. Jetzt befinden sich amerikanische, britische und französische Truppen auf dem Territorium der BRD; westdeutsche Truppen absolvieren Manöver in Frankreich und Großbritannien; gemeinsame Manöver werden zu Lande, in der Luft und zur See abgehalten; die Bewaffnung (ausgenommen die thermonukleare) wird allmählich angeglichen.

Natürlich ist die NATO kein festes Militärbündnis. Es ist nicht sicher, ob sie nicht zerfällt, wenn sie vor einer ernsthaften militärischen Machtprobe steht, wie dies beim Dreibund während des ersten Weltkrieges der Fall war. Innerhalb der NATO beobachten wir eine Krise nach der anderen, die immer wieder durch Übereinkommen und Kompromisse beigelegt werden. Mit der EWG und dem Plan zur „Integration" Westeuropas wird das Ziel verfolgt, eine Organisation zu schaffen, in deren Rahmen es möglich ist, die ökonomischen und politischen Widersprüche zwischen den kontinentaleuropäischen imperialistischen Mächten auszugleichen und zu lösen, um dem Weltherrschaftsstreben der USA widerstehen zu können. Die Behauptung von J. W. Stalin, die Gegensätze zwischen den NATO-Mächten würden unbedingt zu kriegerischen Auseinandersetzungen führen, ist wissenschaftlich nicht begründet.

Um möglichen Mißverständnissen vorzubeugen: Das Bestehen der NATO, des „Gemeinsamen Marktes" und anderer imperialistischer Bündnisse bedeutet keinesfalls eine politische Stabilisierung des Kapitalismus. Erinnern wir uns an die Ereignisse in der kapitalistischen Welt 1962: den Krieg in Algerien, die Terrorhandlungen der OAS in Algerien und Frankreich sowie die politische Krise in Frankreich. In der BRD durchlebte die Regierung Adenauer eine Krise. Es kam zum Krieg zwischen dem Jemen und der VAR einerseits sowie Saudi-Arabien und Jordanien anderseits. Der Kongokrieg ist seinem Wesen nach ein Krieg gegen das kongolesische Volk und gleichzeitig unter der UNO-Flagge gegen Großbritannien und Belgien gerichtet, die Tschombé unterstützen und die Interessen der „Union Minière du Haut-Katanga" verteidigen. Zu nennen sind weiter die Krise in Rhodesien und der Krieg Portugals gegen seine afrikanische Kolonie Angola. In Südafrika gibt es einen lautlosen Bürgerkrieg. Zwischen Indien und Pakistan besteht eine kriegsähnliche Situation. In den Ländern Lateinamerikas erleben wir Aufstände und Militärputsche. Anfang 1964 kam es zu einem „Krieg" auf Zypern, zu einem Konflikt zwischen Malaysia und Indonesien, zwischen Panama und den USA, zwischen Somalia und Äthiopien. Bereits seit vielen Jahren kämpft das Volk von Südvietnam gegen die USA und deren Marionetten usw.

Es kann also keineswegs von einer politischen Stabilisierung des Kapitalismus gesprochen werden. Das bedeutet aber nicht, daß Kriege zwischen den imperialistischen Mächten unvermeidlich sind.

Die Solidarität zwischen den imperialistischen Mächten in bezug auf die sozialistische Welt bewies anschaulich der Grenzkonflikt zwischen China und Indien.

Der Verlauf der Geschichte in den letzten 12 Jahren widerlegte die Auffassungen Stalins, auf denen seine Theorie beruhte, daß Kriege zwischen den imperialistischen Mächten unvermeidlich seien. Seine Konzeption ging davon aus, daß die USA auf ewige Zeiten ein wirtschaftliches Übergewicht besitzen werden und daß England, Frankreich, Westdeutschland und Japan „gezwungen sein werden, sich aus der Umarmung der USA loszureißen und einen Konflikt mit ihnen zu riskieren ... Wollte man annehmen, diese Länder würden nicht versuchen ... das ‚Regime' der USA zu durchbrechen ..., hieße an Wunder glauben."[6]

J. W. Stalin ignorierte völlig das Leninsche Gesetz von der ungleichmäßigen Entwicklung im Imperialismus. Die besiegten imperialistischen Mächte brauchten keinen Krieg, um die wirtschaftliche Vorherrschaft der USA abzuschütteln. Durch die ungleichmäßige Entwicklung wurde diese Vorherrschaft auf friedlichem Wege beseitigt. Westdeutschland, Frankreich, Italien und Japan erstarkten wirtschaftlich rasch, während die USA zurückblieben. Der Anteil der USA an der Weltindustrieproduktion ging von 56% auf etwa 40% zurück, ihr Anteil am Außenhandel noch stärker; sie verloren mehr als ein Drittel ihrer Goldreserven, die Ende 1962 sogar noch unter dem Stand vor dem zweiten Weltkrieg lagen. Das chronische Zahlungsbilanzdefizit, eine Folge der gewaltigen Ausgaben, die die USA im Ausland zur Verteidigung der kapitalistischen Gesellschaftsordnung tätigen, bedroht ständig die Stabilität des Dollars. Die USA mußten die BRD, Frankreich und Italien ersuchen, den Dollar zu stützen: ihre Dollarbestände nicht gegen Gold einzutauschen, ihre Schulden vorfristig zurückzuzahlen, in den USA mehr Waffen zu kaufen, einen größeren Anteil an den Ausgaben zum Schutz der kapitalistischen Welt zu übernehmen usw.

Auf wirtschaftlichem Gebiet diktieren die USA nicht mehr, wie es in der ersten Zeit nach Kriegsende der Fall war. Sie mußten ihre westlichen Verbündeten um Finanzhilfe zur Stützung des Dollars angehen. Und das ohne Krieg. Die Gründung der EWG stärkt die wirtschaftlichen Positionen der kontinentaleuropäischen imperialistischen Mächte gegenüber den USA noch mehr.

Die anderen imperialistischen Mächte benötigen für ihre wirtschaftliche Entwicklung nicht nur keinen Krieg mit den USA, *sondern sie sind auch gar nicht in der Lage, einen solchen zu führen.* Jeder weiß, daß es im Zeitalter der Kernwaffen undenkbar ist, nur mit herkömmlichen Waffen einen Krieg gegen die USA über den Atlantik zu führen. Aber bei den Kernwaffen verfügen die USA noch immer über das Monopol in der kapitalistischen Welt, trotz der Bemühungen Frankreichs, Atommacht zu werden und der schüchternen Versuche Großbritanniens, „seine" Bombe zu entwickeln.[7]

6 J. W. Stalin, Ökonomische Probleme des Sozialismus in der UdSSR, a. a. O., S. 35.

7 Ende 1962 erklärten sich die USA bereit, den europäischen Mitgliedsländern der NATO atomare Mittelstreckenraketen vom Typ „Polaris" zur Verfügung zu stellen. Das hätte aber nur Bedeutung für einen Krieg mit den sozialistischen Staaten. Für einen Krieg der europäischen kapitalistischen Mächte gegen die USA wäre dies bedeutungslos, da Großbritannien und Frankreich selbst die Unterseeboote bauen müssen, um die „Polaris"-Raketen zu nutzen, so daß sie diese Raketen frühestens 1970 einsetzen könnten (The Times vom 17. November 1962).

Das Übergewicht, das die USA auf dem Gebiet der Rüstung in der kapitalistischen Welt haben, ist nicht nur infolge der militärischen Überlegenheit der USA, sondern auch aus rein ökonomischen Gründen schwer zu brechen. Für das Haushaltsjahr 1962/63 sahen die USA Rüstungsausgaben in Höhe von 60 Mrd. Dollar vor (darin enthalten sind auch die Ausgaben für Kernenergie, für Militärhilfe an andere Länder usw.). Das gesamte Nationaleinkommen der westeuropäischen Hauptländer ist in Tabelle 1 angeführt.

Tabelle 1
Nationaleinkommen der Hauptländer Westeuropas im Jahre 1960 (Mrd. Dollar)

BRD	Frankreich	Italien	Großbritannien	Insgesamt
54	44	25	56	179

Quelle
Statistical Yearbook of the United Nations. 1961, S. 486 (von mir entsprechend dem offiziellen Kurs in Dollar umgerechnet).

Diese Zahlen sind nicht ganz exakt. Aber sie lassen trotzdem erkennen, daß weder die BRD noch Frankreich *im Alleingang* mit den USA auf dem Gebiet der Rüstung konkurrieren können. Selbst wenn alle vier Mächte ihre Kräfte gegen die USA vereinigen würden, so müßten sie in diesem Fall bereits in Friedenszeiten etwa ein Drittel ihres Nationaleinkommens für Rüstungszwecke aufbieten, was aus innenpolitischen Gründen kaum möglich ist.

*

Bei der Diskussion dieser Frage im Jahre 1951 brachten wir gegen die Unvermeidlichkeit eines neuen Krieges zwischen den imperialistischen Mächten vor allem das Argument vor, daß die Politiker der imperialistischen Länder die Lehren aus der Geschichte berücksichtigen. Im Ergebnis des ersten Weltkrieges wurde in Rußland die Macht der Bourgeoisie und der Gutsbesitzer gebrochen; der zweite Weltkrieg brachte den Sturz des Kapitalismus in Mittel- und Südosteuropa, in China und Nordkorea. Den führenden Politikern der imperialistischen Länder müßte bewußt sein, daß ein dritter Weltkrieg zwischen ihnen verhängnisvolle Folgen für das gesamte kapitalistische System haben würde.

J. W. Stalin wies auch dieses Argument zurück. Er schrieb, daß „ein Krieg gegen die UdSSR, als das Land des Sozialismus, für den Kapitalismus gefährlicher ist als ein Krieg zwischen den kapitalistischen Ländern, denn wenn es bei einem Krieg zwischen den kapitalistischen Ländern nur um die Frage der Vorherrschaft dieser und jener kapitalistischen Länder über andere kapitalistische Länder geht, so muß ein Krieg gegen die UdSSR unbedingt die Frage der Existenz des Kapitalismus selbst aufwerfen“.[8]

Wir sind der Ansicht, daß Stalins These über einen Krieg zwischen den imperialistischen Ländern falsch ist. Er zieht nicht in Betracht, daß eine Niederlage in einem modernen großen Krieg zwischen den imperialistischen Staaten auch die weitere Existenz des Kapitalismus aufs Spiel setzt, besonders in den besiegten Ländern. Jede Niederlage in einem Krieg bedeutet, daß die herrschende Klasse, ihre Regierung und die Gesellschaftsordnung diskreditiert ist, sie untergräbt die Disziplin in der Armee, die in imperia-

8 J. W. Stalin, Ökonomische Probleme des Sozialismus in der UdSSR, S. 35.

listischen Ländern neben Kaderoffizieren meistens aus Arbeitern und Angestellten besteht, also aus Menschen, die objektiv nicht am Bestand der kapitalistischen Gesellschaftsordnung interessiert sind[9], und setzt innerhalb und außerhalb der Armee Klassenkräfte zum Sturz der Macht der Bourgeoisie frei. Die Geschichte des zwanzigsten Jahrhunderts zeigt, daß die kapitalistische Gesellschaftsordnung in entwickelten Ländern, wie Rußland, Ungarn usw., gestürzt wurde, nachdem die Bourgeoisie dieser Länder im Krieg eine Niederlage erlitten hatte.

Theoretisch ist es natürlich möglich, daß die siegende Gruppierung der imperialistischen Länder mit ihren Armeen das gesamte Territorium der besiegten Länder besetzt, um die kapitalistische Gesellschaftsordnung zu retten. Die amerikanischen und britischen Truppen zerschlugen 1944 die Partisanenarmeen in Frankreich und Italien, um den Kapitalismus zu schützen. Aber bei dem unwahrscheinlichen Fall, daß ein großer Krieg zwischen den imperialistischen Mächten ausbricht, an dem die sozialistische Welt nicht beteiligt wäre, bestände eine völlig andere historische Situation als 1944. Die imperialistische Welt wäre insgesamt erheblich geschwächt und die sozialistische Welt demgegenüber bedeutend erstarkt. Deshalb könnte die sozialistische Welt leicht ihre internationalistische Pflicht erfüllen und die Völker schützen, die das Joch des Kapitalismus abgeschüttelt haben.

Ein dritter Weltkrieg zwischen den imperialistischen Mächten wäre auch bei einer Neutralität der sozialistischen Welt für die kapitalistische Gesellschaftsordnung nicht minder gefährlich als ein Krieg zwischen Kapitalismus und Sozialismus.

Deshalb sind wir der Auffassung, daß zwar die ökonomischen Grundlagen für Kriege zwischen den imperialistischen Ländern vorhanden sind, denn der Kampf um die Rohstoffquellen und Absatzmärkte sowie um die Kapitalanlagesphären ist zwischen den imperialistischen Ländern nicht schwächer geworden als vor dem zweiten Weltkrieg, aber die Politiker der bürgerlichen Länder werden die Erfahrungen aus dem ersten und zweiten Weltkrieg berücksichtigen, die den Kapitalismus die Macht über ein Drittel der Weltbevölkerung kosteten, und werden deshalb richtig die Gefahr erkennen, die ein neuer Krieg zwischen den imperialistischen Ländern für ihre Klasse bedeutet, so daß sie sich hüten werden, einen solchen zu beginnen.

Ein neuer großer Krieg zwischen den imperialistischen Ländern wird auch dadurch erschwert, daß dieser für ihre Klasse und ihre Wirtschaft nicht nur ein wesentlich größeres Risiko darstellt, sondern auch dadurch, daß die *möglichen Vorteile*, die ein solcher Krieg *für das Monopolkapital bietet, wesentlich geringer geworden sind.* Der einzige Vorteil wären für sie die erhöhten Rüstungslieferungen.

Die Kriege zwischen den imperialistischen Mächten wurden in der Vergangenheit meistens zur Eroberung und Aufteilung von Kolonien geführt. Lenin schrieb in bezug auf den ersten Weltkrieg, daß auf den europäischen Schlachtfeldern das Schicksal der Kolonien außerhalb Europas entschieden wird. Deutschland und Japan führten den zweiten Weltkrieg mit dem Ziel, sich die Länder Europas und Asiens zu unterwerfen, um sie kolonial auszubeuten, obwohl sie versuchten, das mit Losungen von einer „Neuordnung Europas“ oder „Asien den Asiaten“ zu verschleiern.

Gegenwärtig würde kaum ein imperialistisches Land einen Krieg gegen ein anderes

9 In Italien und Frankreich erhalten die kommunistischen Parteien bei den Wahlen regelmäßig etwa 25% der Stimmen. Der prozentuale Anteil der Kommunisten in der Armee muß noch höher liegen, denn für die antikommunistischen Parteien stimmen vorwiegend Frauen, alte Leute und Vertreter der herrschenden Klassen, die nicht in der Armee dienen.

beginnen, um Kolonien zu erobern. Das Kolonialsystem des Imperialismus ist doch nach dem zweiten Weltkrieg für unsere Vorstellungen zerfallen. Es bestehen nur noch geringe Überreste ehemaliger Kolonialreiche, aber auch ihr Schicksal ist im voraus entschieden. Das Monopolkapital ging dazu über, die weiterhin bürgerlich ausgerichteten ehemaligen Kolonien mit neokolonialistischen Methoden auszubeuten, ohne noch eine politische Herrschaft über sie auszuüben.

Von großer Bedeutung ist heutzutage auch der rasche Fortschritt der Technik im allgemeinen und der Militärtechnik im besonderen. Heute ist die modernste Militärtechnik in zwei bis drei Jahren veraltet. Gelegentlich ist eine neue Waffenart bereits überholt, bevor sie endgültig ausgereift ist. So verhielt es sich mit der englischen militärischen Langstreckenrakete „Blue Streak", für deren Entwicklung Großbritannien mehrere hundert Millionen Pfund Sterling aufgewandt hatte, dann aber von der Produktion Abstand nehmen mußte, da sie bereits moralisch verschlissen, noch vor ihrer Geburt veraltet war.

Dadurch erhält das monopolistische Großkapital von Jahr zu Jahr größere Rüstungsaufträge, und das ohne Krieg. Es ist bekannt, daß die Rüstungshaushalte aller imperialistischer Länder seit 1950 jedes Jahr steigen. Auch unter diesem Gesichtspunkt braucht das Monopolkapital, das die Außenpolitik der imperialistischen Länder bestimmt, keinen Krieg.

Außerdem wissen die herrschenden Klassen der imperialistischen Länder gut, daß durch den zweiten Weltkrieg *der Nationalreichtum der kriegführenden Länder real erheblich abgenommen hat.* Selbst in den USA, die nicht Kriegsschauplatz waren, ist der Gesamtumfang des Privatvermögens durch den zweiten Weltkrieg (nach Untersuchungen von Simon Kuznets)[10] zurückgegangen; nur das Staatsvermögen hat etwas zugenommen. Allerdings haben sich einige große Monopole, die Hauptlieferanten von Kriegsmaterial, und einzelne Spekulanten am Krieg bereichert. Aber die herrschenden Klassen in Großbritannien, Frankreich, Westdeutschland, Italien und Japan haben durch den zweiten Weltkrieg insgesamt zweifellos große Verluste gehabt. Der Krieg verliert als Mittel der Bereicherung zunehmend an Bedeutung.

Es hat keinen Zweck, darüber Mutmaßungen anzustellen, mit welcher Waffe ein Krieg zwischen den imperialistischen Ländern geführt werden würde, wenn er ausbrechen sollte. Beim gegenwärtigen stürmischen Entwicklungstempo der Militärtechnik läßt sich dies nicht voraussagen. Vieles wird davon abhängen, ob die USA mit ihren mächtigen Kernwaffen an einem solchen Krieg teilnehmen. Ein Krieg zwischen den imperialistischen Mächten wäre in jedem Fall wesentlich verheerender als der zweite Weltkrieg, auch wenn die USA nicht daran beteiligt sind. Die Waffen haben sich verändert. Mehrere Mächte verfügen heute über einen gewissen Vorrat an „taktischen" Atomwaffen, die Bombenflugzeuge sind größer, die Brandbomben wirksamer, die Panzer stärker, die Gewehre besser usw. Auf den Territorien, die Kriegsschauplatz wären, würde vom Nationalreichtum bedeutend mehr als im zweiten Weltkrieg vernichtet werden.

Wissenschaftler der ganzen Welt, breite Kreise der Intelligenz, die Völker insgesamt erkennen immer klarer die verhängnisvollen Folgen, die ein nuklearer Krieg für die Menschheit hätte, und zwar ohne Unterschied der Klassen. Die reichsten Leute könnten seinen Auswirkungen nicht entgehen, ebensowenig wie auch die Krebskrankheit keinen Unterschied zwischen den Klassen macht. Das Bewußtsein der allgemeinen Gefahr ist ein mächtiger Faktor, der gegen den Krieg wirkt.

10 S. Kuznets, Capital in the American Economy. Its Formation and Financing. Princeton 1961.

Fassen wir das Gesagte zusammen: Die imperialistischen Gegensätze bestehen, und damit besteht auch die Gefahr von Kriegen zwischen den imperialistischen Ländern. Aber die Wahrscheinlichkeit, daß innerhalb des imperialistischen Lagers ein dritter Weltkrieg ausbricht, ist gering. Kein Land kann bei einem solchen Krieg etwas gewinnen. Die Zerstörungen wären zweifellos größer als im zweiten Weltkrieg, der Sturz des Kapitalismus in den besiegten Ländern nahezu unvermeidlich; die Folgen eines Atomkrieges können für die gesamte Menschheit verheerend sein. Ein neuer Krieg zwischen den imperialistischen Mächten ist nicht ausgeschlossen. Aber wenn die Frage von Krieg oder Frieden nicht von irgendeinem Abenteurer wie Hitler, sondern *von* bürgerlichen *Staatsmännern* entschieden wird, *die wissen, was für eine drohende Gefahr ein solcher Krieg für die kapitalistische Gesellschaftsordnung heraufbeschwört, wird er nicht stattfinden.*

Die Rolle der Bourgeoisie im nationalen Befreiungskampf der Kolonialvölker

Lange Zeit wurde die Rolle der Bourgeoisie im nationalen Befreiungskampf der kolonialen Völker in der marxistischen Literatur etwa wie folgt gesehen:

a) Die Bourgeoisie der Kolonien ist reaktionär geworden: Sie nimmt nur unter dem Druck der Massen am Befreiungskampf teil. Sie bemüht sich, die Bewegung in die Hand zu bekommen, damit sie im Rahmen der bestehenden Gesellschaftsordnung bleibt;

b) sie ist stets bereit, einen Kompromiß mit der imperialistischen Bourgeoisie auf Kosten der Werktätigen ihres Landes zu schließen;

c) der Befreiungskampf der kolonialen Völker kann nur siegreich sein, wenn ihn die Arbeiterklasse unter Führung einer kommunistischen Partei leitet.

Von diesen Thesen sind die erste und zweite richtig und falsch; die Bourgeoisie der kolonialen Länder führt je nach den konkreten historischen Bedingungen aus eigener Initiative einen entschiedenen Kampf gegen den Imperialismus, oder aber sie schließt mit ihm einen Kompromiß. Zur dritten Feststellung ist zu sagen, daß die Erfahrungen der letzten zehn Jahre zeigen, daß sie nicht richtig ist.

In der Zeit nach dem zweiten Weltkrieg haben mehr als 50 koloniale und halbkoloniale Länder ihre Unabhängigkeit vom Imperialismus erkämpft. Nur bei vier, nämlich China, Nordvietnam, Nordkorea und Kuba, trat das Proletariat an die Spitze des nationalen Befreiungskampfes. In allen anderen Ländern, wie in Indien, Pakistan, Burma, Indonesien, Ceylon, Ägypten, im Sudan usw., stand das Proletariat nicht an der Spitze der Bewegung, sondern diese wurde von der Bourgeoisie, zum Teil noch nicht einmal von ihr geleitet, wie z. B. im Sudan oder in Ghana, denn es gibt dort keine oder fast keine nationale Bourgeoisie, sondern andere Bevölkerungsschichten, vor allem die Intelligenz.[1]

Wir sind uns natürlich der großen Bedeutung der Tatsache bewußt, ob im Befreiungskampf der Kolonien der Sieg unter Führung des Proletariats und einer kommunistischen Partei oder aber unter Führung der Bourgeoisie und ihrer Parteien errungen wurde. Im ersten Fall hat die antiimperialistische Revolution zugleich alle Aufgaben der bürgerlich-demokratischen Revolution (Abschaffung der Feudalordnung, grundlegende Umgestaltungen in der Landwirtschaft) gelöst und ist sofort zum Aufbau des Sozialismus übergegangen.

Im zweiten Fall wird die Feudalordnung allmählich mehr oder weniger beseitigt, aber es erfolgt kein grundlegender Wandel der Agrarverhältnisse[2], und die alte Gesellschaftsordnung bleibt im Lande erhalten. Das ändert aber nichts daran, daß auch in diesen Ländern der antiimperialistische Kampf um die politische Unabhängigkeit unter Führung nichtproletarischer Klassen siegreich abgeschlossen wurde. Ein solcher Ausgang des Kampfes war in der Türkei zu verzeichnen, die nach der Befreiung vom imperialistischen Joch in den 20er Jahren freundschaftliche Beziehungen zur Sowjetunion unterhielt, aber

1 Die Behauptung, daß die Befreiung der Kolonien nur unter der führenden Rolle des Proletariats und der kommunistischen Partei möglich ist, war bei uns so weit verbreitet, daß nach der Umwandlung Indiens in ein Dominion bei uns oft behauptet wurde, daß sich in Indien „dem Wesen nach nichts geändert habe", daß es weiterhin eine Kolonie Großbritanniens bleibt.

2 In Indonesien müssen die Bauern noch heute 50% der Ernte an die Gutsbesitzer abliefern.

gegenwärtig, unter anderen historischen Bedingungen, mit den USA verbündet ist. Die Tatsachen zeigen also, daß die These falsch ist, wonach ein Sieg in antiimperialistischen politischen Befreiungskampf nur unter Führung der Arbeiterklasse und der kommunistischen Partei möglich ist.

*

Die falsche Auffassung, daß die Bourgeoisie in den Kolonien und abhängigen Ländern stets reaktionär ist und es unter Führung der Bourgeoisie keinen Sieg im nationalen Befreiungskampf geben kann, entstand auf dem II. und besonders auf dem VI. Kongreß der Kommunistischen Internationale. Der Verrat der Guomindang wurde fälschlicherweise auf die gesamte Bourgeoisie in den Kolonien ausgedehnt.

In dem auf dem II. Kongreß der Kommunistischen Internationale unterbreiteten Resolutionsentwurf schlug Lenin vor, sich auf den Hinweis zu beschränken, daß die Kommunisten jede bürgerlich-demokratische Bewegung in den Kolonien unterstützen müssen. Er betonte, daß die nationale Bewegung in den Kolonien nur bürgerlich-demokratischen Charakter tragen könne, da die Hauptmasse des Volkes der zurückgebliebenen Länder aus Bauern besteht. Im Verlauf der Diskussion stimmte Lenin zu, die Formulierung „bürgerlich-demokratisch" durch „nationalrevolutionäre Bewegung" zu ersetzen, da einige Delegierte den Standpunkt vertraten, daß die Bourgeoisie der kolonialen und imperialistischen Länder liiert und gegen die revolutionäre Bewegung in den Kolonien gerichtet sei.[3] Lenin stimmte dieser „radikaleren" Ergänzung der Thesen zu, weil das Hauptziel der Debatten und der Entschließung darin bestand, die Vertreter der kommunistischen Parteien in den imperialistischen Ländern davon zu überzeugen, daß sie die antiimperialistische Bewegung in den von „ihrer" Bourgeoisie unterdrückten Kolonien unterstützen müssen, denn in diesen Ländern war die bürgerlich-sozialdemokratische Auffassung von der „erzieherischen" Rolle der Kolonialmächte gegenüber den „rückständigen" Völkern stark verbreitet. Hätte Lenin nicht diesen „linken" Veränderungen zugestimmt, so wäre keine Mehrheit für eine antikoloniale Entschließung zu erreichen gewesen.

Der VI. Kongreß der Kommunistischen Internationale, auf dem erneut eine umfassende Entschließung zur kolonialen Frage angenommen wurde, stand stark unter dem Eindruck des Verrats der Guomindang in China, und er schätzte die Bewegung der „gewaltlosen Nichtzusammenarbeit" in Indien falsch ein. Deshalb wurde das Bestreben der nationalen Bourgeoisie zu Kompromissen mit den Imperialisten überbetont; diese Bewegung wurde als „nationalreformistisch" bezeichnet.

Die Erfahrungen der Nachkriegszeit haben gezeigt, daß unter den gegenwärtigen historischen Bedingungen, da der Imperialismus allgemein geschwächt ist, ein sozialistisches Weltsystem entstand, das im Vergleich zu den kapitalistischen Ländern eine raschere Entwicklung genommen hat, die Bourgeoisie der Kolonien und abhängigen Länder oft bereit und auch in der Lage ist, die nationale Befreiungsbewegung zum Sieg zu führen.

Der Befreiungskampf unter der Führung der Bourgeoisie bringt jedoch anfangs nur die

3 Es ist kennzeichnend, daß die Vertreter der italienischen Partei nicht für die Entschließung stimmten. Graziadei schlug einige offensichtlich reformistische Veränderungen vor, z. B. den Hinweis, daß die Kommunisten „verpflichtet sind, die antiimperialistische Bewegung zu unterstützen", durch die Worte „aktives Interesse zu zeigen" zu ersetzen; Serrati stimmte nicht ab und begründete dies mit dem „linken" Argument, daß die Kommunisten keine bürgerliche Bewegung unterstützen dürften (vgl. „Vtoroj Kongress Kominterna", Moskva 1934, S. 98—161, 490—496).

politische Souveränität. *Die völlige ökonomische Unabhängigkeit* vom Imperialismus kann nur auf dem nichtkapitalistischen Entwicklungsweg erzielt werden.

Die Jahrzehnte seit dem Ende des zweiten Weltkrieges haben vielfältige Formen der Befreiungsbewegung hervorgebracht, die sich sogar in ein und demselben Land häufig verändern. Diese Vielfalt kann nicht in strenge Formeln gefaßt werden.

*

Wir wollen versuchen, die Rolle der Bourgeoisie im nationalen Befreiungskampf der Kolonialvölker zu analysieren.

Die Bourgeoisie der Kolonien und Halbkolonien weist einen Doppelcharakter auf. Als *Bourgeoisie* besitzt sie gemeinsame Interessen mit der Bourgeoisie der imperialistischen Länder bei der Verteidigung der kapitalistischen Gesellschaftsordnung; als Befürworter des Kapitalismus spielt sie historisch eine *reaktionäre* Rolle. Ihre Interessen als *Kolonial*bourgeoisie stehen in scharfem Gegensatz zu den Interessen der imperialistischen Bourgeoisie. Deshalb ist sie bereit, den Kampf der Werktätigen in den Kolonien und Halbkolonien gegen den Imperialismus anzuführen, wobei sie historisch eine *progressive* Rolle spielt.

Aus dem Doppelcharakter der Kolonialbourgeoisie folgt ihre schwankende Haltung in politischen Fragen. Sie tritt in der Regel gegen den Imperialismus auf, schließt jedoch unter gewissen Bedingungen Kompromisse mit den Imperialisten. Aber die Erfahrungen der Nachkriegsjahre zeigen, daß solche Kompromisse nur zeitweiligen Charakter tragen, daß nach einer Unterbrechung der Kampf bis zur Eroberung der vollen politischen Selbständigkeit weitergeführt wird.

Das Bestehen des sozialistischen Weltsystems, in dem ehemalige koloniale und halbkoloniale Länder eine große Rolle spielen, hat für die nationale Befreiungsbewegung der Kolonien große Bedeutung. Die Völker der Kolonien, auch die Bourgeoisie, ist stolz auf den Sieg, den die ehemaligen Kolonien in ihrem Kampf gegen den Imperialismus erzielt haben, aber auch auf ihre ökonomischen Erfolge. Hieraus schöpfen sie Zuversicht für ihren Kampf. Die Völker der Kolonien empfinden Freundschaft gegenüber den ehemaligen Kolonien, die jetzt sozialistische Staaten sind. Die Tatsache, daß die früher vom Zarismus unterdrückten Völker in der UdSSR gleichberechtigt sind, verschafft der Sowjetunion Sympathien bei den unterdrückten Völkern in der ganzen Welt. Allein schon die Existenz der sozialistischen Staatengemeinschaft stärkt die Positionen der Kolonialvölker in ihrem Kampf gegen den Imperialismus.

Das gemeinsame Interesse der Staaten des sozialistischen Weltsystems und der vom Imperialismus befreiten Länder, den Frieden und ihre Errungenschaften gegen Angriffe der Imperialisten zu sichern, ließ freundschaftliche Beziehungen zwischen ihnen entstehen. Da sie (mit Ausnahme Pakistans, der Türkei und einiger anderer Länder) die Teilnahme an Militärbündnissen mit den Imperialisten ablehnen, spielen die ehemaligen Kolonien und die sie führende Bourgeoisie eine gewichtige progressive Rolle. *Die Existenz des sozialistischen Weltsystems verstärkt die progressive und vermindert die reaktionäre Rolle der Kolonialbourgeoisie.* Zugleich nehmen die reaktionären Bestrebungen der sehr reichen Schichten, die ökonomisch mit den Kapitalisten der imperialistischen Länder liiert sind, zu, wie dies z. B. die Entwicklung in Indien und im Irak zeigt.

Die Analyse, welche Rolle die Bourgeoisie im nationalen Befreiungskampf der einzelnen Länder spielt, wird sowohl durch deren Doppelcharakter als auch dadurch erschwert, daß sie heterogen ist.

Auch die Bourgeoisie in den imperialistischen Ländern ist heterogen. Neben der Monopolbourgeoisie gibt es eine nichtmonopolisierte Bourgeoisie und eine Dorfbourgeoisie. Aber die Politik der gesamten Bourgeoisie und damit des Staatsapparates bestimmt im Imperialismus die Monopolbourgeoisie, die Finanzoligarchie. Auch innerhalb der Monopolbourgeoisie sind Auseinandersetzungen zwischen einzelnen Gruppierungen zu verzeichnen, die verschiedene Wirtschaftszweige repräsentieren. Aber in *sozialer* Hinsicht, in bezug auf ihre Rolle in der Wirtschaft ist die Monopolbourgeoisie homogen. Anders verhält es sich mit der Bourgeoisie in den Kolonien und Halbkolonien. Sie besteht ebenfalls aus verschiedenen, auf vielfache Weise miteinander verbundenen Schichten, doch gibt es keine Schicht, die ähnlich der Finanzoligarchie in den imperialistischen Ländern allein die gesamte Politik der Bourgeoisie bestimmt.

Noch komplizierter wird die Situation dadurch, daß der Charakter und die Politik der einzelnen Schichten der Bourgeoisie von den jeweiligen Bedingungen abhängen, also vom Stand der wirtschaftlichen Entwicklung der einzelnen Kolonien, der Zeitspanne, in der sich das Land unter dem Joch des Imperialismus befand, und vom Status des Landes, d. h. ob es sich um eine Halbkolonie mit eigenem Staatsapparat und eigener Armee handelt, wie dies in China der Fall war, oder ob die Verwaltung durch die Imperialisten erfolgte, wie in Indonesien, oder ob ein Teil des Landes durch die Imperialisten und ein anderer Teil durch einheimische Fürsten, wie in Indien, verwaltet wurde. Von Bedeutung ist weiter, ob die Kolonialherren nur eine dünne Schicht der Bourgeoisie (Industrielle und Plantagenbesitzer) und der höheren Beamtenschicht ausmachten oder ob sie einen Großteil der Bevölkerung stellen, der sich den Hauptreichtum des Landes, nämlich das fruchtbare Land, aneignete, wie in Südafrika oder in Algerien. Obwohl alle Kolonien und Halbkolonien von den Kolonialherren beherrscht und ausgebeutet werden, sind Lage und Politik der Bourgeoisie in den Kolonien sehr vielgestaltig. Es reicht deshalb keineswegs aus, die Bourgeoisie in den kolonialen Ländern und deren Politik nur insgesamt einzuschätzen.

Die wichtigsten Schichten der Bourgeoisie sind in den Kolonien und Halbkolonien folgende:

Die *Kompradorenbourgeoisie*. Sie ist aufs engste mit der imperialistischen Bourgeoisie verbunden; sie dient dieser, kauft für sie die Rohstoffe, setzt deren Waren im Lande ab, nimmt für sie Kreditgeschäfte mit der einheimischen Bevölkerung vor usw. Die Kompradorenbourgeoisie ist reaktionär und steht politisch nahezu ausnahmslos auf der Seite der Imperialisten gegen das eigene Volk. In China blieb sie auch nach dem Sieg der Volksdemokratie feindlich eingestellt und wurde als Klasse liquidiert, nachdem sie durch die sozialistische Umgestaltung des Landes ihre Funktionen verloren hatte.

Die Zwischenschicht zwischen der Kompradoren- und der nationalen Industriebourgeoisie ist zahlenmäßig gering, aber eine einflußreiche Schicht der Industriebourgeoisie. In Indien z. B. arbeitet sie eng mit der britischen Bourgeoisie zusammen, so in gemischten Gesellschaften mit britischem und indischem Kapital, ist jedoch ökonomisch und besonders politisch selbständig.

Die nationale[4] *Industriebourgeoisie*. In einigen Ländern, wie z. B. in Indien, ist sie ein

4 Wir sind der Auffassung, daß es unzweckmäßig ist, nur die industrielle Bourgeoisie in den ehemaligen Kolonien „national" zu nennen, denn so entsteht der Eindruck, als ob alle anderen Schichten nicht national wären, was selbstverständlich falsch ist.

starker Faktor in der Wirtschaftspolitik.[5] In vielen ehemaligen Kolonien, z. B. in den meisten befreiten Ländern Afrikas oder in Burma, fehlt eine einheimische Industriebourgeoisie meist völlig.

Die Industriebourgeoisie verfolgt in den früheren Kolonien und Halbkolonien bis heute eine schwankende Politik. Sie nahm meist am nationalen Befreiungskampf gegen den Imperialismus teil und hat diesen Kampf oft angeführt. Die Konkurrenz mit der privilegierten imperialistischen Bourgeoisie hat ihre wirtschaftliche Lage sehr erschwert. Bekanntlich verfügt das Auslandskapital auch nach der politischen Befreiung des Landes noch über starke Positionen in der Wirtschaft des Landes, sofern dieses kapitalistisch bleibt. Deshalb geht der Kampf der einheimischen Industriebourgeoisie gegen das ausländische Kapital auch nach der Befreiung der ehemaligen Kolonien oder Halbkolonien weiter.

Andererseits verrät die Bourgeoisie der kolonialen und halbkolonialen Länder oft den Befreiungskampf (wie z. B. die Guomindang 1927), wenn dieser Kampf in eine Agrarrevolution mündet oder Bedeutung und Rolle des Proletariats in der Politik des Landes gefährlich gestärkt werden. Wichtig ist, daß alle Schichten der Bourgeoisie in den ehemaligen Kolonien einen großen, oft den überwiegenden Teil ihrer Einnahmen direkt oder indirekt aus der Ausbeutung der Bauern beziehen, da die alten Agrarverhältnisse weiterbestehen. Das ist unvermeidlich, denn die Industriearbeiter stellen selbst in den entwickeltsten ehemaligen Kolonien und Halbkolonien eine unbedeutende Minderheit gegenüber der Bauernschaft dar.

Daraus ergeben sich Widersprüche in der Lage und der Politik der Industriebourgeoisie in den ehemaligen Kolonien. Als Produzent von industriellen Konsumtionsmitteln (Arbeitsmittel werden in den ehemaligen Kolonien so gut wie kaum produziert) ist sie daran interessiert, daß sich der Binnenmarkt durch Umgestaltungen in der Landwirtschaft erweitert. Aber nach grundlegenden Umgestaltungen in der Landwirtschaft würde es keine agrarische Überbevölkerung mehr geben, die die Basis für das außerordentlich niedrige Lohnniveau in den ehemaligen Kolonien darstellt, das für die nationale und für die imperialistische Industriebourgeoisie vorteilhaft ist. Wie bereits angeführt, bezieht zudem der überwiegende Teil der Industriebourgeoisie den Hauptteil seiner Einnahmen aus der Ausbeutung der Bauern durch Wucher und Handel, mitunter auch auf der Grundlage eines Gutsbesitzerstatus. Deshalb tritt die Bourgeoisie nicht für grundlegende Umgestaltungen in der Landwirtschaft ein und neigt dazu, den nationalen Befreiungskampf einzustellen, sobald dieser in eine Agrarrevolution überzugehen droht. Insgesamt gesehen, hat die Industriebourgeoisie jedoch in den meisten kolonialen und befreiten Ländern nach dem Kriege eine fortschrittliche Rolle gespielt.

Die *Dorfbourgeoisie*. Großbauern und Gutsbesitzer nichtfeudaler Prägung, die selbst landwirtschaftliche Produktion betreiben, stellen den zahlenmäßig größten, aber nicht einflußreichsten Teil der Bourgeoisie in den Kolonien und befreiten Ländern. Sie sind in allen diesen Ländern vertreten, ausgenommen einige geringentwickelte Gebiete Afrikas und Südamerikas, in denen das Land noch kein Privateigentum ist und eine Stammesordnung besteht.

5 Bei uns wurde oft behauptet, daß in Indien ein „Monopolkapitalismus" vorhanden war oder ist. Das ist falsch: Das Vorhandensein *einzelner* Großbetriebe, wie z. B. Tata, bedeutet noch nicht das Bestehen von Monopolkapital, geschweige denn eines „Monopolkapitalismus". Aber wenn die wirtschaftliche Entwicklung Indiens kapitalistisch verläuft, so kann sich im Lande ein Monopolkapitalismus bilden, allerdings mit einem starken staatskapitalistischen Sektor in der Wirtschaft.

Wie die gesamte Bevölkerung tritt die Dorfbourgeoisie einerseits gegen die Kolonialherren und bis zu einem gewissen Grad auch gegen die Feudalherren auf, von denen sie abhängig ist, unterdrückt und ausgebeutet wird. Aber die Großbauern und Gutsbesitzer wenden sich gegen Umgestaltungen in der Landwirtschaft, oft schon gegen Agrarreformen. Sie beteiligen sich manchmal vorübergehend am antiimperialistischen Kampf, rücken aber davon ab, sobald es Anzeichen gibt, daß dieser in eine Agrarbewegung übergeht. Insgesamt spielt diese Schicht der Bourgeoisie eine reaktionäre Rolle.

Zur Dorfbourgeoisie rechnen wir nicht die Feudalherren und alle Arten von Großpächtern, die das gepachtete Land wieder weiterverpachten. Das ist eine ausgesprochen reaktionäre Parasitenschicht, die eine soziale Hauptstütze der Imperialisten in den Kolonien darstellt. Dieser Teil der besitzenden Schichten stemmt sich nicht nur gegen die Agrarrevolution, sondern meistens auch gegen die antiimperialistische Bewegung, denn er weiß, daß er als Klasse nur unter dem Imperialismus bestehen kann.

Mit der Dorfbourgeoisie sind die Händler und Wucherer auf dem Lande ökonomisch und politisch eng liiert, oft sind beide auch identisch.

Die *Intelligenz* ist keine besondere Klasse. Aber im politischen und gesellschaftlichen Leben der Kolonien spielt sie eine bedeutende und überwiegend positive Rolle. Die Intelligenz, besonders die Studenten sind vielfach das Sprachrohr breiter Schichten der Werktätigen im Kampf gegen den Imperialismus.

Bei uns ist man oft der Auffassung, daß die Intelligenz in den Kolonien und befreiten Ländern ähnlich wie in den imperialistischen Ländern nur aus den besitzenden Klassen stammt.[6] Dem ist nicht ganz so. Uns ist z. B. bekannt, daß ein Teil der Studenten von den verschiedenen Hochschulen der arabischen Länder aus sehr armen Verhältnissen kommt und aktiv am antiimperialistischen Kampf mitwirkt. Bekanntlich haben im vorrevolutionären China teilweise ganze Dörfer oder mehrere arme Familien Geld gesammelt, um aus ihrem Dorf oder ihrer Familie die Kosten für einen Studenten aufzubringen. Wir meinen, daß man an diese Frage mehr konkret-historisch herangehen sollte.

Natürlich ist die These des Marxismus, daß das gesellschaftliche Sein das gesellschaftliche Bewußtsein bestimmt, absolut richtig. Aber man darf daraus kein Dogma machen. Es trifft für ganze Klassen und soziale Schichten absolut zu, aber nicht immer bei *einzelnen Personen*.

Marx wies bereits im „Kommunistischen Manifest" darauf hin, daß in Perioden großer sozialer Umwälzungen einzelne Personen, die aus den herrschenden Klassen hervorgegangen sind oder diesen sogar angehören, in das Lager der Revolution übergehen.

Die Klassiker des Marxismus-Leninismus, so hervorragende Revolutionäre wie Marx, Engels und Lenin, stammten nicht aus dem Proletariat. Engels führte jahrelang das Leben eines britischen Bourgeois und befaßte sich mit kommerziellen Dingen. Aber sein Leben widmete er der proletarischen Revolution. Fidel Castro stammt aus einer wohlhabenden Gutsbesitzerfamilie. Andererseits kamen viele führende Konterrevolutionäre, Feinde der proletarischen Revolution, aus dem Proletariat, wie Noske, Bevin, Meany u. a.

6 So heißt es z. B. in den Thesen des VI. Weltkongresses der Kommunistischen Internationale über die revolutionäre Bewegung in den Kolonien und Halbkolonien, daß die Intelligenz oft der entschiedenste Vertreter der „objektiven Interessen der gesamten nationalen Bourgeoisie" ist. „Sie können im allgemeinen nicht Träger der Bauerninteressen sein, weil durchweg die sozialen Schichten, aus denen sie hervorgehen, mit dem Bodenbesitz verknüpft sind." (Die Kommunistische Internationale, Berlin 1956, S. 103).

Historische Bedingungen modifizieren das politische Verhalten der Menschen. Die Kolonialherren haben sich ständig bemüht, die herrschenden Schichten und besonders die Intelligenz in den Kolonien, zum Teil nicht ohne Erfolg, zu Trägern ihrer Ideologie und Kultur zu machen. Die englische Sprache wurde zur Umgangssprache für die Intelligenz aller indischen Völker, die französische Sprache für die Intelligenz in den afrikanischen Kolonien Frankreichs. Die Söhne der indischen Fürsten und der Großbourgeoisie studierten an den Universitäten der englischen Aristokratie. Die britischen und französischen Kolonialherren bemühten sich, in ihren Schulen die Söhne afrikanischer Stammesoberhäupter zu erziehen und aus ihnen loyale Diener des Imperialismus zu machen. Kehrten sie aber in die Heimat zurück, wurden sie oft zu Führern der Befreiungsbewegung.

In dem Maße, wie sich die Beziehungen zwischen Kolonialherren und Kolonien verschärften, begannen viele Studenten aus den Kolonialländern nach einer antiimperialistischen Ideologie zu suchen. Eine solche Ideologie fanden sie bei den bürgerlichen Wissenschaftlern nicht. Wandten sie sich dem Marxismus-Leninismus zu, so lösten sie sich zeitweilig oder endgültig von ihren Klassen.

Die Erfahrungen der letzten 20 bis 25 Jahre zeigen, daß *man die politischen Aktionen einzelner Bevölkerungsschichten in den Kolonien nicht richtig verstehen kann, wenn man nicht, wie Marx das immer tat, neben den ökonomischen Interessen auch die historischen, nationalen, kulturellen und moralischen Faktoren berücksichtigt.* Diese Faktoren wirken sämtlich gegen den Imperialismus. Ebenso wie die ökonomische Ausbeutung sind sie Quellen für den Haß, den alle Völker in den Kolonien und befreiten Ländern, besonders die Intelligenz, gegenüber den Imperialisten hegen.

Ganz gleich, wie ihre ökonomische Lage ist, die Völker Afrikas vergessen niemals, daß die europäischen Eroberer ihre Vorfahren als Sklaven nach Amerika brachten, ganz Afrika ohne Rücksicht auf Nationalitäten, Stämme oder Geschichte und Religion einzelner Gebiete unter sich aufteilten, das Land raubten und die Menschen dem Hungertod in der Wüste aussetzten. Sie können das nicht vergessen, weil dies in offener oder versteckter Form noch heute in vielen Ländern der Fall ist. In Kenia führten die britischen Truppen bis in die jüngste Zeit einen Vernichtungskrieg gegen das Kikuyu-Volk; in Madagaskar haben die französischen Kolonialherren nach ihren eigenen Angaben 80000 Menschen erschossen, um einen „Aufstand nach dem ersten Weltkrieg" zu unterdrücken. Im Jahre 1956 entsandte Frankreich 400000 Soldaten, um den nationalen Befreiungskampf des algerischen Volkes niederzuschlagen und den Grundbesitz der französischen Gutsbesitzer zu retten. In Südafrika behandeln die Kolonialherren die Schwarzen nach wie vor als Halbsklaven, sie dürfen nicht in Städten wohnen, müssen sich in Reservaten in den Wüsten aufhalten; täglich werden Hunderte in die Gefängnisse geworfen. Sie besitzen keine Möglichkeit, auf das Schicksal ihres Landes Einfluß zu nehmen. Der Lohn der weißen Arbeiter liegt in den britischen Besitzungen in Rhodesien um das Mehrfache über dem der Schwarzen. In den USA haben die Neger bis jetzt kaum politische Rechte und arbeiten unter schlechteren Bedingungen als die weißen Amerikaner. Wie kann ein Afrikaner, unabhängig von seiner sozialen Stellung, das vergessen?

Wie kann ein Inder (unabhängig davon, ob er Bourgeois, Bauer oder Arbeiter ist) die Demütigungen vergessen, die die Inder von den Briten hinnehmen mußten, solange sie Indien beherrschten?! Die Autobiographie von Nehru, der eine erstklassige Ausbildung in Großbritannien erhielt und von den Engländern als einer der besten Kenner der englischen Sprache angesehen wurde, enthält darüber äußerst reichhaltiges Material.

Wie kann ein Chinese vergessen, daß die imperialistischen Eroberer ohne irgendeinen

Anlaß sein Land überfielen, es in „Einflußsphären" aufteilten, für sich eine „Exterritorialität" in den chinesischen Städten beanspruchten, an den Parkeingängen Schilder anbrachten: „Eintritt für Chinesen und Hunde verboten", sich von chinesischen Kulis fahren ließen usw.?!

Die Geschichte der Beziehungen zwischen den Kolonialvölkern und den Kolonialherren ist ein gewaltiger außerökonomischer Faktor, der alle Schichten bewegt, darunter die Bourgeoisie und besonders die Intelligenz, gegen den Imperialismus zu kämpfen.

Die Apologeten des Kapitalismus versuchen, das Kolonialjoch damit zu rechtfertigen, daß sie angeblich die Kulturträger sind. Sie behaupten, daß die Herrschaft der Imperialisten den Interessen der „rückständigen" Völker entspräche. Die Imperialisten warfen allen Völkern der Kolonien und befreiten Länder, besonders denjenigen, die keine weiße Hautfarbe haben, also zwei Dritteln der Menschheit, vor, „kulturlose", niedere Rassen zu sein, die von den Weißen, also den Europäern und Amerikanern geführt werden müßten.[7]

Die Behauptung der Imperialisten, daß die kolonialen Völker „kulturlos" seien, wird von allen Klassen und besonders von der Intelligenz als in höchstem Maße beleidigend angesehen. Diese Erregung ist durchaus gerechtfertigt.

Die indische Kultur ist älter als die europäische und bleibt in vielen Bereichen, insbesondere in der Kunst, keineswegs hinter der europäischen zurück. Indische Textilien (Musselin) dienten bis zum 19. Jahrhundert als Luxusartikel für die herrschenden Klassen in Europa.

Die arabische Kultur übertraf ebenfalls in vieler Hinsicht die europäische. Im Mittelalter war der arabische Teil Spaniens der einzige Platz in Europa, wo man sich ernsthaft mit der Wissenschaft befaßte. Die arabischen Universitäten in Spanien hatten in Europa den höchsten Rang. Man kann sich die moderne Mathematik und Physik nicht ohne das arabische Dezimalsystem vorstellen. Sogar das Wort „Algebra" ist arabisch.

Die Chinesen waren ein Volk mit hoher Kultur, als die weißen Kolonialherren noch Barbaren waren. In Wissenschaft und Kultur blieb China bis zum 16. Jahrhundert nicht hinter den Kolonialherren zurück. Die Einwohner von Peru, Mexiko usw. besaßen schon vor der Eroberung Amerikas durch die Europäer ihre eigene Kultur, Kunst und ein entwickeltes Staatswesen. Zwei Kulturpflanzen, ohne die wir uns unsere moderne Ernährung nicht vorstellen können, nämlich die Kartoffel und der Mais, wurden von den Indianern angebaut und von Europa übernommen.

Die Völker des „schwarzen Kontinents", die von den Imperialisten stets als kulturell unbegabt angesehen werden, hatten ihre eigene Kultur, noch ehe die Kolonialherren erschienen. Der englische Wissenschaftler Max Gluckman schreibt: „Wir sollten daran denken, daß im damaligen Rhodesien, in Transvaal und von Angola bis nach Ostafrika bereits eine große, gut entwickelte Zivilisation vorhanden war, als die Europäer erstmalig nach Afrika kamen. Das gesamte Gebiet verfügte über Bewässerungsanlagen; bis zu einer Tiefe von 25 Metern wurde Nickel, Kupfer und Gold gefördert; bereits 800 Jahre vor unserer Zeitrechnung wurden diese Metalle nach Persien, Indien und China exportiert".[8]

Die moderne europäische Kultur holte erst zur Zeit der Renaissance die chinesische, indische und arabische Kultur ein, und nur durch die industrielle Revolution erhielt

7 Die japanischen Imperialisten wollten sich mit der Losung „Asien den Asiaten!" tarnen.

8 New Statesman and Nation vom 26. Mai 1956, S. 589.

Europa einen Vorsprung in der materiellen Produktion, in der Technik und in den Naturwissenschaften.[9]

Die wirtschaftliche Ausbeutung der Kolonialvölker, ihre jahrhundertelange Unterdrückung durch die Kolonialherren und die verleumderischen Behauptungen über ihren „Mangel an Kultur“ und daß sie keine vollwertige Rasse seien, empörte alle Klassen und besonders die Intelligenz der Kolonialvölker und weckte bei ihnen ein Gefühl der nationalen Einheit. Das befähigte die Bourgeoisie und die Intelligenz, unter bestimmten Bedingungen den antiimperialistischen Kampf erfolgreich zu leiten und zum Siege zu führen, wie das in Indien der Fall war.[10]

Der Nationalismus der kolonialen Völker spielt gegenwärtig in der Politik aller Klassen keine geringere Rolle als die wirtschaftlichen Interessen. Das wurde vom indonesischen Präsidenten Sukarno in seiner Rede vor dem USA-Kongreß im April 1956 deutlich ausgesprochen. Er sagte:

„Darf ich offen sein? Der Nationalismus mag vielen als ein veralteter Begriff erscheinen; für uns in Asien und Afrika ist er noch ein wichtiger Faktor in unseren Bemühungen. Begreift man das nicht, so bringen selbst noch so viele Ideen oder Worte und selbst ein Niagarafall von Dollars nichts als Verbitterung und Enttäuschung. Wir, die Indonesier, befinden uns in einer nationalen Wiedergeburt, wie sie die Amerikaner vor 150 Jahren erlebten. Das möge man verstehen.“[11]

Die nationale Wiedergeburt der kolonialen Völker macht es möglich, daß sogar der König von Marokko, der gleichzeitig auch religiöses Oberhaupt des Landes ist, vorübergehend eine fortschrittliche Rolle in der nationalen Befreiungsbewegung des marokkanischen Volkes spielen konnte.

Die Imperialisten, besonders die Amerikaner begreifen jedoch keineswegs, welche Bedeutung nationale Gefühle für die kolonialen und befreiten Völker haben. Amerikanische Politiker, Zeitschriften und Zeitungen staunen immer aufs neue, warum die USA unpopulär sind, warum die Völker Asiens, Afrikas und Lateinamerikas ihnen mißtrauisch und geringschätzig begegnen, obwohl ihnen die USA Dollar„hilfe“ in Milliardenhöhe gewähren, andererseits aber noch höhere Profite herauspressen, während sie gegenüber der Sowjetunion und anderen sozialistischen Staaten freundschaftlich eingestellt sind, obwohl sie von ihnen keine so hohe finanzielle Hilfe wie von den USA erhalten.

9 Es wäre sehr wünschenswert, eine marxistische wissenschaftliche Untersuchung darüber anzustellen, warum die kapitalistische Gesellschaftsordnung und das Maschinensystem sich in Europa und nicht in anderen Teilen der Welt entwickelten, obgleich deren vorkapitalistische Gesellschaftsordnung der europäischen ähnlich war.

10 Einzelne Feststellungen in den Thesen des VI. Weltkongresses der Kommunistischen Internationale sind offensichtlich veraltet und unter den neuen Bedingungen falsch. Dort heißt es: „Die nationale Bourgeoisie hat nicht die Bedeutung einer Kraft, die den Kampf gegen den Imperialismus führt. . . . Sie (hat) einen *hemmenden*, *verzögernden* Einfluß auf die Entwicklung der revolutionären Bewegung . . .“ (Die Kommunistische Internationale, Berlin 1956, S. 107).
Nach den Erfahrungen der letzten zehn Jahre kann man dies im Falle von Indien, Ceylon, Indonesien, Ägypten und Nordafrika kaum für richtig halten. Deshalb ist auch die politische Schlußfolgerung falsch, daß „die richtige Taktik im Kampfe gegen solche Parteien, wie die Swarajisten und die Wafdisten . . . in diesem Stadium in der erfolgreichen Entlarvung ihres wirklichen nationalreformistischen Charakters (besteht).“ (Ebenda, S. 108.) Als falsch hat sich auch die Prognose erwiesen, daß die Bourgeoisie der Kolonien allmählich in das Lager der Konterrevolution übergeht, wie dies bei der Goumindang der Fall war.

11 Times vom 28. Mai 1956, S. 10/11.

Sie begreifen nicht, daß man die Freundschaft der Völker nicht mit Dollars kaufen kann. Sie verstehen nicht, daß die Sowjetunion alle Kolonialvölker, ob groß oder klein, schon befreit oder noch unter dem Joch des Imperialismus stehend, ob Gelbe, Braune, Rote oder Schwarze wie ihresgleichen ansieht; daß sie ihnen Unterstützung erweist, ohne wirtschaftliche und politische Bedingungen zu stellen, als uneigennützige freundschaftliche Handlung zwischen Gleichberechtigten. Die Völker Indonesiens, der VAR u. a. haben diesen Unterschied längst begriffen, sie wollen sich von der amerikanischen „Hilfe" befreien und enger an die Länder des Sozialismus anschließen.

Viele führende bürgerliche Persönlichkeiten aus den ehemaligen Kolonien studierten an Universitäten der imperialistischen Länder. Sie wissen, daß das Monopolkapital der USA nicht daran interessiert ist, die Produktivkräfte in den ehemaligen Kolonien zu entwickeln und diese zu industrialisieren, denn das würde sie vom Imperialismus ökonomisch unabhängig machen.

Die Völker der wirtschaftlich rückständigen Länder wissen, daß die Sowjetunion und andere sozialistische Staaten demgegenüber daran interessiert sind, ihre Produktivkräfte allseitig zu entwickeln und sie bei der Industrialisierung zu unterstützen, damit sie wirtschaftlich möglichst rasch erstarken und vom Imperialismus unabhängig werden. Deshalb verhalten sie sich zur Sowjetunion freundschaftlich, aber den USA gegenüber argwöhnisch und ablehnend.

Die Bourgeoisie und die Intelligenz in den imperialistischen Ländern staunen, daß die Völker der ehemaligen Kolonialländer und oft auch die nationale Bourgeoisie sich gegenüber den sozialistischen Ländern sehr positiv verhalten und sogar mögliche sozialistische Umgestaltungen in ihren eigenen Ländern unterstützen.

Das ist historisch verständlich.

In den Ländern Westeuropas besteht der Kapitalismus bereits mehrere Jahrhunderte. Er spielte seinerzeit eine fortschrittliche Rolle: Er schaffte den Feudalismus ab, entwickelte die Produktivkräfte und förderte Volksbildung, Wissenschaft und Technik. Ausgenommen die revolutionäre Arbeiterschaft, beeinflußten bürgerliche Anschauungen alle Bevölkerungsschichten.

Die Völker der Kolonien wurden vor allem mit den negativen Seiten des Kapitalismus konfrontiert. Die kapitalistischen Kolonialherren beseitigten nicht den parasitären Feudalismus in den Kolonien, sondern verewigten ihn. Die kapitalistische Ausbeutung ersetzte nicht die feudale Ausbeutung, sondern ergänzte diese. Der Kapitalismus entwickelte in den Kolonien keine Produktivkräfte, sondern verwandelte die Kolonialländer in Agrar- und Rohstoffanhängsel ihrer Volkswirtschaften, wodurch es zu einer gewaltigen agrarischen Übervölkerung und zu Massenarbeitslosigkeit kam. Die einheimische Bourgeoisie hatte durch die Konkurrenz der imperialistischen Bourgeoisie kein ausreichendes Betätigungsfeld. Die Intelligenz hatte keinen Zugang zu den Staatsgeschäften usw.

Dadurch beeinflußte die kapitalistische Ideologie, die Ideologie der Allmacht des Geldes, die Kolonialvölker längst nicht so stark und konnte die alte Ideologie aus der vorkapitalistischen Zeit nicht restlos verdrängen. Die wohlhabenden Bevölkerungsschichten in den Kolonien einschließlich der Bourgeoisie haben deshalb keine so panische Furcht vor dem Übergang zum Sozialismus, wie diese Schichten in den alten kapitalistischen Ländern.

Die Vorstellung, daß die Kolonialbourgeoisie im wesentlichen eine reaktionäre Kraft darstellt, die nur unter dem Druck der Massen am revolutionären Kampf teilnimmt und ständig bereit ist, sie zu verraten, ist ebenso falsch wie die Auffassung, daß der antiimperialistische Kampf nur unter Führung des Proletariats siegreich sein kann. Wie die Erfahrungen der Nachkriegsjahre zeigen, ist die nationale Bourgeoisie fähig und bereit, angesichts des Bestehens des sozialistischen Weltsystems, eines gewaltigen antiimperialistischen Lagers und eines geschwächten Imperialismus den nationalen Befreiungskampf zu leiten und die *politische Unabhängigkeit* des Landes zu erringen.

Das heißt keineswegs, daß die Bourgeoisie in den Kolonialländern keinen Doppelcharakter besitzt und frei von Schwankungen ist. In der Regel tritt die Bourgeoisie nicht für die Umgestaltung der Agrarverhältnisse im Interesse des antiimperialistischen Kampfes ein. In keinem großen Kolonialland, das die politische Unabhängigkeit unter Führung der Bourgeoisie errang, wurden solche Umgestaltungen bisher vorgenommen.[12] Die Bourgeoisie ist noch weniger bereit, die Macht freiwillig an das Proletariat abzutreten und vom System des Privateigentums abzurücken.

„Aber in dem Maße, in dem sich die Gegensätze zwischen den Werktätigen und den besitzenden Klassen zuspitzen und sich der Klassenkampf im Lande verschärft", heißt es im Programm der KPdSU, „neigt die nationale Bourgeoisie in steigendem Maße zum Paktieren mit dem Imperialismus und der einheimischen Reaktion."[13]

Dennoch spielen die Länder, die sich vom Joch des Imperialismus befreit haben, auch wenn dort die Bourgeoisie an der Macht ist, eine fortschrittliche Rolle in der Weltpolitik und bilden gemeinsam mit den Ländern der sozialistischen Gemeinschaft das antiimperialistische Lager.

Seit der Befreiung der früheren Kolonien ist noch zu wenig Zeit vergangen, um zu allgemeinen Schlußfolgerungen über die Rolle der Bourgeoisie in den befreiten Ländern zu kommen, die den kapitalistischen Entwicklungsweg gewählt haben oder in der Wahl zwischen Kapitalismus und Sozialismus noch schwanken.

Außerdem spielt die Bourgeoisie in den befreiten Ländern eine sehr unterschiedliche Rolle. Sie wird vor allem von dem Stand der kapitalistischen Entwicklung bestimmt, der bis zur Befreiung erreicht war. So gab es in Indien vor der Befreiung einzelne Großbetriebe, die Monopolunternehmen nahekamen, wie die Werke von Tata und Birla. Anders war die Lage in solchen Ländern wie Ghana oder Mali, wo es keine nationale Bourgeoisie gab oder diese nur in Ansätzen vorhanden war. Große Bedeutung haben auch die spezifischen historischen Entwicklungsbedingungen der einzelnen Völker sowie ihr soziales und kulturelles Niveau vor ihrer Versklavung durch die Imperialisten und während dieser Zeit. In einigen erst kürzlich befreiten Ländern Afrikas finden noch immer Kämpfe zwischen einzelnen Stämmen statt. Indien und Pakistan wurden aus religiösen Gründen getrennt, obwohl die Bengalen in Indien und in Pakistan ein Volk bilden und unter ökonomischen Gesichtspunkten ihre Vereinigung notwendig ist. In Indien, Indonesien, der VAR, im Jemen und in anderen Ländern haben die Kämpfe der feudalen Reaktion gegen die progressiven Kräfte religiösen Charakter angenommen.

So ist es noch nicht möglich, Verallgemeinerungen für alle Länder zu treffen, die sich von der imperialistischen Herrschaft befreit haben. Bei allen den befreiten Ländern, die auf einem hohen wirtschaftlichen Niveau stehen, ist eine allgemeine Entwicklungslinie zu erkennen: Sobald das Ziel erreicht ist, das zeitweilig *alle Klassen* und Schichten der Gesell-

12 Selbst in der VAR, wo die feudalen Verhältnisse sehr energisch beseitigt wurden, ist privater Landbesitz früher bis zu 200 und jetzt bis zu 100 Feddan gestattet. Bei bewässerten Landstücken kann damit zweifellos eine kapitalistische Großwirtschaft betrieben werden.

13 Programm und Statut der Kommunistischen Partei der Sowjetunion, Berlin 1961, S. 45.

schaft (außer den Feudalherren und der Komparadorenbourgeoisie) vereinigt, nämlich die Befreiung vom Imperialismus, beginnt die Einheit des Volkes zu zerfallen. Ein neuer Angriff des Imperialismus kann diese Einheit wieder herstellen. *Aber im allgemeinen stehen die Klasseninteressen wieder im Vordergrund und verdrängen die gesamtnationalen Belange, der Klassenkampf verschärft sich.*

Das zeigt sich deutlich am Beispiel Indiens. Das Programm der Kongreßpartei enthielt bereits seit mehr als 30 Jahren den Punkt, daß sich die indische Gesellschaft nach der Befreiung „nach sozialistischem Muster" entwickelt. Aber die Regierung Nehru hat bisher nicht den Sozialismus angestrebt, sondern den staatskapitalistischen Sektor der Wirtschaft entwickelt. Die Politik der Neutralität und freundschaftlicher Beziehungen zur Sowjetunion (die zweifellos im Interesse der Völker Indiens liegt) trifft auf einen immer stärkeren Widerstand bei der Bourgeoisie und den reaktionären Kräften schlechthin. Die Großbourgeoisie versucht gemeinsam mit den imperialistischen Staaten, den innen- und außenpolitischen Kurs Indiens zu verändern.

In der Tendenz zeichnet sich also eine Verschärfung des Klassenkampfes ab. Im Augenblick nationaler Gefahr können sich die Klassen der befreiten Länder erneut gegen den Imperialismus vereinigen. *Aber die Auseinandersetzung über den sozialistischen oder kapitalistischen Entwicklungsweg bestimmt den Hauptinhalt des Lebens der befreiten Länder.* Die Auseinandersetzungen um die Wahl des Entwicklungsweges hängen oft damit zusammen, ob sich diese Länder außenpolitisch auf die kapitalistische oder sozialistische Welt orientieren.

Das Problem der relativen Verelendung des Proletariats

Theoretisch ist die relative Verelendung ein einfaches Problem. Unter „relativer Verelendung“ verstand Marx, daß der Anteil der gesamten Arbeiterklasse am Nationaleinkommen des Landes abnimmt. *Im Kapitalismus erfolgt in der Tat ständig eine relative Verelendung*, selbst wenn der Reallohn steigt. Marx schrieb: „Der relative Arbeitslohn kann fallen, obgleich der reelle Arbeitslohn gleichzeitig mit dem nominellen Arbeitslohn, mit dem Geldwert der Arbeit steigt . . .“[1]

Gehen wir von der theoretischen Auffassung des Marxismus aus, daß die Arbeitskraft wie jede andere Ware zu ihrem Wert verkauft wird, so ergibt sich, daß mit steigender Arbeitsproduktivität, d. h. in dem Maße, wie die in einer Wareneinheit Konsumtionsmittel der Arbeiter enthaltene Arbeitszeit sinkt, *der Anteil der Arbeiterklasse am Nationaleinkommen immer mehr abnimmt*, während der Anteil der Bourgeoisie, also der herrschenden Klasse, zunimmt.

Theoretisch kann es daran keinen Zweifel geben. Aber es ist sehr schwierig, diesen Prozeß konkret in Zahlen auszudrücken.

In seiner Analyse geht Karl Marx von einer festen Goldwährung und freier Konkurrenz aus. Unter diesen Bedingungen müßten die Preise für Konsumgüter ständig fallen, wenn ihr Wert (bei gleichbleibender Qualität) zurückgeht, und der Wert der Arbeitskraft müßte sich entsprechend verringern, d. h. der Anteil der Arbeiterklasse am Nationaleinkommen würde unabhängig davon zurückgehen, ob absolute Verelendung stattfindet oder nicht.

Im Verlauf des 20. Jahrhunderts sind die Preise für Konsumgüter jedoch nicht gefallen, sondern ständig gestiegen. Ein Beispiel dafür bieten die USA (vgl. Tabelle 1).

Tabelle 1
Preisindex für Konsumgüter (1947—1949 = 100)

1913	1930	1933	1940	1950	1960	1962
42	71	55	60	103	126	128

Quellen
Historical Statistics of the United States, 2d Edition. Washington 1960. S. 125—126; Statistical Abstract of the United States, 1961, S. 334; für 1962: Federal Reserve Bulletin, Mai 1963 S. 698 (von mir auf die Basis 1947—1949 = 100 umgerechnet).

Diese Zahlen sind zwar sehr ungenau, doch zeigen sie, daß nach einem längeren Preisanstieg infolge der Krise von 1929/1933 ein erheblicher Rückgang einsetzte, während der Preisindex danach (zum Teil durch die Dollarabwertung von 1933) ununterbrochen steigt, was bis zur Gegenwart anhält (in anderen Ländern, die eine stärkere Inflation und Abwertung als die USA zu verzeichnen hatten, war der Preisauftrieb noch größer).

1 K. Marx/F. Engels, Lohnarbeit und Kapital, in: MEW, Bd. 6, Berlin 1968, S. 416.

Die Hauptursachen für diese Erscheinung, die auf den ersten Blick der allgemeinen Theorie der Preisbildung zu widersprechen scheint, sind folgende:

a) Inflation und Währungsabwertung, als die Hauptursache für Preissteigerungen in der allgemeinen Krise des Kapitalismus;

b) die Monopole setzen die Preise für die Waren über deren Wert fest, oder, genauer gesagt, über deren Produktionspreis; ein Teil dieser Erhöhung wird auf die Käufer der Konsumgüter abgewälzt;[2]

c) die indirekten Steuern, Zölle usw. werden auf die Käufer abgewälzt;

d) der monopolistische Staat erhöht mit verschiedenen Methoden die Preise; entweder erfolgt das direkt (z. B. durch Festsetzung von Mindestpreisen für landwirtschaftliche Erzeugnisse in allen hochentwickelten kapitalistischen Ländern), oder indirekt durch Zölle, Importbegrenzungen oder -verbote, Subventionen für Warenexport usw.

Bei einem ständigen Preisanstieg für Konsumgüter muß folglich auch der Geldlohn der Arbeiter steigen.

Man muß also einen anderen Weg suchen, um die relative Verelendung zahlenmäßig auszudrücken. Er besteht darin, zu analysieren, wie sich das Nationaleinkommen auf die einzelnen Klassen verteilt. Bei solchen indirekten Werten spielen Preisveränderungen keine Rolle.

Das ist aber nicht einfach. Die bürgerliche Nationaleinkommensstatistik ist im allgemeinen sehr unzuverlässig. Die Bourgeoisie ist meistens daran interessiert, diese Statistik zu fälschen, um die Wirklichkeit zu verschleiern und zu zeigen, daß der Anteil der Arbeiterklasse am Nationaleinkommen steigt.

Deshalb kann man die Statistik der Umverteilung des Nationaleinkommens nur dann als Nachweis für die relative Veränderung verwenden, wenn man sie weitgehend bereinigt. Von dem Einkommen der Arbeiter und Angestellten sind die Steuern und die Sozialversicherungsbeiträge abzuziehen, ferner sind die Einkommen der oberen „Angestellten" zu eliminieren, die in Wirklichkeit Kapitalisten (Betriebsdirektoren usw.) sind; es müssen diejenigen Ausgaben der Arbeiter abgezogen werden, die sie nicht für den eigenen Konsum, sondern für den Kapitalisten aufwenden, wie Ausgaben für die Fahrt zum Arbeitsplatz, die

Tabelle 2
Anteil der Arbeiter und Angestellten am Nationaleinkommen der USA (in %)

	1889	1900	1919	1920	1929	1939	1956	1960
I. Kuźminov* A. Kac**	70	—	61	—	47	45	40	—
Angaben der offiziellen Statistik	—	48,6	—	51,5	53,5	57,6	62,6	63,3
Seine bereinigten Angaben	—	—	—	—	46,8	46,5	45,7	46,2

* Vgl. I. I. Kuźminov, Obniščanie trudjaščichsja pri kapitalizme, Moskva 1960, S. 19. Der Autor gibt weder Quellen noch Berechnungsmethode an. Er schreibt, dies sei das Verhältnis von Profiten und Löhnen in der „Industrie", ohne dabei zu sagen, ob es sich um die gesamte Industrie oder nur die verarbeitende Industrie handelt; bei den Profiten ist nicht vermerkt, ob sie vor oder nach Abzug der Steuern ausgewiesen werden. Deshalb sind seine Angaben nicht nachprüfbar, und der Leser muß ihm vertrauen.

** Vgl. A. I. Kac, Položenie proletariata SŠA pri imperializme, Moskva 1962, S. 92 und 97.

2 Der andere Teil stellt einen Abzug von den Profiten der nichtmonopolisierten Betriebe dar (vgl. weiter unten).

in den USA sehr hoch sind, und zusätzlicher Verschleiß von Kleidung und Schuhwerk, wenn die Arbeiter vom Unternehmer keine Berufsbekleidung gestellt bekommen. Andererseits sind die Einnahmen aus der Sozialversicherung hinzuzurechnen, sofern sie nicht im Gesamtbetrag der Einnahmen enthalten sind.

Bei den anderen Positionen des Nationaleinkommens gibt es mit Ausnahme des Lohnes erhebliche Doppelerfassungen. Die Einkommen solcher Berufe wie Rechtsanwälte, Privatärzte, Künstler, Schriftsteller usw. sind abgeleitete Einkommen, die überwiegend aus dem Einkommen der Bourgeoisie, teilweise aber auch aus dem der Arbeiter bezahlt werden. Hier sind nur sehr angenäherte Berechnungen möglich, bei denen zudem große Abweichungen auftreten können. Um das zu zeigen, bringen wir drei Reihen, die von verschiedenen Personen und Institutionen berechnet wurden (vgl. Tabelle 2).

A. Kac macht genaue Angaben über die von ihm vorgenommenen Bereinigungen. Wir wollen uns damit nicht näher befassen: Sie sind zum überwiegenden Teil richtig. Sie widerlegen die propagandistischen Behauptungen der offiziellen amerikanischen Statistik, daß der Anteil der Arbeiter und Angestellten am Nationaleinkommen wächst. Aber auch die eigene Berechnung des Verfassers zeigt nicht, daß der Anteil der Arbeiter abgenommen hat.

Um nachzuweisen, daß der Anteil der Arbeiter am Nationaleinkommen abnimmt, wendet der Verfasser eine neue, originelle Methode an: Er berechnet den Zuwachs an Lohnarbeitern und rechnet danach den Anteil der Arbeiter aus. Bei dieser Methode erhält man folgende Reihe (vgl. Tabelle 3).

Tabelle 3

Anteil des Proletariats und der proletarischen Bevölkerungsschichten am Nationaleinkommen 1900—1956 (in %)

1900	1910	1920	1929	1940	1948	1953	1956
59,7	54,3	55,0	53,5	48,8	45,1	46,2	45,7

Die Berechnung der Anzahl der Arbeiter zum Nachweis der relativen Verelendung ist eine durchaus zulässige Methode. Aber man muß beachten, daß man bei dieser Methode nicht den tatsächlichen Anteil der Arbeiterklasse (einschließlich der Angestellten) am Nationaleinkommen erhält, sondern die mutmaßliche Veränderung des Anteils des Durchschnittslohns am Nationaleinkommen.

Außerdem läßt sich an diesen Zahlen gut ablesen, wie sich der Anteil der Arbeiter bis zum *zweiten Weltkrieg* verringert hat, doch *weisen sie dies nicht für die Nachkriegsjahre aus*. Die vom Verfasser angewandte Berechnungsmethode beweist deshalb auch keine erhebliche relative Verelendung für die Nachkriegszeit, wie das auch bei den Zahlen der Fall ist, die nicht nach diesen neuen Methoden berechnet wurden.

Schließlich sei bemerkt, daß die Darlegungen des Autors sehr kompliziert sind und der nicht fachkundige Leser ihm kaum wird folgen können, so daß er ihm alles abnehmen muß. Je komplizierter im allgemeinen ein statistischer Nachweis ist, desto geringer seine Überzeugungskraft für den Leser.

Wir möchten in diesem Zusammenhang einige Bemerkungen dazu machen, wie man die bürgerliche Statistik wissenschaftlich nutzt.

Die Zeit des Personenkultes um Stalin zeichnete sich in dieser Beziehung durch einen starken Nihilismus aus. Viele Autoren vergaßen völlig die Worte Lenins von der „‚Unwiderlegbarkeit' der bürgerlichen Statistik" und erklärten die bürgerliche Statistik für durchweg gefälscht. Das ist selbstverständlich nicht richtig. Es gibt Bereiche, in denen ohne Zweifel Fälschungen vorliegen. Das betrifft die Statistik über das Nationaleinkommen und den Nationalreichtum sowie die Statistik der Lebenshaltungskosten (costs of living), von denen beim Abschluß langfristiger Kollektivverträge oft die Lohnerhöhungen oder -senkungen abhängen usw. Es gibt aber auch Bereiche, bei denen die Bourgeoisie selbst an einer genauen Information interessiert ist, wie z. B. Angaben über Produktion, Bestandsbildung, Auftragseingänge, Auftragsbestand usw.

Man sollte unseres Erachtens bei der Verwendung bürgerlicher Statistiken nicht mechanisch hinzufügen: „nach den gefälschten Angaben der bürgerlichen Statistik", „nach offensichtlich gefälschten Angaben" u. dgl. Das ist eine Verhöhnung des Lesers! Der Autor darf entweder überhaupt keine Zahlen nennen, wenn er sie für falsch hält, oder er muß angeben, warum, in welcher Beziehung und in welchem Umfang sie gefälscht sind.

Noch lächerlicher ist es, wenn einige Autoren sagen, daß die bürgerliche Statistik gefälscht sei, und dann nach dieser Statistik Prozentzahlen mit ein oder zwei Kommastellen anführen.

Natürlich ist keine Statistik „genau", d. h. völlig der Wirklichkeit entsprechend. Die Abweichungen von der Wirklichkeit können verschiedene Ursachen haben, je nach der Methode, nach der die Angaben ausgewählt wurden. Die Statistik der Geburten und Sterbefälle ist in solchen Ländern, in denen jede Geburt oder jeder Todesfall registriert werden muß, *fast* genau. Die Erntestatistik, die oft auf den Schätzungen nichtkompetenter Personen beruht, kann Abweichungen von Plus-Minus 10% aufweisen. Aber diese Ungenauigkeiten widersprechen nicht der Feststellung W. I. Lenins von der „Unwiderlegbarkeit" der bürgerlichen Statistik, wenn es nachzuweisen gilt, daß die von Marx formulierten ökonomischen Gesetze der Entwicklung der kapitalistischen Gesellschaft richtig sind. Statistische Ungenauigkeiten haben hierbei keine Bedeutung.

Die bürgerliche Statistik, die einzige Statistik, die wir über die Wirtschaft der kapitalistischen Länder besitzen, muß man also so nutzen, wie dies W. I. Lenin stets getan hat, konkret und kritisch, d. h. wissenschaftlich, und nicht die Statistik den Vorstellungen „angleichen", die wir beweisen wollen. Um die Richtigkeit des Marxismus nachzuweisen, brauchen wir solche Methoden nicht.[3]

*

Die einfachste Methode, die relative Verelendung des Proletariats statistisch nachzuweisen, besteht darin, die Zunahme der Ausbeutungsrate zu berechnen. Im Prinzip sind diese beiden Prozesse identisch, denn die Aneignung des Mehrwerts ist die Grundlage für die Umverteilung des Nationaleinkommens zwischen den Klassen.

Nach den offiziellen Angaben einer in der verarbeitenden Industrie der USA vorgenommenen Erhebung, die den insgesamt gezahlten Lohn, d. h. das variable Kapital (v),

3 Wir möchten ein konkretes Beispiel für eine solche „Anpassung" der Statistik bringen. A. Kac will in seinem Buch „Položenie proletariata SŠA pri imperializme" (Moskva 1962, S. 48) das rasche Ansteigen der Bestände in den USA nachweisen und nimmt dafür als Ausgangspunkt das Jahr 1933, in dem nach vier Jahren stärkster Überproduktionskrise die Bestände anomal niedrig waren. Wissenschaftlich exakt wäre es gewesen, den Durchschnittsbestand während des Zyklus zu nehmen.

sämtliche Kosten für Rohstoffe, Brennstoffe usw., d. h. den zirkulierenden Teil des konstanten Kapitals (c) und die Summe des neugeschaffenen Wertes ($v + m$) ausweist, berechneten wir eine angenäherte Mehrwertrate für die Jahre 1899—1931. Als wir diese Berechnung zitierten, schrieben wir: „Dabei muß immer wieder betont werden, daß diese Mehrwertrate niedriger als die wirkliche ist, da eben der Anteil des Profits des Handelskapitals, der ebenfalls in der Industrie produziert wird, darin nicht zum Ausdruck kommt.

Wir betonen ausdrücklich: *Es handelt sich hier um einen ganz groben Versuch der angenäherten Bestimmung der Mehrwertrate auf Grundlage ungenügender Daten, mit sicherlich großen Abweichungen von der Wirklichkeit, wobei nur so viel behauptet werden kann, daß die Abweichung in der Richtung auf ein zu niedriges Erscheinen der tatsächlichen Mehrwertrate liegt.*"[4]

Nachstehend die von uns berechnete Reihe der Ausbeutungsrate:

1899	1909	1919	1921	1925	1929	1931
128	130	122	106	128	158	147

Bei aller Ungenauigkeit läßt diese Reihe drei Feststellungen zu:

a) Marx hat nach seiner Konsultation mit Engels richtig angenommen, daß die Ausbeutungsrate in England in den 60er Jahren des 19. Jahrhunderts bei 100% lag;

b) die Ausbeutungsrate steigt mit der Entwicklung des Kapitalismus, was die relative Verelendung des Proletariats unwiderlegbar beweist.

c) Die Ausbeutungsrate fällt in Krisenjahren und steigt in Jahren des Aufschwungs. Dies scheint auf den ersten Blick seltsam ist aber verständlich. Bei dem durch die Krise veranlaßten starken Produktionsrückgang bleiben die Aufwendungen für Arbeitskräfte, die nicht unmittelbar an der Schaffung des Neuwerts beteiligt sind, d. h., für Angestellte, Ingenieure, Reparatur- und Lagerpersonal, Betriebsschutz usw. relativ gleichbleibend, während die Masse des neugeschaffenen Wertes beträchtlich zurückgeht. Beim Aufschwung liegt die umgekehrte Situation vor; dann sind die Profite und die Ausbeutungsrate sehr hoch, was durchaus dem Wesen des Kapitalismus entspricht.

Für die Nachkriegsperiode liegen nur über den gezahlten Arbeitslohn und den neugeschaffenen Wert Angaben vor.[5] Daraus kann man m/v, also die Ausbeutungsrate, berechnen. Wir erhielten folgende Ausbeutungsrate:

1947	1950	1955	1958
187	187	183	192

Zwar sind diese Angaben natürlich ungenau, sie zeigen aber, daß die Ausbeutungsrate in der Nachkriegszeit wesentlich höher war als vor dem zweiten Weltkrieg und allerdings langsam, aber stetig gestiegen ist. Auch wenn die bürgerlichen Propagandisten behaupten, daß die Einkommen sich in den hochentwickelten Ländern zunehmend angleichen, geht die relative Verelendung weiter.

4 E. Varga, Die große Krise und ihre politischen Folgen. Wirtschaft und Politik 1928—1934, Moskau — Leningrad 1934, S. 220/221.

5 Statistical Abstract of the United States. 1961, S. 777.

Einige sowjetische Ökonomen (V. Motylev, M. Smit-Falkner, A. Kac) sind der Auffassung, daß unsere Berechnung die Ausbeutungsrate zu niedrig ausweist, und begannen, durch verschiedene (richtige und falsche) Berechnungen zu höheren Raten zu gelangen. Wir wollen die Leser nicht mit diesen zusätzlichen Berechnungen quälen, denn um nachzuweisen, daß die Verelendung tendenziell zunimmt, ist nicht die absolute Höhe der Ausbeutungsrate wichtig, sondern deren Entwicklung, ihre Zunahme während eines langen Zeitraumes (einschließlich der Schwankungen). Unter diesem Gesichtspunkt vergleichen wir unsere Reihe mit denen von A. Kac (vgl. Tabelle 4).

Tabelle 4
Entwicklung des Ausbeutungsgrades in der verarbeitenden Industrie der USA

	1919	1931	1958	Zunahme der Ausbeutung von 1919 bis 1958 (in %)
Unsere überschlägige Berechnung	122	147	192	58
Berechnungen von A. Kac:				
Erste Berechnung (S. 62)	130	142	209	53
Zweite Berechnung (S. 70)	242	311	369 (1957)	51
Dritte, vollständige Berechnung (S. 77)	253	344	397 (1957)	57

Der Berg gebar eine Maus. Die gesamten komplizierten Berechnungen von A. Kac ergeben die gleiche Steigerung der Ausbeutungsrate (sogar eine etwas geringere) als unsere angenäherte Berechnung.

Hier könnten wir dieses Problem abschließen. Aber der Leser kann fragen: Woraus ergab sich in der zweiten Berechnung von A. Kac eine so hohe Steigerung (etwa 100%) gegenüber der ersten Berechnung? Dieser Sprung ist deshalb zu verzeichnen, weil der Autor außer dem Profit des Handelskapitals auch die Löhne der im Handel Beschäftigten als „Abzug" von den Löhnen der Arbeiter in der verarbeitenden Industrie ausweist und diesen Betrag dem Mehrwert zurechnet. Das ist völlig falsch, denn es handelt sich nicht um Abzüge vom Lohn,[6] sondern *der Käufer bezahlt aus seinem Einkommen die Leistungen des Handels.*

Um das zu verdeutlichen, nehmen wir als Beispiel die *reinen* Dienstleistungen. Der amerikanische Arbeiter gibt ein Telegramm auf und bezahlt dafür. Ist dies ein Abzug von seinem Lohn? Ist die Lohnsumme der vielen hunderttausend Angestellten der „American Telegraph and Telephone Co." ein Abzug von der Lohnsumme der Arbeiter in der verarbeitenden Industrie, wie der Autor uns in bezug auf die Angestellten im Handel Glauben machen will? Niemand wird das behaupten. Die Telegrammgebühren zahlt der Arbeiter von seinem Lohn für eine von ihm in Anspruch genommene Leistung.

6 Übrigens widerspricht eine solche Annahme den Grundthesen der Lehre von Marx, daß das Kapital die Arbeitskraft wie jede Ware zu ihrem angenäherten Wert kauft.

Ähnlich verhält es sich auch mit dem Handel. Der Handel erweist den Käufern vielfältige Dienstleistungen. Man kann sich das Leben im modernen Amerika nicht ohne die Dienstleistungen des Handels vorstellen. Die Käufer bezahlen diese Leistungen durch einen Aufschlag auf die Preise. Das ist die Quelle für die Gehälter der im Handel Beschäftigten und zum Teil auch der Einkommen des Kleinhändler. Es wäre sinnlos, den Lohn der im Handel Beschäftigten als einen Teil des Mehrwertes anzusehen. Der Versuch, mit verschiedenen komplizierten Methoden eine höhere Ausbeutungsrate auszuweisen, trägt nicht dazu bei, das Problem der relativen Verelendung besser zu verstehen.

Die Frage der absoluten Verelendung

Das Problem der absoluten Verelendung ist wesentlich komplizierter als die Frage der relativen Verelendung. Alle Marxisten sind sich darin einig, daß die relative Verelendung im Kapitalismus eine ständige Erscheinung ist. Die Meinungsverschiedenheiten betreffen nur die Methoden der konkreten Beweisführung und das Tempo, in dem sich die Verelendung entwickelt. Über die absolute Verelendung bestehen wesentlich größere Meinungsverschiedenheiten.

Die Apologeten des Kapitalismus, die rechten Sozialdemokraten und einige Renegaten wie Browder lehnen die absolute Verelendung gänzlich ab. Das ist falsch, denn in der bürgerlichen Welt hat es stets Länder gegeben, in denen die Werktätigen absolut verelenden. Solche Länder gibt es auch heute. Das sind vor allem Länder, in denen das Aufkommen des Kapitalismus die alte Gesellschaftsordnung durchsetzte oder zerstörte, in denen sich aber die kapitalistische Produktionsweise nicht anstelle der alten herausbildete.

Vor 100 Jahren schrieb Marx über das damalige Deutschland, daß „. . . uns, gleich dem ganzen übrigen kontinentalen Westeuropa, nicht nur die Entwicklung der kapitalistischen Produktion, sondern auch der Mangel ihrer Entwicklung (quält). Neben den modernen Notständen drückt uns eine ganze Reihe vererbter Notstände, entspringend aus der Fortvegetation altertümlicher, überlebter Produktionsweisen, mit ihrem Gefolg von zeitwidrigen gesellschaftlichen und politischen Verhältnissen. Wir leiden nicht nur von den Lebenden, sondern auch von den Toten. Le mort saisit le vif! (Der Tote packt den Lebenden).“[1]

Vor 60 Jahren entwickelte Lenin diesen Gedanken weiter: „. . . daß die Zunahme des Elends — und zudem nicht nur des ‚sozialen‘ Elends, sondern auch des furchtbarsten physischen Elends, bis zum Hunger und Hungertod einschließlich —, ‚in den Grenzgebieten‘ des Kapitalismus (d. h. in den Ländern und in den Zweigen der Volkswirtschaft, in denen der Kapitalismus eben erst entsteht und auf vorkapitalistische Zustände stößt) Massenausmaße annimmt.“[2]

Das gilt noch heute. Selbst ein solcher Befürworter des Kapitalismus wie Stevenson gibt zu, daß das Nationaleinkommen pro Kopf der Bevölkerung in den schwachentwickelten Ländern von Jahr zu Jahr geringer wird, also eine absolute Verelendung vorliegt.

Ein wirklich erschütterndes Beispiel für die schreckliche Armut heutzutage ist das Tagebuch einer Schwarzen, die in den Elendsvierteln der reichen brasilianischen Stadt Sao Paulo[3] lebt. Als Mutter von drei Kindern (von denen zwei Mischlinge sind), deren Vater sie verlassen hat, ohne den Lebensunterhalt der Familie zu sichern, kann diese Schwarze keine ständige Arbeit finden. Mit dem jüngsten Kind auf dem Rücken wühlt sie täglich in den Müllkästen der reichen Bezirke und sammelt dort Papier, das sie dann für einige Centavo an Händler verkauft, sowie andere Abfälle, die noch zu gebrauchen sind. Tag für Tag geht sie morgens ohne einen Centavo los, mit ihren drei Kindern an der Hand, die sie sehr liebt und die sie nicht ernähren kann. Für den 26. August 1959 lautet die Eintragung

1 K. Marx, Das Kapital, Erster Band, in: MEW, Bd. 23, Berlin 1969, S. 12—15.
2 W. I. Lenin, Entwurf eines Programms unserer Partei, in: Werke, Bd. 4, Berlin 1955, S. 228.
3 Carolina Maria de Jesus, Beyond All Pity, London, 1962.

in ihrem Tagebuch: „Es gibt auf der Welt nichts Schlimmeres als den Hunger.“[4] Aber diese Frau leidet nicht nur unter dem Hunger, denn in dem Slum, in dem sie wohnt, wird ständig getrunken, geschimpft und geschlagen, man mißhandelt ihre Kinder usw. So leben Menschen im reichen Brasilien.

Zweifellos hat auch das Proletariat Westdeutschlands, Frankreichs und anderer kapitalistischer Länder Europas, die am zweiten Weltkrieg beteiligt waren, während des Krieges und in den Jahren danach, als eine starke Inflation einsetzte, eine Periode absoluter Verelendung durchgemacht, in der der Reallohn absolut zurückging.

Das Problem besteht nicht darin, ob es im Kapitalismus eine absolute Verelendung gibt, sondern ob diese in den entwickelten kapitalistischen Ländern ein *ständiger unumkehrbarer Prozeß* ist, ähnlich der relativen Verelendung (wie das verschiedene Autoren bei uns noch behaupten und „beweisen“), oder ob die absolute Verelendung einen *unsteten, umkehrbaren Prozeß* darstellt.

Der erste Standpunkt ist um so unverständlicher, weil er den Hinweisen Lenins sowie den Feststellungen im alten, von Lenin verfaßten Parteiprogramm, aber auch im neuen Programm der KPdSU widerspricht, das in bezug auf die absolute Verelendung im wesentlichen die Feststellungen des alten Programms wiederholt.

Als 1902 der Programmentwurf Plechanovs diskutiert wurde, bemerkte W. I. Lenin: „Ich schlage nicht vor, von einem absoluten Wachstum der Armut und des Elends zu sprechen . . .“[5] Und an anderer Stelle: „‚Eine *Zunahme* jeder Art des Elends‘ — diese in Anlehnung an meinen Entwurf gewählte Fassung ist nicht sehr glücklich. Von einer *Zunahme* des Elends habe ich nicht gesprochen. ‚Jede Art‘ umfaßt auch ‚absolut‘“.[6] Im Programm der KPdSU heißt es: „Die Krisen und die Perioden der industriellen Stagnation ruinieren ihrerseits die Kleinproduzenten noch mehr, machen die Lohnarbeit noch stärker vom Kapital abhängig und beschleunigen die relative und mitunter auch absolute Verschlechterung der Lage der Arbeiterklasse.“[7]

Bekanntlich spricht das Programm der KPdSU davon, wie das auch Lenin behauptete, daß die absolute Verschlechterung der Lage (d. h. die absolute Verelendung) „mitunter“ infolge von Krisen eintritt. „Mitunter“ bedeutet „in den wenigsten Fällen“, aber niemals ständig.

I. Kuźminov schreibt jedoch: „Leider gibt es aber auch noch solche Theoretiker, die sich während einer Krise an die marxistische These von der Verelendung der Werktätigen erinnern und sie in der Phase des Aufschwungs gern vergessen. Grundthesen des Marxismus-Leninismus sind bei ihnen also abhängig vom kapitalistischen Zyklus und den kapitalistischen Konjunkturschwankungen.“[8]

Unsere Dogmatiker ignorieren auch andere Äußerungen der Klassiker des Marxismus, die vor einer dogmatischen und mechanischen Wiederholung des Marxschen Gesetzes von der Polarisierung der kapitalistischen Gesellschaft und dem wachsenden Elend durch die Kapitalakkumulation warnten. Marx selbst wies auf die Gegentendenzen hin, die dieses Gesetz modifizieren: „Es wird gleich allen andren Gesetzen in seiner Verwirklichung durch

4 Ebenda, S. 189.

5 W. I. Lenin, Bemerkungen zum zweiten Programmentwurf Plechanows, in: Werke, Bd. 6, Berlin 1956, S. 34.

6 W. I. Lenin, Bemerkungen zum Programmentwurf der Kommission, in: ebenda, S. 52.

7 Programm und Statut der Kommunistischen Partei der Sowjetunion, Berlin 1961, S. 7.

8 I. Kuźminov: Obniščanie trudjaščichsja pri kapitalizme, Moskva 1960, S. 26.

mannigfache Umstände modifiziert, deren Analyse nicht hierher gehört."[9] Friedrich Engels machte bereits 1891 auf die wichtigsten Faktoren aufmerksam, die die Wirkung des Gesetzes von der Verelendung des Proletariats modifizieren. Er kritisierte einen Punkt im Programmentwurf der deutschen Sozialdemokratischen Partei von 1891, in dem es hieß: „immer größer wird die Zahl und das *Elend* der Proletarier". In diesem Zusammenhang schrieb Engels: „Das ist nicht richtig, so absolut gesagt. Die Organisation der Arbeiter, ihr stets wachsender Widerstand wird dem *Wachstum des Elends* möglicherweise einen gewissen Damm entgegensetzen. Was aber *sicher* wächst, ist die *Unsicherheit der Existenz.*"[10] In der Epoche der allgemeinen Krise des Kapitalismus ist dieser „Damm" wesentlich stärker als vor 70 Jahren, denn damals waren die Arbeiterorganisationen bedeutend schwächer als heute.

Unsere Dogmatiker ignorieren das alles. Von 1947 bis 1953 war unter den sowjetischen Wissenschaftlern, die sich mit Problemen der kapitalistischen Wirtschaft befaßten, der *ständige* Charakter der absoluten Verelendung in der gesamten kapitalistischen Welt zugleich der offizielle Standpunkt der Leitung des Instituts für Ökonomie bei der Akademie der Wissenschaften der UdSSR (nach dessen Zusammenlegung mit dem Institut für Weltwirtschaft). Einzelne Genossen sprachen sogar von einer ständig fortschreitenden Verelendung, von progressiver Abnahme des Reallohnes. Der von uns vorgebrachte Einwand, daß der Reallohn selbst bei einem nur geringen progressiven Rückgang in einem historisch kurzen Zeitraum auf *Null* sinken werde (dies zeigt eine einfache mathematische Berechnung[11]), machte keinerlei Eindruck.

Karl Marx ging an das Problem des Reallohns sehr flexibel und nicht dogmatisch heran. Er stellte fest, daß der Reallohn im allgemeinen dem *Wert* der Arbeitskraft entsprechen muß, einschließlich der Kosten für die Ausbildung neuer Arbeiter.

Behauptete Karl Marx, daß der Reallohn eine unveränderliche Größe ist und ständig dem Wert der Arbeitskraft entspricht? Natürlich nicht. Marx betonte nicht nur, daß die Kapitalisten den Reallohn ständig unter den Wert der Arbeitskraft drücken wollen und ihnen das oft gelingt, sondern er *hielt* auch *ein Ansteigen* des Reallohnes für durchaus *möglich*. Er schrieb z. B. im „Kapital": „Aber mit der wachsenden Produktivität der Arbeit geht, wie man gesehn, die Verwohlfeilerung des Arbeiters, also wachsende Rate des Mehrwerts, Hand in Hand, *selbst wenn der reelle Arbeitslohn steigt.*"[12]

Obwohl der Wert der Arbeitskraft dem Reallohn zugrunde liegt, wird seine tatsächliche Höhe doch von den Ergebnissen des Klassenkampfes zwischen Kapital und Arbeit bestimmt. Je nach dem Verlauf des Klassenkampfes *variiert die konkrete Höhe des Reallohns in jedem Land* und für jeden Zeitraum. Außerdem schwankt der Reallohn der Arbeiterklasse regelmäßig im Verlauf des Zyklus.

Einzelne Leute, die sich für orthodoxe Marxisten halten, wollen nach wie vor beweisen, daß die absolute Verelendung ein ständiger Prozeß ist und in so hochentwickelten kapita-

9 K. Marx, Das Kapital. Erster Band, in: MEW, Bd. 23, a. a. O., S. 674.

10 F. Engels, Zur Kritik des sozialdemokratischen Programmentwurfs 1891, in: MEW, Bd. 22, Berlin 1963, S. 231.

11 Nehmen wir an, daß der Reallohn im ersten Jahr um 0,5% zurückgeht und der weitere kumulative Rückgang 0,1% jährlich ausmacht, so würde der Reallohn bei einem solchen Rückgang nach 28 Jahren nur noch die *Hälfte* seiner ursprünglichen Höhe ausmachen.

12 K. Marx, Das Kapital. Erster Band, in: MEW, Bd. 23, a. a. O., S. 631 (Hervorhebung E. V.).

listischen Ländern, wie Großbritannien und den USA, der Reallohn heute niedriger als vor 60 Jahren ist.

I. Kuźminov schreibt in seiner oben genannten Arbeit (S. 148), daß „der Reallohn ... in Großbritannien heute (1958, E. V.) unter dem Stand von 1938 und damit unter dem von 1900/01 liegt.“ Das gleiche behauptet er auch für die USA. Er schreibt (S. 154), daß die Lohnhöhe sich 1920 „unter dem Stand von 1899“ befand und diese „vor dem zweiten Weltkrieg noch nicht den Stand von 1899/1900 erreicht hatte“ (S. 157); daß der Reallohn 1952 nur 85% des Standes von 1939 ausmachte (S. 158); daß 1956 „der Anstieg des Reallohns ... diesen bestenfalls an das Lohnniveau des Vorkriegsjahres 1939 heranführte“ (S. 160), während der Lohn 1958 um etwa 5% unter dem Stand von 1956 lag, d. h. der Reallohn der amerikanischen Arbeiter war 1958 etwa 5% niedriger als 1939, wo er bereits unter dem Stand von 1899/1900 lag. Somit ist der Reallohn der amerikanischen und der britischen Arbeiter nach I. Kuźminov während des gesamten 20. Jahrhunderts gesunken, es ist also eine absolute Verelendung der Arbeiterklasse eingetreten. Die absolute Verelendung des Proletariats erfolgt somit nicht „mitunter“ im Ergebnis von Krisen, wie das im Programm der KPdSU gesagt wird, sondern sie ist eine ständige Erscheinung.

A. Kac hält die absolute Verelendung in den USA ihrem Wesen nach ebenfalls für einen ständigen Prozeß, wenn er auch etwas vorsichtiger ist. Er schreibt: „Untersucht man die Reallohnentwicklung in einem historisch längeren Zeitraum, so muß man beachten, daß *die Prozesse der absoluten Verschlechterung der Lage* der proletarischen Massen in einem so entwickelten Land, wie es die USA sind, *nicht immer gradlinig verlaufen*.“[13] Dies bedeutet, einfach ausgedrückt, daß die absolute Verelendung in den USA zwar nicht gradlinig verläuft, aber ständig vorhanden ist.

Ist diese Behauptung richtig? Angesichts der sehr unterschiedlichen konkreten historischen Entwicklung im Kapitalismus können die Gesetze des Kapitalismus in den verschiedenen Ländern und in verschiedenen Zeiträumen nicht immer in gleicher Weise wirken. Behauptet man, daß in allen Ländern des Kapitalismus eine ständige gleichmäßige Verelendung der Arbeiterklasse vor sich geht, so verbaut man sich den Weg, um diese für den Klassenkampf der Arbeiterklasse wichtige Frage wissenschaftlich zu untersuchen.

Die Dogmatiker können sagen, wir haben statistisch nachgewiesen, daß der Reallohn der Arbeiter in den USA und in Großbritannien im 20. Jahrhundert zurückgegangen ist. Wir antworten darauf, daß man diese Frage nicht nur statistisch entscheiden kann.

Worauf beruhen die statistischen Beweisführungen? Sie basieren auf dem Vergleich, wie sich der Geldlohn gegenüber den Lebenshaltungskosten (costs of living) verändert. Diese Methode ist für einen kurzen Zeitraum (bis etwa zehn Jahre) zulässig. Sie kann aber keineswegs angewendet werden, wenn man einen längeren Zeitraum, besonders das gesamte 20. Jahrhundert untersuchen will.

Die augenblickliche Verbrauchsstruktur einer Arbeiterfamilie weicht so stark von derjenigen des Jahres 1899 ab, daß diese Basis für einen Vergleich untauglich ist. Der technische Fortschritt weckte neue Bedürfnisse, während die neuen Bedürfnisse den technischen Fortschritt förderten. Zu Beginn des Jahrhunderts hatten die amerikanischen Arbeiter keine Ausgaben für Autos, Radio, Fernsehen, Waschmaschinen usw. Sie bereiteten sich ihre Nahrung aus Frischprodukten zu. Heute kaufen sie Konserven, vorgefertigte Gerichte u. a. Wie kann der „Lebenshaltungskostenindex“ (cost of living) oder der „Verbraucher-

13 A. I. Kac, Položenie proletariata SŠA pri imperializme, a. a. O., S. 168 (Hervorhebung E. V.).

preisindex" (consumer price index) bei solchen Veränderungen als Maßstab für den Reallohn dienen?[14]

Wie rasch sich die Struktur der Nahrungsmittel in den USA verändert, zeigt folgendes: Der Pro-Kopf-Verbrauch war 1962 gegenüber 1947—1949 wie folgt *gestiegen*: bei Rindfleisch um 45%, bei Broilern um 60%, bei Margarine um 70%, bei Feinfrostobst um 312% und bei Feinfrostgemüse um 362%; der Pro-Kopf-Verbrauch war *gesunken*: bei Kartoffeln um 10%, bei Mehl um 15%, bei Butter um 30% und bei Frischgemüse um 30%.[15]

Bei der Untersuchung dieses komplizierten Problems muß man sich stets der weisen Worte W. I. Lenins erinnern: „. . . bei der ungeheuren Kompliziertheit der Erscheinungen des gesellschaftlichen Lebens kann man immer eine beliebige Zahl von Beispielen oder Einzeldaten ausfindig machen, um jede beliebige These zu erhärten . . ."[16]

Zweifellos leben auch heute noch Millionen Proletarier in den USA und Großbritannien in Elendsvierteln und sind schlecht ernährt. Arbeitslose, die lange Zeit beschäftigungslos sind, leben in schrecklicher Armut.

Lord John Boyd Orr schrieb 1943: „Fast 50% des niedrig bezahlten Teils der Arbeiterklasse sind Frauen im gebärfähigen Alter, die durch falsche Ernährung an Blutarmut leiden. Säuglingssterblichkeit, Tuberkulose und einige andere pathologische Erscheinungen, die eine Folge ungenügender Ernährung sind, sind zum überwiegenden Teil unter der armen, schlecht ernährten Bevölkerung verbreitet. Die Kinder erreichen nicht die normale Größe. Die Durchschnittsgröße der Erwachsenen ist bei der armen Bevölkerung vier Zoll niedriger als bei den gut ernährten besitzenden Schichten."[17]

Das stimmt alles. Dennoch lebt aber der *überwiegende Teil* der englischen oder amerikanischen Arbeiter, also die gesamte Klasse, gegenwärtig nicht schlechter als gegen Ende des 19. Jahrhunderts. Bei den starken Veränderungen, die in der Verbrauchsstruktur, bei der Arbeitsintensität und bei den Arbeitsbedingungen zu verzeichnen sind, kann man allein mit statistischen Methoden überhaupt nichts „beweisen".

Wie unhaltbar solche Berechnungen sind, zeigt beispielsweise die von A. Kac angeführte Tabelle „Frei verfügbarer Reallohn im Jahr" (ohne Reisekosten und Wohnungsmiete):[18]

1884—1892	100
1893—1903	90
1950—1960	98,1

14 Die statistischen Ämter der bürgerlichen Länder versuchen dieser Schwierigkeit dadurch beizukommen, daß sie den Index der „Lebenshaltungskosten" von Zeit zu Zeit der Verbrauchsstruktur „anpassen". Das bringt aber noch größere Verwirrung in die Berechnungen und verfolgt oft den Zweck, die Lage der Arbeiter besser darzustellen, als sie in Wirklichkeit ist.

15 The Economist vom 19. Januar 1963. Zusammengestellt nach: „National Food Situation". U.S. Department of Agriculture.

16 W. I. Lenin, Der Imperialismus als höchstes Stadium des Kapitalismus, in: Werke, Bd. 22, Berlin 1960, S. 194.

17 John Boyd Orr, Food and the People, London 1943, S. 20. Lord Orr weist darauf hin, daß die englischen Arbeiter (ebenso wie die Bauern) sich vor 250 Jahren wesentlich einfacher und derber ernährt haben als jetzt, denn ihre Nahrung enthielt mehr Vitamine, Eisen und Kalzium als die moderne, stark ausgewählte Nahrung der Stadtbevölkerung. Das ist aber nicht auf den gesunkenen Reallohn, sondern auf veränderte Gewohnheiten zurückzuführen.

18 A. I. Kac, Položenie proletariata SŠA pri imperializme, a. a. O., S. 230.

Vergleichen wir die Jahre von 1950 bis 1960 mit denen von 1884 bis 1892, so stellen wir fest, daß der Reallohn von 1950 bis 1960 um 2% *gesunken* ist. Vergleicht man ihn aber mit der Entwicklung von 1893 bis 1903, so ergibt sich eine Steigerung von 8%.

Was zeigt diese Berechnung?

Bei der großen Kompliziertheit der Erscheinungen kann eine Erscheinung, wie Lenin sagte, völlig verschiedenartig ausgelegt werden. Das Wachstum der Großstädte zwang die Arbeiter geradezu, sich Autos anzuschaffen, wenn es auch gebrauchte sind. Warum eliminiert A. Kac die Ausgaben der amerikanischen Arbeiter für Autos aus ihrem „verfügbaren", d. h. ihnen zur Befriedigung ausschließlich persönlicher Bedürfnisse zur Verfügung stehenden Lohn?

Ist es richtig? Teils ja, teils nein. Dient das Auto der Fahrt zum Arbeitsplatz, verringern die Kosten für das Auto die Möglichkeit, andere Bedürfnisse des Arbeiters zu befriedigen und senken so dessen Reallohn. Aber das Auto wird von den Arbeitern auch für rein persönliche Zwecke benutzt: Sie fahren damit abends ins Kino und am Sonntag in die Umgebung, sie machen eine Urlaubsfahrt usw. Die Kosten für diese Zwecke kann man nicht aus dem Reallohn des Arbeiters herausnehmen.

Ein anderes Beispiel ist der veränderte Konsum von Brot und Kartoffeln. In armen Ländern bedeutet ein sinkender Verbrauch an Brot und Kartoffeln eine schlechtere Ernährung, in reichen Ländern dagegen eine bessere Ernährung: Denn wenn die Menschen mehr Fleisch, Gemüse und Obst essen können, werden sie weniger Brot essen.

Oder nehmen wir den sinkenden Butter- und erhöhten Margarineverbrauch. Der Ersatz von Butter durch Margarine in den USA scheint auf eine schlechtere Ernährung zu deuten. Aber die amerikanischen Ärzte (und auch die Versicherungsgesellschaften, die sehr daran interessiert sind, daß ihre Kunden so lange wie möglich Versicherungsbeiträge zahlen) betreiben eine energische Propaganda gegen den Verbrauch aller tierischen Fette. Wie läßt sich statistisch nachweisen, welcher Teil des sinkenden Butterverbrauchs auf dem niedrigeren Preis der Margarine gegenüber dem der Butter beruht und welcher Teil dem Umstand zuzuschreiben ist, daß die Menschen auf Anraten der Ärzte Abstand von der Butter nehmen? Bedeutet dies eine Verschlechterung oder eine Verbesserung der Ernährung?

Tendenzen und Gegentendenzen prallen im täglichen Leben ständig aufeinander. Nehmen wir z. B. den Bereich der Arbeitsbedingungen. Die Kapitalisten behaupten, daß die Arbeitsbedingungen jetzt besser sind als früher, da die Arbeiter von der schweren physischen Arbeit weitgehend befreit sind. Diese Behauptung ist falsch. Vermutlich wurde die Muskelarbeit geringer, aber die nervliche Anspannung ist durch das rasche, von den Fließbändern diktierte Arbeitstempo, durch die schreckliche Monotonie der Arbeit[19] infolge der ständigen geistigen Konzentration usw. heute stärker als früher. Andererseits sind die Fabriken heutzutage besser beleuchtet und besser beheizt; die Arbeitszeit ist kürzer; die Arbeiter haben sich in einigen Ländern einen bezahlten Urlaub erkämpft. Anfänglich setzten die Kapitalisten den Forderungen der Arbeiter nach besseren Arbeitsbedingungen erbitterten Widerstand entgegen. Jetzt haben sie erkannt, daß bessere Arbeitsbedingungen in gewissem Maße *für sie vorteilhaft* sind, weil dies unabhängig vom Willen des Arbeiters die Arbeitsproduktivität hebt. Tendenzen und Gegentendenzen wirken also auch auf diesem Gebiet ständig aufeinander ein. Bei einer wissenschaftlichen Analyse muß man stets diese beiden objektiven Faktoren berücksichtigen.

*

19 Erfahrungen zeigten z. B., daß die Fahrzeugführer auf Autobahnen ohne Kreuzungen und Gegenverkehr durch die Monotonie des Fahrens wesentlich stärker ermüden als auf Straßen mit normalem Verkehr.

Ein großer Mangel in der Arbeit unserer Dogmatiker liegt darin, daß sie die *Wirtschaft von der Politik trennen.*

Die Behauptung, daß es eine ständige, sozusagen zwangsläufig erfolgende absolute Verelendung der Arbeiterklasse gibt, halten wir nicht nur für falsch, sondern für *politisch schädlich.* Wie können die Kommunisten die Arbeiterklasse für die Verteidigung ihrer Interessen und für den Streikkampf mobilisieren, wenn sie behaupten, daß die ständige absolute Verelendung der Arbeiter unvermeidlich ist? Die Geschichte der Arbeiterbewegung beweist, daß politische Losungen die große Masse der parteilosen Werktätigen mobilisieren, wenn diese Losungen den ökonomischen Forderungen entsprechen, die alle interessieren. Was soll ein streikender kommunistischer Arbeiter einem Streikbrecher antworten, wenn dieser ihm sagt: Warum soll ich streiken und heute auf meinen Lohn verzichten, wenn ihr selbst sagt, daß unsere Verelendung unvermeidlich ist?

I. Kuźminov schreibt z. B. in seinem oben genannten Buch: „Man darf nicht vergessen, daß kein noch so erfolgreicher Kampf der Arbeiter im Kapitalismus . . . die Wirkung des Gesetzes der kapitalistischen Akkumulation aufheben kann, wonach sich die Lage der werktätigen Massen nicht verbessert, sondern verschlechtert."[20]

Natürlich weisen wir Kommunisten entschieden die verlogene Behauptung der Reformisten zurück, daß durch den ökonomischen und parlamentarischen Kampf der Arbeiterklasse Veränderungen in der kapitalistischen Gesellschaftsordnung zu erzielen sind; daß, wie die Apologeten des Kapitalismus einschließlich der Reformisten behaupten, der moderne Kapitalismus kein Kapitalismus mehr sei, sondern irgendein Zwischenstadium zwischen Kapitalismus und Sozialismus. Das ist natürlich eine Irreführung. Die Arbeiter sind im Kapitalismus heute ebenso Sklaven des Kapitals wie vor 100 Jahren. Sie können nur existieren, wenn sie ihre Arbeitskraft dem Kapital verkaufen. Doch muß ihre Sklaverei nicht ewig anhalten und ständig schlechter werden.

Bei der Analyse der Lage der Arbeiterklasse ignorieren die Dogmatiker völlig den Zusammenhang zwischen Ökonomie und Politik. Sie denken nicht an die Worte Lenins, daß die Politik der konzentrierte Ausdruck der Ökonomie ist. Sie ignorieren die Veränderungen, die in den politischen Kampfbedingungen zwischen Arbeit und Kapital eingetreten sind; sie vergessen, daß das Kapital und die Politiker der kapitalistischen Länder durch die Existenz des Sozialismus gezwungen sind, ihre Beziehungen zur Arbeiterklasse ihres Landes nach den Bedingungen des Kampfes zwischen den beiden Weltsystemen auszurichten. Die Kapitalisten sind nach wie vor an einer möglichst hohen Ausbeutungsrate der Arbeiter interessiert. Ginge es nach ihnen, so sollten die Arbeiter möglichst wenig Lohn erhalten. Aber aufgrund der *politischen* Bedingungen ist *die gesamte Kapitalistenklasse* daran interessiert, *den Klassenkampf in ihrem Land nicht allzu sehr zu verschärfen* und die Arbeiter dem Kommunismus in die Arme zu treiben. Für ihre eigene Herrschaft ist es nicht ungefährlich, gleichzeitig die sozialistische Welt zu bekämpfen und scharfe Auseinandersetzungen mit der Arbeiterklasse des eigenen Landes zu führen. Das trifft besonders auf die hochentwickelten kapitalistischen Länder wie Großbritannien und die USA zu, wo das Proletariat (die Arbeiter und Angestellten) die überwiegende Mehrheit der Bevölkerung ausmacht.[21] Die Existenz eines mächtigen sozialistischen Weltsystems zwingt die Regierungen der USA, Großbritanniens und anderer kapitalistischer Länder, die Interessen der gesamten Bourgeoi-

20 I. Kuźminov, Obniščanie trudjaščichsja pri kapitalizme, a. a. O., S. 27.

21 Die Geschichte des deutschen und italienischen Faschismus ist für die Bourgeoisie eine Warnung, extreme Situationen solange wie möglich zu vermeiden.

sie ihrer Länder zu vertreten, sich des öfteren in die Auseinandersetzungen zwischen Arbeit und Kapital einzumischen und *gegen* einzelne kapitalistische Unternehmen vorzugehen, die den Konflikt mit ihren Arbeitern so verschärfen, daß dies die Gesamtinteressen der Kapitalistenklasse in der dritten Etappe der allgemeinen Krise des Kapitalismus gefährdet.

Die Kampfbedingungen zwischen Kapital und Arbeit sind heute anders als vor 60 Jahren, als die kapitalistische Gesellschaftsordnung noch gefestigt schien. Das Bestehen und Erstarken des sozialistischen Weltsystems sind für die Arbeiterklasse in den kapitalistischen Ländern eine Unterstützung in ihrem Kampf gegen das Kapital, vor allem in den hochentwickelten kapitalistischen Ländern. Angesichts der Auseinandersetzungen zwischen den beiden Systemen schließt das Monopolkapital Kompromisse mit den Arbeitern, damit sie nicht den revolutionären Weg beschreiten.

*

Wir möchten unseren Dogmatikern eine politische Frage stellen.

Wenn der Reallohn der Arbeiter in den USA und Großbritannien niedriger ist als zu Beginn des 20. Jahrhunderts und wenn die Arbeitsbedingungen sich verschlechtert haben und weiterhin verschlechtern, wie ist es dann zu erklären, daß die kommunistischen Parteien bisher weder in den USA noch in Großbritannien einen großen Masseneinfluß gewinnen konnten; daß in den USA nicht einmal reformistische Massenparteien der Arbeiterklasse existieren und Millionen von Arbeitern trotz der sehr hohen strukturellen Arbeitslosigkeit bei den Wahlen für die bürgerlichen Parteien stimmen; daß in Großbritannien, wo bereits seit Beginn dieses Jahrhunderts eine reformistische Partei des Proletariats besteht, bei den letzten Wahlen mindestens sechs Millionen Arbeiter und Angestellte für die Konservative Partei stimmten, die die Wahlen gewann, obwohl mehr als 90% der erwerbstätigen Bevölkerung ihre Arbeitskraft verkaufen müssen?

Wir unterschätzen keinesfalls den gewaltigen Einfluß, den die bürgerliche Propaganda, kleinbürgerliche Verhaltensweisen und die Geschichte des Landes auf die politische Haltung der Arbeiterklasse ausüben. Aber diese ideologischen Faktoren könnten kaum einen solchen Einfluß haben, wenn der Reallohn tatsächlich niedriger und die Arbeitsbedingungen schlechter wären als zu Beginn des Jahrhunderts. Letztlich muß die ökonomische Lage der Arbeiterklasse ihre politische Haltung stärker beeinflussen als eine fremde Ideologie.

Was werden unsere Dogmatiker auf diese Frage antworten?

*

Schließlich möchten wir bemerken, daß unsere Dogmatiker, wenn sie ständig von der absoluten Verelendung der Arbeiterklasse in den hochentwickelten kapitalistischen Ländern sprechen, unsere Wirtschaftswissenschaft in diesen Ländern diskreditieren.

Diese Länder haben nämlich bereits *eigene* marxistische Forscher, die die Lage der Arbeiterklasse untersuchen, und die nicht nur statistische Untersuchungsmethoden anwenden, sondern die Lage der Arbeiterklasse in ihrem Land auch unmittelbar beobachten. Die Berechnungen dieser Wissenschaftler widerlegen die Behauptungen der Dogmatiker, daß sich hier eine ständige absolute Verelendung vollzieht.

Das zeigen beispielsweise die von sechs englischen marxistischen Forschern (gemeinsam mit Mitarbeitern der Redaktion der Zeitschrift „Probleme des Friedens und des Sozialismus") zusammengestellten Zahlen über die Lage der Arbeiterklasse in Großbritannien (vgl. Tabelle 1).

Tabelle 1
Reallohn erwachsener männlicher Industriearbeiter in Großbritannien (1850 = 100)

1880	134	1930	212
1890	166	1938	222
1900	183	1960	335
1910	169		

Quelle
Probleme des Friedens und des Sozialismus, 8/1963, S. 643.

Hier erhalten wir ein grundlegend anderes Bild, als es M. Smit-Falkner, I. Kuźminov u. a. zeichnen.

Natürlich ist die Erhöhung des Reallohns den englischen Arbeitern nicht in den Schoß gefallen. „Die Erhöhung des Reallohns", sagen die Autoren, „(wurde) weitgehend dadurch erreicht . . ., daß der Arbeiter intensiver und häufig auch länger arbeitet."

Trotzdem stellen die Autoren der Untersuchung fest: „*Die Erhöhung des Reallohns der englischen Werktätigen in den Nachkriegsjahren darf mit Recht als ein großer Erfolg der Arbeiterbewegung angesehen werden.*"[22]

Nehmen wir ein anderes Beispiel. A. A. Arzumanjan bringt in seinem Beitrag zur Moskauer Konferenz marxistischer Ökonomen von 1962 folgende Daten (vgl. Tabelle 2).

Tabelle 2
Entwicklung des Reallohns (Wochenlöhne) (1938 = 100)

Jahr	USA 1944 = 100	Großbritannien 1947 = 100	BRD	Frankreich	Italien**	Japan***
1948	89,4	101	91*	68	103	48,6
1958	106,8	123	132	96	121	112,8
1960	111,7	135	147	—	125	127,1

* 1950
** Realer Stundenlohn
*** Für die Jahre 1948—1955 wurde der Durchschnittslohn der Jahre 1934—1936 und für die Periode 1956—1960 der Durchschnittslohn im Jahre 1950 = 100 angenommen.

Quelle
A. Arzumanjan, Beitrag in: Probleme des modernen Kapitalismus und die Arbeiterklasse, Berlin 1964, S. 70.

Natürlich sind diese Angaben ungenau und nicht untereinander vergleichbar, da die Verbrauchsstruktur in den einzelnen Ländern unterschiedlich ist. Aber unverkennbar ist nach dem zweiten Weltkrieg in den hochentwickelten kapitalistischen Ländern der Reallohn erheblich angestiegen und keine absolute Verelendung zu verzeichnen. Natürlich stiegen auch die Arbeitsintensität und der Wert der Arbeitskraft. Ein steigender Reallohn ist *keineswegs* mit wachsendem Wohlstand der Arbeiter identisch; er ist nur *ein*, allerdings

22 Probleme des Friedens und des Sozialismus, 8/1963, S. 643.

sehr wichtiger Faktor.[23] Theoretisch kann eine absolute Verelendung auch eintreten, wenn der Reallohn steigt, wenn nämlich die Arbeitsintensität, also die Verausgabung von Muskel- und Nervenkraft usw., wie Karl Marx sagt, schneller zunimmt als der Reallohn. In den entwickelten kapitalistischen Ländern ist das heutzutage aber nicht der Fall.

*

I. Kuźminov behielt seinen Standpunkt viele Jahre hindurch bei, änderte dann aber seine falsche Haltung. Im Oktober 1963 schrieb er: „Marx und Lenin haben bezüglich der absoluten Verelendung niemals die These aufgestellt, daß es sich hier um einen ständigen Prozeß handelt . . . Der Lebensstandard der Arbeiter unterliegt erheblichen Schwankungen; er kann sowohl für einen kürzeren als auch längeren Zeitraum steigen oder sinken."[24]

Das ist richtig. Aber es ist seltsam, daß I. Kuźminov es nicht für nötig hielt, wenigstens einige selbstkritische Worte zu den von ihm in seinen früheren Arbeiten vertretenen falschen Auffassungen zu sagen.

23 A. A. Arzumanjan sagte u. a.: „Deshalb wird die Höchstgrenze für den Lebensstandard der Arbeiter durch den Wert der Ware Arbeitskraft bestimmt." („Probleme des modernen Kapitalismus und die Arbeiterklasse", Berlin 1964, S. 70.) Das ist nicht ganz exakt und auch nicht ganz klar. Der Lohn (d. h. die Bezahlung des Wertes der Arbeitskraft) schwankt nach Marx wie die Vergütung jeder Ware um ihren Wert: sie kann über oder unter dem Wert liegen, was von der Lage auf dem Arbeitsmarkt und dem Kräfteverhältnis im Klassenkampf abhängt; ein wichtiger Faktor ist dabei die Organisiertheit und Kampfbereitschaft der Arbeiterklasse.

24 Meždunarodnaja žizn, 10/1963, S. 76.

Die Arbeiteraristokratie nach dem zweiten Weltkrieg

Das Problem der Arbeiteraristokratie wurde von den Klassikern des Marxismus-Leninismus vollständig ausgearbeitet. Aber die Arbeiteraristokratie, ihre Zusammensetzung, die Ursachen ihrer privilegierten Stellung haben sich wie alle Erscheinungen des Kapitalismus im Verlauf seiner Entwicklung, vor allem nach dem zweiten Weltkrieg, erheblich geändert.

Im vormonopolistischen Kapitalismus gab es nur in England eine Arbeiteraristokratie. Ihre ökonomische Grundlage war der monopolistische Extraprofit des englischen Kapitals. Großbritannien war damals die „Werkstatt der Welt" und verfügte neben den normalen Profiten aus der Ausbeutung der Arbeiterklasse des eigenen Landes über beträchtliche Extraprofite durch die Ausbeutung des gewaltigen Kolonialreiches. Nach einer Formulierung von Engels „(scheint) diese bürgerlichste aller Nationen es schließlich dahin bringen zu wollen . . ., eine bürgerliche Aristokratie und ein bürgerliches Proletariat *neben* der Bourgeoisie zu besitzen."[1] „Diese Arbeiteraristokratie", schrieb W. I. Lenin, „die damals erträgliche Löhne hatte, schloß sich zu engen, eigennützig-zünftlerischen Gewerkschaften zusammen, *isolierte sich so von der Masse des Proletariats und stellte sich in der Politik auf die Seite der liberalen Bourgeoisie.* Auch heute noch gibt es wohl nirgends in der Welt so viele Liberale unter den fortgeschrittenen Arbeitern wie in England."[2] Aus diesen und vielen anderen Äußerungen Lenins geht hervor, daß er die Arbeiteraristokratie vor allem als einen *politischen Faktor* betrachtete.

Das Wesen der Arbeiteraristokratie besteht darin, daß sie von den arbeitenden Massen losgelöst ist, auf die Seite der Bourgeoisie übergeht und einen antirevolutionären Einfluß auf die Arbeitermassen ausübt. Die Voraussetzung für den Übergang der Arbeiteraristokratie auf die Seite der Bourgeoisie ist ihre privilegierte wirtschaftliche Stellung.

Bei einer konkret-historischen Analyse dieser Erscheinung ergibt sich, daß sie komplizierter ist, als dies im allgemeinen den Anschein hat.

Die privilegierte Stellung und der Übergang auf die Seite der Bourgeoisie können neben den Extraprofiten aus den Kolonien noch andere Ursachen haben. Die USA waren wirtschaftlich lange Zeit ein Kolonialland. Aber die amerikanischen Arbeiter (nicht die neu hinzugekommenen Einwanderer) waren wirtschaftlich besser gestellt als die Arbeiterklasse Europas und ihnen gegenüber privilegiert. Die Ursache bestand darin, daß es praktisch keine Grundrente gab, große Flächen „freien" Landes vorhanden waren und man nach einigen Jahren Lohnarbeit ein selbständiger Farmer werden konnte.

Eine andere Grundlage hat die aus den weißen Arbeitern bestehende Arbeiteraristokratie in den Kolonien. Zwischen ihrem Einkommen und demjenigen der einheimischen Bevölkerung (z. B. in Rhodesien, Südafrika usw.) besteht ein wesentlich größerer Unterschied, als zwischen den Einkommen der Arbeiteraristokratie und den schwarzen Arbeitern in den Metropolen. Ihre Aufgabe ist auch eine andere. Sie nehmen keinen ideologischen Einfluß

1 F. Engels, Brief an K. Marx vom 7. Oktober 1858, in: MEW, Bd. 29, Berlin 1967, S. 358.
2 W. I. Lenin, Harry Quelch, in: Werke, Bd. 19, Berlin 1968, S. 361 (Hervorhebung E. V.).

auf die einheimischen Arbeiter. Die weißen Kapitalisten kaufen sie als ihre Verbündeten, um die schwarzen Arbeiter zu unterdrücken.

Auf seiten der Bourgeoisie stehen nicht nur die Arbeiteraristokratie mit ihrer bevorzugten Stellung, sondern auch mehr oder weniger breite Schichten der Arbeiter, deren Lage sehr schlecht ist und die nicht einmal gewerkschaftlich organisiert sind, wie Tagelöhner, Landarbeiter, Handwerksgesellen, ungelernte Fabrikarbeiter, vor allem Frauen usw. Ihnen fehlt das politische Bewußtsein, sie sind ungenügend organisiert und stehen vor allem unter dem Einfluß von religiös orientierten Parteien. Bei den Wahlen stimmen sie für diese Parteien, d. h. für die Bourgeoisie. Nur eine revolutionäre Krise kann sie aufrütteln und aus dem Zustand der politischen Lethargie herausreißen.

Falsch und dogmatisch ist die Vorstellung, daß die Arbeiteraristokratie stets, in jeder historischen Situation auf der Seite der Bourgeoisie steht. Die historischen Erfahrungen zeigen, daß ihre politische Haltung nicht allein davon bestimmt wird, ob die Lage der Arbeiter schlechter oder besser ist. Die Arbeiter können sehr lange in ihrer schlechten Lage verharren und sich daran gewöhnen. *Unzufriedenheit entsteht vor allem, wenn sich die Lage verschlechtert*, besonders wenn dies rasch erfolgt. Das trifft auch auf die Arbeiteraristokratie zu. Die Arbeiteraristokratie steht solange auf seiten der Bourgeoisie, wie ihre wirtschaftliche Lage gesichert und erträglich ist. *Aber sie kann aktiv am revolutionären Kampf teilnehmen, wenn sich ihre Lage erheblich verschlechtert.* Das war z. B. 1918/1919 in Ungarn der Fall, bevor die Diktatur des Proletariats errichtet wurde. Die starke Inflation führte rasch zu einer erheblichen Verschlechterung der Lage des gesamten ungarischen Proletariats. Die Facharbeiter, die höhere Lohnsätze erhielten, reagierten auf die Verschlechterung ihrer Lage stärker als die schlechtbezahlten Arbeiter. Sie traten in die kommunistische Partei ein und spielten nicht selten eine führende Rolle im Kampf um den Sturz der Bourgeoisie. Eine ähnliche Lage war seinerzeit auch in der revolutionären Arbeiterbewegung Deutschlands zu verzeichnen.

Die Versuche, die Arbeiteraristokratie zahlenmäßig zu bestimmen, verdienen zwar wissenschaftliches Interesse[3], lösen aber nicht das politische Problem, welchen Einfluß die Arbeiteraristokratie auf die Haltung der gesamten Arbeiterklasse in einer bestimmten historischen Situation hat.

Im Verlauf der Entwicklung des Kapitalismus hat sich die Grundlage dieses Einflusses verändert. Im 19. Jahrhundert war das vor allem die Qualifikation. Die Arbeiteraristokratie bestand ausschließlich aus Facharbeitern. Aber nicht alle Facharbeiter gehörten zur Arbeiteraristokratie. Im 19. Jahrhundert war die Zusammensetzung der Arbeiterklasse sehr einfach. Sie bestand nur aus zwei Kategorien (außer den Aufsehern): den Facharbeitern, die ihre Qualifikation im Verlauf von drei bis fünf Jahren auf empirischem Wege — meistens bei Handwerkern — erhalten hatten, und den ungelernten Arbeitern, die den Facharbeitern zuarbeiteten. Der ideologische Einfluß der Arbeiteraristokratie ergab sich aus ihrer Stellung

3 Britische Wissenschaftler geben folgende Zahlen zur Zusammensetzung der britischen Arbeiterklasse an (in %):

Arbeiteraristokratie (obere Schicht der Facharbeiter)	etwa 15
Arbeiter mit mittlerer Qualifikation und wenig qualifizierte Arbeiter	etwa 45—50
Ungelernte Arbeiter	etwa 35—40

(L. Morton i Dž. Tėjt, Istorija anglijskogo rabočego dviženija, Moskva 1959, S. 199—200); (The British Labour Movement, 1770—1920, A History by A. L. Morton and George Tate, London 1956.)

in der Produktion, denn ohne sie konnten die ungelernten Arbeiter nicht arbeiten; streikten die Facharbeiter, hatten auch die ungelernten Arbeiter keine Arbeit.

Mit der Entwicklung der maschinellen Technik, vor allem der Fließbänder und der Automatisierung der Produktion, änderte sich die Zusammensetzung der Arbeiterklasse in den Betrieben bedeutend. Die Zahl der Facharbeiter ging relativ zurück, und die Zahl der „angelernten" Arbeiter nahm bedeutend zu, wobei die Zeitdauer des Anlernens sich stark verkürzte. Gelegentlich, wie z. B. bei Ford, dauerte das Anlernen nur einen Tag. Es bildete sich eine kleine Schicht hochqualifizierter Arbeiter heraus, deren Kenntnisse nicht mehr allein auf Erfahrungen beruhten, sondern die bereits überwiegend eine Fachschulausbildung erhalten hatte und sich mit der Einrichtung und Wartung der Fließbänder, Automaten usw. befaßte. Der Unterschied zwischen diesen Arbeitern und den praktisch tätigen Technikern und Ingenieuren ist sehr gering.

Diese Veränderung läßt sich am Beispiel der USA und Englands nachweisen (vgl. Tabelle 1).

Tabelle 1
Verhältnis der Facharbeiterlöhne zu den Löhnen ungelernter Arbeiter in Großbritannien (in %)

	1914	1960
Maschinenbau (Wochenlöhne)		
Schablonenmacher	184	133
Schlosser und Dreher	170	119
Bauwesen (Stundenlöhne)		
Maurer	150	114
Eisenbahnen (Wochenlöhne)		
Lokomotivführer	211	147

Quelle
The Economist vom 23. April 1960, S. 363.

Für die USA liegen folgende Angaben vor (vgl. Tabelle 2).

Tabelle 2
Wochenlohn der Produktionsarbeiter in 25 Zweigen der verarbeitenden Industrie der USA (in Dollar)

Jahr	Ungelernte männliche Arbeiter	Männliche Facharbeiter	Prozentsatz, um den die Löhne der Facharbeiter über denen der ungelernten Arbeiter liegen
1914	10,7	15,0	42
1948	50,0	63,5	27

Quelle
Historical Statistics of the United States. 2. Edition, Washington 1949, S. 94. (Neuere Angaben liegen nicht vor. Die Prozentsätze wurden von mir berechnet, E. V.)

Die Tendenz zum Ausgleich zeigt sich auch hier, allerdings verläuft sie nur sehr langsam.

Die angeführten Daten beweisen deutlich, daß die Differenz zwischen den Löhnen der Facharbeiter und der ungelernten Arbeiter tendenziell abnimmt. Damit werden die Positionen der Arbeiteraristokratie im alten Sinne von zwei Seiten untergraben: Der Anteil der Facharbeiter geht zurück und der Lohnunterschied verringert sich.

Trotz dieser Tendenz sind die Lohnunterschiede zwischen den einzelnen Kategorien von Arbeitern in den USA noch sehr hoch. Nach offiziellen Angaben[4] hatten die „Produktionsarbeiter" in den Zweigen, die Transportmaschinen herstellen, im November 1962 den höchsten Stundenlohn mit 2,98 Dollar; der niedrigste Lohn wurde in der Bekleidungsindustrie mit 1,67 Dollar gezahlt. Zum Teil liegt die Ursache darin, daß im erstgenannten Zweig nur etwa 10% und im zweiten mehr als 80% Frauen arbeiten. Da diese Ziffern den Durchschnittslohn für den gesamten Industriezweig angeben und innerhalb jedes Zweiges große Lohnunterschiede bestehen, gibt es in den USA Arbeiter, deren Löhne doppelt so hoch wie die der niedrigbezahlten Arbeiter sind. Trotz der Tendenz zur Angleichung besteht in den USA eine materielle Grundlage für die Arbeiteraristokratie.

In England werden die Frauen nach wie vor stark diskriminiert (vgl. Tabelle 3).

Tabelle 3

Wochenlöhne in der Industrie Großbritanniens (in Shilling)

	1938 (Oktober)	1948 (Oktober)	1959
Männer über 21 Jahre	69	138	271
Frauen über 18 Jahre	32,6	74,6	140

Quelle

United Kingdom Annual Abstract of Statistics, 1938—1948, S. 116; 1961, S. 128.

Heute erhalten die Frauen wie vor dem Krieg ungefähr die Hälfte des Lohnes, der Männern gezahlt wird. Meistens sind sie nicht so qualifiziert wie Männer, aber selbst dort, wo sie die gleiche Arbeit verrichten, erhalten sie einen wesentlich geringeren Lohn als die Männer. In den USA ist diese Diskriminierung nicht so stark ausgeprägt.

*

Betrachten wir das Problem der Arbeiteraristokratie im Weltmaßstab, so verkörpern die meisten Industriearbeiter in den USA (ausgenommen Neger, Mexikaner, Puertorikaner usw.) gegenüber den Arbeitern aller anderen kapitalistischen Länder die Arbeiteraristokratie. Das heißt nicht, daß es in den USA kein Elend innerhalb der Arbeiterklasse gibt. Selbst USA-Präsident Kennedy mußte zugeben, daß mehr als 30 Millionen Amerikaner im Elend leben. Das sind vor allem Neger, mexikanische Arbeiter, neue Einwanderer, obdachlose Landarbeiter, die das ganze Jahr von Ort zu Ort ziehen, Arbeitslose, die keine legale Unterstützung mehr erhalten usw. Aber dennoch ist die Arbeiteraristokratie in den USA heutzutage breiter als in Großbritannien während ihrer Blütezeit.

4 Federal Reserve Bulletin, Dezember 1962, S. 1687 (Bureau of Labour Statistics).

Tabelle 4 gibt den durchschnittlichen Stundenlohn männlicher und weiblicher Arbeiter in der verarbeitenden Industrie im Jahre 1961 an.

Tabelle 4
Durchschnittlicher Stundenlohn männlicher und weiblicher Arbeiter in der verarbeitenden Industrie 1961 (in Dollar)

USA	BRD	Frankreich	Italien	Großbritannien (nur Männer)	Großbritannien (Männer und Frauen)
2,32	0,72	0,45	0,40	0,95	0,80*

* Unsere Schätzung.

Quelle
Angaben der UNO. Monthly Bulletin of Statistics, Januar 1963, S. 116 (von mir zum offiziellen Kurs in Dollar umgerechnet).

Wir wissen natürlich, daß diese Zahlen die Lage der amerikanischen Arbeiter beschönigen. Durch die Umrechnung nach dem offiziellen Dollarkurs wird die reale Kaufkraft der westeuropäischen Währungen zu niedrig angesetzt. Die Arbeitslosigkeit in den USA ist wesentlich größer als in Westeuropa. Die westeuropäischen Arbeiter erhalten Kindergeldzuschläge; sie beziehen Unterstützungen bei Arbeitslosigkeit, Erkrankung, Invalidität usw., während das in den USA nur für einen sehr geringen Teil der amerikanischen Arbeiter zutrifft. Aber selbst wenn man alle diese Zuschläge mit 50% des Lohnes ansetzt, den die Arbeiter in Westeuropa erhalten, was zweifellos zu hoch ist, so ist der Lohn der amerikanischen Arbeiter immer noch zwei- bis dreimal so hoch wie der der westeuropäischen Arbeiter. Der Unterschied zwischen den Stundenlöhnen in der verarbeitenden Industrie der USA und Westeuropa ist größer, als der Lohnunterschied zwischen der klassischen Arbeiteraristokratie und den ungelernten Arbeitern in England jemals gewesen ist.

Die Lage der amerikanischen Industriearbeiter als einer Arbeiteraristokratie in der kapitalistischen Welt wird noch deutlicher, wenn man den Lohn dieser Arbeiter mit dem der Industriearbeiter in den schwachentwickelten kapitalistischen Ländern vergleicht. Die Arbeiter in den USA verdienen in der Woche ebensoviel wie die Arbeiter im benachbarten Mexiko in einem Monat oder die afrikanischen Arbeiter in zwei bis drei Monaten.

*

Welche ökonomischen Quellen stehen der Großbourgeoisie in den hochentwickelten Ländern heutzutage zur Verfügung, um die Arbeiteraristokratie zu kaufen und zu unterhalten?

Man hört bei uns oft die Meinung, daß die Bourgeoisie nach der Befreiung der Kolonien von der Herrschaft des Imperialismus über keine Möglichkeiten mehr verfügt, um einen Teil der Arbeiter zu korrumpieren, oder diese Möglichkeiten zumindest sehr beschnitten sind.

Wir teilen diese Meinung nicht. Von der Ausbeutung durch die Imperialisten sind nur diejenigen ehemaligen Kolonien und Halbkolonien befreit, die den antiimperialistischen Befreiungskampf unter Führung der Arbeiterklasse und kommunistischer Parteien führten, nämlich Nordkorea, Nordvietnam, China und Kuba, die dann den sozialistischen Entwicklungsweg einschlugen. Von den Ländern aber, die sich unter Führung der Bourgeoisie befreiten, hat nur Indonesien den Imperialisten jede Betätigung auf seinem Gebiet untersagt. Aber in allen anderen großen Ländern Asiens, wie in Indien und Pakistan, im Nahen Osten, auf dem gesamten afrikanischen Kontinent sowie in Lateinamerika (mit Ausnahme von Kuba) war die Erringung der politischen Unabhängigkeit nicht mit der ökonomischen Befreiung von der Macht des Auslandskapitals verbunden. Die Kapitalinvestitionen Großbritanniens haben sich nach der politischen Befreiung Indiens dort verdoppelt; dementsprechend sind auch die Profite gestiegen. Der alten, offen imperialistischen Herrschaft folgte der Neokolonialismus, es entstanden gemischte kapitalistische Unternehmen, es wurden Weltbankdarlehen, staatliche „Hilfe" usw. gewährt. Uns liegen hierüber keine konkreten Angaben vor, aber man darf davon ausgehen, daß die *Investitionen* der imperialistischen Länder in den schwachentwickelten bürgerlichen Ländern und die dort abgeschöpften *Profite und Extraprofite* heutzutage höher sind als vor der Befreiung der Kolonien.

Wie wir bereits oben angedeutet haben, sind außerdem noch die stark gestiegenen Einnahmen der Imperialisten aus dem Handel mit den schwachentwickelten Ländern hinzuzurechnen. So steigen die Preise für die von den imperialistischen Staaten nach den schwachentwickelten Ländern exportierten Waren immer stärker, während die Preise für die von den schwachentwickelten Ländern nach den imperialistischen Staaten exportierten Waren sinken oder, wie man das lakonisch in der bürgerlichen Geschäftssprache ausdrückt, die Terms of trade haben sich verschlechtert.[5]

Wir wollen versuchen, den Tribut annähernd zu schätzen, den die schwachentwickelten Länder durch die Verschlechterung ihrer Terms of trade im letzten Jahrzehnt den hochentwickelten imperialistischen Ländern zusätzlich leisten mußten (vgl. Tabelle 5).

Tabelle 5
Terms of trade (1958 = 100)

	1950	1960	1962
Hochentwickelte Länder*	96	103	105
Schwachentwickelte Länder**	108	99	95

* Nach der UNO-Klassifikation: USA, Kanada, die westeuropäischen Länder, Japan, Australien, Neuseeland, Südafrika.
** Alle sonstigen kapitalistischen Länder.

Quelle
Monthly Bulletin of Statistics, Januar 1963, S. XI.

Für die imperialistischen Länder haben sich die Terms of trade in den letzten zehn Jahren um 7% verbessert; für die schwachentwickelten kapitalistischen Länder haben sie sich in diesem Zeitraum um 14% verschlechtert.

Welche Vorteile bringt das den Imperialisten in ihrem Handel mit den schwachentwickelten Ländern? Im Jahre 1960 (dem letzten Jahr, für das Angaben vorliegen) verkauften die hochentwickelten Staaten den schwachentwickelten Ländern Waren in Höhe von 21,2 Mrd. Dollar.[6] Der Profit aus der Verbesserung der Terms of Trade um 7% macht

5 Die Terms of trade entsprechen dem Index der Exportpreise, geteilt durch den Index der Importpreise.
6 Monthly Bulletin of Statistics, August 1962, S. XVIII.

1,4 Mrd. Dollar aus. Im Jahre 1960 kauften die hochentwickelten Staaten von den schwachentwickelten Ländern Waren für 19,8 Mrd. Dollar. Durch die Verschlechterung der Terms of trade um 14% beliefen sich ihre Verluste, d. h. der Profit der Käufer, auf 2,8 Mrd. Dollar. Somit hatten die Imperialisten allein im Jahre 1960 einen Vorteil von 4,2 Mrd. Dollar.

Die Einnahmen der Imperialisten aus den Kapitalanlagen in den schwachentwickelten Ländern und die großen zusätzlichen Vorteile aus dem Außenhandel ergeben eine ganz ansehnliche Summe, um die Arbeiteraristokratie zu kaufen.

Trotzdem stellt dieser Betrag heutzutage nicht die Hauptquelle für die Bestechung der Arbeiteraristokratie dar. Das ergibt sich aus folgendem Vergleich. Wir nehmen als Beispiel das reichste kapitalistische Land, die Vereinigten Staaten (mit Kanada). Im Jahre 1961 exportierten die Vereinigten Staaten Waren für 7 Mrd. Dollar in die schwachentwickelten Länder und kauften dort Waren für 6,8 Mrd. Dollar.[7] Selbst wenn man annimmt, daß die Profite aus der Verbesserung der Terms of trade unverändert blieben, wie wir sie vorstehend berechnet haben, was allerdings zu hoch ist, da die USA und Kanada erhebliche Mengen an Nahrungsmitteln in die schwachentwickelten Länder exportieren, würde sich eine Summe von 1,3 Mrd. Dollar ergeben. Hinzu kommen die Nettoeinnahmen aus den Kapitalanlagen in den schwachentwickelten Ländern in Höhe von 2,3 Mrd. Dollar.[8] Um keinen zu niedrigen Betrag anzusetzen, runden wir das Gesamtergebnis auf 4 Mrd. Dollar ab.

4 Mrd. Dollar im Jahr sind zweifellos ein großer Betrag. Aber er reicht keineswegs aus, um damit aus einem erheblichen Teil der amerikanischen Arbeiterklasse eine Arbeiteraristokratie zu machen. Das zeigen folgende Angaben.

In der privaten Wirtschaft der USA wurden im Jahre 1951 an Löhnen und Gehältern insgesamt 142 Mrd. Dollar gezahlt.[9] Die 4 Mrd. Dollar Extraprofit, die aus den schwachentwickelten Ländern herausgepreßt wurden, machen 3% dieses Betrages aus.

Ein Arbeiter in der privaten Wirtschaft der USA hatte 1960 bei Vollbeschäftigung etwa ein durchschnittliches Jahreseinkommen von 4734 Dollar.[10] Wir wissen, daß diese Zahlen zu hoch sind. Sie beinhalten die Einkommen der hochbezahlten Angestellten, während Einkommensminderungen durch Arbeitslosigkeit, Steuern und sonstige Zahlungen

Tabelle 6

Arbeitsproduktivität (Stundenleistung je Arbeiter) in der gesamten verarbeitenden Industrie der USA (1947—1949 = 100)

1947	1950	1955	1960
97,6	109,5	125,6	135,7

Quelle
Statistical Abstract of the United States, 1961, S. 217.
1960: nichtlandwirtschaftliche Produktionszweige.

7 Ebenda, März 1963, S. XVI.
8 Statistical Abstract of the United States, 1961, S. 865 (für 1960).
9 Ebenda, S. 303.
10 Ebenda, S. 323.

usw. nicht in Abzug gebracht wurden. Würde die amerikanische (und die kanadische) Bourgeoisie den gesamten Extraprofit aus den schwachentwickelten Ländern für die Korruption von Arbeitern aufwenden, so könnte sie nur aus einem verschwindend geringen Teil der 40-Millionen-Armee von Arbeitern und einfachen Angestellten eine Arbeiteraristokratie bilden.

Die Hauptquelle, um einen beträchtlichen Teil der Arbeiterklasse zu kaufen, ist das rasche Wachstum der Arbeitsproduktivität, ohne daß die Arbeitszeit entsprechend verkürzt wird. Das läßt sich anhand der Steigerung der Arbeitsproduktivität in der Industrie der USA nachweisen (vgl. Tabelle 6).

Nach der offiziellen Statistik ist die Arbeitsproduktivität nach dem zweiten Weltkrieg um nahezu 40 % gestiegen.[11] Die Arbeitswoche hat sich dagegen nur wenig verkürzt, um nicht einmal 10 %.[12] Mit der steigenden Arbeitsproduktivität ging keine entsprechende Preissenkung einher; vielmehr liegt der „Verbraucherpreisindex" gegenwärtig um 25 % über dem von 1948 und steigt ständig weiter.

Das amerikanische Kapital erhält also jetzt ein (um etwa 20—30 %) höheres Mehrprodukt als vor 15 Jahren.

Durch die Steigerung der Arbeitsproduktivität erhält die Bourgeoisie umfangreiche zusätzliche Mittel, um einen großen Teil der Arbeiterklasse zu kaufen.[13] Andererseits ergibt sich dadurch eine wachsende strukturelle Arbeitslosigkeit, die eine Geißel für die Arbeiterklasse ist.

In anderen hochentwickelten Ländern verläuft die Entwicklung ähnlich.

Nach dem Krieg ist die Arbeitsproduktivität in allen industriell entwickelten Ländern stark angestiegen, während die tatsächliche Arbeitszeit im Vergleich zu der vor dem Krieg üblichen 48-Stunden-Woche nur gering zurückgegangen ist.

11 Diese Statistik ist selbstverständlich nicht exakt. Sie umfaßt auch Angestellte, Handwerker usw. Nimmt man nur die Arbeitsproduktivität der Produktionsarbeiter, so ist sie zweifellos noch stärker gestiegen. Andererseits liegt der Gesamtnutzen aus der Steigerung der Arbeitsproduktivität etwas niedriger, da die Abschreibungen durch den Einsatz komplizierterer und teuerer Maschinen zugenommen haben.

12 Die amerikanische Statistik der wöchentlichen Arbeitszeit weist nicht die Zahl der Stunden aus, die von den vollbeschäftigten Arbeitern in einer Woche geleistet wurden, sondern die durchschnittliche Zahl von Stunden, die der Betrieb in der Woche gearbeitet hat, also die durchschnittliche Arbeitszeit eines Arbeiters (bei voller oder verkürzter Arbeitszeit oder bei Schließung des Betriebes). Deshalb weist die Statistik in Krisenjahren einen erheblichen Rückgang der Arbeitszeit aus.

13 Der Profit, den die amerikanische Bourgeoisie aus der Steigerung der Arbeitsproduktivität erzielte, läßt sich nicht in konkreten Zahlen nachweisen. Aber die nachstehenden Zahlen vermitteln eine gewisse Vorstellung:

Nationaleinkommen der USA
abzüglich der Einkommen der Arbeiter und Angestellten (in Mrd. Dollar)

1947	1955	1961
70	107	126
Oder: Profite der Unternehmen		
23,6	43,0	45,5

Quelle
Survey of Current Business, Juli 1962, S. 6/7.

Die tatsächliche wöchentliche Arbeitszeit betrug 1961 in der BRD 45,3 Stunden, in Frankreich 45,7, in Großbritannien 46,8 und in Italien 48,5 Stunden.[14]

Obwohl es in Großbritannien mehrere hunderttausend Arbeitslose gibt, leisteten in der Woche bis zum 27. April 1963 mindestens 1,7 Mio englische Arbeiter, d. h. 28,6% aller Arbeiter dieses Landes, Überstunden, wobei auf jeden durchschnittlich 8 Überstunden in der Woche entfielen.[15]

*

Die Aufgaben der Arbeiteraristokratie bestehen darin, die kapitalistische Gesellschaftsordnung zu bewahren, die bürgerliche Ideologie unter der Arbeiterklasse zu verbreiten und sie vom revolutionären Weg abzuhalten. Durch den technischen Fortschritt ist die Bedeutung der Arbeiteraristokratie in der Produktion zurückgegangen, was auch ihren Einfluß auf andere Schichten der Arbeiterklasse schmälerte. Bei der Ausübung der genannten Funktion wird sie jetzt immer stärker von der *Arbeiterbürokratie* abgelöst.

W. I. Lenin schrieb nach dem ersten Weltkrieg: „Es ist eine ganze soziale Schicht von Parlamentariern, Journalisten, Beamten der Arbeiterbewegung, privilegierten Angestellten und gewissen Kategorien des Proletariats herangewachsen, die mit ihrer nationalen Bourgeoisie *verwachsen* ist, und die Bourgeoisie hat es verstanden, diese Schicht durchaus richtig einzuschätzen und sich ‚gefügig' zu machen."[16]

Heute hat die reformistische Arbeiterbürokratie an Zahl und Einfluß noch zugenommen. Sie unterscheidet sich von der Arbeiteraristokratie vor allem dadurch, daß sie nicht in der Produktion tätig ist, sondern meistens an Schreibtischen sitzt. Das Einkommen der untersten Schichten dieser Bürokratie ist nicht höher als das Einkommen der Arbeiteraristokratie, aber sie wird nicht von der Geißel der Arbeiterklasse, der ständigen Gefahr, arbeitslos zu werden, bedroht. Die Oberschicht dieser Bürokratie bezieht hohe Einkommen, die etwa dem der Bourgeoisie entsprechen; sie lebt so wie die Bourgeoisie. Der Führer der „Opposition seiner Majestät" erhält vom bürgerlichen britischen Staat ein Ministergehalt. Die Einkommen der amerikanischen Gewerkschaftsführer entsprechen denen von Millionärsrentnern und machen 100000 Dollar im Jahr aus.[17]

Die Arbeiterbürokratie wurde zahlenmäßig sehr stark. Ihre wichtigsten Stützpunkte sind:

1. *Die Bürokratie der sozialdemokratischen Partei*: Parlamentsabgeordnete, Mitarbeiter von Zeitungsredaktionen, Mitarbeiter im Parteiapparat usw. Hinzu kommen jene staatlichen, kommunalen und sonstigen Beamten, die ihre Stellungen nur dem Einfluß der Parteien verdanken.

2. Die *Gewerkschaftsbürokratie*, die großen Einfluß auf die Arbeiter hat. Von ihr (die mit der Bürokratie der Bourgeoisie in den Betrieben zusammenarbeitet) hängt oft das Schicksal einzelner Arbeiter ab (im Rahmen des Kollektivvertrages): ob man eher arbeitslos wird, einen besseren Arbeitsplatz erhält, Arbeitslosenunterstützung bekommt usw. Hat

14 Monthly Bulletin of Statistics, Februar 1963, S. 11.

15 Angaben des Ministry of Labour, nach The Times vom 8. Juni 1963. In der gleichen Woche arbeiteten 98700 Arbeiter verkürzt.

16 W. I. Lenin, Der Zusammenbruch der II. Internationale, in: Werke, Bd. 21, Berlin 1970, S. 246.

17 Mitte Februar 1963 beschloß die Gewerkschaft der Lastkraftwagenfahrer im Staat New Jersey, das Gehalt ihres Vorsitzenden A. Provensano um 50000 Dollar im Jahr zu erhöhen. Wäre ihm diese Erhöhung gezahlt worden, hätte sein Gehalt 113000 Dollar im Jahr betragen. Er hielt es aber für zweckmäßig, auf diese Erhöhung zu verzichten (The Times vom 16. Februar 1963, S. 8 und vom 21. Februar 1963, S. 12).

ein Arbeiter Auseinandersetzungen mit der Parteibürokratie oder tritt er aus einer reformistischen Partei aus, so hat das für ihn keine direkten negativen Auswirkungen. Hat er aber Auseinandersetzungen mit der Gewerkschaftsbürokratie, so kann ihn das ins Verderben stürzen. Der Arbeiter kann vielfach nicht aus der Gewerkschaft austreten, ohne damit seinen Arbeitsplatz zu verlieren. Die Gewerkschaftsbürokratie handelt die Kollektivverträge aus; die Gewerkschaftsmitglieder hingegen bestätigen sie meistens nur durch Abstimmung.[18]

3. Die *Genossenschaftsbürokratie.* Sie ist zahlenmäßig stark, hängt eng mit der reformistischen Parteibürokratie zusammen, hat auf die Arbeiter aber wesentlich weniger Einfluß als die Gewerkschaftsbürokratie.

Die absolute zahlenmäßige Stärke der Arbeiterbürokratie läßt sich schwer feststellen. In großen Ländern kann sie einige Zehntausend Personen ausmachen. Aber ihre Bedeutung und ihr Einfluß nehmen vor allem dadurch zu, daß es neben der echten bezahlten Bürokratie noch ein zahlenmäßig wesentlich größeres Partei- und Gewerkschafts-„aktiv" gibt. Das sind Arbeiter, die selbst zur bezahlten Bürokratie gehören möchten und deshalb alle Anweisungen der Partei- und Gewerkschaftsbürokratie ausführen.

Die Hauptaufgabe der Arbeiteraristokratie und der Arbeiterbürokratie besteht darin, die bürgerliche Ideologie zu verbreiten und die marxistische, kommunistische Ideologie zu bekämpfen. Ihre ideologischen Hauptinstrumente sind: legale Betätigung, Ablehnung jeder illegalen Tätigkeit, Verherrlichung der bürgerlichen Demokratie und des Parlamentarismus, Verbreitung der Auffassung, daß der bürgerlich-demokratische Staat über den Klassen stehe, Chauvinismus und Religion, Antimarxismus und Antikommunismus.

Vor nahezu einem halben Jahrhundert schrieb W. I. Lenin: „*Der politische Inhalt des Opportunismus und des Sozialchauvinismus ist derselbe*: Zusammenarbeit der Klassen, Verzicht auf die Diktatur des Proletariats, Verzicht auf die revolutionäre Aktion, rücksichtslose Anerkennung der bürgerlichen Legalität, Mißtrauen dem Proletariat, Vertrauen der Bourgeoisie gegenüber. *Der Sozialchauvinismus ist die direkte Weiterführung und Vollendung der englischen liberalen Arbeiterpolitik, des Millerandismus und Bernsteinianertum.*

Der Kampf der zwei Grundtendenzen in der Arbeiterbewegung, des revolutionären und opportunistischen Sozialismus füllt die ganze Zeit von 1889 bis 1914 aus."[19]

Lenin erwähnt hier nicht Religion und Kirche als Wegbereiter der bürgerlichen Ideologie in der Arbeiterbewegung, denn die Religion spielte vor dem ersten Weltkrieg nur eine geringe Rolle im Klassenkampf. Damals war in der Bourgeoisie und in der reformistischen Arbeiterbewegung noch eine liberale antiklerikale Strömung zu verzeichnen. Nach dem ersten und besonders nach dem zweiten Weltkrieg wurden Religion und Kirche zu einem sehr wichtigen Instrument, um die Arbeiter ideologisch zu beeinflussen. Es entstanden katholische Parteien, und die bestehenden nahmen zu. In Großbritannien waren die Führer der Labour-Partei, wie MacDonald, Lansbury und Henderson, durch und durch religiös.[20]

18 In Großbritannien widersetzen sich die Grubenältesten (shopstewards) gelegentlich dem Einfluß der Gewerkschaftsbürokratie.

19 W. I. Lenin, Der Opportunismus und der Zusammenbruch der II. Internationale, in: Werke, Bd. 22, Berlin 1960, S. 111.

20 Akademiemitglied I. M. Majskij, seinerzeit Botschafter der UdSSR in London, stattete MacDonald nach dem Tode seiner Frau einen offiziellen Besuch ab, um ihm, wie das üblich ist, das Beileid zu diesem Verlust auszusprechen. MacDonald antwortete, daß „ihn nur die Überzeugung tröste, daß wir dort (wobei er zum Himmel blickte) wieder vereint sein werden".

In den USA bemühen sich viele religiöse Sekten, den Arbeitern das Klassenbewußtsein auszureden.

Als die Erschütterungen des zweiten Weltkrieges sich etwas gelegt hatten und in Vergessenheit geraten waren, ging der Einfluß von Religion und Kirche in der Politik zurück. Aber auch heute noch ist dieser Einfluß beträchtlich stärker als vor dem ersten Weltkrieg.

Zur Herkunft der Arbeiterbürokratie ist zu sagen, daß die unteren Schichten und die Oberschicht der Gewerkschaftsbürokratie aus Arbeitern bestehen, während in den Spitzen der politischen Bürokratie in den reformistischen Parteien Intelligenzler bürgerlicher Herkunft eine immer größere Rolle spielen. Clement Attlee, Hugh Gaitskell und Harold Wilson, die drei letzten Führer der Labour-Partei, sind aus der Bourgeoisie hervorgegangen; das gleiche kann man von Leon Blum, Guy Mollet u. a. sagen. Das belegt die engen Bande zwischen reformistischen Parteien und der Bourgeoisie.[21]

*

Zur der Frage, inwieweit es der Bourgeoisie gelang, mit Hilfe der Arbeiteraristokratie und der Arbeiterbürokratie die Arbeiterklasse vom revolutionären Weg abzubringen, ist folgendes zu sagen: Die Bourgeoisie konnte die Arbeiterklasse bis jetzt in den reichen angelsächsischen und skandinavischen Ländern vom revolutionären Weg abhalten, aber nicht in den anderen kapitalistischen Ländern.

Die Situation ist bekanntlich folgende: In den USA besitzt das Proletariat nicht einmal eine eigene reformistische Massenpartei; viele Millionen Arbeiter und Angestellte stimmen für eine der beiden großen bürgerlichen Parteien; die kommunistische Partei besteht zwar seit mehr als 40 Jahren, doch besitzt sie keinen Masseneinfluß, ist Verfolgungen ausgesetzt und führt ein halblegales Dasein. Die führenden Leute in den Gewerkschaften, die auf der Seite der Bourgeoisie stehen, versuchen die Arbeiter zu täuschen und propagieren den Antimarxismus und Antikommunismus (die gleiche Situation besteht auch in Kanada).

In Großbritannien (auch in Australien und Neuseeland) besteht eine alte Massenpartei der Arbeiterklasse, die ihrem Wesen nach jedoch eine zweite bürgerliche Partei ist,[22] und die Bourgeoisie überläßt ihr bedenkenlos von Zeit zu Zeit die Führung des Landes, denn sie weiß, daß dies die kapitalistische Gesellschaftsordnung nicht gefährdet. In Schweden bildet die sozialdemokratische Partei bereits seit mehr als 25 Jahren ununterbrochen — allein oder in Koalition mit einer bürgerlichen Partei — die Regierung, ohne daß die kapitalistische Gesellschaftsordnung in Schweden dadurch angetastet wurde. Die kommunistischen Parteien bilden in diesen Ländern keinen wesentlichen politischen Faktor.

Was Lenin als Grundlage einer revolutionären Situation bezeichnete, nämlich eine Lage, in der die Bourgeoisie nicht mehr weiter kann und das Proletariat nicht mehr „in der alten Weise" leben will, besteht in diesen Ländern noch nicht, auch wenn in den USA und in Großbritannien Massenarbeitslosigkeit zu verzeichnen ist.

21 Damit ist keineswegs gesagt, daß die führenden Persönlichkeiten der Gewerkschaftsbürokratie etwa keine so getreuen Diener der Bourgeoisie sind. Die britische Bourgeoisie preist Bevin nach wie vor als großen Staatsmann. Nach dem Tode von Gaitskell versuchte die britische Bourgeoisie, anstelle von Wilson den Gewerkschaftsfunktionär Brown als Führer der Labour-Partei zu lancieren.

22 Wie weit bürgerliche Anschauungen in dieser Partei verbreitet sind, zeigt der kürzliche Vorschlag des Labour-Abgeordneten Jay, auf die Bezeichnung „Labour-Partei" zu verzichten, weil viele Wähler es als peinlich empfänden, eine Partei mit solchem Namen zu wählen.

Zwar gibt es in den USA langwierige und kraftvolle Massenstreiks, die bei uns oft als Ausdruck revolutionärer Haltungen in der amerikanischen Arbeiterklasse gewertet werden. Wir sind der Meinung, daß diese Auffassung keine ganz richtige konkret-historische Einschätzung dieser Erscheinung darstellt.

In einer revolutionären Periode sind lange Massenstreiks ein Symptom und zugleich ein Faktor für eine Verschärfung des revolutionären Kampfes, also ein Zeichen, daß die Arbeiter nicht mehr in alter Weise leben wollen. Die langen Massenstreiks, die wir heute in den Vereinigten Staaten beobachten, bedeuten jedoch in der gegenwärtigen Lage lediglich, daß sich die Arbeiter für stark genug halten, um angesichts ständig steigender Verbraucherpreise einer Verschlechterung ihrer Lage entgegenzutreten; sie sind stark genug, um zu versuchen, ihre Lage im Rahmen der kapitalistischen Gesellschaftsordnung durch Streiks zu verbessern.

Diese Streiks bilden für die kapitalistische Gesellschaftsordnung in den USA keine Gefahr, denn die Führer dieser Streiks sind vielfach ausgesprochene Antikommunisten, die den Kapitalismus befürworten. Die Regierung Kennedy hat es im Interesse der gesamten amerikanischen Großbourgeoisie sogar mehrfach (z. B. beim Streik der Stahlarbeiter oder beim Streik der Hafenarbeiter) für zweckmäßig erachtet, sich auf seiten der Arbeiter in diesen Konflikt einzumischen. Die amerikanische Bourgeoisie ist noch in der Lage, „auf alte Weise" zu regieren, und die meisten amerikanischen — wie auch die englischen, kanadischen, australischen und schwedischen — Arbeiter wollen bis jetzt noch „auf alte Weise" leben. Die Arbeiteraristokratie und Arbeiterbürokratie wird *bis jetzt* noch mit der Aufgabe fertig, die ihr die Bourgeoisie gestellt hat.

Aber in Frankreich und Italien besteht schon eine andere Situation. In diesen Ländern ist die reformistische Arbeiterbewegung im Vergleich zur kommunistischen Bewegung unbedeutend. Die kommunistischen Parteien haben dort starken Einfluß in der Gewerkschaftsbewegung. Obwohl es den Reformisten und den Katholiken gelang, einen Teil der Arbeiter in einzelne Gewerkschaften aufzuspalten, erweist sich die proletarische Solidarität meistens als stärker als die ideologischen Differenzen. Bei großen Streikaktionen wirken diese Gewerkschaften in der Regel mit den kommunistischen Gewerkschaften zusammen. Unter diesen Umständen hatte der Massenstreik der französischen Bergarbeiter im März 1963, der praktisch von der gesamten Arbeiterklasse Frankreichs unterstützt wurde, unbeschadet seines Ausgangs einen völlig anderen politischen Charakter als die Massenstreiks in den USA.

*

Zusammenfassend ist zu sagen, daß das Großkapital in den sehr reichen kapitalistischen Ländern noch in der Lage ist, ausreichend breite Schichten der Arbeiteraristokratie zu korrumpieren, um mit ihrer Hilfe und unterstützt durch die reformistische Arbeiterbürokratie die Mehrheit der Arbeiter auf der Seite des Kapitals zu halten. Aber dies ist eine vorübergehende Erscheinung. Die Entwicklung der revolutionären Arbeiterbewegung wird offensichtlich nach dem Muster der Arbeiterbewegung in Italien, Frankreich usw. verlaufen, die den Einfluß der Bourgeoisie zurückdrängt.

Das Problem der Kapitalwanderung bei Ausgleichung der Profitrate. Die Profitrate im Monopolkapitalismus

Marx charakterisiert die ständige Übertragung von Kapital aus Zweigen mit einer unterdurchschnittlichen Profitrate in Zweige mit einer höheren Profitrate bekanntlich als den Mechanismus, der darauf hinwirkt, daß sich die Profitraten zwischen den verschiedenen Produktionszweigen tendenziell ausgleichen.

Marx schreibt: „Das Kapital entzieht sich ... einer Sphäre mit niedriger Profitrate und wirft sich auf die andre, die höheren Profit abwirft. Durch diese beständige Aus- und Einwandrung, mit einem Wort, durch seine Verteilung zwischen den verschiednen Sphären, je nachdem dort die Profitrate sinkt, hier steigt, bewirkt es solches Verhältnis der Zufuhr zur Nachfrage, daß der Durchschnittsprofit in den verschiednen Produktionssphären derselbe wird ...“[1]

In dieser allgemeinen Form wird diese These auch in den Lehrbüchern für politische Ökonomie wiederholt, so z. B. in dem von K. V. Ostrovitjanov herausgegebenen Lehrbuch und in anderen. Dort heißt es: „Auf der Jagd nach hohem Profit wird Kapital aus einem Zweig in den anderen übertragen, und eben dadurch wird die Durchschnittsprofitrate hergestellt ...“[2]

In Wirklichkeit, vor allem in der Gegenwart, verhält es sich aber so, daß die Kapitalübertragung von einem Zweig in den anderen ein komplizierteres Problem ist, als das nach ersten allgemeinen Formulierungen von Marx den Anschein hat. Im Verlauf der weiteren Entwicklung hat Marx, wie wir nachweisen werden, diese allgemeine Aussage in gewisser Weise modifiziert. Unter „Kapitalübertragung“ versteht Marx Veränderungen in der Verteilung des gesellschaftlichen Gesamtkapitals in seiner Funktion als industrielles produktives Kapital. Verkauft ein industrieller Kapitalist seine Fabrik an einen anderen Kapitalisten, so zieht er natürlich *sein* Kapital aus diesem Bereich ab. Das bedeutet aber keine Veränderung in der Verteilung des gesellschaftlichen Gesamtkapitals und hat keinen Einfluß auf die Herausbildung der Profitrate, da dieses Kapital in gleicher Höhe durch das Kapital eines *anderen* Kapitalisten ersetzt wird. Ebenso beim Kauf und Verkauf von Aktien: Der Kauf und Verkauf von „papiernen Duplikaten des wirklichen Kapitals“ spielt in diesem Zusammenhang keine Rolle und verändert nichts an der Verteilung des produktiven Kapitals. Die Veränderung in dem Verhältnis zwischen der Gesamtsumme des produktiven und des Leihkapitals ist ebenfalls ohne Bedeutung.

Nimmt ein Industriezweig oder ein einzelner Betrieb Leihkapital auf, so muß er schon *nach* Herausbildung der Durchschnittsprofitrate einen bestimmten Teil seines Profits als Zins zahlen. Die Profitrate wird nur beeinflußt, wenn sich die Verteilung des produktiven Kapitals zwischen einzelnen Industriezweigen verändert.

Untersuchen wir die konkrete Kapitalwanderung. Die Übertragung von Kapital von einem Zweig in einen anderen machte im Kapitalismus der freien Konkurrenz, den Marx analysierte, keine größeren Schwierigkeiten und war kein Problem. Sie war identisch

1 K. Marx, Das Kapital. Dritter Band, in: MEW, Bd. 25, Berlin 1969, S. 206.

2 Politische Ökonomie, Lehrbuch, Nach der vierten, überarbeiteten und ergänzten russischen Ausgabe, Berlin 1965, S. 166.

mit der Errichtung eines neuen Produktionsbetriebes oder mit der Erweiterung eines bereits bestehenden Betriebes, d. h. mit der Verwandlung von Geldkapital in konstantes (fixes und zirkulierendes) sowie variables Kapital, denn die Gründung eines neuen Betriebes bedeutet, daß sich die Produktion erweitert und Kapital in einen bereits bestehenden Zweig fließt (ausgenommen der seltene Fall, daß die Produktion eines völlig neuen Produkts aufgenommen wurde). Wesentlich komplizierter steht es mit dem Kapital*abfluß*. Der Abfluß von zirkulierendem Kapital verursacht keine Schwierigkeiten: Roh- und Hilfsstoffe werden verarbeitet, die Fertigerzeugnisse verkauft, das variable Kapital nimmt ebenfalls Geldform an und kann in einem anderen Produktionszweig eingesetzt werden. Wesentlich komplizierter ist der Abzug des fixen Kapitals: Gebäude und Kraftanlagen können, falls eine Möglichkeit besteht, in einem anderen Zweig, allerdings unter beträchtlichen zusätzlichen Aufwendungen, eingesetzt werden, was bei Ausrüstungen aber nicht möglich ist. Auf einer Nähmaschine kann man nur nähen, auf einer Drehbank nur Dreharbeiten ausführen und mit einem Schiff sich nur auf dem Wasser bewegen. Deshalb ist der Kapitalabfluß stets *mit mehr oder weniger großen Verlusten verbunden.*

Marx erkannte natürlich diese Schwierigkeiten. Er sagt: „Aber in jeder Sphäre der eigentlichen Produktion — Industrie, Ackerbau, Bergwerke etc. — bietet die Übertragung von Kapital aus einer Sphäre in die andre bedeutende Schwierigkeiten, besonders wegen des vorhandnen fixen Kapitals."[3]

Zur Zeit von Marx war der Anteil des fixen Kapitals am Gesamtkapital eines Industriebetriebes noch relativ gering, da die Technik schwach entwickelt war und in der Industrie die Abteilung II ein wesentlich größeres Gewicht als die Abteilung I hatte.

Aber schon zu Zeiten von Marx gab es Wirtschaftszweige, bei denen praktisch kein Kapital abgezogen werden konnte. Das betrifft z. B. die Eisenbahnen, die für damalige Zeiten sehr hohe Investitionen verkörperten. Bei der Eisenbahn ist der Anteil des fixen Kapitals außerordentlich groß und der Anteil des ständig zirkulierenden Kapitals, wie Roh- und Hilfsstoffe, sehr gering. Das fixe Kapital besitzt eine Form, in der es nur im Eisenbahnwesen Verwendung finden kann: Schienen und Schwellen, zahlreiche Brücken, Bahnhofsgebäude, Lokomotiven und Waggons sind in anderen Produktionszweigen nicht verwendbar, mit Ausnahme eines kleinen Teils, den man als Metallschrott verwenden kann. Das gleiche trifft auch für Schiffe zu.

Vielfach bleibt den Kapitalisten nur ein Weg, nämlich die nicht mehr benötigten Ausrüstungen, Lokomotiven, Waggons und Schiffe nach anderen Ländern zu exportieren und die durch den Verkauf erlösten Mittel in anderen Zweigen zu investieren. Das würde für ihr eigenes Land eine Kapitalwanderung bedeuten, aber im Rahmen des gesamten kapitalistischen Systems hätte sich nichts verändert: Eingetreten wäre nur eine geographische, aber keine echte Kapitalverlagerung zwischen den einzelnen Produktionszweigen.

Heutzutage ist die Kapitalwanderung mit wesentlich größeren Schwierigkeiten verbunden als zur Zeit von Marx. Erstens ist durch den technischen Fortschritt der Anteil des fixen Kapitals sowohl bei den einzelnen Betrieben als auch in der gesamten Weltwirtschaft unvergleichlich gestiegen. Zweitens können bereits von dem Augenblick an, da der Betrieb errichtet wurde, mit dem fixen Kapital nur Erzeugnisse produziert werden, die speziell für diesen Betrieb typisch sind. Die Gebäude und Apparaturen eines modernen chemischen Werkes sind nur in der chemischen Industrie einzusetzen. In einem Betrieb der Eisen- und Stahlindustrie kann nur Eisen und Stahl hergestellt oder produziert werden.

3 K. Marx, Das Kapital. Dritter Band, in: MEW, Bd. 25, a. a. O., S. 218.

Die Ausrüstung eines modernen Automobilwerkes mit automatisch gesteuerten Fließbändern, die spezielle Arbeitsgänge ausführen, stellt einen Haufen Schrott dar, wenn sie nicht in der Automobilindustrie verwendet werden kann. Dasselbe trifft auf die meisten modernen Großbetriebe zu. Ein Kapitalabzug wäre in diesen Fällen mit gewaltigen Verlusten verbunden und würde den Bankrott des Betriebes bedeuten.

Unter diesen Umständen taucht folgende Frage auf: Hat Marx vielleicht Unrecht, wenn er die Kapitalübertragung als ein Mittel zur Ausgleichung der Profitrate bezeichnet?

Das ist keineswegs der Fall. In diesem Falle gibt Marx entsprechend seiner dialektischen Forschungsmethode zu Beginn die Lösung des Problems in allgemeinster Form, während er sie im weiteren modifiziert und konkretisiert. Er sagt: „. . . existiert die allgemeine Profitrate beständig nur als Tendenz, als Bewegung der Ausgleichung der besondren Profitraten. Die Konkurrenz der Kapitalisten — die selbst diese Bewegung der Ausgleichung ist — besteht hier darin, daß sie den Sphären, wo der Profit auf längere Zeit unter dem Durchschnitt, allmählich Kapital entziehn und den Sphären, wo er darüber, ebenso allmählich Kapital zuführen; oder auch, daß sich *Zusatzkapital nach und nach in verschiednen Proportionen zwischen diese Sphären verteilt.*"[4]

Nach den von uns hervorgehobenen Worten gibt die Kapitalübertragung einen wichtigen Anstoß für die Tendenz zur Ausgleichung der Profitrate. Der Kapitalabfluß ist eine seltene Erscheinung, denn er ist mit großen Verlusten verbunden. Es wäre richtiger zu sagen, daß der Kapitalabfluß die logische Folge solcher Jahre ist, die mit Verlusten abschlossen und wo keine Aussichten bestehen, den Betrieb erneut rentabel zu gestalten.[5] Die Tendenz zur Ausgleichung der Profitrate kommt darin zum Ausdruck, daß das *neu investierte Kapital* sich nach und nach in verschiedenen Proportionen entsprechend der Höhe der Profitrate auf die einzelnen Zweige verteilt.

Das trifft sowohl auf den vormonopolistischen als auch auf den Monopolkapitalismus zu. Aber während die Übertragung von Zusatzkapital im Kapitalismus der freien Konkurrenz unbehindert erfolgen konnte, stößt sie im Monopolkapitalismus auf *neue* Schwierigkeiten. Die in dem betreffenden Zweig bereits tätigen Monopole können ihre Betriebe natürlich mit Hilfe von Zusatzkapital unbegrenzt erweitern, wenn die Produktion ohne Schaden für die Monopolpreise erhöht werden kann und damit der Gesamtumfang der Profite wächst. Wollen aber *andere Firmen* Kapital in solchen Zweigen anlegen, in denen schon ein Monopol oder mehrere Monopole herrschen, die sich zu Kartellen und Trusts zusammengeschlossen haben, so stößt das auf große Schwierigkeiten. Die Monopole versuchen mit den verschiedensten Mitteln, die Errichtung eines neuen Konkurrenzunternehmens zu verhindern, da dessen Existenz sich auf die Monopolpreise nachteilig auswirken würde. Das ist den Lesern aus den Arbeiten Lenins zum Imperialismus und aus der Gegenwart bekannt. Deshalb verweilen wir bei dieser Frage nur sehr kurz.

Soll ein neuer Betrieb in Zweigen geschaffen werden, in denen die Monopole herrschen, so stellt die Kapitalgröße, die zur Errichtung eines modernen Betriebes erforderlich ist, das erste Hindernis dar. Solche Mittel sind ohne Unterstützung der Großbanken schwer aufzubringen. Bei den engen Verbindungen zwischen Großbanken und Monopolen lehnt die herrschende Finanzoligarchie in der Regel eine solche Hilfe ab. In Produktionszweigen, in denen die Monopole herrschen, können — ausgenommen ihre eigenen Betriebe —

4 Ebenda, S. 379 (Hervorhebung E. V.).

5 Nach dem zweiten Weltkrieg wurden in Großbritannien viele kurze Eisenbahnstrecken stillgelegt, da sie durch die Konkurrenz des Straßenverkehrs unrentabel geworden waren.

neue Unternehmen nur dann Fuß fassen, wenn andere Monopole gewaltsam in diesen Zweig eindringen, also ein Kampf zwischen Monopolen entbrennt.

Vielfach wird die Anlage neuen Kapitals dadurch erschwert, daß die bereits bestehenden Monopole die Rohstoffquellen kontrollieren und die Produktion durch ein umfangreiches Patentsystem monopolisieren. Das ist ebenfalls aus den Arbeiten Lenins bekannt.

Ein neuer Faktor ist die Einmischung des Staates — eine Erscheinung des staatsmonopolistischen Kapitalismus. In den meisten hochentwickelten Ländern besitzt der Staat das Recht, sich in bestimmter Form bei der Errichtung neuer Großbetriebe einzuschalten, was er im Interesse der Monopole nutzt.[6]

Somit ist also für das nichtmonopolisierte Kapital eine Kapitalübertragung in solche Zweige, in denen die Monopole herrschen, sehr schwierig und praktisch unmöglich. Andererseits können die Monopole ungehindert neue Kapitalinvestitionen in noch nicht monopolisierten Zweigen vornehmen, die schwächeren Konkurrenten durch einen „Preiskrieg" ruinieren, hohe Monopolpreise festsetzen und so einen hohen Monopolprofit realisieren. Deshalb unterscheidet sich für einen Außenseiter die Möglichkeit neuer Investitionen in Wirtschaftszweigen, in denen die Monopole herrschen, wesentlich von den Möglichkeiten, die Monopole für entsprechende Neuinvestitionen in nichtmonopolisierten Zweigen haben.[7]

Damit stellt sich für uns die Frage: *Inwieweit trägt die Tendenz zur Ausgleichung der Profitrate dazu bei, daß sich im modernen staatsmonopolistischen Kapitalismus eine einheitliche Profitrate herausbildet?*

Wir werden diese Frage später beantworten.

*

Unabhängig von der Tendenz zur Herausbildung der Durchschnittsprofitrate infolge der Kapitalwanderung steht das *Problem des tendenziellen Falls der Profitrate.*

Rein theoretisch ist diese Tendenz unbedingt vorhanden. Da der Anteil des variablen Kapitals gegenüber dem konstanten Kapital ohne Zweifel zurückgeht, muß das zum

6 Die feindselige Einstellung breiter Volksmassen gegenüber den Monopolen, die die Preise heraufschrauben, veranlaßt den Staat, von Zeit zu Zeit mit großem Propagandaaufwand „strenge Maßnahmen und Gesetze" gegen die Monopole anzukündigen. Das ist z. B. in den USA der Fall. Den amerikanischen Monopolen schadet das aber kaum. Auch die westdeutschen Monopole haben durch die „Dekartellisierung" der westlichen Besatzungsmächte fast keine Nachteile gehabt.

7 Bei den Monopolen ist in jüngster Zeit eine neue Erscheinung zu beobachten, die sogenannte „Diversifizierung". Da der Markt für ihre eigentlichen Waren schrumpft und unausgelastete Produktionskapazitäten vorhanden sind, nutzen die Monopole vielfach das neuakkumulierte Kapital, um sich neue Betriebe anzugliedern, die ihre Erzeugnisse weiterverarbeiten, die Rohstoffversorgung übernehmen, Verpackungsmaterial herstellen, ihre Waren unmittelbar an die Einzelhändler verkaufen und so den Großhandel umgehen, oder sich ein eigenes Einzelhandelsnetz zulegen usw.
Durch diese „Diversifizierung" können die Monopole ihr Kapital in verschiedenen Produktionszweigen anlegen, wodurch die Verluste sinken, wenn bestimmte Produktionen eingestellt werden. Doch das betreffende Monopol ist nach wie vor mit dem Verlust konfrontiert, der sich aus der Übertragung fixen Kapitals aus einem Produktionszweig in einen anderen ergibt.
Neben der „Diversifizierung" ist auch die entgegengesetzte Tendenz festzustellen: So kaufen amerikanische Automobilmonopole die Zubehörteile von anderen (oft finanziell abhängigen) Betrieben und beschränken sich selbst auf die Montage der Einzelteile, die von einigen hundert Lieferanten geliefert werden.

tendenziellen Fall der Profitrate führen. Leider kann diese Tendenz nicht mit konkreten Zahlen belegt werden. Die bürgerliche Statistik liefert uns keine zuverlässigen Angaben über das in einem bestimmten Produktionsbereich fungierende gesellschaftliche Gesamtkapital oder über die Summe des angeeigneten Mehrwerts, d. h. des Profits. Die beim Ausweis der Einkommenssteuer in der Statistik angeführten Zahlen über die Profite weisen diese viel zu niedrig aus. Dazu dienen die erhöhten Abschreibungen und andere Methoden, um „stille" Reserven zu bilden.

Der Fall der Profitrate läßt sich nicht auf direktem Wege bestimmen.[8]

Der Fall der Profitrate wird dadurch gehemmt, daß ein bedeutender und ständig zunehmender Teil der Kapitalisten auf sofortige Profite verzichtet und sein Kapital als Leihkapital einsetzt, wobei er sich mit einer niedrigeren, aber garantierten Profitrate abfindet, nämlich mit Zinseinnahmen aus Obligationen, Vorzugsaktien mit fester Dividende usw. Damit wird aus dem Gesamtprofit ein bestimmter Teil in Form von Zinsen ausgegliedert; ein Teil des fungierenden Industriekapitals erzielt eine im Verhältnis zu seinem Umfang niedrigere Profitrate, während der andere Teil eine entsprechend höhere erhält. Die Profitrate wäre also niedriger, wenn es kein Leihkapital gäbe und die gesamte Profitmasse gleichmäßig auf das Gesamtkapital verteilt würde.

Hierauf wies bereits Marx hin. Er schrieb: „In den Aktiengesellschaften ist die Funktion getrennt vom Kapitaleigentum ... Da der Profit hier (in den großen Aktiengesellschaften, E. V.) rein die Form des Zinses annimmt, sind solche Unternehmungen noch möglich, wenn sie bloßen Zins abwerfen, und es ist dies einer der Gründe, die das Fallen der allgemeinen Profitrate aufhalten, indem diese Unternehmungen, wo das konstante Kapitel in so ungeheurem Verhältnis zum variablen steht, nicht notwendig in die Ausgleichung der allgemeinen Profitrate eingehn."[9]

Durch den Monopolkapitalismus wird die Verteilung des Profits weitgehend modifiziert; das Problem der Durchschnittsprofitrate wird noch komplizierter, wie wir im folgenden zeigen werden.

*

Die hier untersuchten Schwierigkeiten, die allgemein auftauchen, wenn Kapital abfließt oder in andere Zweige, in denen die Monopole tonangebend sind, übertragen wird, lassen folgende Frage entstehen: In welchem Maße wirkt die Tendenz zur Ausgleichung der Profitrate im heutigen Monopolkapitalismus?

8 Bereits vor dem ersten Weltkrieg versuchten wir, den Fall der Profitrate auf indirektem Wege darzustellen. Wir gingen davon aus, daß die Kapitalisten wählen können, ob sie ihr Geld in Form profitbringenden Industriekapitals oder in garantierten festverzinslichen Staatspapieren anlegen, z. B. in konsolidierten britischen Rentenpapieren oder in französischen Rentenpapieren. Fällt die Profitrate während eines längeren Zeitraumes, so müßten dann bei sonst gleichen Bedingungen die Kurse der festverzinslichen Staatspapiere anziehen. Das war in Wirklichkeit nicht der Fall, was darauf hinweist, daß vor dem ersten Weltkrieg kein Fallen der Profitrate zu verzeichnen war. Wir möchten nicht sagen „beweist", da hier der Einfluß so mancher Faktoren unberücksichtigt bleibt. Für den Zeitraum nach dem zweiten Weltkrieg kann diese indirekte Methode wegen der zahlreichen inflationistischen Vorgänge und der Währungsstabilisierungen nicht angewendet werden.

9 K. Marx, Das Kapital. Dritter Band, in: MEW, Bd. 25, a. a. O., S. 453. An anderer Stelle weist Marx speziell auf die Eisenbahnen als Betriebe von besonderem Typus hin. Das dort angelegte Kapital ist nicht an der Ausgleichung der Profitrate beteiligt.

Zur Beantwortung dieser Frage ist folgendes festzustellen:

1. Die Profitrate, die die Monopole realisieren, ist höher als die Durchschnittsprofitrate der nichtmonopolisierten Unternehmen. Die Bildung von Monopolen wäre sinnlos, wenn sie nicht eine höhere Profitrate gewährleisten würde.

2. Der Monopolkapitalismus beseitigt nicht die Anarchie der Produktion und die Konkurrenz, wie Lenin mehrfach betonte, und führt auch nicht zur Bildung eines allumfassenden Monopols, wie sich dies Hilferding vorstellte. Damit *besteht* also *keine feste Grenze zwischen Monopolen und nichtmonopolisierten Unternehmen*. Kartelle und Trusts werden gebildet und zerfallen. Monopole, die in einem bestimmten Zweig bestehen, können beim Aufkommen eines Außenseiters ihre Positionen verlieren. Technische Neuerungen untergraben gelegentlich die Monopolpositionen verschiedener Betriebe. Von diesen und vielen ähnlich wirkenden Faktoren können wir täglich in den Wirtschaftsteilen der führenden kapitalistischen Zeitungen lesen. *Die Grenze zwischen einem Monopol und einem nichtmonopolisierten Unternehmen und damit zwischen dem Monopolprofit und dem Durchschnittsprofit ist fließend und nicht fest bestimmbar.*

Es gibt aber auch Ausnahmen. In jedem hochentwickelten kapitalistischen Land gibt es eine Gruppe von Großbetrieben mit gewaltigem fixen Kapital und großen stillen Reserven. Hier einige Angaben zu den größten Monopolen. Die Profite von „General Motors" lagen 1963 bei 1,592 Mrd. Dollar.[10] Das ist fast das halbe Nationaleinkommen von Österreich. Oder ein anderes Beispiel. Die „American Telegraph and Telephone Co." plante für 1964 Investitionen von 3,250 Mrd. Dollar zur „Modernisierung" ihrer Betriebe.[11] Solche Giganten fürchten keine Wirtschaftskrise. Sie fürchten keine neuen Konkurrenten, denn ihre Monopolprofite können weder durch Überproduktionskrisen, noch durch politische Erschütterungen im Rahmen des Kapitalismus oder durch Kriege und Inflation angetastet werden. Technische Neuerungen können ihre Positionen nicht untergraben, denn sie verfügen selbst über ein wissenschaftliches Potential und über Erfindungen, die sie durch ein entsprechendes Patentsystem schützen. Ähnliche Unternehmen sind z. B. in den USA die „Standard Oil", „Du Pont", „General Motors Co.", „United States Steel Co." usw., in Großbritannien „Shell", „Unilever", „Imperial Chemical Industries" usw. und in der BRD die Nachfolgegesellschaften von „IG Farben", „Krupp" usw. Während der großen Wirtschaftskrise 1929/1933 brachen einige deutsche Großbanken sowie solche Finanzspekulanten wie Samuel Insull in den USA und Ivar Kreuger in Schweden zusammen, aber kein großes Monopolunternehmen aus der Industrie. Was politische Veränderungen im Rahmen des kapitalistischen Systems betrifft, so ist zu bemerken, daß sich z. B. die Stellung des Krupp-Konzerns im Prinzip weder unter Kaiser Wilhelm I. oder Wilhelm II., noch in der Weimarer Republik, unter der Hitlerherrschaft oder bei Adenauer und Erhard geändert hat.

Man kann nicht statistisch exakt den Anteil der Monopole an der Wirtschaft bestimmen und die Monopolprofite berechnen. Ein angenähertes Bild vermitteln die folgenden Daten aus den USA (vgl. Tabelle 1).

Da wir in diesem Falle nur an dem Verhältnis zwischen den Profiten der nichtmonopolisierten Betriebe und den Aktiengesellschaften interessiert sind, brauchen wir die Dollarabwertung nicht zu berücksichtigen.

10 The Times vom 28. Januar 1964.

11 Ebenda, 12. Februar 1964.

Tabelle 1
Profite in den USA (in Mrd. Dollar, vor Abzug der Steuern)

Jahr	Profite von Unternehmen, die nicht die Form einer Aktiengesellschaft haben	Profite der Aktiengesellschaften
1929	8,6	9,6
1939	7,5	6,4
1949	22,2	26,4
1959	34,8	47,0
1960	36,0	45,0

Quelle
United States. Economic Report of the President. 1961, S. 138.

Die Zahlen sagen folgendes aus (mit Ausnahme des Jahres 1939)[12]:

1. Die Profite der Aktiengesellschaften sind schneller gestiegen als diejenigen der Einzelunternehmen, was teilweise auf die ständige Umwandlung von Einzelbetrieben in Aktiengesellschaften zurückzuführen ist.

2. Die Umverteilung der Profite verändert sich nur langsam: Selbst 1960 entfielen $^4/_9$ aller Profite auf Einzelunternehmen und $^5/_9$ auf Aktiengesellschaften. Man kann mit Sicherheit annehmen, daß die Aktiengesellschaften in Wirklichkeit relativ höhere Profite erzielten, denn sie haben größere Möglichkeiten als die Einzelunternehmen, stille Reserven aus den Profiten zu bilden und diese der Besteuerung zu entziehen.

Zweifellos kann man davon ausgehen, *daß der gesamte Monopolprofit in den Profiten der Aktiengesellschaften enthalten ist.* Natürlich gibt es auch einzelne Monopolunternehmen, wie z. B. Ford vor seiner Umwandlung in eine Aktiengesellschaft oder „Krupp" in der BRD. Aber das sind so seltene Ausnahmen, daß wir sie unberücksichtigt lassen können.

Allerdings sind nicht alle Aktiengesellschaften Monopole. Ein erheblicher Teil gehört nicht dazu. Uns ist nicht bekannt, wie sich der Gesamtprofit der Aktiengesellschaften auf Monopolunternehmen und nichtmonopolisierte Betriebe aufteilt. Das ist aus keiner Statistik zu entnehmen und auch nicht möglich, da sich die Grenze zwischen Monopolen und nichtmonopolisierten Unternehmen ständig verändert.[13]

12 In den 30er Jahren sind während der Großen Krise und der anhaltenden Depression die Einnahmen der Eigentümer von Einmannbetrieben — Farmer, Handwerker, Händler, Rechtsanwälte und Ärzte — nicht so stark zurückgegangen wie die Profite der Aktiengesellschaften, von denen zahlreiche während der Krise und der Depression ihre Monopolstellung verloren.

13 Geht man davon aus, daß in den USA alle Gesellschaften mit einem Aktienkapital von 50 Mio Dollar und darüber Monopole sind, was wohl der Wahrheit ziemlich nahekommt, so lassen sich für 1959 folgende Zahlen anführen (in Mrd. Dollar):

Profite aller Aktiengesellschaften	38
Profite der Gesellschaften mit einem Aktienkapital von 50 Mio Dollar und höher	24

(Statistical Abstract of the United States. 1961, S. 487/88).
Der große Unterschied zwischen den für 1959 genannten Profiten der Aktiengesellschaften in den USA in Höhe von 47 Mrd. Dollar (nach dem Bericht des Präsidenten) und den 38 Mrd. Dollar (nach Statistical Abstract) entsteht dadurch, daß die zuletzt genannte Quelle die „zu versteuernden Gewinne" ausweist. Übrigens kann man hieraus ersehen, daß ein Fünftel der Profite des amerikanischen Aktienkapitals *offiziell* nicht versteuert wird. In Wirklichkeit ist der Anteil der nichtversteuerten Profite noch höher.

Zumindest zeigen die Zahlen, daß der Anteil der nichtmonopolisierten Aktiengesellschaften am Gesamtprofit aller Aktiengesellschaften ein Drittel, etwa 35% ausmacht (wir betonen nochmals, daß dies eine sehr grobe Schätzung ist). So verteilen sich die Profite der Monopolunternehmen in einem hochmonopolisierten Land. Die nachstehenden Zahlen für das Jahr 1959 vermitteln eine Vorstellung, welchen Anteil die *größten* Monopole am Gesamtprofit der Aktiengesellschaften in den USA haben:[14]

	(Mrd. Dollar)
Profite aller Aktiengesellschaften	47,0
Profite der 500 größten Aktiengesellschaften	12,0
Profite der 100 größten Aktiengesellschaften	8,2

Die 500 größten Gesellschaften erzielten also ein Viertel der Profite aller Aktiengesellschaften, während es bei den 100 größten ein Sechstel war.

Eine etwas konkretere Vorstellung von den Profiten in der USA-Industrie vermittelt die Jahresübersicht der Zeitschrift „Fortune". 57% des Jahresumsatzes der Industrieunternehmen entfallen auf die 500 größten Gesellschaften. Sie erzielen 72% aller Profite in der Industrie.[15] Also erhalten die größten Betriebe beim Verkauf ihrer Erzeugnisse höhere Profite als die kleineren Unternehmen. Das allein besagt aber noch nicht, daß ihr Profit, umgerechnet auf das tatsächlich investierte Kapital, d. h. ihre Profitrate, ebenso hoch war. Das wäre nur dann der Fall, wenn das investierte Kapital je Dollar Umsatz sowohl bei den Großbetrieben als auch bei allen anderen Unternehmen gleich wäre. Es ist aber mit Bestimmtheit anzunehmen, daß die Großbetriebe nicht nur eine überdurchschnittliche organische Zusammensetzung des Kapitals aufweisen, sondern auch das Verhältnis zwischen dem gesamten Kapital — fixes plus zirkulierendes Kapital — und dem Umsatz höher ist. Folglich ist der Unterschied bei der Profitrate ebenso groß, wie der Unterschied zwischen Profiten und Umsatz.

Das gesamte „Netto"kapital (net worth) der 500 größten Gesellschaften lag 1965 bei 115 Mrd. Dollar und der Nettoprofit bei 11,6 Mrd. Dollar. Das ergibt einen Durchschnittsprofit von 10%, der zweifellos beträchtlich höher ist als die Durchschnittsprofitrate der nichtmonopolisierten Betriebe.

Es wäre aber falsch, diese 10% als den durchschnittlichen Monopolprofit anzusehen. Wie wir oben gezeigt haben, erfolgt zwischen den Monopolen praktisch keine Kapitalwanderung. Damit besteht auch keine Tendenz zur Herausbildung eines durchschnittlichen Monopolprofits.[16]

Das zeigen auch die statistischen Daten in der Zeitschrift „Fortune". Den höchsten Profit auf das investierte Kapital von 43,4% hatte eine relativ kleine Gesellschaft, auf die 1/481 des Umsatzes entfiel. Einige Großunternehmen hatten Profite unter 10%, während 24 der 500 Gesellschaften mit Verlust abschlossen. So hatte Lockheed, das riesige Flugzeugunternehmen, einen Verlust von 43 Mio Dollar.

14 Statistical Abstract of the United States. 1961, S. 482.

15 Fortune, Juli 1961, S. 167.

16 Diese Zahlen beweisen gleichzeitig die ungeheure Ausbeutung der Arbeiter. Der Gesamtprofit der 500 größten Gesellschaften in Höhe von 11,6 Mrd. Dollar wurde von 9178511 Arbeitern und Angestellten produziert. Folglich erarbeitete jeder einen Profit von 1250 Dollar im Jahr. Ein Teil der Profite wurde, wie oben gezeigt, durch die Aneignung von Mehrwert erzielt, der in nichtmonopolisierten Betrieben produziert wurde. In der oben genannten Zahl von Arbeitskräften sind jedoch Millionen von Angesellten enthalten, die keinen Mehrwert produzieren.

Wir möchten auch darauf hinweisen, daß die in der Statistik über das „Nettokapital" (das ist im Prinzip das Nominalkapital) ausgewiesenen Zahlen durchaus nicht mit dem tatsächlich investierten Kapital identisch sind. Weisen die Gesellschaften sehr hohe Profite auf das Aktienkapital aus, so müssen sie auch hohe Dividende zahlen. Das ist für Lohnverhandlungen und für die Kapitalbesteuerung unvorteilhaft. Deshalb erfolgt eine formale Erhöhung des Aktienkapitals, ohne daß neues Kapital investiert wird, indem alte Aktien in neue umgewandelt werden, die einen zwei- bis dreimal so hohen Nennwert haben, oder es werden Gratisaktien ausgegeben. Damit sind die Profitraten und die Dividende niedriger und die zur Ausschüttung kommende Dividendensumme bleibt die gleiche oder erhöht sich. Deshalb kann der gleiche Profit auf das Nominalkapital eine völlig andere Profitrate ergeben, wenn man eine Umrechnung auf das wirklich investierte Kapital vornimmt.

Untersucht man die gesamte Finanzgeschichte der einzelnen Großunternehmen von ihrer Gründung an, wie z. B. bei der „Alcoa", so ergibt sich, daß das tatsächlich investierte Kapital relativ gering ist, während die auf *dieses* Kapital ausgeschütteten Dividenden phantastisch hoch sind. Wie Marx bereits gezeigt hat, besteht das Kapital gänzlich aus akkumuliertem Mehrwert.

*

Der von den Monopolen erzielte Profit besteht theoretisch aus zwei Teilen: dem Durchschnittsprofit auf das Kapital und dem darüberliegenden Extraprofit der Monopole. Die konkrete Höhe der einzelnen Teile kennen wir nicht und können wir auch nicht kennen, da es sich um Tendenzen handelt, die sich unter dem Einfluß verschiedener ökonomischer Faktoren ständig verändern.

Worin besteht das ökonomische Wesen, die ökonomische Quelle des monopolistischen Extraprofits?

In der Regel wird gesagt, daß die Monopole für ihre Waren willkürlich hohe Preise festsetzen und durch diese Preiserhöhung einen Extraprofit erhalten, der zu Lasten der Käufer geht. Das ist nur insoweit richtig, wie wir Fragen der Konkurrenz untersuchen. Diese Behauptung widerspricht aber einer Grundthese der marxistischen Wirtschaftstheorie, wonach im Kapitalismus bei stabiler Währung die Gesamtsumme der Werte der Gesamtsumme der Preise entsprechen muß.

Theoretisch unhaltbar ist auch die oft anzutreffende Feststellung, wonach der Monopolprofit vor allem darauf beruht, daß die Monopole die Arbeitskraft zu einem Preis kaufen, der unter ihrem Wert liegt, und die Arbeiter in den nichtmonopolisierten Betrieben einen niedrigeren Lohn erhalten. Das würde bedeuten, daß das Monopolkapital die von ihm in Anspruch genommene Arbeitskraft *stets* unter ihrem Wert bezahlt. Das widerspricht aber der Grundthese der marxistischen Werttheorie, wonach alle Waren, einschließlich der Arbeitskraft, zu ihrem Wert verkauft werden, wenn auch die Preise ständig um den Wert schwanken.

Im Kapitalismus herrscht die Tendenz, den Lohn unter den Wert der Arbeitskraft herabzudrücken. Marx schrieb:

„In den Abschnitten über die Produktion des Mehrwerts ward beständig unterstellt, daß der Arbeitslohn wenigstens gleich dem Wert der Arbeitskraft ist. Die gewaltsame Herabsetzung des Arbeitslohns unter diesen Wert spielt jedoch in der praktischen Bewegung eine zu wichtige Rolle, um uns nicht einen Augenblick dabei aufzuhalten. Sie verwandelt faktisch, innerhalb gewisser Grenzen, den notwendigen Konsumtionsfonds des Arbeiters in einen Akkumulationsfonds von Kapital."[17]

Diese Tendenz, die schon zur Zeit von Marx stark ausgeprägt war, wirkt gegenwärtig in den schwachentwickelten Ländern. Doch in den hochentwickelten Ländern gibt es eine Reihe von Gegentendenzen: die Macht der Gewerkschaften, die Furcht der Bourgeoisie vor der Arbeiterklasse angesichts der Systemauseinandersetzung, die Existenz kommunistischer Parteien usw.

Die Behauptung, daß das Monopolkapital die Arbeitskraft billiger kauft als das nichtmonopolisierte Kapital, wird durch die Praxis nicht bestätigt, und zwar aus folgenden Gründen:

1. Es ist Tatsache, daß die Arbeiter der Kleinbetriebe sich in allen kapitalistischen Ländern ständig darum bemühen, in Großbetrieben tätig zu sein.

2. Der Arbeitslohn liegt in den hochmonopolisierten Zweigen wesentlich höher als in den nichtmonopolisierten. Wir bringen einige Zahlen für die USA (vgl. Tabelle 2).

Tabelle 2

Offizieller durchschnittlicher Wochenlohn in den USA (1960, in Dollar)

Weitgehend monopolisierte Zweige		Nichtmonopolisierte oder gering monopolisierte Zweige	
Automobilindustrie	115	Bekleidungsindustrie	48—69
Stahlindustrie	116	Tabakindustrie	53—80
Anorganische chemische Industrie	115	Holz- und Möbelindustrie	66—81

Quelle

Statistical Abstract of the United States. 1961, S. 220—222.

Der Unterschied ergibt sich weitgehend daraus, daß in der zweiten Gruppe Frauen einen sehr hohen Anteil der Beschäftigten stellen. Aber auch der Lohn der männlichen Arbeitskräfte ist hier wesentlich niedriger.

In einer Übersicht des britischen Arbeitsministeriums sind die Lohnunterschiede in der englischen metallverarbeitenden Industrie nach der Betriebsgröße ausgewiesen (Überstunden und Zuschläge sind eingerechnet, während Steuern und verschiedene Abführungen der Arbeiter nicht berücksichtigt sind, wodurch sich aber die Relation nicht ändert, vgl. Tabelle 3).

Dieser wöchentliche *Nominal*lohn der vollbeschäftigten Arbeiter entspricht nicht den Beträgen, die die Arbeiter wirklich erhalten: Die hohen Steuern und Sozialversicherungsbeiträge, die chronische Arbeitslosigkeit usw. mindern den Lohn beträchtlich. Für die Unterschiede in der Höhe des Wochenlohns ist das aber ohne Bedeutung. Die Arbeitsintensität ist in der Schwerindustrie höher als in der Leichtindustrie, obwohl die Arbeiter in der Leichtindustrie keinem so harten „Antreiber"system ausgesetzt sind, das bei niedrigem Stücklohn ein hohes zermürbendes Arbeitstempo verlangt. Aber es erscheint sehr unwahrscheinlich, daß die amerikanischen Monopole die Arbeitskraft angesichts eines doppelt so hohen Lohnes noch unter ihrem Wert kaufen.

17 K. Marx, Das Kapital. Erster Band, in: MEW, Bd. 23, Berlin 1969, S. 626.

Tabelle 3
Löhne der englischen Arbeiter in Groß- und Kleinbetrieben (durchschnittlicher Wochenlohn, in Schilling)

Betriebsgröße nach	Arbeiter im Zeitlohn			Arbeiter im Stücklohn		
der Beschäftigtenzahl	Facharbeiter	Teilfacharbeiter	ungelernte Arbeiter	Facharbeiter	Teilfacharbeiter	ungelernte Arbeiter
25—99	313,9	264,3	242,2	328,3	295,8	253,2
100—499	335,7	279,4	243,0	340,3	301,0	262,8
500 und darüber	383,3	339,0	264,8	374,0	341,0	269,1
Durchschnitt für alle Betriebe	354,3	316,6	253,8	362,2	331,5	265,9

Quelle
The Economist vom 1. Juni 1963, S. 922.

Trotz der höheren Löhne kann der Ausbeutungsgrad bei den Monopolen höher als in den nichtmonopolisierten Zweigen liegen, wenn nämlich die Unterschiede bei der Arbeitsproduktivität und der Arbeitsintensität in den Monopolbetrieben größer sind als die Lohndifferenz bei den Arbeitern.

Die gewaltige wirtschaftliche und politische Macht des heutigen Monopolkapitals läßt leicht die Schlußfolgerung aufkommen, daß die größten Monopolunternehmen den Arbeitern willkürlich die Arbeitsbedingungen diktieren können. In Wirklichkeit ist das nicht der Fall. Das zeigen die immer wieder auftretenden, oft langwierigen Auseinandersetzungen, die in den hochentwickelten monopolkapitalistischen Ländern um Lohnerhöhungen geführt werden. Zum Kräfteverhältnis zwischen Monopolen und Gewerkschaften ist folgendes zu sagen:

1. Je größer der Betrieb, desto höher ist meistens die organische Zusammensetzung des Kapitals und desto geringer also der Anteil der Lohnkosten an den gesamten Produktionskosten. Deshalb erleidet der Betrieb höhere Verluste, wenn die Arbeit infolge eines Lohnkonflikts eingestellt wird. Mit der Entwicklung der Technik und insbesondere der Automatisierung gewinnt dieser Umstand an Bedeutung.

2. Die großen und langwierigen Auseinandersetzungen um Lohnerhöhungen haben politische Bedeutung, denn sie verschärfen das Verhältnis zwischen Bourgeoisie und Proletariat und verstärken den Klassenkampf. Angesichts des „kalten Krieges" erscheint das der Großbourgeoisie nicht wünschenswert. Die Gesamtinteressen der Kapitalistenklasse geraten mit den Interessen einzelner Monopole in Konflikt, die ihren Arbeitern die Arbeitsbedingungen diktieren wollen. Man kann den Monopolprofit nicht mit einer erhöhten Ausbeutung der Arbeiter in den Monopolunternehmen als einer allgemeinen Gesetzmäßigkeit erklären. Das ist nur in besonderen Fällen gerechtfertigt, z. B. für Monopole in wirtschaftlich schwachentwickelten Ländern, wo der Lohn für die einheimischen Arbeiter sehr niedrig festgesetzt wird.

Um das Wesen des monopolistischen Extraprofits marxistisch zu analysieren, müssen wir die gleiche Methode anwenden wie Marx bei der Analyse des Profits. Bei einer solchen abstrakten Analyse setzen wir die Existenz einer reinen kapitalistischen Gesellschaft voraus, die nur aus Kapitalisten und Arbeitern besteht. Alle kapitalistischen Länder werden als ein einziger Markt betrachtet, d. h. es wird vom Außenhandel abstrahiert. Der gesamte Profit — sowohl der Durchschnittsprofit als auch der monopolistische Extraprofit — stellt in einer solchen Gesellschaft eine verwandelte Form des Mehrwerts dar. Es gibt keine andere Profitquelle als den Mehrwert. Die Höhe des Mehrwerts bestimmt die Höhe des Gesamtprofits: letzterer kann nicht höher sein als ersterer.

Bei einer solchen theoretischen Annahme ergibt sich, daß *monopolistischer Extraprofit in einer reinen kapitalistischen Gesellschaft nur dann entstehen kann, wenn der gesamte Mehrwert oder der gesamte Profit ungleichmäßig und nicht entsprechend der Kapitalhöhe verteilt wird.* Eine andere Quelle gibt es nicht. In dem Maße, wie die Monopole einen über der Durchschnittsrate liegenden Profit erzielen, erhalten die nichtmonopolisierten Unternehmen einen entsprechend geringeren Profit, als sie nach ihrer Kapitalhöhe erzielen müßten.

Die Umverteilung des Gesamtprofits zugunsten der Monopole erfolgt also mit Hilfe des Preismechanismus: Die Monopole verfügen über die ökonomischen Voraussetzungen, ihre Waren über dem Produktionspreis zu verkaufen, und die nichtmonopolisierten Betriebe müssen ihre Waren unter dem Produktionspreis absetzen. Aber die Gesamtsumme der Preise muß der Gesamtsumme der Werte entsprechen, ebenso der gesamte Mehrwert den gesamten Profiten.[18]

Bei der konkreten Analyse müssen wir berücksichtigen, daß es in der modernen kapitalistischen Gesellschaft neben den Kapitalisten und Arbeitern viele hundert Millionen kleine selbständige Warenproduzenten gibt: arme und mittlere Bauern sowie Handwerker. Auch sie betrifft die Bildung des Monopolprofits. So müssen die kleinen Warenproduzenten den Monopolen einen Teil ihres Einkommens überlassen, denn die Monopole haben das Preisverhältnis so festgelegt, daß sie hohe Monopolpreise für die Waren erzielen, die sie selbst verkaufen, während sie niedrige Monopolpreise für solche Waren zahlen, die sie kaufen.

Geht man in der Analyse einen Schritt weiter, so ist die räumliche Verteilung des Kapitalismus nach Wirtschaftsgebieten zu berücksichtigen. *Das Monopolkapital ist fast ausnahmslos auf Westeuropa, Nordamerika und Japan konzentriert.* In anderen kapitalistischen Ländern sind Ansätze von Monopolen nur als Ausnahmen unter der einheimischen Bourgeoisie anzutreffen, so z. B. der Tata-Konzern in Indien. Die Länder Lateinamerikas, Afrikas und die kapitalistischen Länder Asiens sind ihrem Wesen nach schwachentwickelte Länder, in denen viele hundert Millionen kleine selbständige Eigentümer die ökonomische Basis bilden, wie Bauern, Handwerker und Kleinhändler. Die Unterteilung nach monopolkapitalistischen und schwachentwickelten Ländern ist zugleich eine Einteilung in Agrar- und Industrieländer. Etwa 90% der Industrieproduktion der kapitalistischen Welt sind bis heute auf Westeuropa, Nordamerika und Japan konzentriert. Der Tribut, den die kleinen Warenproduzenten den Monopolen durch den Nichtäquivalentenaustausch leisten müssen, fließt *in erster Linie* aus den schwachentwickelten Ländern in die monopolistischen Staaten. Die politische Befreiung der Kolonien hat hieran bislang wenig geändert. Dieser Tribut kommt darin zum Ausdruck, daß die Preise für Rohstoffe und Nahrungsmittel einerseits und für Industriewaren anderseits immer

18 Die einzelnen Monopole (und das gesamte Monopolkapital) bereichern sich von Zeit zu Zeit durch die Zentralisation des Kapitals, indem sie schwächere und in finanzielle Schwierigkeiten geratene Betriebe „sanieren", sich diese im Wege der Fusion angliedern usw. Aber diese gelegentlich stattfindende *Aneignung von Kapital* ist kein Bestandteil *des ständig* erzielten monopolistischen Extraprofits.

stärker auseinanderklaffen.[19] Der Nichtäquivalentenaustausch ist das Mittel, durch das die armen Länder von den reichen kapitalistischen Staaten ausgeplündert werden; er ist eine ständige Quelle für Extraprofite der Monopole, auch wenn die nichtmonopolisierten Betriebe in den Industrieländern einen Teil davon erhalten.

Die nachstehenden Fakten zeigen, daß dieser Teil des Monopolprofits vor allem aus den schwachentwickelten Ländern kommt.

1. In den monopolkapitalistischen Ländern ist die Anzahl der selbständigen kleinen Warenproduzenten relativ gering und ihr Gewicht in der Wirtschaft im Vergleich zur Großindustrie unbedeutend. In Großbritannien machen Arbeiter und Angestellte 95% der erwerbstätigen Bevölkerung aus, in anderen hochentwickelten Ländern etwa 80%. Das Gesamteinkommen der selbständigen kleinen Warenproduzenten macht nur einen geringen Anteil am Nationaleinkommen aus. Deshalb kann nur ein verschwindend geringer Teil des Extraprofits der Monopole von den einheimischen kleinen Warenproduzenten stammen.

2. In den monopolkapitalistischen Ländern bemüht sich der Staat, dessen wichtigste Aufgabe jetzt darin besteht, die kapitalistische Gesellschaftsordnung zu verewigen, die selbständigen kleinen Warenproduzenten und vor allem deren zahlreichste Schicht, die Bauernschaft, auf der Seite des Kapitalismus zu halten und zu verhindern, daß sich eine antikapitalistische Ideologie und Politik ausbreitet. Deshalb gibt es in solchen monopolistischen Ländern, wie den USA, Großbritannien, Frankreich und der BRD ein ganzes System von Gesetzen und Maßnahmen zur Stützung der Preise für landwirtschaftliche Erzeugnisse. Der Import von Agrarerzeugnissen wird gedrosselt, es bestehen spezielle Institutionen zur Kreditgewährung an die Bauern usw. In den USA erhalten die Bauern gegenwärtig etwa 6 Mrd. Dollar zwecks Preisstützung und Produktionseinschränkung.[20] Den größten Teil erhalten die kapitalistischen Farmer, doch wird ein gewisser Teil auch den kleinen Warenproduzenten gezahlt, was ihren Ruin hinauszögert.

Die kleinen Warenproduzenten stehen in den schwachentwickelten Ländern dem internationalen Monopolkapital schutzlos gegenüber. Mag sich die Tätigkeit des Monopolkapitals in den wirtschaftlich schwachentwickelten Ländern auch noch so verheerend auswirken, der Tribut, den es dort eintreibt, macht dennoch nur einen relativ geringen Teil des Extraprofits der Monopole aus.

Diesen Tribut erhalten die monopolkapitalistischen Länder in Form hoher Monopolpreise für die von ihnen in die wirtschaftlich schwachentwickelten Länder exportierten Waren sowie in Form niedriger Preise für die von dort importierten Rohstoffe und Nahrungsmittel. Wir wollen annehmen, daß der Extraprofit in beiden Fällen 10% des

19 Der Preisindex betrug 1960:

(1953 = 100)

	Export	Import
Hochentwickelte kapitalistische Länder	100	96
Schwachentwickelte kapitalistische Länder	94	99

Die Terms of trade haben sich für letztere innerhalb von 7 Jahren um 9% verschlechtert.

Quelle
Monthly Bulletin of Statistics, April 1961, S. VIII–IX.

20 Vgl. den Beitrag „Das Problem der Agrarkrisen“ in diesem Buch.

Außenhandelsumsatzes ausmacht, was vermutlich etwas hoch liegt (Lenin schätzte den gesamten Profit aus dem Außenhandel im Imperialismus auf 10%).

Der Export von Roh- und Brennstoffen sowie Nahrungsmitteln aus den wirtschaftlich schwachentwickelten Ländern belief sich 1959 auf 22 Mrd. Dollar und ihr Import an industriellen Fertigerzeugnissen auf 16,6 Mrd. Dollar.[21]

Gleichzeitig importierten die schwachentwickelten Länder Nahrungsmittel sowie Roh- und Brennstoffe für 9 Mrd. Dollar und exportierten Fertigerzeugnisse für 3 Mrd. Dollar.

Der Nettoexport an Roh- und Brennstoffen sowie Nahrungsmitteln aus den schwachentwickelten Ländern betrug damit 13 Mrd. Dollar und der Nettoimport an industriellen Fertigerzeugnissen 13,6 Mrd. Dollar, also ein Volumen von insgesamt 27 Mrd. Dollar.[22]

Ein Teil des Umsatzes entfällt auf den Handel mit den sozialistischen Staaten und ein geringer Teil auch auf den Handel mit nicht hochentwickelten kapitalistischen Ländern.[23] Auf den Handel mit den monopolkapitalistischen Ländern entfallen etwa 25 Mrd. Dollar, so daß ein zusätzlicher Profit von 10% 2,5 Mrd. Dollar ergibt. Ein geringer Teil dieses Betrages kommt dem nichtmonopolisierten Kapital dieser Länder zugute. Somit bildet der zusätzliche Profit aus dem Außenhandel mit den schwachentwickelten Ländern einen wichtigen, aber nicht den entscheidenden Teil des Extraprofits der Monopole.

Über eine besondere, weitere Quelle für den Monopolprofit verfügen solche Monopole, die Betriebe in rückständigen Ländern unterhalten. Sie kaufen die Arbeitskraft unter ihrem Wert und beuten die Arbeiter intensiver als sonst aus, was wir oben bereits erwähnten (es gibt erhebliche Lohnunterschiede zwischen weißen und einheimischen Arbeitern in Rhodesien, Katanga usw.). Das widerspricht nicht unserer früheren Behauptung, daß der Kauf der Arbeitskraft unter ihrem Wert keine Quelle für den Monopolprofit darstellen kann. Handelt es sich um den kapitalistischen Arbeitsmarkt im allgemeinen, so wird die Arbeitskraft zu ihrem Wert gekauft. Das ist aber nur eine Tendenz, wie alle Gesetze des Kapitalismus. Der Preis der Arbeitskraft schwankt um ihren Wert. Er kann je nach den konkreten historischen Bedingungen, insbesondere durch den zyklischen Verlauf der Reproduktion, etwas über oder unter ihrem Wert liegen. Aber der Wert ist letztlich der Regulator für den Preis der Arbeitskraft. In diesem Falle handelt es sich nicht um den Kauf von Arbeitskraft auf dem *kapitalistischen Arbeitsmarkt*, sondern in Ländern, wo durch die agrarische Überbevölkerung ein erhebliches überschüssiges Angebot an Arbeitskräften auf dem Arbeitsmarkt vorhanden ist und die Arbeiter bis in die jüngste Zeit keine Möglichkeit hatten, mit Hilfe von Gewerkschaften dagegen zu kämpfen, daß der Preis der Arbeitskraft unter ihrem Wert liegt.

*

Unsere Analyse erlaubt folgende Schlußfolgerung:

1. Im Monopolkapitalismus besteht ebenso wie im nichtmonopolistischen Kapitalismus die Tendenz der Ausgleichung der Profitrate zum Durchschnittsprofit. Daneben haben aber die Monopole, da sie nicht der Tendenz zur Bildung einer monopolistischen Durchschnittsprofitrate unterliegen, höhere Profitraten. Das ergibt sich aus dem Charakter des

21 Monthly Bulletin of Statistics, März 1961, S. XVI—XVII.

22 Die Zahlen sind stark abgerundet, da diese Statistik nicht sehr exakt ist, denn beladene Schiffe können auf dem Meer ihre Route ändern, was sich nicht in der Exportstatistik widerspiegelt usw.

23 Die UNO-Statistik zählt zu den hochentwickelten Ländern die USA, Kanada, Westeuropa, Japan, Australien und Neuseeland. Diese Einteilung ist nicht ganz richtig. Spanien und Portugal gehören zu den westeuropäischen Ländern, man kann sie aber nicht als hochentwickelt bezeichnen.

Monopols. Bei den nichtmonopolisierten Unternehmen hat sich in bezug auf die Tendenz zur Herausbildung der Durchschnittsprofitrate entsprechend ihrer Kapitalhöhe nichts geändert. Schon Marx sprach davon, daß sich absolut nichts ändern würde, wenn in einigen Produktionsbereichen das Kapital aus irgendwelchen Gründen nicht am Prozeß der Ausgleichung der Profitrate beteiligt wäre (er verwies seinerzeit auf das Beispiel der Eisenbahnen). In diesem Fall würde die Durchschnittsprofitrate von jenem Teil des gesellschaftlichen Gesamtkapitals gebildet werden, der am Prozeß der Ausgleichung teilnimmt.

Der Profit der Monopole ist nicht nur nicht an der Ausgleichung der allgemeinen Profitrate beteiligt, sondern die Monopole eignen sich darüber hinaus einen Teil des Profits der nichtmonopolisierten Betriebe an.

2. Die Abgrenzung zwischen Monopolprofit und Durchschnittsprofitrate ist nicht starr. Die Unternehmen, die heute einen monopolistischen Extraprofit realisieren, können ihre Monopolstellung morgen verlieren und müssen sich dann mit der Durchschnittsprofitrate begnügen.

3. Trotz der Unterschiede zwischen dem Monopolprofit und der Durchschnittsprofitrate ist deren Bewegung im Verlauf des industriellen Zyklus einheitlich: Sie fallen während der Krise und steigen in den Phasen der Belebung und des Aufschwungs. Veränderungen in der Profithöhe der Monopole werden dadurch verschleiert, daß sie bei günstiger Konjunktur umfangreiche gesetzliche Rücklagen und stille Reserven anlegen, aus denen sie während der Krise die üblichen Dividenden zahlen.

4. Der Extraprofit der Monopole hat drei Quellen:

a) Die Hauptquelle besteht darin, daß der gesamte Mehrwert nicht entsprechend der Kapitalgröße jedes einzelnen kapitalistischen Betriebes verteilt wird, wie dies in der Tendenz im vormonopolistischen Kapitalismus der Fall war. Es erfolgt eine Umverteilung der Einkommen zugunsten der Monopole und zum Nachteil der nichtmonopolisierten kapitalistischen Unternehmen;

b) Aneignung eines Teils des Wertes, der von den selbständigen kleinen Warenproduzenten, die keinen kapitalistischen Charakter tragen, inner- und außerhalb des Landes produziert wird;

c) die in den schwachentwickelten Ländern tätigen — fast ausschließlich ausländischen — Monopole kaufen die Arbeitskraft zu einem Preis, der unter ihrem Wert liegt.

Der Anteil, der auf jede dieser Quellen entfällt, ist kaum exakt zu bestimmen. Stark abgerundet würden wir schätzen, daß 80% auf die erste und 20% auf die beiden anderen Quellen des Extraprofits der Monopole entfallen.

*

In unserer Analyse verwendeten wir nicht die Definition Stalins vom Maximalprofit. Das geschah mit vollem Recht. Die Behauptung Stalins: „Der moderne monopolistische Kapitalismus fordert nicht den Durchschnittsprofit, sondern ein Maximum an Profit, das nötig ist, um die erweiterte Reproduktion mehr oder weniger regulär zu verwirklichen“[24] ist unbegründet. Bereits der Begriff „Maximalprofit“, den Stalin anstelle des von Lenin verwendeten Begriffes des Extraprofits der Monopole einführt und über den wir bereits in einer anderen Arbeit gesprochen haben[25], ist vieldeutig und unklar.

24 J. W. Stalin, Ökonomische Probleme des Sozialismus in der UdSSR, Berlin 1952, S. 39.
25 Vgl. E. Varga, Osnovnye voprosy èkonomiki i politiki imperializma, 2. Auflage, Moskau 1957, S. 23.

Das *Streben* nach maximalem, d. h. unter den gegebenen Umständen höchstem Profit ist kein besonderes Merkmal des *gegenwärtigen* Kapitalismus und überhaupt nicht auf den Kapitalismus beschränkt. Phönizische Kaufleute, die im Mittelmeer Handel trieben, römische Wucherer, die Kaufherren der Hanse und katholische Kirchenfürsten, die sich im Mittelalter mit Wucher befaßten, strebten wie die heutige Monopolbourgeoisie nach einem größtmöglichen Profit. Daß das Kapital bereits in seinem vormonopolistischen Stadium zu jedem Verbrechen fähig war, um maximalen Profit zu erheischen, bewies Marx bereits im „Kapital".

Noch unverständlicher ist der Begriff „Maximalprofit", wenn man annimmt, daß er sich auf das ganze Monopolkapital bezieht, was offensichtlich der Standpunkt Stalins war. Er bezeichnete die „Sicherung des Maximalprofits" als ökonomisches Grundgesetz des gesamten heutigen Kapitalismus. Im mathematischen Sinne müßte dieser Begriff „Maximalprofit" bedeuten, daß das gesamte Monopolkapital sich den gesamten in der kapitalistischen Gesellschaft geschaffenen Mehrwert aneignet. Das ist zweifelsohne sinnlos. Millionen Farmer, Händler, Fabrikanten, Unternehmer und nichtmonopolisierte Aktiengesellschaften erhalten, wie oben nachgewiesen, selbst in einem so hochentwickelten monopolkapitalistischen Land wie den USA etwa die Hälfte des vom gesamten Kapital angeeigneten Profits. Das entspricht völlig der bekannten These Lenins (in seiner Polemik gegen Kievskij), daß es keinen „reinen Imperialismus", d. h. einen Kapitalismus, in dem nur ein Monopol herrscht, geben kann. Damit soll natürlich nicht die entscheidende Rolle der Monopolbourgeoisie, der Finanzoligarchie in der Wirtschaft und Politik der kapitalistischen Staaten geschmälert werden. Mit der Sinnlosigkeit des Begriffs „Maximalprofit" wird auch das „Grundgesetz" Stalins gegenstandslos (hier wird gänzlich von der methodologischen und philosophischen Seite dieses Problems abstrahiert, die wir in einer anderen Arbeit behandeln). Das „ökonomische Grundgesetz" Stalins ist in Wahrheit eine wirksame politische Anklage gegen den Monopolkapitalismus, aber nicht das Ergebnis einer marxistischen Analyse.

Das Volumen des kapitalistischen Marktes

In der Arbeit „Ökonomische Probleme des Sozialismus in der UdSSR“ erklärte Stalin bekanntlich, daß sowohl die These Lenins, wonach „der Kapitalismus im großen und ganzen unvergleichlich schneller wächst als früher“, obwohl er im Imperialismus in einen Prozeß der Fäulnis übergegangen ist, als auch die von Stalin selbst formulierte These von der relativen Stabilität der Märkte in der Periode der allgemeinen Krise des Kapitalismus nicht mehr gültig ist.[1] „Angesichts der neuen Bedingungen“, schrieb Stalin, „die im Zusammenhang mit dem zweiten Weltkrieg aufgetreten sind, muß festgestellt werden, daß beide Thesen ihre Geltung verloren haben.“[2]

Zu den neuen Bedingungen gehören danach die Tatsache, daß der kapitalistische Markt durch das Entstehen und die Festigung des sozialistischen Weltmarktes schrumpfte und die wichtigsten kapitalistischen Länder (die USA, Großbritannien und Frankreich) die Weltressourcen nicht mehr im früheren Umfang ausbeuten können. Daraus wurde die Schlußfolgerung gezogen: „Aber das Wachstum der Produktion wird in diesen Ländern auf einer eingeengten Basis vor sich gehen, weil der Umfang der Produktion in diesen Ländern zurückgehen wird.“[3]

Diese Auffassung Stalins ist sehr unklar. In einem Satz wird sowohl von der Zunahme wie vom Rückgang der Produktion gesprochen.

Die Behauptung Stalins von der Schrumpfung des kapitalistischen Marktes wurde mehrere Jahre hindurch in unserer Wirtschaftsliteratur wiederholt, ohne daß sie bewiesen wurde; Anklänge dieser Meinung sind noch heute bei uns zu finden.

Vergleicht man die Entwicklung des Kapitalismus nach dem Kriege mit der Zeit vor dem zweiten Weltkrieg, so hat nicht Stalin, sondern Lenin Recht gehabt.

Obwohl der Einflußbereich des Kapitalismus geographisch beträchtlich kleiner geworden ist, haben sich die Produktivkräfte des Kapitalismus und die kapitalistische Produktion nach dem Kriege im Vergleich zur Vorkriegszeit insgesamt rascher entwickelt, und der kapitalistische Markt ist nicht kleiner und instabiler, sondern vorerst größer geworden. Das bezieht sich nicht nur auf den gesamten Kapitalismus, sondern vor allem auf jene drei Länder, die Stalin nannte, nämlich die USA, Großbritannien und Frankreich.

Bevor wir uns aber mit dem Zahlenmaterial befassen, möchten wir unsere Terminologie präzisieren, um Mißverständnisse zu vermeiden.

Unter *Markt* verstehen wir die Gesamtheit jener miteinander verflochtenen Kauf- und Verkaufshandlungen, in deren Ergebnis die Warencharakter tragenden Produkte von der Produktion zum Endverbraucher gelangen.

Unter *kapitalistischem* Markt verstehen wir jene Kauf- und Verkaufshandlungen, die entweder unmittelbar dem kapitalistischen Produktionsprozeß (Kauf von Bestandteilen des konstanten Kapitals) oder der Realisierung der im kapitalistischen Produktionsprozeß

1 J. W. Stalin, Ökonomische Probleme des Sozialismus in der UdSSR, Berlin 1952, S. 33.

2 Ebenda.

3 Ebenda, S. 57.

hergestellten Waren dienen. Eine besondere Stellung nimmt der Kauf und die Ausbeutung der Arbeitskraft, der Grundlage des gesamten kapitalistischen Systems, ein.

Das Volumen des kapitalistischen Marktes ist geringer als das gesamte Marktvolumen. In den hochentwickelten kapitalistischen Ländern ist dieser Unterschied kaum spürbar, obwohl auch dort ein gewisser Teil der Erzeugnisse der Bauern, Fischer und Handwerker auf den einheimischen nichtkapitalistischen Märkten unmittelbar an den Verbraucher verkauft wird. In den schwachentwickelten kapitalistischen Ländern ist der Umfang des kapitalistischen Marktes bedeutend geringer als das gesamte Marktvolumen, denn der nichtkapitalistische Warenumsatz weist hier einen hohen Anteil auf.

Wie Lenin in seiner Arbeit „Die Entwicklung des Kapitalismus in Rußland" zeigte, ist der kapitalistische Markt historisch gewachsen, indem nichtkapitalistische Produzenten in den kapitalistischen Warenaustausch einbezogen wurden. Das waren besonders jene Bauern, die auf ihrer Wirtschaft früher nur für ihren eigenen Bedarf produzierten oder ihre Erzeugnisse auf den nichtkapitalistischen Märkten ihrer Länder absetzten („Entbauerung"). Dieser Prozeß ist in Ländern wie Großbritannien oder den USA bereits nahezu abgeschlossen, während er in allen übrigen bürgerlichen Ländern noch anhält.

Das Kriterium für das Volumen des kapitalistischen Marktes ist *vor allem der Umfang der kapitalistischen Produktion.* Natürlich braucht ein Teil der Erzeugnisse der kapitalistischen Produktion keinen Absatz zu finden. Das ist bei Überproduktionskrisen stets der Fall, aber innerhalb eines längeren Zeitraumes, der mehrere Zyklen umfaßt, wird das Volumen des kapitalistischen Marktes vor allem vom Umfang der Produktion bestimmt.

Im Kapitalismus herrscht zwischen dem Umfang der Produktion und der Aufnahmefähigkeit des Marktes ein spezifisches dialektisches Wechselverhältnis. Die Zunahme der Produktion wird letztlich von der Aufnahmefähigkeit des Marktes bestimmt, d. h. also vom Absatz der Waren der Abteilung II. Dieser wird seinerseits durch die proletarische Lage der Massen und deren niedrige Kaufkraft bestimmt, also durch den Widerspruch zwischen dem gesellschaftlichen Charakter der Produktion und der privatkapitalistischen Aneignung. Um aber die Produktion in der Abteilung I zu erhöhen, d. h. neue Fabriken und Kraftwerke zu errichten sowie das sonstige fixe Kapital zu vergrößern, muß das variable Kapital zeitweilig zunehmen. Das bedeutet eine Hebung der Kaufkraft der Massen und die Erweiterung des kapitalistischen Marktvolumens. Diese Erweiterung des kapitalistischen Marktes, die mit der Erweiterung des fixen Kapitals zusammenhängt, ist eine zeitweilige Erscheinung, da sie nach einer bestimmten Zeit mit einer Überproduktionskrise endet und nicht ewig anhält, wie Tugan-Baranovskij behauptet.

Wenden wir uns dem Zahlenmaterial zu. Daraus ergibt sich, daß die These von der Schrumpfung des kapitalistischen Marktes nach dem zweiten Weltkrieg nicht haltbar ist (vgl. Tabelle 1).

Tabelle 1
Industrieproduktion der kapitalistischen Welt (1958 = 100)

1950	1955	1961
70	95	122

Quelle
Monthly Bulletin of Statistics, Juni 1963, S. VIII.

Zwar sind diese Angaben nicht sehr genau, aber sie reichen aus, um zu beweisen, daß der kapitalistische Markt nach dem zweiten Weltkrieg nicht schrumpfte, sondern sich beträchtlich ausdehnte. Alle hergestellten Waren wurden in der einen oder anderen Form abgesetzt (Veränderungen durch den Teil der Produktion, der von den Produzenten selbst verbraucht oder auf einheimischen nichtkapitalistischen Märkten abgesetzt wird, spielen in diesem Zusammenhang keine Rolle. Dieser Teil hat gegenüber der Zeit vor dem zweiten Weltkrieg noch weiter abgenommen). Die Warenvorräte sind gegenwärtig größer als vor dem Krieg. Ein Teil der Waren wird den Verbrauchern auf Kredit verkauft. Aber angesichts einer Steigerung der kapitalistischen Weltindustrieproduktion von mehr als 50% ist dies ohne Bedeutung. Die landwirtschaftliche Produktion ist ebenfalls beträchtlich gestiegen, doch nicht so stark wie die Industrieproduktion.

Das Produktionsvolumen und der Umfang des kapitalistischen Marktes sind somit nach dem Krieg nicht etwa zurückgegangen, wie J. W. Stalin annahm, sondern im Gegenteil gewachsen.

Nicht nur Produktion und Markt haben sich ausgeweitet, auch der Außenhandel der kapitalistischen Welt hat zugenommen, obwohl eine Reihe von Ländern mit einer Bevölkerung von mehr als 700 Millionen Menschen vom Kapitalismus abgefallen sind (der Außenhandel der sozialistischen Staaten mit den kapitalistischen Ländern macht nur einen unbedeutenden Teil von deren Gesamtaußenhandel aus).

Nach dem Krieg hat sich der Export nicht nur in laufenden Preisen, sondern auch zu Preisen von 1959 mehr als verdoppelt (vgl. Tabelle 2).

Tabelle 2

Außenhandel der kapitalistischen Welt (in Mrd. Dollar)

	1948	1960	1961
Export			
in laufenden Preisen	53,6	112,7	117,7
in Preisen von 1959	51,8	111,5	116,7

Quelle

Statistical Yearbook of the United Nations. 1962, S. 466.

Auch die Vermutung Stalins, daß die Produktion in den USA, in England und Frankreich zurückgehen wird, hat sich nicht bewahrheitet, vielmehr ist die Produktion in allen drei Ländern nach dem Krieg erheblich angestiegen. In diesen drei Ländern hat zwar die Industrieproduktion entscheidende Bedeutung für das gesamte Produktionsvolumen, doch hat bekanntlich in den USA und besonders in Frankreich die landwirtschaftliche Produktion nach dem Kriege erheblich zugenommen.[4] Wir beschränken uns hier auf Zahlen über die Industrieproduktion (vgl. Tabelle 3).

Diese Zahlen sind nicht präzise und weisen die Tendenz der Zunahme zu hoch aus. Jedesmal, wenn die Methodik für den Vergleich der Indexzahlen verändert wurde, ergeben sich höhere Zahlen als zuvor. Dabei wirkt sich besonders die Einbeziehung des rasch wachsenden Dienstleistungssektors bei den Indexzahlen der USA aus. Die sich daraus

4 Vgl. den Beitrag „Das Problem der Agrarkrisen" in diesem Buch.

Tabelle 3
Entwicklung der Industrieproduktion (1953 = 100)

Land	1938	1948	1955	1960	1962*
USA	34	75	106	119	127
Großbritannien	76	84	111	126	127
Frankreich	72	77	117	161	170

* Monthly Bulletin of Statistics, Juli 1963, S. 18 passim (von mir auf die Basis 1953 = 100 umgerechnet).

Quelle
Statistical Yearbook of the United Nations, 1961, S. 72 passim.

ergebenden Veränderungen können wir hier nicht konkret untersuchen. Aber die Produktionssteigerung ist in den USA sowie in Großbritannien und Frankreich so groß, daß solche Abweichungen nichts am Tatbestand ändern, der der Vorhersage J. W. Stalins widerspricht.

Wenden wir uns wieder dem Volumen des kapitalistischen Marktes zu. Bis jetzt bestimmten wir es nach dem Produktionsumfang. Das ist natürlich möglich, denn man kann nur verkaufen oder realisieren, was produziert wird. Aber definiert man das Marktvolumen als Gesamtheit der Käufe und Verkäufe, so kann es in den einzelnen Ländern je nach den strukturellen Besonderheiten ihrer Volkswirtschaften unterschiedlich sein.

Nehmen wir ein einfaches Beispiel. Ein Metallurgieunternehmen kauft für den Betrag von „*a*" Kohle, für den Betrag „*b*" Erz und verkauft den Stahl an einen Maschinenbaubetrieb, der seinerseits wiederum Maschinen an den Endverbraucher verkauft.

Es ergibt sich in diesem Fall folgende Kette von Käufen und Verkäufen:

$$a + b + (a + b + x) + (a + b + x) + y = 3a + 3b + 2x + y,$$

dabei verkörpert x die Wert- (oder Preis-)erhöhung der Kohle und des Erzes, sobald diese zu Stahl verarbeitet werden, und

y die Wert- (oder Preis-)erhöhung, sobald der Stahl zu Maschinen weiterverarbeitet wird.

Die Preise der Kohle und des Erzes gehen in den Stahlpreis ein, und gemeinsam mit dem Stahl gehen sie nochmals in den Preis der Maschinen ein.

Stellen wir uns jetzt anstelle selbständiger Betriebe, die Kohle und Erz fördern, die Stahl schmelzen und Maschinen produzieren, ein Kombinat (oder einen vertikal gegliederten Trust) vor, der eigenes Erz und eigene Kohle, ein eigenes Stahlwerk und einen eigenen Maschinenbaubetrieb besitzt. Dann wird nur das Endprodukt, also die Maschinen verkauft. Anstelle von drei oder vier Kaufs- und Verkaufshandlungen erfolgt nur eine einzige, nämlich der Verkauf der Maschinen. Dann ergibt sich folgender Betrag:

$$a + b + x = y.$$

In einem Land, in dem vertikale Trusts stark entwickelt sind, wird also das Marktvolumen bei gleichem Produktionsumfang beträchtlich geringer sein.

Es erhebt sich die Frage, ist es richtig, den Umfang des Marktes als Gesamtheit *aller* Käufe und Verkäufe zu definieren? Wir sind der Auffassung, daß man hier bestimmte Abgrenzungen vornehmen muß. Im Kapitalismus werden sehr viele Gegenstände ge- und verkauft, die keinen wirklichen Wert haben, wie Wertpapiere (fiktives Kapital), Grund

und Boden sowie städtische Grundstücke zum Zweck der Bebauung, Patentrechte usw. Gelegentlich werden dieselben Börsenwaren zu spekulativen Zwecken mehrmals ge- und verkauft. Solche Geschäfte sind ihrem Wesen nach rein fiktiv, denn der Verkäufer besitzt die Ware nicht, und der Käufer will sie auch nicht erwerben. Es geht lediglich darum, künftige Preise zu manipulieren.

Um eine Vorstellung vom Umfang solcher fiktiven Käufe und Verkäufe zu erhalten, sei darauf hingewiesen, daß z. B. 1959 der Gesamtbetrag der Verkäufe allein an den Börsen der USA 54 Mrd. Dollar ausmachte.[5] Außerdem verkaufen die Banken zahlreiche Wertpapiere, ohne die Börse in Anspruch zu nehmen. Die Verkäufe sämtlicher Farmen beliefen sich in den USA im selben Jahr auf gut die Hälfte, nämlich 30,6 Mrd. Dollar.[6] Die gesamten Verkäufe der 500 größten Industriebetriebe betrugen im selben Jahr 197 Mrd. Dollar.[7]

Berücksichtigen wir die spekulativen Käufe und Verkäufe an den Warenbörsen, die Geschäfte mit Bodenspekulationen und Grundstücksverkäufen usw., so ergibt sich ein Betrag von 100 Mrd. Dollar im Jahr, vielleicht auch mehr.

Außerdem wird ein Großteil der Waren auf dem Wege vom Produzenten zum Verbraucher mehrmals verkauft (vgl. Tabelle 4).

Tabelle 4
Umsatz in den USA 1961 (in Mrd. Dollar, Monatsdurchschnitt)

Industrie	Großhandel	Einzelhandel
30,7	12,6	18,2

Quelle
Survey of Current Business, September 1962, S. S—4.

Man kann also das kapitalistische Marktvolumen nicht als einfache Summe aller Käufe und Verkäufe definieren. Das würde ein Marktvolumen ergeben, das um das 2- bis 3fache höher läge als die Preissumme aller hergestellten Waren, so daß die Absatzschwierigkeiten, die meistens die Hauptsorge der Kapitalisten darstellen, unbegreiflich erscheinen würden.

Unseres Erachtens wäre es besser, das Volumen des kapitalistischen Marktes als *Summe der primären Verkäufe von Waren und Dienstleistungen*, d. h. der Verkäufe der Farmer, Industriellen und Handwerker zu definieren sowie die Transport- und Bauleistungen einzubeziehen. Für einige Länder sind solche Angaben verfügbar.[8]

Die Wechselwirkung zwischen Produktionsumfang und Marktvolumen ist also dialektisch: Mit wachsender Produktion nimmt das Marktvolumen bis zu einer bestimmten Grenze zu; eine begrenzte Marktkapazität setzt der Produktionssteigerung eine Grenze.

*

5 Statistical Abstract of the United States. 1961, S. 460.
6 Ebenda, S. 622.
7 Ebenda, S. 482
8 Die Angaben für die BRD werden weiter unten, im Beitrag „Theoretische Probleme des ‚Gemeinsamen Marktes", gebracht.

Die Begrenztheit des Marktvolumens ist eine konkrete Größe, die man für jedes Land je nach den vorhandenen statistischen Unterlagen berechnen kann.

Die Grenzen des Marktes ergeben sich aus den Produktionskapazitäten und den Möglichkeiten für den Absatz der Waren. Beide Seiten dieses Verhältnisses können sich entgegengesetzt entwickeln. Das Marktvolumen kann absolut zunehmen und gleichzeitig im Verhältnis zu den wachsenden Produktionskapazitäten relativ schrumpfen, d. h. die Absatzschwierigkeiten können trotz zunehmenden Marktvolumens größer werden.

Das ist nicht nur möglich, sondern in der Geschichte des Kapitalismus die bestimmende Tendenz. In ihrer Profitsucht erweitern die Kapitalisten ständig die Produktionskapazitäten. Damit vergrößern sie zeitweilig das Marktvolumen. Das Marktvolumen wächst im Kapitalismus aber nicht in dem Maße, wie die Produktionskapazitäten steigen. Das ist einfach nicht möglich.

In ihrem Profitstreben erweitern die Kapitalisten nicht nur den Produktionsapparat, sondern sie versuchen unter dem Zwang der Konkurrenz, unbedingt die Selbstkosten der Waren zu senken. Daran ändert die Herrschaft der Monopole nichts. Die Methoden zur Senkung der Selbstkosten sind äußerst mannigfaltig: bessere Ausnutzung der Roh- und Brennstoffe, Einsatz billigerer Rohstoffe, vor allem Senkung der Arbeitskosten durch direkte Lohnsenkungen, soweit dies möglich ist, oder durch „Rationalisierung", Erhöhung der Arbeitsintensität, Automatisierung der Produktion usw. Aber *alle* Methoden der Selbstkostensenkung bedeuten letztlich, daß die in der Ware verkörperte Arbeitszeit *abnimmt* und der Anteil der Arbeiter und Angestellten am Nationaleinkommen zurückgeht, was zu periodischen Überproduktionskrisen führt.

Entgegen den Erfahrungen aus der gesamten bisherigen Geschichte des Kapitalismus behaupten die Apologeten des Kapitalismus, daß die periodischen Überproduktionskrisen nicht aus dem Wesen der kapitalistischen Gesellschaftsordnung entspringen und es sie überhaupt nicht zu geben brauche; die Produktion, so sagen sie, schafft das Einkommen für die Kapitalisten und Arbeiter, das insgesamt dem neugeschaffenen Wert entspricht. Das ist richtig. Aber sie vergessen oder wollen nicht zugeben, daß es für den Verlauf der kapitalistischen Reproduktion keineswegs gleichgültig ist, ob die Arbeiter und Angestellten oder die Kapitalisten die Einnahmen erhalten. Die Arbeiter und Angestellten verbrauchen ihre Einnahmen sofort oder geben sie etwas später für den Kauf von Konsumtionsmitteln aus. Obwohl die Kapitalisten luxuriös und manchmal sogar in verschwenderischem Luxus leben, wenden sie jedoch einen beträchtlichen Teil ihrer Einnahmen für neue Investitionen, zur Erweiterung und Modernisierung des Produktionsapparates auf. Das ergibt sich aus dem Zwang der Konkurrenz.

So haben die Kapitalisten in den USA im Jahre 1961, das durchaus nicht als ein Jahr des Aufschwungs zu bezeichnen ist, denn die Industrieproduktion lag nur um einen Punkt über der des Vorjahres, was sich noch im Rahmen statistischer Fehlerquellen bewegt, von ihren Einnahmen 69 Mrd. Dollar für Neuinvestitionen ausgegeben, darunter 25,5 Mrd. Dollar für neue Produktionsmittel („producers' durable equiment").[9] Das gleiche war in allen entwickelten kapitalistischen Ländern der Fall.

Die Produktionskapazitäten wachsen also unbegrenzt, während der Anteil der Arbeiter und Angestellten am Nationaleinkommen zurückgeht. Da die Arbeiter und Angestellten die hauptsächlichen Käufer von Konsumtionsmitteln stellen und vom Absatz dieser Waren letztlich auch die Realisierung der Produktionsmittel und der Umfang des kapita-

9 Survey of Current Business. National Income number, Juli 1962, S. 6.

listischen Marktes abhängen, sind nicht nur die Überproduktionskrisen unvermeidlich, sondern in der Tendenz muß auch die Produktion langsamer wachsen.

Als wir die Krise von 1929—1933 analysierten, schrieben wir 1934: „Die Depression muß nicht unbedingt in einen Aufschwung münden, sondern wird in einzelnen Ländern ungleichmäßig verlaufen und von Zeit zu Zeit von einem erheblichen Konjunkturrückgang begleitet sein . . . Es wäre ein sehr grober Fehler, die Depression in der allgemeinen Krise des Kapitalismus und das Ende der Stabilisierung mit einer ‚normalen Depression' gleichzusetzen."[10]

Der Verlauf des industriellen Zyklus von 1929—1938 bestätigte diese Vorhersage. Aber der zweite Weltkrieg (und später der Koreakrieg), die gewaltige Zerstörungen auslösten und dazu führten, daß der Verbrauch erheblich größer war als die Produktion, bewirkten einschneidende Veränderungen im zyklischen Verlauf der Reproduktion nach dem Krieg.[11]

Die im Kapitalismus langfristig wirkende Tendenz einer Verlangsamung des Produktionswachstums zeichnet sich jetzt jedoch immer klarer in solchen reichen kapitalistischen Ländern ab, die nicht Kriegsschauplatz waren (vgl. Tabelle 5).

Tabelle 5
Index der Industrieproduktion (1958 = 100)

Jahr	USA	Kanada	Großbritannien
1956	107	100	99
1959	113	108	105
1960	116	108	112
1961	117	112	114
1962	126	121	115

Der Produktionszuwachs liegt in diesen Ländern bei etwa 2% im Jahr. Da die Bevölkerung dieser Länder im Jahresdurchschnitt um etwa 1,5% zunimmt, ist fast keine Produktionssteigerung je Kopf der Bevölkerung zu verzeichnen.

Der „Plan" Kennedys, eine jährliche Produktionszunahme von 4—5% zu erreichen, ist völlig unreal. Mit dem Ende des „Wirtschaftswunders" in der BRD ist das Wachstum der Produktion ebenfalls erheblich zurückgegangen. Und selbst die genannte bescheidene Produktionszunahme beruht weitgehend auf der riesigen und nach wie vor anhaltenden Rüstungsproduktion.

So liegt ein Großteil des fixen Kapitals in den hochentwickelten kapitalistischen Ländern brach. Die nichtausgelasteten Kapazitäten in den USA, in Kanada und Großbritannien Anfang der 60er Jahre wurden auf 20 bis 30% geschätzt, wenn man 300 Schichten im Jahr als volle Auslastung rechnet.

Eine weitere Folge dieser Entwicklung ist die chronische Massenarbeitslosigkeit. Sie ist besonders in den USA und Kanada anzutreffen, obwohl ein sehr großer Teil der

10 E. Varga, Novye javlenija v mirovom ėkonomičeskom krizise, Moskva 1934, S. 113/114 (vgl. auch Bd. II dieser Ausgabe, S. 392).

11 Vgl. den Beitrag „Veränderungen im zyklischen Verlauf der kapitalistischen Reproduktion nach dem zweiten Weltkrieg" in diesem Buch.

arbeitsfähigen Bevölkerung im Heer, bei der Marine oder bei den Luftstreitkräften dient. In Westeuropa führten die großen Kriegsverluste, die während des Krieges zurückgegangene Geburtenzahl und die Notwendigkeit, die Bestände neu aufzufüllen, zerstörte Gebäude wiederaufzubauen, das verschlissene fixe Kapital zu ersetzen usw. zu einer vorübergehenden Erweiterung des kapitalistischen Marktes und wirkten dieser Haupttendenz des Kapitalismus in der Periode seiner allgemeinen Krise entgegen.

Vor 18 Jahren schrieben wir: „Nach wie vor ist die schreckliche Tatsache zu verzeichnen, daß der Weltkrieg im letzten Vierteljahrhundert der einzige Zeitraum war, in welchem diejenigen, die in den bürgerlichen Ländern nach Arbeit suchten, diese auch tatsächlich fanden. Nur weil Millionen Menschen sich gegenseitig umbrachten und weitere Millionen dazu die Mordwerkzeuge herstellten, konnte die kapitalistische Gesellschaft allen Arbeitern Arbeit geben.“[12]

Seitdem hat sich die allgemeine Krise des Kapitalismus weiter vertieft. Der Widerspruch zwischen dem gesellschaftlichen Charakter der Produktion und der privatkapitalistischen Aneignung hat sich zunehmend verschärft. Dieser Widerspruch kommt darin zum Ausdruck, daß der Markt noch mehr geschrumpft ist, d. h. sein Volumen ist relativ unzureichend, die Auslastung der Produktionskapazitäten geht immer weiter zurück, es herrscht eine chronische Massenarbeitslosigkeit, eine Stabilisierung ist nicht abzusehen, und der Kapitalismus wird ständig labiler.

Der Grundtendenz, wonach das Wachstumstempo der Produktion in der kapitalistischen Welt abnimmt, wirkte in der Vergangenheit die Tatsache entgegen, daß durch die Entwicklung der kapitalistischen Produktionsverhältnisse in den schwachentwickelten Ländern eine Ausdehnung des kapitalistischen Marktes erfolgte. Eine solche Ausweitung des Marktes ist gegenwärtig in Asien, Afrika und Lateinamerika zu beobachten. Doch wird dieser Prozeß in seiner Bedeutung dadurch geschmälert, daß sich immer mehr Länder von der Herrschaft des Imperialismus befreien und den sozialistischen Entwicklungsweg einschlagen.

Die Grundtendenz, wonach das Wachstumstempo der Produktion in der kapitalistischen Welt zurückgeht, wird unzweifelhaft die Oberhand behalten. Das können weder die von Kennedy ausgearbeiteten „Pläne“ noch gelegentliche sprunghafte Produktionssteigerungen in einzelnen Ländern oder der „Gemeinsame Markt“ und die Integration in Westeuropa verhindern.

*

Fassen wir zusammen: J. W. Stalin hatte mit seiner Annahme, daß der kapitalistische Markt sich verengen wird, nicht Recht. Das trifft nicht zu und wird auch nicht eintreffen, wobei Zeiten mit Überproduktionskrisen eine Ausnahme bilden.

Stalin verwechselte zwei verschiedene Begriffe, nämlich den absoluten Umfang des kapitalistischen Marktes und dessen relative Begrenztheit. Die Begrenztheit des Marktes, d. h. die Tatsache, daß die Kaufkraft der kapitalistischen Gesellschaft hinter den wachsenden Produktionskapazitäten zurückbleibt, das kapitalistische Marktvolumen also auch dann relativ begrenzt ist, wenn der Markt sich absolut ausdehnt, wird immer spürbarer.

12 E. Varga, Izmenenija v ėkonomike kapitalizma v itoge vtoroj mirovoy vojny, Moskva 1946, S. 319.

Preisbildung, Inflation und Gold

Die Leser kennen die marxistische Wert- und Preistheorie. Sie wird aber oft vereinfacht, dogmatisch dargestellt; die lange Entwicklung, die zwischen den Untersuchungen von Marx und den in unserer Zeit wirkenden konkreten Marktpreisen liegt, wird nicht genügend beachtet. Deshalb halten wir es für zweckmäßig, diesen Weg kurz nachzuzeichnen.

Die Hauptaspekte der Preisbildung

1. *Der Preis entspricht dem Wert*, d. h. der in der Ware verkörperten Arbeitszeit, ausgedrückt in Geldeinheiten, die Gold repräsentieren, das die gleiche Menge Arbeitszeit verkörpert.

Voraussetzungen:

a) Die Arbeitszeit muß gesellschaftlich notwendig sein, d. h. die zur Herstellung der Waren aufgewandte Arbeitskraft muß von durchschnittlicher Qualifikation sein; die eingesetzte Technik muß den der jeweiligen Zeit entsprechenden Stand aufweisen. Bleibt die eingesetzte Technik unter dem durchschnittlichen gesellschaftlichen Niveau, so liegt der Preis der Ware unter deren individuellem Wert; weist die eingesetzte Technik einen höheren als den durchschnittlichen Stand auf, so wird die Ware vorübergehend zu einem höheren als dem individuellen Wert verkauft.

b) Die Gesamtmenge sämtlicher hergestellten Waren muß (in der Tendenz) der zahlungsfähigen Nachfrage der Gesellschaft entsprechen. Wurde bei bestimmten Waren eine geringere Menge hergestellt, als zahlungsfähige Nachfrage nach diesen Waren vorhanden ist, so steigen die Preise für diese Waren vorübergehend über ihren Wert; wurde zuviel hergestellt, so fallen die Preise unter ihren Wert.

c) *Die Geldeinheit muß gegenüber dem Gold stabil sein.*

Die Summe der Preise und der gesamte Wert der verkauften Waren entsprechen dann einander.

2. *Im Kapitalismus werden die Waren nicht zu ihrem Wert verkauft: Die Preise verwandeln sich in Produktionspreise.* Infolge der Konkurrenz werden Waren, die mit einem Kapital produziert werden, dessen organische Zusammensetzung unter dem gesellschaftlichen Durchschnitt liegt, zu Preisen verkauft, die niedriger als ihr individueller Wert sind; dagegen werden Waren, die mit einem Kapital produziert werden, dessen organische Zusammensetzung über dem gesellschaftlichen Durchschnitt liegt, zu Preisen verkauft, die höher sind als ihr individueller Wert. Damit realisiert jeder Betrieb (in der Tendenz) die Durchschnittsprofitrate.

Die Summe der Preise muß der Summe der Werte entsprechen.

Dabei ist zu berücksichtigen, daß die industriellen Kapitalisten ihre Waren an die Handelskapitalisten zu einem Preis verkaufen, der *unter* dem Produktionspreis liegt, damit das Handelskapital ebenfalls seine Durchschnittsprofitrate realisieren kann. Sonst würde es keinen kapitalistischen Handel geben. Die Summe der Preise, die dem Wert entsprechen, bezieht sich also auf die Summe aller Verkäufe an die Verbraucher.

3. *Der Einfluß der zyklischen Entwicklung.* Während der Krisenphase werden die Waren unter dem Produktionspreis verkauft; in der Phase der Belebung dagegen über dem Produktionspreis. Die Warenpreise entsprechen den Produktionspreisen nur im Durchschnitt des Zyklus. *Daß die Summe der Preise der Summe der Werte entspricht, trifft* deshalb *nicht für jedes einzelne Jahr zu, sondern nur für den Durchschnitt des Zyklus.*

4. *Die konkreten Marktpreise* weichen (bedingt durch den Zyklus) von den Produktionspreisen ab, denn hier wirken zahlreiche zeitweilige Faktoren, wie das jeweilige Verhältnis von Angebot und Nachfrage, die politische Situation, Mißernten usw.

Das alles trifft auf den Kapitalismus der *freien* Konkurrenz zu.

5. *Der Einfluß der Monopole auf die Preisbildung.* Die Monopole verkaufen ihre Waren zu Preisen, die über den Produktionspreisen liegen. Das ist die Hauptquelle ihrer Extraprofite. Betrachtet man das Problem abstrakt theoretisch, so müßten die nichtmonopolisierten Unternehmen ihre Waren zu Preisen verkaufen, die unter dem Produktionspreis liegen, denn nur dann wäre die Summe der Preise gleich der Summe der Verkäufe, sofern alle Waren zu Produktionspreisen realisiert würden. Aber in Wirklichkeit ist das nicht so. Die nichtmonopolisierten Unternehmen, die die für ihre eigene Produktion erforderlichen Waren (Rohstoffe, Halbfertigerzeugnisse, Maschinen, Geräte, Inanspruchnahme von Dienstleistungen) von den Monopolen zu Preisen kaufen, die über den Produktionspreisen liegen, können in der Regel ihre Erzeugnisse nicht zu den tatsächlichen Produktionspreisen verkaufen, wie dies im Kapitalismus der freien Konkurrenz der Fall ist, denn das würde ständige Verluste bedeuten und unvermeidlich zum Zusammenbruch führen. Sie wälzen die Preiserhöhung vollständig oder teilweise auf die Käufer ab und verkaufen ihre Waren ebenfalls zu Preisen, die über den Produktionspreisen liegen. Ob sie aber die gesamte Differenz auf die Käufer abwälzen und ihre bisherige Durchschnittsprofitrate realisieren können[1], hängt von der konkreten Marktsituation ab. Jedenfalls wird bei jedem weiteren Verkauf der Ware ein beträchtlicher Teil der von den Monopolen realisierten Preiserhöhung, die über dem Produktionspreis liegt, auf die Einzelhändler und auf die Verbraucher abgewälzt.

Somit liegt die Summe der Preise in Wirklichkeit über der Summe der Produktionspreise und ist damit höher als die Summe der Werte, selbst bei Goldwährung.

6. Die *Inflation* beeinflußt die Preisbildung in gleicher Weise wie die Monopole. Bei starker Inflation können die Preise — ausgedrückt im Nennwert ihrer Währungseinheiten — hundertemal höher liegen, als es nach dem offiziellen Goldgehalt der betreffenden Währung der Fall sein dürfte. Die Preise — ausgedrückt in ihren Währungseinheiten — haben sich von den Preisen gelöst, die der Menge Gold entsprechen, die die betreffende Währungseinheit formal noch immer verkörpert.

7. *Der Einfluß der Steuern auf die Preisbildung.* Die Steuern bewirken in der Tendenz eine Erhöhung des Preises. Die Kapitalisten versuchen, ihre Einkommenssteuern auf die Käufer abzuwälzen. Inwieweit ihnen das gelingt, hängt von der konkreten Marktlage für die einzelnen Waren ab. Es gibt aber eine Steuer, die *automatisch* an die Käufer weitergegeben wird. Das ist die Umsatzsteuer, die auf den Umsatz *aller* Waren erhoben wird (werden nur *einzelne* Waren besteuert, so ist die Abwälzung auf den Käufer schwieriger,

1 Vgl. den Beitrag „Das Problem der Kapitalwanderung bei Ausgleichung der Durchschnittsprofitrate. Die Profitrate im Monopolkapitalismus."

denn der Verbraucher kann dann andere Waren erwerben, die nicht mit dieser Steuer belegt sind). Die Summe der Preise einschließlich der Summe der Umsatzsteuer wird also (bei sonst gleichen Bedingungen) höher liegen als die Summe der Produktionspreise zuzüglich der Preiserhöhungen, die dem Einfluß der Monopole geschuldet sind.

8. *Der Einfluß der Spekulation.* In Einzelfällen kommt es vor, daß die Preise für einzelne Waren oder Warengruppen aus rein spekulativen Gründen vorübergehend steigen oder fallen.

Im Zeitalter des Monopolkapitalismus, in der Periode der allgemeinen Krise des Kapitalismus, in der die Inflation zu einer fast permanenten Erscheinung geworden ist, entsprechen die konkreten Marktpreise also nicht der Feststellung von Marx, wonach der Preis dem Wert entspricht.

Wir möchten aber besonders betonen: In welchem Umfang die obengenannten Faktoren die Preisbildung auch beeinflussen mögen, der *Wert*, d. h. die in der Wareneinheit verkörperte gesellschaftlich notwendige Arbeitszeit, *bleibt der Hauptregulator der Preisrelationen.* Das allgemeine Preisniveau kann noch so weit vom Wert abweichen, trotzdem wird eine Wareneinheit, deren Wert zehnmal so hoch wie der einer anderen Ware ist, etwa zehnmal so teuer verkauft, und zwar unabhängig davon, in welchem Maße die Preisbildung auch beeinflußt sein mag. Die Werttheorie von Marx, der Grundsatz, daß die in einer Wareneinheit vergegenständlichte Menge gesellschaftlich notwendiger Arbeitszeit die Grundlage der Preisbildung ist, bleibt stets gültig.

Vor der allgemeinen Krise des Kapitalismus stellte die Stabilität der Währungen, die gleichwertige Kaufkraft von Papiergeld (Banknoten) und Goldmünzen gleichen Nennwertes die Regel und die Inflation die Ausnahme dar. In der Periode der allgemeinen Krise des Kapitalismus, besonders nach dem zweiten Weltkrieg, bilden dagegen stabile Währungen die Ausnahme, während Währungs„chaos“, Inflation, Abwertung sowie erfolgreiche und mißlungene Versuche zur Währungsstabilisierung zur Regel geworden sind.

In ihrer dritten Etappe hat die allgemeine Krise des Kapitalismus ein solches Ausmaß erreicht, daß der Kapitalismus neunzehn Jahre nach Ende des zweiten Weltkrieges nicht in der Lage ist, die Währungen der meisten kapitalistischen Länder zu stabilisieren und selbst das reichste kapitalistische Land — die Vereinigten Staaten von Amerika — ständig um die Stabilität seiner Währung ringen und die Inflation bekämpfen muß.

Eine harte Währung gehört zu den Voraussetzungen, damit der Reproduktionsprozeß des gesellschaftlichen Kapitals normal verlaufen kann. Eine instabile Währung wirkt sich negativ auf den Reproduktionsprozeß aus.

Das Ausmaß der Inflation geht aus den Indexzahlen der Großhandelspreise hervor (vgl. Tabelle 1).

Diese Zahlen sind nicht sehr genau, denn ihre Berechnungsgrundlage variiert in den einzelnen Ländern. Häufige Abwertungen beeinflussen darüber hinaus das Bild. Trotzdem erscheint folgendes wichtig:

a) In allen Ländern war während des Krieges und unmittelbar danach eine Preisexplosion festzustellen.

b) Das Preisniveau hat sich von 1938 bis 1949 in der Regel verdoppelt bis vervierfacht. In Frankreich und Italien stiegen die Preise auf das 16- bzw. 52fache.

c) Nach 1948 war die Preisentwicklung noch ungleichmäßiger. In einigen Ländern stabilisierten sich die Preise oder stiegen nur langsam, während sie in Japan, Frankreich und Spanien nochmals auf das Zwei- bis Dreifache stiegen.

Tabelle 1
Index der Großhandelspreise (1953 = 100)

Jahr	Neutrale Länder			Besiegte Länder		
	Schweden	Schweiz	Spanien	BRD	Japan*	Italien
1938	38	47	16	46	—	2
1948	106	102	57	103	36	104
	(1952)			(1952)		
1960	111	101	152	107	101	99
1962	116	104	164	110	100	102

Jahr	Siegerländer		Schwachentwickelte Länder		
	USA	Großbritannien**	Brasilien	Argentinien	Ägypten
1938	46	53	13	25	29
1948	96	102	53	66	93
		(1952)			
1960	109	113	399	150	118
1962	109	117	—	224	121

* Frühere Angaben liegen nicht vor.
** Fertigerzeugnisse.

Quellen
Statistical Yearbook of the United Nations, 1958, S. 408ff.; 1961, S. 474ff.; Monthly Bulletin of Statistics, Juni 1963, S. 118ff. (von mir auf die Basis 1953 = 100 umgerechnet).

d) In einigen schwachentwickelten Ländern hält die inflationistische Preisentwicklung bis heute an, obwohl die Rohstoffpreise auf dem Weltmarkt sinken.

Die Annahme, daß die steigenden Preise auf Veränderungen in den Warenwerten beruhen, ist theoretisch nicht haltbar, was sich auf zweierlei Weise nachweisen läßt:

1. Der Wert der Waren, d. h. die in den Wareneinheiten verkörperte Arbeitszeit, müßte von 1938 bis 1962 auf mehr als das Doppelte gestiegen sein, was aber offensichtlich nicht der Fall ist. Vielmehr ist die Arbeitsproduktivität durch die rasche technische Entwicklung in diesem Zeitraum erheblich gestiegen. Gegenwärtig ist in einer Wareneinheit weniger Arbeitszeit als 1938 vergegenständlicht. Folglich müßten die Preise nicht höher, sondern niedriger sein.

2. Theoretisch könnte der Preisanstieg eine Folge des stark gesunkenen Goldwertes sein. Das stimmt aber ebenfalls nicht. Bei der Goldförderung hat keine technische Revolution stattgefunden, wodurch die im Gold verkörperte Arbeitszeit auf einen Bruchteil gesunken wäre.

In der gesamten kapitalistischen Welt war von 1950 bis 1960 ein Preisanstieg zu verzeichnen. Das ergibt sich aus dem jährlichen Rückgang der Kaufkraft der Währungen von 43 kapitalistischen Ländern, wie er von der „National City Bank“ der USA aufgrund der

Indizes der Verbraucherpreise oder der Lebenshaltungskosten berechnet wurde[2] (vgl. Tabelle 2).

Tabelle 2
Prozentsatz der jährlichen Entwertung der Währungen von 1950 bis 1960

Unter 1	4 Länder (Philippinen, Ceylon, Portugal, Guatemala)
Zwischen 1 und 2	3 Länder (Schweiz, Belgien, Ekuador)
Zwischen 2 und 3	10 Länder (darunter die USA, BRD, Italien, Indien)
Zwischen 3 und 4	6 Länder (darunter Großbritannien und Japan)
Zwischen 4 und 5	5 Länder (darunter Schweden und Norwegen)
Zwischen 5 und 6	5 Länder (darunter Frankreich)
Zwischen 6 und 10	6 Länder (sämtlich schwachentwickelte Länder)
Zwischen 10 und 38	8 Länder (alles schwachentwickelte Länder mit Ausnahme von Israel)

Die Ungleichmäßigkeit ist sehr groß; in allen hochentwickelten Ländern schwankt der Preisanstieg zwischen 2 und 5%. Im gleichen Ausmaß hat sich auch die Geldentwertung in den Jahren 1961—1963 fortgesetzt.

Keine der oben angestellten Überlegungen kann diese Erscheinung erklären, wie aus dem folgenden hervorgeht. Würde der Preisanstieg auf einer Werterhöhung der Waren oder auf einer Wertminderung des Goldes beruhen, so müßten die Preise in allen Ländern des kapitalistischen Weltmarktes in etwa dem gleichen Umfang ansteigen. In der Praxis verdoppelten oder verdreifachten sich aber die Preise in einigen Ländern, während sie in anderen auf das 100fache anstiegen.

Die Preissteigerung ist ohne Zweifel inflationistisch bedingt, d. h. die Marktpreise haben sich vom Wert gelöst, also von den Preisen, die im Goldgehalt der Währungseinheiten (nominell, nicht realiter) ausgedrückt sind.

Während des Krieges und in dem Nachkriegschaos verwunderte das keinen. Bei allen Waren war die zahlungsfähige Nachfrage Jahre hindurch wesentlich größer als das Angebot. Es fehlte also eine notwendige Voraussetzung, um die Waren zu ihrem Wert zu verkaufen: das dynamische Gleichgewicht zwischen Angebot und Nachfrage. Die wachsende Menge des in Umlauf befindlichen Geldes war eine Auswirkung, aber nicht die Ursache der Preissteigerungen.

Das Problem der Inflation hat für die Arbeiter und Angestellten in der kapitalistischen Welt große Bedeutung. Die langanhaltende — inflationistisch oder sonstwie bedingte — Preissteigerung ist in vielen Ländern gegenwärtig eine der wichtigsten Ursachen für die Verelendung des Proletariats. Kann die Arbeiterklasse während der Inflation zu einem bestimmten Zeitpunkt eine Lohnerhöhung durchsetzen, die die anhaltenden Preissteigerungen ausgleicht, so wird dieser Erfolg durch die anhaltende Inflation sofort wieder zunichte gemacht.

Die bürgerlichen Ökonomen führen die ständig steigenden Preise auf „übermäßige“ Lohnerhöhungen zurück. Sie klagen ständig über die „Lohn-Preis-Spirale“. Die Inflation erschwert den Kampf der Arbeiterklasse um bessere Arbeitsbedingungen. Es hat den Anschein, daß die Arbeiter ständig neue offensive Lohnkämpfe führen, während sie in

2 National City Bank Monthly Letter, Mai 1961, S. 59.

Wirklichkeit vielfach um den Ausgleich des Verlustes ringen, den sie durch die Inflation erlitten haben. Mit der verlogenen Behauptung, daß die Arbeiter durch ihre ungerechtfertigten Forderungen Preissteigerungen und Inflation auslösen, täuscht die Bourgeoisie häufig breite Schichten des Kleinbürgertums in Stadt und Land und nimmt sie gegen die Arbeiter ein.

Allerdings wurden die sehr komplizierten Probleme der Inflation bei uns in den letzten 15 Jahren nur unzureichend und zum Teil oberflächlich untersucht, ohne die neuen Erscheinungen auf diesem Gebiet zu berücksichtigen.

Die Erforschung der mit der Inflation verbundenen Probleme wird dadurch erschwert, daß wir niemals unmittelbar die Entwicklung der Warenwerte untersuchen können, d. h. der in einer Wareneinheit verkörperten gesellschaftlich notwendigen Menge an Arbeitszeit, ausgedrückt in einer bestimmten Menge Gold. Wir können nicht den Wert der Waren oder deren Produktionspreis beobachten, sondern nur die konkreten Marktpreise[3], die je nach der Konkurrenz und der Marktlage vom Produktionspreis abweichen.

Wenn wir uns mit den Ursachen für die Preissteigerungen befassen, so möchten wir zuerst alles das eliminieren, was *nicht* inflationär bedingt ist. Damit soll unterstrichen werden, daß gerade die Inflation den entscheidenden Faktor für das augenblicklich hohe Preisniveau darstellt.

Nicht jede Preiserhöhung ist inflationär bedingt, wie das die bürgerlichen Ökonomen heutzutage predigen.

Bereits weiter oben wurde darauf hingewiesen, daß im Verlauf des industriellen Zyklus die Preise bei nahezu allen Waren in der Phase der Belebung und vor allem in der Phase des Aufschwungs ständig steigen. Das kann man aber nicht als inflationären Preisauftrieb betrachten. Diese Erscheinung kommt auch bei reiner Goldwährung vor, denn solange die Notenbanken nicht die Goldkonvertibilität ihrer Banknoten eingestellt hatten, zirkulierten die Goldmünzen neben dem Papiergeld und hatten die gleiche Kaufkraft wie dieses. Diese in einer bestimmten Phase des Zyklus auftretende Preissteigerung beruht nicht auf einer Veränderung des Geldfaktors beim Austausch und bedeutet deshalb auch nicht, daß die Preise der Waren ständig über deren Wert liegen.[4]

Auch kurzfristige Preiserhöhungen, wie z. B. durch große Mißernten, sind nicht als inflationistisch anzusehen. In solchen Fällen steigt die Menge an gesellschaftlicher Arbeit, die in einer Einheit landwirtschaftlicher Erzeugnisse verkörpert ist, vorübergehend an. Auch Preiserhöhungen, die sich bei einzelnen Waren durch Spekulationen an den Waren-

3 Vielfach sind es noch *nicht* einmal *die tatsächlichen* Marktpreise, sondern die offiziellen *Preisnotierungen*; die tatsächlichen Preise, zu denen die Waren verkauft werden, können durch Einwirkung zahlreicher Faktoren erheblich über oder unter diesen Preisen liegen.

4 Der Wert der Waren ist in der Phase des Aufschwungs wahrscheinlich größer als in den anderen Phasen des Zyklus, da Arbeiter in den Produktionsprozeß einbezogen werden, deren Qualifikation unter der langen Arbeitslosigkeit teilweise gelitten hat oder weil neue Arbeiter eingestellt wurden, die keine Erfahrungen besitzen. Deshalb liegt die gesellschaftlich notwendige Arbeitszeit, die den Wert der Wareneinheit bestimmt, während des Aufschwungs bei sonst gleichen Bedingungen offenbar höher als in den Phasen der Krise und der Depression, wo die kapitalistischen Unternehmen angesichts einer großen Reservearmee von Arbeitslosen nur die hochqualifizierten und erfahrensten Arbeiter einzustellen brauchen. Diese Werterhöhung ist statistisch in konkreten Zahlen nicht nachweisbar, denn durch den technischen Fortschritt geht die in einer Wareneinheit verkörperte gesellschaftlich notwendige Arbeitszeit ständig zurück, was vor allem in der Phase des Aufschwungs der Fall ist, da dann die in der Phase der Belebung errichteten neuen Fabriken die Produktion aufnehmen.

börsen ergeben, können nicht als inflationistisch bezeichnet werden. Von einer Inflation kann nur gesprochen werden, wenn die Preise der Waren längere Zeit ständig über ihrem in Gold ausgedrückten Wert liegen.

Wie bereits oben festgestellt, gibt es aber im Monopolkapitalismus eine bemerkenswerte Erscheinung, nämlich Warenpreise, die lange Zeit über ihrem Wert liegen und dennoch nicht inflationär bedingt sind. Es handelt sich dabei um die Monopolpreise, die meistens auf die folgenden Käufer der Waren bis hin zu den Endverbrauchern der Konsumtionsmittel abgewälzt werden. Die Monopolpreise bewirken eine allgemeine Preissteigerung, doch trägt diese keinen inflationistischen Charakter.

Wenden wir uns der Geschichte zu. Zu Beginn des 20. Jahrhunderts, vor dem ersten Weltkrieg, stiegen die Warenpreise in der ganzen Welt, obwohl eine reine Goldwährung vorhanden war. Wo lagen die Ursachen? Man kann schwerlich behaupten, daß der Wert aller Waren stieg oder, anders gesagt, daß die Menge der in einer Wareneinheit verkörperten gesellschaftlich notwendigen Arbeit in den zwei Jahrzehnten vor dem ersten Weltkrieg zugenommen hat, denn im Kapitalismus führt der technische Fortschritt in der Regel dazu, daß der Wert der Waren abnimmt.

Man könnte natürlich davon ausgehen, daß der Wert des Goldes gesunken ist, und darin die Ursache der Preissteigerungen sehen. Es gab aber damals keine bedeutenden Fortschritte in der Goldförderung. Außerdem weist der Wert des Goldes eine steigende Tendenz auf, denn das Gold muß meistens aus tieferen und nicht so ergiebigen Lagerstätten gefördert werden.

Als wir diese Preissteigerungen analysierten, die vor mehr als einem halben Jahrhundert eintraten, kamen wir zu dem Ergebnis, daß sie vor allem durch die hohen Preise bedingt waren, die die Monopole für ihre Waren verlangen.

Die folgenden Überlegungen zeigen, daß die Monopolpreise allgemein Preissteigerungen bewirken. Die Monopole sind in der Schwerindustrie am stärksten vertreten, also in der Erdöl- und Kohleförderung, der Metallurgie, der chemischen Industrie sowie dem Maschinenbau, d. h. in solchen Zweigen, deren Selbstkosten fast alle anderen Produktionszweige beeinflussen: die Landwirtschaft, die verarbeitende Industrie, das Verkehrswesen und die Bauwirtschaft. Hätten nämlich die nichtmonopolisierten Betriebe, die einen Teil ihrer Produktionsmittel (Rohstoffe und Produktionsinstrumente) zu Monopolpreisen kaufen, die über dem Wert oder dem Produktionspreis liegen, ihre Waren zu Preisen verkauft, die unter dem Wert oder dem Produktionspreis lägen und entspräche die Summe der Preise der Summe der Werte (was abstrakt theoretisch der Fall sein müßte), wäre es zu massenweisen Zusammenbrüchen der nichtmonopolisierten Betriebe gekommen. In Wirklichkeit war das aber nicht der Fall.

Im Kapitalismus erfolgt stets eine Konzentration der Produktion durch Akkumulation und Zentralisation des Kapitals. Ein immer größerer Teil der Produktion entfällt auf die größten Monopole. Dennoch geht die Zahl der Betriebe im Kapitalismus absolut nicht zurück (vgl. Tabelle 3).

Wären die gewaltigen Extraprofite der Monopole ein Abzug vom Durchschnittsprofit der nichtmonopolisierten Betriebe, hätten diese längst Bankrott gemacht.

Natürlich kommen die meisten kleinen Betriebe gerade so zurecht und müssen einen Teil ihrer Profite den Monopolen überlassen. Aber in der Hauptsache wälzen sie die Preiserhöhungen der Monopole auf die Käufer ab.

Die Landwirtschaft ist in den entwickelten kapitalistischen Ländern der einzige Zweig, bei dem durch den Massenruin selbständiger Produzenten die Anzahl der Betriebe absolut

Tabelle 3
Anzahl der Betriebe in den USA (in Tsd.)

Jahr	in Betrieb	neu errichtet	stillgelegt
1929	3029	275	318 (1940)
1957	4471*	405	341

* Davon beschäftigen 4067000 Betriebe Lohnarbeiter.

Quelle
Historical Statistics of the United States, 2. Auflage, Washington 1949, S. 570—571.

abnimmt (vgl. den Beitrag über die Agrarkrisen). Die Bauern werden durch die Monopole in doppelter Beziehung ausgebeutet: indem sie die Produktionsmittel (zum Teil auch die Konsumtionsmittel) zu hohen Monopolpreisen kaufen und ihre Waren zu den von den Monopolen diktierten niedrigen Preisen verkaufen. Außerdem wird der Massenruin der Bauern durch die Agrarkrise und in den schwach entwickelten Ländern durch den Nichtäquivalentenaustausch gefördert.

Wir nehmen an, daß im Imperialismus der Verkauf der wichtigsten Produktionsmittel zu hohen Monopolpreisen — keine Inflation vorausgesetzt — das allgemeine Preisniveau erhöht. Betriebe, die ihre Produktionsmittel zu hohen Monopolpreisen kaufen, müssen die Preise ihrer Waren höher ansetzen, als deren Wert ausmacht, um keine Verluste zu erleiden. Läßt die Marktlage dies nicht zu, so brechen sie zusammen, und es werden auf dem Markt weniger Waren angeboten. Allmählich gestaltet sich das Verhältnis von Angebot und Nachfrage aber wieder so, daß man die Preise erhöhen und — wenn man sich mit der in der Regel niedrigeren Durchschnittsprofitrate begnügt — zumindest teilweise die durch die Monopolpreise gestiegenen Selbstkosten für Rohstoffe und Produktionsmittel auf die Käufer abwälzen kann.

Die erhöhten Monopolpreise werden also auf die Konsumtionsmittel und letztlich auf alle Waren aufgeschlagen. Das senkt den Reallohn der Arbeiter und Angestellten. Sie fordern Lohnerhöhungen und erkämpfen diese durch Streiks. Lohnerhöhungen führen bei sonst gleichen Bedingungen zu einer gewissen Steigerung der Selbstkosten der Erzeugnisse der einzelnen Betriebe und damit zu neuen Preissteigerungen.

In der Regel können aber die nichtmonopolisierten Betriebe die Preiserhöhungen der Monopole kaum restlos auf ihre Käufer abwälzen. Deshalb liegt ihr Profit unter der Durchschnittsprofitrate, die sie erzielen würden, wenn keine Monopole existierten. Die Extraprofite der Monopole stammen also zu einem Teil aus den Profiten der nichtmonopolisierten Produzenten, worauf bereits hingewiesen wurde.

Durch die hohen Monopolpreise kommt es allmählich zu einem allgemeinen Anstieg des Preisniveaus. In Wirklichkeit ist die Sache aber noch komplizierter. Die Monopole wenden bei ihren Auseinandersetzungen oft erhebliche Preissenkungen an. Die Wirtschaftspolitik des Staates, wie Zölle, Ex- und Importrestriktionen, indirekte Steuern usw. beeinflussen ebenfalls die konkrete Preisbildung in jedem Land.

Der Einfluß der Monopole auf die allgemeine Preisbildung bedarf einer weiteren eingehenden wissenschaftlichen Untersuchung. Das ist deshalb schwierig, weil in der allgemeinen Krise des Kapitalismus sowohl die Monopole als auch die Inflation die Preissteigerung beeinflussen und diese Entwicklungen schwer auseinanderzuhalten sind. Wir glauben aber, daß eine umfassende Analyse unsere Auffassung darüber bestätigen würde, wie sich die Preiserhöhungen der Monopole auf die Einzelhandelspreise aller Waren auswirken.

Schließlich kann eine allgemeine Preissteigerung in *einzelnen* Ländern auf einer *ständig* passiven Zahlungsbilanz beruhen. Solche Preissteigerungen werden oft ebenfalls als Inflation bezeichnet. Wir wollen hier nicht um Worte streiten, aber die dadurch bedingte Preiserhöhung ist von dem gegenwärtigen Preisauftrieb, der alle kapitalistischen Länder, auch die mit aktiver Zahlungsbilanz, umfaßt, zu unterscheiden. Außerdem bewirkt der spontane Mechanismus des Kapitalismus durch die Erhöhung der Importpreise, die Steigerung des Exports und den Kapitalimport, daß das Gleichgewicht der Zahlungsbilanz und damit das frühere Preisniveau wieder hergestellt werden. In der gegenwärtigen allgemeinen Inflation ist ein solcher Mechanismus aber nicht vorhanden.

*

Kommen wir jetzt zur eigentlichen Inflation und ihren Auswirkungen auf die Preisbildung. Dabei ist es nach unserer Auffassung nicht richtig, daß in der marxistischen Literatur ständig die Feststellung von Marx wiederholt wird, wonach die Inflation eine Überfüllung der Zirkulationskanäle mit Papiergeld bedeutet. Meistens wird die Ursache für die inflationistische Preiserhöhung darin gesehen, daß der Staat zur Deckung des Haushaltsdefizits zusätzliche Papiergeldzeichen in Umlauf setzt, wobei deren Gesamtsumme größer ist, als Goldmünzen erforderlich wären, um den Warenumlauf bei den bestehenden Preisen und der jeweiligen Geschwindigkeit des Geldumlaufs zu bewältigen.

Bei der Untersuchung der gegenwärtigen Inflation können wir uns nicht nur auf die Hinweise von Marx beschränken, denn seit damals hat sich vieles auf dem Gebiet der Geldzirkulation verändert. Als Marx den Kapitalismus untersuchte, waren vier grundsätzlich unterschiedliche Arten von Geld in Umlauf.

a) *Goldmünzen.* Sie waren vollwertiges Geld, besaßen ihren eigenen Wert und konnten alle Geldfunktionen ausüben. Ein Überschuß an Goldmünzen, der eine Inflation bewirkte, konnte nicht auftreten.[5]

b) *Silbermünzen.* In einigen westeuropäischen Ländern und in den USA bestand zur Zeit von Marx ein bimetallistisches Währungssystem, d. h. Silber und Gold bildeten gemeinsam die Währungsbasis, wobei die Silbermünzen den Goldmünzen gleichgestellt waren. Das verursachte erhebliche Komplikationen da der Wert des Silbers bedeutend geringer war, als sein gesetzlich festgelegtes Verhältnis zu den Goldmünzen. Deshalb waren die Silbermünzen zur Zeit von Marx kein vollwertiges Geld mehr, und ihre Bedeutung als Weltgeld nahm ab.

c) *Banknoten.* Sie haben keinen eigenen Wert und wurden von den Emissionsbanken auf Grund kommerzieller Kredite ausgegeben (damals waren in den meisten Ländern noch mehrere Banken zur Ausgabe von Banknoten berechtigt). Sie verkörperten eine noch nicht abgeschlossene Phase des Zirkulationsprozesses. Die Ware war hergestellt,

5 Das bedeutet nicht, daß überschüssiges Gold *niemals* eine starke Preissteigerung auslösen könnte. In der Geschichte des Kapitalismus gab es zweimal eine „Preisrevolution", nämlich im 16. Jahrhundert nach der Entdeckung Amerikas und Mitte des 19. Jahrhunderts im Zusammenhang mit der Entdeckung der reichen amerikanischen und australischen Goldvorkommen; es gelangte eine große Menge Gold von niedrigem Wert in die Zirkulation, und da sich die Warenproduktion nicht entsprechend vergrößerte, setzte eine starke Preissteigerung ein.

aber noch nicht in die Konsumtion eingegangen. Sie befindet sich noch in der Zirkulationssphäre, auf den Warenlagern, bei Fabrikanten zur Weiterverarbeitung oder bei Groß- bzw. Einzelhändlern. Bis die Ware in die Konsumtion eingeht, gewähren die Banken kommerzielle Kredite auf Grund von Wechseln. Die Wechsel wurden von den Emissionsbanken diskontiert, die auf Grund dessen Banknoten ausgaben.

Solche echten Banknoten, also „Kreditgeld", konnten in der Zirkulation nicht überschüssig werden. Sie kehrten automatisch zur Emissionsbank zurück. Hatte die Ware den Endverbraucher erreicht, war sie gegen Bargeld verkauft, das vom Einzel- zum Großhändler, von diesem zum Fabrikanten und dann an die Bank zurückfloß, um den Handelswechsel zurückzukaufen, und diese gab das Bargeld an die Emissionsbank, welche die Banknoten ausgegeben hatte.[6]

d) *Papiergeld* im engeren Sinne des Wortes, d. h. Geldzeichen, die vom Staat ausgegeben wurden, um ein Haushaltsdefizit zu decken. Im Unterschied zu den Banknoten können sie nicht die Zirkulationssphäre verlassen. Sie können vom Staat durch Steuern, die die Staatsausgaben übersteigen, oder durch Staatsanleihen abgeschöpft werden.

Je nach den konkreten Umständen braucht die Ausgabe von Papiergeld nicht immer zu einer Inflation zu führen. Erhöht sich die Warenproduktion und der Warenumschlag, während der Umfang der in der Zirkulation befindlichen Goldmünzen und Banknoten nicht zunimmt, und ist deshalb bei gleichbleibender Umlaufgeschwindigkeit des Geldes zusätzliches Geld in der Zirkulation erforderlich, so bewirkt die Ausgabe von staatlichem Papiergeld keine Inflation. Druckt der Staat aber mehr Papiergeld, als die für die Zirkulation notwendige Menge an Gold oder Banknoten ausmacht, und setzt er diese in Umlauf, so führt das zwangsläufig zur Inflation.[7]

Tritt ein solcher Fall in der kapitalistischen Zirkulation auf, so ist die Feststellung von Marx, daß die Inflation eine Überfüllung der Zirkulationskanäle mit Papiergeld darstellt, völlig ausreichend. Die kapitalistische Zirkulation unterscheidet sich aber heute weitgehend von der damaligen, als Marx seine Geldtheorie in der Arbeit „Zur Kritik der politischen Ökonomie" entwickelte.

Worin bestehen diese Veränderungen?

a) *Es gibt keine Goldmünzen mehr in der Zirkulation.* Das Gold ist bei den zentralen Notenbanken konzentriert und wird nur als Weltgeld verwendet, um Zahlungsbilanzdefizite auszugleichen. Goldmünzen zirkulieren gelegentlich in solchen Ländern, in denen die Inflation so rasch fortschreitet, daß sich keiner mehr findet, der Waren gegen Papiergeld verkaufen will. Außerdem dienen Goldmünzen zur Schatzbildung, vor allem in schwachentwickelten Ländern.

b) *Silber dient nirgends mehr als Währungsmetall.* Silbermünzen zirkulieren nur als Wechselgeld.[8]

6 Das zeigt, daß die Stabilität echter Banknoten *nicht* von der Höhe der *Golddeckung* abhängt. Die Währungen der verschiedenen Länder waren Ende des 19. Jahrhunderts auch ohne Goldreserven stabil, wie z. B. die Währung der österreichisch-ungarischen Monarchie.

7 Hieraus folgt, daß die sogenannte „Mengentheorie" des Geldes, d. h. die Behauptung, daß mit der Veränderung der in der Zirkulation vorhandenen Geldmenge sich stets auch die Preise verändern (und zwar in entgegengesetzter Richtung), falsch ist, denn eine Erhöhung der zirkulierenden Goldmünzen oder echten Banknoten bewirkt keine Preissteigerung.

8 Im nordöstlichen Afrika, vor allem in Äthiopien, fungieren Silbermünzen, „Maria-Theresia-Taler", noch immer als Währungseinheit, doch stellt dies eine Ausnahme dar, der keine Bedeutung zukommt.

c) *Papiergeld* im engeren Sinne, d. h. vom Staat ausgegebene Geldzeichen, zirkulieren in dieser Form ebenfalls nicht mehr.

d) Das wichtigste Zirkulationsmittel stellen im heutigen Kapitalismus die *Banknoten* dar. Ihr ökonomischer Charakter hat sich jedoch erheblich geändert. Heute weiß niemand, ob die Banknoten noch echtes Kreditgeld verkörpern, das aufgrund von Kreditgeschäften ausgegeben wurde. Der überwiegende Teil der Banknoten, vermutlich mehr als die Hälfte des gesamten Geldes, das gegenwärtig in den kapitalistischen Ländern zirkuliert, wurde aufgrund von Riesenkrediten in Umlauf gesetzt, die die Zentralnotenbanken (meistens handelt es sich um staatliche Banken) dem Staat — vor allem zur Deckung von Haushaltsdefiziten — gewährt haben (vgl. Tabelle 4).

Tabelle 4
Kredite der Zentralnotenbanken an den Staat (in Mrd. Währungseinheiten)

USA (Dollar		BRD (DM)	
1954	28,6	1954	4,3
1962	35,8	1962	5,9
Großbritannien (Pfund Sterling)		Schweden (Kronen)	
1954	2,1	1954	3,0
1962	2,7	1962	4,6
Frankreich (Franc)			
1954	9,9		
1962	10,6		

Quelle
International Financial Statistics, April 1963, S. 112, 116, 230, 256, 260.

Die zugunsten des Staates ausgegebenen Banknoten stellen selbstverständlich keine echten Banknoten dar, sondern sind Papiergeld, das die äußere Form von Banknoten aufweist.

Der ökonomische Charakter der Banknoten veränderte sich vor allem im Ergebnis des zweiten Weltkrieges. Die Kredite, die von den Banken dem Staat gewährt wurden, machten 1929 in den USA nur 10% der privaten Kredite aus, in Schweden und Deutschland gab es nahezu keine, und nur in Großbritannien erreichten sie etwa die Höhe der privaten Kredite.

Darüber hinaus stellt ein Teil der privaten Bankkredite indirekt staatliche Kredite dar. Die Privatfirmen, die diese Kredite aufnehmen, verpfänden dafür staatliche Wertpapiere (Rüstungs- und sonstige Anleihen). In den USA sind die Banken verpflichtet, Rüstungsanleihen zu kreditieren.

e) Besonders in den USA, in Großbritannien und den britischen Dominien *kommt in der Zirkulation den Schecks eine immer größere Bedeutung als Zahlungsmittel zu.* Sie werden mit dem Bankguthaben des Ausstellers verrechnet. Schecks ersetzen in der Zirkulation weitgehend die Banknoten. In Großbritannien und den USA werden nicht nur große Beträge durch Schecks bezahlt, sondern auch Einkäufe in den Geschäften, die nur wenige Dollar oder Pfund ausmachen. Die große Rolle, die Bankguthaben und die auf dieser Grundlage ausgestellten Schecks in der modernen Zirkulation spielen, geht daraus hervor, daß die bürgerliche Statistik die Einlagen bei den Kreditinstituten den Banknoten gleichstellt (siehe die Bezeichnung „Deposit Money“).[9]

Die von Marx gegebene Definition der Inflation ist also auch heute nach wie vor gültig, denn das Defizit des Staatshaushalts stellt auch gegenwärtig die entscheidende Ursache der Inflation dar.

Da es aber „Papiergeld“, d. h. direkt vom Staat ausgegebene Papierzeichen nicht mehr gibt, sondern nur Banknoten zirkulieren, die ihrem Wesen nach zu einem erheblichen Teil Papiergeld darstellen, bedarf der Hinweis von Marx, wonach eine Inflation vorliegt, wenn „alle Zirkulationskanäle . . . mit Papiergeld gefüllt“ sind, einer Ergänzung.[10] Die Rolle des Papiergeldes erfüllen jetzt Banknoten, die ihren früheren ökonomischen Inhalt verloren haben, ferner Bankeinlagen, kurzfristige Staatsanleihen usw.

Unsere Ökonomen legen die Feststellungen von Marx oft in dem Sinne aus, daß die Überfüllung der Zirkulationskanäle mit Geld die *Ursache* der Inflation ist. Unseres Erachtens ist das falsch. Die Inflation ist ökonomisch, aber nicht geldtechnisch bedingt.

Marx hat sich mit dieser Frage nicht befaßt. Er geht nicht darauf ein, welche Gründe den Staat bewegen, Papiergeld auszugeben, um ein Haushaltsdefizit zu decken, d. h. warum er nicht zu anderen Maßnahmen greifen kann oder will. Das ist verständlich. Zur Zeit von Marx stellte das Inflationsproblem einen wichtigen Bestandteil der Geld*theorie* dar. In der *Praxis* bildete die Inflation jedoch eine Ausnahme, worauf wir bereits hingewiesen haben. Sie betraf nur einzelne Länder und übte keine tiefe und langandauernde Wirkung aus.

In der Periode der allgemeinen Krise des Kapitalismus, vor allem nach dem zweiten Weltkrieg, griff die *Inflation* auf alle kapitalistischen Länder über und *wurde zu einem wichtigen ökonomischen und politischen Problem*, das besonders *die Arbeiterklasse betrifft* und auf ihre Lebens- und Kampfbedingungen einwirkt. Deshalb müssen die ökonomischen und politischen Voraussetzungen geklärt werden, die eine so umfassende Inflation auslösten, und es bedarf der Untersuchung, *warum* alle bürgerlichen Staaten große Mengen überschüssigen Geldes in die Zirkulation werfen mußten (wobei als Deckung Anleihen der Zentralnotenbanken dienten).

Man muß zwischen dem inflationistischen Prozeß, der sich in der Preissteigerung zeigt, und dem inflationistischen Preisniveau, das auch nach der Währungsstabilisierung beibehalten wird, unterscheiden. Eine Stabilisierung der Währung bedeutet heutzutage nicht, daß zu dem Preisniveau zurückgekehrt wird, wie es vor Ausbruch des inflationistischen Prozesses bestand und die Währung wieder die gleiche Kaufkraft aufweist wie vor der Inflation. Die Kluft zwischen den Preisen, die in ihrem Geldausdruck der Form nach die alte Goldmenge repräsentieren, und dem Wert der Waren besteht auch nach der Währungsstabilisierung weiter. Die Wirtschaft paßt sich dem neuen Preisniveau an, und erst eine große Überproduktionskrise kann diese durch die Inflation geschaffene Kluft teilweise beseitigen.

*

Um diese Situation konkret darzustellen, stützen wir uns auf Angaben aus den USA, denn die meisten anderen kapitalistischen Länder haben ihre Währung nach dem zweiten

9 So z. B. in den offiziellen Veröffentlichungen der UNO. Aus UNO-Angaben geht hervor, daß das sogenannte „deposit money“ in den meisten kapitalistischen Ländern über die Hälfte der zirkulierenden Banknoten ausmacht und in den USA fast deren Höhe erreicht.

10 K. Marx, Das Kapital. Erster Band, in: MEW, Bd. 23, Berlin 1962, S. 142.

Weltkrieg abgewertet, d. h. den Goldgehalt, den die betreffende Währungseinheit in den einzelnen Ländern repräsentiert, offiziell herabgesetzt, wodurch das Bild beeinflußt wird (vgl. Tabelle 5). So hat z. B. Frankreich nach dem Krieg den Franc-Kurs mehrmals gegenüber dem Dollar verändert.

Tabelle 5
Zahlen zur Nachkriegs-Inflation in den USA (in Mrd. Dollar, jeweils Jahresende)

	1937		1945		1950		1955		1961
Geldumfang	6		26		25		28		30
Einlagen bei Handelsbanken	24		76		92		109		119
Defizit des Staatshaushalts, summiert für den Zeitraum zwischen den Jahren		200		17		11		10	
Goldreserven	13		20		23		22		17
Index der Industrieproduktion (1953 = 100)	46		80		84		106		120
Index der Großhandelspreise (1953 = 100)	51		62		94		101		108*

* Von mir von der Basis 1958 = 100 auf die Basis 1953 = 100 umgerechnet. Alle Zahlen in der Tabelle wurden auf volle Milliarden aufgerundet.

Quelle
Historical Statistics of the United States, 2. Auflage, a. a. O., S. 647, 649, 711; Statistical Yearbook of the United Nations, 1956, S. 452, 484, 490; 1961, S. 72; Monthly Bulletin of Statistics, Mai 1962, S. 126; Juni 1963, S. 22 und 128.

Diese Zahlen zeigen, daß es nicht ausreicht, lediglich auf die Definition von Marx über die Inflation zurückzugreifen, um diese Erscheinung in den USA während und nach dem zweiten Weltkrieg zu erklären.

Von 1937 bis 1945 vermehrte sich das in der Zirkulation befindliche Geld (Banknoten) auf das 4fache, die Einlagen bei den Kreditinstituten stiegen auf das 3fache, und das Defizit des Staatshaushalts erreichte in diesem Zeitraum den gewaltigen Betrag von 200 Mrd. Dollar. Dagegen stieg der offizielle Großhandelspreisindex nur um 20%. Allerdings widerspiegelt dieser Index nicht die wirkliche Lage. In ihm sind nicht die Rüstungslieferungen und die Verkäufe auf dem „Schwarzmarkt" berücksichtigt. Der richtige Preisindex läge vermutlich nicht bei 62, sondern zwischen 80 und 100.

Das entgegengesetzte Bild ergibt sich für den Zeitraum 1945—1950. Die in der Zirkulation befindliche Geldmenge ist nicht gestiegen, sondern hat um 1 Mrd. Dollar abgenommen; die Einlagen bei den Banken sind lediglich um 20% angewachsen, während der offizielle Großhandelspreisindex sich um 50% erhöht hat.

Von 1950 bis 1961 entwickelten sich alle Faktoren ziemlich normal. Der Geldumlauf stieg um 16%. Das konnte sich nicht inflationistisch auswirken, da der entscheidende Faktor in der USA-Wirtschaft, nämlich die Industrieproduktion, in diesem Zeitraum um etwas mehr als 75% zugenommen hat. In etwa dem gleichen Umfang erhöhte sich auch der Warenumsatz, und vorausgesetzt, daß sich die Umlaufgeschwindigkeit nicht verändert hat, ist auch der Geldbedarf größer geworden. Trotzdem hat der Preisindex nur um etwa 15% angezogen.

Betrachtet man den gesamten Zeitraum von 1937 bis 1961, so belief sich das Defizit des Staatshaushalts auf 238 Mrd. Dollar, während die in der Zirkulation befindlichen Banknoten nur um 24 Mrd. Dollar, also um 10% gestiegen sind. Das Haushaltsdefizit wurde also nur zu einem ganz geringen Teil durch eine erhöhte Banknotenemission finanziert. Diese erhöhte Banknotenausgabe konnte nicht die Inflation verursachen, denn selbst ohne Preiserhöhungen wäre eine solche Zunahme der zirkulierenden Banknoten bei dem erheblich angestiegenen Warenumsatz notwendig gewesen.

Nach unserer Auffassung beruht diese Erscheinung vor allem auf folgenden Faktoren:

1. *Festsetzung von Höchstpreisen durch den Staat.* Dies ist ein völlig neuer Faktor, den es in der Wirtschaft des vormonopolistischen Kapitalismus nicht gab. Hier wirkte der von Marx untersuchte Mechanismus, wonach sich die Preise durch die Konkurrenz auf dem Markt auf der Grundlage der Produktionspreise frei bilden.

Durch die staatliche Preisregulierung lag der *offizielle* Preisindex wesentlich niedriger, als es angesichts der stark wachsenden Banknotenzirkulation hätte der Fall sein müssen. Erst als 1946 die staatliche Preisregulierung aufgehoben wurde, erklommen die Preise den Stand, der etwa der wirklichen Lage entsprach.

In Großbritannien verlief der Preisanstieg wesentlich gleichmäßiger, denn hier wurde die Preiskontrolle nach Kriegsende noch nicht aufgehoben, und der „Schwarzmarkt" spielte hier eine wesentlich geringere Rolle als in den USA (vgl. Tabelle 6).

Tabelle 6
Offizieller Großhandelspreisindex in Großbritannien (1953 = 100)

1937	1945	1948	1950	1955	1961*
33	52	67	80	104	105

* Von mir von der Basis 1958 = 100 auf die Basis 1953 = 100 umgerechnet.

Quellen
Statistical Yearbook, 1956, S. 460; Monthly Bulletin of Statistics, Juni 1963, S. 118ff.

Die Abwertung des Pfund Sterling im Jahre 1949 um 30% hatte nur geringen Einfluß auf die Preisentwicklung.

2. *Die Geschwindigkeit des Geldumlaufs hat während des Krieges abgenommen.* Erhebliche Bargeldbestände besaßen die „Schwarzmarkt"-Händler. Alle Geschäfte, bei denen man höhere Preise als die offiziellen zahlte, wurden mit Bargeld abgewickelt, um keine Spuren zu hinterlassen.[11] Über beträchtliche Barbestände verfügten die amerikanischen Streitkräfte, die sich fern der Heimat befanden. Ein Teil der Banknoten wurde im Ausland gehortet, und zwar in solchen Ländern, in denen die Währungsentwertung früher und stärker einsetzte als in den USA.

So kam es zu einer Überschwemmung der Zirkulationskanäle mit Papiergeld, obwohl dieses Papiergeld bereits einen anderen Charakter trug als zur Zeit von Marx.

*

Der wirkliche Grund der allgemeinen Inflation, die während und nach dem zweiten Weltkrieg einsetzte, liegt *in den tiefgreifenden Veränderungen*, die *in der Wirtschaft* der am Krieg

11 Während des Krieges nahm vor allem die Anzahl der großen Banknoten bedeutend zu.

beteiligten kapitalistischen Länder einsetzten und als eine Folge des Krieges zu betrachten sind. Das entscheidende Problem besteht darin, daß die Kriegführung fast die Hälfte des Nationalprodukts verschlingt; die Rüstungsgüter und das sonstige Kriegsmaterial werden im Krieg restlos vernichtet und damit dem realen Nationaleinkommen und -reichtum entzogen; dadurch nimmt der reale Nationalreichtum und das Nationaleinkommen der am Krieg beteiligten Länder, besonders wenn sie Kriegsschauplatz waren, ab, während das nominelle, in Geld ausgedrückte Nationaleinkommen und der Nationalreichtum steigen, weil der Staat alle Rüstungslieferungen zu erheblich höheren Preisen als dem Produktionspreis bezahlt. Diese *entgegengesetzte Entwicklung von realem und nominalem* Nationalreichtum und Nationaleinkommen bildet die ökonomische Grundlage und die wirkliche Ursache der kriegsbedingten Inflation, während die Überfüllung der Zirkulationskanäle mit Papiergeld eine Auswirkung dieser Ursache ist.

Die modernen Methoden zur Finanzierung eines Krieges und die Rüstungsausgaben in Friedenszeiten ermöglichen es, das gewaltige Defizit des Staatshaushalts zu decken, ohne beträchtliche zusätzliche Papiergeldmengen in Umlauf zu setzen. Die durch den Krieg gestiegene Preissumme entspricht nicht unmittelbar der zusätzlich ausgegebenen Papiergeldmenge, sondern hier spielt die Zunahme der Bankdepositen, die im Großhandel anstelle von Papiergeld fungieren, sowie die Auflage von Rüstungsanleihen und anderem Papiergeldersatz eine Rolle.

Alle diese Probleme müssen weiter erforscht werden. Die wahre Ursache der Inflation ist jedoch nicht darin zu suchen, daß die Zirkulationskanäle mit Papiergeld überschwemmt werden, sondern in der Kluft, die während und nach dem zweiten Weltkrieg zwischen realem und nominellem Nationaleinkommen aufgetreten ist.

*

Die Inflation verändert, wie allgemein bekannt ist, die Verteilung des Nationaleinkommens zwischen den verschiedenen Klassen und Schichten der kapitalistischen Gesellschaft beträchtlich. Unter der Inflation leidet der Arbeiter, dessen Reallohn rasch sinkt, weil das Geld stets schneller entwertet, als der Lohn steigt; noch stärker sind die Angestellten, Beamten und Rentner betroffen, deren Bezüge auf lange Zeit im voraus festgelegt sind; auch die kuponschneidenden Rentiers sind betroffen. Große Verluste haben die Gläubiger, da die Geldeinheit, in der sie ihre Schulden zurückgezahlt erhalten, weniger Wert hat als die, in der sie den Kredit vergaben. Verluste ergeben sich für die Kleinhändler und Handwerker, die ihre Waren nach alter Gewohnheit weiterhin zu dem Preis verkaufen, zu dem sie diese bezogen haben, und nur die normalen Aufschläge berechnen. Obwohl sie einen bestimmten Gewinn erlösen, können sie für den erhaltenen Betrag weniger Waren kaufen, als sie verkauft haben.

An der Inflation verdient die herrschende Klasse, nämlich die Industriebourgeoisie, die die Arbeitskraft unter ihrem Wert kauft, von den „unabhängigen" Produzenten Rohstoffe unter dem Produktionspreis erwirbt, ihre Schulden in entwerteter Währung zurückzahlt und immer neue Kredite von den Banken erhält (letztlich von der Zentralnotenbank). Die industriellen Kapitalisten kaufen Sachwerte, tilgen dagegen ihre Schulden mit entwertetem Geld. An der Inflation profitieren die Großgrundbesitzer, Großbauern und Hausbesitzer, denn die Inflation befreit sie automatisch von ihren Hypothekenschulden. An der Inflation bereichern sich in besonderem Maße die großen Spekulanten, wie die Bankiers, die sich mit Währungs- und Warenspekulationen befassen.

Da die herrschenden Klassen an der Inflation profitieren, behaupten unsere Ökonomen oft, daß die Inflation für die Bourgeoisie immer günstig sei. Das ist nicht richtig.

Die Inflation ist für die Bourgeoisie nur bis zu einem gewissen Entwicklungsstadium vorteilhaft. Aber jeder Inflation wohnt die Tendenz inne, in eine immer raschere Geldentwertung überzugehen. Nach einer gewissen Zeit zerrüttet das die kapitalistische Reproduktion dermaßen, daß die Inflation auch für die Bourgeoisie unvorteilhaft wird. Hier kann man von einem echten Übergang von Quantität in Qualität sprechen.

Eine „galoppierende", „unkontrollierte Inflation", wie es die bürgerlichen Ökonomen bezeichnen, zerrüttet den Warenumlauf, denn keiner will mehr Waren verkaufen, da er weiß, daß ihr Preis morgen noch steigen wird. Es werden die Beziehungen zwischen Stadt und Land gestört, weil die Bauern die von ihnen benötigten Waren nicht mehr in der Stadt kaufen können und deshalb die Stadt nicht mehr mit Nahrungsmitteln versorgen. Sie wollen für das immer stärker entwertete Geld nicht mehr verkaufen und fordern Naturalaustausch — Hemd gegen Fleisch. Die Arbeitsdisziplin in den Fabriken läßt nach, denn die Arbeiter sind kaum noch daran interessiert, das rasch entwertende Geld zu erhalten. Viele Arbeiter erscheinen nicht zur Arbeit, weil sie aufs Land fahren, um Nahrungsmittel zu beschaffen. Die Fabrikanten müssen die Arbeiter mit den notwendigen Nahrungsmitteln versorgen und ihnen einen Teil des Lohnes in Naturalien zahlen, die sie bei den Bauern eintauschen. Die Papierscheine verlieren ihre Rolle als Geld immer mehr, und an ihre Stelle treten stabilere ausländische Währungen, Goldmünzen oder sogar Gold in Naturalform. Alle Kapitalisten müssen zu Währungsspekulationen greifen, um sich vor der Geldentwertung usw. zu schützen.

Deshalb tritt bei jeder Inflation früher oder später der Augenblick ein, da sie nicht nur den Werktätigen, sondern auch den herrschenden Klassen zum Nachteil gereicht, wobei lediglich eine kleine Gruppe berufsmäßiger Spekulanten eine Ausnahme bildet. Die Bourgeoisie steht vor der Notwendigkeit, der Inflation ein Ende zu machen und die Währung erneut zu stabilisieren.

Das zeigen die historischen Erfahrungen. Seitdem die kapitalistische Gesellschaftsordnung besteht, gab es vermutlich mehr als 100 Inflationen in den verschiedenen kapitalistischen Ländern. Alle endeten mit einer Stabilisierung. Natürlich nahm die Bourgeoisie als herrschende Klasse diese Stabilisierung im eigenen Interesse vor. Wenn es der Bourgeoisie in einigen Ländern 15 bis 18 Jahre nach dem Krieg nicht gelang, die Währung zu stabilisieren, so ist das ein Beweis für die Schwächung des kapitalistischen Systems in der gegenwärtigen Etappe seiner allgemeinen Krise. In den letzten Jahren praktizieren einige hochentwickelte Länder nach den Empfehlungen von Keynes eine langsame, gesteuerte Inflation.

Im zweiten Halbjahr 1963 mußten zwei große kapitalistische Länder Westeuropas, Frankreich und Italien, energische Maßnahmen gegen die galoppierenden Preissteigerungen ergreifen, was bis zur Festsetzung von Höchstpreisen für viele Waren in Frankreich ging. Das geschah, obwohl die Zentralbanken beider Länder über große und weiterhin zunehmende Goldbestände verfügen. Um ihre restlichen Goldbestände zu erhalten, müssen die reichen Vereinigten Staaten nicht nur darauf hoffen, daß die westeuropäischen Zentralbanken die mit den USA getroffenen Vereinbarungen einhalten und nicht den Umtausch ihrer Dollareinlagen in den USA fordern, sondern darüber hinaus müssen sie auch ihre Dollarausgaben im Ausland um jeden Preis einschränken, auch wenn darunter ihre führende Rolle als imperialistische Macht leidet.

Die Inflation endet in der Regel mit einer Stabilisierung der Währung. Auch wenn diese nur vorübergehend ist, hinterläßt sie trotzdem ihre Spuren. Die Kaufkraft der Geldeinheit bleibt geringer als vor der Inflation, auch wenn der offizielle Goldgehalt der Währungseinheit nicht verändert wird, d. h. die Stabilisierung nicht mit einer Abwertung erkauft ist. Bei einer langdauernden Inflation paßt sich die kapitalistische Wirtschaft dem neuen, höheren Preisniveau an. Die Bildung der Monopolpreise, die zyklischen Veränderungen und marktbedingten Schwankungen der Preise erfolgen auf diesem höheren Niveau. Die Verteilung des Nationaleinkommens, die infolge der Inflation großen Veränderungen unterworfen war, reguliert sich allmählich wieder auf den Stand vor der Inflation ein. Die kapitalistische Reproduktion verläuft wieder „normal", aber auf einem höheren Preisniveau.

Weiter oben wurde festgestellt, daß die Preissteigerungen nach dem zweiten Weltkrieg nicht allein inflationistisch bedingt sind, sondern zu einem bestimmten Teil auf den hochgetriebenen Monopolpreisen beruhen. Das zeigt folgendes: Eine nur inflationistisch bedingte Preissteigerung müßte ziemlich gleichmäßig alle Waren betreffen. Unterschiede könnten sich nur durch Veränderungen im Warenwert ergeben.

Würden bei allen Waren annähernd gleiche Abweichungen eintreten, so könnten diese nur auf einer Veränderung des Warenwertes beruhen.

In Wirklichkeit ist die Sache aber anders. Die Preise der von den Monopolen hergestellten Waren sind wesentlich stärker gestiegen als die Preise von Waren nichtmonopolisierter Produzenten. Das zeigt beispielsweise die Preisbewegung in den USA, wo der nominelle Goldgehalt des Dollars nicht verändert wurde (vgl. Tabelle 7).

Tabelle 7

Preise für Waren der monopolisierten und der nichtmonopolisierten Unternehmen (Dollar je t)

	1939 (Januar)	1961 (Dezember)
1. Von Monopolen hergestellte Waren		
Stahl in Blöcken	34	80
Roheisen	20,5	66
Petroleum (Oklahoma)	1	3
2. Von nichtmonopolisierten Unternehmen hergestellte Waren		
Stahlschrott	15,5	36
Schweine (Chicago) je 100 (engl.) Pfund Gewicht	7,35	16,35
Schwere Häute (in Cents je Pfund Gewicht)	11,5	14,5

Quelle

Morgan Guaranty Trust Survey, Januar 1962, S. 10—11.

Die Waren der ersten Gruppe sind im Durchschnitt auf das Dreifache und diejenigen der zweiten Gruppe auf etwa das Doppelte gestiegen.

Ein ähnliches Bild ergibt sich, wenn man die Preisentwicklung in den größten Industriezweigen vergleicht (vgl. Tabelle 8).

Sind auch die Zahlen nicht sehr exakt, so zeigen sie doch deutlich die Tendenz. Wenn die Preise der von den Monopolen hergestellten Waren und der von einem Großteil der nichtmonopolisierten Unternehmen produzierten Erzeugnisse so stark auseinanderklaffen,

Tabelle 8
Index der Großhandelspreise in den USA (1957—1959 = 100)

	1953	1962 (Juni)
1. Weitgehend monopolisierte Waren		
Brennstoffe	95,9	99,6
Metalle	83,6	100
Maschinen	82,2	102,2
2. Nichtmonopolisierte oder weniger monopolisierte Waren		
Landwirtschaftliche Erzeugnisse	105,9	95,3
Textilien	102,8	100,8
Verschiedene Waren	105,4	105,4

Quelle
Federal Reserve Bulletin, August 1962, S. 1052.

kann dies nicht auf Veränderungen im Warenwert zurückzuführen sein. Sind solche Veränderungen eingetreten, so vor allem bei Erzeugnissen der ersten Warengruppe, wo sich der technische Fortschritt wesentlich rascher entwickelte als bei der Produktion der zweiten Gruppe. Die nichtmonopolisierten Zweige könnten die Preiserhöhungen der Monopole auch nicht im vollen Umfang an ihre Käufer weitergeben.

*

Damit taucht ein neues Problem auf: Wie ist es zu erklären, daß man gegenwärtig, da die Währungen der meisten kapitalistischen Länder stabilisiert sind, für ein Kilogramm Gold eine wesentlich geringere Menge Waren der gleichen Qualität kaufen kann als vor dem Krieg?

Diese Tatsache hat neben theoretischer auch große praktische Bedeutung für die Sowjetunion als einem Großproduzenten von Gold, das häufig als Weltgeld benutzt wird, um notwendige Waren im Ausland zu kaufen. Vor allem liegt ihre Bedeutung aber auf theoretischem Gebiet. Wir werfen diese Frage auf, obwohl wir sie im Augenblick nicht erschöpfend beantworten können.

Wir wissen, daß überall dort, wo ein *regelmäßiger* Austausch von Erzeugnissen erfolgt, sei es ein Produktenaustausch oder ein Warenaustausch mit Hilfe eines beliebigen allgemeinen Äquivalents, wie Vieh, Eisen, Silber oder Gold, die Produkte oder Waren zu ihrem Wert ausgetauscht oder verkauft werden, d. h. je nach der Menge der gesellschaftlich notwendigen Arbeit, die in der Wareneinheit bzw. dem beim Tausch oder Verkauf verwendeten allgemeinen Äquivalent enthalten ist.

Wo liegen die Ursachen, daß man für ein Kilogramm Gold gegenwärtig nur die Hälfte der Warenmenge wie vor dem Krieg kaufen kann?

Gelangt Gold nach den USA, so wird es dort (und in anderen hochentwickelten Ländern) wie vor dem Krieg zu 35 Dollar je Unze eingetauscht. Wie aber oben nachgewiesen wurde, kann man bei den heutigen Preisen für 35 Dollar nur die halbe Warenmenge gleicher Qualität wie vor dem Krieg kaufen. Theoretisch könnte man annehmen, daß in jeder Wareneinheit gegenwärtig die doppelte Menge Arbeitszeit verkörpert ist wie vor dem Krieg. Das stimmt offensichtlich aber nicht. Seit 1938 ist die Arbeitsproduktivität beträchtlich gestiegen (vermutlich um mindestens 30 bis 50 %). Dementsprechend müßte eine

Wareneinheit heutzutage eine geringere Menge an Arbeitszeit enthalten als vor dem Krieg.

Andererseits könnte man annehmen, daß ein Kilogramm Gold heute nur noch die halbe Menge Arbeitszeit enthält wie vor dem Krieg. Das stimmt ebenfalls nicht, denn bei der Goldförderung hat keine technische Revolution stattgefunden; ein Kilogramm Gold enthält heute nicht weniger, zumindest nicht erheblich weniger Arbeitszeit als vor dem Krieg.

Daß das Gold jetzt gegen Waren unter seinem Wert getauscht wird und die Goldförderung unrentabel wurde, wird durch den Rückgang der Goldförderung in der kapitalistischen Welt gegenüber der Zeit vor dem Krieg bestätigt, denn zur gleichen Zeit ist die Produktion aller übrigen Waren nahezu ausnahmslos stark gestiegen (vgl. Tabelle 9).

Tabelle 9
Produktionsindex der kapitalistischen Welt (1953 = 100)

Jahr	Grundstoffe	Industrieproduktion
1938	77	50
1960	120	140

Quelle
Statistical Yearbook of the United Nations, 1961, S. 59.

Die Industrieproduktion hat sich fast verdreifacht, während die Gewinnung von Grundstoffen (Landwirtschaft, Fischfang, Bergbau usw.) um 50% gestiegen ist. Das Gold ist dagegen nahezu das einzige Produkt, dessen Produktion sich nicht erhöht hat (vgl. Tabelle 10).

Tabelle 10
Goldgewinnung in der kapitalistischen Welt (in t)

1938	1941 (höchster Stand)	1945 (niedrigster Stand)	1960
993	1108	654	1044

Quelle
Statistical Yearbook of the United Nations, 1957, S. 174; 1961, S. 153. Der starke Rückgang der Förderung während des Krieges ist vermutlich zum Teil auf den Arbeitskräftemangel zurückzuführen.

Der Anteil der Goldförderung an der Produktion der kapitalistischen Welt ist gegenüber der Vorkriegszeit stark zurückgegangen. Bei der Relation, wie sie gegenwärtig zwischen dem Gold und allen anderen Waren besteht, erzielen die Betriebe mit den schlechtesten Produktionsbedingungen bei der Goldförderung nicht einmal die Durchschnittsprofitrate.

Wie läßt sich diese seltsame Situation erklären, daß das Gold, das auch heute noch als Weltgeld fungiert, die einzige Ware ist, die offensichtlich unter ihrem Wert getauscht wird?

Die Ursache kann folgende sein: Während des zweiten Weltkrieges und einige Jahre nach seinem Ende hatten fast alle kapitalistischen Länder eine passive Handels- und Zahlungsbilanz gegenüber den USA. Es herrschte ein sogenannter „Dollarhunger". Die USA bemächtigten sich eines erheblichen Teils des Goldbestandes der kapitalistischen Welt. Die anderen Länder, die eine chronisch passive Zahlungsbilanz hatten, konnten ihre Goldreserven nicht aufrechterhalten (vgl. Tabelle 11).

Tabelle 11
Goldreserven der USA (in Mrd. Dollar, Jahresende) (35 Dollar je Unze)

1929	1938	1949 (Höchststand)	1955	1962
4,0	14,5	24,6	21,8	16,0

Die USA kauften das Gold unverändert zum Preis von 35 Dollar je Unze an. Für die USA war das vorteilhaft, denn durch die inflationäre Abwertung des Dollars gaben sie für ein Kilogramm Gold eine bedeutend geringere Menge Waren als vor dem Krieg, jedenfalls weniger, als wenn sie die Waren gegen Gold entsprechend ihrem Wert getauscht hätten.

Das erhärten zwei Fakten.

Bis vor kurzem wurde auf den „schwarzen Märkten" von New York, London, Paris usw. die Unze Gold nicht für 35, sondern für 40—45 Dollar verkauft. Im Jahre 1951 verkaufte der wichtigste Goldproduzent, die Republik Südafrika, etwa 40% seiner Ausbeute als Industriegold, und zwar zu einem erheblich höheren Preis als 35 Dollar je Unze, was die USA und alle Zentralbanken der kapitalistischen Welt zahlten.[12] In den USA wurde das neu geförderte Gold legal über dem offiziellen Preis gehandelt.

Die Goldförderländer, wie die Republik Südafrika und Australien, fordern ständig eine Erhöhung des Gold„preises", aber die USA lehnen dieses Verlangen strikt ab.

In der bürgerlichen Wirtschaftsliteratur werden die Realitäten bei Gold und Geld völlig verwischt. Statt die Warenpreise in Gold, dem allgemeinen Wertmesser auszudrücken, lesen wir täglich in allen bürgerlichen Zeitungen Meldungen über den Gold„preis", ausgedrückt in verschiedenen Währungen. Statt die Währungskurse in Gold anzugeben, werden sie offiziell in Dollar und Cents notiert.[13]

Die Zentralbanken verkaufen Gold, um die Kurse ihrer Währungen nicht gegenüber dem Gold, sondern gegenüber dem Dollar zu stützen. Alles ist auf den Kopf gestellt!

Das ist um so seltsamer, da der Dollar keineswegs eine Goldwährung darstellt. Die Dollarnoten werden nicht gegen Gold eingetauscht, obwohl sie formell noch immer eine 25%ige Golddeckung besitzen. Den Bürgern der USA ist es (außer Juwelieren) verboten, Gold aufzubewahren, was nicht nur für das Inland, sondern auch für das Ausland gilt. Gold wird nur auf Verlangen an ausländische Staaten und Zentralbanken abgegeben, um Schulden der USA zu begleichen. Die Goldbestände der USA sind gegenwärtig geringer als 1939 vor Kriegsbeginn. In der Schweiz oder den Niederlanden sind die Goldbestände pro Kopf der Bevölkerung 1962 höher als in den USA.

12 Vgl. E. Varga, Grundfragen der Ökonomik und Politik des Imperialismus (nach dem zweiten Weltkrieg), Berlin 1955, S. 75/76.

13 Das geschieht in allen Veröffentlichungen der UNO.

Das tatsächliche Verhältnis stellt sich jedoch allmählich wieder her, auch wenn der Dollar offiziell dem Gold gleichgesetzt ist. Ein immer größerer Teil des neugeförderten Goldes gelang nicht zum offiziellen Kurs von 35 Dollar je Unze in die Zentralbanken, sondern wird von Privatpersonen zu einem wesentlich höheren Kurs aufgekauft und gehortet.

Nach Angaben des Internationalen Währungsfonds für 1961[14] wurde innerhalb von 12 Jahren (von Anfang 1950 bis Ende 1961) mehr als die Hälfte des in der kapitalistischen Welt neugeförderten Goldes nicht zum offiziellen Kurs an die Zentralbanken abgegeben, sondern von Privatpersonen aufgekauft, privat gehortet oder zu Goldschmuck verarbeitet. Die privaten Goldkäufe machten 1960 den Betrag von 1,035 Mrd. Dollar aus, während sich die Goldreserven nur um 340 Mio Dollar erhöhten. Obwohl die Vereinigten Staaten mit zahlreichen westeuropäischen Zentralbanken Abkommen getroffen hatten, wonach diese zeitweilige Kredite gewähren mußten, um den künstlich hochgehaltenen offiziellen Dollarkurs zu stützen, versuchen auch diese Banken, die während des „Dollarhungers" als Währungsreserven erworbenen Dollar in Gold umzutauschen.

Die Tendenz, Dollars als Bankreserven durch Gold zu ersetzen, zeichnet sich insbesondere in der Schweiz, den Niederlanden, Italien und der BRD deutlich ab (vgl. Tabelle 12).

Tabelle 12
Reserven der Notenbanken (in Mio Dollar, Jahresende)

Länder		1951	1960	1962
Belgien	Gold	635	1170	1365
	Devisen	419	252	257
Frankreich	Gold	597	1641	2587
	Devisen	19	429	1023
BRD	Gold	28	2971	3679
	Devisen	427	3766	2768
Italien	Gold	333	2203	2243
	Devisen	441	876	1198
Niederlande	Gold	544 (1952)	1451	1581
	Devisen	379	291	162
Schweiz	Gold	1451	2185	2667
	Devisen	193	139	205
Großbritannien*	Gold	—	2800	—
	Devisen	—	431	—

* Für die übrigen Jahre liegen keine Angaben vor.

Quellen
Statistical Yearbook of the United Nations, 1961, S. 521ff.; Monthly Bulletin of Statistics, Juni 1963, S. 171ff.

Die Abwertung der Währungen ist eine weitere Möglichkeit, um wieder zu normalen Relationen zu gelangen. Nach einem Bericht des Internationalen Währungsfonds haben 23 Länder 1962 den nominellen Goldgehalt ihrer Währungseinheiten herabgesetzt.

14 Neue Zürcher Zeitung vom 21. Oktober 1962.

Es ist anzunehmen, daß die künstlich aufrechterhaltene, nicht dem Wertgesetz entsprechende Gleichstellung von Dollar und Gold (wie es nach dem offiziellen Kurs der Fall ist) in nicht allzu ferner Zukunft abgeschafft werden wird und das Wertgesetz das Verhältnis zwischen Dollar und Gold nicht nur auf Umwegen bestimmen wird, wie das jetzt der Fall ist. *Die Abwertung des Dollars ist früher oder später unvermeidlich.* Die anomal hohe Bewertung des Dollars kann nur solange anhalten, wie die USA wirtschaftlich stark genug sind, allen anderen kapitalistischen Ländern diese Überbewertung aufzuzwingen.[15]

*

Wir möchten noch ein Problem aufwerfen, das in der marxistischen Wirtschaftsliteratur bisher nicht genügend Beachtung fand und noch untersucht werden muß. Es handelt sich um folgendes.

Das Gold ist bekanntlich das allgemeine Äquivalent und Wertmaß der Waren. Es kann diese Funktion besser als alle anderen Waren ausüben, die in der Geschichte der Menschheit als allgemeines Äquivalent und Wertmaß fungierten, da das Gold mit seinem kleinen Gewicht eine große Menge vergegenständlichter Arbeitszeit enthält, es leicht teilbar ist, in allen seinen Teilen gleiche Qualität aufweist usw. Der Wert des Goldes ändert sich wie der aller anderen Waren, worauf Marx in seiner Arbeit „Zur Kritik der politischen Ökonomie" hinweist. Der Wert der Unze Gold schwankt in den einzelnen Förderbetrieben stark. Die in einer Gewichtseinheit Gold verkörperte tatsächliche Arbeitszeit ist sehr unterschiedlich. Gold wird aus Erzen gewonnen, die einen sehr großen oder sehr geringen Goldgehalt aufweisen können; es wird in primitiver Handarbeit und mit modernsten Maschinen gefördert. Im Goldbergbau gibt es gelegentlich eine sehr hohe Rente. Es gibt in Südafrika Betriebe, die das investierte Kapital bereits 100fach in Form von Dividenden ausgeschüttet haben; demgegenüber sind viele Betriebe zusammengebrochen oder haben die Produktion einfach eingestellt.

Die Kosten der Goldförderung hängen nämlich fast ausschließlich von der Menge des Erzes, nicht aber von der Menge des darin enthaltenen Goldes ab. Der Goldgehalt des Erzes ist sehr unterschiedlich. Ein Beispiel bietet Südafrika. Die Tonne Erzgestein enthielt in der Mine „Geduld" 20 dwt Gold, dagegen in der Mine „Brakpan" 2,17 dwt, also etwas mehr als ein Zehntel der erstgenannten Grube![16]

Mit Hilfe welchen ökonomischen Mechanismus verwandelt sich nun das Gold, das ursprünglich einen unterschiedlichen Wert aufweist, in Weltgeld, bei dem jedes Kilogramm einen völlig gleichen Wert hat? Oder anders gesagt: Welcher von den verschiedenen Werten, unter denen das Gold tatsächlich gewonnen wird, bestimmt den Wert der gesamten Menge des neu gewonnenen Goldes? Man kann die Frage auch anders stellen: Was bestimmt die Existenz und die Höhe der Differentialrente im Goldbergbau?

Diese Frage ist kaum so wie bei anderen Waren zu beantworten, in deren Preis eine Differentialrente enthalten ist (z. B. bei Weizen oder bei Metallen). Bei allen diesen Waren wird

15 Wie verzerrt die Situation in der Gegenwart ist, geht daraus hervor, daß Goldmünzen, darunter auch diejenigen, die heutzutage geprägt werden und deshalb keinen Seltenheitswert besitzen, ein beträchtliches Agio gegenüber ihrem Goldgehalt aufweisen, da sich Münzen bequem horten lassen. Der Schweizer Vreneli (Prägung 1925) zu 100 Franken hat ein Agio von 957%; der englische Sovereign (Elisabeth, neue Prägung) ein solches von 20%, der amerikanische Eagle (10 Dollar) von 30% und der neue österreichische Dukaten von 1915 von 7% (Neue Zürcher Zeitung vom 26. Oktober 1962).

16 Neue Zürcher Zeitung vom 28. Oktober 1962.

der gemeinsame Preis der insgesamt erzeugten Menge vom Wert der physischen Einheit der „Grenz"produkte bestimmt, die unter den ungünstigen Bedingungen produziert werden und gerade noch ausreichen, um die zahlungsfähige gesellschaftliche Nachfrage zu befriedigen, d. h. eine sehr große Menge Arbeitszeit pro Einheit enthalten. Der Vereinfachung halber abstrahieren wir von der absoluten Rente.

Beim Gold als Weltgeld taucht aber gar nicht erst das Problem auf, welche Menge zur Befriedigung der gesellschaftlichen Nachfrage erforderlich ist. Es gibt in diesem Sinne keinen „Grenzwert", der den Wert (den Preis) der gesamten Produktion bestimmen würde, denn alles geförderte Gold ist notwendig. Es gibt hier kein Realisierungsproblem und kann es auch nicht geben, denn das Gold wird als allgemeines Äquivalent gegen alle anderen Waren eingetauscht.

Für den einzelnen Betrieb der Goldindustrie ist das Problem sehr einfach. Erfordert die Gewinnung von einem Kilogramm Gold höhere Kosten als ein Kilogramm Gold, so ist der Betrieb nicht rentabel und wird geschlossen. Liegen die Kosten unter dieser Größe, so bringt das investierte Kapital die Durchschnittsprofitrate, und der Betrieb ist lebensfähig. Ist zur Förderung eines Kilogramms Gold z. B. nur ein halbes Kilogramm Gold erforderlich, so ergibt sich eine in Gold und natürlich auch in der Währung des betreffenden Landes ausgedrückte Bergbaurente.

Das Problem besteht darin, festzustellen, welcher individuelle Wert den *gemeinsamen* Wert des gesamten Goldes bildet und welcher ökonomische Mechanismus das bewirkt. Diese Frage wird aber dadurch noch komplizierter, weil das Gold zum Unterschied von fast allen Gegenständen, die der Mensch benutzt, nur in sehr geringem Maße industriell verwertet wird. Der überwiegende Teil des jährlich geförderten Goldes wird gehortet und dient als Währungsreserve, als Weltgeld. Die ausgewiesenen Goldbestände der kapitalistischen Welt (ohne das privat gehortete Gold) beliefen sich Ende 1960 auf 40,5 Mrd. Dollar. Das ist etwa das 50fache der Jahresproduktion und etwa das 100fache der Menge, die den Goldreserven zugeführt wird. Natürlich befindet sich unter den Währungsreserven auch Gold, das vor 100 Jahren und vielleicht auch noch früher gewonnen wurde. Ohne Zweifel war der Wert des Goldes, das vor 100 oder vor 80 Jahren mit überwiegend primitiven Methoden gefördert wurde, beträchtlich höher als der Wert des heute gewonnenen Goldes.

Es ergibt sich die Frage, ob der Wert des heute geförderten Goldes den Wert des gesamten Goldes bestimmt, das als Währungsreserve dient? Oder gibt es irgendeinen Durchschnittswert des gesamten vorhandenen Goldbestandes, der sich historisch herausgebildet hat und auch den Wert des neu geförderten Goldes bestimmt?

Wir werfen diese Fragen auf, auch wenn wir sie nicht befriedigend beantworten können. Den marxistischen Theoretikern, besonders den Finanzwissenschaftlern, eröffnet sich hier ein großes Forschungsgebiet.

Veränderungen im zyklischen Verlauf der Reproduktion nach dem zweiten Weltkrieg

Bei der Behandlung dieses Problems sieht sich die marxistische ökonomische Wissenschaft vor folgende Fragen gestellt.

Erstens: Warum unterscheidet sich der zyklische Verlauf der Reproduktion in den beinahe zwanzig Jahren nach Ende des zweiten Weltkrieges so erheblich vom Reproduktionsverlauf zwischen den beiden Weltkriegen? Ist dieser Unterschied lediglich eine Folge der groben Deformation des Kapitalismus während und im Ergebnis des Krieges, oder spielen hierbei auch andere Ursachen eine Rolle?

Zweitens: Wie erklärt sich die starke Divergenz zwischen der Entwicklung des Zyklus in den USA, Kanada und teilweise in England, wo in kurzen Zeitintervallen eine Abfolge von leichten Verbesserungen und nicht sehr tiefen Krisen stattfand, und der zyklischen Entwicklung in den Ländern Kontinentaleuropas — Frankreich, der BRD und Italien —, wo bis heute keine Überproduktionskrise (Rückgang der Industrieproduktion unter das Niveau des Vorjahres) eingetreten ist?

Zugegeben, die Zyklen verliefen niemals in der Geschichte des Kapitalismus exakt nach dem Schema von Marx. Die Gesetze des zyklischen Verlaufs der Reproduktion sind schließlich, wie überhaupt alle Gesetze, wissenschaftliche Abstraktionen; sie werden auf der Grundlage unterschiedlicher Tendenzen und Gegentendenzen bestimmt, die in der realen kapitalistischen Wirtschaft wirken. Ein derartig starkes und langanhaltendes Auseinandergehen zwischen den beiden entscheidenden Teilen der kapitalistischen Welt — Nordamerika und Kontinentaleuropa — hat es jedoch bislang in der Geschichte der kapitalistischen Reproduktion nicht gegeben.

Drittens: Die wichtigste aller Fragen ist die nach der *Perspektive*: Wird sich die kapitalistische Reproduktion in Zukunft, solange die kapitalistische Ordnung noch existieren wird, nach dem Typ der USA vollziehen oder steht ihr eine Entwicklung nach dem Typ bevor, der für die kapitalistischen Länder Westeuropas kennzeichnend ist?

*

Wir erinnern die Leser, daß zwischen dem ersten und dem zweiten Weltkrieg der zyklische Ablauf der Produktion noch verhältnismäßig normal war. In dieser Periode fanden drei weltweite Überproduktionskrisen statt: 1920—1921, 1929—1933 und 1937—1938. Die Krise 1920—1921 war von kurzer Dauer und nicht sehr heftig; die Krise 1929—1933 war die längste und tiefste in der Geschichte des Kapitalismus; die Krise 1937—1938 hatte eine mittlere Tiefe.

Tabelle 1 veranschaulicht den Index der Industrieproduktion der kapitalistischen Welt in jener Periode.

Die Angaben der Tabelle zeigen, wenngleich sie ungenau sind, eindeutig den zyklischen Verlauf der Reproduktion. Hätte man sie nach Monaten aufgefächert, wäre die maximale Schwankung noch größer ausgefallen. Aus den Zahlen geht hervor, daß die Produktion von 1920 bis 1938 um über 50% oder im Durchschnitt pro Jahr um 3,5% gestiegen ist. Dieser gesamte Zuwachs fand indes im Zeitraum 1920—1929 statt. Das Jahrzehnt 1929—1938 weist fast kein Wachstum auf; nach der Krise 1929—1933 fand keine eigentliche Kon-

Tabelle 1
Allgemeiner Index der Industrieproduktion der kapitalistischen Welt (1929 = 100)

Jahr	Index	Jahr	Index
1913	68,2	1933	71,9
1920	66,9	1934	77,7
1929	100,0	1935	86,0
	(Maximum vor der Krise)	1936	96,4
1932	63,8	1937	103,7
	(Minimum)	1938	93,0

Quelle
Mirovoe chozjajstvo. Eżegodnik 1938/1939, Moskva 1939, S. 362.

junktur mehr statt.[1] Im Jahre 1937 lag das Produktionsmaximum um ganze 4% über dem Stand des Jahres 1929.

Das Bild der zwei Dekaden seit Ende des zweiten Weltkrieges unterscheidet sich grundlegend von der analogen Periode nach dem ersten Weltkrieg. Die Weltindustrieproduktion wuchs rascher, die zyklische Bewegung in der kapitalistischen Welt insgesamt war erheblich schwächer ausgeprägt, die Schwankungen geringer (vgl. Tabelle 2).

Tabelle 2
Index der Industrieproduktion der kapitalistischen Welt (1953 = 100)

Jahr	Index	Jahr	Index
1937	56	1956	117
1938	51	1957	121
1946	61	1958	118
1947	68	1959	130
1948	73	1960	139
1950	84	1961	144
1952	93	1962*	153
1955	112		

* Von uns errechnet auf der Basis 1958 = 100.

Quellen
Statistical Yearbook of the United Nations, 1955, S. 115; ebenda, 1961, S. 60; Monthly Bulletin of Statistics, Mai 1961, S. VI; ebenda, Juni 1963, S. VI.

In der Periode nach dem zweiten Weltkrieg hat sich die Industrieproduktion mehr als verdoppelt. Das durchschnittliche jährliche Produktionswachstum betrug 5,5%, war also höher als im Vergleichszeitraum zwischen den beiden Weltkriegen.

Dabei war das Wachstum der Industrieproduktion, wie schon oben erwähnt, keine Folge der industriellen Entwicklung in den schwachentwickelten Ländern; es wurde nahezu

1 Eine Ausnahme bildet Deutschland, wo der Reproduktionsverlauf durch die Kriegsvorbereitung verändert war.

ausschließlich durch die Steigerung der Produktion in den hochentwickelten kapitalistischen Ländern bewirkt.

Die UNO veröffentlichte folgende Angaben über den Anteil bestimmter Ländergruppen an der Industrieproduktion der kapitalistischen Welt (vgl. Tabelle 3).

Tabelle 3
Verteilung der Industrieproduktion der kapitalistischen Welt (in %)

Jahr	USA und Kanada	Westeuropa	Japan	Genannte Regionen zusammen	Übrige kapitalistische Welt
1953	55,0	32,6	2,1	89,7	10,3
1958	49,5	36,3	3,5	89,3	10,7

Quellen
Statistical Yearbook of the United Nations, 1961, S. 62 passim; Monthly Bulletin of Statistics, Februar 1963, S. XII—XIV.

In den fünf Jahren von 1953 bis 1958, da in den imperialistischen Ländern viel Aufhebens um die Entwicklung der Produktivkräfte der schwachentwickelten Länder gemacht wurde, erhöhte sich der Anteil letzterer an der kapitalistischen Weltproduktion um lediglich 0,4% — eine Zahl, die zweifelsohne im Bereich der statistischen Ungenauigkeit liegt. Der Anteil der hochentwickelten Länder an der Industrieproduktion der kapitalistischen Welt bleibt unverändert erdrückend.

In dieser Periode war die zyklische Bewegung der *weltweiten* kapitalistischen Produktion alles in allem nur schwach ausgeprägt. Im Krisenjahr 1958 sank die Industrieproduktion der gesamten kapitalistischen Welt um ganze 3% unter den Stand von 1957. Eine Phase der Depression war nicht zu bemerken: Das Niveau der Produktion übertraf bereits im Jahre 1959 in beträchtlichem Maße das vorausgegangene Maximum.[2]

Gleichzeitig verlief in den wichtigsten hochentwickelten kapitalistischen Ländern die Entwicklung *sehr ungleichmäßig*, je nachdem, in welchem Grade ihre Wirtschaft durch den Krieg deformiert worden war und, insbesondere, in welchem Zustand sich ihr Produktionsapparat (fixes Kapital, Rohstoffe etc.) befand. Die Länder, deren Kräfte nicht durch den Krieg aufgezehrt und die keine Kriegsschauplätze waren, begannen sogleich nach der Überwindung der Übergangsschwierigkeiten von der Kriegswirtschaft zur Friedenswirtschaft, die Produktion zu erhöhen; andere Länder hingegen, auf deren Boden der Krieg ausgetragen worden war und die aus dem Kriege mit beträchtlichen Verwüstungen und Störungen des Produktionsapparates hervorgingen, benötigten einige Jahre, ehe ihre Produktion zu steigen anfing.

Tabelle 4 vermittelt einen Überblick über die Industrieproduktion in den kapitalistischen Hauptländern seit 1947.

Die Tabelle führt zu folgenden Feststellungen:

a) Die im Krieg besiegten Länder, deren Nachkriegsproduktion auf einem sehr geringen Niveau eingesetzt hatte, steigerten ihre Produktion während der Nachkriegsperiode ohne krisenhaften Rückgang; die Krise von 1958 hat lediglich das Wachstumstempo leicht gebremst.

2 Die monatlichen Angaben differieren etwas stärker.

Tabelle 4
Index des physischen Volumens der Industrieproduktion (1953 = 100)

Jahr	Japan	BRD	Italien	Frankreich	USA	England	Kanada
1937*	80	78	63	78	46	76	43
1947	29	—	—	71	75	76	76
1948	38	40	62	81	78	83	79
1949	48	57	68	88	72	88	80
1950	55	72	79	88	84	94	85
1951	74	85	90	99	90	97	91
1952	82	92	91	103	93	94	94
1953	100	100	100	100	100	100	100
1954	108	112	109	109	93	107	98
1955	116	129	120	120	106	111	110
1956	144	139	128	133	109	112	120
1957	167	147	137	144	110	114	120
1958	168	151	142	150	102	112	120
1959	208	162	158	156	116	118	129
1960	261	180	180	174	119	126	130
1961	317	191	200	184	120	128	133
1962	345	200	206	196	122	129	141

* Zum Vergleich wählten wir das Jahr 1937, weil 1938 ein Krisenjahr und 1939 schon teilweise ein Kriegsjahr war.

Quellen
Statistical Yearbook of the United Nations, 1955, S. 117 passim; ebenda, 1961, S. 71 passim; Monthly Bulletin of Statistics, Mai 1962, S. 16 passim; ebenda, Juni 1963, S. 16 passim (die Angaben für 1962 sind von uns auf der Basis 1958 = 100 errechnet worden).

b) Die Industrieproduktion in diesen Ländern war 1962 etwa dreimal so hoch wie 1937. Das ist ein stärkeres Wachstum als in den USA oder England. Auf die Ursachen dieser Erscheinung kommen wir noch zu sprechen.

c) Die USA weisen im Unterschied zu diesen Ländern eine Reihe nicht sehr tiefer Krisen auf. In den letzten acht Jahren war das Produktionswachstum in den USA und in England sehr niedrig.

Unter den Marxisten werden diese Fakten nicht einhellig interpretiert. Einige Genossen meinen, daß der Zyklus, der nach der Krise 1937—1938 eingesetzt hatte, während des zweiten Weltkrieges fortdauerte und 1946 mit einer regulären Überproduktionskrise abschloß.

Wir halten diesen Standpunkt für falsch. Der zweite Weltkrieg hat, wie jeder große Krieg[3], den normalen zyklischen Verlauf unterbrochen, indem er eine enorme Nachfrage nach Kriegsmaterialien bei reduzierter Produktion für den Zivilsektor hervorrief und dabei ein mehrere Jahre anhaltendes Übergewicht der zahlungsfähigen Nachfrage über das Warenangebot erzeugte. Unter Bedingungen, wo beinahe die Hälfte des Bruttosozialprodukts der kapitalistischen Gesellschaft für Kriegszwecke aufgebraucht wird, da im Laufe

3 Selbst ein so verhältnismäßig kleiner Krieg wie der Koreakrieg nahm beträchtlichen Einfluß auf den Verlauf des Nachkriegszyklus: Anlage von Reserven strategischer Rohstoffe, jähes Emporschnellen der Militärausgaben, Preisauftrieb.

des Krieges immense Werte vernichtet werden, da das Problem für die kapitalistischen Betriebe nicht in der Realisierung der Waren, sondern in der Beschaffung der für die Warenproduktion erforderlichen Rohstoffe, Maschinen und Arbeitskräfte besteht — unter solchen Bedingungen ist einer Überproduktion von Waren der Boden entzogen, kann keine Überproduktionskrise und natürlich auch keine zyklische Bewegung der Reproduktion stattfinden. Der Weltkrieg unterbricht die zyklische Bewegung der Reproduktion. Zyklischer Verlauf der Reproduktion und Überproduktionskrise sind unter derartigen Umständen einfach unmöglich.

Das Wesen des Zyklus, seine grundlegende Funktion besteht darin, in allen seinen Phasen die Voraussetzungen für die Überproduktionskrise zu schaffen. In Kriegsjahren werden keine Voraussetzungen für eine Überproduktion von Waren geschaffen. Die Periode eines großen Krieges ist daher aus dem Zyklus auszuklammern.

Einzelne Genossen erheben dagegen Einwände. Sie sagen, daß der zyklische Charakter der Reproduktion aus dem Wirken der allgemeinen Gesetze des Kapitalismus resultiert und der Kapitalismus auch in Kriegszeiten Kapitalismus bleibt. Der zyklische Verlauf der Reproduktion nehme daher auch während eines Weltkrieges seinen Fortgang.

Uns scheint diese Sicht dogmatisch. Ihr fehlt das, was Lenin die lebendige Seele des Marxismus nannte — die konkrete Analyse der konkreten Situation. Marx entdeckte schließlich die Gesetze der kapitalistischen *Friedens*wirtschaft. Zwar gab es auch seinerzeit Kriege, doch haben diese das kapitalistische Wirtschaftsgeschehen vergleichsweise geringfügig beeinflußt. Eine „Kriegswirtschaft" existierte zu Lebzeiten von Marx nicht.

Einige unserer Ökonomen äußerten die Auffassung, der Krieg selbst schaffe die Voraussetzungen für eine Überproduktion in Gestalt einer unbändigen Entwicklung der Rüstungsindustrie und der mit ihr verknüpften Zweige (Eisen- und Nichteisenhüttenindustrie, metallverarbeitende und chemische Industrie u. a.) bei starker Vernachlässigung der Zweige der Konsumgüterindustrie, bewirkt also eine große Disproportion innerhalb der kapitalistischen Wirtschaft. Das ist ein Abklatsch jener bürgerlichen und revisionistischen Theorie, daß nicht der Kapitalismus an sich, nicht der Widerspruch zwischen dem gesellschaftlichen Charakter der Produktion und der privatkapitalistischen Form der Aneignung und die daraus resultierende elende und proletarische Situation der Massen, sondern die Disproportion zwischen einzelnen Produktionszweigen Ursache der Überproduktionskrisen sei.[4]

Das ist nicht wahr. Wenn bei Kriegsende die Produktionskapazität eines Teils der Industriezweige zu groß, die anderer dagegen zu gering ist, so kann diese Disproportion lediglich eine *Teilkrise* in einzelnen Industriezweigen, die Rüstungsgüter produzieren, hervorrufen, keineswegs aber zu einer allgemeinen Überproduktionskrise führen. Schließlich

4 Diese Theorie geht von der Lehre der englischen klassischen politischen Ökonomie aus, wonach einer jeden Ware Lohn, Profit und Rente inhärent sind, d. h. mit der bloßen Produktion der Ware zugleich die Kaufkraft geschaffen wird, die die Realisierung der Ware gewährleistet, so daß eine allgemeine Überproduktionskrise unmöglich ist.
Diese Theorie ist falsch und wurde schon von Marx widerlegt. Sie ist indes bis heute verbreitet, wie folgender Passus aus dem Sprachrohr der amerikanischen Großbank „Morgan Guaranty Trust" beweist: „Jeder Bestandteil des Geldwertes eines jeglichen erzeugten Produkts oder erbrachten Leistung stellt Einkommen oder Kaufkraft dar ... Bleiben Waren unverkäuflich, so nicht etwa aus Mangel an Kaufkraft, sondern deshalb, weil die Leute keinen Gebrauch von der Kaufkraft machen, über die sie verfügen" (The Morgan Guaranty Trust Survey, Januar 1958, S. 3).

übertraf in zahlreichen wichtigen Industriezweigen, insbesondere der Abteilung II, nach Kriegsende die Nachfrage weiterhin das Angebot.[5]

Einziges Faktum, das sich als Merkmal einer Überproduktion in Kriegszeiten deuten ließe, ist der Rückgang des allgemeinen Index der Industrieproduktion in den USA im Jahre 1944 vom Maximum 244 (1935—1939 = 100) im Februar auf 230 im Juli[6]. Dieser Rückgang war aber vor allem dadurch bedingt, daß der Bedarf an Transportmitteln und schweren Waffen überschätzt worden war. Daher fand die Abnahme der Produktion im Maschinenbau (wozu der Bau von Panzern, Kanonen u. ä. rechnet) sowie im Transportmaschinenbau statt.

Die Tatsache, daß der Produktionsrückgang keinen zyklischen Charakter trug und keine Überproduktionskrise darstellte, wird durch zwei Fakten erhellt: a) Im Jahre 1946 herrschte noch in allen kapitalistischen Ländern ein allgemeiner Mangel an Waren des zivilen Bedarfs: es fand keinerlei Überproduktion statt (ausgenommen Ausrüstungen und Rüstungsproduktion); b) die Produktion ging in der zweiten Hälfte des Jahres 1945 und im Jahre 1946 nicht nur in der kapitalistischen Welt, sondern auch bei uns zurück, ungeachtet des planmäßigen und krisenfreien Charakters der Entwicklung unserer Wirtschaft.

Der Übergang vom Krieg zum Frieden in den kapitalistischen Ländern und bei uns wies zahlreiche Gemeinsamkeiten auf: Reduzierung der Rüstungsproduktion: Notwendigkeit der Beförderung von Millionen Menschen — Militär, evakuierte Bevölkerung, Kriegsgefangene — über weite Entfernungen; Abgang eines Teils der Arbeitskräfte aus der Produktion, der gewöhnlich nicht in der Industrie tätig ist; Wiederaufnahme der Produktion in den Zweigen, die während des Krieges nicht arbeiteten usw. Und obwohl diese ganze Überleitung bei uns planmäßig vonstatten ging, sank dennoch das Niveau der Industrieproduktion (1913 = 100) von 782 im Jahre 1945 auf 652 im Jahre 1946 bei gleichzeitigem *Anstieg* der Konsumgüterproduktion von 295 auf 335 Punkte.[7]

Im wesentlichen war nach Kriegsende, in der zweiten Jahreshälfte 1945, im Jahre 1946 und teilweise noch 1947 der Stand der Industrieproduktion in allen Ländern niedriger als in den Kriegsjahren. Das ist aber keineswegs eine zyklische Erscheinung, sondern die natürliche Konsequenz des Überganges von der Kriegswirtschaft zur Friedenswirtschaft. Ein Teil der Rüstungsbetriebe wurde stillgelegt, ein anderer Teil rekonstruiert und auf die Produktion von Gütern des zivilen Bedarfs umgestellt (während der dritte Teil nach wie vor Rüstungsproduktion betrieb). Die Industrie mußte auf die Herstellung eines neuen Warensortiments eingerichtet werden. Dieser Übergang kostete Zeit und war von einer Verringerung des Produktionsausstoßes begleitet. *Als Beginn des Nachkriegszyklus ist folglich das Jahr 1947 und als Dauer dieses Zyklus ein Zeitraum von 10—11 Jahren anzusehen.*

5 Der Anteil der Abteilung II der gesellschaftlichen Produktion ist selbst in den USA, wo die organische Zusammensetzung des Kapitals einen weitaus höheren Stand als in den anderen kapitalistischen Ländern aufweist, nicht geringer als der Anteil der Abteilung I. Im Jahre 1957 war der Umsatz für „kurzlebige“ und „langlebige Gebrauchsgüter“ mit je ca. 170 Mrd. Dollar gleich groß (Survey of Current Business, Februar 1958, S. 3). Unter den „langlebigen Gebrauchsgütern“ befinden sich auch Konsumgüter wie u. a. Personenkraftwagen und Möbel. Andererseits rechnet die amerikanische Statistik Kohle und Erdöl, die vorwiegend als Produktionsmittel dienen, zu den „kurzlebigen Gebrauchsgütern“. Alles in allem entspricht die Einteilung in „kurzlebige“ und „langlebige Gebrauchsgüter“ mehr oder weniger der Einteilung in die Abteilungen I und II.

6 Statistical Abstract of the United States, 1944—1945, S. 796.

7 Vgl. Narodnoe chozjajstvo SSSR v 1960g., Statističeskij ežegodnik, S. 219.

In dieser Hinsicht unterscheidet sich der erste Zyklus nach Ende des zweiten Weltkrieges beträchtlich von dem Zyklus, der nach Beendigung des ersten Weltkrieges ablief. Damals brach die Krise bekanntlich schon 2—3 Jahre nach Kriegsende aus. Die Krise von 1921—1922 war allerdings von vergleichsweise kurzer Dauer und geringer Tiefe. Der Unterschied rührt daher, daß der erste Weltkrieg nicht so lange währte, weitaus weniger Kriegsmaterial verschlang, weniger Länder erfaßt und bedeutend weniger Produktionskapazitäten vernichtet hatte als der zweite Weltkrieg. Die kapitalistische Weltwirtschaft war darum nach dem ersten Weltkrieg weniger Veränderungen unterworfen als nach dem zweiten Weltkrieg.

Es erhebt sich die theoretische Frage: Wovon hängt eigentlich die unterschiedliche Dauer der einzelnen Zyklen ab?

Die materielle Basis des zyklischen Verlaufs der Reproduktion ist die Erweiterung und Erneuerung des fixen Kapitals. Läßt man außergewöhnliche Momente wie Kriege, Mißernten, u. a. außer Betracht, so hängt die Dauer des Zyklus von den Maßstäben und dem Charakter der Erneuerung und Erweiterung des fixen Kapitals ab. Je mehr Neuinvestitionen, desto länger währen die aufsteigenden Phasen des Zyklus — Belebung, Aufschwung (und Konjunkturüberhitzung).

Bei der Untersuchung der Zyklen berücksichtigen wir gewöhnlich nur die Summe der Neuinvestitionen, ohne deren Charakter genügend Aufmerksamkeit zu widmen. Das ist jedoch falsch, denn ein und die gleiche Summe Neuinvestitionen kann sich, in Abhängigkeit von den nachstehend aufgeführten wichtigsten Umständen, auf die Zyklusdauer unterschiedlich auswirken.

1. Überwiegen Investitionen in Objekte (Produktionsstätten), die unverzüglich nach ihrer Realisierung direkt das Warenangebot auf dem Markt vergrößern, oder überwiegen (wie etwa Mitte des 19. Jahrhunderts der Fall gewesen) solche Investitionen, die das Warenangebot auf dem Markt nur mittelbar beeinflussen (Eisenbahnen, Häfen, Schiffe, Landstraßen, Gebäude für Banken oder Warenhäuser u. ä.)? Es liegt auf der Hand, daß in dem ersteren Fall die Voraussetzungen für eine Überproduktionskrise schneller heranreifen als im letzteren Fall.

2. Das Verhältnis zwischen den Neuinvestitionen und dem Wert der Waren, die nach Realisierung der betreffenden Investitionsobjekte auf den Markt gelangen. Der Bau eines Wasserkraftwerkes z. B. erfordert umfangreiche Investitionen, während das Kraftwerk dem Markt nur relativ wenig neue Ware zuführt und sich nur sehr langsam amortisiert. Andererseits bringen Produktionsstätten mit einer niedrigeren organischen Zusammensetzung des Kapitals im Verhältnis zu dem in diese Objekte investierten Kapital mehr Waren auf den Markt, was schneller zur Überproduktion von Waren führt.

3. Die Bauzeit für die neuen Objekte. Einerseits werden im Zuge der technischen Entwicklung und der Konzentration des Kapitals immer mehr Großbetriebe und Kombinate errichtet, deren Projektierungsdauer und Bauzeit länger ist als etwa bei den kleinen Betrieben, die vor 100 Jahren errichtet wurden. Anderseits ist das Bautempo heute natürlich weitaus höher als damals.

Auf neue Faktoren, die die Beschleunigung des Zyklus beeinflussen, kommen wir weiter unten zu sprechen.

Die Besonderheiten des ersten Nachkriegszyklus

Obwohl schon seit mehr als 100 Jahren ein industrieller Zyklus regelmäßig dem anderen folgt und die Ursachen und das Wesen aller dieser Zyklen gleich sind, weist dennoch jeder

Zyklus seine eigenen Besonderheiten auf, die ganz von den konkret-historischen Umständen abhängen, unter denen er verläuft.

Die wichtigsten Besonderheiten des Zyklus nach dem zweiten Weltkrieg sind folgende: a) Der Nachkriegszyklus verlief unter den Bedingungen der Existenz der beiden Weltsysteme und des ununterbrochenen „kalten Krieges"; b) er verlief unter den Bedingungen des Zerfalls des Kolonialsystems des Imperialismus; c) er setzte nach einem sechsjährigen Weltkrieg ein, der die kapitalistische Weltwirtschaft stark erschüttert und verändert hatte; d) da die einzelnen kapitalistischen Länder — die neutralen Länder, die USA, Siegermächte und Verliererstaaten — nach Beendigung des zweiten Weltkrieges völlig unterschiedliche ökonomische (und politische) Bedingungen aufwiesen, verlief der Zyklus in diesen Ländern auch sehr unterschiedlich; e) mit Ausnahme einiger neutraler Länder verlief der Zyklus unter den Bedingungen allgemeiner Inflation, bei konstantem starkem Preisauftrieb, wobei diese Teuerung nur zum geringeren Teil eine Folge der künstlichen Preiserhöhung durch die Monopole sowie jenes Preisanstiegs war, der in der Konjunkturphase üblich ist; f) die meisten kapitalistischen Länder verspürten während des Zyklus einen Dollarmangel; g) der Zyklus verlief in der Situation einer neuen Verschärfung der Agrarkrise.

Wir versuchen, den Einfluß dieser konkret-historischen Tatsachen auf den zyklischen Verlauf kurz zu analysieren.

Die hauptsächliche Auswirkung des „kalten Krieges" bestand darin, daß sehr bald nach Kriegsende in den kapitalistischen Ländern, vor allem in den USA, in großem Maßstab die Rüstungsproduktion wiederaufgenommen und während des gesamten Zyklus immer weiter forciert wurde. Tabelle 5 gibt einen Überblick über die Entwicklung der Rüstungsausgaben.

Tabelle 5
Verhältnis der Rüstungsausgaben zum Nationaleinkommen (in %)*

	1937—1938	1948—1949	1953—1954
USA			
— zum offiziellen NE	1,5	6,5	15,8
— zum von Doppelzählungen bereinigten NE	—	—	etwa 22
Großbritannien			
— zum offiziellen NE	4,1	7,7	9,5
— zum von Doppelzählungen bereinigten NE	—	—	etwa 12
Frankreich			
— zum offiziellen NE	5,9	6,1	13,3
— zum von Doppelzählungen bereinigten NE	—	—	etwa 16

* Vgl. E. Varga, Osnovnye voprosy ėkonomiki i politiki imperializma posle vtoroj mirovoj vojny, Moskva 1955, S. 42.

In den anschließenden Jahren ist der Anteil der Rüstungsproduktion im Verhältnis zum Nationaleinkommen noch mehr angestiegen.

Der Löwenanteil an den Militärausgaben entfällt auf die Waffenproduktion; die Waffen werden immer komplizierter und teurer. Die Kriegstechnik hat sich in einem derartigen Tempo entwickelt, daß neue Waffen, wenn sie gerade das Stadium der Serienproduktion erreicht haben, sich als bereits veraltet erwiesen (wie die englischen Kernwaffen „Blue Strike" und „Skybolt"). Das bedeutet, daß die Monopole als Waffenlieferanten auch in Friedenszeiten immer neue lukrative Rüstungsaufträge erhalten. Ein Zustand internationaler Spannungen und der Fortsetzung der Politik des „kalten Krieges" ist darum für sie äußerst vorteilhaft. Der Anteil der Rüstungsproduktion an der Industrieproduktion ist schließlich weitaus höher als ihr Anteil am Nationaleinkommen; an der gesamten Profitmasse sind die Rüstungslieferanten überdies noch stärker beteiligt.

Rüstungsproduktion, betrieben in Friedenszeiten, wirkt sich je nach den konkreten Umständen unterschiedlich auf den Reproduktionsprozeß aus. Wenn im Lande nichtausgelastete, infolge fehlender zahlungsfähiger Nachfrage überschüssige Produktionskapazitäten, Rohstoffe und Arbeitskräfte existieren (und in der Epoche der allgemeinen Krise des Kapitalismus verhält es sich in der Regel gerade so[8]), so bewirken die Rüstungsaufträge einen Anstieg der Produktion, eine Erweiterung der Aufnahmefähigkeit des Marktes, sie wirken in Richtung auf eine Verlängerung der Phasen der Belebung und des Aufschwungs (und der Konjunkturüberhitzung), verlängern also den Zyklus und verursachen oder forcieren dabei die Inflation. Gibt es im Lande keine ungenutzten Produktionsreserven, so bewirkt die Rüstungsproduktion keinen Anstieg der gesamten Produktion, sondern entfaltet sich auf Kosten der Produktion für den zivilen Bereich. Nimmt die Rüstungsproduktion ein Ausmaß an, das die Möglichkeiten des nationalen Wirtschaftspotentials übersteigt, so tritt eine Überbeanspruchung und Deformation der Wirtschaft ähnlich wie in der Kriegswirtschaft ein.

Der Einfluß der Rüstungsaufträge auf den zyklischen Verlauf zeigt sich ganz deutlich am Beispiel der Krise 1948—1949 in den USA. (In diesem Zusammenhang ist unerheblich, ob diese Krise eine Zwischenkrise war oder ob der Koreakrieg die Entwicklung einer echten Überproduktionskrise in den USA verhindert hat.) Außer Zweifel steht aber, daß der Koreakrieg das Wachstum der Produktion angeregt hat. So stieg der Index der Industrieproduktion in den USA von 95 (Minimum) im Juli 1949 auf 112 im Jahresdurchschnitt 1950 (1947—1949 = 100), d. h. um 18 %.[9] Diese Angaben zeigen klar, daß unter bestimmten Bedingungen eine starke Erhöhung der Rüstungsproduktion Ausgangsimpuls für eine Belebung und einen Aufschwung der Produktion sein kann.

Ein Beispiel dafür, daß die Rüstungsproduktion keine allgemeine Erweiterung der Produktion und des Marktes bewirken kann, bietet der Zustand der englischen Wirtschaft in der Periode der letzten drei Jahre des Nachkriegszyklus. Obgleich die Rüstungsproduktion ein großes Ausmaß hatte, verharrte das gesamte Produktionsvolumen Englands in den Jahren 1955, 1956 und 1957 auf ein und demselben Niveau. Und ungeachtet der Tatsache, daß die Produktionskapazitäten beinahe voll ausgelastet waren, wurde durch den übermäßig hohen Anteil der Rüstungsproduktion eine Inflation und eine Währungskrise hervorgerufen. Andererseits war die vergleichsweise unbeträchtliche Höhe der Rüstungsausgaben in der BRD und in Japan zweifelsohne einer der Faktoren, die in diesen Ländern den raschen Wiederaufbau der zerstörten Produktionskapazitäten und eine starke Erwei-

8 Nichtauslastung der Betriebskapazitäten in den USA (in %):

1954	1955	1956	1957	1958
16	8	14	22	20

(Angaben aus der 12. McGraw-Hill-Übersicht). Die effektive Nichtauslastung des fixen Kapitals war höher, da als „Vollbeschäftigung" lediglich 300 Schichten pro Jahr gelten.

9 Angaben aus verschiedenen Nummern des Federal Reserve Bulletin.

terung des fixen Kapitals ermöglichten und ein bedeutendes Produktionswachstum in der Konjunkturphase bewirkten.

Das alles spricht dafür, daß die Rüstungsproduktion einen großen Einfluß auf den Verlauf des ersten Nachkriegszyklus hatte. Nimmt man das System der kapitalistischen Wirtschaft insgesamt, so kann die Rüstungsproduktion in Richtung einer Verlängerung der Phase des Aufschwungs und der Konjunkturüberhitzung und damit zugleich des gesamten Zyklus wirken. Die Rüstungsproduktion ist indes keineswegs ein Mittel, das eine Überproduktionskrise verhindern könnte. Die Überproduktionskrise 1957—1958 hat dies mit aller Deutlichkeit gezeigt.

Falsch sind auch die Behauptungen der Presse, die Sprachrohr der Monopole ist, die sich an den Rüstungslieferungen bereichern, wonach sich Rüstungsaufträge stabilisierend auf den Verlauf der Reproduktion auswirkten. Die fieberhafte Entwicklung der Kriegstechnik verstärkt die Anarchie der Produktion.

Die Tabelle 6 veranschaulicht, wie rasch sich die Struktur der Ausgaben für die Hauptwaffenarten in den USA verändert.

Tabelle 6
Struktur der Ausgaben für Rüstungsgüter in den USA (in %)

Jahr	Schiffe	Panzer, Munition	Flugzeuge	Elektronik	Raketen
1953	6,8	50,0	31,5	11,2	0,5
1961	7,8	12,4	28,2	18,0	33,6

Quelle
The Economist vom 13. Oktober 1962, S. 144.

Solche abrupten Sprünge tragen nicht zur Stabilisierung, sondern zur Desorganisierung der Wirtschaft bei. Die Wechsel hatten oftmals Massenarbeitslosigkeit in einzelnen Städten der USA zur Folge.

Der Zerfall des Kolonialsystems wirkte sich vor allem über Veränderungen im Kapitalexport auf den zyklischen Verlauf aus. Der Kapitalexport nach ehemaligen kolonialen oder halbkolonialen Ländern wie China, Nordvietnam und Nordkorea, die den Weg des Sozialismus beschritten haben, wurde eingestellt. Zum maßgeblichen Faktor bei der Auswahl eines Empfängerlandes für Kapitalexport wurden die politischen Verhältnisse — die Gewährleistung von „Ruhe und Ordnung", das Ausbleiben der Gefahr einer Nationalisierung in dem betreffenden Lande, d. h. die Gegebenheit von Bedingungen, die für eine profitable Anlage neuer Kapitalien unerläßlich sind. Mit dem Zerfall des Kolonialsystems änderten sich der Umfang und die geographische Richtung des Kapitalexports. In den Jahren des Nachkriegszyklus war die Masse des privaten Kapitalexports, insbesondere unter Berücksichtigung der gesunkenen Kaufkraft aller Währungen, beträchtlich kleiner als während des Zyklus 1921—1929. Geändert hat sich die geographische Richtung des Kapitalexports: Privates Kapital wurde vorrangig nach denjenigen Ländern exportiert, die aus kapitalistischer Sicht besonders zuverlässig waren — Kanada, Lateinamerika und Teile Afrikas.

Ein neues Moment ist der in großem Maßstab, vor allem von den USA, betriebene staatliche Kapitalexport in Form von Wirtschafts- und Militärhilfe an verschiedene

Länder. Unter dem Gesichtspunkt des zyklischen Verlaufs besteht zwischen privatem und staatlichem Kapitalexport keinerlei Unterschied.[10] Das bedeutet, daß Waren aus dem Lande ausgeführt werden, ohne daß — wie im Falle des gewöhnlichen Außenhandels — gleichzeitig eine Einfuhr anderer Waren in das Land stattfindet, so daß eine zeitweilige Erweiterung der Marktkapazität und bei sonst gleichen Bedingungen eine Verlängerung des industriellen Zyklus eintritt.

Die Einbuße an Ressourcen infolge der Entstehung des sozialistischen Weltsystems und des Zerfalls des Kolonialsystems zog keinen Rohstoffmangel in der kapitalistischen Welt nach sich. Während des Nachkriegszyklus war eine Knappheit einzelner Rohstoffarten auf dem kapitalistischen Markt, gepaart mit einem starken Preisauftrieb, lediglich im Jahre 1950 zu verzeichnen, als die USA fieberhaft diverse strategische Rohstoffe zur Anlage militärischer Reserven aufkauften. Mit Hilfe der neuen Technik ist es den Kapitalisten gelungen, zahlreiche neue Rohstofflagerstätten in Kanada, Südamerika, Schwarzafrika und sogar auf dem Territorium der imperialistischen Länder selbst (Erdöl im US-Staat Texas, in der BRD und in Frankreich) zu erkunden und knappe Rohstoffe durch neue Rohstoffarten zu substituieren.

Die Haltlosigkeit der Behauptungen von einem Rohstoffmangel in der kapitalistischen Welt erweist sich klar an der Tatsache, daß Überproduktion und Preisverfall auf dem Gebiet der Industrierohstoffe früher eingesetzt hatten als die Krise in der Industrie (vgl. Tabelle 7).

Tabelle 7
Preise der wichtigsten industriellen Rohstoffe in den USA

	1956 Höchststand	1957 Januar	1958 Januar
Kupfer (Cents je Pound)	45,9	35,8	24,8
Stahlschrott (Dollar je t)	67,0	63,0	33,0
Zink (Cents je Pound)	13,5	13,5	10,0
Blei (Cents je Pound)	106,5	102,2	92,2
Kautschuk (Cents je Pound)	37,2	33,5	27,2
Rohhäute (Cents je Pound)	13,5	10,0	9,2

Quellen
The Morgan Guarantee Trust Survey, Januar 1958, S. 12—13; ebenda, Februar 1959, S. 12—13.

Die Tabelle macht deutlich, daß die Preise für einige Rohstoffarten (Kupfer, Blei, Kautschuk, Rohhäute) schon im Jahre 1957 sanken.

Entscheidenden Einfluß auf den Verlauf des ersten industriellen Zyklus nach dem Kriege hatte der zweite Weltkrieg, an dem mit Ausnahme Schwedens und der Schweiz sämtliche Industrieländer der Welt beteiligt waren.[11]

10 Kapitalexport und „Auslandshilfe" unterscheiden sich natürlich nicht nur hinsichtlich des zyklischen Verlaufs. Im Grunde genommen ist die „Auslandshilfe", entgegen den Behauptungen einiger sowjetischer Ökonomen, kein Kapitalexport, denn ihr fehlt jene Eigenschaft, die nach der Definition von Marx das Wesen des Kapitals ausmacht — sich verwertender Wert zu sein.

11 Die Wirtschaft der neutralen europäischen Länder erfuhr während des Krieges gleichfalls eine erhebliche Deformation: Die kriegführenden Länder, insbesondere Deutschland, kauften bei ihnen Waren jeglicher Art zu hohen Preisen.

Während des Krieges übertraf das Niveau der Konsumtion — im zivilen und im militärischen Bereich und unter Berücksichtigung der Kriegsschäden — bei weitem das Niveau der Produktion. Das Volumen des Nationalreichtums hat sich verringert.[12] Die Warenvorräte waren erheblich geschrumpft. Das fixe Kapital erfuhr, von den Zweigen der Rüstungsindustrie abgesehen, einen starken physischen und moralischen Verschleiß. Die Bevölkerungsnachfrage nach Waren, insbesondere langlebigen Konsumgütern (Wohnungen, Möbel, Pkw, Haushalts- und Kulturwaren) wurde über Jahre hinaus nicht gedeckt, weil die Herstellung dieser Waren unterbunden worden war, damit Produktivkräfte (Arbeiter, Rohstoffe und Maschinen) für die Rüstungsindustrie freigesetzt wurden. Der Lebensmittelverbrauch der Stadtbevölkerung war, wenn man vom Konsum der Reichen absieht, die sich über den „schwarzen Markt" versorgten, durch das System der Lebensmittelkarten beschränkt. Bei Kriegsende war eine große unbefriedigte Nachfrage sowohl nach Produktionsmitteln der „zivilen" Zweige als auch nach Konsumgütern aufgestaut.

Diese außerordentliche Nachfrage war eine zahlungsfähige Nachfrage. Der Staat hatte den Kapitalisten für Rüstungslieferungen hohe Preise gezahlt. Die Profite, die akkumulierten Abschreibungssummen und die Akkumulationen aus der Verringerung der Vorräte verblieben bei den Kapitalisten in Form von Bankdepositen, Staatsanleihen (die jederzeit in Geld eingelöst werden konnten) und persönlichen Geldern. Der größte Teil der Bevölkerung, darunter auch bestimmte Kategorien von Industriearbeitern, war auf Grund des Konsumgütermangels gezwungen, einen Teil ihrer Einkommen in Form von Spareinlagen zu akkumulieren.

Die Tatsache, daß die Bevölkerung in Kriegszeiten keine Möglichkeiten zur Ausgabe ihrer Einkommen hatte, weil es an Waren der Abteilung II mangelte, wird anschaulich durch die Tabelle 8 mit Angaben aus den USA illustriert.

Tabelle 8

Gesparter Teil der persönlichen Einkommen („personal savings") in den USA (in Mrd. Dollar)

1939	1942	1943	1944	1945	1947
2,9	27,8	33	36,9	28,7	4,7

Quelle

United States. Economic Report of the President, 1961, S. 145.

Die Zahlen sind so unmißverständlich, daß es keiner Erläuterungen bedarf. Mit dieser Entwicklung einher vollzog sich ein starkes Anwachsen der zirkulierenden Geldmenge (vgl. Tabelle 9) und der Depositen, was zum Teil auch eine Folge der Kriegsinflation war.

In allen Ländern jeglichen Typus — Industrieländern und schwachentwickelten Ländern (Brasilien), kriegsführenden und neutralen — wuchs die zirkulierende Geldmenge auf das Drei- bis Fünffache, in den besiegten Ländern (Italien und Japan) sogar auf das Zwanzigfache an.

12 Selbst in den USA, die keine Kriegszerstörungen erlitten und am Kriege nur kürzere Zeit teilgenommen hatten als die europäischen Länder, war, nach Berechnungen amerikanischer Ökonomen, der Nationalreichtum — das Staatsvermögen ausgeklammert — im Jahre 1945 (in Preisen von 1929) nicht größer als 1929 (S. Kuznets, R. Goldsmith, Income and Wealth of the United States, Cambridge 1952, S. 327/328).

Tabelle 9
Zirkulierende Geldmenge (in Mrd., per Jahresende)

Jahr	USA (Dollars)	Kanada (Dollars)	Brasilien (Cruzeiros)	England (Pfd. St.)	Schweden (Kronen)	Frankreich (Francs)	Italien (Lire)	Japan (Yen)
1938	5,8	0,24	3,6	0,46	1,04	112	19	2,9
1945	26,5	1,06	14,3	1,34	2,79	577	368	54,8

Quelle
Statistical Yearbook of the United Nations, 1956, S. 484 passim.

Hinzu kommen noch die Bankdepositen (vgl. Tabelle 10).

Tabelle 10
Bankeinlagen (in Mrd., per Jahresende)

Jahr	USA* (Dollars)	Kanada (Dollars)	Brasilien (Cruzeiros)	England (Pfd. St.)	Schweden (Kronen)	Frankreich (Francs)	Italien (Lire)	Japan (Yen)
1938	26	0,9	8,5	1,2	1,9	80	21	4,7
1945	76	2,5	27	3,1	3,8	436	290	36

* Das „Federal Reserve Bulletin" gibt noch höhere Zahlen an. Der Unterschied resultiert offensichtlich daraus, daß dort die wechselseitigen Depositen der Banken untereinander sowie die staatlichen Depositen inbegriffen sind.

Quelle
Statistical Yearbook of the United Nations, 1956, S. 484 passim.

Das Tempo der Zunahme der Einlagen entspricht etwa der Geschwindigkeit des Wachstums der zirkulierenden Geldmenge.[13] Beide zusammen weisen eine gewaltige Erhöhung der Kaufkraft der Gesellschaft im Ergebnis des Krieges aus. Hinzufügen ließe sich noch die Vermehrung der Spareinlagen und der Kriegsanleihen in privater Hand und in Firmenbesitz. Die Kaufkraft wäre freilich nicht gewachsen, wären die Warenpreise in demselben Tempo gestiegen wie die Zunahme der zirkulierenden Geldmenge, Depositen und Spareinlagen. Dem war aber nicht so (vgl. Tabelle 11).

Tabelle 11
Jahresdurchschnittlicher allgemeiner Index der Großhandelspreise (1953 = 100)

Jahr	USA	Kanada	Brasilien	England	Schweden	Frankreich	Italien	Japan
1938	46	46	13	31	37	4	2	0,4
1945	62	60	40	52	65	14	39	1,0

In den Ländern, die hinsichtlich des industriellen Zyklus den Ausschlag geben (USA, England, Kanada), war der Preisanstieg während des Krieges bedeutend geringer als die

13 Italien und Japan hatten in jenen Jahren eine starke Inflation, so daß die Zunahme der Depositen geringer als die Zunahme der zirkulierenden Geldmenge war.

Zunahme der zirkulierenden Geldmenge, der Depositen und der Spareinlagen. Das heißt, *bei Kriegsende war die aufgestaute Nachfrage in diesen Ländern uneingeschränkt zahlungsfähig*, obgleich die Schwarzmarktpreise den offiziellen Preisindex weit übertrafen. In Frankreich und Italien, wo die Inflation schon während des Krieges sehr stark war, war die Lage anders.

Nach Kriegsende war also die Kapazität des kapitalistischen Marktes sowohl in der Abteilung I wie auch in der Abteilung II weitaus größer als in „normalen" Zeiten, und vor allem dieser Umstand verlieh dem Verlauf des Nachkriegszyklus das Gepräge. Die Kapitalisten machten sich außerordentlich rasch an die Ersetzung und Erweiterung des fixen Kapitals — in den Siegerländern unverzüglich nach Kriegsende, in den besiegten Ländern einige Jahre später.[14] Das ist die Hauptursache für die lange Dauer der Belebungs- und Aufschwungsphase im Nachkriegszyklus. Das läßt sich am Beispiel der USA (vgl. Tabelle 12), Englands und der BRD belegen.

Tabelle 12
Ausgaben für neue Ausrüstungen in den USA (in Mrd. Dollar; jährlicher Durchschnitt)

1929—1938	1945—1949	1950—1954	1955	1956	1957
3,5	14,4	25,5	28,7	35,1	37,0

Quellen
Statistical Abstract of the United States, 1951, S. 444; ebenda, 1956, S. 498; ebenda, 1961, S. 492.

Die forcierte Erweiterung des fixen Kapitals setzte sich noch in der ersten Hälfte des Jahres 1957 fort. Selbst unter Berücksichtigung der sinkenden Kaufkraft des Dollars übertraf während des gesamten Nachkriegszyklus die Erweiterung des fixen Kapitals den Stand während des Vorkriegszyklus um ein mehrfaches.

Ähnlich war die Situation in England (vgl. Tabelle 13) und in der BRD.

Tabelle 13
Investitionen in das Grundkapital in Großbritannien (Mio Pfd. St.)

	1938	1950	1955	1956
In laufenden Preisen	656	1702	2855	3139
In Preisen von 1948	1559	1641	2124	2234

Quellen
United Kingdom Annual Abstract of Statistics, 1956, S. 249; ebenda, 1957, S. 252 — „Gross fixed capital formation".

14 Die neutralen und insbesondere die schwachentwickelten Länder, welche nicht aktiv am Kriege teilgenommen hatten, verspürten bei Kriegsende ebenfalls einen Mangel an fixem Kapital, da sie von den kriegführenden Industrieländern während des Krieges nicht mit Produktionsmitteln beliefert werden konnten.

In der BRD bot sich folgendes Bild (vgl. Tabelle 14).

Tabelle 14
Ausrüstungs- und Bauinvestitionen in der BRD (Mrd. DM)

1938	1950—1955 (jährlicher Durchschnitt)	1955
7,1	27,8	39,8

Quelle
Statistisches Jahrbuch für die Bundesrepublik Deutschland, 1957, S. 561.

Die infolge des Krieges akkumulierte Kaufkraft wurde sowohl zur Aufstockung des fixen Kapitals als auch zur Auffüllung der Warenbestände, die bei Kriegsende ein sehr niedriges Niveau erreicht hatten, benutzt. In den USA zum Beispiel sanken die Warenbestände der Industrie, des Groß- und Einzelhandels bis Kriegsende auf 25 Mrd. Dollar; im Laufe des Zyklus stiegen sie sukzessiv wieder bis auf 91,3 Mrd. Dollar (August 1957) an. Ein ähnliches Bild bot sich auch in den anderen Industrieländern. Die Produktion zur Auffüllung der Bestände spielte bei der Verlängerung der Belebungs- und Aufschwungsphase des Nachkriegszyklus eine erhebliche Rolle. In den USA begannen die Bestände erst im vierten Quartal 1957 abzunehmen. Das hohe Wachstum der Warenbestände im Vergleich zum Umsatz signalisierte indes schon früher eine Überfüllung des Marktes mit Waren, eine Überproduktion von Waren.

Der dritte Faktor, der sich verlängernd auf die Aufschwungsphase auswirkte — allerdings schon nicht mehr infolge des Krieges, sondern umgekehrt, infolge der Erschöpfung der zusätzlichen Nachfrage der ersten Nachkriegsjahre und des einsetzenden Mangels an zahlungsfähiger Nachfrage — war die künstliche Erweiterung des Konsumgütermarktes durch eine starke Aufblähung des Konsumentenkredits, d. h. durch Inanspruchnahme künftiger Einkommen, der künftigen Kaufkraft der kapitalistischen Gesellschaft. Diese Entwicklung fand vor allem in den USA statt, wo der Konsumentenkredit von 5,7 Mrd. Dollar Ende 1945 auf 45,3 Mrd. Dollar im November 1957 anstieg. Ein — wenngleich geringeres — Wachstum des Konsumentenkredits war auch in England und in einigen weiteren kapitalistischen Industrieländern zu verzeichnen.

Diese drei Faktoren: außergewöhnlich großer Umfang der Erneuerung und Erweiterung des fixen Kapitals (in den Ländern, auf deren Territorium Kriegshandlungen stattfanden, zudem der Wiederaufbau zerstörter Betriebe, Wohngebäude usw.), die Anlage großer Warenbestände in Produktion und Handel sowie der Umsatz auf Kosten künftiger Einkommen der Gesellschaft — bestimmten die Dauer des Nachkriegszyklus.

Es erhebt sich die Frage, warum die Überproduktionskrise von 1957—1958, die den ersten Nachkriegszyklus beendete, nicht auf solche hochentwickelten Länder übergriff wie Frankreich, die BRD, Italien und Japan.

Wir wollen in diesem Zusammenhang die Frage erörtern, auf welchem Wege sich eine Krise, die in einem oder in mehreren Ländern einsetzt, über weitere Industrieländer ausbreitet. Die Hauptwege sind folgende.

Die Länder, in denen die Krise beginnt, versuchen, ihre Lage auf Kosten anderer Länder zu verbessern, indem sie den Export erweitern[15] und den Import einschränken.

15 Als Beispiel kann die starke Erhöhung der Aktiva der US-Handelsbilanz gerade im Jahre 1957 angeführt werden: von 2,9 Mrd. Dollar 1955 auf 4,7 Mrd. Dollar 1956 und 6,5 Mrd. Dollar 1957 (ohne Waffenexport) — (Statistical Abstract of the United States, 1961, S. 865).

Die Existenz einer Krise in einem Lande untergräbt das Vertrauen der Kapitalisten und verringert die Neuinvestitionen.

Der Verfall der Aktienkurse infolge der Krise wirkt sich an den Börsen aller kapitalistischen Länder aus.

Im Falle einer Kredit- und Währungskrise kann durch den Abzug kurzfristigen Leihkapitals aus anderen Ländern auch in diesen Ländern eine Kredit- und Währungskrise hervorgerufen werden.[16]

Der Umweg. In einigen Ländern kann die Krise einen Sturz der Rohstoffpreise bewirken und somit die Möglichkeiten der Länder mit Monokultur zum Import von Industriewaren stark beschneiden.

Der Einfluß dieser Faktoren ist je nach den in jedem einzelnen Land herrschenden konkreten Bedingungen unterschiedlich. Der Einfluß des Außenhandels auf den Ausbruch einer Überproduktionskrise ist in den Ländern besonders stark, die beträchtliche Export- und Importquoten aufweisen wie z. B. England oder Belgien. In der Regel aber *greift eine Überproduktionskrise dann auf neue Länder über, wenn in diesen Ländern die inneren Voraussetzungen für eine Krise mehr oder weniger herangereift sind.* Bei einer Exportquote von ca. 25%, wie z. B. in England, betrifft ein Rückgang des Exports um 10% schließlich nur 2,5% der gesamten Produktion. Und in den meisten Ländern ist dieser Anteil noch geringer.

Mit der starken Zunahme der Industrieproduktion von 1948 bis 1958 bis auf etwa den doppelten Stand der Vorkriegszeit waren in den genannten Ländern offensichtlich noch nicht die ökonomischen Auswirkungen des zweiten Weltkrieges überwunden und noch keine Voraussetzungen für eine Überproduktionskrise in diesen Ländern geschaffen.

Obgleich also das Niveau der kapitalistischen Weltindustrieproduktion bei Ende des Zyklus etwa doppelt so hoch wie 1937 war, blieben die Unterschiede zwischen den einzelnen Ländern hinsichtlich des Standes der Industrieproduktion und des Tempos des zyklischen Verlaufs noch immer sehr erheblich. Und ohne den Impuls, den die Industrieproduktion der USA (und einiger anderer Länder) durch den Koreakrieg erfuhr, wäre die Kluft in der zyklischen Entwicklung zwischen den besiegten Ländern und den Siegerländern noch tiefer gewesen.

Eine wichtige Besonderheit des ersten Nachkriegszyklus war die ständige inflatorische Entwertung der Währungen aller kapitalistischen Länder — eine Erscheinung, die bei keinem einzigen Zyklus des 19. Jahrhunderts zu beobachten war. Die Entwertung äußerte sich darin, daß das Industriegold überall, so auch in den USA, zu einem höheren Preis als dem von den USA diktierten Goldpreis von 35 Dollar je Unze gehandelt wurde. Und dieser Vorgang widerspiegelte sich wiederum in einer Abwertung aller Währungen gegenüber dem Dollar und vor allem in einem Preisauftrieb, der z. T. auch nach Beginn der Krise in den USA anhielt. Da der Warenwert, d. h. die in einer Wareneinheit verkörperte Arbeitszeit, infolge des raschen technischen Fortschritts im Verlauf des Zyklus zweifellos gesunken ist, bedeutet der Preisauftrieb eine inflationäre Loslösung der Preise vom Warenwert.

Ein Preisanstieg, der mehrere Jahre andauert, verlängert die Phase des Aufschwungs (und der Konjunkturüberhitzung) und damit auch den gesamten Zyklus. In Erwartung eines weiteren Preisauftriebs erhöhen die Unternehmer ihre Bestände und suchen ihr Geld- und

16 Exemplarisch hierfür ist der Krach einiger Großbanken in Deutschland im Jahre 1931 infolge des Abrufs kurzfristiger amerikanischer Kredite.

Leihkapital in „Sachwerte“ zu verwandeln. Die Verbraucher wiederum, die ein weiteres Anziehen der Preise erwarten, beeilen sich — oftmals auf Kredit — Waren zu erwerben, die sie erst in Zukunft benötigen. Die Prosperitätsphase verlängert sich so. Es besteht kein Zweifel: Die Inflation war einer der Faktoren der langen Dauer des ersten Nachkriegszyklus.

Nahezu alle kapitalistischen Länder verspürten während des Zyklus einen „Dollarhunger“, d. h. einen anhaltenden Mangel an Dollarwährung.[17] Die Ursachen dafür sind bekannt: verschiedene Maßnahmen zur Importbeschränkung, die die amerikanische Regierung im Interesse der Monopole traf, gepaart mit staatlich gestütztem Dumping der Monopole auf dem Weltmarkt, und infolgedessen eine sehr aktive Zahlungsbilanz der USA; eine fast ununterbrochene Vermehrung der amerikanischen Goldreserven auf Kosten der anderen kapitalistischen Länder. Der Dollarmangel war eine wichtige zusätzliche Ursache der Inflation in zahlreichen kapitalistischen Ländern wie z. B. England.

Fast während seines gesamten Verlaufs war der Zyklus von einer heftigen Agrarkrise begleitet. Das ist keine Besonderheit gerade dieses Zyklus; diese Erscheinung war auch schon bei den vorausgegangenen Zyklen der Epoche der allgemeinen Krise des Kapitalismus zu beobachten (wie wir im nächsten Beitrag zeigen werden).

Die Besonderheiten des zweiten Nachkriegszyklus

Der zweite Nachkriegszyklus verläuft unter den Bedingungen des fortwährenden Kampfes der beiden Systeme, des nahezu vollständigen Vollzugs der politischen Befreiung der Kolonien und einer Verschärfung der Agrarkrise.

Sehr wichtige neue Momente unterscheiden den zweiten Nachkriegszyklus vom ersten:

a) Überwunden ist der Rückstand der besiegten Länder in der Industrieproduktion, der so charakteristisch für den Beginn des ersten Zyklus war; alle hochentwickelten Länder traten auf einem Niveau in den neuen Zyklus, das in bezug auf das Jahr 1937 etwa gleich ist.

b) Das ökonomische Übergewicht der USA über alle anderen kapitalistischen Länder ist erheblich zurückgegangen. Anstelle des für den ersten Zyklus so bezeichnenden „Dollarhungers“ herrscht nun ein großes Zahlungsbilanzdefizit der USA und anhaltender Goldabfluß aus den Vereinigten Staaten. Die USA bedürfen jetzt der finanziellen Unterstützung durch die westeuropäischen Länder. Zu diesem Zwecke mußten Maßnahmen eingeleitet werden wie die langfristigen Abkommen mit Frankreich und der BRD über die Tilgung der Staatsschulden; der Vertrag mit den westeuropäischen Zentralbanken über die Stützung des Dollars; der Verkauf von Staatsobligationen der USA auf dem westeuropäischen Geldmarkt; die 500 Millionen Dollar-Anleihe der USA beim Internationalen Währungsfonds usw. Ohne diese Hilfe wäre der Abfluß von Gold aus den USA noch größer, die Stabilität des Dollars noch geringer geworden. Es erwies sich, daß der für die ersten Nachkriegsjahre charakteristische außerordentlich hohe Anteil der USA an der Weltindustrieproduktion, am Warenexport und an den Goldreserven sowie das immense politische Gewicht der Vereinigten Staaten Übergangserscheinungen waren, die aus dem zweiten Weltkrieg resultierten. Damit wurde auch klar, daß ungeachtet der gewaltigen

17 Eine Ausnahme bilden Länder mit einer beträchtlichen Goldförderung sowie Länder mit einer großen Ausfuhr strategischer Rohstoffe nach den USA und schließlich die Schweiz, die zu einem Fluchtland für Kapitalien jeglicher zweifelhafter Herkunft geworden ist (die deutschen Faschisten, Spekulanten jeglicher Couleur aus aller Herren Länder deponieren ihre Vermögen in Schweizer Banken, die strikt das „Bankgeheimnis“ wahren).

Naturreichtümer und einer auf der modernsten Technik beruhenden außerordentlich hohen Arbeitsproduktivität das Wirtschaftspotential der USA nicht ausreicht, um ständig die Rolle des Verteidigers der kapitalistischen Ordnung in der ganzen Welt spielen zu können.

c) Die für den ersten Nachkriegszyklus charakteristische Inflation in den hochentwickelten Ländern war beendet; die Währungskurse, ausgedrückt in Dollar oder im Verhältnis zum Gold, wurden in diesen Ländern stabil. Stabilisierung der Währungen bedeutet indes kein Aufhören des Preisanstiegs, insbesondere nicht bei den von den Verbrauchern zu zahlenden Einzelhandelspreisen (vgl. Tabelle 15).

Tabelle 15
Verbraucherpreisindex (1958 = 100)

Zeitpunkt	Frankreich	BRD	Italien	England	USA	Japan
Ende 1961	114	105	104	105	103	110
Ende 1962	119	109	109	110	105	118

Quelle
Monthly Bulletin of Statistics, April 1963, S. 146 passim.

Der Preisanstieg ist ein Ergebnis der Tätigkeit der Monopole und ihres Staates, der in Form wachsender indirekter Steuern, Akzisen, Zölle u. ä. einen immer größeren Teil der Staatsausgaben den Arbeitern und Angestellten aufbürdet.

Große Veränderungen traten auf dem Weltmarkt ein. Im ersten Nachkriegszyklus, insbesondere in den ersten Jahren nach Kriegsende, wurde der Weltmarkt von amerikanischen Waren beherrscht. Die besiegten Länder produzierten vorrangig für den Eigenbedarf und exportierten wenig. Der zweite Nachkriegszyklus bietet ein völlig anderes Bild. Auf dem Weltmarkt herrscht heftige Konkurrenz, wobei die USA und der „Gemeinsame Markt" bis zur Anwendung von Vergeltungszöllen gehen. Japanische Elektronikerzeugnisse dringen auf dem amerikanischen Binnenmarkt vor. Baumwollstoffe und andere Baumwollprodukte der schwachentwickelten Länder finden Absatz in England. Allerorten sind Beschwerden über Dumping zu vernehmen. Das alles deutet darauf hin, daß die Kapazität des Weltmarktes wieder einmal immer kleiner wird im Verhältnis zu den wachsenden Produktionskapazitäten.

d) Die strukturelle Arbeitslosigkeit wird sukzessiv zur Hauptgeißel der Arbeiterklasse, zur Hauptsorge der Großbourgeoisie in den USA, England usw. Während sich die Arbeiterklasse gegen die Teuerung mehr oder weniger erfolgreich wehren kann, indem sie einen beharrlichen Klassenkampf führt, könnte die einzige zeitweilig lindernde Maßnahme gegen die infolge des technischen Fortschritts, insbesondere der Automatisierung der Produktion, wachsende strukturelle Arbeitslosigkeit in einer radikalen Verkürzung der Arbeitszeit für die gesamte Arbeiterklasse auf etwa 30 Stunden wöchentlich bestehen. Die Kapitalisten sind jedoch nicht geneigt, sich auf eine solche radikale Kürzung des Mehrwerts einzulassen.

Wie besorgt die Vertreter des Monopolkapitals über die rasche und ununterbrochene Zunahme der strukturellen Arbeitslosigkeit in den USA sind, zeigt z. B. folgende Passage aus einer Rede des Präsidenten des Federal Reserve Systems, Martin, vor dem Wirtschaftsausschuß des amerikanischen Kongresses. „Die Zahl der Personen, die Arbeit haben, ist im Jahre 1962 um 1,2 Millionen angestiegen", sagte Martin. „Dennoch ist das mittlere Niveau der Arbeitslosigkeit 1962 lediglich auf 5,6% im Vergleich zu 6,7% im Jahre 1961 gesunken. Darüber hinaus ist trotz einer Steigerung der Industrieproduktion um 8% gegenüber dem letzten Maximum von Anfang des ersten Quartals 1960 die Zahl der Industriearbeiter in den Betrieben des Landes in dieser Zeit um 500000 Menschen oder um 4% zurückgegangen."[18]

Der ehrbare Bankier ist weniger über das Schicksal der Millionen Arbeitslosen, als vielmehr über die Auswirkungen beunruhigt, die die Massenarbeitslosigkeit für die Wirtschaft, für den Binnenmarkt der USA zeitigen könnte. Er sagt: „Wir stehen ferner vor der Unvermeidlichkeit eines schnelleren Wachstums der Bevölkerung im arbeitsfähigen Alter. Mit jedem Jahr muß eine größere Zahl von Arbeitsplätzen gefunden werden. Man rechnet damit, daß in den nächsten fünf Jahren die Zahl der Arbeitskräfte jährlich um etwa eineinviertel Millionen im Vergleich zu etwa 800000 Menschen pro Jahr im Mittel der letzten Jahre zunehmen wird. Etwa 1965 wird die heranwachsende Bevölkerung im Alter von 18—24 Jahren schon mehr als die Hälfte des gesamten jährlichen Arbeitskräftezuwachses ausmachen. Gegenwärtig sehr hoch ist der Anteil der Arbeitslosen unter dieser Jugend, insbesondere unter den Jugendlichen mit ungenügender Qualifikation. Der langerwartete Anstieg der Nachfrage nach Einfamilienhäusern, Autos, nach Waren und Leistungen aller Art wird kaum Wirklichkeit, wenn wir außerstande sind, eine Möglichkeit zu finden, um unserer heranwachsenden Bevölkerung Arbeit zu geben."[19]

Hier haben wir eines der wichtigsten Probleme des künftigen Verlaufs der Reproduktion in den USA, England sowie weiteren hochentwickelten Ländern.

Obwohl der zweite Nachkriegszyklus unter bedeutend anderen Bedingungen als der erste verläuft, bleibt noch immer ein Unterschied zwischen den besiegten und den Siegerländern bestehen. In den Siegerländern — USA, England, Kanada — war das Wachstumstempo geringer und hat bereits eine Krise stattgefunden (USA: 1960—1961, England: 1962—1963), obwohl es eine Aufschwungsphase im Grunde genommen nicht gab (vgl. Tabelle 16).

Tabelle 16
Index der Industrieproduktion (1958 = 100)

Jahr	Japan	BRD	Frankreich	Italien	USA	England
1959	124	107	101	111	113	105
1960	156	119	110	128	116	112
1961	186	126	116	142	117	114
1962	201	132	123	156	126	115

Quelle
Angaben der UNO; Monthly Bulletin of Statistics, Juni 1963, S. 18 passim.

Wir sehen, daß der Unterschied im Typ der zyklischen Bewegung in den USA und England einerseits und den großen kapitalistischen Industrieländern Kontinentaleuropas anderseits auch im zweiten Nachkriegszyklus bestehen blieb.

*

18 Federal Reserve Bulletin, Februar 1963, S. 123.
19 Ebenda, S. 128.

Wie sehen die Perspektiven des weiteren zyklischen Verlaufs der Reproduktion im Kapitalismus aus?

Es scheint uns undenkbar, daß sich im Rahmen des Monopolkapitalismus der zyklische Verlauf der Reproduktion in zwei entscheidenden Teilen der kapitalistischen Welt ständig unterscheiden wird. Früher oder später muß sich in der ganzen kapitalistischen Welt ein einheitlicher zyklischer Typ durchsetzen.[20] Dabei stellen wir uns vor, *daß der Zyklus immer ähnlicher der Nachkriegsentwicklung in den USA wird.*

Die Tendenz zur Verkürzung der Zyklusdauer ist völlig gesetzmäßig und resultiert aus den allgemeinen Gesetzen der kapitalistischen Reproduktion. Es ist klar, daß sich mit der Entwicklung des Kapitalismus der Widerspruch zwischen dem gesellschaftlichen Charakter der Produktion und der privatkapitalistischen Form der Aneignung als Grundlage der zyklischen Bewegung zuspitzen wird. Konkreter ausgedrückt: Es verschärft sich der Widerspruch zwischen dem Streben des Kapitals nach schrankenloser Expansion der Produktion und dem engen Rahmen der Konsumtionskraft der kapitalistischen Gesellschaft.[21] Darum müssen die Überproduktionskrisen häufiger auftreten und in kürzeren Zeitabständen entstehen als früher.

Marx wies schon vor 100 Jahren auf die Tendenz zur Verkürzung der Zyklen hin: „Bis jetzt ist die periodische Dauer solcher Zyklen zehn oder elf Jahre, aber es gibt keinerlei Grund, diese Zahl als konstant zu betrachten. Im Gegenteil, aus den Gesetzen der kapitalistischen Produktion, wie wir sie eben entwickelt haben, muß man schließen, daß sie variabel ist und daß die Periode der Zyklen sich stufenweise verkürzen wird."[22]

Verfolgt man die Dauer der Krisen über die gesamte Periode der Existenz des Kapitalismus, so ist eine eindeutige Tendenz zur Verkürzung der Zyklen zu beobachten. In der Periode von 1825 bis 1857, als reguläre Überproduktionskrisen noch lediglich in England als dem höchstentwickelten kapitalistischen Land stattfanden, betrug die Dauer des Zyklus, wie von Marx festgestellt, 11 Jahre.

20 Das ist natürlich nicht dogmatisch zu verstehen; gewisse Abweichungen in einzelnen Ländern gab es immer und wird es immer geben.

21 Die Konsumtionskraft der Gesellschaft ist die Summe der für Konsumgüter verausgabten Mittel, d. h. $v + m - a$ (wobei a = Akkumulation). Sie ist geringer als die zahlungsfähige Nachfrage der Gesellschaft, die $c + v + m$ beträgt (wobei c natürlich nur der verschlissene Teil des konstanten Kapitals ist). Da jedoch in letzter Konsequenz jegliche Produktion der Herstellung von Konsumgütern halber betrieben wird, bildet die Konsumtionskraft der Gesellschaft den entscheidenden Faktor des Widerspruchs zwischen dem Streben des Kapitals nach unbeschränkter Expansion der Produktion und den engen Grenzen der Konsumtion. Die Ignorierung des Unterschiedes zwischen der Konsumtionskraft und der zahlungsfähigen Nachfrage liegt, wie Lenin bewiesen hat, der falschen Theorie Tugan-Baranovskijs zugrunde.

22 K. Marx, Das Kapital. Erster Band, in: MEW, Bd. 23, Berlin 1962, S. 662. Diese Zeilen fügte Marx der französischen Ausgabe des „Kapital" hinzu. Engels nahm (wir wissen nicht, warum) diese Zeilen nicht in die vierte deutsche Ausgabe des „Kapital" auf, und sie sind deshalb auch nicht in der vom Institut für Marxismus-Leninismus besorgten zweiten Ausgabe der Werke von Marx und Engels enthalten.
Anmerkung der deutschen Herausgeber: Der 1974 (d. i. zehn Jahre nach Eugen Vargas Tod) in Moskau erschienene Band 49 der zweiten Ausgabe der Werke von Marx und Engels enthält einen Text „Fragmente aus der autorisierten französischen Ausgabe des ersten Bandes des ‚Kapital'"; das o. a. Zitat findet sich daselbst auf S. 224/225.

In der zweiten Hälfte des 19. Jahrhunderts, als die Überproduktionskrisen bereits weltweiten Charakter annahmen, traten sie mit folgender Periodizität auf: 1857, 1866, 1873, 1882, 1890, 1900.

Nach Marx' Theorie der Krisen und Zyklen bildet die Krise bekanntlich die abschließende (und natürlich auch die einleitende) Phase des Zyklus.

In einem Zeitraum von 43 Jahren (1857—1900) fanden also fünf Zyklen mit einer mittleren Dauer von 8,5 Jahren je Zyklus statt.

Anfang des 20. Jahrhunderts war die Krisenperiodizität wie folgt: 1907, 1914, 1920 und 1929. Innerhalb von 29 Jahren verliefen mithin vier Zyklen mit einer mittleren Dauer von 7 Jahren. Dabei muß man sich vergegenwärtigen, daß 1914 keine offene Krise ausbrach, weil der erste Weltkrieg dem entgegenwirkte. Obzwar in diesen 29 Jahren vier Zyklen abliefen, gab es nur drei offene Überproduktionskrisen.

Man fragt sich: Wird die Tendenz zur Verkürzung des Zyklus auch künftig anhalten?

Wir denken, daß diese Tendenz anhalten wird und daß die zyklische Bewegung in der ganzen kapitalistischen Welt immer größere Ähnlichkeit mit der Bewegung in den USA in der Nachkriegsperiode annehmen wird, d. h. *es wird kürzere Zeiträume zwischen nicht sehr tiefen Krisen geben, in denen echte Aufschwungsphasen immer seltener werden.*

Einige Genossen haben versucht, dieser Frage auszuweichen, indem sie alle Nachkriegskrisen in den USA (und England) mit Ausnahme der Krise von 1958 als „Zwischenkrisen", „Teilkrisen", „Vorkrisen" oder „Nachkrisen" bezeichneten. Marx aber hat im „Kapital" lediglich eine Theorie der echten Zyklen und Krisen ausgearbeitet.

Wir meinen, daß es nicht richtig ist, alle Krisen der USA in der Nachkriegsperiode (ausgenommen die Krise 1958) als „Zwischenkrisen" zu bezeichnen. Marx sprach von „unechten" Krisen lediglich in dem Sinne, daß es sich hier um Erscheinungen handelt, die im Rahmen eines normalen Zyklus auftreten, aber kein Bestandteil dieses Zyklus sind; Erscheinungen, die in einem Zyklus auftreten, in einem anderen Zyklus wiederum nicht auftreten können. In den USA und England beobachten wir jedoch eine regelmäßige Wiederholung der Krisen nach kleinen Zwischenperioden. Man kann darum diese Krisen nicht als „vorübergehend" bezeichnen, obgleich sich dadurch, wie wir sie benennen, im Grunde genommen nichts ändert.

Wir nehmen an, daß der für den gesamten Kapitalismus einheitliche Zyklus, der sich früher oder später herausbildet, demjenigen Zyklustyp ähneln wird, den wir in der Nachkriegsperiode in den USA und England antreffen, d. h. kürzer als vor dem zweiten Weltkrieg.

Uns scheint, daß neben der allgemeinen Verschärfung der kapitalistischen Widersprüche *in der Nachkriegsperiode neue Faktoren auftreten, die auf eine Verkürzung der Dauer des Zyklus hinwirken.*

Die materielle Grundlage des zyklischen Verlaufs der Reproduktion ist bekanntlich das fixe Kapital. Konkreter: Jede Krise ist Ausgangspunkt für eine massenhafte Erneuerung und Erweiterung des fixen Kapitals zwecks Senkung der Produktionskosten, da an der Oberfläche der Erscheinungen jedem Kapitalisten als Ursache für die Schwierigkeit der Realisierung der Waren die hohen Produktionskosten seiner eigenen Waren erscheinen. Die Konkurrenzgesetze, die auch im Monopolkapitalismus wirken, zwingen die Kapitalisten zur Erneuerung und Erweiterung des fixen Kapitals. Solange dieser Prozeß läuft, kaufen die Kapitalisten auf dem Markt Ausrüstungen (Maschinen und Anlagen), Waren, die für den Bau neuer Betriebe, für die Anlage neuer Rohstoffbestände usw. erforderlich sind. In dieser Periode wirkt die Erneuerung und Erweiterung des fixen Kapitals als Faktor, der die Marktkapazität erweitert.

Die Lage ändert sich in dem Maße, wie die Erneuerung und Erweiterung des fixen Kapitals abgeschlossen wird. Es endet die Abnahme von Waren vom Markt, die die Kapitalisten für den Bau und die Ausrüstung neuer Betriebe benötigten, und gleichzeitig beginnen die neuen Betriebe, die in Betrieb genommenen neuen Kapazitäten, eine zusätzliche Warenmasse auf den Markt auszustoßen.

Der Prozeß der Erneuerung und Erweiterung des Kapitals in der Nachkriegsperiode ist durch gewichtige neue Faktoren gekennzeichnet:

1. Die Bauzeiten für die Errichtung neuer Betriebe haben sich infolge der Anwendung schnellerer Baumethoden im Vergleich zur Vorkriegszeit erheblich verkürzt.

2. Der moralische Verschleiß vollzieht sich heute auf Grund des raschen technischen Fortschritts weitaus schneller als vor dem Kriege.

3. Unter den Bedingungen des staatsmonopolistischen Kapitalismus wird ein rascher Ersatz der Ausrüstung und des gesamten fixen Kapitals besonders stimuliert. Die Regierungen der hochentwickelten kapitalistischen Länder gestatten den Monopolen, Amortisationssummen vom laufenden Gewinn abzuschreiben, die nicht dem tatsächlichen Verschleiß entsprechen, sondern zwei- bis dreimal so hoch sind. In den USA beispielsweise wird Betrieben, die rüstungspolitisch wichtig sind, die völlige Abschreibung der gesamten Ausrüstung binnen fünf oder gar noch weniger Jahren Betriebsdauer zugestanden. Das bedeutet, daß die Kapitalisten auf Kosten der Steuerzahler die Möglichkeit erhalten, ihr fixes Kapital häufig zu erneuern, was zu einer Verkürzung des Zyklus führt.

4. Die Hauptmasse der Neuinvestitionen in den entwickelten kapitalistischen Ländern dient, wie Tabelle 17 zeigt, nicht der Errichtung neuer Betriebe, sondern der Modernisierung der Ausrüstung in den bestehenden Betrieben.

Tabelle 17
Verhältnis von Erweiterungs- und Erneuerungsinvestitionen in den USA (in %)

Jahr	Erweiterungsinvestitionen	Erneuerungsinvestitionen
1959	37	63
1960	35	65

Quelle
Business Week vom 30. April 1960, S. 28.

Das ist eine Folge der Existenz nichtausgelasteter Kapazitäten und bedeutet: a) daß mit denselben Investmitteln eine weit größere Erweiterung der Kapazitäten erreicht wird als beim Bau neuer Betriebe;[23] b) daß sich der Zeitraum verringert, innerhalb dessen die Neuinvestitionen produktionswirksam werden. Beide Umstände beschleunigen das Heranreifen von Voraussetzungen für eine Überproduktionskrise und verkürzen den Zyklus.

Da diese Faktoren nicht allein in den USA, sondern in allen hochentwickelten kapi-

23 Eine eingehende Untersuchung der Industrie Vorkriegsdeutschlands (im Zusammenhang mit der Reparationsfrage) hat erbracht, daß im Durchschnitt nur 45% des gesamten Wertes der Industriebetriebe auf Maschinen und Anlagen entfallen.

talistischen Ländern wirken, ist abzusehen, daß in der gesamten kapitalistischen Welt eine weitere Verkürzung der Dauer des Zyklus eintreten wird.

Es fragt sich: Welche der zyklischen Phasen wird kürzer? Wenn man als Beispiel die Entwicklung der USA in der Nachkriegsperiode nimmt, so ist klar, daß sich vor allem die Depressionsphase verkürzt. Das ist verständlich. Wenn die Kapitalisten die Möglichkeit haben, ihr fixes Kapital mit Hilfe der Amortisationsfonds zu erneuern und zu erweitern, muß die Phase der Depression, d. h. die Periode, in der die Produktion nahezu stagniert, kürzer werden.

Gleichzeitig *verkürzt sich die Aufschwungsphase; mitunter fällt sie nahezu gänzlich aus.* Bei wachsender chronischer Nichtauslastung eines erheblichen Teils des fixen Kapitals ruft selbst die Inbetriebnahme geringer neuer Kapazitäten rasch eine Überproduktion hervor. Die Phase des Aufschwungs wird daher kürzer und der Aufschwung selbst nicht besonders hoch. Die zyklische Kurve wird zunehmend flacher werden als in früheren Zeiten.

Weiterhin ist eine Vertiefung der Krisen im Vergleich zur ersten Nachkriegsperiode vorauszusehen. Die Nachkriegskrisen in den USA weisen deutlich eine Tendenz zur Vertiefung auf. Ökonomen der amerikanischen „First National City Bank" haben die Intensität der Krisen in den USA anhand von Monatsindikatoren gemessen (vgl. Tabelle 18).

Tabelle 18
Intensität der Krisen in den USA

Zeitraum	Krisenintensität (prozentualer Produktionsrückgang)
1948—1949	8
1953—1954	10
1957—1958	14
1960*	10

* Auf Grund von Angaben des „Federal Reserve Bulletin"

Quelle
First National City Bank Monthly Letter, März 1960.

Die Tendenz zur Vertiefung der Krisen liegt auf der Hand.

Es ist abzusehen, daß die großen Monopole in Zukunft noch beharrlicher bemüht sein werden, die Lasten der Krise den kleinen Kapitalisten und Farmern, der Arbeiterklasse und insbesondere der Bevölkerung in den schwachentwickelten Ländern aufzubürden, wobei sie sich in letzterem Fall die weitere Verschlechterung der Handelsbedingungen zwischen diesen Ländern und den hochentwickelten Ländern — sinkende Rohstoffpreise bei Aufrechterhaltung hoher Preise für die Waren der Industriemonopole — zunutze machen werden.

Man kann aus zwei Gründen eine starke Zunahme der Arbeitslosigkeit voraussagen: 1. Es wächst, im Zusammenhang mit der Behebung des Einflusses der Kriegs- und der ersten Nachkriegsjahre auf die Bevölkerungsdynamik, die Zahl der in das arbeitsfähige Alter eintretenden Personen; 2. die Automatisierung von Produktionsprozessen nimmt einen schnellen Verlauf, und das bedeutet eine ständige Verringerung der Anzahl der zur Produktion einer bestimmten Warenmenge benötigten Arbeitskräfte. Besonders folgenschwer ist in diesem Zusammenhang die rasche Einführung und Verbreitung der Bürotechnik — für Vervielfältigungszwecke, für Rechentätigkeiten in Zusammenhang mit der Arbeit der Buchhaltung usw. usf. Aus alledem folgt, daß die Massenarbeitslosigkeit auch auf die Menschen „in weißen Kitteln", d. h. auf Angestellte aller Art, übergreifen wird. Und das ist politisch wichtig, denn diese Schicht des Proletariats, die im Verlauf der letzten 100 Jahre zahlenmäßig rapide zugenommen hat und derzeit 30—40% aller Beschäftigten ausmacht, fühlte sich auf Grund ihrer gesicherteren Position früher eher der Bourgeoisie als den körperlich tätigen Arbeitern nahestehend. Es ist eine Radikalisierung des Massenheeres der Angestellten und Beamten vorauszusehen. Anzeichen dafür sind schon gegeben — z. B. in England und Frankreich.

Man kann überhaupt eine Verschärfung des Klassenkampfes voraussehen, weil die Großbourgeoisie bemüht sein wird, die mit der Warenrealisierung verbundenen Schwierigkeiten durch Senkung der Produktionskosten, durch Reduzierung der Ausgaben für Löhne und Gehälter zu lösen.

Allerdings ist zu berücksichtigen, daß die unmittelbaren ökonomischen Interessen der Kapitalisten in offenem Widerspruch zu ihren politischen Interessen stehen. Die unmittelbaren ökonomischen Interessen zwingen sie zum Kampf gegen die Arbeiterklasse, zu Angriffen auf die Löhne und den Lebensstandard der Arbeiter. Unter den Bedingungen des Kampfes der beiden Systeme lassen es die politischen Interessen der Bourgeoisie indes nicht zu, daß sie ausschließlich ihren unmittelbaren ökonomischen Interessen gemäß handelt. Die Bourgeoisie befindet sich im ständigen Kampf gegen das sozialistische Weltsystem, und sie muß die politischen Folgen ihres Vorgehens gegen die Arbeiterklasse einkalkulieren, insbesondere in Ländern, wo das Proletariat die überwiegende Mehrheit der Bevölkerung bildet wie in den USA, England, der BRD.

Schließlich möchten wir die Aufmerksamkeit der Zyklusforscher noch auf eine eigenartige Veränderung der Krisenphase des Zyklus lenken, die in jüngster Zeit zu beobachten ist. Früher begann die Krise gewöhnlich in Form eines Ausbruchs, d. h. der Übergang von der Aufschwungs- in die Krisenphase geschah abrupt. Jetzt sehen wir, daß in den USA und England der Krisenausbruch irgendwie verzögert vonstatten geht, daß *die Produktion* über Monate, mitunter bis zu einem halben Jahr, *stagniert*, ehe schließlich ein eindeutiger krisenhafter Rückgang der Produktion einsetzt.

Offensichtlich ist den Kapitalisten heutzutage nicht nur die nach dem Aufschwung bevorstehende Überproduktion, sondern auch der Zustand des kapitalistischen Marktes schlechthin weitaus besser bekannt als zu Marx' Lebzeiten oder selbst noch vor 30 Jahren. Aussagen zu dieser Thematik waren damals noch seltener, und diese Aussagen wurden mit großer Verspätung veröffentlicht, und, was das Wichtigste ist, sie trugen lediglich *retrospektiven* Charakter, registrierten nur die stattgefundenen Ereignisse.

Heute gibt es eine umfangreiche *perspektivische* Statistik.

In den hochentwickelten Industrieländern werden regelmäßig (und ziemlich kurzfristig) Mitteilungen über neue Aufträge, über den Bestand an laufenden Aufträgen, über Neubaukontrakte, über Investvorhaben der Aktiengesellschaften im kommenden Jahr, Ergebnisse von Meinungsumfragen unter der Bevölkerung über den beabsichtigten Kauf von Pkw, über Warenbestände in Betrieben, im Groß- und Einzelhandel usw. veröffentlicht. Viele Großunternehmen und Monopolvereinigungen unterhalten spezielle Organe zur Beobachtung der von ihnen bedienten Warenmärkte. Alle diese Informationen versetzen die Kapitalisten in die Lage, rechtzeitig die Produktion zu drosseln, wenn es der Markt erfordert, und eine große Überproduktion von Waren zu vermeiden.

In derselben Richtung agiert auch der Staat des Monopolkapitals. Er publiziert Voraussagen über das Nationaleinkommen, über die Masse der Löhne und Gehälter, über bevorstehende Staatsausgaben usw. für mehrere Jahre im voraus. Diese Voraussagen sind sehr ungenau, vermitteln den Kapitalisten aber dennoch eine gewisse Orientierung.

Darüber hinaus kann der Staat bei einsetzendem wirtschaftlichen Rückgang die Vergabe von Aufträgen forcieren und deren Umfang erweitern; er kann die Steuern senken, um die Kaufkraft der Gesellschaft zu erweitern usw. Die Bedeutung der staatlichen „Antikrisen"maßnahmen darf freilich nicht überschätzt werden; die Möglichkeiten des Staates sind sehr begrenzt. Es kann auch keine Rede sein von einer staatlichen Planung, von einem krisenfreien Verlauf der kapitalistischen Reproduktion. Die Tätigkeit des Staates vermag allerdings andere Faktoren etwas zu verstärken, die in Richtung einer Verringerung der Intensität und Dauer der Aufschwungsphase, zugleich aber auch der Krisenphase in künftigen Zyklen wirken.

Ein so langanhaltendes und starkes Wachstum der Produktion, wie es bisher in den besiegten Industrieländern zu verzeichnen war, ist für die Zukunft jedenfalls nicht mehr zu erwarten. Das erkennen auch zahlreiche bürgerliche Ökonomen an. So erklärte beispielsweise der Direktor des Internationalen Währungsfonds, Per Jacobsson, in einem Vortrag vor jungen Ökonomen in New York: „Es entstand eine neue Situation, die gewisse Ähnlichkeitsmerkmale mit dem Geschehen Anfang der 30er Jahre aufweist ... Ich will nicht der Meinung das Wort reden, daß wir die traurige Erfahrung jener Jahre wiederholen müssen, aber ich denke, daß wir bestimmte Maßnahmen ergreifen müssen, damit sich solche Ereignisse nicht doch einmal wiederholen."[24]

Die Vertiefung der allgemeinen Krise des kapitalistischen Systems äußert sich in einem Anwachsen der Zahl von Produktionszweigen, die sich im Zustand einer chronischen Krise befinden wie die Kohleindustrie, die Textilindustrie und der Schiffbau, oder einer solchen Krise entgegengehen wie die Metallurgie und die Automobilindustrie.

Die „goldenen Tage" der Nachkriegsperiode sind für den Kapitalismus vorbei!

24 The Times vom 20. Februar 1963.

Das Problem der Agrarkrisen

Mehr als die Hälfte der Bevölkerung der kapitalistischen Welt arbeitet in der Landwirtschaft. Für das Proletariat und seinen Kampf gegen den Kapitalismus im Weltmaßstab ist die werktätige Bauernschaft der wichtigste Verbündete. Das Problem der Agrarkrisen als einer ökonomischen Erscheinung hat darum enorme politische Bedeutung. Die Agrarkrise gewinnt immer mehr an Gewicht, je stärker sich der Warencharakter der bäuerlichen Wirtschaft entfaltet und sich die kapitalistischen Verhältnisse in der gesamten Landwirtschaft der bürgerlichen Welt durchsetzen.

Unsere Wissenschaft hat dieses wichtige Problem bisher jedoch nur ungenügend bewältigt.[1] Nicht einmal die Grundlage für seine wissenschaftliche Bearbeitung reicht aus; es mangelt an der Erfassung der statistischen Daten über die landwirtschaftliche Produktion, die Agrarpreise und den Außenhandel mit landwirtschaftlichen Erzeugnissen, über Veränderungen in Eigentum und Rentenhöhe während der letzten 100 Jahre sowie an der Systematisierung dieser Daten auf marxistisch-leninistischer Grundlage.

Dabei ist das Problem der Agrarkrisen weitaus komplizierter als die Frage der industriellen Überproduktionskrisen, vor allem deshalb, weil die Landwirtschaft selbst komplizierter als die Industrie ist, denn

a) die Industrie produziert ausschließlich für den Markt; der Eigenverbrauch der Produzenten spielt keine Rolle. Die Landwirtschaft dagegen arbeitet nur partiell für den Markt. In schwachentwickelten Ländern wird sie (mit Ausnahme der Plantagen) vorrangig zur Befriedigung der eigenen Bedürfnisse der unmittelbaren Produzenten betrieben. Aber auch in den hochentwickelten Ländern gibt es Millionen Nebenwirtschaften von Arbeitern, Angestellten, Handwerkern und Kleinbauern, in denen für den eigenen Verbrauch Obst und Gemüse angebaut, Schweine und Geflügel gehalten werden. Außerdem wird ein erheblicher Teil der Ackerfrüchte in Form von Futtermitteln in den Landwirtschaftsbetrieben selbst produktiv konsumiert. In der Industrie tritt diese Erscheinung nur bei vertikalen Betriebsvereinigungen auf.

b) In der Industrie sind die sozialen Verhältnisse mehr oder weniger homogen: Den Kapitalisten stehen die Lohnarbeiter gegenüber. Es gibt zwar auch noch Handwerker, aber ihr Anteil ist in den entwickelten kapitalistischen Ländern gering.

1 Der einzige seriöse marxistische Versuch einer Analyse der Agrarkrisen ist das Buch von L. I. Ljubošic (Voprosy marksistsko-leninskoj teorii agrarnych krizisov, Staatlicher Verlag für Politische Literatur, Moskau 1949). Es ist jedoch veraltet, da es nicht die Periode nach dem zweiten Weltkrieg behandelt, wo die Agrarkrise des 20. Jahrhunderts ihre höchste Vollendung erfuhr. Hinzu kommt, daß es dem Verfasser nicht gelingt, sich bei der Erklärung der Agrarkrisen von der Analogie zu den industriellen Krisen freizumachen. Er schreibt z. B. auf S. 35: „Langwierige Agrarkrisen sind — wie auch die Industriekrisen — nicht nur ein heftiger Ausbruch der kapitalistischen Widersprüche, sondern zugleich auch eine gewaltsame Regulierung dieser Widersprüche. Daraus folgt, daß . . . sie nicht permanent oder chronisch im Sinne von ‚unüberwindlich‘ sind . . .“. Das aber ist eine grundlose Behauptung. Es ist immerhin eine Tatsache, daß die Agrarkrise seit Ende des ersten Weltkrieges bis heute (der Zeitraum des zweiten Weltkrieges und der ersten Nachkriegsjahre ausgenommen) nicht überwunden worden ist; sie ist heute tiefer und erfaßt mehr Zweige der Landwirtschaft als jemals zuvor.

In der Landwirtschaft unserer Tage sind nahezu alle sozialen Verhältnisse anzutreffen, die es in der Menschheitsgeschichte je gegeben hat. Es existieren echte kapitalistische Großbetriebe in den kapitalistischen Ländern und kapitalistische Plantagen in schwachentwickelten Ländern; es gibt selbständige Bauernwirtschaften; in Asien, Lateinamerika, Spanien, Süditalien und anderswo finden wir feudale Latifundien mit allen Formen der Geldrente, der Naturalrente und sogar der Arbeitsrente vor, in Südafrika, den portugiesischen Kolonien usw. Halbsklaverei.

c) Die Landwirtschaft weist (wie auch der Bergbau) einen besonderen Faktor auf, der in der Industrie völlig fehlt: die absolute Rente und die Differentialrente, die oftmals für einen langen Zeitraum (bis zu 10—12 Jahren) in Pachtverträgen fixiert ist. Dieser Faktor widerspiegelt sich im Bodenpreis, der neben der Rentenhöhe auch von der Höhe des Zinses für das Leihkapital abhängt.

d) In der Industrie verläuft die Produktion in der Regel kontinuierlich; tagtäglich gelangen neue Waren auf den Markt. (Lediglich das Bauwesen, der Schiffbau sowie die Herstellung von Großaggregaten und Großanlagen in Einzelfertigung tragen keinen kontinuierlichen Charakter.)

Die landwirtschaftliche Produktion hat aufgrund der klimatischen Bedingungen einen jährlichen Produktionszyklus (in der tropischen Region einen Halb- oder Dritteljahreszyklus). In den maßgebenden Ländern wird pro Jahr eine Ernte erzielt. Innerhalb eines landwirtschaftlichen Jahres die Produktion zu wechseln, ist sehr schwierig und geschieht zumeist nur in akuten Notsituationen.

e) Für die Industrieproduktion haben Klima und Wetter nur geringe, für die Agrarproduktion hingegen eine unvergleichlich größere Bedeutung. Die Klimaverhältnisse entscheiden im wesentlichen darüber, welche Kulturen überhaupt und welche davon besonders ökonomisch[2] angebaut werden können. Schlechtes Wetter — Trockenwind, Frühfrost oder langanhaltender Frost u. ä. — kann einen erheblichen Teil der Ernte vernichten und die Arbeit eines ganzen Jahres verlustbringend gestalten.

Diese Besonderheiten der Landwirtschaft komplizieren die Agrarkrise in erheblichem Maße, denn es ist sehr schwierig, aus einer Vielzahl von Erscheinungen, die einander oftmals widersprechen, die ausschlaggebenden und die weniger wichtigen herauszufinden und festzustellen, was die Grundlinie der Entwicklung und was nur eine Nebensache ist.

Nehmen wir einige Beispiele.

Ein starker Rückgang der Preise für landwirtschaftliche Erzeugnisse schädigt alle die Betriebe, die diese Produkte für den Absatz auf dem Markt produzieren. Sie berührt aber kaum diejenigen Erzeuger, die für den Eigenbedarf arbeiten.

Ein Absinken der Futtermittelpreise bewirkt eine systematische Erweiterung der Tierproduktion, insbesondere der Schweinehaltung, und das solange, wie dort nicht auch eine Überproduktion einsetzt (sogenannter Schweinezyklus).

In den kapitalistischen Ländern wird der Pachtzins in der Regel in Mehrjahresverträgen fixiert. Deshalb ruiniert ein im Vertragszeitraum erfolgender Preisrückgang für landwirtschaftliche Erzeugnisse die Pächter, während die Einkommen der Grundeigentümer unangetastet bleiben.

Solcher Beispiele gäbe es noch viele. Sie alle unterstreichen, wie kompliziert das Problem der Agrarkrisen ist.

2 Beim heutigen Stand der Technik ist es möglich, jede Kultur in jedem beliebigen Klima anzubauen. Das wäre allerdings unwirtschaftlich.

Unter diesen Umständen kann es nicht verwundern, daß ein Teil unserer Autoren, den weitesterforschten Wegen folgend, die Agrarkrisen in Analogie zu den industriellen Überproduktionskrisen interpretiert und sie als *bloße Folge der Industriekrisen* behandelt. So heißt es beispielsweise in der zweiten Ausgabe des Lehrbuchs „Politische Ökonomie“: „Die kapitalistischen Überproduktionskrisen . . . bewirken eine partielle oder allgemeine Überproduktion auf landwirtschaftlichem Gebiet. Die Überproduktionskrisen in der Landwirtschaft werden *Agrarkrisen* genannt“.[3]

Natürlich gibt es zwischen den Agrar- und den Industriekrisen Ähnlichkeit und Zusammenhänge. *Allgemeine Grundlage* der Agrarkrisen — wie auch der allgemeinen Krise des Kapitalismus und der industriellen Überproduktionskrisen — ist der Grundwiderspruch des Kapitalismus: der Widerspruch zwischen dem gesellschaftlichen Charakter der Produktion und der privatkapitalistischen Aneignung. Die Möglichkeit der Agrarkrise wie auch der Industriekrise liegt in der Warenproduktion begründet. Dort, wo die Landwirtschaft zwecks unmittelbarer Befriedigung des Eigenbedarfs der Produzenten betrieben wird, ist zwar auch ein Produktenüberschuß möglich, kann jedoch keine Überproduktionskrise, keine Agrarkrise stattfinden.

Zwischen den Agrarkrisen und den industriellen Zyklen besteht zweifelsohne ein enger Zusammenhang. Agrarkrisen beeinflussen den Verlauf des industriellen Zyklus, sie hemmen die Konjunktur und vertiefen die Krise. Industrielle Überproduktionskrisen können eine Krise in den Landwirtschaftszweigen hervorrufen, die Rohstoffe für die Industrie erzeugen wie Baumwolle, Lein, Wolle, Jute, Kautschuk. *Aber die Industriekrisen an sich haben noch niemals eine Agrarkrise verursacht.* Die wahren Ursachen der Agrarkrisen liegen woanders.

Zunächst wollen wir aber vorausschicken, daß die Wechselwirkung von Agrarkrisen und Industriekrisen im Laufe der Geschichte des Kapitalismus bedeutende Veränderungen erfahren hat. Im 19. Jahrhundert, als der Anteil der Landwirtschaft an der kapitalistischen Wirtschaft noch sehr groß war, hatte die Agrarkrise einen erheblichen Einfluß auf den Verlauf des industriellen Zyklus. Ein beredtes Zeugnis dafür ist die langwierige Industriekrise in den siebziger Jahren des 19. Jahrhunderts. Heute, wo der Anteil der Landwirtschaft an der kapitalistischen Wirtschaft im allgemeinen und in den kapitalistischen Hauptländern — USA, England und der BRD — im besonderen stark zurückgegangen ist, hat auch der Einfluß der Agrarkrise auf den Verlauf des industriellen Zyklus erheblich nachgelassen. Das Auftreten einer tiefgreifenden Agrarkrise in den USA nach dem zweiten Weltkrieg stand dem starken Aufschwung der Industrieproduktion im Nachkriegszyklus nicht im Wege.

Im Gegenteil, mit der starken Zunahme des Anteils der Industrie an der kapitalistischen Wirtschaft und vor allem der industriellen Verarbeitung landwirtschaftlicher Rohstoffe ist der Einfluß der Industriekrisen auf die Situation der Landwirtschaft gewachsen. *Die Industriekrisen rufen jedoch keineswegs allgemeine Agrarkrisen hervor.* Wir wollen dies im einzelnen anhand der beiden Agrarkrisen des 19. und 20. Jahrhunderts beweisen.

3 „Političeskaja ėkonomija“. Učebnik, izd. 2., Moskau 1955, S. 224. Dieser Standpunkt wurde schon früher von I. D. Laptev und in den letzten Jahren von Ė. L. Šifrin in dessen Arbeit „Sel'skoe chozjajstvo SŠA posle vtoroj mirovoj vojny“ (Verlag der AdW der UdSSR, Moskau 1956) vertreten.

Die Agrarkrise des 19. Jahrhunderts

Die Agrarkrise des 19. Jahrhunderts erstreckte sich annähernd von 1870 bis 1895.[4] Diese Tatsache ist unbestritten. War diese Agrarkrise durch eine Industriekrise verursacht? Durchaus nicht. Davon zeugt vor allem eine Erklärung, die Friedrich Engels, Zeitgenosse dieser Agrarkrise, Anfang der 90er Jahre des vorigen Jahrhunderts in der Ergänzung zum Manuskript des dritten Bandes des „Kapital" gab. Um überflüssigem Streit aus dem Wege zu gehen, geben wir Engels' Äußerung ungekürzt wieder: „Die transozeanischen Dampfschiffe und die nord- und südamerikanischen und indischen Eisenbahnen brachten ganz eigentümliche Landstrecken in die Lage, auf den europäischen Kornmärkten zu konkurrieren. Da waren einerseits die nordamerikanischen Prärien, die argentinischen Pampas, Steppen, von der Natur selbst urbar gemacht für den Pflug, jungfräulicher Boden, der auf Jahre hinaus selbst bei primitiver Kultur und ohne Dünger reichliche Erträge bot. Und da waren die Ländereien der russischen und indischen kommunistischen Gemeinwesen, die einen Teil ihres Produkts, und zwar einen stets wachsenden, verkaufen mußten, um Geld zu erhalten für die Steuern, die der erbarmungslose Despotismus des Staats ihnen abzwang — oft genug durch Tortur. Diese Produkte wurden verkauft ohne Rücksicht auf die Produktionskosten, verkauft für den Preis, den der Händler bot, weil der Bauer absolut Geld haben mußte zum Zahlungstermin. Und gegen diese Konkurrenz — des jungfräulichen Steppenbodens wie des unter der Steuerschraube erliegenden russischen und indischen Bauern — konnte der europäische Pächter und Bauer bei den alten Renten nicht aufkommen ... und daher der Agrarierjammer von Schottland bis Italien und von Südfrankreich bis nach Ostpreußen."[5]

Engels sagt, wie wir sehen, nicht ein Wort über die Industriekrisen, sondern er erklärt die Agrarkrise aus der raschen und im Vergleich zur kauffähigen Nachfrage der Nahrungsmittelimportländer unmäßigen Expansion der Getreideproduktion auf den neuen Böden Amerikas, aus der Verbesserung und Verbilligung des Getreidetransports und aus dem „Hungerexport" Rußlands und Indiens.

Um Zweifel auszuschließen, führen wir konkrete Zahlen aus einer Arbeit von Professor Sering[6], eines bedeutenden bürgerlichen Gelehrten, an, der im Auftrage des preußischen Landwirtschaftsministeriums 1883 die Landwirtschaft der USA und Kanadas an Ort und Stelle studierte (die deutschen Agrarier hatten damals unter der Konkurrenz des nordamerikanischen Getreides stark zu leiden). In gedrängter Form ergibt sich folgendes Bild:

a) Die Getreideproduktion hat in der zweiten Hälfte des 19. Jahrhunderts in den USA und Kanada sehr rasch zugenommen (vgl. Tabelle 1).

Damit die Schwankungen zwischen den einzelnen Erntejahren eliminiert werden, hätten natürlich die Mittelwerte für fünf oder zehn Jahre errechnet werden müssen. Die Schwankungen waren, wie der Vergleich von 1890 zu 1891 zeigt, sehr beträchtlich. Aber auch ohnedies steht fest, daß im Laufe von 40 Jahren die Produktion von Weizen auf das

4 Exakte Daten über Beginn und Ende einer Agrarkrise sind nur schwer zu ermitteln, da die Hauptgegenstände der landwirtschaftlichen Produktion jahresweise erzeugt werden und es keine monatlichen Produktionsstatistiken wie in der Industrie gibt. Was die Preise betrifft, so kann sich die Preisbildung für die einzelnen landwirtschaftlichen Erzeugnisse je nach der Ernte, der Spekulation, dem Charakter der Ware — Lebensmittel oder industrieller Rohstoff — usw. unterscheiden.

5 K. Marx, Das Kapital. Dritter Band, in: MEW, Bd. 25, Berlin 1973, S. 735/736.

6 M. Sering, Die landwirtschaftliche Konkurrenz Nord-Amerikas in Gegenwart und Zukunft, Leipzig 1887.

Tabelle 1
Produktion von Weizen und Mais in den USA (in Mio Bushel)

	1850	1860	1870	1880	1890	1891
Weizen	100	173	254	502	449	678
Mais	592	839	1125	1707	1650	2336

Quellen
M. Sering, Die landwirtschaftliche Konkurrenz Nord-Amerikas in Gegenwart und Zukunft, Leipzig 1887, S. 730; passim; Historical Statistics of the United States, 1. Aufl., Washington 1949, S. 106. Die Angaben für Mais beziehen sich auf das Vorjahr. (1 Bushel Weizen = 27,2 kg; 1 Bushel Mais = 25,4 kg).

Sechs- bis Siebenfache, die von Mais nahezu auf das Vierfache gestiegen ist.[7] In demselben Tempo erhöhte sich auch die Hafer- und die Gerstenproduktion, während die Leinsamenproduktion noch rascher stieg.

b) *Die Produktionssteigerung wurde hauptsächlich durch Erweiterung der Anbaufläche*, nicht aber durch Intensivierung und Erhöhung der Ertragsfähigkeit *erreicht*. Dieser Umstand ist für den Vergleich mit der gegenwärtigen Agrarkrise von Bedeutung (vgl. Tabelle 2).

Tabelle 2
Anbauflächen in den USA (in Mio Acres)

	1866	1870	1880	1890	1891
Mais	30	38	63	75	79
Weizen	15	21	38	37	41

Quelle
Historical Statistics of the United States, 1. Aufl., a. a. O., S. 106.

Die „Ernte"fläche ist kein exakter Maßstab, da hier die Aussaaten auf der nichtabgeernteten Fläche unberücksichtigt bleiben, die bei extensiver Wirtschaft oft sehr bedeutend ist.

Tabelle 3
Mittlere Weizenerträge (Bushel je Acre)

1870—1874	1875—1879	1880—1884	1885—1889	1890—1894
12,1	12,4	12,2	12,9	13,8

Quellen
M. Sering, Die landwirtschaftliche Konkurrenz Nord-Amerikas in Gegenwart und Zukunft, a. a. O., S. 737 und eigene Berechnungen auf der Grundlage von Zahlen aus „Historical Statistics of the United States, 1. Aufl., a. a. O., 1885—1894 — S. 106.

7 Für Kanada als Großproduzent und -exporteur von Weizen stehen uns leider keine entsprechenden Angaben zur Verfügung.

Der *durchschnittliche Ernteertrag wuchs* also, wie Tabelle 3 zeigt, *nicht oder nur sehr langsam*. Der Rückstand hinter den Erträgen in Westeuropa war sehr groß (vgl. Tabelle 4).

Tabelle 4
Ernteerträge in den siebziger Jahren des 18. Jh. (Bushel je Acre)

England	Belgien	Deutschland	Frankreich	USA
29,9	27,9	19,5	17,1	12,25

Quelle
M. Sering, Die landwirtschaftliche Konkurrenz Nord-Amerikas in Gegenwart und Zukunft, a. a. O., S. 472. Die Angaben für Frankreich sind wahrscheinlich zu niedrig.

Der Weizen wurde in den USA auf extensivem Wege bei niedrigen Produktionskosten erzeugt. Bei dem Überfluß an ungenutztem Boden war die Grundrente, wie Marx zeigte, nur nominal. Das Neuland wurde in der Regel nicht von kapitalistischen Betrieben, sondern von Farmern kultiviert, die dazu vor allem die Arbeitskraft ihrer Familie einsetzten. Und die Farmer wurden von den Eisenbahngesellschaften ausgebeutet, die sich in Händen der örtlichen Monopole befanden.

Der nicht für den Eigenverbrauch benötigte Weizen wurde nach Westeuropa exportiert, vor allem nach England, das damals unter einer akuten Krise seiner Getreidewirtschaft und einer Agrarkrise schlechthin zu leiden hatte (vgl. Tabelle 5).

Tabelle 5
Amerikanischer Weizen- und Mehlexport (in Mio Bushel Weizen)

1860	1870	1880
16	52	180

Quelle
M. Sering, Die landwirtschaftliche Konkurrenz Nord-Amerikas in Gegenwart und Zukunft, a. a. O., S. 739.

Der amerikanische Weizen verdrängte den Weizen anderer Länder vom englischen Markt; sein Marktanteil stieg von 12% im Zeitraum 1851—1855 auf 54% in den Jahren 1876 bis 1880.[8] Die Konkurrenz des amerikanischen Weizens bewirkte einen Preissturz auf dem englischen Markt, der damals das Weltpreisniveau für Weizen bestimmte. Die Weizenpreise in allen Ländern entsprachen etwa dem englischen Preis abzüglich der Transportkosten aus dem Erzeugerland nach England (vgl. Tabelle 6).

Eine königliche Kommission, die zur Klärung der Ursachen der Krise in der englischen Farmwirtschaft eingesetzt worden war, stellte 1882 in ihrem Bericht fest: „. . . fast in allen

8 Durch den Bau der transkontinentalen Eisenbahnen in den USA und die Entwicklung der Hochsee-Dampfschiffahrt wurde dieser Prozeß gefördert.

Tabelle 6
Weizenpreise in England und Preußen (Reichsmark je t)

	1871—1875	1881—1885
England	246	180
Preußen	235	190

Quelle
M. Sering, Die landwirtschaftliche Konkurrenz Nord-Amerikas in Gegenwart und Zukunft, a. a. O., S. 555.

Gegenden Englands und Schottlands gerieten die Farmer in beispiellose Not; weite Flächen guten Ackerbodens wurden in Weideland umgewandelt". Es steht außer Zweifel, daß die in ungekanntem Ausmaß erfolgte Einfuhr von Getreide, insbesondere aus den USA, die ohnehin schwere Lage der Farmer erheblich verschlechtert hat.

Wir fassen zusammen: Die Agrarkrise des 19. Jahrhunderts wurde keinesfalls durch eine *Industriekrise* verursacht. Weder Engels, noch Sering, noch andere Wissenschaftler, die die Agrarkrise des 19. Jahrhunderts untersuchten, sahen als Ursachen dieser Erscheinung Industriekrisen an.[9]

In den Jahren der Agrarkrise fanden drei industrielle Zyklen statt, die mit den Krisen der Jahre 1873, 1882 und 1890 abschlossen. Hätte also eine Industriekrise die Agrarkrise verursacht, wäre anzunehmen, eine industrielle Konjunktur hätte die Agrarkrise beenden müssen.[10]

Die Agrarkrise des 19. Jahrhunderts war ein in der Geschichte des Kapitalismus einmaliges Ereignis, das natürlich durch den Grundwiderspruch des Kapitalismus und die daraus resultierende Beschränktheit der kauffähigen Nachfrage der Gesellschaft sowie durch die rasche Ausdehnung der Anbaufläche auf den fruchtbaren Böden der USA[11] und später auch anderer amerikanischer Länder hervorgerufen wurde. Es war dies eine Krise der Landwirtschaft Westeuropas und des Ostens der USA, und zwar vor allem der *Getreidewirtschaft*[12] (vgl. Tabelle 7), jedoch keine Weltagrarkrise mit einer Ausdehnung über alle Länder und alle Landwirtschaftszweige (sofern warenproduzierend), wie es bei der gegenwärtigen Agrarkrise der Fall ist.

9 Sering spricht zwar von einem Einfluß der Krise von 1873, jedoch in einem ganz anderen Sinne. Er schreibt (S. 532), daß durch die große Arbeitslosigkeit während der Krise von 1873 die Expansion der Getreideproduktion vorangetrieben wurde, da Arbeitskräfte aus der Industrie des amerikanischen Ostens für die Landwirtschaft des Westens freigesetzt wurden.

10 Es gibt natürlich eine Reihe von Faktoren — fixierte Grundrente, Unmöglichkeit des Einsatzes der Arbeitskraft des Bauern außerhalb seiner Wirtschaft u. ä. —, die den Agrarkrisen tendenziell einen längerfristigen Charakter verleihen.

11 Absolut ausgeschlossen werden kann die Wiederholung eines solchen Ereignisses auf Erden natürlich nicht. Das Amazonasbecken hätte nach einer Schätzung A. v. Humboldts schon vor 100 Jahren 500 Mill. Menschen ernähren können, wenn es gelänge, den unbändigen Unkrautwuchs einzudämmen, der die Saaten von Kulturpflanzen erstickt. Auch die Bewässerung der Sahara (beim heutigen Stand der Technik kein absurder Gedanke) könnte eine entsprechende Wirkung haben. Hierbei handelt es sich allerdings um Möglichkeiten, deren Realisierung in der kapitalistischen Gesellschaftsordnung wenig wahrscheinlich ist.

12 Die Tierproduktion in den USA entwickelte sich weitaus langsamer als der Ackerbau.

Tabelle 7
Viehbestand in den USA (Mio Stück)

	1867	1877	1887	1897
Rinder	29	37	57	50
Schweine	34	39	43	51

Die Agrarkrise des 19. Jahrhunderts war etwa Mitte der neunziger Jahre beendet. Wie wurde sie überwunden?

1. Zum Teil durch Ruinierung der ökonomisch schwachen Bauern und Grundbesitzer, Fall der Grundrente und des Pachtzinses.

2. Zum Teil durch die auf dem europäischen Kontinent erfolgte Einführung von Zöllen auf die Einfuhr von Agrarerzeugnissen, insbesondere Getreide und Getreideerzeugnissen, so daß die Preise auf dem Binnenmarkt über den Weltmarktpreisen lagen.

3. Durch einen Stopp der Erweiterung der Weizenanbaufläche in den USA nach 1896; der Maisanbau nahm nur sehr geringfügig zu.[13]

4. Die wichtigste Rolle spielte der *Übergang zu einer intensiveren Landwirtschaft in Europa* mittels verstärkten Einsatzes von Düngemitteln sowie durch Entwicklung der nichtgetreideproduzierenden Zweige der Landwirtschaft — intensive Viehzucht, Anbau von Futtermitteln, Obst und Gemüse sowie technischen Kulturen. In dieser Hinsicht nahm die Entwicklung einen *progressiven* Verlauf — ein Umstand, der für die Analyse der gegenwärtigen Agrarkrise äußerst wichtig ist.

Worin bestanden die sozial-historischen Bedingungen, die in jener Zeit zusätzliche Märkte für die Erzeugnisse der Tierproduktion, des Obst- und Gemüseanbaus sowie der technischen Kulturen schufen?

In erster Linie bewirkten der Aufschwung der Industrie und das damit verbundene rasche Anwachsen der Stadtbevölkerung einen zusätzlichen Bedarf an tierischen Erzeugnissen, Obst und Gemüse. Es war dies die Periode der endgültigen Aufteilung der Welt unter den imperialistischen Staaten und des damit verbundenen Entstehens einer mehr oder minder breiten Schicht der Arbeiteraristokratie in den imperialistischen Ländern Europas, woraus eine zusätzliche Nachfrage nach hochqualitativen Lebensmitteln erwuchs. Kurzum, der Hauptfaktor für die Überwindung der Agrarkrise in Europa war die allgemeine Beschleunigung in der kapitalistischen Entwicklung, die schon in die Periode des Übergangs des Kapitalismus in sein monopolistisches Stadium fiel und auf die Lenin in seinem Buch „Der Imperialismus als höchstes Stadium des Kapitalismus" hinwies.

Diese Prozesse lassen sich am Beispiel Deutschlands illustrieren. Die deutsche Tierproduktion entwickelte sich in den Jahren der Agrarkrise wie folgt (vgl. Tabelle 8).

Der für eine extensive Wirtschaft charakteristische hohe Bestand an Schafen ging stark zurück, während der Bestand an Rindern und vor allem an Schweinen erheblich anwuchs. Gleichzeitig verbesserte sich die Qualität des Viehs — das Durchschnittsgewicht und die Milcherträge der Kühe nahmen zu.

Auch der Ackerbau wurde intensiver: im Zeitraum 1878—1884 wurden durchschnitt-

13 Historical Statistics of the United States, 1. Ausgabe, S. 106.

Tabelle 8
Viehbestand in Deutschland (Mio Stück)

Jahr	Pferde	Rinder	Schweine	Schafe
1873	3,4	15,8	7,1	25
1892	4,0	17,5	12,2	13,6
1913	4,5	20,9	25,6	5,5

Quelle
Statistisches Jahrbuch für das Deutsche Reich, 1914, S. 51—53.

lich 15,4 dt Weizen je Hektar geerntet[14], 1903—1907 bereits 19,8 dt/ha[15]. Die Erträge der übrigen Kulturen stiegen etwa in dem gleichen Maße.

Die Gewinner waren allerdings nicht die Bauern, sondern vor allem die deutschen Agrarier, die vom Staat mannigfach unterstützt wurden.

Das Problem der Agrarkrise des 19. Jahrhunderts bedarf natürlich einer tieferen marxistischen Analyse auf der Grundlage der Primärquellen aus jener Zeit. Fest steht jedoch, daß die Prozesse, die Lenin in seinen berühmten Arbeiten über die Agrarfrage untersucht hat — Herausbildung eines Binnenmarktes für den Kapitalismus durch Differenzierung der Bauernschaft, Konzentration der landwirtschaftlichen Produktionsmittel in den Händen kapitalistischer Elemente usw. — ganz unabhängig davon verlaufen, ob eine Agrarkrise existiert oder nicht (Lenin verfaßte seine Arbeiten nach Beendigung der Agrarkrise des 19. Jahrhunderts und vor Beginn der Agrarkrise des 20. Jahrhunderts). Die Agrarkrise beschleunigt diese Prozesse und macht sie für die Werktätigen auf dem Lande nur noch unerträglicher.

Ausbleiben einer Agrarkrise Anfang des 20. Jahrhunderts

Anfang des 20. Jahrhunderts, bis zum ersten Weltkrieg, näherte sich die westeuropäische Landwirtschaft der amerikanischen Konkurrenz an. Die Agrarpreise fielen schon nicht mehr, sondern hatten eine steigende Tendenz (vgl. Tabelle 9).

Tabelle 9
Börsenpreise für Getreide (Reichsmark je t)

	Weizen		Roggen		Mais	
	1904	1913	1904	1913	1904	1913
London	144	158	—	—	—	—
Amsterdam	152	163	108	131	—	—
Chikago	—	—	—	—	83	103

Quelle
Statistisches Jahrbuch für das Deutsche Reich, 1914, S. 23x.

14 M. Sering, Die landwirtschaftliche Konkurrenz Nord-Amerikas in Gegenwart und Zukunft, a. a. O., S. 472.

15 Statistisches Jahrbuch für das Deutsche Reich 1914, S. 44.

Noch stärker zogen zwischen 1904 und 1913 die Börsenpreise für tierische Erzeugnisse an. In London kletterte der Rindfleischpreis von 102 auf 119 Reichsmark je 100 kg, argentinisches Rindfleisch stieg von 48 auf 61 Mark, Schweinefleisch von 92 auf 134 Mark. Die gleiche Preisentwicklung war auch auf anderen europäischen Märkten zu beobachten.[16]

Große Bedeutung hatte hierbei der Umstand, daß die Anbaufläche für Weizen und Mais in den USA nicht weiter anwuchs, denn die Ernten stabilisierten sich (vgl. Tabelle 10), so daß bei steigendem Inlandsverbrauch die Ausfuhr relativ zurückging, und die Preise in den USA stiegen an.

Tabelle 10
Durchschnittliche jährliche Anbauflächen und Erträge bei Weizen und Mais in den USA

	Anbaufläche (Mio Acres)		Ernteerträge (Mio Bushel)	
	1896—1900	1909—1913	1896—1900	1909—1913
Weizen	47	48	710	682
Mais	92	101	2547	2632

Quelle
Historical Statistics of the United States, 1. Aufl., a. a. O., S. 106 (jährliche Durchschnitte von mir errechnet).

Der Farmabgabepreis für einen Bushel Weizen veränderte sich von 0,72 Dollar im Jahre 1896 auf 0,99 im Jahre 1909 und 0,80 im Jahre 1913, und der Maispreis erhöhte sich entsprechend von 0,21 auf 0,58 und 0,68 Dollar.

Die Agrarkrise des 19. Jahrhunderts war somit Anfang des neuen Jahrhunderts überwunden.

Die Agrarkrise nach dem ersten Weltkrieg

Die Agrarkrise des 20. Jahrhunderts setzte bald nach Beginn der allgemeinen Krise des Kapitalismus ein. Der amerikanische Weizenpreis, der während des Krieges jäh emporschnellte und 1919 2,13 Dollar je Bushel betrug, sank bis 1921 auf 0,90 Dollar, d. h. unter das Niveau von 1909. Mit den Preisen für die anderen Getreidearten verhielt es sich ebenso.

Warum dieser starke Preisrückgang? Die Hauptursache war eine beträchtliche Ausdehnung der Anbaufläche in Übersee in und nach dem ersten Weltkrieg. Insofern war die Situation der Agrarkrise des 19. Jahrhunderts nicht unähnlich. Die Weizenanbaufläche in den USA vergrößerte sich von 52 Mill. Acres 1913 auf 74 Mill. Acres 1919. Noch mehr extendierte die Anbaufläche in Kanada: von 4 Mill. ha im Durchschnitt der Jahre 1909—1913 auf 8,7 Mill. ha im Durchschnitt der Jahre 1920—1924.

Das Wachstum der landwirtschaftlichen Produktion war jedoch anderer Natur als im 19. Jahrhundert. Die Anbaufläche wurde nun nicht mehr von den kleinen Farmern aus-

16 Ebenda, S. 23x. Der Preisanstieg trug keinen inflationären Charakter: In Westeuropa existierte damals die Goldwährung.

gedehnt, die die jungfräulichen Böden mit der eigenen Arbeitskraft bearbeiteten, wie in den USA in den 70er und 80er Jahren des 19. Jahrhunderts der Fall, sondern vor allem von den kapitalistischen Unternehmern und kapitalistischen Farmern. Die in den Kriegsjahren akkumulierten Kapitale relativ kleiner Größe, die infolge der Aktivitäten der Monopole nur schwer in der Industrie oder im Verkehrswesen angelegt werden konnten, wurden verstärkt in die Landwirtschaft der kapitalistischen Länder investiert. *Diese Situation ist für die gesamte Periode der allgemeinen Krise des Kapitalismus charakteristisch. Sie ist die Hauptursache der Agrarkrise des 20. Jahrhunderts. Die Landwirtschaft der hochentwickelten kapitalistischen Länder ist im Laufe des 20. Jahrhunderts allmählich aus dem Manufakturstadium in das maschinelle, in das Fabrikstadium ihrer Entwicklung übergegangen.*

Die Vertreter der Theorie, wonach die Agrarkrisen auf industrielle Überproduktionskrisen zurückzuführen seien, behaupten, die Industriekrise von 1920/21 hätte die Agrarkrise verursacht. Die Fakten erbringen dafür keinen Beweis. Damit die Industriekrise durch Sturz der Agrarpreise eine Agrarkrise herbeiführen könnte, hätte der Verbrauch an landwirtschaftlichen Erzeugnissen wesentlich zurückgehen müssen. Die Krise von 1920/21 war aber von zu kurzer Dauer, um dies bewirken zu können. Von ihr waren vor allem Länder erfaßt, die nicht am Kriege teilnahmen, in erster Linie die USA, die sich im wesentlichen kaum am Kriege beteiligten. Die Zahlen über den Pro-Kopf-Verbrauch zur Zeit der Krise zeigen deutlich, daß nicht ein Rückgang des Verbrauchs die Ursache für den Preisverfall gewesen sein kann. Der durchschnittliche jährliche Pro-Kopf-Verbrauch ist zwar gesunken, aber bei weitem nicht in einem solchen Maße, das einen Preissturz bewirkt hätte (vgl. Tabelle 11).

Tabelle 11
Jahresdurchschnittlicher Pro-Kopf-Verbrauch der Bevölkerung in den USA

	1913	1920	1921	1922
Kilokalorien pro Tag	3480	3350	3260	3460
Weizenmehl (Pfund pro Jahr)	206	186	177	181
Fleisch, alle Arten (Pfd. pro Jahr)	144	136	134	138
Fette, alle Arten (Pfd. pro Jahr)	37	36	36	40
Zucker (Pfund pro Jahr)	81	86	87	104
Kartoffeln (Pfund pro Jahr)	185	146	154	154

Quelle
Historical Statistics of the United States, 1. Aufl., a. a. O., S. 52—54.

Solche statistischen Angaben sind bekanntlich recht ungenau. Sie zeigen jedoch mit hinreichender Klarheit, daß (mit Ausnahme bei Kartoffeln) der Rückgang im Verbrauch sehr unerheblich war. Die Abnahme des Brotverbrauchs betrug keine 10%, während der Verbrauch an Fetten und Zucker sogar stieg. Die unbedeutende Verringerung des Brotkonsums konnte kaum eine Agrarkrise hervorrufen.[17]

17 Der Klassencharakter des Verbrauchs geht anschaulich aus der Tatsache hervor, daß vor allem der Verbrauch an Mehl (Brot) und Kartoffeln gesunken ist, nicht aber der Verbrauch an Nahrungsmitteln, die von Personen mit höherem Einkommen bevorzugt wurden, wie Fleisch, Fette und Zucker; der Kalorienverbrauch blieb im wesentlichen unverändert.

Noch schwerer ist es für die Vertreter der Theorie der Verursachung der Agrarkrisen durch Industriekrisen, die weitere Entwicklung der Agrarkrise zu erklären. In dem genannten Lehrbuch für politische Ökonomie heißt es: „Die Landwirtschaft hatte sich noch nicht von dieser Krise (von 1921 — E. V.) erholt, als sich Ende 1928 deutliche Merkmale einer in Kanada, den USA, Brasilien und Australien einsetzenden neuen Agrarkrise abzeichneten.“[18]

Daraus folgt, daß die Agrarkrise von 1921 schon nach drei bis vier Jahren beendet war, was indes dem richtigen Hinweis der Autoren auf den langwierigen Charakter von Agrarkrisen widerspricht.

Wir aber möchten K. V. Ostrovitjanov, I. D. Laptev, Ė. L. Šifrin und die anderen Anhänger der Theorie der Verursachung der Agrarkrisen durch Industriekrisen bitten zu erklären, wie nach ihrer Meinung „Ende 1928“ eine Agrarkrise einsetzen konnte, wenn zu dieser Zeit die Industriekrise noch nicht ausgebrochen war?

Schließlich weiß jedermann, daß die Krise von 1929—1933 in den USA mit dem Börsenkrach vom Herbst 1929 begann, die Industrieproduktion aber — nach einem kurzzeitigen Rückgang — noch bis in die ersten Monate des Jahres 1930 gestiegen ist. De facto entfaltete sich die Krise erst im zweiten Halbjahr 1930. Und in einzelnen kapitalistischen Ländern, z. B. in Frankreich, begann die Krise erst 1931.[19]

Wie nur, durch welchen ökonomischen Mechanismus konnte die Krise von 1929—1933 noch vor ihrem Ausbruch die Agrarkrise „verursachen“? Irgend etwas scheint hier nicht zu stimmen.

Die Behauptung, daß die Agrarkrisen von Industriekrisen erzeugt werden, widerspricht nicht nur den Tatsachen, sondern auch einem direkten Hinweis von Marx. In seiner einzigen Äußerung über die Agrarkrise des 19. Jahrhunderts erklärte Marx: „Was die Agrarkrise betrifft, so wird sie sich entwickeln, an Stärke zunehmen und nach und nach zu einem Höhepunkt kommen, um eine völlige Revolution in den ländlichen Eigentumsverhältnissen mit sich zu bringen — ganz unabhängig von den Zyklen der kommerziell-industriellen Krisen.“[20]

Für die Behauptung, daß Ende 1928 eine *neue* Agrarkrise in den USA eingesetzt hat, sprechen keinerlei konkrete Fakten (vgl. Tabelle 12).

Tabelle 12

Ökonomische Grundkennziffern der amerikanischen Landwirtschaft (in Mio Dollar)

Jahr	Bruttoeinkommen der Farmer	Geldeinkünfte der Farmer	von den Farmern realisierte Preise	von den Farmern bezahlte Preise
			(1910—1914 = 100)	
1928	13550	11072	151	155
1929	13824	11296	149	154

Quelle

Historical Statistics of the United States, 1. Aufl., a. a. O., S. 99.

18 Diesen Passus wiederholt (ohne Quellenangabe) auch Ė. L. Šifrin in seinem oben erwähnten Buch (S. 8).

19 Vgl. Mirovye ėkonomiševskie krizisy 1848—1935gg., Bd. 1, Staatlicher Verlag für Wirtschaftsliteratur, Moskau 1937.

20 K. Marx, Brief an Nikolai Franzewitsch Danielson vom 12. September 1880, in: MEW, Bd. 34, Berlin 1973, S. 464.

Die angeführten Zahlen zeigen keine Veränderungen, die über das Maß der statistischen Ungenauigkeit hinausgingen. Die Weizenanbaufläche in den USA wuchs sogar von 59 Mill. Acres im Jahre 1928 auf 63 Mill. Acres im Jahre 1929 an.

Für bestimmte Länder finden sich zwar *einzelne* Kennziffern, die von einer Verschlechterung der Lage im Jahre 1928 sprechen. Aus solchen partiellen Fakten kann man jedoch keine Theorie konstruieren. Eine richtige marxistische Theorie muß alle, jedenfalls aber die wichtigsten, die *allgemeinen* Erscheinungen erklären.[21] 1928 konnte noch die alte Agrarkrise fortwirken, gab es aber noch keine Anzeichen für eine neue Agrarkrise.

Natürlich hat die industrielle Krise von 1929—1933, die die tiefgreifendste und langwierigste aller in der Geschichte des Kapitalismus bis heute bekannten Krisen war, die Agrarkrise in starkem Maße vertieft und verschärft. Die Industriekrise bewirkte einen starken Rückgang der Agrarpreise (vgl. Tabelle 13).

Tabelle 13
Landwirtschaftliche Großhandelspreise (Börsenpreise)

	1929	1932
(Winter-) Weizen (in Dollar je Bushel)	1,16	0,47
Mais (in Dollar je Bushel)	0,95	0,32
Schweinefleisch (in Dollar je 112 engl. lb.)	10,42	3,89
Baumwolle (in dt je Pfund Sterling)	18,50	6,36

Quelle
The Morgan Guaranty Trust Survey, Dezember 1963, S. 10.

Der heftige Preissturz bildete den Ausgangspunkt für die Schaffung eines Systems staatlicher Preisgarantien in den USA, das bis heute existiert.

Der Pro-Kopf-Verbrauch in den USA ging, wie die Angaben der Tabelle 14 zeigen, erheblich zurück.

Tabelle 14
Entwicklung des Pro-Kopf-Verbrauchs in den USA

	1929	1935
Kilokalorien pro Tag	3480	3170
Weizenmehl (Pfund pro Jahr)	173	150
Kartoffeln (Pfund pro Jahr)	155	138 (1934)
Fleisch (Pfund pro Jahr)	131	116
Fett (Pfund pro Jahr)	45	42 (1932)

Quelle
Historical Statistics of the United States, 1. Aufl., a. a. O., S. 52—54.

21 Wie kompliziert und widersprüchlich die Erscheinungen, besonders in der Landwirtschaft, sind, zeigen die folgenden Fakten. Der Preis für einen Bushel Mais in den USA betrug 1929 80 cents; 1932 fiel er auf 32 cents. Dessenungeachtet wurde aber die Maisanbaufläche von 97,8 Mill. Acres im Jahre 1929 auf 106 Mill. Acres im Jahre 1933 erweitert. 1932 hatte trotz der Industriekrise die Maisanbaufläche ihren größten Stand und die Maisernte eine Rekordhöhe für die damalige Zeit erreicht.

Das ist in der Tat ein beträchtlicher Rückgang. Besonderes Interesse verdient der Umstand, daß der allgemeine Lebensmittelkonsum sein niedrigstes Niveau im Jahre 1935 erreichte, als die Arbeiter infolge der langanhaltenden Massenarbeitslosigkeit alle Existenzmittel aufgebraucht und die Möglichkeiten zum Nahrungsmittelbezug auf Kredit ausgeschöpft hatten. Die anderen kapitalistischen Länder verzeichneten einen ähnlichen Rückgang im Pro-Kopf-Verbrauch.

Die Verringerung des Verbrauchs bewirkte ein Sinken der Preise für landwirtschaftliche Erzeugnisse. Die Monopole, die Mühlen-, Milch- und Fleischkombinate, die ihre Rohstoffe von den Farmern bezogen, setzten die Aufkaufpreise stark herab. Die Industriemonopole dagegen hielten ungeachtet der tiefen Krise ihre Verkaufspreise auf einem vergleichsweise höheren Niveau. Die „Preisschere" wurde für die amerikanischen Farmer ruinös.

Die Agrarkrise des 20. Jahrhunderts im Vergleich zur Agrarkrise des 19. Jahrhunderts

Die Agrarkrise des 20. Jahrhunderts unterscheidet sich ungeachtet der Tatsache, daß ihr natürlich ebenso wie der Agrarkrise des 19. Jahrhunderts der Widerspruch zwischen dem gesellschaftlichen Charakter der Produktion und der privatkapitalistischen Aneignung zugrunde liegt, grundsätzlich von dieser. Ausdrücklich sei darauf hingewiesen, daß wir zum Vergleich die Krise des 20. Jahrhunderts in der Periode ihrer vollen Entfaltung, d. h. Anfang der sechziger Jahre, heranziehen; an sich ist aber von der Agrarkrise die Rede, die sich schon vor dem zweiten Weltkrieg entfaltet hatte und durch diesen nur zeitweilig in ihrer Entwicklung unterbrochen wurde.

Ursache der Überproduktion während der Agrarkrise des 20. Jahrhunderts in der Periode nach dem zweiten Weltkrieg waren nicht die Erweiterung der Anbauflächen[22] und der technische Fortschritt im Transportwesen, wie bei der Krise im 19. Jahrhundert der Fall, sondern die Steigerung der Erträge durch Intensivierung der Produktion sowie massenhaften Einsatz von Maschinen und Mineraldünger — mit anderen Worten: *die Umwandlung der Landwirtschaft der hochentwickelten kapitalistischen Länder in einen Zweig der kapitalistischen maschinellen Produktion.*

Als Beispiel sei die Entwicklung der Weizenerträge in den kapitalistischen Hauptländern angeführt (vgl. Tabelle 15).

Diese Zahlen sind freilich mit einer Ungenauigkeitstoleranz von ±10% behaftet. Das Ernteergebnis eines bestimmten Jahres hängt auch von den Witterungsbedingungen ab. Trotz der Ungenauigkeit des Zahlenmaterials leuchten jedoch zwei Tatsachen ein:

1. Beginnend mit den letzten Jahren vor dem ersten Weltkrieg bis hin zum zweiten Weltkrieg hielten sich die durchschnittlichen Weizenerträge in den wichtigsten kapitalistischen Ländern etwa auf ein und demselben Niveau. Eine bedeutende Rolle spielte in diesem Zusammenhang die tiefgreifende und langanhaltende Industriekrise von 1929 bis 1933.

2. Zwischen 1937 und 1960—1962 erhöhte sich der durchschnittliche Weizenertrag um 50 bis 100%. Eine analoge Steigerung erfuhren auch die Erträge anderer Kulturen.

22 Nur in den ersten Jahren nach dem zweiten Weltkrieg, als sich die westeuropäische Landwirtschaft in einem schlimmen Zustand befand, wurden die Saatflächen in den USA und Kanada erweitert.

Tabelle 15
Entwicklung der Weizenerträge* (dt/ha)

	Bis zum 1. Weltkrieg (1912 oder 1913)	Bis zum 2. Weltkrieg (1931—1935)	1937	1960	1962
USA	10,2	8,8	9,2	17,4	16,1
Deutschland	23,6	21,2	21,7	35,6 (BRD)	35,1 (BRD)
Frankreich	13,8	16,0	13,3 (1936)	25,0	24,4
England	21,0	23,2	20,6	35,0	40,2
Argentinien	7,8	9,4	8,2	13,3	—

* Weizen als die Hauptkultur kann hier für alle Arten der Getreideproduktion stehen. Marx bediente sich dieses Beispiels bekanntlich bei seiner Analyse der Grundrente.

Quellen
Statistisches Jahrbuch für das Deutsche Reich. 1914. Internationale Übersichten; dto. 1938. Internationale Übersichten; Statistisches Jahrbuch für die Bundesrepublik Deutschland. 1962; Wirtschaft und Statistik, 10/1962, S. 604/605; Monthly Bulletin of Agricultural Economics and Statistics (FAO), 1962, div. Nummern; 1963, Nr. 1.

Woher kommt dieses in der Geschichte des Ackerbaus beispiellos schnelle Wachstum der Ernteerträge insbesondere in hochentwickelten kapitalistischen Ländern wie den USA, der BRD, Frankreich und England?

Die Ursache sind neue Investitionen sehr großen Ausmaßes in die kapitalistischen Landwirtschaftsbetriebe in Gestalt von Maschinen, Mineraldünger, Herbiziden usw. — kurzum: die Umwandlung der kapitalistischen Landwirtschaft in einen Zweig der maschinellen Produktion.

Als Beispiel dafür dient uns wiederum die Landwirtschaft der USA (vgl. Tabelle 16).

Tabelle 16
Technische Ausstattung der amerikanischen Landwirtschaft

Jahr	Wert der Maschinen und Ausrüstungen (in Mrd. Dollar)	im Durchschnitt je Beschäftigter in der Landwirtschaft (in Dollar)
1910	1,4	103
1958	17,4	2020
1960	18,4	2592

Quellen
Offizielle Angaben in: Agricultural Statistics of the United States, 1959, S. 443, 451; dto., 1960, S. 448; Statistical Abstract of the United States, 1961, S. 215, 628; United States Income and Output, Washington 1958, S. 196.

Den Angaben dieser Tabelle hinzuzufügen ist noch der Wert des fixen Kapitals in Gestalt von Milchvieh, Schweinen, Mastvieh, Legehühnern usw. Der Wert der Ausstattung je Beschäftigter in der verarbeitenden Industrie der USA mit Produktionsmitteln (Maschinen und Ausrüstungen, ohne Gebäude) betrug

1929	1800 Dollar
1960	3037 Dollar.

Das Wachstum der Investitionen in der amerikanischen Industrie war zweifelsohne langsamer als in der Landwirtschaft. Die Investitionen je Beschäftigter in der Landwirtschaft sind heute höher als in vielen Zweigen der verarbeitenden Industrie.[23] (Dabei ist natürlich in Betracht zu ziehen, daß ein Teil der landwirtschaftlichen Produktionsmittel — Pflüge, Kombines, Sämaschinen — nicht wie die Maschinen in der Industrie das ganze Jahr über, sondern nur saisonweise in Betrieb sind.)

Neuinvestitionen von so großem Ausmaß erfolgen auch in den anderen hochentwickelten Ländern, allerdings natürlich nicht in den kleinen und mittleren Landwirtschaftsbetrieben. In den schwachentwickelten Ländern sind sie auch nicht anzutreffen.

Das Wachstum des Maschinenparks der amerikanischen Farmen ergibt folgendes Bild (vgl. Tabelle 17).

Tabelle 17
Entwicklung des Maschinenparks der amerikanischen Farmen (in Tsd.)

Jahr	Traktoren	Lkw	Kombines	Maisernte-maschinen	mit Melkanlagen ausgestattete Farmen
1920	246	139	4	10	55
1940	1545	1047	190	110	175
1960	4770	3110	1065	780	730

Quellen
Historical Statistics of the United States, 2. Aufl., Washington 1960, S. 284/285; Statistical Abstract of the United States, 1961, S. 639.

Die Anzahl der wichtigsten Maschinen auf den amerikanischen Farmen hat sich in den letzten 20 Jahren auf das Drei- bis Siebenfache erhöht. Ähnlich verlief die Entwicklung auch in den anderen hochentwickelten kapitalistischen Ländern. Um den Leser nicht mit den Zahlen zu ermüden, verzichten wir auf ihre Angabe.

Eine wichtige Rolle bei der Steigerung der Ernteerträge in den USA spielt die Zunahme des Einsatzes von Mineraldünger. Der Verbrauch an Mineraldünger erhöhte sich von 9,4 Mill. t im Jahre 1940 auf 25 Mill. t im Jahre 1959.[24] Nach dem zweiten Weltkrieg ist der Mineraldüngereinsatz auch in Westeuropa beträchtlich gestiegen. Der Verbrauch an Stickstoffdünger (in 1000 t reiner Stickstoff) in Westeuropa erhöhte sich von 2167 im Jahre 1954/55 auf 3060 im Jahre 1960/61.[25]

Intensivierung der Landwirtschaft und Überproduktion von landwirtschaftlichen Erzeugnissen finden nur in hochentwickelten Ländern statt. In den schwachentwickelten Ländern ist die Landtechnik bisher nur unerheblich vervollkommnet worden. Nach der letzten Erfassung in Indien, die 1956 durchgeführt wurde, gab es dort:

Holzpflüge (Hakenpflüge)	37000000
Eisenpflüge	2000000
Traktoren	18000

23 Der bekannte amerikanische Agrarkapitalist Hurst nennt andere Zahlen: 30000 Dollar Kapital je Arbeitsplatz in der amerikanischen Landwirtschaft, 15000 Dollar Kapital je Arbeitsplatz in der amerikanischen Industrie (U.S. News and World Report vom 2. April 1962, S. 78). Aber er bezieht hier offensichtlich auch den Bodenpreis und den Wert der Wohngebäude ein, und das ist nicht richtig.

24 Statistical Abstract of the United States 1961, S. 636.

25 DWI-Bericht, 8/1963, S. 12.

Es liegt auf der Hand, daß es mit solchen Produktionsmitteln unmöglich ist, die Nahrungsmittelproduktion anzuheben und die Bedürfnisse einer in raschem Tempo wachsenden Bevölkerung zu befriedigen. In den anderen schwachentwickelten Ländern ist die Situation ähnlich.

Die sich immer mehr vertiefende Kluft zwischen den hochentwickelten, reichen kapitalistischen Ländern und den schwachentwickelten, armen Ländern verleiht der Agrarkrise eine sehr widersprüchliche Form: *In den hochentwickelten Ländern (und in der Plantagenwirtschaft) gibt es Überproduktion von Nahrungsmitteln; in den schwachentwickelten Ländern herrschen Nahrungsmittelmangel und chronische Unterernährung.* Darin besteht der *zweite Unterschied* der Agrarkrise des 20. Jahrhunderts von der Agrarkrise des 19. Jahrhunderts.

Heute gibt es keinen „Hungerexport" von Getreide aus schwachentwickelten Ländern, den Engels als eine der Ursachen der Agrarkrise anführte. Im Gegenteil, in den letzten Jahren beliefern die hochentwickelten Länder (USA, Kanada, Frankreich) die schwachentwickelten Länder, u. a. Indien und Pakistan, mit Lebensmitteln. Die USA tun dies häufig in Form von Wirtschafts„hilfe". Die alte Vorstellung von den schwachentwickelten Ländern als „agrarische Anhängsel" der imperialistischen Länder ist zu überprüfen.

Dieser Doppelcharakter der Agrarkrise wird sich in der historischen Zeitspanne, in der der Kapitalismus noch existiert, kaum wesentlich ändern.

In den hochentwickelten kapitalistischen Ländern werden die Kapitalkonzentration und die Monopolherrschaft immer stärker, was die Anlage von Kapitalen kleiner und mittlerer Größe in der Industrie zunehmend erschwert, sieht man von der Möglichkeit des Aktienkaufs zum hohen Börsenwert, der nur wenig Dividende im Verhältnis zum Kaufpreis einbringt, oder von der Form des Leihkapitals ab. Für Kapitale dieser Größenordnung werden darum weiterhin Anlagemöglichkeiten in der Landwirtschaft gesucht, die auf diese Weise zu einem kapitalistischen Produktionszweig wird. Marx' theoretische Annahme, mit der er seine Analyse der Grundrente im „Kapital" beginnt, daß die Landwirtschaft auf rein kapitalistischer Grundlage betrieben wird, ist heute in den hochentwickelten kapitalistischen Ländern Wirklichkeit geworden.

Andererseits ermangelt es den schwachentwickelten Ländern nicht nur an dem zur Steigerung der Ernteerträge erforderlichen Kapital, sondern hier ist angesichts des noch immer bestehenden Systems feudaler oder halbfeudaler Latifundien (z. B. in der Türkei, in Pakistan, Brasilien, Argentinien, und selbst in Spanien und Süditalien) die Anlage von Kapital in der Landwirtschaft, selbst wenn es vorhanden wäre, unmöglich. Die gegenwärtige Situation der Landwirtschaft in den schwachentwickelten Ländern ist ohne radikale agrarische Umgestaltungen und große Investitionen nicht zu ändern.

Marx schreibt: „Die Form aber, worin die beginnende kapitalistische Produktionsweise das Grundeigentum vorfindet, entspricht ihr nicht. Die ihr entsprechende Form wird erst von ihr selbst geschaffen durch die Unterordnung der Agrikultur unter das Kapital . . ."[26]

Die schwachentwickelten kapitalistischen Länder sind aufgrund ihrer Agrarordnung, die der landwirtschaftlichen Produktion keine Entwicklungsmöglichkeiten bietet, immer weniger imstande, ihre rasch wachsende Bevölkerung mit Nahrungsmitteln zu versorgen. Im Jahre 1953 erklärte der Direktor der UNO-Organisation für Ernährung und Landwirtschaft (FAO), Dodd: „Die Kluft zwischen den Schlechternährten und den Gut-

26 K. Marx, Das Kapital. Dritter Band, in: MEW, Bd. 25, a. a. O., S. 630.

ernährten ist heute noch tiefer als früher"[27]. Zehn Jahre später hat diese Organisation in ihrem jüngsten Bericht die Aussichten bis 1970 als „Anwachsen des Nahrungsmittelüberflusses in den hochentwickelten Ländern und Anhalten, wenn nicht gar Zunahme, der Unterernährung und des Hungers in den weniger entwickelten Ländern"[28] umrissen.

In seiner Rede vor der Welternährungskonferenz im Juni 1963 in Washington verkündete Kennedy feierlich: „Der Krieg gegen den Hunger ist in der Tat ein Befreiungskrieg der Menschheit ... Auf Erden und im Weltraum gibt es keine wichtigere Schlacht, denn in einer Welt, deren eine Hälfte hungert und deren andere Hälfte satt ist, kann es keinen Frieden und Fortschritt geben ... Wir haben alle Möglichkeiten, den Hunger von der Erde zu verbannen. Für das nächste Jahr ist der Sieg nicht zu erwarten ... Er muß aber noch zu Lebzeiten unserer Generation errungen werden." Kennedy machte jedoch keine konkreten Ausführungen darüber, wie dies zu erreichen wäre.

In der amerikanischen Zeitschrift, der wir diese Äußerung Kennedys entnahmen, heißt es weiter: „Hinter dieser bemerkenswerten Deklaration über den Krieg gegen den Hunger stehen folgende erschreckende Tatsachen. Gegenwärtig sterben tagtäglich etwa 10000 Menschen an Unterernährung oder Hunger, das sind mehr als je zuvor in der Geschichte. Allein in Indien steht in den nächsten zehn Jahren fünfzig Millionen Kindern der Hungertod bevor. Über die Hälfte der drei Milliarden Menschen zählenden Erdbevölkerung lebt im Zustand chronischen Hungers ...

Weitaus besorgniserregender als das Wachstum der Weltbevölkerung ist die tiefe und immer weiter zunehmende Kluft zwischen den Armen und den Reichen. Ein Fünftel der Bevölkerung unseres Planeten — die Völker Nordamerikas, Westeuropas und Australiens — leben im Wohlstand. Ein Amerikaner beispielsweise verbraucht täglich 4,66 Pfund Nahrung. Der Durchschnittsinder begnügt sich, falls er sie überhaupt bekommt, mit einer Tagesration von 1,23 Pfund Nahrung, vorwiegend Reis. In den Vereinigten Staaten verzehrt selbst ein Haushund mehr Nahrung und dazu noch von höherer Qualität als ein indischer Arbeiter."[29]

Wir meinen, daß diese Perspektive nicht nur für den Zeitraum bis 1970 zutrifft, sondern vielmehr solange Gültigkeit hat, wie der Kapitalismus noch existiert.

Die feudalen Grundbesitzer der schwachentwickelten Länder setzen selbst einer bürgerlichen Umgestaltung der Landwirtschaft, die einen Aufschwung der Landwirtschaft mit Hilfe von Investitionen gestatten würde, hartnäckigen Widerstand entgegen. Wir führen dazu einige Beispiele aus bürgerlichen Quellen an.

„Ein klassisches Beispiel dafür, daß das System der mittelalterlichen spanischen Hazienda im 20. Jahrhundert noch immer existiert, ist Peru. 160000 Peruaner (1,5% der 11 Mill. Bevölkerung) besitzen 76,2% des Ackerbodens. Andererseits besitzen 6 Mill. Peruaner zusammen weniger als 1% des Ackerbodens. Auf den großen Haziendas werden solche Exportkulturen wie Baumwolle angebaut, die dem Haziendero märchenhafte Gewinne einbringt, während die Landbevölkerung nicht einmal genügend Grundnahrungsmittel hat."[30]

27 Daily Worker vom 14. November 1953.
28 Times vom 5. Mai 1962.
29 Newsweek vom 17. Juni 1963, S. 31.
30 Newsweek vom 28. Mai 1862, S. 43.

Eine andere Zeitschrift schreibt über Lateinamerika insgesamt: „Weniger als 6% der Böden werden bestellt oder für Baumkulturen genutzt ... Weniger als 5% der Grundeigentümer besitzen 70% des gesamten Ackerbodens. Nur ein Viertel dieses Bodens wird bestellt oder als Weideland genutzt. Eine Folge dieser Situation ist der Mangel an Nahrungsmitteln, der 17 lateinamerikanische Staaten zu Lebensmittelimporten zwingt, was oft mit einem enormen Abfluß an Devisen verbunden ist. Eine andere Folge besteht darin, daß ein bedeutender Teil der Bevölkerung zahlreicher Länder ein klägliches Dasein fristet, unter feudalen Verhältnissen lebt ... Der durchschnittliche Südamerikaner nimmt am Tage 1200 kcal. zu sich."[31]

Bei solchen Agrarverhältnissen ist eine Steigerung der landwirtschaftlichen Produktion fast unmöglich.

Die Angaben der Tabelle 18 veranschaulichen, daß die schwachentwickelten Länder angesichts der dort herrschenden Agrarverhältnisse im Gegensatz zu den hochentwickelten Ländern außerstande sind, die Ernteerträge zu steigern.

Tabelle 18
Weizenerträge (dt/ha)

Zeitraum	Indien	Algerien	Argentinien
1909—1913	8,1	6,7	6,6
1923—1927	7,5	5,3	8,6
1925—1929	6,8	5,5	8,6
1929—1933	7,2	5,3	8,8
1934—1938	6,9	5,6	9,8
1948/49—1952/53	6,7	6,2	11,5
1958/59	6,8	6,3	12,8
1959/60	7,9	6,4	13,3
1960/61	7,8	7,8	11,0

Quellen
Annuaire International de Statistique Agricole, 1928/29, 1931/32, 1939/40; International Yearbook of Agricultural Statistics, 1933/34; United Nations. FAO. Yearbook, 1961.

Nach dem zweiten Weltkrieg kam es nur in Argentinien zu einer bedeutenden Ertragssteigerung. In Indien und Algerien sind die Ernteerträge auch heute noch nicht höher als vor dem ersten Weltkrieg. Die Reiserträge in Indien sind zur Zeit sogar noch niedriger als vor dem ersten Weltkrieg: 16,5 dt/ha in den Jahren 1909—1914 und 15,2 dt/ha im Jahr 1961.

Der sprunghafte Anstieg der Ernteerträge infolge immer neuer Investitionen in ein und dieselbe, mitunter gar schrumpfende Bodenfläche in der Landwirtschaft der hochentwickelten Länder *widerlegt absolut* die seit eineinhalb Jahrhunderten in der bürgerlichen politischen Ökonomie herrschende Theorie vom abnehmenden Bodenertrag[32], die der Rechtfertigung der Armut der Werktätigen im Kapitalismus diente. Die gesamte Nach-

31 U. S. News & World Report vom 21. August 1961, S. 54.

32 Die Propaganda der Theorie vom abnehmenden Bodenertrag war so stark verbreitet, daß auch wir früher einmal diesem Irrtum erlagen.

kriegsentwicklung hat voll und ganz die Richtigkeit der Marxschen These bewiesen, daß Zusatzinvestitionen in der Landwirtschaft je nach den konkreten Bedingungen auch zu einem großen Zuwachs der Ernte und des Einkommens im Vergleich zur vorausgegangenen Periode führen können.

Die Entwicklung der Landwirtschaft ist kein geradliniger Prozeß. In England z. B. wurde die Anbaufläche während des zweiten Weltkrieges vergrößert, und nach dem Kriege wurde sie wieder verringert (vgl. Tabelle 19).

Tabelle 19
Anbauflächen und Wiesen in England (Mio Acres)

	1938	1944 (max.)	1948	1960
Gesamte Anbaufläche	9,0	14,5	13,2	11,2
davon Weizenanbaufläche	1,9	3,2	2,3	2,1
Wiesen (zeitweilige und Dauerwiesen)	22,7	16,4	17,9	19,6

Quelle
United Kingdom Annual Abstract of Statistics, 1938—1948, S. 171; 1961, S. 169.

Die Tabelle 20 vermittelt uns ein Bild über die Entwicklung in drei typischen großen Weizenanbauländern.

Tabelle 20
Entwicklung der Weizenanbaufläche und -erträge in drei typischen Erzeugerländern

	Anbaufläche (Mio ha)			Erträge (dt/ha)		
	1937	1960	1961	1937	1960	1961
Kanada	10,4	9,4	9,6	4,8	14,2	7,4
Australien	5,7	4,9	5,7	9,0	11,1	10,4
Argentinien	6,2	4,4 (1959)	4,6	8,1	13,3	—

Quellen
Statistisches Jahrbuch für das Deutsche Reich. 1938. Internationale Übersichten, S. 44x; Statistisches Jahrbuch für die Bundesrepublik Deutschland. 1961. Internationale Übersichten, S. 46x; dto. 1962, S. 46x.

Dieses Bild unterscheidet sich in nichts von der Entwicklung in den hochentwickelten kapitalistischen Ländern: Die Weizenanbaufläche wird kleiner, doch die Erträge steigen währenddessen erheblich (Kanada hatte 1961 eine Mißernte).

Damit ist klar, daß die *Ursache der Überproduktion in der ganzen kapitalistischen Welt nicht eine Ausdehnung der Anbaufläche war wie während der Agrarkrise des 19. Jahrhunderts, sondern die Ertragssteigerung bei reduzierter Anbaufläche.*

Einen bedeutenden Aufschwung nahm in den hochentwickelten kapitalistischen Ländern auch die Tierproduktion. Es hat sich nicht nur der Viehbestand erhöht[33] (mit Aus-

33 In England war, nach offiziellen Angaben, von 1950 bis 1960 folgendes Wachstum zu verzeichnen (in Mill.):

Rinderbestand	von 10,6 auf 11,8
Schweinebestand	von 3,0 auf 5,7
Schafbestand	von 20,4 auf 27,9.

nahme von Pferden), sondern es ist auch ein erhebliches Wachstum in der *Produktivität* der Tierproduktion zu verzeichnen, die sich in Kennziffern widerspiegelt wie Milchertrag der Kühe, Schlachtgewicht der Schweine und des anderen Mastviehs. Als Beispiel führen wir Zahlen aus der BRD an (vgl. Tabelle 21).

Tabelle 21
Durchschnittlicher jährlicher Milchertrag je Kuh (in kg)

1937	1954—1959	1960	1961
2519	3068	3395	3428

Quellen
Statistisches Jahrbuch für das Deutsche Reich, 1938, S. 125; Statistisches Jahrbuch für die Bundesrepublik Deutschland, 1961, S. 183; 1962, S. 195.

Die kapitalistische Entwicklung der Landwirtschaft hat dieselben Auswirkungen wie auch die kapitalistische Entwicklung der Industrie: Verdrängung der Kleinproduzenten — der Klein- und Mittelbauern —, immer stärkere Konzentration der Produktion in großkapitalistischen Betrieben.

Zwischen beiden Prozessen besteht jedoch ein wichtiger Unterschied. In der kapitalistischen Industrie wurde die Verringerung der Zahl der Arbeiter infolge des Wachstums der Arbeitsproduktivität bislang durch eine Ausdehnung des Volumens der Industrieproduktion kompensiert. Erst in den allerletzten Jahren macht sich in den USA eine Tendenz zur Verringerung der Zahl der *Produktions*arbeiter in der Industrie bemerkbar. In der Landwirtschaft dagegen ist, wie von Marx schon vor fast 100 Jahren vorausgesehen, die *Verdrängung der Arbeiter durch das Kapital* absolut und endgültig. Marx schrieb: „Es liegt in der Natur der kapitalistischen Produktionsweise, daß sie die ackerbauende Bevölkerung fortwährend vermindert im Verhältnis zur nicht ackerbauenden . . . während in der Agrikultur das variable Kapital absolut abnimmt, das zur Exploitation eines bestimmten Bodenstücks erfordert ist, also nur wachsen kann, soweit neuer Boden bebaut wird . . .“[34]. Und die Anbaufläche in den kapitalistischen Ländern wächst bereits nicht mehr.

Die absolute Verdrängung der Arbeitskraft aus der Landwirtschaft läßt sich am besten am Beispiel der USA verfolgen. Die Zahl der in der amerikanischen Landwirtschaft Beschäftigten sinkt aufgrund des Wachstums der Arbeitsproduktivität unablässig (vgl. Tabelle 22).

Tabelle 22
Beschäftigte in der amerikanischen Landwirtschaft (Mio Menschen)

1929	1939	1949	1957	1961	1962
10,5	9,6	8,0	6,2	5,5	5,2

Quellen
Historical Statistics of the United States, 2. Aufl., a. a. O., S. 70; Federal Reserve Bulletin, Mai 1963, S. 700; Survey of Current Business, Dezember 1962, S. 27. Verdrängt wurden in erster Linie die selbständig Beschäftigten (self-employed); ihre Anzahl ging von 4,3 Mio im Jahre 1950 auf 2,6 Mio im Jahre 1962 zurück.

34 K. Marx, Das Kapital. Dritter Band, in: MEW, Bd. 25, a. a. O., S. 650.

Innerhalb von 12 Jahren, von 1949 bis 1961, ist die Zahl der in der Landwirtschaft der USA Beschäftigten um 2,5 Mill., d. h. um 30%, gesunken. Das ist eine Folge des raschen Wachstums der Arbeitsproduktivität in der Landwirtschaft. Die Stundenleistung (1947—1949 = 100) stieg von 54% im Jahre 1929 auf 210% im Jahre 1961[35], hatte also eine durchschnittliche jährliche Wachstumsrate von 12%.

Der große Fortschritt der Landwirtschaft der hochentwickelten kapitalistischen Länder ist mit den im Kapitalismus üblichen Konsequenzen verbunden: Ruinierung der werktätigen Bauernschaft[36] und Ausschluß mehrerer Millionen Arbeiter vom Produktionsprozeß. Dabei brachte die Überproduktion landwirtschaftlicher Erzeugnisse auch den Werktätigen in der Stadt nichts ein, denn die Lebensmittelpreise sind infolge der Aktivitäten des bürgerlichen Staates und der Monopole nicht gesunken.

*

Der entscheidende Unterschied zwischen der Agrarkrise des 19. und der Agrarkrise des 20. Jahrhunderts besteht in folgendem.

Die Agrarkrise des 19. Jahrhunderts war *ausschließlich eine Krise der Getreidewirtschaft*, und sie spielte sich *nur in Westeuropa und im Osten der USA* ab. Darum wurde diese Krise, die unter den Bedingungen der damals noch aufstrebenden Entwicklung des Kapitalismus stattfand (außer durch den Fall der Grundrente), durch eine verstärkte Entwicklung der Tierproduktion überwunden. Das rasche Wachstum der Stadtbevölkerung bewirkte eine zusätzliche Nachfrage nach tierischen Erzeugnissen.

Die Agrarkrise des 20. Jahrhunderts ist eine Krise *aller Zweige der landwirtschaftlichen Produktion.* Von der Überproduktion sind sowohl der Ackerbau als auch die Tierproduktion aller hochentwickelten kapitalistischen Länder sowie die kapitalistischen Plantagen der schwachentwickelten Länder betroffen. Der universelle Charakter der Agrarkrise trat schon in den dreißiger Jahren zutage; der zweite Weltkrieg unterbrach den Verlauf der Agrarkrise; und in den sechziger Jahren kam das allgemeine Wesen der Überproduktion aller Arten von landwirtschaftlichen Erzeugnissen zur vollen Ausprägung.

Diese Entwicklung kommt nirgends deutlicher zum Ausdruck als in den USA als dem reichsten kapitalistischen Land. Zwecks Bekämpfung der Überproduktion tätigte der amerikanische Staat Aufkäufe und Einlagerungen folgender Arten von Agrarerzeugnissen: Weizen, Gerste, Mais, Hafer, Reis, Baumwolle, Rahmbutter, Käse, Milch (pulverisiert), vielerlei Ölsaaten, Zucker sowie sechs weitere Erzeugnisarten. Per 30. Juni 1960 befanden sich in den staatlichen Lagerhäusern landwirtschaftliche Erzeugnisse im Wert von 7,2 Mrd. Dollar; fast die Hälfte dieser Summe entfiel auf Weizen. Allein die Lagerung kostete den Staat im Jahre 1960 522 Mill. Dollar.[37]

35 United States. Economic Report of the President, 1962, S. 293.

36 Die bürgerlichen Politiker der Vereinigten Staaten von Amerika und der EWG-Länder halten das Verschwinden der „nicht lebensfähigen", d. h. nicht über genügend Kapital verfügenden Bauern von der Bildfläche für wünschenswert. Im Schlußkommuniqué der Tagung der OECD-Landwirtschaftsminister Anfang 1964 heißt es z. B.: „Die Minister anerkennen die Notwendigkeit, lebensfähige landwirtschaftliche Betriebe zu schaffen ... Die Tendenz zur Umwandlung nicht lebensfähiger Betriebe in eine geringere Anzahl wirtschaftlich gesunder Betriebe wird als ein entscheidender Faktor der Hebung der landwirtschaftlichen Einkommen betrachtet" (Neue Zürcher Zeitung vom 29. Februar 1964, S. 3).

37 Statistical Abstract of the United States 1961, S. 633.

Im Laufe von 11 Jahren (1950—1960) exportierte die amerikanische Regierung aus ihren Reserven Waren im Werte von 13,8 Mrd. Dollar[38] in Form von Darlehen und „Hilfe“ (also nicht auf dem normalen Handelswege) in schwachentwickelte Länder. Man kann sich unschwer vorstellen, welche zerstörerische Desorganisation auf dem Weltagrarmarkt stattgefunden hätte, wären die amerikanischen Überschüsse zu freien Preisen auf den Weltmarkt gelangt.

Eine Überproduktion landwirtschaftlicher Erzeugnisse infolge der schnellen Entwicklung des Kapitalismus in der Landwirtschaft hat auch in den hochentwickelten kapitalistischen Ländern Westeuropas eingesetzt.

Die EWG-Länder werden, wie Tabelle 23 zeigt, schon in Kürze Nahrungsmittelüberschüsse haben.

Tabelle 23
Eigenversorgung der EWG-Länder mit Lebensmitteln (in %)

Schweinefleisch	102
Butter	101
Kartoffeln	100
Zucker	98
Weizen	93
Rindfleisch	92
Eier	90
Sämtliche Lebensmittel	87

Quelle
Times vom 3. Februar 1963.

Mangel herrscht vor allem an Erzeugnisarten, die aufgrund der Klimaverhältnisse nicht produziert werden können, so z. B. Zitrusfrüchte, andere Tropenerzeugnisse und Ölsaaten.

In Frankreich, wo der Anteil der Landwirtschaft relativ hoch ist, gab es 1962 bereits hohe Weizenüberschüsse: es mußten 2,5 bis 2,7 Mill. t Getreide exportiert werden. Ursache für diese Überschüsse ist die anhaltende Steigerung der Erträge, die sich durchschnittlich auf etwa 29 dt/ha belaufen.

Die Prozesse, die sich in der französischen Landwirtschaft abspielen, ähneln den Prozessen in der Landwirtschaft der USA. Die Investitionen in die französische Landwirtschaft haben sich in den letzten 12 Jahren verdoppelt. Der Kuhbestand nahm von 15 Mill. auf 20 Mill. Stück zu. Die Arbeitsproduktivität stieg jährlich im Durchschnitt um 7%. Jedes Jahr verlassen ungefähr 100000 Arbeiter die Landwirtschaft und ziehen in die Städte.[39] Auf dem Lande bleiben überwiegend alte Leute. Die Kleinbauern verschwinden immer mehr. Gegenwärtig wird bereits um den Fortbestand der Mittelbauern gekämpft. Der Preis für einen Hektar landwirtschaftlicher Nutzfläche ist nur ein Drittel so hoch wie in der benachbarten BRD.[40]

38 Ebenda, S. 632.
39 Angaben nach: Études et Conjoncture; Neue Zürcher Zeitung vom 29. August 1962.
40 The Economist vom 1. September 1962, S. 775.

Diese Entwicklung der Landwirtschaft entspricht übrigens ganz den Voraussagen von Marx, welcher schrieb: „Je mehr sich aber die kapitalistische Produktionsweise entwickelt, desto mehr auch die Konzentration von Kapital auf derselben Bodenfläche ...“[41].

In den USA und Frankreich wird die Anlage von Kapital in der Landwirtschaft dadurch erleichtert, daß der Boden, im Unterschied zu England, überwiegend Eigentum von reichen Bauern und Farmern ist. Sie sind selbst Kapitalisten. Das Grundeigentum wirkt nicht investitionshemmend. Bei Marx lesen wir: „... wenn der Grundeigentümer selbst Kapitalist oder der Kapitalist selbst Grundeigentümer ist, ... (bildet) ihm gegenüber das Grundeigentum keine Schranke für die Anlegung seines Kapitals“[42].

Englands Landwirtschaft produziert aufgrund der klimatischen und historischen Besonderheiten vor allem tierische Erzeugnisse. Aber auch hier gibt es Überproduktion. Die ganze englische Agrarpolitik steckt in einer Krise. Der „Economist“ schreibt: „... stets wurde angenommen, daß bei einer vernünftigen Lenkung der Subventionen ... eine Übersättigung des Marktes vermieden werden könnte. Letztes Jahr wurde bewiesen, daß dies nicht zu vermeiden ist. Selbst bei Rind- und Hammelfleisch war eine Überproduktion zu verzeichnen, und das Finanzministerium mußte in diesem Jahr 70 Mill. Pfund Sterling mehr zur Deckung nicht geleisteter Zahlungen ausgeben als vorgesehen. Damit wurde deutlich, daß die Arbeitsproduktivität der etwa eine Million zählenden englischen Farmer und Landarbeiter jetzt hoch genug ist, um solange, wie die den Farmern offerierten Preise auf dem derzeitigen Niveau bleiben, jede beliebige Warenart im Überfluß zu produzieren.“[43]

In den kapitalistischen Ländern kommt es immer mehr zu einer Überproduktion an Milcherzeugnissen. In England wurde 1962 Magermilch in sehr großen Mengen in stillgelegte Bergwerke und Flüsse geleitet, französische Bauern gossen Milch in den Rinnstein, um die überhöhten Preise zu halten, usw.

Dabei handelt es sich nicht um irgendeine vorübergehende Erscheinung. Nach einer gemeinsamen Expertise der FAO und der EWG-Kommission hat Westeuropa im Jahre 1958 97000 t Milchprodukte (umgerechnet in Rahmbutter) importiert. 1965 wird Westeuropa hingegen Exportüberschüsse in Höhe von 235000 t, 1970 in Höhe von 424000 t haben.[44] In einigen entwickelten kapitalistischen Ländern gibt es „Fleischberge“, „Baconberge“ usw.

In der Plantagenwirtschaft tritt die Krise besonders kraß auf dem Gebiet der Kaffeeproduktion in Erscheinung. Der Preis für brasilianischen Kaffee ist von 59 Dollar je Sack (1 Sack = 60 kg; d. Hrsg.) im Jahre 1957 auf 40 Dollar im Jahre 1962 gefallen.[45] Die derzeitigen Kaffeevorräte entsprechen einem Zweijahres-Weltverbrauch.[46] Das Internationale Kaffeeabkommen hat an dieser Lage nichts geändert.

Unter diesen Bedingungen verblieb Brasilien, dem Haupt-Kaffeeproduzenten, keine andere Möglichkeit als die massenweise Vernichtung von Kaffeebäumen. In einer vom Staat finanzierten Aktion soll eine Milliarde Kaffeebäume vernichtet werden. Ganze Kaffeeplantagen werden mit Bulldozern eingeebnet.

*

41 K. Marx, Das Kapital. Dritter Band, in: MEW, Bd. 25, a. a. O., S. 704.

42 Ebenda, S. 759.

43 The Economist vom 6. Oktober 1962, S. 20.

44 Neue Zürcher Zeitung vom 11. Dezember 1962.

45 Neue Zürcher Zeitung vom 19. Dezember 1962.

46 The Times vom 28. September 1962.

Zur Zeit der Agrarkrise des 19. Jahrhunderts sind die Preise für Weizen und andere Getreidearten stark gefallen. Während der Agrarkrise des 20. Jahrhunderts wurde dagegen, besonders in Westeuropa und den USA, die ganze Macht des kapitalistischen Staates mobilisiert, um einen solchen Preissturz zu verhindern. Das geschah durch Erhöhung der Zolltarife[47], Einfuhrkontingentierung und, wie noch heute der Fall, durch Festsetzung staatlicher Preise für landwirtschaftliche Erzeugnisse. Alle diese Maßnahmen haben zur Folge, daß sich die *Preise immer weiter vom Wert oder von den Selbstkosten entfernen, und zwar aufgrund des Wirkens politischer Faktoren.* Ein Beispiel dafür ist der Weizenpreis des Jahres 1962 in Westeuropa (vgl. Tabelle 24).

Tabelle 24
Staatliche Weizenpreise (in Pfund St. je t)

BRD	Frankreich	England
37	27	27

Quelle
Angaben des Internationalen Weizenrates in Economist vom 31. März 1962, S. 1214.

Weder der Wert, noch Selbstkosten des Weizens können in der BRD höher sein als im benachbarten Frankreich, wo die klimatischen Bedingungen nicht besser, die Agrarinvestitionen hingegen niedriger als in der BRD sind. Der Umstand, daß der Weizenpreis in der BRD um 36% höher liegt als in Frankreich oder England, kann nur politische Ursachen haben. Selbst in so einem ausgesprochenen Agrarland wie Dänemark existieren auf dem Binnenmarkt staatliche Mindestpreise für tierische Erzeugnisse.

Das gleiche Preisgefälle zugunsten der BRD existiert bei anderen Arten landwirtschaftlicher Produkte (vgl. Tabelle 25).

Tabelle 25
Realisierte Erzeugerpreise 1961/62 (in DM je 100 kg)

	BRD	Frankreich	Italien	Niederlande	Belgien
Futtergerste	37	25	30	29	33
Zuckerrüben	7	5	6	5	5
Schweine	235	226	228	187	210
Milch	35	31	29	31	27
Eier	306	277	314	183	227

Quelle
Neue Zürcher Zeitung vom 16. Februar 1964.

47 In den Jahren 1929—1934, als sich die Agrarkrise unter dem Einfluß der Industriekrise stark vertiefte, wurden die Zolltarife je t Weizen wie folgt erhöht: im Deutschen Reich von 5 auf 25 Mark, in Italien von 11 auf 75 Lire und in Frankreich von 35 auf 80 Francs.

Die Preisunterschiede betragen bis zu 30%. Es ist verständlich, daß sich die westdeutschen Bauern und mit ihnen die Regierungsparteien mit allen Kräften gegen den Plan zur Einführung einheitlicher Agrarpreise in den EWG-Ländern bis 1970 sträuben.

Ein System staatlicher Preise existiert jetzt auch in Agrarexportländern wie den USA, Kanada und Argentinien u. a. In den USA betrug 1962 der staatliche Weizeninlandspreis 2,34 Dollar je 60 lbs., der *Export*preis dagegen 1,63—1,73 Dollar.[48] In Argentinien bestimmt die Regierung die Preise für Weizen, Mais, Hirse, sämtliche Ölfrüchte u. a. m.[49]

Anhand dieser Beispiele wird deutlich, daß man *ausgehend von der Preisbewegung gegenwärtig keine Schlüsse über die Periodizität der Agrarkrise* oder überhaupt über den Verlauf dieser Krise *gezogen werden können*. Für die meisten landwirtschaftlichen Produkte existieren keine freien Weltmarktpreise mehr.

In der Nachkriegsperiode ist die Preisbildung für landwirtschaftliche Erzeugnisse neben der staatlichen Intervention auch durch die in den einzelnen Ländern unterschiedlich verlaufende Geldentwertung verzerrt worden. Wir führen darum nur die USA-Preise an, denn der Goldgehalt des Dollars hat sich (zumindest formal) nicht geändert (vgl. Tabelle 26).

Tabelle 26
Agrarpreisindex in den USA (1947—1949 = 100)

1938	1945	1948	1951	1953	1957	1961
38,3	71,6	107,3	113,4 (max.)	97	90,9	87,9

Quellen
Historical Statistics of the United States, 2. Aufl., a. a. O., S. 117; Federal Reserve Bulletin, November 1962, S. 1504 (von mir umberechnet ausgehend von der Basis 1957—1959 = 100).

Die Preise für 1945 berücksichtigen nicht den „schwarzen Markt"; die hohen Preise von 1951 waren eine Auswirkung des Krieges der USA in Korea. Nach 1953 sind die Preise trotz einer gewaltigen Überproduktion nur geringfügig gesunken und waren 2,5mal so hoch wie 1938, und das, obgleich die Selbstkosten für diese Erzeugnisse auf den kapitalistischen Farmen zweifelsohne bedeutend niedriger als 1938 waren.

Ähnlich war die Preisentwicklung auch in der BRD (vgl. Tabelle 27).

Tabelle 27
Index der Einzelhandelspreise für Agrarerzeugnisse in der BRD

1938/39	1956/57	1959/60
100	211	228

Quelle
Statistisches Jahrbuch für die Bundesrepublik Deutschland, 1961, S. 465.

48 Monthly Bulletin of Statistics, Juni 1963, S. 132.
49 Neue Zürcher Zeitung vom 11. September 1962.

Die Preise haben sich, wie aus der Tabelle ersichtlich, mehr als verdoppelt. (Der Kurs der Mark zum Dollar ist gegenwärtig so hoch wie vor dem Kriege, ja sogar noch etwas höher.)

Die relative Preisstabilität in den USA und Westeuropa wurde außer durch die Zolltarifpolitik auch mittels sehr hoher staatlicher Ausgaben zur Preisstützung erreicht. Im letzten Haushaltsjahr gaben die Staaten folgende Beträge für Agrarsubventionen aus:

USA (1962)[50]	6,036 Mrd. Dollar
Großbritannien	0,399 Mrd. Pfd. St.
BRD (Bundesregierung und Länderregierungen)	6,600 Mrd. DM oder 1,650 Mrd. Dollar

Wir sehen, daß die Regierung der BRD, gemessen am Anteil der Landwirtschaft an der gesamten Volkswirtschaft, nicht weniger Mittel für Agrarsubventionen aufwendet als die USA.

Diese staatlichen Ausgaben gereichen nur den kapitalistischen Farmern und den Großbauern (in England letztlich den Landlords) zum Vorteil. In einem offiziellen Dokument des amerikanischen Senats heißt es: „Von unserer Preisstützungspolitik profitierten hauptsächlich die 2 Mill. größeren hochmechanisierten Farmen. Die Produktion der übrigen 3,5 Mill. Farmen ist so gering, daß die Farmer von der Stützung der hohen Preise sehr wenig haben.“[51] 1955 erhielten die Baumwollproduzenten im Durchschnitt 268 Dollar an staatlichen Subsidien. Ein Betrieb aus der Gruppe der größten Baumwollproduzenten erhielt dagegen 1 292 472 Dollar.

Die Ursachen für die enormen staatlichen Ausgaben zur Stützung hoher Agrarpreise sind ausschließlich politischer, und nicht ökonomischer Natur. Der Anteil der Landwirtschaft an der Volkswirtschaft der hochentwickelten kapitalistischen Länder ist sehr gering. In den USA betrug 1961 die Gesamtsumme aller außerhalb der Landwirtschaft erzielten persönlichen Einkommen 399 Mrd. Dollar, während sich die persönlichen Einkommen in der Landwirtschaft auf 17 Mrd. Dollar beliefen.[52]. Mit anderen Worten, das in der Landwirtschaft erzielte persönliche Einkommen betrug etwa 4% des persönlichen Einkommens der Gesamtbevölkerung. Dabei rekrutiert sich das Einkommen aus der Landwirtschaft zu einem Drittel aus staatlichen Zahlungen. Ähnlich ist die Situation in den anderen hochentwickelten kapitalistischen Ländern (außer Kanada, in Frankreich nur teilweise).

Eine besonders hervorragende Rolle im Einkommen der Farmer spielen die staatlichen Subventionen in England, was auf den noch immer sehr erheblichen politischen Einfluß der Landlords zurückzuführen ist. Die Londoner „Times“ schreibt: „1961 und 1962 machten die Summen, die der Staat den englischen Farmern als direkte Preisstützung zahlte, mehr als die Hälfte des gesamten Jahresnettoeinkommens dieser Farmer aus. Fügte man diesen Summen noch alle anderen Formen von staatlichen Agrarsubventionen hinzu, würde ihre Gesamtheit bis zu 83% dieses Einkommens ergeben. Das sind unwiderlegbare Zahlen, die die Zweckmäßigkeit des gegenwärtigen Systems zur Unterstützung der Landwirtschaft und zum Ausgleich der Farmerdefizite, das erstmalig 1947 gesetzlich eingeführt wurde, in Zweifel ziehen.“[53]

50 Federal Reserve Bulletin, November 1962, S. 1479.

51 United States, 83. Kongreß, 2. Tagungsperiode, Dokument Nr. 292.

52 Federal Reserve Bulletin, November 1962, S. 1507.

53 The Times vom 27. Februar 1963.

Der politische Grund für die weitgehende Subventionierung der Landwirtschaft ist evident. In den hochentwickelten kapitalistischen Ländern, in denen 80—95% der berufstätigen Bevölkerung Arbeiter und Angestellte sind, also einer Klasse angehören, deren Interessen objektiv der Existenz des Kapitalismus zuwiderlaufen (wenn man von den oberen leitenden Angestellten absieht), bleiben die wohlhabenden Bauern, die kapitalistischen Farmer die einzige Massenschicht der Bevölkerung, die das System des Privateigentums verteidigt, die einzige natürliche Verbündete der Bourgeoisie. Deshalb stellen in allen diesen Ländern die vom Großkapital getragenen Regierungen riesige Mittel für die Unterstützung dieser Schicht bereit.[54]

Das System der Stützung der Agrarpreise durch hohe Ausgaben des Staates schadet der Arbeiterklasse in dreierlei Hinsicht:

Erstens stellen die Summen, welche die Regierungen den kapitalistischen Farmern und Bauern zur Verfügung stellt, größtenteils einen Abzug von den Arbeiterlöhnen in Form direkter und indirekter Steuern dar.

Zweitens bedeutet ein künstlich hochgehaltenes Agrarpreisniveau, daß die Arbeiter trotz einer Überproduktion von Nahrungsgütern hohe Lebensmittelpreise entrichten müssen. Als Beispiel führen wir in Tabelle 28 die Entwicklung der Verbraucherpreise für Lebensmittel in den USA an.

Tabelle 28
Lebensmittel-Verbraucherpreise in den USA (1947—1949 = 100)

1938	1948	1957	1961	1962
48,4	104,1	115,4	121	122

Quellen
Historical Statistics of the United States, 2. Aufl., a. a. O., S. 125; Federal Reserve Bulletin, November 1962, S. 1504; dto., Mai 1963, S. 704 (von mir umgerechnet ausgehend von der Basis 1957—1959 = 100).

Die Einzelhandelspreise klettern ungeachtet der Überproduktion ständig weiter in die Höhe und sind gegenwärtig doppelt so hoch wie vor dem Kriege.[55] Eine nicht unwesentliche Rolle spielen hierbei natürlich auch die Machinationen der Monopole.

Drittens fördert das System der Subventionierung der kapitalistischen Farmer und Bauern die Mechanisierung der Landwirtschaft und führt dazu, daß Jahr für Jahr hunderttausende Arbeitskräfte aus der Landwirtschaft freigesetzt werden, die eine Beschäftigung in der Industrie suchen und Druck auf die Arbeitsmärkte ausüben.

*

54 Die politische Bedeutung dieser Frage wurde evident in den Beitrittsverhandlungen Englands zur EWG. Das englische Monopolkapital stellte diesem Beitritt keinerlei Hindernisse in den Weg. In der Frage der Landwirtschaft, die einen sehr unbedeutenden Teil der britischen Wirtschaft darstellt, konnte England zu keiner Übereinkunft gelangen. Hierbei spielt natürlich die Grundrente der Landlords eine wesentliche Rolle.

55 In England stieg der offizielle Index der Einzelhandelspreise für Lebensmittel von 100 im Januar 1956 auf 111,4 im Juni 1961 (United Kingdom Annual Abstract of Statistics 1961, S. 303).

Wir fassen zusammen.

1. Agrarkrisen sind kein zyklischer, periodisch wiederkehrender Prozeß. Die Industriekrisen an sich rufen keine Agrarkrisen hervor. Die Agrarkrise des 19. Jahrhunderts erstreckte sich zeitlich über drei industrielle Zyklen. Die Agrarkrise des 20. Jahrhunderts kam in jener Periode nach dem zweiten Weltkrieg zur vollen Entfaltung, als keine *weltweite* Überproduktionskrise herrschte. Aber bei den sonst gleichen Bedingungen vertiefen Industriekrisen die Agrarkrisen und vertiefen Agrarkrisen die industriellen Überproduktionskrisen.

2. Die Agrarkrise des 20. Jahrhunderts ist nicht durch eine extensive Erweiterung der Anbauflächen, sondern durch das Wachstum der Feldfruchterträge und der Produktivität der Tierproduktion infolge großer Investitionen in die Landwirtschaft der entwickelten kapitalistischen Länder und in die kapitalistischen Plantagen hervorgerufen worden.

3. Die Agrarkrise des 20. Jahrhunderts stellt in ihrer Entwicklung in den sechziger Jahren eine widersprüchliche Erscheinung dar: Die Überproduktion landwirtschaftlicher Erzeugnisse in den hochentwickelten kapitalistischen Ländern geht einher mit einem Nahrungsmittelmangel in den schwachentwickelten kapitalistischen Ländern infolge Unzulänglichkeit der Mittel und der hemmenden Wirkung der halbfeudalen Agrarordnung. Die entwickelten kapitalistischen Länder versorgen die schwachentwickelten mit Lebensmitteln, und nicht umgekehrt, wie es im 19. Jahrhundert der Fall war.[56]

4. Die Bewegung der Preise für landwirtschaftliche Erzeugnisse (der Länder der gemäßigten Klimazone) fungiert nicht mehr als Indikator der Entwicklung der Agrarkrise, denn die Marktpreise werden nicht mehr von der Konkurrenz auf dem Weltmarkt, sondern von den Regierungen der kapitalistischen Länder bestimmt. Diese Regierungen verfolgen damit ein politisches Ziel — die Erhaltung einer verhältnismäßig breiten Schicht von kleinen Kapitalisten, die die kapitalistische Ordnung in der Landwirtschaft verteidigen.

Aus dem Gesagten folgt, daß keine Möglichkeit zur Beendigung der Überproduktion landwirtschaftlicher Erzeugnisse in den hochentwickelten kapitalistischen Ländern besteht, da es sich bei der Existenz kleiner Kapitale, die nach Anlage in der Landwirtschaft streben, nicht um eine vorübergehende, sondern um eine zunehmende Erscheinung handelt, und sich die Politik hoher staatlicher Preise zwecks Unterhalts der kapitalistischen Schicht in der Landwirtschaft ebenso wie die weitere zwangsläufige Polarisierung der Gesellschaft der hochentwickelten kapitalistischen Länder in einige wenige Monopolisten und eine gewaltige Mehrheit der Proletarier der physischen und geistigen Arbeit verstärken werden.

In den hochentwickelten kapitalistischen Ländern kann der Nahrungsmittelverbrauch noch ansteigen, denn es gibt dort noch ziemlich breite Schichten, die sich bei der gegenwärtigen Verteilung des Nationaleinkommens noch unzureichend ernähren. Der durchschnittliche Kalorienverbrauch, insbesondere in Gestalt von Fetten und Fleisch, ist dort jedoch schon heute höher als von der modernen Medizin für zuträglich erachtet.[57] Der Verzehr an einigen, für die Agrarkrise sekundären, landwirtschaftlichen Erzeugnissen wie Obst und Frischgemüse wird noch zunehmen.

56 Unter den hochentwickelten kapitalistischen Ländern ist nur Großbritannien noch ein Großimporteur von Lebensmitteln.

57 Die absolut zuverlässige Statistik der großen amerikanischen Versicherungsgesellschaften, die in höchstem Maße daran interessiert sind, daß ihre Klienten länger leben, beweist, daß übergewichtige Menschen im Durchschnitt fünf bis sechs Jahre weniger als normalgewichtige oder unternormalgewichtige Menschen leben. Die Versicherungsgesellschaften schicken ihren höherversicherten Klienten in regelmäßigen Abständen Ärzte ins Haus, die sie zu einer reduzierten Kost bewegen sollen.

Abstrakt-theoretisch besteht die Möglichkeit, die Agrarproduktion in den armen, schwachentwickelten kapitalistischen Ländern zu steigern und so die Lebensmittelimporte dieser Länder zu erübrigen. Praktisch ist dies jedoch außerordentlich schwer, denn vonnöten wären eine radikale Umgestaltung der Landwirtschaft — eine Agrarrevolution — und ein breiter Zustrom ausländischen Kapitals für Agrarinvestitionen.[58] Es versteht sich, daß eine solche Entwicklung die Überproduktion in den hochentwickelten kapitalistischen Ländern in noch größere Höhen triebe.[59] Nach Angaben aus einem Bericht des Landwirtschaftsministers exportierten die USA im Jahre 1961 ein Sechstel ihrer Jahresernte im Wert von 6 Mrd. Dollar. Die Vereinigten Staaten waren in diesem Jahr der größte Agrarexporteur der Welt. Ein Viertel des gesamten USA-Exports sind Agrarprodukte.[60]

Die Analyse der Entwicklung der Agrarkrise in der Periode nach dem zweiten Weltkrieg bestätigt die von mir vor 30 Jahren geäußerte Hypothese, daß es sich bei der *Agrarkrise des 20. Jahrhunderts um keine periodisch vorübergehende Erscheinung, sondern um einen Prozeß handelt, der ein Bestandteil der allgemeinen Krise des Kapitalismus ist.*

Die Kritiker begegneten dieser meinen Behauptung mit dem Hinweis auf die Äußerung von Marx, daß es „keine permanenten Krisen gibt". Dieser Einwand ist ein primitiver logischer Fehler. Die Kritiker behaupten zu Unrecht, daß sich die Agrarkrisen ebenso periodisch wiederholen wie die industriellen Krisen. Und diese falsche Behauptung versuchen sie durch Bezugnahme auf eine Äußerung von Marx zu untermauern, die sich auf die *zyklischen* Krisen bezieht.

Niemand leugnet indes den permanenten Charakter der allgemeinen Krise des Kapitalismus, die nur mit dem Aufhören der Existenz der kapitalistischen Ordnung schlechthin beendigt wird. Und kein Mensch leugnet die permanente Nichtauslastung von Betrieben und die permanente Massenarbeitslosigkeit in der Epoche der allgemeinen Krise des Kapitalismus.

Was aber bedeutet die ständige Nichtauslastung von Industriebetrieben? Sie bedeutet eine potentielle permanente Überproduktion in der Industrie der hochentwickelten Länder. Der Unterschied zur Landwirtschaft besteht nur darin, daß die permanente Überproduktion in der Landwirtschaft real, in der Industrie dagegen gewöhnlich, mit Ausnahme der Krisenphase, nur potentiell ist.

Dieser Unterschied hat folgende Ursache.

In der Industrie ist die Produktionsperiode relativ kurz, und mit der Entwicklung der Technik wird sie immer kürzer. (Die Ausnahme bilden Großobjekte wie Betriebe, Schiffe oder einzelgefertigte Werkzeugmaschinen. Sie werden aber auf Bestellung gebaut und sind daher nicht von der gewöhnlichen Überproduktion betroffen.) Das bedeutet, daß die Produktion der Nachfrage angeglichen werden und um 10, 20 oder 50% verringert werden kann. Die Überproduktion ist nur potentiell. Von einer bestimmten Stufe der Verringerung der Produktion an bleibt der Profit aus, während das in den Betrieb investierte Kapital auch bei völliger Stillegung der Produktion erhalten bleibt.

58 Die *sozialistischen* Länder können, wenn sie es für nötig erachten, die zur Entwicklung der Landwirtschaft erforderlichen Mittel auf dem Wege der Umverteilung der Investitionen bereitstellen.

59 Im letzten Jahrzehnt exportierten die USA landwirtschaftliche Erzeugnisse fast ausschließlich in schwachentwickelte Länder.

60 Neue Zürcher Zeitung vom 1. Februar 1963.

Beim Feldbau ist die Produktionsperiode bedeutend länger: für Wintersaaten fast ein Jahr, für Sommergetreide etwa ein halbes Jahr. Die Produktion während dieser Periode zu verringern ist sehr schwierig; man kann lediglich einen Teil der Saat vernichten. Auch in der Viehzucht ist die Verringerung der Produktion sehr verlustreich. Man kann nicht das Vieh zur Hälfte füttern oder die Kühe zur Hälfte melken. Auch die Grundrente, die oftmals in den Pachtverträgen fixiert wird, erschwert eine Drosselung der Produktion. Für Bauern, die in ihrer Wirtschaft ausschließlich die Arbeitskraft ihrer Familienmitglieder einsetzen, würde eine Verringerung der Produktion die partielle Nichtbeschäftigung dieser Arbeitskraft, den wirtschaftlichen Ruin bedeuten. Kurzum, während große Industriebetriebe die Produktion ohne größeren Schaden drosseln können, bedeutet eine erzwungene Verringerung der Produktion für die meisten Agrarproduzenten das Ende. Daher existiert in der Epoche der allgemeinen Krise des Kapitalismus in der Industrie der hochentwickelten kapitalistischen Länder potentiell eine permanente Überproduktion in Form chronischer Nichtauslastung der Betriebe, in der Landwirtschaft dagegen eine chronische reale Überproduktion, eine chronische Agrarkrise.

Daß chronische Krisen auch im Bereich der Industrie herrschen, zeigt das Beispiel der Kohleindustrie (vgl. Tabelle 29). Die Fakten, die mit der chronischen Krise in der Kohleindustrie verbunden sind, ähneln den Fakten der Agrarkrise in den hochentwickelten kapitalistischen Ländern: Vervollkommnung der Technik mit Hilfe großer Investitionen, Steigerung der Arbeitsproduktivität, Verringerung der Beschäftigtenzahl, wachsende Vorräte. Der Unterschied besteht nur darin, daß man unter den Bedingungen einer chronischen Krise der Überproduktion in der Industrie leichter durch Drosselung der Produktion Herr wird als in der Landwirtschaft.

Tabelle 29
Grundkennziffern der Steinkohleindustrie in den USA

Jahr	Förderung (Mio t)	Durchschnittl. Beschäftigtenzahl (Tsd)	Kohlevorräte zu Jahresende (Mio t)	Schichtförderleistung (t je Arbeiter)
1929	535	503	40	5,06
1939	395	422	45	5,19
1956	501	228	78	9,84
1959	412	179	—	12,22

Quelle
Historical Statistics of the United States, 2. Aufl., a. a. O., S. 356 passim; Statistical Abstract of the United States, 1961, S. 725. Wir nehmen die Kriegsjahre aus, um den grundlegenden Entwicklungsweg nicht zu verzerren, des weiteren nehmen wir der Einfachheit halber das Anthrazit aus, da sich dessen Anteil an der gesamten Kohleförderung derzeit nur auf 6% beläuft.

Aus Tabelle 29 ist zu ersehen, daß die Kohleförderung in den USA von 1929 bis 1959 um 21% zurückgegangen ist; die Menge der auf Halde liegenden Kohle hat sich verdoppelt; die Zahl der beschäftigten Arbeiter sank auf zwei Drittel; die Schichtförderleistung stieg um 140%. Bei alledem hat sich der Preis für 1 t Kohle von 1,88 Dollar im Zeitraum 1936—1940 auf 4,73 Dollar im Jahre 1960 erhöht.[61]

61 Statistical Abstract of the United States 1961, S. 713.

Ähnlich verläuft die Entwicklung in der englischen, westdeutschen und belgischen Kohleindustrie. Eine ebensolche chronische Krise ist für die Eisen- und Stahlindustrie, den Personenkraftwagenbau und andere Zweige abzusehen.

Die Entwicklung ist also nicht anders als bei der chronischen Agrarkrise in den hochentwickelten kapitalistischen Ländern, nur daß die Produktion nicht wächst, wie in der Landwirtschaft, sondern zurückgeht.

Der chronische Charakter der Agrarkrise oder der Kohlekrise ist natürlich nicht dogmatisch zu verstehen. Die chronische Krise schließt kurzfristige Belebungen nicht aus. „Chronisch" heißt, daß eine Besserung *auf lange Sicht* unmöglich ist, daß es *aus der Krise keinen Ausweg im Rahmen des Kapitalismus* gibt.

Interessant, daß L. I. Ljubošic, der zwar „theoretisch" den chronischen Charakter der Agrarkrise des 20. Jahrhunderts leugnet, andererseits als gewissenhafter Forscher nicht der in unserer Literatur häufig anzutreffenden Behauptung zustimmt, daß die Agrarkrise gegen 1929 überwunden war. Die Krise ging in der Tat weiter und wurde später, in den Jahren nach dem zweiten Weltkrieg, noch tiefer als vor dem Kriege.

L. A. Mendel'son trennt zu Recht die vorübergehenden Krisenerscheinungen, die in der Landwirtschaft unter dem Einfluß der Industriekrisen entstehen, von den selbständigen Dauer-Agrarkrisen ab.[62] Seine Analyse dieser Krisen indes trägt abstrakt-theoretischen Charakter und läßt die konkret-historische Betrachtungsweise, konkrete Fakten und Zahlen vermissen. Diese Analyse steht in keinerlei Beziehung zu den gegenwärtigen Agrarkrisen.

L. A. Mendel'son spricht ausführlich vom Preisverfall. „Die Agrarkrisen . . . kommen vor allem in einem langanhaltenden Absinken der Preise zum Ausdruck", behauptet er.[63] Dabei herrscht *heute* in den Ländern, wo Überproduktion landwirtschaftlicher Erzeugnisse stattfindet, *kein Preisrückgang*[64], weil die Preise vom Staat festgelegt werden. Darum werden auch sämtliche Überlegungen des Autors zum Einfluß des Preisrückgangs auf die Produktion, auf die Brachlegung schlechterer Böden, auf den Fall der Grundrente und auf die Auswege aus der Agrarkrise gegenstandslos.

Hauptursache des Fehlers von L. A. Mendel'son ist die Trennung der Ökonomie von der Politik. Er ließ den Umstand außer Betracht, daß angesichts der heftigen Auseinandersetzung zwischen den beiden Systemen das Großbürgertum der entwickelten kapitalistischen Länder keinen die starke Überproduktion begleitenden akuten Rückgang der Agrarpreise zulassen kann, da dies recht bald zum Ruin der einzigen noch existenten

62 Mirovaja ėkonomika i meždunarodnye otnošenija, 7/1958, S. 45.

63 Das trifft zu auf die Zeit vor dem zweiten Weltkrieg. Von 1929 bis 1933 fiel der Preisindex für landwirtschaftliche Erzeugnisse in den USA von 138 auf 63 (1909—1914 = 100), in Deutschland von 137 auf 93 (1913 = 100). Dieser Preisrückgang war jedoch in erster Linie auf die sehr tiefgreifende Industriekrise 1929—1933 zurückzuführen.

64 In den USA als dem Zentrum der Agrarproduktion betrug der Preisindex für sämtliche landwirtschaftliche Erzeugnisse (1910—1914 = 100):

1946	1951 (Maximum)	1957
236	302	235

(Historical Statistics of the United States, 2. Ausgabe, S. 283). Der Preisauftrieb von 1951 hängt mit dem Koreakrieg zusammen.

breiten Schicht von Befürwortern des Kapitalismus — der Großbauern und reichen Farmer — führen würde, während nur die dünne Oberschicht der großkapitalistischen Agrarier übrigbliebe. L. A. Mendel'son übersah den Doppelcharakter der gegenwärtigen *weltweiten* Agrarkrise, die sich einerseits in einer Überproduktion landwirtschaftlicher Erzeugnisse in den hochentwickelten kapitalistischen Ländern und anderseits im Hunger in den schwachentwickelten Ländern äußert; er übersah eine der wichtigsten Erscheinungen der Kluft in der kapitalistischen Welt von heute — die Teilung in reiche und arme Länder.

Unter den gegenwärtigen Bedingungen erübrigen sich auch Überlegungen über die Rolle der fixierten Rente bei der Hinauszögerung der Agrarkrisen. Obwohl stabile Preise eine Tendenz zur Stabilisierung und zum Wachstum der Grundrente bedeuten, sinkt im Zuge der Intensivierung der Landwirtschaft der Anteil der Grundrente in allen ihren Formen (Pachtzins, Hypothekenschuld) an den Kosten der Agrarproduzenten.

Die Statistik der kapitalistischen Länder bietet keine Möglichkeit zur Errechnung der reinen Grundrente. Ein ungefähres Bild vermitteln jedoch die Angaben der Tabelle 30.

Tabelle 30
Landwirtschaftliche Einkünfte und Ausgaben in den USA 1960 (in Mrd. Dollar)

Realisiertes Bruttoein-kommen*	Produktions-gemeinkosten	darunter (in Mio Dollar)				
		Steuern	Hypothe-kenzins	Nettopachtzins an Nichtland-wirte	Nettopachtzins an Farmeigen-tümer	insgesamt
38	16	1548	640	1031	1500	4719

* Einschließlich der staatlichen Subventionen im Umfange von mehr als 3 Mrd. Dollar.

Quellen
Statistical Abstract of the United States, 1961, S. 629; United States Agricultural Statistics, 1960, S. 492.

Diese Zahlen veranschaulichen, daß die Fixkosten — Steuern, Hypothekenzinsen und Pachtzinsen — im Jahre 1960 4,7 Mrd. Dollar betrugen, sich also auf weniger als ein Drittel der Selbstkosten der amerikanischen Farmer beliefen. Diese Fixkosten können offensichtlich nicht die ausschlaggebende Rolle bei der Verlängerung der Agrarkrise spielen, zumal ein Drittel dieser Summe zwischen den Farmern selbst umverteilt wird. Natürlich können diese Fixkosten für viele arme Farmer ruinös sein. Für die Agrarkrise haben sie aber keine entscheidende Bedeutung.

L. I. Ljubošic schreibt: „Die Agrarkrise ... muß auf der Grundlage der allgemeinen Krise des Kapitalismus und nicht als deren Bestandteil betrachtet werden ...“[65]. Diese Äußerung hilft uns in keiner Weise, das Wesen der gegenwärtigen Agrarkrise zu erklären, denn schließlich muß man *alle* ökonomischen und politischen Prozesse, die sich in unserer Epoche vollziehen, auf der Grundlage der allgemeinen Krise des Kapitalismus betrachten. Die Frage ist nicht die, ob die Agrarkrise als „Bestandteil“ oder „auf der Grundlage“ der allgemeinen Krise des Kapitalismus anzusehen ist. Die Frage besteht darin, ob die Agrarkrise, so wie sie uns heute begegnet, ein *zyklischer*, *vorübergehender Prozeß*,

65 L. I. Ljubošic, Voprosy marksistsko-leninskoj teorii agrarnych krizisov, a. a. O., S. 228.

oder ob sie, wie wir meinen, eine *nichtzyklische, ständige* (bis zum Untergang des Kapitalismus währende) *Erscheinung* ist.[66]

An diese Frage kann man natürlich nicht dogmatisch herangehen. So wie es keine „reine" Produktionsweise und keinen „reinen" Imperialismus gibt, existiert auch keine „reine" Agrarkrise in dem Sinne, daß alle Landwirtschaftszweige in sämtlichen Ländern gleichzeitig von einer akuten Agrarkrise betroffen sind. Langwierige Weltkriege rufen eine *Unterbrechung* in der landwirtschaftlichen Überproduktionskrise hervor. Mißernten bei einzelnen Kulturen auf ausgedehnten Territorien können die Überproduktionskrise zeitweise mildern. (So haben beispielsweise die großen Weizenkäufe Chinas in den Jahren 1961—1962 und der Sowjetunion im Jahre 1963 auf dem kapitalistischen Markt die Überproduktion verringert. Hierbei handelt es sich allerdings um eine zeitweilige Erscheinung, die eine Folge von Mißernten war und keinen Einfluß auf den chronischen Charakter der Überproduktion von Weizen und der Agrarkrise überhaupt hat.) Ein Wandel in der Agrarpolitik kann in gewissem Maße den Verlauf der Agrarkrise beeinflussen. Darum tritt die Agrarkrise in den verschiedenen Ländern bei den einzelnen Kulturen einmal sehr kraß, ein andermal fast unmerklich zutage.[67] Diese Schwankungen ändern jedoch nichts an der Grundtatsache, daß die Überproduktion von landwirtschaftlichen Erzeugnissen in den entwickelten kapitalistischen Ländern auch weiterhin zunehmen wird, daß die Konzentration der Produktion und des Bodens in den Händen der kapitalistischen Farmer und die Ruinierung der werktätigen Bauernschaft[68] weitergehen und die Unterjochung durch die Monopole stärker wird. Die Unterproduktion landwirtschaftlicher Erzeugnisse in den schwachentwickelten kapitalistischen Ländern dagegen wird aller Wahrscheinlichkeit nach bis zum Untergang des Kapitalismus schlechthin anhalten.[69]

Die landwirtschaftliche Überproduktion in den hochentwickelten kapitalistischen Ländern und der Nahrungsmittelmangel in den schwachentwickelten Ländern werden infolge des unterschiedlichen Tempos des Bevölkerungswachstums in diesen beiden Ländergruppen immer akuter (vgl. Tabellen 31 und 32).

Die Zuwachsrate der Bevölkerung in 10 Jahren betrug für die hochentwickelten Länder 12%, für die schwachentwickelten Länder dagegen 22%! Das Wachstum der landwirtschaftlichen Produktion in diesen schwachentwickelten Ländern reicht indes kaum an das Wachstumstempo der Bevölkerung heran.

66 L. I. Ljubošic, der ein gewissenhafter Forscher ist, spricht von einer „Abschwächung" der Agrarkrise (in den Perioden 1924—1926 und 1935—1937), und keineswegs von ihrer Beendigung (S. 327), sowie von ihrer erneuten Verschärfung im Jahre 1937 (S. 329).

67 Soweit wir verstehen, ist in dem neuen Programm der KPdSU von den Agrarkrisen gerade in diesem Sinne, nicht aber im Sinne ihres zyklischen Charakters die Rede.

68 Seit 1955 verlassen in Frankreich ungeachtet des raschen Anstiegs der landwirtschaftlichen Produktion Jahr für Jahr 100000 Menschen die ländlichen Gegenden. Nach einer Erhebung von 1955 bewirtschafteten 380000 Bauern weniger als 2 Hektar. Zwei Drittel aller Bauernwirtschaften wurden von Personen im Alter von über 55 Jahren geführt. Die Jugend entfloh in die Industrie (The Economist vom 1. September 1962, S. 775).

69 Der Mangel in der Interpretation der Agrarkrise in dem 1963 unter Leitung von N. A. Cagolov herausgegebenen „Lehrgang politische Ökonomie" ist derselbe wie bei L. A. Mendel'son: Ignoriert wird der kardinale Unterschied zwischen der Überproduktion in den reichen Ländern und dem chronischen Nahrungsmitteldefizit in den schwachentwickelten Ländern, d. h. der wesentlichste und unüberwindbare Widerspruch in der gegenwärtigen Agrarkrise (vgl. Kurs političeskoj ėkonomii, S. 508—510).

Tabelle 31
Entwicklung der Bevölkerungszahl von fünf kapitalistischen Hauptländern: USA, Großbritannien, Frankreich, BRD, Italien (in Mio)

1953	1962	Zuwachs
350	392	42

Quellen
Statistical Yearbook of the United Nations, 1957, S. 23 passim; Monthly Bulletin of Statistics, Januar 1964, S. 1 passim.

Tabelle 32
Entwicklung der Bevölkerungszahl von fünf Haupt-Entwicklungsländern: Indien, Pakistan, Indonesien, Brasilien, Mexiko (in Mio)

1953	1962	Zuwachs
616	760	144

Quellen
Statistical Yearbook of the United Nations, 1957, S. 23 passim; Monthly Bulletin of Statistics, Januar 1964, S. 1 passim.

Theoretische Probleme der Ökonomik des „Gemeinsamen Marktes"[1]

Der „Gemeinsame Markt" und der Plan einer kapitalistischen „Integration" sind das Werk der größten westeuropäischen Monopole. Sie verfolgen mit diesen Vorhaben mehrere Ziele gleichzeitig. Man stellt sich die Aufgabe, durch eine Erweiterung des Marktes auf Kosten der schwächeren Konkurrenten den Absatz und die Profite zu steigern und die Kräfte des Kapitalismus im Kampf gegen das sozialistische System sowie gegen die Arbeiterklasse der Mitgliedsländer des „Gemeinsamen Marktes" zu verbünden. Es wird der Versuch unternommen, mit Hilfe einer neuen Form des Neokolonialismus die ökonomische Ausbeutung der ehemaligen afrikanischen Kolonien aufrechtzuerhalten und zu verstärken und andererseits das westeuropäische Monopolkapital gegen die ökonomische Hegemonie der Vereinigten Staaten zu einen. Zur Lösung all dieser Aufgaben nutzt das Monopolkapital die Macht des Staatsapparates aus. Der „Gemeinsame Markt" und die Versuche zur Integration Westeuropas bezeichnen somit eine neue Stufe des staatsmonopolistischen Kapitalismus.

Es versteht sich von selbst, daß im Rahmen des „Gemeinsamen Marktes" sämtliche Widersprüche des Kapitalismus bestehen bleiben — wirkende Tendenzen stoßen auf gegenläufige Tendenzen, jeder Teilnehmer des „Gemeinsamen Marktes" verfolgt neben den allgemeinen Interessen des Monopolkapitals seine besonderen Ziele, jeder hat andere Vorstellungen über die Perspektiven der Integration usw.

Eine recht zutreffende, prägnante Charakteristik dieses widerspruchsvollen Dickichts von Meinungen und Zielen gibt der UNO-Wirtschaftsexperte S. Dell: „Der Anhänger der Handelsfreiheit träumt von der Beseitigung der Außenhandelsschranken. Der Protektionist hofft auf eine Abgrenzung Westeuropas durch eine neue Zollmauer. Der rechte Flügel möchte eine bessere Wahrung der Interessen der Geschäftswelt und die Möglichkeit zu verstärktem Widerstand gegen Lohnforderungen. Der linke Flügel denkt an die internationale Vereinigung der Arbeiter und sieht das Ideal der weltweiten Brüderlichkeit näherrücken. Die Föderalisten erstreben eine neue suprastaatliche Macht und die schrittweise Errichtung einer Bundesregierung. Die Konföderalisten haben die Vision eines ‚Europas der Vaterländer' — eines Europas von Nationalstaaten. Die ‚Europäer' setzen ihre Hoffnungen in das Entstehen eines neuen europäischen Geistes und Selbstbewußtseins. Die Befürworter der Atlantischen Gemeinschaft haben die Entwicklung einer Vereinigung von weitaus größerem Maßstab im Auge.

Fest steht nur eines: daß alle diese Absichten nicht gleichzeitig richtig sein können."

Der gesamte Komplex der Probleme des „Gemeinsamen Marktes" und der westeuropäischen Integration wurde in den Thesen des Instituts für Weltwirtschaft und Internationale Beziehungen der Akademie der Wissenschaften der UdSSR behandelt und eingehend auf einem Meinungsaustausch erörtert, der von der Zeitschrift „Probleme des Friedens und

1 Die Erstfassung dieses Beitrages wurde in der Zeitschrift „Mirovaja ėkonomika i meždunarodnye otnošenija", Heft 10/1962 (deutsch in: „Sowjetwissenschaft/Gesellschaftswissenschaftliche Beiträge, 2/1963) veröffentlicht (d. Hrsg.).

des Sozialismus“ und dem genannten Institut vom 27. August bis 3. September 1962 in Moskau durchgeführt wurde.[2]

Wir wollen unsere Betrachtung daher nur auf die eine Frage beschränken, ob und inwieweit die Gründung der EWG zu einer anhaltenden Erweiterung des kapitalistischen Marktes Westeuropas führen kann, die über jene Erweiterung hinausgeht, welche in allen kapitalistischen Ländern eine Folge des Bevölkerungswachstums und der technischen Entwicklung ist.

Die Propagandisten des „Gemeinsamen Marktes“ behaupten, mit seiner Gründung begänne eine neue Ära des dauerhaften Aufschwunges des Kapitalismus in Westeuropa. Ein einheitlicher Markt, der sich über westeuropäische Länder mit einer Bevölkerung erstreckt, die der Bevölkerungszahl der USA entspricht, müßte nach ihrer Auffassung Westeuropa sowohl in wirtschaftlicher wie auch in politischer Hinsicht den USA angleichen. Theoretische Grundlage dieser Behauptungen ist die These, daß die Binnenmarktkapazität und das Wirtschaftspotential von der Bevölkerungszahl der Teilnehmerländer dieses Marktes abhängen.

Zum Beweis der Haltlosigkeit dieser These führen wir einige Fakten an. Indien übertrifft die USA in der Bevölkerungszahl um das Zweifache, während seine Binnenmarktkapazität und sein Wirtschaftspotential unvergleichlich geringer ist. Das Nationaleinkommen Indiens belief sich 1959 auf 128 Mrd. Rupien (27 Mrd. Dollar)[3]. Das Nationaleinkommen der USA in dem selben Jahr betrug 397 Mrd. Dollar und war demnach fast fünfzehnmal so hoch. Annähernd ebenso ist das Verhältnis zwischen den Kapazitäten der Binnenmärkte beider Länder.

Schätzungen der Höhe des Nationaleinkommens sind bekanntlich höchst ungenau. Angesichts einer derartig immensen Kluft spielen diese Ungenauigkeiten allerdings keine wesentliche Rolle. Man könnte auch einwenden, es sei nicht gerechtfertigt, das schwachentwickelte Indien mit den USA als einem der höchstentwickelten kapitalistischen Länder zu vergleichen. Die EWG-Länder stehen, wie die USA, auf einer hohen Stufe der ökonomischen Entwicklung. Das stimmt und stimmt auch wiederum nicht. Verglichen mit den schwachentwickelten Ländern Asiens, Afrikas und Lateinamerikas, sind die Staaten des „Gemeinsamen Marktes“ natürlich hochentwickelt. Im Verhältnis zu den USA ändert sich das Bild aber wesentlich, denn hier nehmen sich die Staaten des „Gemeinsamen Marktes“ wie relativ rückständige Länder aus.[4] Die Arbeitsproduktivität in den EWG-Ländern erreicht nur 30—50% des amerikanischen Niveaus, und das Nationaleinkommen pro Kopf der Bevölkerung ist hier nur halb so groß wie in den USA. Annähernd gleich ist die Relation hinsichtlich der Kapazität des Binnenmarktes.

Die exponierte Stellung der USA in der Arbeitsproduktivität erklärt sich zum Teil aus den historischen Ursachen, die Lenin in seinen Arbeiten nannte. Diese Ursachen unterliegen dem Wandel der Zeit. Es gibt allerdings auch Ursachen, die konstanten Charakter tragen. Und diese letzteren Ursachen werden durch die Bildung des „Gemeinsamen Marktes“ keineswegs außer Kraft gesetzt. So haben die USA beispielsweise günstigere klimatische Bedingungen, sie übertreffen die EWG-Länder hinsichtlich ihrer Naturressourcen im allgemeinen und ihrer Bodenschätze im besonderen (Erdöl, Kohle, Kupfer und andere

2 Vgl. Probleme des modernen Kapitalismus und die Arbeiterklasse, Berlin 1964.

3 Monthly Bulletin of Statistics, Mai 1962, S. 150, 151.

4 Wenn man als Vergleichsbasis das Niveau der Arbeitsproduktivität nimmt, das Lenin für ausschlaggebend bei der Bestimmung des progressiven Charakters einer Gesellschaftsordnung hielt.

Buntmetalle). Die landwirtschaftliche Nutzfläche der USA ist viermal so groß wie die der EWG-Länder.

Auf Grund der Ungleichmäßigkeit der Entwicklung des Kapitalismus hat sich die wirtschaftliche Übermacht der USA gegenüber Westeuropa, die nach dem Ende des zweiten Weltkrieges sehr groß war, in den letzten Jahren spürbar verringert. Sie ist aber noch bis auf den heutigen Tag erheblich. Der Zusammenschluß einiger westeuropäischer Länder zu einem einheitlichen Markt vermag die natürlichen und die historisch entstandenen Grundlagen dieses Übergewichts (enormer Nationalreichtum, technische Ausstattung u. a.) nicht zu beseitigen.

Die Bevölkerungszahl kann auch nicht das *Tempo* des Produktionswachstums bestimmen. Nehmen wir zum Beispiel Japan. Dieses Land büßte infolge des zweiten Weltkrieges einen sehr großen Teil seines einstigen, seines Vorkriegs„binnen"marktes ein, auf dessen Territorium mehr als 100 Millionen Menschen, d. h. mehr als in Japan selbst, lebten. Nichtsdestoweniger war das Wachstumstempo der japanischen Produktion im Zeitraum 1951—1961 höher als in allen anderen kapitalistischen Ländern (vgl. Tabelle 1).

Tabelle 1
Index der Industrieproduktion (1953 = 100)

Land	1951	1961
Japan	74	317
BRD	85	191
Frankreich	99	184
Italien	90	200
Großbritannien	97	128
USA	89	120

Trotz des großen Marktverlustes vermochte Japan seine Industrieproduktion von 1951 bis 1961 zu vervierfachen. Die Hauptländer Westeuropas haben in diesem Zeitraum ihre Industrieproduktion lediglich verdoppelt, während die der USA gar nur um ein Drittel gestiegen ist. In der Landwirtschaft erzielte Japan im Jahre 1960 auf 3,3 Mio ha Ackerfläche einen durchschnittlichen Hektarertrag von 48,6 dt Reis gegenüber 39 dt/ha vor dem Kriege.

Die Behauptung, wonach der Zusammenschluß einer Anzahl westeuropäischer Länder zu einem einheitlichen Markt mit einer Bevölkerungszahl, die der amerikanischen entspricht, perspektivisch einen Gleichstand der Wirtschaftspotentiale Westeuropas und der USA sichert, entbehrt also der wissenschaftlichen Grundlage.

Wollten die Apologeten des „Gemeinsamen Marktes" das Problem aus wissenschaftlicher Sicht analysieren, so müßten sie ökonomisch begründen, inwiefern der Zusammenschluß einiger europäischer Länder zu einem einheitlichen Markt dessen Erweiterung auf das Zwei- oder Dreifache bewirkt. Das aber unterließen sie. Wir wollen daher versuchen, die Frage theoretisch zu analysieren, welche ökonomischen Veränderungen im Falle einer totalen wirtschaftlichen Vereinigung Westeuropas eintreten würden.[5] Könnte sich die

5 Selbstverständlich ist eine solche Annahme irreal. Der „Gemeinsame Markt" bedeutet bei weitem noch keine vollständige ökonomische Vereinigung, und es ist höchst zweifelhaft, ob eine solche Vereinigung überhaupt jemals zustandekommt. Für eine abstrakte Analyse ist diese Annahme jedoch durchaus zulässig.

ökonomische Situation der Länder des „Gemeinsamen Marktes" damit verbessern? Aus marxistischer Sicht ist die Frage so zu formulieren: *Kann eine solche Vereinigung zu einem ständigen oder, richtiger gesagt, langanhaltenden nichtzyklischen Wachstum der Konsumtionskraft der Bevölkerung führen?* Es geht also nicht um eine Erweiterung des Marktes schlechthin, sondern um die Erhöhung der Nachfrage nach Waren der Abteilung II der gesellschaftlichen Produktion. Eine Ausdehnung des Marktes für Waren der Abteilung I allein genügt nicht für ein langfristiges Wachstum der Produktion. Bei unzureichender Nachfrage nach Waren der Abteilung II wird zwangsläufig auch die Nachfrage nach Waren der Abteilung I zurückgehen. Nur Anhänger der Theorie von Tugan-Baranovskij können glauben, daß die ununterbrochene Erweiterung des fixen Kapitals einen ständigen krisenfreien Aufschwung der kapitalistischen Produktion gewährleisten kann.

Der zyklische Verlauf der kapitalistischen Reproduktion ist eine allgemein bekannte Tatsache. In den Phasen der Belebung und des Aufschwungs kommt es zu einer Erweiterung des fixen Kapitals (Bau neuer Produktionsstätten, Ersatz alter Maschinen und Ausrüstungen durch neue) und des Marktes für Waren der Abteilung I. Das führt wiederum zu einer zeitweiligen Ausdehnung der Kapazität des Marktes für Erzeugnisse der Abteilung II, da mehr Arbeiter in die Produktion einbezogen werden, die Lohnmasse wächst und folglich auch die Nachfrage nach Konsumgütern steigt. Uns interessiert hier jedoch nicht diese zyklische, vorübergehende Erweiterung des kapitalistischen Marktes. Die Frage besteht vielmehr darin, ob der Zusammenschluß der Binnenmärkte verschiedener Staaten eine anhaltende Steigerung der Nachfrage nach Waren der Abteilung II bewirken kann. Wir wollen dieser Frage im eigentlichen Sinne, unter Außerachtlassung verschiedener Nebenumstände und sekundärer Erscheinungen, nachgehen. Wir wollen daher den Weg der wissenschaftlichen Abstraktion beschreiten, und analysieren:

erstens die Folgen des Zusammenschlusses zweier hochentwickelter imperialistischer Staaten, und

zweitens die Folgen des Zusammenschlusses eines hochentwickelten mit einem schwachentwickelten Land.

Wir werden hierbei von der Prämisse ausgehen, daß dieser Zusammenschluß nicht in einem Zeitraum von zehn Jahren, wie im Falle der EWG vorgesehen, sondern unmittelbar, ohne Übergangsperiode erfolgt.[6] Wir werden ferner voraussetzen, daß die wirtschaftliche Vereinigung schon gänzlich vollzogen ist und daß für die vereinigten Länder absolut einheitliche Konkurrenzbedingungen herrschen. Diese Verhältnisse bedingen die Aufhebung jeglicher Zolltarife, uneingeschränkte Freiheit des Waren-, Kapital- und Arbeitskräfteverkehrs, völlige Gleichheit in der Steuer-, Sozial-, Wirtschaftsgesetzgebung u. dgl. sowie Aufhebung oder Angleichung jedweder Maßnahmen der staatlichen Wirtschaftsregulierung wie Subventionen, Exportkreditgarantien usw.

*

Welche ökonomischen Auswirkungen hat die — unter o. g. Prämissen erfolgende — Vereinigung zweier hochentwickelter kapitalistischer Länder? Man kann mit Sicherheit

6 Bei einer Übergangsperiode von zehn Jahren läßt sich schwer bestimmen, was eine Folge des Zusammenschlusses und was eine Folge der Wirkung anderer Faktoren wie der zyklischen Entwicklung der Reproduktion, eines Börsenkrachs, politischer Ereignisse usw. ist. In der BRD schreibt man das Produktionswachstum in den letzten Jahren dem „Gemeinsamen Markt" zu. Die Gegner der EWG können jedoch mit gleichem Recht dem „Gemeinsamen Markt" auch die Verschlechterung der Wirtschaftslage der BRD im Jahre 1962 anlasten.

voraussagen, daß die Veränderungen unbedeutend sein werden, da die Wirkungen der objektiven ökonomischen Gesetze des Kapitalismus (Imperialismus) unverändert bleiben.

Deshalb ist keinerlei ständige oder auch nur besonders langanhaltende Erweiterung des Marktes für Waren der Abteilung II, die den Rahmen der in langen Zeitläufen gewöhnlich ohnehin eintretenden Erweiterung überstiege, zu erwarten. Es wird auch keine dauerhafte Steigerung des Produktionsniveaus der vereinigten Länder stattfinden. Das bedeutet freilich nicht, daß es überhaupt keine Veränderungen gäbe. Ihr Wirken wird indes von einer Verstärkung der einen bei Abschwächung anderer Tendenzen begleitet sein.

Die Monopole bleiben nach wie vor der entscheidende Faktor der Wirtschaftsentwicklung. Ihr Einfluß auf diese Entwicklung wird widersprüchlich sein. Die größten Monopole der einzelnen Zweige beider Länder werden trachten, für ihre Waren jene neuen Sektoren des Binnenmarktes zu erobern, die mit der Vereinigung entstanden. Sie werden zu diesem Zwecke ihre Produktionskapazitäten erweitern und Neuinvestitionen tätigen[7], wodurch sich der Konkurrenzkampf weiter verschärft. Es tritt eine Situation ein, die im Kapitalismus in den Phasen der Belebung und des Aufschwungs üblich ist: Das Marktvolumen für Waren der Abteilung I und II wird zeitweilig größer. Aber dieselben Prozesse, die diese Erweiterung hervorgerufen haben, schaffen letztlich die Voraussetzungen für eine Überproduktionskrise und bewirken eine Einengung des Marktes. Die anderen Monopole enthalten sich des offenen Konkurrenzkampfes. Sie bilden Kartelle und Trusts auf Basis der Kapitalverflechtung sowie aufgrund der ökonomischen Beziehungen, die sie schon vor der Vereinigung ihrer Länder miteinander unterhielten. Die Folge ist eine Stärkung der Macht der Monopole.

Die Verschärfung des Konkurrenzkampfes unter den Bedingungen der Vereinigung bewirkt auch einen gewissen Strukturwandel. Betroffen sind vor allem die schwächeren Wirtschaftszweige sowie einzelne Unternehmen, die aus historischen Ursachen oder aufgrund wirtschaftsgeographisch ungünstiger Standorte zu Selbstkosten produzieren, die über dem Weltniveau liegen. Solche Zweige und Unternehmen waren nur mit Hilfe hoher Schutzzolltarife existenzfähig; durch die Vereinigung der Binnenmärkte büßten sie diesen Schutz ein. Konkurrenzunternehmen, die Waren mit gleicher Qualität, aber zu geringeren Kosten herstellen, verdrängen und ruinieren ihre schwächeren Rivalen, zwingen diese zur Schließung ihrer Betriebe und Verschleuderung der Warenbestände an die Sieger. Der Prozeß der Zentralisation des Kapitals verstärkt sich.

Weiterhin wird sich die territoriale Standortverteilung der Produktion verändern. Eine Folge der Vereinigung (unter der Bedingung uneingeschränkter Freiheit der Konkurrenz) ist die allmähliche Konzentration der Produktion an den günstigsten Standorten, d. h. dort, wo die Produktionskosten am niedrigsten sind. Dieser Prozeß erstreckt sich über einen langen Zeitraum, da die Verlagerung von Produktionsstätten (besonders bei hohem Anteil des fixen Kapitals, teuren Gebäudeausrüstungen, aufwendigen unterirdischen Anlagen, kostspieligen Transportwegen, sperrigen und komplexen Aggregaten) mit großen Verlusten verbunden und daher in der Regel wenig vorteilhaft ist. Neue Betriebe werden

7 Die Dauer der Periode bedeutender Neuinvestitionen sowie deren Umfang werden (bei sonst gleichen Bedingungen) davon abhängen, in welcher zyklischen Phase die Vereinigung vollzogen wird. Wenn es die Konjunktur ist, so wird dieser Umstand die Realisierung neuer Großinvestitionen erschweren, da es wenig überschüssige Arbeitskräfte und Material geben wird. Ist es die Krise, so werden es die Kapitalisten mit Neuinvestitionen nicht eilig haben. Für neue Kapitalinvestitionen am vorteilhaftesten ist die Phase der Belebung.

allerdings an den günstigsten Standorten errichtet. Dagegen werden Betriebe, deren Standort unter den neuen Bedingungen extrem ungünstig ist, nach und nach geschlossen.[8] Auf diese Weise verlagert sich die Produktion allmählich in die unter den neuen Bedingungen günstigsten Regionen.

Wie wirken sich diese Veränderungen auf die Kapazität des Binnenmarktes aus? Zunächst steigt die gesellschaftliche Arbeitsproduktivität, d. h. es sinkt die gesellschaftlich notwendige Arbeitszeit je Wareneinheit, oder es werden, mit anderen Worten, zur Herstellung ein und derselben Erzeugnismenge bei ansonst gleichen Bedingungen weniger Arbeiter benötigt. All dies führt dazu, daß selbst bei unveränderter Höhe des Reallohns jedes Beschäftigten die Gesamtmasse des Reallohns sinkt und die Kapazität des Marktes für Waren der Abteilung II geringer wird: ein Ergebnis, welches den Voraussagen der Apologeten des „Gemeinsamen Marktes“ diametral entgegengesetzt ist.

Ob nun diese geschilderte Situation eintritt, hängt in vielerlei Hinsicht von den Perspektiven des Klassenkampfes zwischen Kapital und Arbeit ab. Heute ist in allen hochentwickelten kapitalistischen Ländern die Frage besonders akut, wem die Früchte des technischen Fortschritts und des Wachstums der Arbeitsproduktivität zugute kommen, wie diese Früche zwischen Kapital und Arbeit verteilt werden sollen. Dieses Problem wird auch nach dem Zusammenschluß der beiden hochentwickelten Länder in unverminderter Schärfe auf der Tagesordnung stehen. Davon, wie es im Zuge des Klassenkampfes gelöst wird, wird auch die mögliche Marktkapazität abhängen, denn schließlich bilden die Arbeiter und Angestellten die überwiegende Mehrheit der Bevölkerung in den hochentwickelten kapitalistischen Ländern. Die Größe der Lohnmasse der Arbeiter und Angestellten ist der entscheidende Faktor für das Volumen des Marktes für Waren der Abteilung II und damit auch für die Kapazität des Marktes insgesamt.

In jüngster Zeit sind die Kapitalisten und ihre gelehrten Apologeten in einer Reihe von Ländern, insbesondere in den USA, um den Nachweis bemüht, daß das Nationaleinkommen *als Ganzes* das Barometer des wirtschaftlichen Fortschritts eines Landes sei. Sie ignorieren nicht nur die Bedeutung der Verteilung des Nationaleinkommens, sondern fordern darüber hinaus die Erhöhung des Anteils des Kapitals am Nationaleinkommen, was sie damit begründen, daß es angeblich nur durch eine ständige Erhöhung des Anteils der Investitionen möglich ist, ein permanentes Wachstum der Produktion und der Beschäftigten zu erreichen, die kapitalistische Welt vor Überproduktionskrisen zu bewahren und ihren Sieg im Wettbewerb mit der sozialistischen Welt zu gewährleisten.

Diese Argumentation ist absolut falsch. Die Verteilung des Nationaleinkommens zwischen den Kapitalisten auf der einen und den Arbeitern und Angestellten auf der anderen Seite ist von ausschlaggebendem Einfluß auf die Kapazität des Marktes. Denn schließlich geben die Arbeiter und Angestellten in der Regel ihr gesamtes Einkommen für den Kauf von Konsumgütern aus; ihre Ersparnisse in Form von Beiträgen zur Lebensversicherung oder Spareinlagen bei den Banken betragen nur einen kleinen Teil ihrer Einkommen und werden letztlich auch für den Erwerb von Konsumgütern verausgabt. Mit der Verbreitung des Teilzahlungssystems beim Kauf langlebiger Konsumgüter (Pkw, Fernsehgeräte, Einfamilienhäuser u. dgl.) haben die Arbeiter und Angestellten sogar begonnen, Käufe zu Lasten ihres künftigen Einkommens zu tätigen. Die Kapitalisten dagegen geben

8 Unter konkreten Verhältnissen kann die Schließung von Betrieben natürlich nicht nur durch ungünstige Standorte, sondern auch durch andere Faktoren bedingt sein wie beispielsweise Überalterung der Ausrüstungen, Finanzmanipulationen usw.

einen bedeutenden Teil ihrer Einkünfte nicht für Konsumgüter aus, sondern akkumulieren ihn. Je höher das Einkommen der Kapitalisten, desto größer der Anteil ihres akkumulierten Einkommens, der schließlich für Produktionsmittel verausgabt wird. Da die Kapazität des Marktes insgesamt in letzter Konsequenz von der Kapazität des Marktes für Waren der Abteilung II abhängt, übt der Charakter der Verteilung des Nationaleinkommens wesentlichen Einfluß auf die Entwicklung der kapitalistischen Reproduktion aus.

Die ununterbrochene Erweiterung des fixen Kapitals ohne entsprechende Erhöhung der Nachfrage nach Waren der Abteilung II führt nicht zu der von den Apologeten der Monopole erklärten dauerhaften Prosperität, sondern zu permanenter Nichtauslastung der Betriebe und chronischer Massenarbeitslosigkeit, zu einer immer stärkeren Zuspitzung des Marktproblems. Weder unablässige neue Großinvestitionen noch der Verzicht auf solche Investitionen (der zur Stagnation führen würde) vermögen ein ständiges Gedeihen des Kapitalismus zu gewährleisten. Heute, in der Epoche der allgemeinen Krise des Kapitalismus, trifft dies noch mehr zu als in der Periode der aufstrebenden kapitalistischen Entwicklung, als Marx die Gesetze der Entwicklung und des zwangsläufigen Niedergangs der kapitalistischen Gesellschaft entdeckte und erforscht hat.

Von dem Zusammenschluß zweier hochentwickelter kapitalistischer Länder kann mithin ein zeitweiliger Impuls zu einer Steigerung der Produktion ausgehen, die dem zyklischen Aufschwung ähnelt. Er kann aber keine dauerhafte Erweiterung der Kapazität des Marktes der vereinigten Länder herbeiführen, er kann die Wirtschaftslage dieser Länder nicht langfristig verbessern. Im Gegenteil, die Verschärfung des Konkurrenzkampfes, die Liquidierung der unterlegenen Konkurrenten, die Beschleunigung der Kapitalzentralisation, die Konzentration der Industrieproduktion an den günstigsten Standorten — all dies erzeugt eine Tendenz zur Verringerung des Arbeitskräftebedarfs, zum Absinken des Reallohns, zum Rückgang der Nachfrage nach Waren der Abteilung II und damit zur Verschärfung des Marktproblems schlechthin. Inwieweit diese Tendenz die Oberhand gewinnt, wird von der konkreten Entwicklung des Klassenkampfes abhängen, dessen Analyse nicht zum Gegenstand dieses Artikels gehört.[9]

A. G. Milejkovskij hegt Zweifel an der Richtigkeit unserer Behauptungen.[10] Das ist sein gutes Recht. Bei seinem Versuch zur Widerlegung unserer Position bediente er sich allerdings untauglicher Mittel.

Unser abstrakt-theoretischer Gedankengang wäre zu widerlegen: a) wenn sich herausstellt, daß diese Überlegungen dem Marxismus-Leninismus widersprechen oder auf absurden Vor-

9 Wir erlauben uns nur eine Bemerkung. Die reaktionären Gewerkschaftsführer der westlichen Länder betonen stets und ständig ihre feindselige Haltung zum Kommunismus, ihre Ergebenheit gegenüber dem Kapitalismus. Der Vorsitzende der AFL-CIO — George Meany, ein besonders gehässiger Geiferer gegen den Sozialismus und nimmermüder Hetzer zum Krieg gegen die sozialistische Welt — und ähnliche Gewerkschaftsfunktionäre sehen nicht oder wollen nicht wahrhaben, daß Erfolge, welche die Gewerkschaften in den kapitalistischen Ländern erringen, nicht nur ein Ergebnis der Stärkung der Arbeiterbewegung und Festigung des Kampfwillens der Arbeiter, sondern zugleich ein Ergebnis der Tatsache sind, daß eine sozialistische Welt existiert. Gerade die Furcht vor der sozialistischen Welt, die Angst vor einer Verstärkung des Einflusses kommunistischer Ideen unter den Arbeitern bewog zuweilen amerikanische Politiker — den Republikaner Nixon wie den Demokraten Kennedy — zur Einmischung in Arbeitskonflikte, um besonders streitbare Monopole im Interesse des kapitalistischen Gesamtsystems in gewisse Schranken zu weisen. Die sozialistische Welt ist ein mächtiger Beschützer der Interessen der Arbeiterklasse in den kapitalistischen Ländern.

10 Vgl. Probleme des gegenwärtigen Kapitalismus und die Arbeiterklasse, a. a. O., S. 176/177.

aussetzungen basieren; b) wenn es gelänge, auf der Grundlage der marxistischen Methodologie einen ökonomischen Mechanismus aufzudecken, mit dessen Hilfe der Zusammenschluß der Märkte zweier oder mehr hochentwickelter kapitalistischer Länder eine dauerhafte Erweiterung des Marktes bewirkte (die das in der kapitalistischen Entwicklung übliche Maß überstiege). A. G. Milejkovskij wählte einen anderen Weg. Der theoretischen Überlegung setzt er das historische Beispiel des Aufschwungs des deutschen Kapitalismus nach der Vereinigung des industrialisierten Elsaß-Lothringen mit dem hochentwickelten Ruhrgebiet entgegen. Diese Methode der Widerlegung wäre nur in dem Falle richtig, wenn die konkret-historischen Umstände exakt den Prämissen der zu widerlegenden abstrakt-theoretischen Analyse entsprächen. Davon kann hier aber nicht die Rede sein.

Das, was sich in Deutschland nach 1871 abspielte, war keine isolierte Vereinigung zweier hochentwickelter Gebiete, sondern die Vereinigung dieser Gebiete mit territorial weitaus größeren, jedoch industriell schwachentwickelten Teilen Deutschlands (Bayern, Ostpreußen usw.), wo die bäuerliche Wirtschaft noch zu einem großen Teil für den Eigenbedarf produzierte. Marx als Augenzeuge schrieb über das damalige Deutschland: „In allen andren Sphären quält uns, gleich dem ganzen übrigen kontinentalen Westeuropa, nicht nur die Entwicklung der kapitalistischen Produktion, sondern auch der Mangel ihrer Entwicklung."[11]

Es liegt auf der Hand, daß das Beispiel der Erweiterung des Marktes in Deutschland nach der Vereinigung aller seiner Gebiete zu einem einheitlichen Wirtschaftsterritorium nicht unsere theoretischen Aussagen widerlegen kann, da die konkret-historischen Bedingungen in diesem Falle in keinerlei Weise unseren Prämissen entsprechen.

*

Eine andere Situation ergibt sich beim Zusammenschluß eines hochentwickelten Landes mit einem schwachentwickelten Land. Hier ist unter bestimmten Bedingungen eine gleichzeitige dauerhafte Erweiterung der Kapazität des kapitalistischen Marktes möglich.

Unter einem schwachentwickelten Land verstehen wir ein Land mit überwiegend agrarischem Charakter der Wirtschaft, mit einem niedrigen Entwicklungsstand der Produktivkräfte und daher einem niedrigen Niveau des Nationaleinkommens und einer armen Bevölkerung.[12] In einem solchen Land ist das Binnenhandelsvolumen gering, da der Warenanteil an der Produktion niedrig ist. Die Bauernschaft produziert vorwiegend für den Eigenbedarf.

Letztgenanntes Moment ist unter dem Gesichtspunkt der Möglichkeiten zur Erweiterung des kapitalistischen Marktes das entscheidende. Die historische Grundlage für die Schaffung des kapitalistischen Marktes ist schließlich, wie Marx hinreichend gezeigt hat, die Umwandlung der Produzenten für den Eigenbedarf in Produzenten und Käufer von Waren. Lenin analysierte in seiner Arbeit „Die Entwicklung des Kapitalismus in Rußland" den Prozeß

11 K. Marx, Das Kapital. Erster Band. Vorwort zur ersten Auflage, in: MEW, Bd. 23, a. a. O., S. 12.

12 Das soll freilich nicht heißen, daß es in solchen Ländern keine Reichen gäbe. In armen Ländern wie z. B. dem Iran, der Türkei, Pakistan und Brasilien gibt es große Feudalbesitztümer. In den schwachentwickelten Ländern sind auch große kapitalistische Vermögen anzutreffen, die oftmals durch Raub zustandekamen. So entstanden z. B. das „bürokratische Kapital" der Jiang Jieshi (Tschiang Kaischek)-Clique im Guomindang-China, die Vermögen lateinamerikanischer Diktatoren in Form von Auslandsguthaben u. a. m.

der Schaffung des kapitalistischen Marktes durch Umwandlung der Bauern von Produzenten für den Eigenbedarf in Produzenten und Käufer von Waren. Er stellte auch die mit diesem Prozeß einhergehende Differenzierung der Bauernschaft in Agrarkapitalisten — die Kulaken — auf der einen und in Tagelöhner und Knechte auf der anderen Seite dar, die zum Verkauf ihrer Arbeitskraft gezwungen waren. Diese Analyse braucht nicht wiederholt zu werden. Es ist lediglich festzustellen, daß der Zusammenschluß eines hochentwickelten mit einem schwachentwickelten Land eben auf diese Weise die Schaffung eines kapitalistischen Marktes in letzterem beschleunigen wird.

Die Beseitigung solcher Hemmnisse wie Zolltarife, Devisenmangel usw. wird zu einem breiten Zustrom von Industriewaren des hochentwickelten Landes in den schwachentwickelten Teil der Vereinigung führen. Diese Waren werden dort die Erzeugnisse der bäuerlichen Produktion verdrängen. Auch die Aufkäufe der Produktion der Bauernwirtschaften durch das Kapital werden zunehmen. Das Ausbleiben des Profittransfers, die Verringerung der Gefahr der Nationalisierung und weitere Ursachen werden ein rasches Wachstum der Investitionen fördern. Auch die auf der Basis der Differenzierung der Bauernschaft und des Wachstums der agrarischen Überbevölkerung erfolgende Freisetzung von billiger, gewerkschaftlich nicht oder nur wenig organisierter Arbeitskraft wird die Entwicklung einer kapitalistischen Industrie beschleunigen.

Es wird also zu einer dauerhaften Erweiterung des kapitalistischen Marktes in beiden Teilen der Vereinigung kommen. Dieser Prozeß ist jedoch einmalig und unwiederholbar. Er hört auf, sobald die Umwandlung der Produzenten für den Eigenbedarf in Produzenten von Waren für einen kapitalistischen Markt abgeschlossen sein wird.

Allerdings würde nicht jedweder Zusammenschluß eines hochentwickelten Landes mit einem Agrarland zu einer Erweiterung des kapitalistischen Marktes führen. Nehmen wir beispielsweise an, ein Agrarland wie Neuseeland würde sich mit irgendeinem hochentwickelten Industrieland vereinen. Neuseeland hat eine hochentwickelte, rein kapitalistische Landwirtschaft.[13] Die Agrarproduktion wird hier für den Absatz auf dem kapitalistischen Weltmarkt betrieben. Neuseeland ist trotz des agrarischen Charakters seiner Wirtschaft sehr reich. Das Pro-Kopf-Nationaleinkommen ist hier mit ca. 1200 Dollar im Jahr höher als in den hochentwickelten Industrieländern Westeuropas. Eine Vereinigung Neuseelands mit irgendeinem hochentwickelten Industrieland hätte natürlich keine Erweiterung des kapitalistischen Marktes zur Folge. Die einzige Folge einer solchen Vereinigung bestünde darin, daß das Industrieland, das diese Union eingegangen ist, einen großen Teil des neuseeländischen Industriewarenmarktes eroberte. Das aber bedeutete lediglich eine Umverteilung der Positionen auf einem schon existenten kapitalistischen Markt und keineswegs dessen Erweiterung.

Weiterhin versteht es sich, daß die Maßstäbe einer möglichen Erweiterung des Marktes der neuentstandenen Vereinigung durch die Größe des Territoriums und der Bevölkerungszahl der fusionierten Länder begrenzt sind. Wenn es z. B. zum Zusammenschluß eines hochentwickelten Industrielandes mit einer Bevölkerung von 50 Mio Menschen mit einem schwachentwickelten Land kommt, dessen Bevölkerung 5 Mio Menschen beträgt, kann in dem kleineren Land eine rasche Erweiterung des kapitalistischen Marktes eintreten. Für die Union beider Länder insgesamt wird die Markterweiterung jedoch sehr beschränkt sein.

Die genannten Beispiele erlauben uns, das Ausmaß jener Erweiterung des kapitalistischen

13 Der neuseeländische Export rekrutierte sich 1960 zu 95% aus Agrarerzeugnissen. 85% entfielen auf ganze vier Waren: Wolle, Fleisch, Butter und Käse.

Marktes der EWG-Länder abzuschätzen, die durch „Assoziierung" der ehemaligen Kolonien, die trotz ihrer politischen Befreiung ökonomisch noch immer von den Metropolen abhängen, eintreten würde. Ein einfacher Vergleich macht deutlich, daß diese Erweiterung nur unerheblich sein kann. Die Bevölkerungszahl der sechs EWG-Länder beträgt über 170 Mio Menschen, die der assoziierten afrikanischen Länder etwa 70 Mio.[14] Darüber hinaus ist die Marktkapazität pro Kopf der Bevölkerung in den EWG-Ländern weitaus größer als in Afrika. Diese Feststellung kann man anhand eines Vergleichs der Nationaleinkommensniveaus in den EWG-Ländern und in den assoziierten Ländern treffen. Das Nationaleinkommen der sechs EWG-Länder zusammengenommen beträgt 44,5 Mrd. Pfund Sterling.[15] Schätzungen des Nationaleinkommens der der EWG assoziierten afrikanischen Länder sind uns nicht bekannt. Aber analog zu anderen schwachentwickelten Ländern wird ihr Nationaleinkommen kaum mehr als 20—25 Pfund jährlich pro Kopf der Bevölkerung, d. h. alles in allem keine 2 Mrd. Pfund im Jahr betragen. Es ist festzuhalten, daß Marktkapazität und Nationaleinkommen keine identischen Größen sind.[16] Dennoch kann die Höhe des Nationaleinkommens eine ungefähre Vorstellung vom Marktvolumen vermitteln. Außer Zweifel steht jedenfalls, daß selbst dann, wenn sich die Kapazität des Marktes der assoziierten afrikanischen Länder infolge der Entwicklung der kapitalistischen Verhältnisse sogar verdreifachen sollte[17], der Gesamtzuwachs für die EWG unbeträchtlich bliebe. Was die großen Länder angeht, in denen in schwachem Maße kapitalistische Verhältnisse entwickelt sind (Indien, Pakistan, Indonesien, die Länder Südamerikas), so ist deren Beitritt zum „Gemeinsamen Markt" — selbst im Falle eines EWG-Beitritts Englands — ausgeschlossen.

All dies läßt den Schluß zu, daß eine ökonomische „Integration" der EWG-Länder mit einigen afrikanischen Staaten keinerlei wesentliche Erweiterung des kapitalistischen Marktes nach sich ziehen wird. Und wir brauchen schon gar nicht davon zu reden, daß diese Länder anbetrachts des allgemeinen Strebens der Völker Afrikas, mit der politischen gleichzeitig die ökonomische Befreiung vom Imperialismus zu erringen, auf lange Sicht kaum in der Rolle ökonomischer Anhängsel des „Gemeinsamen Marktes" verharren werden. Der Kongo mit seiner 13 Millionen Menschen zählenden Bevölkerung gerät immer mehr unter den Einfluß der USA.

*

Das Problem der Erweiterung oder Einengung des kapitalistischen Marktes schlechthin ist natürlich für die Beurteilung der Entwicklungsperspektiven des „Gemeinsamen Marktes"

14 DWI-Bericht 13/1963, S. 238.

15 Barclay's Bank Letter vom 16. März 1962, S. 1.

16 Die Marktkapazität ist größer als das Nationaleinkommen, da die Waren mehrmals verkauft werden. In den USA belief sich 1961 bei einem Bruttosozialprodukt von 449 Mrd. Dollar der Absatz der Industrie und des Handels auf 738 Mrd. Dollar (Survey of Current Business, Mai 1962, S. 7). Für die BRD lauten die entsprechenden Zahlen: Absatz (incl. Absatz und Export der Landwirtschaft) 675 Mrd. DM (1960), Bruttosozialprodukt 281 Mrd. DM (1959) — (Statistisches Jahrbuch für die Bundesrepublik Deutschland. 1961).

17 Ein solches Wachstum ist völlig unwahrscheinlich, da in der Landwirtschaft einiger dieser Länder kapitalistische Plantagen bereits eine wichtige Rolle spielen. Außerdem wäre die Entwicklung des Binnenmarktes in diesen Ländern anbetrachts ihrer großen territorialen Ausdehnung mit gewaltigen Investitionen für den Bau von Straßen und Verkehrsmitteln verbunden. Solche Investitionen amortisieren sich kaum, wenn man die sehr geringe Bevölkerungsdichte auf dem Territorium der assoziierten Länder berücksichtigt.

von maßgeblicher Bedeutung. Die Verfechter und Anwälte der westeuropäischen Integration legen das Schwergewicht ihrer Propaganda indes nicht auf diese Frage, sondern vor allem auf die Perspektiven der Exportsteigerung. Ihre „wissenschaftlichen Arbeiten" muten zuweilen wie Traktate aus der Zeit des Merkantilismus an. Wie anders sollte man die Hauptthese der Apologeten des „Gemeinsamen Marktes" werten, daß vom Exportvolumen der gesamte Verlauf der Wirtschaftsentwicklung im gegenwärtigen Kapitalismus abhängt? Diese weithin anzutreffende Renaissance merkantilistischen Gedankengutes kommt nicht von ungefähr; ihre Hauptursachen sind;

a) das für den gegenwärtigen Kapitalismus charakteristische Zurückbleiben der Entwicklung des Binnenmarktes hinter dem Wachstum der Produktion im allgemeinen und hinter dem raschen Anwachsen der Produktionskapazitäten im besonderen. Für die Bourgeoisie und die bürgerlichen Ökonomen, deren Erkenntnisfähigkeit sich auf die Oberflächenerscheinungen beschränkt, erscheint der Warenexport als die einfachste Methode zur Überwindung der Marktenge im Inland. Sie wissen nicht oder wollen nicht wahrhaben, daß die Beschränktheit des Marktes heute eine für alle kapitalistischen Länder typische Erscheinung ist, wenn man von den seltenen Fällen eines zyklischen Aufschwungs absieht;

b) die Labilität des gegenwärtigen Kapitalismus im Währungs- und Finanzbereich. Für den Kapitalismus vor Anbruch der Periode seiner allgemeinen Krise war eine „harte" Währung (d. h. langfristige Unveränderlichkeit der Wechselkurse der Währungen auf Basis der Goldparität) charakteristisch, die auf der freien Bewegung des Goldes in Geldform im Landesinnern und in Form von Goldbarren auf dem Weltmarkt beruhte. Heute kann man von „harten" Währungen nur noch bedingt sprechen. Nicht nur die meisten schwachentwickelten, sondern auch eine Reihe von hochentwickelten Ländern, wie beispielsweise die USA, Kanada und Großbritannien, müssen sich ständig mit Zahlungsbilanzproblemen und der Gefahr einer Abwertung ihrer Währungen auseinandersetzen.

Die Einnahmen aus dem Warenexport sind der wichtigste Faktor zur Aufrechterhaltung einer aktiven Zahlungsbilanz. Daraus erklärt sich, warum in den USA, in England sowie in fast allen anderen kapitalistischen Ländern die Steigerung des Exports als kardinale Aufgabe der Wirtschaftspolitik betrachtet wird. Der Export hat nicht nur für die heutigen bürgerlichen Staaten, sondern auch für eine Reihe kapitalistischer Großunternehmen hervorragende Bedeutung. Der Staat verschafft diesen Unternehmen oftmals (ohne zu scheuen, daß die Waren später zu Dumpingpreisen verschleudert werden) jene zusätzliche Auslastung, ohne welche die Produktion unrentabel würde. Exportsubventionen, staatliche Kreditgarantien usw. sind für die Monopole zusätzliche Profitquellen.

Tabelle 2
Volumen des Marktes der BRD

Industrielle Bruttoproduktion (nach dem Zensus von 1954)	154 Mrd. DM
Umsatz des produzierenden Handwerks (1955)	37 Mrd. DM
Umsatz der Landwirtschaft	17 Mrd. DM
Marktvolumen	208 Mrd. DM

Quelle
Statistisches Jahrbuch für die Bundesrepublik Deutschland. 1961, S. 168, 243, 252.

Bei aller Bedeutung des Exports kann dessen Steigerung jedoch keineswegs alle Schwierigkeiten des gegenwärtigen Kapitalismus aus dem Wege räumen, wie es gewisse bürgerliche Ökonomen und Politiker glauben machen wollen. Davon kann sich überzeugen, wer die Rolle des Exports in der Wirtschaft einiger kapitalistischer Hauptländer analysiert. Tabelle 2 gibt einen Überblick über die ungefähre Marktkapazität in der BRD (ohne Wiederholungsverkäufe).

Im Jahre 1956[18] wurde über die Exportkanäle eine Warenmasse zum Preis von 31 Mrd. DM realisiert. Der Anteil des Exports am gesamten Markt der BRD betrug damit 15%. In den anderen EWG-Ländern, für die wir nicht über die erforderlichen Zahlen verfügen, ist dieser Anteil aller Wahrscheinlichkeit nach etwa gleichgroß.

Es ist uns nicht möglich, die Perspektiven des Exports der EWG konkret einzuschätzen. Diese Perspektiven werden von zahlreichen Faktoren abhängen, die heute noch nicht bekannt sind. Eines steht aber fest. Selbst in dem Fall, wenn der Export der EWG-Länder um 50% ansteigen sollte, würde sich damit das gesamte Marktvolumen lediglich um 7,5% erhöhen, womit natürlich weder die Realisierungsschwierigkeiten noch andere komplizierte Probleme des gegenwärtigen Kapitalismus zu lösen sind.

Nebenbei bemerkt, eine Exportsteigerung um 50% würde sogar weniger als 7,5% Erweiterung der gesamten Marktkapazität bewirken. Die exportierten Waren werden realisiert, d. h., das exportierende Land muß im Ausland den Wert seiner Waren erzielen.[19] Dieser Wert wird hauptsächlich in Gestalt anderer Waren erstattet, denn kein Land ist heute in der Lage, seine Importe unablässig mit Gold zu bezahlen. Der Import besteht häufig aus Waren, die die einheimische Produktion vom Binnenmarkt verdrängen. Damit schrumpft selbstverständlich der Markt für die Waren aus nationaler Produktion. Wir illustrieren dies am Beispiel des Handels zwischen der BRD und den USA im Jahre 1960 mit Maschinen ein und derselben Kategorien (vgl. Tabelle 3).

Die meisten der importierten Maschinen könnte man, wenngleich mit höheren Kosten, im eigenen Land herstellen. Der Import dieser Maschinen engt den Markt für den Absatz gleichartiger Maschinen aus einheimischer Produktion ein.

Und weiter. Nehmen wir an, der Export der EWG-Länder stiege z. B. innerhalb von fünf Jahren um 50%. In derselben Zeit würde aber auch die Produktion um annähernd 15% (jährlich durchschnittlich um 3%) wachsen. Eine Exporterhöhung um 50% würde somit schon keine Erweiterung des gesamten Binnen- und Außenmarktes um 7,5%, sondern um etwa 6% bedeuten.

*

Abschließend möchten wir den Leser nochmals darauf hinweisen, daß unsere Analyse abstrakt-theoretischer Natur ist. Diese Analyse affiziert nicht die konkret-historischen Umstände der Entstehung und des Funktionierens des „Gemeinsamen Marktes“. Die Prämisse

18 Wir haben für den Vergleich die Zahlen des Jahres 1956 herangezogen, weil sie am ehesten den Jahren entsprechen, für die uns Zahlen über den Absatz im allgemeinen vorliegen. In den letzten Jahren ist der Export erheblich angestiegen und erreichte 1961 etwa 51 Mrd. DM. Gewachsen ist aber auch das Volumen der Industrieproduktion: von 129 im Jahre 1955 auf 191 im Jahre 1961 (1953 = 100). Das Verhältnis zwischen der Realisierung von Waren auf dem Binnen- und auf dem Außenmarkt hat sich damit kaum geändert.

19 Ausgenommen die Fälle, da Waren zum Zwecke von Auslandsinvestitionen über die Grenze befördert werden.

Tabelle 3
Handel zwischen der BRD und den USA im Jahre 1960 mit Maschinen (in Mio DM)

Kategorie	Import der BRD aus den USA	Export der BRD nach den USA
Werkzeugmaschinen	129	74
Maschinen für die Textil- und Lederwarenindustrie	53	78
Büromaschinen	78	63
Maschinen für die Papier- und die polygraphische Industrie	21	68
Kraftfahrzeuge und Flugzeuge	259	1183
Elektroausrüstungen	200	214

Quelle
Statistisches Jahrbuch für die Bundesrepublik Deutschland. 1961, S. 310/311.

einer vollständigen ökonomischen Vereinigung haben wir gesetzt, um zu beweisen, daß selbst damit nicht jene herangereiften Probleme gelöst werden können, vor die sich der Kapitalismus in der historischen Periode des Vorabends seines endgültigen Unterganges gestellt sieht. Eine solche vollständige ökonomische Vereinigung ist jedoch völlig unreal. Die Angleichung der Konkurrenzbedingungen innerhalb des „Gemeinsamen Marktes" soll bekanntlich erst bis 1970 abgeschlossen sein. Das ist aber noch längst keine vollständige ökonomische Vereinigung.

Vollständige ökonomische Vereinigung hieße einheitliche Währung, einheitlicher Haushalt, einheitlicher Staat, d. h. definitive politische Integration, Verzicht der einzelnen Mitgliedsländer dieser Vereinigung auf ihre nationale Souveränität. Und das halten wir für unmöglich. Könnte man sich etwa vorstellen, daß solche Länder wie beispielsweise England und Frankreich, die über Jahrhunderte als selbständige Staaten existierten, freiwillig auf ihre Souveränität verzichten und sich den Beschlüssen irgendeiner Instanz unterordnen könnten, in der sie in der Minderheit sind? Nicht von ungefähr spricht Charles de Gaulle lediglich von einer „Föderation", in der die Souveränität jedes einzelnen Teilnehmers gewahrt bliebe, und nicht von einer totalen politischen Integration.

Die Apologeten der politischen Integration haben ihre Hypothesen nicht zu Ende durchdacht. Natürlich könnte man so etwas wie ein „westeuroäisches Parlament" bilden, das sich zu den gemeinsamen Angelegenheiten der EWG-Länder äußert. Denkbar ist sogar eine „europäische Regierung", die gewisse gemeinsame Angelegenheiten der beteiligten westeuropäischen Länder regelt. Auch ein vereintes Militärkommando, wie etwa in der NATO, ließe sich einrichten. Die Verwirklichung aller dieser Maßnahmen bedeutet jedoch noch nicht die vollständige politische Integration. Offen bleibt z. B. die Frage der Verfügungsgewalt über die nationalen Streitkräfte. Die Existenz der NATO hat z. B. de Gaulle nicht daran gehindert, die französische Kriegsmarine aus dem gemeinsamen Oberkommando herauszunehmen und sich eine eigene Kernwaffenstreitmacht zu schaffen. Solange die einzelnen kapitalistischen Länder ihre eigenen Streitkräfte haben, ist jede politische Integration bedingt, provisorisch.

Die Verfechter und Propagandisten der politischen Integration berufen sich auf die Festlegung, daß die Römischen Verträge von 1970 an „ewig" gelten sollen, weil dann kein

Mitgliedsland des „Gemeinsamen Marktes“ mehr das Recht hat, aus der Gemeinschaft auszutreten. Das ist Unsinn. Mit juristischen Mitteln, einzig durch den Beschluß eines zwischenstaatlichen Gerichtshofes, kann man einen souveränen Staat, der eigene Streitkräfte besitzt, nicht dazu zwingen, einen Vertrag einzuhalten, der ihm unvorteilhaft und schädlich erscheint. In diesem Falle von dem souveränen Staat die Vertragseinhaltung zu erzwingen, wäre nur mit Hilfe eines Krieges möglich. Ein Krieg der EWG-Länder gegen ein Land, das sich zum Austritt aus der EWG entschieden hat oder die Römischen Verträge sabotiert, liegt kaum im Bereich des Möglichen.

Ungeachtet dieser konkret-historischen Umstände bleibt die theoretische Frage offen, ob der Zusammenschluß von hochentwickelten kapitalistischen Ländern zu einer das normale Maß übersteigenden dauerhaften Erweiterung ihres Marktes führt. Jenen Marxisten, die diese Frage positiv beantworten, bleibt die Aufgabe, den ökonomischen Mechanismus aufzuzeigen, der eine solche Erweiterung bewerkstelligt.

Zu den Ursachen der Popularität des Keynesianismus

Dieser Beitrag ist nicht als umfassende Kritik der Keynesschen Lehre zu verstehen; das haben schon andere Genossen vor uns getan.[1] Wir wollen vielmehr einer Frage nachgehen: Wie erklärt sich die beherrschende Stellung des Keynesianismus in der kapitalistischen Welt von heute? Auf welche Weise wurde es möglich, daß sowohl regierende Politiker, die die Interessen des Monopolkapitals vertreten, als auch Universitätsprofessoren in kapitalistischen Ländern wie auch reformistische Arbeiterführer in gleichem Maße zu Keynesianern wurden?

Für diese Tatsache bedarf es kaum der Beweise. J. F. Kennedy versuchte getreu den Rezepten von Keynes, die amerikanische Wirtschaft mit Hilfe eines enormen Haushaltsdefizits in Höhe von ca. 10 Milliarden Dollar „anzukurbeln". Und wie die Vertreter des Monopolkapitals forderten und erreichten auch die Gewerkschaftsführer in den USA ungeachtet des defizitären Staatshaushalts Steuersenkungen. Das „deficit spending" ist seit Beginn der 60er Jahre zur allgemeinen Regel, der bilanzierte Staatshaushalt dagegen zur seltenen Ausnahme geworden. Von allen großen kapitalistischen Ländern übersteigen lediglich in der BRD und in Frankreich sowie in Mexiko und der VAR die Staatsausgaben nicht die Einnahmen.

Von Keynes' Wirtschaftstheorie lassen sich sowohl die Repräsentanten der Demokratischen und der Republikanischen Partei in den USA und die britischen Konservativen als auch der Labourtheoretiker Strachey und selbst der einstige wichtigste Wirtschaftsexperte Hitlerdeutschlands Schacht leiten.

Man könnte meinen, die Sache wäre völlig unproblematisch. Sowohl die Kapitalisten wie auch die reformistischen Funktionäre sowie die bürgerlichen Professoren der politischen Ökonomie halten die kapitalistische Ordnung für ewig gegeben, wollen sie erhalten, versuchen sie den veränderten Bedingungen anzupassen und der proletarischen Revolution zu entrinnen. Darum kann es nicht verwundern, daß sie ein und derselben ökonomischen Theorie anhängen.

So einfach ist es aber nicht. In den letzten fünf bis zehn Jahren traten Hunderte von bürgerlichen Wirtschaftstheorien in Erscheinung, und alle gingen von der Erhaltung und der Möglichkeit einer Verbesserung der kapitalistischen Ordnung aus. Warum gelang es nun gerade der Theorie von Keynes, eine beherrschende Stellung in den kapitalistischen Ländern einzunehmen?

Bietet sie etwa eine tiefergehende, fundierte Analyse des Kapitalismus als andere Theorien? Durchaus nicht.

Keynes befaßte sich nur mit Oberflächenerscheinungen der kapitalistischen Wirtschaft. In Abwandlung eines Ausspruchs von Marx könnte man ihn als Genius auf dem Gebiet der Oberfläche, des äußeren Scheins der bürgerlichen Gesellschaft bezeichnen.[2] Den *grund-*

1 Vgl. die Arbeiten von William Z. Foster, I. G. Bljumin, I. A. Trachtenberg u. a.

2 „Die Bewußtlosigkeit über dies Resultat ihrer eignen Analyse ... verwickelte ... die klassische politische Ökonomie in unauflösbare Wirren und Widersprüche, während sie der Vulgärökonomie eine sichere Operationsbasis für ihre prinzipiell nur dem Schein huldigende Flachheit bot." (Karl Marx, Das Kapital, Erster Band, in: MEW, Bd. 23, Berlin 1972, S. 561).

legenden Kategorien der kapitalistischen Ökonomik, deren Deutung bei den Klassikern der bürgerlichen Ökonomie so breiten Raum einnimmt (und die später von Marx erschöpfend aufgedeckt worden sind), widmet Keynes nicht das geringste Augenmerk. Bei ihm findet sich keinerlei Analyse der Ware und des Geldes, des Wertes und des Mehrwerts, des Zinses und des Unternehmergewinns; er macht keinen Unterschied zwischen den Bewegungsgesetzen des individuellen Kapitals und denen des gesellschaftlichen Gesamtkapitals usw. Für ihn ist alles klar, liegt alles an der Oberfläche.

Das Kapital „an sich" gebiert den Zins wie der Boden die Rente, denn beide sind „knapp": „Der Besitzer von Kapital kann Zinsen erhalten, weil das Kapital knapp ist, gerade wie der Besitzer von Land einen Pachtzins erhalten kann, weil das Land knapp ist."[3] Die Frage, welchen ökonomischen Quellen Zins und Rente entspringen und welchen Platz sie im Gesamtsystem der kapitalistischen Wirtschaft einnehmen, läßt Keynes unberührt.

Die Erklärung des Phänomens des Zinses und der Rente mit der „Knappheit" von Kapital und Boden ist übrigens selbst bei oberflächlicher Betrachtung falsch. In Perioden der Depression bleiben gewaltige Massen von Geldkapital ungenutzt. Niemand stellt dieses Kapital jedoch unentgeltlich zur Verfügung. In Brasilien, Argentinien, Peru usw. verhindern Großgrundbesitzer die Bestellung riesiger Ackerflächen, um den Boden zu „verknappen" und den Bauern eine hohe Rente zu oktroyieren. Diese Boden„knappheit" ist keineswegs natürlich; sie wird künstlich hervorgerufen durch das in der bürgerlichen Gesellschaft existierende Bodenmonopol.

Ebenso oberflächlich werden auch andere ökonomische Kategorien erklärt: Der Profit ist Lohn für die „Arbeit" und das Risiko des Unternehmers; der Preis ist der entsprechend Angebot und Nachfrage für eine Ware gezahlte Geldbetrag — und so weiter, ähnlich den Erklärungen der Vulgärökonomie.

Keynes hat keine eigene ökonomische Theorie geschaffen: Er ist ein typischer Eklektiker. Auf ihn lassen sich Marx' Worte über Macleod anwenden. „Der Schotte Macleod, in seiner Funktion, die kreuzverwirrten Vorstellungen von Lombardstreet möglichst gelehrt herauszuputzen, bildet die gelungene Synthese zwischen den abergläubigen Merkantilisten und den aufgeklärten Freihandelshausierern."[4]

Keynes negiert offen die Lehre der Klassiker der bürgerlichen Ökonomie. Und das ist verständlich: Von ihnen führt der Weg logisch zum Marxismus und zur Anerkennung des historisch vergänglichen Charakters der kapitalistischen Produktionsweise. Das aber ist für ihn als Interessenvertreter des Monopolkapitals unannehmbar. Keynes entlehnt seine „theoretischen" Gedanken den unterschiedlichsten Quellen: Seine Erklärung des Preises, des Profits und des Zinses entstammt im wesentlichen der Grenznutzentheorie der österreichischen Schule, seine Interpretation der Armut geht auf Malthus zurück, während seine Rechtfertigung des Profits in der „Abstinenztheorie" wurzelt. In zahlreichen Fällen greift Keynes noch weiter zurück — auf die Merkantilisten; er lobt den niemandem bekannten Silvio Gesell hoch und hebt ihn auf eine Stufe mit Malthus und Marx (!)

Dieser Eklektizismus von Keynes ist mit eine wichtige Ursache seiner Popularität unter

3 John Maynard Keynes, Allgemeine Theorie der Beschäftigung, des Zinses und des Geldes, München — Leipzig 1936, S. 317. Wir werden uns im folgenden noch wiederholt auf dieses Hauptwerk von Keynes beziehen, da er selbst sich von zahlreichen Aussagen seiner vorangegangenen „theoretischen" Arbeit — „Vom Gelde" — losgesagt hat.

4 Karl Marx, Das Kapital, Erster Band, in: MEW, Bd. 23, a. a. O., S. 75.

den verschiedenartigsten Kreisen mit den unterschiedlichten Interessen: Jeder kann sich aus diesem Allerlei aussuchen, was nach seinem Geschmack ist.

Die eigentliche „Analyse“ von Keynes hat nichts gemein mit der politischen Ökonomie, wie sie die Klassiker verstanden und wie wir, die Marxisten, sie verstehen. Es ist eine erkünstelte Psychologie, angewandt auf die Ökonomie.

Keynes verkündet dies unumwunden: „Wir können somit gelegentlich unsere endgültig unabhängig Veränderlichen als auch den folgenden Größen bestehend betrachten: 1. den drei grundlegenden psychologischen Faktoren, nämlich dem psychologischen Hang zum Verbrauch, dem psychologischen Verhalten zur Liquidität und der psychologischen Erwartung des zukünftigen Erträgnisses aus Kapitalwerten, 2. der Lohneinheit, wie sie durch die von den Unternehmern und Arbeitern getroffenen Abkommen bestimmt wird, und 3. der Geldmenge, wie sie durch die Aktion der Zentralbank bestimmt wird; so daß, wenn wir die oben angeführten Faktoren als gegeben voraussetzen, diese veränderlichen Größen das Volkseinkommen (oder das Nationalprodukt) und die Menge der Beschäftigung bestimmen.“[5]

Der Profit als die Triebkraft der gesamten kapitalistischen Produktionsweise wird, wie wir sehen, nicht einmal erwähnt.[6] Keynes versucht, das Profitstreben der Kapitalisten als zweitrangige Erscheinung hinzustellen: „Wenn die menschliche Natur nicht versucht wäre, etwas zu wagen, keine Befriedigung (abgesehen vom Gewinn) in der Erstellung einer Fabrik, einer Eisenbahn, eines Bergwerkes oder eines Bauerngutes fände, würde als bloßes Ergebnis kalter Berechnung vielleicht wenig Investition übrig bleiben.“[7]

In seinem Psychologismus geht Keynes bis zur Lächerlichkeit. Er schreibt: „In der Schätzung der Aussichten einer Investition müssen wir daher die Nerven und die Hysterien, sogar die Verdauung und die Wetterabhängigkeit jener berücksichtigen, auf deren plötzliche Tätigkeit sie zum großen Teil angewiesen ist.“[8]

Er vergißt gänzlich, daß die Konkurrenz den einzelnen Kapitalisten bei Strafe seines Unterganges zum Streben nach dem Erhalt von Profit zwingt.

Da Keynes die Klassenanalyse nicht anerkennt, sogar die Klassen nicht einmal erwähnt,[9] bezieht sich seine psychologische Analyse auf einen abstrakten, angeblich in der Wirtschaftssphäre tätigen Menschen, und haben seine psychologischen „Gesetze“ keinerlei Bedeutung in der realen kapitalistischen Welt. Hierfür ein Beispiel.

Keynes konstruiert ein „Gesetz“,[10] wonach bei einer Zunahme des Einkommens eines Menschen auch dessen Konsum zunimmt, obschon in geringerem Maße als das Einkommen, weil ein Teil gespart wird.

Wenn wir dieses vermeintliche Gesetz im Hinblick auf die verschiedenen Klassen der Gesellschaft betrachten, so können wir feststellen, daß es durchaus nicht überall wirkt.

In der kapitalistischen Welt leben mindestens eine Milliarde Menschen, deren Einkommen nicht ausreicht, um den Hunger zu stillen. Selbst in dem reichsten kapitali-

5 John Maynard Keynes, Allgemeine Theorie der Beschäftigung, des Zinses und des Geldes, a. a. O., S. 206.

6 An späterer Stelle war er gezwungen, den Profit in Form des Unternehmergewinns nachträglich in seine Theorie einzufügen.

7 John Maynard Keynes, Allgemeine Theorie der Beschäftigung, des Zinses und des Geldes, a. a. O., S. 127.

8 Ebenda, S. 137.

9 Nur an einer Stelle taucht bei ihm ein Ausdruck auf, der lediglich ein Lächeln hervorrufen kann: „sparende Klassen“ (ebenda, S. 105).

10 Vgl. ebenda, S. 23.

stischen Land, den USA, gibt es Millionen Menschen, deren Einkommen nicht zur Gewährleistung einer normalen Ernährung langt.[11] Es liegt auf der Hand, daß ein Zuschlag zum Einkommen dieses ärmsten Bevölkerungsteils in der Regel voll und ganz für eine Erhöhung des Konsums verbraucht und, mit seltenen Ausnahmen, nichts für Sparzwecke abgezweigt werden dürfte. Welchen Sinn kann ein Gesetz des „Hanges zum Sparen" haben, wenn nichts zum Sparen da ist?

Und umgekehrt, in den hochentwickelten Ländern, insbesondere in den USA und England, existiert eine breite Schicht von Beamten, Angestellten und qualifizierten Arbeitern, die bei einer Einkommenssteigerung ihren Konsum in noch größerem Maße steigern. Das sind die Bevölkerungsschichten, die gewöhnlich langlebige Konsumgüter auf Kredit kaufen: Einfamilienhäuser, Autos, Möbel, Fernsehgeräte usw., d. h. sie geben ihre künftigen Einkommen aus.

Wenn das Einkommen dieser Schichten wächst, so erhöhen sie unverzüglich ihre Teilzahlungskäufe um einen Betrag, der das Einkommenswachstum weit übersteigt. Dieser Prozeß läßt sich an Hand von Angaben der USA-Statistik verfolgen, indem man die Lohnentwicklung mit der Entwicklung des Konsumentenkredits vergleicht (vgl. Tabelle 1).

Tabelle 1
Löhne, Spareinlagen und Konsumentenkredit in den USA (in Mrd. Dollar)

Jahr	Löhne und Gehälter der Arbeiter und Angestellten	Persönliche Ersparnisse	Konsumentenkredit
1958	249	24,4	40,8
1959	268	23,4	49,0

Quelle
United States. Economic Report of the President, 1961, S. 141, 145, 180. Die hier angeführten Zahlen sind etwas unpräzise, doch reicht die Genauigkeit für unsere Zwecke völlig aus.

Diese Zahlen besagen das ganze Gegenteil von dem, was Keynes behauptet.

Und schließlich gibt es in den hochentwickelten kapitalistischen Ländern eine — naturgemäß sehr kleine — Schicht, der die Spitzen der Monopolbourgeoisie angehören, deren Einkommen dermaßen groß sind, daß sie überhaupt nicht für Konsumgüter verausgabt werden können. Wie sollte man ein Einkommen von einigen Millionen Dollar pro Jahr für Konsumgüter ausgeben?

In dieser Hinsicht bezeichnend ist die Offerte eines großen amerikanischen Warenhauses im Weihnachtsgeschäft vor einigen Jahren: „*Was kann man dem zu Weihnachten schenken, der schon alles hat??*" Der Mann kann seiner Gattin ein neues elegantes viersitziges Flugzeug für 45000 Dollar schenken. Oder, umgekehrt, die Frau kann ihrem Mann ein neues Flugzeug für 60000 Dollar schenken. Und die Krönung: Der Mann kann seiner Frau eine Kaffeekanne (!) aus purem Gold mit Brillantbesatz zum Preise von 150000 Dollar schenken.

11 Im dritten FAO-Bericht heißt es, daß „ein Viertel der Familien in den Vereinigten Staaten weniger Kalorien verbraucht, als es die von der FAO ausgearbeiteten Normen vorsehen" (The Economist vom 29. Juli 1963, S. 1348).

Eine weitere Steigerung der Einkommen dieser Leute kann selbstverständlich keine Erhöhung der Konsumausgaben nach sich ziehen.

Das scheinbare allgemeine psychologische „Gesetz“ von Keynes gilt lediglich für einen bestimmten Kreis von Leuten: für Rentiers mit sehr hohen Einkommen.

Aus all dem folgt, daß der von Keynes gewiesene Ausweg zur Überwindung der Enge des kapitalistischen Marktes, insbesondere die schon von Malthus empfohlene Steigerung des Luxuskonsums der nichtarbeitenden Klassen, unter den gegenwärtigen historischen Bedingungen keinerlei Sinn hat.[12]

Nicht weniger schematisch und inhaltsleer sind auch alle anderen psychologischen „Gesetze“ von Keynes im Hinblick auf den realen Kapitalismus von heute.

Der evidente Unsinn vom Nutzen der Steigerung des Luxuskonsums für die kapitalistische Welt hat indes einen völlig realen klassenmäßigen Sinn: Er dient der Rechtfertigung der für das Monopolkapital so profitablen Rüstungs- und Kriegsausgaben.

„Das Bauen von Pyramiden, Erdbeben, selbst Kriege mögen dazu dienen, den Reichtum zu vermehren . . .“[13]

Der dritte und womöglich größte Mangel der Keynesschen „Theorie“ besteht in dem absoluten Verzicht auf das historische Herangehen an die Probleme des Kapitalismus. Keynes ignoriert völlig die *Entwicklung* des Kapitalismus von einem historischen Stadium zum nächsten.

Mit keinem Wort angesprochen werden die wichtigsten Gesetze der historischen Entwicklung des Kapitalismus: die Konzentration des Kapitals im Ergebnis seiner Akkumulation und Zentralisation, die alljährlich Millionen „kleiner Leute“ — Bauern, Handwerker, Ladenbesitzer und kleine Kapitalisten — zu besitzlosen Proletariern macht. Keine Rede ist auch vom Hinüberwachsen des Kapitalismus der freien Konkurrenz in den gegenwärtigen Monopolkapitalismus, wo die Monopole herrschen. Ignoriert werden die Existenz der Sowjetunion und der Kampf der beiden Systeme.

Der Verzicht auf die historische Analyse führt zwangsläufig zu einer völlig unrichtigen, unkonkreten Sicht auf die Probleme des gegenwärtigen Kapitalismus,[14] zur Verkennung seiner Besonderheiten, zu Thesen, die aus abstrakt-theoretischer Sicht richtig, unter den Bedingungen des real existierenden Kapitalismus jedoch falsch sind. Dafür nur einige Beispiele.

Keynes äußert sich wiederholt ironisch darüber, daß im Kapitalismus hunderttausende Arbeiter mit der Förderung von Gold aus dem Erdinneren befaßt sind, nur damit es fürderhin in den Tresoren der Zentralbanken lagere. Aus abstrakter Sicht ist das natürlich widersinnig. Wir wissen, welche Rolle das Gold Lenin zufolge in der kommunistischen Gesellschaft spielen wird. Es kam Lenin jedoch niemals in den Sinn zu behaupten, die Goldförderung in der kapitalistischen Gesellschaft sei absurd. Für die kapitalistische Ordnung,

12 Keynes bekundet seine Übereinstimmung mit Malthus und zitiert folgende Stelle aus einem Brief von letzterem an Ricardo: „. . . wie kann dann wahrheitsgemäß gesagt werden . . ., daß eine Zunahme unproduktiven Verbrauches unter den Grundbesitzern und Kapitalisten manchmal nicht das geeignete Heilmittel für einen Zustand sein mag, in welchem die Beweggründe der Erzeugung versagen?“ (John Maynard Keynes, Allgemeine Theorie der Beschäftigung, des Zinses und des Geldes, a. a. O., S. 307).

13 Ebenda, S. 110.

14 Es ist bezeichnend, daß Keynes den monopolistischen Charakter des gegenwärtigen Kapitalismus gänzlich ignoriert. Selbst das Wort „Monopol“ erscheint in seinem Hauptwerk nur an einer Stelle in Gestalt von „Monopolpreis“.

in deren Rahmen selbständige Staaten existieren und die auf der Warenproduktion und dem Welthandel basiert, ist das *Weltgeld* absolut unerläßlich. Man ist heute bemüht, die Rolle des Goldes als Weltgeld einzuschränken. Zu diesem Behuf wurden unter anderem der Internationale Währungsfonds geschaffen und zahlreiche Währungshilfeabkommen zwischen den Zentralbanken der hochentwickelten kapitalistischen Länder geschlossen. Zum Ausgleich des Zahlungsbilanzdefizits eines Landes (gemeint ist kein zufälliges, zeitweiliges Defizit) existiert indes bis auf den heutigen Tag kein anderes Mittel als das Weltgeld — das Gold.

Dem Stand der Goldreserven eines jeden Landes wird heutzutage ständig die größte Beachtung entgegengebracht. Die Gefahr des Abflusses von Gold aus den USA ist gegenwärtig eine der Hauptsorgen der amerikanischen Wirtschaftspolitiker. Wie unsinnig die Goldförderung und die Akkumulation von Goldreserven in den einzelnen Ländern „an sich betrachtet" auch immer sein mögen: Im Kapitalismus sind diese Erscheinungen notwendig, und diese Notwendigkeit im gegenwärtigen Kapitalismus kann nur bezweifeln, wer sowohl die historische Entwicklung der kapitalistischen Ordnung wie auch die konkreten Bedingungen des heutigen Kapitalismus außer Betracht läßt und sein Tun darauf beschränkt, real nicht existierende Gesetze zu erfinden.

*

Warum ist Keynes ungeachtet dieser substantiellen Mängel bis auf den heutigen Tag die größte Autorität in der bürgerlichen Wirtschaftswissenschaft und in der Wirtschaftspolitik der kapitalistischen Welt?

Keynes' Hauptwerk wurde in der ersten Hälfte der dreißiger Jahre geschrieben, zur Zeit der 1929 begonnenen bisher größten Wirtschaftskrise und der ihr folgenden lang anhaltenden und tiefen Depression mit einer Massenarbeitslosigkeit, die in der Geschichte des Kapitalismus nicht ihresgleichen hatte.

Die Existenz der allgemeinen Krise des Kapitalismus, die von den Marxisten unmittelbar nach dem ersten Weltkrieg konstatiert wurde, war schon nicht mehr zu verleugnen. Die von den Epigonen der klassischen bürgerlichen Ökonomie erhobene Lehre vom harmonischen Wesen des Kapitalismus, wonach die inneren Kräfte dieser Gesellschaftsordnung automatisch alle entstehenden Schwierigkeiten überwinden, erlitt Schiffbruch.[15] Die Gebrechen des Kapitalismus konnten nicht länger negiert werden. Keynes schreibt: „Die hervorstechenden Fehler der wirtschaftlichen Gesellschaft, in der wir leben, sind ihr Versagen, für Vollbeschäftigung Vorkehrung zu treffen und ihre willkürliche und unbillige Verteilung des Reichtums und der Einkommen."[16]

Keynes stellte sich folgende Aufgaben:

a) Er wollte beweisen, daß die Gebrechen des Kapitalismus, insbesondere die chronische Massenarbeitslosigkeit, nicht aus der kapitalistischen Ordnung an sich, sondern aus allgemeinen psychologischen Gesetzen resultieren, so daß dafür nicht die herrschende Großbourgeoisie, das Monopolkapital, sondern ewige, gesellschaftsunabhängige Faktoren verantwortlich zu machen seien.

15 Völlig willkürlich rechnet Keynes eine ganze Reihe von Vulgärökonomen, darunter den „faden" Say, wie Marx ihn bezeichnet, zu den Klassikern der politischen Ökonomie, um somit, indem er ihre Lehre vom harmonischen Wesen des Kapitalismus kritisiert, die echten Klassiker zu diskreditieren; vor allem Ricardo, der zahlreiche wahre Seiten am Wesen des Kapitalismus entdeckte.

16 John Maynard Keynes, Allgemeine Theorie der Beschäftigung, des Zinses und des Geldes, a. a. O., S. 314.

b) Er wollte Maßnahmen empfehlen, die im Grunde den Interessen der Monopolbourgeoisie dienten, formal jedoch für die Reformisten akzeptabel wären.

W. Z. Foster prägte dazu das Wort vom „Keynesianismus als Antwort der kapitalistischen Wirtschaft auf ihre eigene allgemeine Krise".[17]

Auf welche Weise will Keynes das Kapital, die Bourgeoisie von der Verantwortung für die Gebrechen des Kapitalismus entlasten?

Zunächst rechtfertigt er die nicht auf Arbeit beruhenden Einkommen jeglicher Art, indem er zu ihrem Quell nicht die Aneignung von Mehrwert, sondern — im Geiste der Grenznutzentheorie — die Knappheit der Produktionsfaktoren erklärt. Die Bourgeoisie habe ein natürliches Recht auf Einkommen, weil Kapital „knapp" ist, der Grundeigentümer habe ein natürliches Recht auf Grundrente, weil auch der Boden „knapp" ist, der Eigner von Leihkapital habe ein gesetzliches Recht auf Zins, und zwar als Entschädigung für den zeit-
Wie aber werden die Massenarbeitslosigkeit und die durch sie hervorgerufenen Entbeh-
weiligen Verzicht auf die „Liquidität" seines Kapitals (hier begegnet uns wieder die alte „Abstinenztheorie"), die als Unternehmer agierenden Kapitalisten erhalten Profit, weil ihre Tätigkeit eine hohe Qualifikation erfordert und sie gleichzeitig ihr Kapital aufs Spiel setzen, indem sie es in den Betrieb investieren. Alles klar, alles rechtens!
rungen der Arbeiterklasse gerechtfertigt?

Aus den vieldeutigen Gemeinplätzen der Keynesschen Theorie kann man folgende grundlegenden Schlüsse ziehen.

Die Zahl der beschäftigten Arbeiter hängt ab von der „wirksamen Nachfrage", d. h. von den Konsumausgaben und den Neuinvestitionen. „Wenn der Hang zum Verbrauch und die Rate der Neuinvestition zu einer unzureichend wirksamen Nachfrage führen, wird das tatsächliche Niveau der Beschäftigung hinter dem Arbeitsangebot, das zum bestehenden Reallohn potentiell verfügbar sein mag, zurückbleiben ..."[18]

Das sind zutreffende Bemerkungen, die jedoch nicht die Arbeitslosigkeit erklären.

Nach Keynes ist die Arbeitslosigkeit auf den Umstand zurückzuführen, daß mit steigender Zahl der vom Unternehmer beschäftigten Arbeiter der Profit je Arbeiter sinkt (Satz vom „abnehmenden Ertrag").[19] Je mehr Arbeiter beschäftigt werden, desto höher die Lohnkosten bezogen auf die geleistete Arbeit, sofern der Profit nicht gar völlig verschwindet.

Die zweite Ursache für die Arbeitslosigkeit besteht darin, daß nicht alle Leute ihr gesamtes Einkommen für die individuelle Konsumtion oder für Investitionen ausgeben und es teilweise vorziehen, einen Teil ihres Einkommens in Geldform zu sparen, wofür sie einen bestimmten Zins fordern und erhalten. Der Leihkapitalzins bedeutet, daß die Beschäftigung von Arbeitern durch das Kapital zurückgeht, während das Einkommen, das dieses Kapital dem Kapitalisten einträgt, geringer wird als der Zins, welchen er dafür zahlen muß.

Der Zinsfuß ist „eine in hohem Grad psychologische Erscheinung".[20] Andererseits: „Insbesondere setzen die Kosten für das Zusammenbringen von Borger und Leiher und die Ungewißheit über die Zukunft des Zinsfußes ... eine untere Grenze fest, die unter gegenwärtigen Umständen vielleicht so hoch wie 2 oder 2,5% auf langfristigen Darlehn sein mag."[21]

17 Political Affairs, Januar 1948, S. 47.
18 John Maynard Keynes, Allgemeine Theorie der Beschäftigung, des Zinses und des Geldes, a. a. O., S. 26.
19 Ebenda, S. 15.
20 Ebenda, S. 170.
21 Ebenda, S. 183.

Als unverbesserlicher Eklektiker vermengt Keynes hier die Grenznutzentheorie mit der quantitativen Geldlehre von Knapp.

In weitschweifigen und nichtssagenden Darlegungen behauptet Keynes, das Leihkapital und die Höhe des Zinsfußes bestimmten den Grenzertrag des Kapitals und bewirkten somit ein Absinken der Beschäftigung und Anwachsen der Arbeitslosigkeit. Das Industriekapital wird so aller Verantwortung für die Arbeitslosigkeit enthoben.

Beide Argumente sind absolut falsch.

In der Phase des Aufschwungs vor der Krise, wenn beinahe Vollbeschäftigung herrscht und Überstundenarbeit keine Seltenheit ist, können die Lohnkosten leicht ansteigen. Zugleich aber sinken die Gemeinkosten je Erzeugniseinheit und — was entscheidend ist — es steigen die Preise. Nicht ein Rückgang des Profits infolge hoher Kosten für Löhne und Zinsen ist die Ursache für die Abnahme von Produktion und Beschäftigung, sondern die Überproduktion von Waren.

Was die Rolle des Zinses angeht, so weiß jeder Marxist, daß der Zins ein besonderer Teil des Profits ist, daß die Höhe des Zinsfußes durch Angebot und Nachfrage reguliert wird und mehr oder minder von der Profitgröße abhängt, und daß nicht umgekehrt, wie von Keynes behauptet, der Profit von der Größe des Zinses abhängt. Ausnahmen bilden kurze Perioden von Geld- und Kreditkrisen, wenn Geld als Zahlungsmittel um keinen Preis zu erhalten ist.

Die Unwahrheit von Keynes' Behauptungen läßt sich auch mit Hilfe statistischer Daten aus unseren Tagen nachweisen. Analysiert man die detaillierte Bilanz einer beliebigen großen kapitalistischen Gesellschaft, so stellt sich heraus, daß die Ausgaben für Zinszahlungen einen unbedeutenden Teil der Produktionskosten ausmachen. Die jedes Quartal im „Economist" veröffentlichten Konzernbilanzen der größten englischen Gesellschaften zeugen davon, daß allein schon die Ausgaben für die Direktorengehälter die Zahlungen von Zinsen für Obligationsanleihen übersteigen.[22]

In den 500 größten Gesellschaften der USA betrug der „Rückfluß des investierten Kapitals" 10,3%.[23] Wie sollte da die Größe des Zinses, der für eine relativ geringe Kreditsumme zu zahlen ist, ein Faktor sein, der den Grad der Beschäftigung bestimmt?

Tabelle 2

Verhältnis von Eigen- und Fremdfinanzierung bei den amerikanischen Gesellschaften im Jahre 1962 (in Mrd. Dollar)

Geldfonds der Gesellschaften insgesamt	57,6
Davon finanziert durch	
Obligationsanleihen	5,0
sonstige Darlehen	2,5
Bankkredite	3,0
Insgesamt	10,5

Quelle

Survey of Current Business, Mai 1963, S. 10. Laufende zinslose Kredite sind hier nicht berücksichtigt.

22 In diesen Bilanzen werden keine Zinszahlungen für kurzfristige Bankkredite ausgewiesen, sie können jedoch nicht hoch sein.

23 Statistical Abstract of the United States, 1961, S. 482.

Ähnlich verhält es sich mit dem amerikanischen Kapital insgesamt (ohne Banken und Versicherungsgesellschaften) — vgl. Tabelle 2.

Wir kennen nicht den mittleren Diskontsatz für diese Schuldtitel, aber angenommen, er betrüge 6% — im übrigen ein sehr hoher Satz —, dann beliefe sich die Zinsmasse auf 600 Mio Dollar. Die gesamte Profitmasse der amerikanischen Aktiengesellschaften (ohne Banken und Versicherungsgesellschaften) betrug 1962 etwa 40 Mrd. Dollar. Hätten sie überhaupt keinerlei Zinsen zu zahlen, würde dieser Umstand die Höhe ihres Profits nur unerheblich beeinflussen. Keynes widmet indes mehrere Kapitel seines Buches dem Nachweis für den maßgeblichen Einfluß der Größe des Kreditzinses.

Jedem Marxisten ist klar, daß die Grundursache der Arbeitslosigkeit im kapitalistischen System selbst liegt: im Widerspruch zwischen dem gesellschaftlichen Charakter der Produktion und der privatkapitalistischen Aneignung, genauer — im Widerspruch zwischen dem Streben des Kapitals nach unumschränkter Ausweitung der Produktion und dem begrenzten Rahmen der Konsumtion[24] oder, wie es gewöhnlich heißt, der chronischen Enge des kapitalistischen Marktes.

Die Arbeitslosigkeit, die im Kapitalismus in Form der agrarischen Überbevölkerung ständig und bei Überproduktionskrisen in der Industrie periodisch auftritt, wird in der Epoche der allgemeinen Krise allmählich zur chronischen Massenarbeitslosigkeit. Verstärkt wird sie durch die Rationalisierung, Mechanisierung und Automatisierung der Produktion. Die chronische Massenarbeitslosigkeit ist nach dem zweiten Weltkrieg infolge der gewaltigen Menschenverluste im Krieg, sinkender Geburtenziffern sowie der Einbeziehung von Millionen Menschen in die Armee und die Rüstungsproduktion zeitweise zurückgegangen. Für die nächsten Jahrzehnte wird sie zu einem enormen Problem für den Kapitalismus. Die von Keynes erfundene Erklärung hat mit den tatsächlichen Ursachen der Arbeitslosigkeit nichts gemein.

Keynes stellt alles auf den Kopf, wenn er die Überproduktion damit erklärt, daß Vollbeschäftigung erreicht und dadurch ein Absinken des Profits bedingt sei. Marx schreibt: „Es sind diese absoluten Bewegungen in der Akkumulation des Kapitals, welche sich als relative Bewegungen in der Masse der exploitablen Arbeitskraft widerspiegeln und daher der eignen Bewegung der letztren geschuldet scheinen.“[25]

Es ist völlig klar, weshalb die Großbourgeoisie und besonders die industrielle Bourgeoisie Keynes zu ihrem Propheten erhoben hat.

Keynes verkündet, daß die bourgeoise Ordnung mit Hilfe staatskapitalistischer Maßnahmen am Leben erhalten werden kann. Er postuliert den Eingriff des Staates in die Wirtschaft als „das einzige durchführbare Mittel, die Zerstörung der bestehenden wirtschaftlichen Formen in ihrer Gesamtheit zu vermeiden, als auch als die Bedingung für die erfolgreiche Ausübung der Initiative des Einzelnen“.[26]

Wie schon erwähnt, behauptet Keynes, an den Hauptgebrechen des Kapitalismus — den Überproduktionskrisen und der Massenarbeitslosigkeit — wäre nicht die Bourgeoisie, sondern der „hohe Lohn“ der Arbeiter schuld.

24 Dieser Widerspruch ist so eklatant, daß er selbst von Keynes bemerkt wird. Dieser schreibt in seiner verschwommenen Ausdrucksweise: „Jedesmal, wenn wir das heutige Gleichgewicht durch vermehrte Investition sichern, verschärfen wir die Schwierigkeit der Sicherung des Gleichgewichts von morgen.“ (John Maynard Keynes, Allgemeine Theorie der Beschäftigung, des Zinses und des Geldes, a. a. O., S. 90).

25 Karl Marx, Das Kapital, Erster Band, in: MEW, Bd. 23, a. a. O., S. 648.

26 John Maynard Keynes, Allgemeine Theorie der Beschäftigung des Zinses und des Geldes, a. a. O., S. 321.

Wir wollen nur ein Beispiel, das für viele tausend steht, dafür anführen, welchen Gebrauch die Bourgeoisie von dieser Keynesschen Lehre macht. W. Butler, Vizepräsident der amerikanischen „Chase Manhattan Bank“ — eines gewaltigen Konzerns aus dem Rockefellerschen Finanzimperium —, machte folgende Ursachen für die Krise verantwortlich, die 1960 in den USA einsetzte: „Die Lohnsteigerung schritt weiterhin schneller voran als die Leistung je Arbeiterstunde, so daß sich die Lohnkosten je Erzeugniseinheit um ungefähr 2% im Jahr erhöhten ... Infolgedessen gingen die Gewinne zurück. Ein Absinken der Gewinnrate führt zwangsläufig zu einem Rückgang der Investitionen in neue Ausrüstungen und Baulichkeiten. In dem Bemühen, die Gewinnrate zu erhöhen, sind die Industrieunternehmer gezwungen, das Wachstum der Grundfonds zu verlangsamen. Das heißt, es können nur solche Investitionen realisiert werden, die einen guten Gewinn versprechen.“[27]

Diese Sätze könnten fast wortwörtlich aus Keynes' Lehrbuch entnommen sein.

Die Ratschläge, welche Keynes dem Großbürgertum zur Reduzierung der Arbeitslosigkeit erteilt, entsprechen gänzlich den Interessen der Monopole. Zur Senkung der Löhne empfiehlt er eine langsame Erhöhung der Preise mittels einer gesteuerten Inflation. Er wiederholt an mehreren Stellen, daß die Kapitalisten nicht den Nominallohn zu senken brauchen, weil diese Maßnahme auf weitaus heftigeren Widerstand der Arbeiter stößt als eine indirekte Lohnsenkung durch Heraufsetzung der Preise für die von den Arbeitern konsumierten Waren. „In der Tat wird einer Bewegung der Unternehmer, die Geldlohnabkommen nach unten zu berichtigen, ein viel größerer Widerstand entgegengesetzt als einer allmählichen und automatischen Senkung der Reallöhne als eine Folge steigender Preise.“[28]

In der Nachkriegsperiode hat die Bourgeoisie der meisten Länder genau diese Politik verfolgt (vgl. Tabelle 3).

Tabelle 3
Index der Konsumgüterpreise (1953 = 100)

Jahr	USA	England	Italien	Frankreich	BRD	Indien	Kanada	Japan
1948	90	77	86	70	99	91	87	63
1960	111	121	115	134	111	116	111	114

Quellen
Statistical Yearbook of the United Nations, 1961, S. 480 passim; Monthly Bulletin of Statistics, Juni 1963, S. 144 passim. Wir führen keine Zahlen für Länder mit starker Inflation an.

Das Ausmaß des Preisauftriebs in diesen Ländern ist unterschiedlich, die allgemeine Tendenz stimmt jedoch überein.

Zur Verbesserung der Wirtschaftslage empfiehlt Keynes den Kapitalisten die Defizitfinanzierung öffentlicher Arbeiten (und, nebenbei, die Möglichkeit des Erhalts lukrativer staatlicher Aufträge).

Er rät den Unternehmern, die Produktionskapazitäten nicht übermäßig auszudehnen, da „das Kapital auf die Dauer knapp genug zu halten ist, damit es eine Grenzleistungsfähigkeit haben kann, die zum mindesten gleich ist dem — durch psychologische und

27 U. S. News & World Report vom 19. September 1960, S. 68.

28 John Maynard Keynes, Allgemeine Theorie der Beschäftigung, des Zinses und des Geldes, a. a. O., S. 223.

institutionelle Zustände bestimmten — Zinsfuß während eines dem Bestand des Kapitals entsprechenden Zeitabschnittes".[29]

Was aber soll mit dem überschüssigen Kapital geschehen?

Keynes empfiehlt, das in der Produktionssphäre überflüssige Kapital unproduktiv zu verausgaben für individuellen und gesellschaftlichen Luxuskonsum. Er gleitet in dieser Frage unverhohlen auf die Position von Malthus ab. Mehr noch, der erachtet es für zweckmäßig, den Ratschlägen von Silvio Gesell folgend, periodische Geldumtausche durchzuführen, die die Leute zur Ausgabe des Geldes zwingen und verhindern, daß es in liquider Form zurückgehalten wird. Damit würde der Zinsfuß für das Leihkapital steigen, während sich die Möglichkeiten für profitable Neuinvestitionen des produktiven Kapitals verringern. Weitere Ursachen für alle Gebrechen des Kapitalismus neben dem zu hohen Lohnniveau sind für Keynes die „Vorliebe für Liquidität", das Leihkapital und der hohe Zins. Von hier führt ein direkter Weg zu der hitlerfaschistischen Unterteilung in „schaffendes" und „raffendes" Kapital.

Welchen Klassencharakter haben Keynes' endlose Verbreitungen über den maßgeblichen Einfluß des Zinsfußes auf die kapitalistische Wirtschaft und die Arbeitslosigkeit?

Für das industrielle Monopolkapital hat die Höhe des Diskontsatzes, wie bereits erwähnt, sehr geringe Bedeutung: Die großen Monopole bedienen sich nur verhältnismäßig kleiner Summen von Leihkapital. Neuinvestitionen finanzieren sie vorwiegend aus eigenen Reserven. Es gibt zahlreiche Faktoren von größerem Einfluß auf Selbstkosten und Profit, als das beim Diskontsatz der Fall ist: die Preise für Roh- und Brennstoffe, Bahntarife und Frachtraten, Einfuhrzölle, Auslastungsgrad der Produktionskapazitäten usw. usf.

Hinzu kommt der Umstand, daß es anbetrachts der immer engeren Verschmelzung des Industriekapitals mit dem Bankkapital (Versicherungsgesellschaften hier mit inbegriffen) für die Finanzoligarchie, die beide beherrscht, zunehmend gleichgültig wird, wie sich die Gesamtmasse ihres Profits unter die ihr gehörenden Gesellschaften verteilt.

Aber sowohl in den hochentwickelten als auch vor allem in den armen kapitalistischen Ländern existieren hunderttausende mittlere und kleine „lebensuntüchtige" kapitalistische Betriebe, die durch den Prozeß der Zentralisierung des Kapitals zum Ruin verurteilt sind. Sie sind ständig verschuldet und müssen Bankiers und Wucherern hohe Zinsen zahlen. Unmittelbarer äußerer Anlaß ihres Bankrotts ist oftmals ihr Unvermögen zu fristgerechter Kredittilgung und Zinszahlung. Der Klassencharakter der Keynesschen Lehre von der ausschlaggebenden Rolle des Diskontsatzes beruht darin, daß hiermit der Kapitalismus im allgemeinen und das Monopolkapital im besonderen von der Verantwortung für die Massenverelendung der kleinen Unternehmer, Bauern und Handwerker freigesprochen wird.

Das alles spricht dafür, daß das Monopolkapital nicht von ungefähr gerade Keynes gegenüber hunderten anderer Vulgärökonomen bevorzugt und zu seinem Apostel erkoren hat.

Um der Möglichkeit einer idealistischen oder sonstwie falschen Interpretation dieser Feststellungen vorzubeugen, sei hier nachdrücklich unterstrichen, daß das Monopolkapital die Politik der Entwicklung des staatsmonopolistischen Kapitalismus, der Defizitfinanzierung, der indirekten Lohnsenkung durch ständiges Heraufsetzen der Einzelhandelspreise nicht darum betreibt, weil sie von Keynes empfohlen wird. Das Monopolkapital hätte diese Politik auch dann verfolgt, wenn es nie einen Keynes gegeben hätte. Keynes verlieh der tatsächlichen Politik des Monopolkapitals lediglich eine scheinbare wissenschaftliche

29 Ebenda, S. 182.

Begründung und versuchte mit demagogischen Mitteln, diese Politik auch für andere Klassen der kapitalistischen Gesellschaft als annehmbar darzustellen.

*

Damit erhebt sich für uns die nächste Frage: Warum finden sich unter der Anhängerschaft des Keynesianismus neben dem Monopolkapital auch die reformistischen Parteien und die Gewerkschaftsbürokratie?

Die Allianz von Reformismus und Keynesianismus ist auf dem Umstand begründet, daß die Reformisten und Revisionisten den Marxismus für „veraltet" erklären, andererseits jedoch außerstande sind, eine eigene Theorie des gegenwärtigen Monopolkapitalismus zu entwickeln. Sie bedürfen einer soliden bürgerlichen Theorie, die zwar (der Besänftigung der unzufriedenen Arbeiter halber) den Kapitalismus kritisiert und für reformbedürftig erklärt, in ihrer Kritik jedoch sehr gemäßigt bleibt und den reformistischen Funktionären die Möglichkeit zur Kollaboration mit der Bourgeoisie läßt. Keynes' Lehre genügt allen diesen Ansprüchen der Reformisten.

Besonders schätzen es die reformistischen Führer, daß Keynes im Unterschied zu hunderten anderer Vulgärökonomen im Professorenstand nicht versucht, Marx zu widerlegen, daß er nicht gegen ihn polemisiert, sondern ihn schweigend umgeht.[30]

Was brächte den Reformisten in unseren Tagen eine Polemik mit Marx ein? Sie würde die Aufmerksamkeit der Arbeiter auf die revolutionäre Lehre von Marx lenken, die Lage der reformistischen Führer erschweren, deren Position unter der Intelligenz verschlechtern. Sie wissen aus eigener Erfahrung, daß alle Versuche einer theoretischen Widerlegung des Marxismus gescheitert sind. Heute, da ein Drittel der Menschheit das Joch des Kapitals abgeschüttelt hat und im Zeichen des Marxismus-Leninismus den Sozialismus errichtet, wäre es unsinnig zu behaupten, daß Marx' Lehre utopisch und lebensfremd ist. Die Reformisten sind gezwungen, sich nach folgendem vereinfachten Schema zu rechtfertigen: Sie erklären, daß der Marxismus möglicherweise auf arme, schwachentwickelte Länder, keinesfalls aber auf die reichen, hochentwickelten kapitalistischen Länder anwendbar ist. Daher, ohne jegliche Polemik mit dem Marxismus, ihre Hinwendung zu Keynes, mit dem sie viele Gemeinsamkeiten verbinden.

Hier sei nur auf die wichtigsten Momente verwiesen:

a) Sowohl die Reformisten wie auch Keynes halten den Kapitalismus für die beste Gesellschaftsordnung.

b) Die Reformisten und Keynes stimmen darin überein, daß der Kapitalismus reformbedürftig ist, wobei diese Reformen durch einen „über den Klassen stehenden" Staat vollzogen werden können, und daß eine Revolution hingegen nicht erforderlich ist.

In seiner typischen nebulösen Form stellt Keynes die Zukunft des Kapitalismus im Ergebnis staatlicher Eingriffe wie folgt dar: „Wir könnten somit in der Wirklichkeit (und es liegt hierin nichts Unerreichbares) auf eine Vermehrung der Menge des Kapitals zielen, bis es aufhört knapp zu sein, so daß der funktionslose Investor nicht länger einen Bonus

30 In seinem Hauptwerk erwähnt Keynes Marx nur an drei Stellen flüchtig; er setzt ihn dem Scharlatan der Wissenschaft Gesell entgegen: „Ich glaube, daß die Zukunft mehr vom Geiste Gesells als von jenem von Marx lernen wird." (Ebenda, S. 300).
In einer anderen Arbeit schreibt Keynes, Marx sei „langweilig" (John Maynard Keynes, The General Theory of Employment, Interest and Money, London 1936, S. 355). Keynes begriff nichts und wollte nichts von Marx' Lehre begreifen.

erhalten wird; und auf einen Plan unmittelbarer Besteuerung, der es ermöglicht, die Intelligenz und die Entschlossenheit und die vollziehende Geschicklichkeit des Finanzmannes, des Unternehmers et hoc genus omne (die ihr Gewerbe offenbar so gern haben, daß ihre Arbeit viel billiger als gegenwärtig erhältlich wäre) in den Dienst des Gemeinwesens zu einer angemessenen Entschädigung einzuspannen."[31]

Hier tritt die Keynessche Konfusion ganz merklich zutage. Nachdem Keynes an früherer Stelle erklärt hatte, das Kapital würde deshalb Profit erbringen, weil es „knapp" ist, zeichnet er nun das Bild eines Kapitalismus, in dem das Kapital nicht mehr knapp ist und darum auch keinen Profit einträgt. Es entsteht also ein Kapitalismus ohne Profit, wo die kapitalistischen Unternehmer lediglich einen ihren Verdiensten entsprechenden hohen „Lohn" erhalten.

Dieser Nonsens stellt die Reformisten als Mittel zum Betrug der Arbeiter gänzlich zufrieden.

c) Sowohl die Reformisten als auch Keynes treten für die Entwicklung des Staatskapitalismus ein. Keynes sagt: „Ich folgere, daß die Aufgabe, die laufende Menge der Investition zu leiten, nicht ohne Gefahr in privaten Händen gelassen werden kann."[32]

Er spricht sich darum für eine „friedliche" , d. h. für eine bürgerliche Sozialisierung eines Teils der Produktionsmittel aus: „Die notwendigen Maßnahmen der Verstaatlichung können überdies allmählich eingeführt werden und ohne einen Bruch in den allgemeinen Überlieferungen der Gesellschaft."[33] Unter den gegenwärtigen Bedingungen entspricht diese Haltung voll und ganz den Interessen des Großbürgertums und den Propagandazwecken der reformistischen Führer.

d) Keynes „analysiert", wie bereits vermerkt, den Kapitalismus, ohne der Klassenteilung der Gesellschaft das geringste Augenmerk zu widmen. Das entspricht auch den Wünschen der reformistischen Führer, die danach streben, den Klassenkampf zu vertuschen, ihn aus dem Bewußtsein der Arbeiter zu eliminieren.

e) Die größten Sorgen bereiten den reformistischen Führern in den hochentwickelten kapitalistischen Ländern gegenwärtig nicht die Lohnfragen, sondern die chronische Massenarbeitslosigkeit, die im Zuge der technischen Entwicklung immer stärker um sich greift und zunehmend auch die Arbeitsplätze von Angestellten und Beamten bedroht. Die rasche Steigerung der Arbeitslosigkeit bei relativ unerheblicher Verkürzung des Arbeitstages, die in der Nachkriegszeit zu verzeichnen war, hat die Masse des von der Großbourgeoisie angeeigneten Mehrwerts sowohl im Wert- als auch im Naturalausdruck stark anwachsen lassen. Damit ergab sich für die Großbourgeoisie die Möglichkeit, ohne Schmälerung des Profits von Zeit zu Zeit gewisse Zugeständnisse in Lohnfragen an die Arbeiter zu machen, die sich auf gut organisierte Gewerkschaften stützen konnten — sofern ihr das zur Vermeidung einer Verschärfung des Klassenkampfes unumgänglich erschien. Durch den Preisauftrieb wurden diese Zugeständnisse wiederum mehr oder weniger zunichte gemacht.

Aber weder die Kapitalisten noch die Reformisten kennen irgendein Mittel zur Bekämpfung der sich immer weiter ausdehnenden Massenarbeitslosigkeit. Hier kommt ihnen Keynes — zumindest äußerlich — zu Hilfe. Er behauptet, der Staat könne die Arbeitslosigkeit im

31 John Maynard Keynes, Allgemeine Theorie der Beschäftigung, des Zinses und des Geldes, a. a. O., S. 317/318.
32 Ebenda, S. 271.
33 Ebenda, S. 319.

Kapitalismus beseitigen, und zwar durch Maßnahmen wie öffentliche Arbeiten, die über ein großes Staatshaushaltsdefizit finanziert werden, einen niedrig gehaltenen Zinsfuß usw. Für die Reformisten stellen diese Ratschläge das allergrößte „Verdienst" von Keynes dar.

Ehe wir dieser Frage im einzelnen nachgehen, sei eine Feststellung vorweggenommen. Seit diesem Versprechen von Keynes sind schon dreißig Jahre verstrichen, und obgleich bürgerliche Politiker, reformistische Partei- und Gewerkschaftsführer sowie bürgerliche Professoren zu aktiven Anhängern des Keynesianismus geworden sind, ist es nicht gelungen, die Arbeitslosigkeit zu beseitigen. Und die Analyse der tatsächlichen Ursachen der Arbeitslosigkeit im heutigen Kapitalismus beweist, daß in Zukunft *die Arbeitslosigkeit* (von den zyklischen Schwankungen abgesehen), *verglichen mit dem heutigen Niveau, nicht zurückgehen, sondern beträchtlich anwachsen wird.*

Betrachten wir das Wesen der von Keynes vorgeschlagenen Maßnahmen. Von der Unerheblichkeit des Einflusses der Höhe des Diskontsatzes auf das Produktionsvolumen und die Beschäftigung war bereits die Rede. Zu dem Einfluß öffentlicher Arbeiten, staatlicher Aufträge auf die Erhöhung der Beschäftigung ist folgendes zu sagen.

Wenn in einem kapitalistischen Land nichtausgelastete Produktionskapazitäten und unbeschäftigte Arbeitskraft existieren, so können neue staatliche Aufträge (öffentliche Arbeiten) einen Impuls zur Erhöhung der Beschäftigung vermitteln. Die neuen Arbeiter erhalten Lohn und kaufen Konsumgüter; das *kann* zu einem Wachstum der Konsumgüterproduktion führen, was wiederum zu einer Erhöhung der Produktion von Produktionsmitteln beitragen *kann.* Die Steigerung der Produktion erfordert eine weitere Zunahme der Beschäftigung, und das *kann* einen Rückgang der Arbeitslosigkeit nach sich ziehen. Kein Marxist zweifelt an alledem.

Ob und in welchem Maße die Arbeitslosigkeit effektiv zurückgeht, hängt wieder von zahlreichen konkreten Umständen ab — davon, wie groß bei Beginn der „Ankurbelung" der Konjunktur die Konsumgütervorräte waren, mit deren Hilfe die erweiterte Nachfrage befriedigt werden kann, in welchem Grade der Produktionsapparat nichtausgelastet war, d. h. inwieweit der Markt vergrößert werden muß, um die Kapitalisten zu zusätzlichen Investitionen zu veranlassen. Im Hinblick auf eine lange Periode ist ferner wichtig, wie die staatlichen Ausgaben finanziert werden: letztlich aus den Einkommen der Werktätigen (über Steuern und Preissteigerungen) oder aus den Einkommen der Kapitalisten und Rentiers. Und so weiter. Nur wenn man sämtliche konkrete Umstände berücksichtigt, kann man wissenschaftlich beurteilen, was eine „Ankurbelung" der Konjunktur bewirken kann.

Kein Zweifel besteht allerdings daran, daß jeder „Ankurbelung" mit Hilfe von Staatsaufträgen und einer Erhöhung der Beschäftigung nur ein zeitweiliger Erfolg beschieden sein kann, daß die Kapazität des kapitalistischen Marktes von den permanenten inneren Gesetzmäßigkeiten der kapitalistischen Gesellschaft bestimmt wird.

Alle diese konkreten Umstände werden von Keynes nicht zur Kenntnis genommen. Er erfand den sattsam bekannten, von den Keynesianern heute überall angewandten „Investitionsmultiplikator", den er mit dem Koeffizienten k bezeichnet. Dieser „sagt aus, daß bei einem Zuwachs der Gesamtinvestition das Einkommen um einen Betrag zunehmen wird, der k mal dem Zuwachs der Investition ist".[34] Mit dem Wachstum der Einkommen nimmt auch die Beschäftigung zu und verschwindet die Arbeitslosigkeit.

34 Ebenda, S. 98.

In allgemeiner Form ist das alles richtig. Die Schwierigkeiten beginnen erst beim Übergang vom Allgemeinen zum Konkreten. Welche Größe hat der Koeffizient *k* in den einzelnen Ländern? Die Keynesianer haben darüber (abgesehen von Keynes' strikt „wissenschaftlichen" mathematischen Formeln) nicht die geringste Vorstellung. Für das Jahr 1963 bezifferten die einen diesen „Multiplikator" mit 2,5, andere hingegen mit etwa 3,8. Sie sagen dabei entsprechend der Theorie von Keynes, daß im Zuge des technischen Fortschritts eine immer größere Summe an Neuinvestitionen für die Schaffung eines Arbeitsplatzes erforderlich ist. Nach Berechnungen von N. Goldfinger, einem führenden Ökonomen der AFL-CIO, waren für jeden neuen Arbeitsplatz folgende Investitionen notwendig (in Tsd. Dollar):[35]

1954—1956	11
1958—1960	21
1961—1962	40.

Keynes selbst gibt nur ein einziges konkretes Zahlenbeispiel. Nach seinen Worten „wird zu einer Zeit, in der die Beschäftigung auf 5200000 gefallen ist, die Beschäftigung von zusätzlichen 100000 Menschen für öffentliche Arbeiten die Gesamtbeschäftigung auf 6400000 steigern. Wenn aber die Beschäftigung bereits 9000000 ist, wenn die zusätzlichen 100000 Menschen für öffentliche Arbeiten angestellt werden, wird die Gesamtbeschäftigung nur auf 9200000 steigen. Öffentliche Arbeiten von selbst zweifelhaftem Nutzen mögen sich daher in Zeiten großer Arbeitslosigkeit um ein vielfaches bezahlt machen . . ."[36]

Den Reformisten dient dies als hervorragende Begründung ihrer Forderung nach Extensivierung der öffentlichen Arbeiten in Zeiten großer Arbeitslosigkeit. Keynes sagt jedoch mit keinem Wort, *wann, nach Ablauf welcher Zeit* diese phantastisch hohe Zunahme der Beschäftigung eintreten soll — nach einem halben Jahr oder nach zehn Jahren?

Schon eine elementare Analyse macht deutlich, daß Keynes' Behauptung, wonach in einem Land, offenbar in England, wo, seinem Beispiel zufolge, die Beschäftigung auf 5,2 Mio Menschen gesunken ist und die Zahl der Arbeitslosen über 1,2 Mio lag, eine Erhöhung der Beschäftigung vermittels öffentlicher Arbeiten um 100000 Menschen letztlich eine Gesamtzunahme der Beschäftigung um 1200000 Menschen bewirkt, purer Unsinn und Demagogie ist. Die Arbeitslosenrate betrug bei diesem Beispiel über 20%, was nur bei einer anhaltenden Überproduktionskrise der Fall sein kann.

Betrachten wir zwei unterschiedliche konkrete Fälle:

a) die 100000 Arbeiter würden im öffentlichen Straßenbau eingesetzt. Sie arbeiten manuell und erhalten einen Monatslohn von 15 Pfund St., was für das Jahr 1936 offensichtlich ein zu hoher Lohn war. Die 100000 zusätzlich beschäftigten Arbeiter erhalten im Monat 1,5 Mio Pfund St. an neuem Einkommen. Wir behaupten, daß in diesem Fall der Koeffizient *k*, der „Investitionsmultiplikator", kaum größer als eins sein wird, woraus sich nahezu kein weiterer Beschäftigungszuwachs ableitet.

Warum?

Während der langen Krise und der anhaltenden Massenarbeitslosigkeit haben sich die Arbeiter ungenügend ernährt, verschlissen ihre Kleidung und verschuldeten bei Wohnungsvermietern und Ladenbesitzern. Die neu verdienten anderthalb Millionen Pfund werden sie fast gänzlich für den Kauf von Lebensmitteln, Kleidung und Schuhwerk

35 The New Republic vom 25. Mai 1963, S. 14.

36 John Maynard Keynes, Allgemeine Theorie der Beschäftigung, des Zinses und des Geldes, a. a. O., S. 108.

und zur Tilgung von Schulden ausgeben. Die geringfügige Steigerung der Nachfrage nach Lebensmitteln kann ohne weiteres aus den Warenbeständen befriedigt werden. Es müssen mehrere Monate vergehen, ehe in diesen Zweigen ein Bedarf nach zusätzlicher Arbeitskraft entsteht, und es braucht (bei gegebener chronischer Nichtauslastung der Produktionskapazitäten) noch eine weitaus längere Zeit, bis die Beschäftigung in der Sphäre der Produktion von Produktionsmitteln zunimmt.

b) Eine andere Situation ergibt sich, wenn die 100000 Arbeiter im Investitionsbau, d. h. beim Bau neuer Betriebe oder großer Wasserkraftwerke, oder beispielsweise beim Bau von U-Booten u. ä. eingesetzt werden. Dies wird in kürzester Frist zu einem Anstieg der Beschäftigung im Maschinen- und Gerätebau und etwas später auch in der Stahlindustrie und im Kohlebergbau führen. Aber auch in diesem Fall kann von einem Wachstum der Beschäftigung um 1200000 Menschen infolge einer primären Zunahme um 100000 nicht die Rede sein.

Keynes und die reformistischen Führer, die die Arbeiter betrügen, indem sie ihnen die Beseitigung der Arbeitslosigkeit im Kapitalismus versprechen, enthalten sich jeglicher konkreten Analyse.[37]

Keynes glaubt auch selbst nicht ernsthaft an die Erreichung der Vollbeschäftigung, die er äußerlich anstrebt. Er schreibt, daß „Vollbeschäftigung oder auch nur annähernde Vollbeschäftigung eine seltene und kurzlebige Erscheinung ist".[38]

Er betrachtet die Vollbeschäftigung nicht unter dem Gesichtspunkt der Arbeiterinteressen, sondern aus der Sicht der Auslastung des Kapitals: „Wir haben Vollbeschäftigung, wenn die Produktion auf ein Niveau gestiegen ist, auf dem der Grenzertrag einer repräsentativen Einheit der Erzeugungsfaktoren auf den Mindeststand gefallen ist, auf dem eine Menge der Faktoren verfügbar ist, die genügt, um diese Produktion zu erzeugen."[39]

Wie tief Keynes' Ideen indes in der reformistischen Arbeiterbewegung Fuß gefaßt haben, zeigt folgendes Beispiel. In Schweden, wo seit 1930 ununterbrochen die reformistischste aller reformistischen sozialdemokratischen Parteien allein oder in Koalition mit einer bürgerlichen Partei die Regierung bildet, existiert seit 1938 ein Gesetz, wonach Aktiengesellschaften das Recht haben, 40% ihres Profits zu behalten. Dieser Teil des Profits wird nicht besteuert. Etwa die Hälfte davon muß zinslos bei der staatlichen „Riksbank" deponiert werden. In Krisenzeiten können diese Einlagen mit Zustimmung des Arbeitsministeriums zwecks Verringerung der Arbeitslosigkeit abgerufen werden.[40]

Die schwedischen Reformisten rühmen sich ihrer Anhängerschaft zum Keynesianismus. Der Generalsekretär der schwedischen Gewerkschaft der Arbeiter im öffentlichen Dienst schreibt in einer Broschüre der Fabiergesellschaft vom Mai 1963, daß die Schwedische Sozialdemokratische Partei bereits vor Erscheinen von Keynes' „Allgemeiner Theorie der Beschäftigung, des Zinses und des Geldes" eine „keynesianische Politik betrieben" habe.[41]

*

37 Jedem Marxisten ist klar, daß eine zusätzliche Erweiterung der Produktion nicht von der Zahl neu eingestellter Arbeiter und vom Ausmaß der bestehenden Arbeitslosigkeit abhängt, sondern von der Größe des neu investierten Kapitals.

38 John Maynard Keynes, Allgemeine Theorie der Beschäftigung, des Zinses und des Geldes, a. a. O., S. 209.

39 Ebenda, S. 256.

40 The Economist vom 15. Juni 1963, S. 1175.

41 Labour Monthly, Mai 1963, S. 321.

Es bedarf keiner vielen Worte, um zu erklären, weshalb Keynes' Auffassungen die Universitäten der kapitalistischen Länder beherrschen. Von den Interessen des Monopolkapitals gar nicht zu sprechen, ist Keynes den bürgerlichen Professoren allein schon darum wert und teuer, weil er sich nur mit Oberflächenerscheinungen beschäftigt und sie der Mühe enthebt, die Wesenskategorien des Kapitalismus zu untersuchen, wie es die Klassiker der bürgerlichen Ökonomie und Marx gebieten. Keynes sagt ihnen zu, weil er bedeutungslose Aussagen in äußerlich wissenschaftlich „tiefgründig" erscheinende Formulierungen in nebulöser Sprache kleidet, weil er der Tautologie eine mathematische Form verleiht und dies für „wissenschaftliche" Entdeckungen ausgibt, weil er zweideutig ist und den Professoren Raum läßt für unterschiedliche „wissenschaftliche" Interpretationen und leere Diskussionen. *Die beherrschende Stellung des Keynesianismus in der gegenwärtigen bürgerlichen Wirtschaftswissenschaft zeugt von der Degeneration der gesamten bürgerlichen Ideologie.*

Wir wollen nur einige wenige Beispiele für die „Wissenschaftlichkeit" von Keynes anführen.

Man sollte meinen, es ist sehr einfach, die Frage zu beantworten: Wer ist arbeitslos? Arbeitslos ist, wer keine Arbeit zu dem für das jeweilige Land üblichen Lohn finden kann.

Keynes formuliert dies „wissenschaftlich" wie folgt: „Arbeiter sind unfreiwilligerweise arbeitslos, wenn im Falle einer geringen Preissteigerung von Lohngütern im Verhältnis zum Geldlohn sowohl das gesamte Angebot von Arbeit, die bereit wäre, zum laufenden Geldlohn zu arbeiten als auch die gesamte Nachfrage nach Beschäftigung zu diesem Lohn größer wäre als die bestehende Beschäftigungsmenge."[42]

Ein weiteres Beispiel: Die schlichte und jedermann bekannte Tatsache, daß der Umfang der individuellen Konsumtion im Kapitalismus vor allem von der Gesamtmasse des Lohns und des Profits abhängt, bringt Keynes „wissenschaftlich" wie folgt zum Ausdruck: „Während die anderen Faktoren nämlich variieren können (was nicht vergessen werden darf), ist das Gesamteinkommen, in Lohneinheiten gemessen, in der Regel die hauptsächlichste veränderliche Größe, von der der Verbrauchsbestandteil der Funktion der allgemeinen Nachfrage abhängen wird."[43]

Die simple und landläufige Wahrheit, daß der Kapitalist zusätzliche Arbeitskraft nur dann beschäftigt, wenn diese Maßnahme einen zusätzlichen Profit verspricht, formuliert Keynes so: „Die Funktion der gesamten Nachfrage bringt verschiedene hypothetische Beschäftigungsmengen in Beziehung zu den Erlösen, die von ihren Produktionen erwartet werden, und die wirksame Nachfrage ist der Punkt der Funktion der gesamten Nachfrage, der wirksam wird, weil er, in Verbindung mit den Bedingungen des Angebotes, mit dem Niveau der Beschäftigung übereinstimmt, das die Gewinnerwartung des Unternehmers auf das Höchstmaß steigert."[44]

Diese „wissenschaftliche" Kompliziertheit und Verschwommenheit bietet den Professoren eine willkommene Gelegenheit, ihre eigene „Wissenschaftlichkeit" zu demonstrieren. Und wie „wissenschaftlich" klingt nicht Keynes' leeres Geschwätz vom „Weizenzinsfuß", dem „Kupferzinsfuß" usw.! Typische „Klugscheißereien", wie Marx es nannte.

42 John Maynard Keynes, Allgemeine Theorie der Beschäftigung, des Zinses und des Geldes, a. a. O., S. 13.

43 Ebenda, S. 82/83.

44 Ebenda, S. 48.

Mit der komplizierten Form wird häufig das Ziel verfolgt, den Klassencharakter der Keynesschen Lehre zu bemänteln. Keynes behauptet, Ursache der Inflation sei die Vollbeschäftigung, d. h. an der Inflation seien die Arbeiter schuld. Keynes sagt dies aber nicht so grobschlächtig wie die heutigen Kapitalisten, die immerfort von der Inflation infolge des Lohnanstiegs reden. Keynes ist da viel „feiner", wenn er schreibt: „Wenn eine weitere Zunahme in der wirksamen Nachfrage keine weitere Zunahme in der Produktion hervorruft und ausschließlich auf eine Zunahme in der Lohneinheit im vollen Verhältnis zur Zunahme in der wirksamen Nachfrage wirkt, haben wir einen Zustand erreicht, der zutreffend als ein Zustand wahrer Inflation bezeichnet werden könnte."[45]

Auch Keynes' Eklektizismus ist für die Herren Professoren ein gefundenes Fressen. Sie finden bei Keynes zahlreiche Anleihen bei früheren Theorien und können sich nach Belieben über die historischen Wurzeln des Keynesianismus verbreiten.

Sie können mit Hilfe von Keynes den Kapitalismus verteidigen und gar noch „subtiler" kritisieren als Keynes selbst. Wie Keynes können sie ihr Bedauern darüber äußern, daß im Kapitalismus die Werktätigen in Armut leben. Und wie Keynes können sie gleichzeitig erklären, Ursache der Armut sei nicht die Ausbeutung, sondern allenfalls eine ungerechte Verteilung des Nationaleinkommens, kurzum: Nicht der Kapitalismus, sondern andere Phänomene sind schuld. Zum Beispiel: „Daß die Welt nach verschiedenen Jahrtausenden beständigen Sparens der Einzelnen so arm an angehäuften Kapitalwerten ist, ist . . . durch die hohen Liquiditätsprämien zu erklären, die früher dem Besitz von Land anhafteten und die jetzt an dem Besitz von Geld hängen."[46]

Andererseits rechtfertigt Keynes die Ungleichheit in der Verteilung der Einkommen und des Eigentums. Er schreibt: „Ich selber glaube, daß bedeutsame Ungleichheiten von Einkommen und Reichtum gesellschaftlich und psychologisch gerechtfertigt sind . . ."[47] An anderer Stelle erklärt Keynes hinwiederum, daß die Ungleichheit in der Einkommensverteilung zu groß ist. So können die Herren Professoren im Bedarfsfalle Keynes in „radikaler" kleinbürgerlicher Manier auslegen.

Abschließend möchten wir darauf hinweisen, daß die verschiedenen, nicht selten sehr komplizierten mathematischen Formeln, mit deren Hilfe Keynes den Eindruck von „Wissenschaftlichkeit" anstrebt, nicht im geringsten zur Erkenntnis der Ökonomik des Kapitalismus beitragen. Sie sind mathematischer Ausdruck dessen, was wir ohnehin wissen. Analysieren wir z. B. seine erste Formel, die er „Funktion des gesamten Angebots" nennt.[48]

Der Kapitalist erhofft die Erzielung von Profit (was Keynes mit Z bezeichnet). Zur Erreichung seines Ziels stellt er eine bestimmte Anzahl Arbeiter ein, die ein bestimmtes Quantum von Erzeugnissen oder Wert und Mehrwert erzeugen (je nachdem, ob wir den Prozeß in der Natural- oder in der Geldform betrachten). Die hergestellte Erzeugnismenge bezeichnet Keynes mit O_r. Bei ansonst gleichen Bedingungen bedeutet die Einstellung zusätzlicher Arbeitskräfte eine entsprechende Vermehrung der Produktion. Keynes drückt diese äußerst simple Abhängigkeit mathematisch wie folgt aus: p (die Angebotskurve) wird bestimmt als

$$p = \frac{Z_r}{O_r} = \frac{r(N_r)}{r(N_r)}$$

45 Ebenda, S. 256.

46 Ebenda, S. 202.

47 Ebenda, S. 315.

48 Vgl. ebenda, S. 38/39.

Das besagt nichts weiter als: Die Menge der erzeugten Produktion hängt (bei Gewährleistung eines bestimmten Profits) von der Zahl der beschäftigten Arbeiter ab — was ohnehin jedem normalen Menschen klar ist.

Ebensowenig wird unser Wissen über den Kapitalismus durch Keynes' sonstige mathematischen Formeln erweitert — der äußere Anschein von „Wissenschaftlichkeit" trügt.

*

Wir fassen zusammen.

Die Popularität von Keynes erklärt sich nicht daraus, daß er den Kapitalismus verteidigt, sondern daraus, daß er seine Apologie mit einer scheinbar klassenindifferenten „Wissenschaftlichkeit" und zahnlosen Kritik am Kapitalismus camoufliert. Keynes' Popularität erklärt sich nicht aus seiner Gedankentiefe, sondern aus seiner Oberflächlichkeit, nicht aus der Neuheit seiner Gedanken, sondern aus seinem Eklektizismus.

Keynes' Popularität zeugt davon, daß das Monopolkapital keiner besseren Antwort auf die unlösbaren Widersprüche des Kapitalismus fähig ist, die ihn in den historisch unvermeidlichen Untergang führen. *Die Herrschaft des Keynesianismus kennzeichnet den geistigen Bankrott des Monopolkapitalismus.*

Über die asiatische Produktionsweise

Im Vorwort des Werkes „Zur Kritik der Politischen Ökonomie“, dieses kurzen Abrisses der Weltgeschichte, schreibt Marx: „In großen Umrissen können asiatische, antike, feudale und modern bürgerliche Produktionsweisen als progressive Epochen der ökonomischen Gesellschaftsformation bezeichnet werden.“[1]

Es ist klar, daß Marx der asiatischen Produktionsweise eine den späteren Produktionsweisen analoge historische Bedeutung beimißt.

Dessen ungeachtet ist der Begriff „asiatische Produktionsweise“ aus unserer marxistischen Literatur verschwunden. Er findet weder in den Lehrbüchern der politischen Ökonomie noch in den Lehrbüchern des Marxismus-Leninismus Erwähnung. In der 51bändigen Großen Sowjetenzyklopädie gibt es keinen Artikel „Asiatische Produktionsweise“. Wir finden auch nirgendwo eine Erklärung, weshalb den Lernenden und den Lesern nichts über diese wichtige Frage der marxistischen Lehre gesagt wird. Sie wird einfach mit Stillschweigen übergangen, sie ist verurteilt und vergessen.

Eine Abkehr von dieser Marxschen These wäre in zwei Fällen gerechtfertigt:

a) Wenn es sich bei dieser These um eine zufällige Bemerkung handelte, die Marx später nicht mehr aufgegriffen und von der er sich selbst stillschweigend distanziert hätte. Wie im folgenden zu zeigen sein wird, ist dies in bezug auf die asiatische Produktionsweise jedoch keineswegs der Fall.

b) Wenn sich diese Konzeption von Marx als fehlerhaft erwiesen hätte. Marx war nicht unfehlbar. Er selbst hätte die Behauptung von seiner Unfehlbarkeit voller Empörung zurückgewiesen. Vor mehr als hundert Jahren bestimmte er mit dem Scharfblick des Genies den historischen Übergangscharakter des Kapitalismus, und dies zu einer Zeit, als der Kapitalismus noch eine ganze Periode ständiger Entwicklung vor sich hatte, die Arbeiterbewegung dagegen nur mehr ihre ersten Schritte tat. Seine Vorstellung von einem gleichzeitigen Zusammenbruch des Kapitalismus in den industriell entwickelten Ländern Europas und von der Zeitspanne dieses Zusammenbruchs hat sich nicht bewahrheitet.

Aber Marx irrte sich sehr selten: Die oben erwähnten Fälle beziehen sich auf Einzelheiten der künftigen Entwicklung und nicht auf die Analyse vollendeter Tatsachen. Die höchst bedeutende Rolle, die die Lehre von Marx bei der Formierung unseres heutigen wissenschaftlichen Denkens, unserer ganzen Weltanschauung spielt, erfordert, daß die Notwendigkeit zu einer Korrektur einer solchen These wie der oben genannten seitens kompetenter Marxisten auf Grund einer sorgfältigen, allseitigen und tiefschürfenden Analyse bewiesen werden müßte. Wie noch gezeigt wird, ist dies im vorliegenden Fall nicht geschehen.

Üblicherweise müßte der lernenden Jugend unbedingt erläutert werden, weshalb die Marxsche Lehre von der asiatischen Produktionsweise keine Beachtung mehr findet. Wir wissen nicht, was unsere Professoren für Marxismus-Leninismus ihren Studenten und

1 Karl Marx, Zur Kritik der Politischen Ökonomie, Vorwort, in: MEW, Bd. 13, Berlin 1961, S. 9.

Hörern antworten, wenn einer von ihnen die Frage stellt, weshalb die These von der asiatischen Produktionsweise totgeschwiegen wird. Wahrscheinlich sagen sie dasselbe, was mir ein Orientalist aus der Kommunistischen Internationale vor dreißig Jahren sagte: „Marx verstand unter ‚asiatischer Produktionsweise' eine asiatische Spielart des Feudalismus." Ich erwiderte ihm darauf empört, Marx habe seine Gedanken hervorragend in Worte zu kleiden gewußt; wenn er unter asiatischer Produktionsweise eine Spielart des Feudalismus verstanden hätte, so hätte er das auch gesagt.

Überdies spricht Marx bei der Aufzählung der einander folgenden „historischen Epochen" der Menschheit von der asiatischen, der antiken, der feudalen und der modern bürgerlichen Epoche. Hätte er unter asiatischer Produktionsweise eine „Spielart" des Feudalismus verstanden, so hätte die Abfolge der Epochen bei ihm anders ausgesehen: antike, feudale, asiatische Produktionsweise. Auch aus Bemerkungen, die er an anderen Stellen machte, läßt sich schlußfolgern, daß er den historischen Platz der asiatischen Produktionsweise vor der Sklavenhalterperiode sah.

Kommen wir nun zum Wesen der Frage.

Marx hat kein einziges Mal den Gedanken geäußert, daß sich die asiatische Produktionsweise prinzipiell von allen anderen Produktionsweisen unterscheidet. Die Frage nach den Besonderheiten der asiatischen Gesellschaft interessierte ihn (und auch Engels) vom Beginn seiner wissenschaftlichen Tätigkeit bis zu seinem Tod. Wir wollen hier nicht alle Stellen aus seinen Werken zitieren, die sich auf dieses Problem beziehen: Das würde zu viel Platz beanspruchen. Außerdem vermitteln Zitate, wenn sie aus dem Zusammenhang herausgerissen werden, oft ein falsches Bild von Marx' Gedankengängen. Wir werden im folgenden aus Arbeiten zitieren, die in den verschiedensten Abschnitten seines Lebens geschrieben wurden, vor allem um zu zeigen, daß der Begriff der asiatischen Produktionsweise ein Bestandteil der ökonomischen Lehre von Marx ist.

Das Jahr 1857. In der „Einleitung zur Kritik der Politischen Ökonomie" heißt es: „So kam die bürgerliche Ökonomie erst zum Verständnis der feudalen, antiken, orientalen, sobald die Selbstkritik der bürgerlichen Gesellschaft begonnen."[2]

Im übrigen spricht Marx, je nach dem Zusammenhang, von *asiatischer* oder auch *orientalischer* Gesellschaft, wie aus den folgenden Beispielen hervorgeht.

1853 schreibt Marx: „Klimatische und territoriale Verhältnisse, besonders die weiten Wüstenstriche, die sich von der Sahara quer durch Arabien, Persien, Indien und die Tatarei bis an das höchste asiatische Hochland ziehen, bedingten künstliche Berieselung durch Kanäle und Wasserwerke, die Grundlage der orientalischen Landwirtschaft ... Die unbedingte Notwendigkeit einer sparsamen und gemeinschaftlichen Verwendung des Wassers ... machte ... das Eingreifen einer zentralisierenden Staatsgewalt erforderlich. Hierdurch wurde allen asiatischen Regierungen eine ökonomische Funktion zugewiesen, die Funktion, für öffentliche Arbeiten zu sorgen."[3] Weiter spricht er dann davon, daß ausgedehnte, einst blühende Landstriche in Ägypten, im Jemen, in Persien und Hindustan heute wüst und öde sind, weil die Regierungen nicht ihre Funktion erfüllten: die Organisierung der öffentlichen Bewässerung.

Aus diesen Äußerungen von Marx geht folgendes völlig klar hervor:

1. Der Begriff „asiatische Produktionsweise" *ist nicht geographisch zu verstehen*, denn

2 Karl Marx, Einleitung zur Kritik der politischen Ökonomie, in: MEW, Bd. 13, a. a. O., S. 637.
3 Karl Marx, Die britische Herrschaft in Indien, in: MEW, Bd. 9, Berlin 1960, S. 129.

er umfaßt auch weite Gebiete Afrikas. Deshalb verwendet Marx von Zeit zu Zeit neben dem Begriff „asiatische Gesellschaft" auch den Begriff „orientalische Gesellschaft".

2. *Den Begriff „asiatische Produktionsweise" wandte Marx nicht auf ganz Asien an,* sondern nur auf diejenigen Gebiete, in denen die Niederschlagsmengen nicht für die landwirtschaftliche Produktion ausreichten. Hieraus folgt, daß es unsinnig wäre, wollte man versuchen, die Frage der asiatischen Produktionsweise lediglich auf Grund der Bedingungen Chinas zu klären, wie es unsere Sinologen taten. In den meisten Gebieten Chinas reichen die Niederschlagsmengen nämlich für eine Landwirtschaft ohne Bewässerung; besonders gilt dies für frühere Zeiten, als die Bevölkerungsdichte noch nicht so groß war, daß zur Steigerung der Ernteerträge Bewässerungen notwendig gewesen wären.

In jenen Jahrzehnten, als Marx am „Kapital" arbeitete, kam er, wie auch Engels im „Anti-Dühring", allmählich auf die Frage nach den Besonderheiten der asiatischen Ökonomik zurück. Hier einige Beispiele.

„Wenn andererseits die Naturalform der Grundrente, in Asien zugleich das Hauptelement der Staatssteuer, dort auf Produktionsverhältnissen beruht, welche sich mit der Unwandelbarkeit von Naturverhältnissen reproduzieren, erhält jene Zahlungsform rückwirkend die alte Funktionsform."[4]

Marx wiederholt diese Thesen mehrmals im dritten Band des „Kapital".

„Der unmittelbare Produzent befindet sich hier ... im Besitz seiner eignen Produktionsmittel ... er betreibt seinen Ackerbau wie die damit verknüpfte ländlich-häusliche Industrie selbständig. Unter diesen Bedingungen kann ihnen die Mehrarbeit für den nominellen Grundeigentümer nur durch außerökonomischen Zwang abgepreßt werden, welche Form dieser auch immer annehme ... Sind es nicht Privateigentümer, sondern ist es wie in Asien der Staat, der ihnen direkt als Grundeigentümer und gleichzeitig souverän gegenübertritt, so fallen Rente und Steuer zusammen, oder es existiert vielmehr dann keine von dieser Form der Grundrente verschiedne Steuer ... Der Staat ist hier der oberste Grundherr. Die Souveränität ist hier das auf nationaler Stufe konzentrierte Grundeigentum. Dafür existiert dann aber auch kein Privatgrundeigentum, obgleich sowohl Privat- wie gemeinschaftlicher Besitz und Nutznießung des Bodens."[5]

Er untersucht ausführlich die Bedingungen in Asien und analysiert die Arbeitsrente. Besonders unterstreicht er den außerökonomischen Zwang in Indien.

Hier wird eine Besonderheit der asiatischen Produktionsweise klar erläutert.

Sowohl Marx als auch Engels gehen in ihren Werken wiederholt auf die asiatische Produktionsweise ein. Engels schreibt im „Anti-Dühring": „Wie viele Despotien auch über Persien und Indien auf- oder untergegangen sind, jede wußte ganz genau, daß sie vor allem die Gesamtunternehmerin der Berieselung der Flußtäler war, ohne die dort kein Ackerbau möglich."[6]

Engels bestreitet kategorisch die Existenz einer feudalen Produktionsweise im Asien des Altertums: „Erst die Türken haben im Orient in den von ihnen eroberten Ländern eine Art grundherrlichen Feudalismus eingeführt."[7] Zur Untermauerung dieser These führt

4 Karl Marx, Das Kapital. Erster Band, in: MEW, Bd. 23, Berlin 1962, S. 155.

5 Karl Marx, Das Kapital. Dritter Band, in: MEW, Bd. 25, Berlin 1964, S. 798/799.

6 Friedrich Engels, Herrn Eugen Dührings Umwälzung der Wissenschaft (Anti-Dühring), in: MEW, Bd. 20, Berlin 1962, S. 167.

7 Ebenda, S. 164.

er folgende Tatsache an: „Im ganzen Orient, wo die Gemeinde oder der Staat Grundeigentümer ist, fehlt sogar das Wort Grundherr in den Sprachen, worüber sich Herr Dühring bei den englischen Juristen Rat erholen kann, die sich in Indien ebenso umsonst mit der Frage abquälten: wer ist Grundeigentümer?“[8]

Es erübrigt sich, weitere Auszüge aus den Werken von Marx und Engels anzuführen: Der Text des ständigen Briefwechsels zwischen ihnen, der bis zum Tode von Marx geführt wurde, zeugt davon, wie sehr sie an der Frage der verschiedenen vorkapitalistischen Entwicklungsformen und Produktionsweisen interessiert waren. Aber nirgends finden wir eine Andeutung, daß sie an der Richtigkeit der These von der asiatischen Produktionsweise zweifelten.[9]

Vielleicht aber lehnte Lenin den Begriff „asiatische Produktionsweise“ ab? Keinesfalls! Wir finden in seinen Werken nirgends einen Anhaltspunkt dafür. Im Gegenteil, er erkannte die Existenz der asiatischen Produktionsweise an.

In einer seiner ersten Arbeiten, „Was sind die ‚Volksfreunde‘ und wie kämpfen sie gegen die Sozialdemokratie?“ zitiert er die erwähnte Stelle aus dem Vorwort des Werkes „Zur Kritik der Politischen Ökonomie“, und zwar völlig zustimmend.[10] Dasselbe gilt für Lenins späteren Artikel „Karl Marx“.[11] Mehr noch, Lenin schloß sogar die Möglichkeit einer Existenz der asiatischen Produktionsweise gerade auch in Rußland nicht aus. Gegen Plechanov polemisierend, der die Nationalisierung des Bodens als einen Schritt zurück betrachtete, weil sie bereits in der „Moskauer Ruś“ existiert habe, schrieb Lenin: „Insofern es im Moskauer Reich (oder: wenn es im Moskauer Reich) eine Nationalisierung des Grund und Bodens gab, war ihre ökonomische Grundlage die asiatische Produktionsweise. Indessen hat sich in Rußland seit der zweiten Hälfte des 19. Jahrhunderts die *kapitalistische Produktionsweise* gefestigt, und im 20. Jahrhundert ist sie zur unbedingt vorherrschenden geworden ... Die auf asiatischer Produktionsweise beruhende Nationalisierung hat er [Plechanov — E. V.] mit der auf kapitalistischer Produktionsweise beruhenden Nationalisierung in einen Topf geworfen ... Ein Genosse ... erklärte in seiner Rede [auf dem Vereinigungsparteitag der SDAPR — d. Übers.], bei der ‚Restauration‘, mit der uns Plechanov ins Bockshorn zu jagen gedachte, sei reinweg nichts herausgekommen. Aus dem Prämissen seiner Argumentation ergebe sich eine Restauration des Moskauer Russischen Reiches, d. h. eine Restauration der asiatischen Produktionsweise, d. h. glatter Unsinn in der Epoche des Kapitalismus.“[12]

8 Ebenda, S. 163/164 — Akademiemitglied N. I. Konrad, eine sehr große Autorität auf dem Gebiet der orientalischen Sprachen, bejahte meine Frage, ob diese Feststellung von Engels zutreffe.

9 Ein Gegner der Auffassung von der Existenz der asiatischen Produktionsweise in der Vergangenheit erklärte, Marx und Engels hätten sich selbst davon losgesagt, da sie den Terminus, außer im Vorwort des Werkes „Zur Kritik der Politischen Ökonomie“, nirgends mehr verwendet hätten. Das ist eine Pedanterie, die mit dem Marxismus nichts gemein hat. Für ein und denselben Begriff benutzte Marx verschiedene Termini, je nachdem, unter welchem Gesichtspunkt er ihn charakterisierte. Im „Kapital“ finden wir die Bezeichnungen „kapitalistische Produktionsweise“, „Kapitalismus“, „kapitalistische Gesellschaft“, „kapitalistische Gesellschaftsordnung“ usw. Sie alle bedeuten ein und dasselbe.

10 Vgl. W. I. Lenin, Was sind die „Volksfreunde“ und wie kämpfen sie gegen die Sozialdemokraten? In: Werke, Bd. 1, Berlin 1961, S. 129.

11 W. I. Lenin, Karl Marx, in: Werke, Bd. 21, Berlin 1960, S. 44.

12 W. I. Lenin, Bericht über den Vereinigungsparteitag der SPAPR, in: Werke, Bd. 10, Berlin 1958, S. 332, 333.

Die Gegner der asiatischen Produktionsweise versuchten, diese Worte Lenins als Ablehnung der Marxschen These auszulegen. Das ist jedoch völlig absurd. Lenin lehnt hier in keiner Weise die asiatische Produktionsweise an sich ab: Er bezweifelt lediglich, daß diese Produktionsweise in der Moskauer Ruś existierte (übrigens mit vollem Recht, denn in diesem Falle fehlte ein wesentliches Element der asiatischen Produktionsweise — die vom Staat in großem Ausmaß organisierte Bewässerung.)

Und schließlich besitzen wir die Randbemerkungen Lenins in seinem unlängst veröffentlichten Konspekt zum Briefwechsel zwischen Marx und Engels. Eine dieser Bemerkungen lautet: „‚*Schlüssel*' zu den *Erscheinungen* des Orients — kein *Privateigentum*." „Der gesamte Grund und Boden = Eigentum des Staatsoberhaupts."[13]

„Die asiatischen Dörfer sind abgeschlossen, erhalten sich selbst (Naturalwirtschaft) — *Grundlage* der asiatischen Ordnung + public works der Zentralregierung."[14]

*

Die Ablehnung der asiatischen Produktionsweise und ihre Umwandlung in eine „asiatische Spielart des Feudalismus" waren das Ergebnis von Diskussionen, die in den Jahren 1930/31 in Tbilissi und Leningrad geführt wurden. Dies geschah jedoch in sehr unklarer und unsicherer Form. In einer redaktionellen Zusammenfassung der Diskussionsergebnisse von Tbilissi heißt es: „Die Eigenart der asiatischen Länder ist während des ganzen Verlaufs ihrer Geschichte außerordentlich groß. In gewissem Sinne schafft sie eine besondere Struktur des Feudalismus, die man ‚asiatische Produktionsweise' nennen kann."[15]

Eine analoge Formulierung finden wir in dem offiziellen Schlußwort von M. Godes zur Diskussion in Leningrad: „. . . wir ziehen es vor, von einem spezifischen Feudalismus im Orient und nicht von einer asiatischen Produktionsweise zu sprechen."[16]

Die große und äußerst lebhafte Diskussion erwies sich als unfruchtbar für die Wissenschaft. Wenn die Auseinandersetzung nur darum geht, ob es zweckmäßig ist, eine bestimmte Produktionsweise „asiatische Produktionsweise" oder „asiatische Variante des Feudalismus" zu nennen, so ist das vom wissenschaftlichen Standpunkt aus gesehen viel Lärm um nichts. Die Bezeichnung ändert nichts am Wesen der Frage.

Versuchen wir, uns in dem Gewirr der in diesen Diskussionen geäußerten Gedanken zurechtzufinden. Ich möchte dabei noch einmal betonen, daß die echten Marxisten bei aller Hochachtung vor Marx dessen Werke niemals als Dogma betrachtet haben. Wenn neue Fakten Veränderungen an den Thesen von Marx erfordern, so entspricht das völlig dem Geist des Marxismus. Aber solche Veränderungen müssen gut begründet sein.

Ist die Leugnung der asiatischen Produktionsweise als einer selbständigen, die sich von allen übrigen Produktionsweisen unterscheidet, überzeugend begründet? Unseres Erachtens nicht.

13 W. I. Lenin, Konspekt zum „Briefwechsel zwischen Karl Marx und Friedrich Engels 1844—1883", Berlin 1963, S. 303.

14 Ebenda, S. 307.

15 Ob aziatskom sposobe proizvodstva, Leningrad 1930, S. 14.

16 Obščestvo marksistov-vostokovedov. Diskussija ob aziatskom sposobe proizvodstva, Moskva-Leningrad 1931, S. 170.

Eine Negation der asiatischen Produktionsweise wäre aus zwei verschiedenen Gründen gerechtfertigt:

a) *Vom theoretischen Standpunkt aus*: Wenn die Besonderheiten der Gesellschaft in einer Reihe orientalischer Länder, auf deren Grundlage Marx die asiatische Produktionsweise als selbständige, sich von allen übrigen vorkapitalistischen Produktionsweisen, darunter auch dem Feudalismus, unterscheidende Erscheinung abhob, nicht ausreichten und diese Abhebung daher ungerechtfertigt wäre.

b) *Vom konkret-historischen Standpunkt aus betrachtet*: Wenn nachgewiesen würde, daß es in der Geschichte der menschlichen Gesellschaft kein Volk gegeben hat, das unter den Bedingungen lebte, die Marx als „asiatische Produktionsweise" charakterisierte.

Völlig unzulässig ist die Behauptung oder Andeutung, Marx (und Engels) hätte sich unter dem von ihm Formulierten etwas anderes vorgestellt, das heißt, Marx und Engels hätten ihre eigene Lehre ungenügend verstanden, wie es in der Diskussion nicht selten zum Ausdruck kam.

Unserer Meinung nach waren die Teilnehmer der Diskussion, die in einem engen Kreis von Orientalisten stattfand, nicht kompetent genug zur Lösung der theoretischen Frage. Bei den Diskussionen waren im wesentlichen Orientalisten, vor allem Sinologen und Historiker, vertreten. Nicht einer der bekannten und kompetenten marxistischen Philosophen oder marxistischen Ökonomen nahm daran teil. Waren die Orientalisten kompetent genug für die Lösung der konkret-historischen Frage? Wir wissen es nicht, aber wir haben in dieser Hinsicht unsere Zweifel.[17]

Die Hauptursache des Wirrwarrs der Diskussion lag unseres Erachtens darin, daß viele Teilnehmer zwar oft Marx zitierten, nichtsdestoweniger aber die marxistische dialektische Methode nicht begriffen.

Als Beispiel kann das Buch von G. Dubrovskij,[18] einem der Hauptgegner der Existenz der asiatischen Produktionsweise, angeführt werden.

Dubrovskij ist ein sehr „kühner" Mensch. Er unterzieht die Marxsche Lehre von den Produktionsweisen einer radikalen Revision. Von den Produktionsweisen, die Marx als „progressive Epochen ökonomischer Gesellschaftsformationen" bezeichnete, läßt er nur gelten: die antike (auf Sklaverei beruhende) und die kapitalistische. Die asiatische Produktionsweise lehnt er gänzlich ab, aus der feudalen macht er zwei Produktionsweisen: eine feudale und eine auf Leibeigenschaft beruhende; er führt eine „Wirtschaft von Kleinproduzenten" als besondere Produktionsweise ein und verkündet innerhalb des Sozialismus drei besondere Produktionsweisen: die „Wirtschaft der Übergangsepoche — der Epoche der Diktatur des Proletariats", die „sozialistische Wirtschaft" und die „Wirtschaft der Epoche des Weltkommunismus".[19] Alles in allem zehn Formationen und Produktionsweisen. Lenins Bemerkungen mißverstehend oder mißdeutend, erklärt er, Marx habe nur die kapitalistische, nicht aber die vorangegangenen Produktionsweisen erfaßt.

Dieser ganze Unsinn wurde mit Recht von unseren Historikern abgelehnt. Jedem, der auch nur ein bißchen Ahnung von Geschichte hat, ist klar, daß der Feudalismus und die

17 Die Diskussion bewegte sich hauptsächlich um die Frage, ob es in China eine asiatische Produktionsweise gegeben habe und welche Überreste sich davon erhalten oder nicht erhalten haben. Nicht wenige von den Hauptgegnern der asiatischen Produktionsweise verstanden jedoch die chinesische Sprache nicht und konnten keine Hieroglyphen lesen.

18 Vgl. G. Dubrovskij, K voprosu o suščnosti „aziatskogo" sposoba proizvodstva, feodalizma, krepostničestva i torgovogo kapitala, Moskva 1929.

19 Ebenda, S. 17—19.

„Leibeigenschaft" in Europa eng miteinander verflochten waren[20] und zum Teil einander zeitweilig abwechselten.

Marx schreibt: „Soweit die Produktenrente herrschende ... Form der Grundrente ist, wird sie stets noch mehr oder minder begleitet von Überbleibseln der frühern Form, d. h. von Rente, die direkt in Arbeit abzutragen ist, also mit Fronarbeit, und dies gleichmäßig, ob der Grundherr eine Privatperson oder der Staat sei."[21]

Hinsichtlich der „Wirtschaft der kleinen Warenproduzenten" zitiert Dubrovskij Marx; dabei geht aus dem Zitat selbst hervor, daß man sie in den verschiedensten Epochen der Weltgeschichte antrifft: sowohl im Altertum als auch im Kapitalismus, das heißt *innerhalb* der verschiedensten Produktionsweisen, und deshalb kann sie keine besondere Produktionsweise bilden.

Dubrovskijs Thesen wurden verworfen, aber die Grundlage seiner ganzen fehlerhaften Konzeption ist nirgends gründlich kritisiert worden. Ihre Grundlage ist ein völliges Unverständnis für die Dialektik. Für ihn ist A immer A, B immer B. Er kann nicht begreifen, daß eine Erscheinung, von einem Standpunkt aus betrachtet, A darstellt, vom andern aus dagegen B. Das ausgezeichnete Beispiel vom Glas, mit dem Lenin Bucharin die Dialektik zu erklären versuchte, hat auf ihn anscheinend keine Wirkung gehabt. Man kann noch ein anderes Beispiel anführen. Gold ist immer Gold. Aber im Bergbau bedeutet Gold Erz, in der Metallurgie Metall, in der Chemie ein Element, für den Juwelier ist es Rohstoff, für den Geizhals Anhäufung von Reichtum, für die Warenwirtschaft Maß des Wertes, für den Kapitalismus Weltgeld und für die Emissionsbank Deckung der ausgegebenen Banknoten. Es ist immer ein und dasselbe Gold und doch gleichzeitig bei weitem nicht ein und dasselbe.

Der Ausgangspunkt des Fehlers von Dubrovskij ist ein unrichtiges, undialektisches, Verständnis der bekannten Stelle aus dem Vorwort des Werkes „Zur Kritik der Politischen Ökonomie", in dem es heißt: „Auf einer gewissen Stufe ihrer Entwicklung geraten die materiellen Produktivkräfte der Gesellschaft in Widerspruch mit den vorhandenen Produktionsverhältnissen oder, was nur ein juristischer Ausdruck dafür ist, mit den Eigentumsverhältnissen, innerhalb deren sie sich bisher bewegt hatten."[22]

Für jeden Marxisten ist es klar, daß Produktionsverhältnisse und Eigentumsverhältnisse ein und dasselbe sind, wenn man sie von verschiedenen Seiten her betrachtet.

Diese Äußerung von Marx wird von G. Dubrovskij und auch von E. Iolk und einigen anderen Gegnern der asiatischen Produktionsweise mit einem absoluten Unverständnis für die Dialektik ausgelegt. „Juristisch" bezieht sich auf den ideologischen Überbau — deshalb seien die Eigentumsverhältnisse, behaupten sie, kein Bestandteil der ökonomischen Basis, hätten sie nichts mit den Produktionsverhältnissen gemein. „Es ist völlig klar", behauptet Dubrovskij, „daß die Eigentumsverhältnisse und insbesondere die Grundeigentumsverhältnisse nicht die ökonomische Basis, sondern Überbauerscheinungen sind ..."[23]

20 In Ungarn z. B. mußten die Bauern nach der Niederwerfung des großen Bauernaufstandes von 1515 drei Tage in der Woche auf dem Grund und Boden des Gutsherrn arbeiten, ein Neuntel der Ernte an ihn und ein Zehntel der Ernte an die katholische Kirche abliefern.

21 Karl Marx, Das Kapital. Dritter Band, in: MEW, Bd. 25, a. a. O., S. 802/803.

22 Karl Marx, Zur Kritik der Politischen Ökonomie. Vorwort, in: MEW, Bd. 13, a. a. O., S. 9.

23 G. Dubrovskij, K vorposu o suščnosti „aziatskogo" sposoba proizvodstva, feodalizma, krepostničestva i torgovogo kapitala, a. a. O., S. 27.

Er wiederholt dies in seinem Buch mehrmals. Unfähig zu begreifen, daß zwei verschiedene Dinge eine Einheit ergeben können und daß Produktionsverhältnisse und Eigentumsverhältnisse ein und dasselbe darstellen, schreibt er: „Die angeführten Zitate ändern jedoch nichts an dem grundlegenden Leitsatz von Marx und Engels, daß nicht die Eigentumsformen die Produktionsweise bestimmen, sondern umgekehrt sie selber von der Produktionsweise und von den Produktionsverhältnissen bestimmt werden."[24] Ja, er verkündet sogar: „. . . keinem Marxisten ist es in den Sinn gekommen, die Produktionsweise aus der Eigentumsform zu erklären . . ."[25]

Selten begegnet man einem größeren Irrtum! Zunächst reißt er alles auseinander, was ein einheitliches Ganzes darstellt, und dann erklärt er, daß das eine und das andere nichts miteinander gemein haben.

Marx schreibt: „Es ist jedesmal das unmittelbare Verhältnis der Eigentümer der Produktionsbedingungen zu den unmittelbaren Produzenten — ein Verhältnis, dessen jedesmalige Form stets naturgemäß einer bestimmten Entwicklungsstufe der Art und Weise der Arbeit und daher ihrer gesellschaftlichen Produktivkraft entspricht —, worin wir das innerste Geheimnis, die verborgne Grundlage der ganzen gesellschaftlichen Konstruktion . . . finden."[26]

Das bedeutet, daß die Entwicklung der Produktivkräfte die Produktionsweise und die mit ihr ein einheitliches Ganzes bildenden Eigentumsverhältnisse bestimmt. In den vorkapitalistischen Gesellschaftsformationen bestimmten die Eigentumsverhältnisse die Verhältnisse von Herrschaft und Unterordnung.

Marx schreibt: „Es ist . . . klar, daß in allen Formen, worin der unmittelbare Arbeiter ‚Besitzer' der zur Produktion seiner eignen Subsistenzmittel notwendigen Produktionsmittel und Arbeitsbedingungen bleibt, das Eigentumsverhältnis zugleich als unmittelbares Herrschafts- und Knechtschaftsverhältnis auftreten muß . . ."[27]

Die Produktivkräfte, die Eigentumsverhältnisse, die Verhältnisse von Herrschaft und Unterordnung werden also von Marx dialektisch in der Produktionsweise vereinigt.

Versuchen wir, dies auf einfachste Weise zu erklären. Für jeden Menschen mit normalem Verstand muß folgendes klar sein:

Wenn der Grund und Boden und das Wasser nicht *Staatseigentum* gewesen wären, sondern dem unmittelbaren Produzenten der materiellen Güter gehört hätten, so hätte es keine asiatische Produktionsweise geben können.

Wenn außer den Produktionsmitteln nicht auch die Produzenten der materiellen Güter selbst *Eigentum des Sklavenhalters* gewesen wären, hätte es keine antike Produktionsweise geben können.

Wenn der Grund und Boden nicht *Eigentum des Feudalherren* und die unmittelbaren Produzenten der materiellen Güter nicht von ihm abhängige Bauern (Leibeigene) gewesen wären, hätte es keine feudale Produktionsweise geben können.

Wenn die Produktionsmittel nicht *Eigentum des Kapitalisten* und die Arbeiter ihrer nicht entledigt wären, könnte es keine kapitalistische Produktionsweise geben.

Der Fehler von G. Dubrovskij, E. Iolk und anderen ist um so bemerkenswerter, als sie mit eigenen Augen die Geburt der sozialistischen Produktionsweise gesehen haben. Sie

24 Ebenda, S. 142.

25 Ebenda, S. 143.

26 Karl Marx, Das Kapital. Dritter Band, in: MEW, Bd. 25, a. a. O., S. 799/800.

27 Ebenda, S. 798.

mußten sehen, daß der Sturz der politischen Macht der Bourgeoisie allein noch nicht ausreichte, daß es notwendig war, das Eigentum der Bourgeoisie in Gestalt der Produktionsmittel zu konfiszieren und es aus Privateigentum in gesellschaftliches Eigentum zu verwandeln, um den Grundstein der sozialistischen Produktionsweise zu legen. Man muß schon im wahrsten Sinne des Wortes jeden gesunden Menschenverstand verloren haben, um behaupten zu können, daß die Eigentumsform nichts mit der Produktionsweise zu tun habe!

Wir möchten noch Klarheit in einige wichtige Thesen zur Frage der Kategorie „Produktionsweise" bringen.

1. Der Ausdruck „Produktionsweise" ist eine *wissenschaftliche Abstraktion*, Hervorhebung und Summierung der entscheidenden Merkmale der gesellschaftlichen Produktion. In reiner Form hat es diese Merkmale in der Wirklichkeit nie gegeben. „Es handelt sich hier nur um große, allgemeine Charakterzüge, denn abstrakt strenge Grenzlinien scheiden ebensowenig die Epochen der Gesellschafts- wie die der Erdgeschichte."[28]

2. *Die Produktionsweisen sind nicht unveränderlich. Im Laufe des historischen Prozesses befinden sie sich im Zustand steter Veränderungen.* Hauptursache ist die Entwicklung der Produktivkräfte, die auf einer bestimmten Stufe die Grundlagen der bestehenden Produktionsweise untergräbt und in ihrem Schoße[29] die Keime der kommenden Produktionsweise entstehen läßt, welche letzten Endes zur herrschenden wird. Gerade diesen steten Veränderungen stellte Marx die — natürlich nicht absolute — Beständigkeit der asiatischen, insbesondere der indischen Wirtschaftsformen gegenüber.

Neben der Entwicklung der Produktivkräfte spielen noch andere Faktoren, vor allem die Gewalt, eine bestimmte Rolle. Der Einfall der germanischen Stämme in das Römische Reich beschleunigte den Übergang von der Sklavenhalter- zur Feudalordnung; die europäischen Kolonisatoren schufen in Amerika eine neue, auf Sklavenarbeit beruhende kapitalistische Wirtschaft; die Eroberung Indiens durch England zerstörte die Wirtschaftsordnung Indiens oder beschleunigte deren Zerfall usw.

Im Zusammenhang mit der für den Kapitalismus charakteristischen Teilung der Gesellschaft in Geld- und Warenbesitzer auf der einen und Arbeiter auf der anderen Seite schreibt Marx: „Es [dieses Verhältnis — d. Übers.] ist offenbar selbst das Resultat einer vorhergegangenen historischen Entwicklung, das *Produkt* vieler ökonomischen Umwälzungen, *des Untergangs einer ganzen Reihe* älterer Formationen der gesellschaftlichen Produktion."[30]

Aber mit diesen ununterbrochenen historischen Veränderungen dialektisch verflochten ist die historische Einheit, eine logische Folgerung, wenn jede neue Produktionsweise, zur herrschenden geworden, mit denjenigen Produktivkräften beginnen muß, die von der früher herrschenden Produktionsweise geschaffen wurden.

Letzten Endes bestehen nicht nur im gesamten Weltmaßstab, sondern auch innerhalb der einzelnen Länder neben der herrschenden Produktionsweise Überreste der früheren und Keime der folgenden, später herrschenden Produktionsweise.

28 Karl Marx, Das Kapital. Erster Band, in: MEW, Bd. 23, a. a. O., S. 391.

29 Eine Ausnahme bildet die sozialistische Produktionsweise; in der kapitalistischen Ordnung wachsen nur die Voraussetzungen für den Übergang zu sozialistischen Verhältnissen heran, die sozialistische Produktion selbst ist jedoch nicht im Rahmen des Kapitalismus möglich.

30 Karl Marx, Das Kapital. Erster Band, in: MEW, Bd. 23, a. a. O., S. 183 (meine Hervorhebung — E. V.).

„Die bürgerliche Gesellschaft ist die entwickeltste und mannigfaltigste historische Organisation der Produktion. Die Kategorien, die ihre Verhältnisse ausdrücken, das Verständnis ihrer Gliederung, gewährt daher zugleich Einsicht in die Gliederung und die Produktionsverhältnisse aller der untergegangenen Gesellschaftsformen, mit deren Trümmern und Elementen sie sich aufgebaut, von denen teils noch unüberwundne Reste sich in ihr fortschleppen, bloße Andeutungen sich zu ausgebildeten Bedeutungen entwickelt haben usw."[31]

Das gilt auch für die heutige Epoche des Monopolkapitalismus. Nach der Befreiung der Mehrheit der Völker Schwarz-Afrikas von kolonialer Abhängigkeit stellte sich heraus, daß sich in einer Reihe von Fällen die alte Stammesordnung fast ohne jede Veränderung erhalten hatte. In Süddeutschland, in Österreich und in der Schweiz haben sich bis heute Überreste des früheren germanischen Gemeineigentums am Boden in Form der Gemeindeweiden und -wälder erhalten, die von den ortsansässigen Bauern gemeinsam genutzt werden. Und in den portugiesischen Kolonien, wo der Staat die Arbeiter für den Erzbergbau in Rhodesien zwangsweise „wirbt", besteht noch eine kaum verhüllte Sklaverei. In Saudi-Arabien wurde die Sklaverei erst am 6. November 1962 offiziell abgeschafft. Faktisch besteht sie jedoch noch bis heute. In der östlichen Türkei, wo einzelne Gutsbesitzer über fünfhundert Dörfer herrschen, gibt es einen fast klassischen Feudalismus. Starke Überreste des Feudalismus haben sich auch in Süditalien erhalten, während im Norden des Landes Monopolkapitalismus zu voller Entfaltung kam — und das ungeachtet der Tatsache, daß Italien territorial gesehen kein großes Land ist.

Es gibt und gab niemals „reine" Produktionsweisen; sie alle befinden sich in einem Prozeß steter Veränderung. Neben der herrschenden bestehen immer Überreste der früheren und Keime der kommenden Produktionsweise (mit Ausnahme des Sozialismus).

2. *Alle Gesellschaften, in denen es antagonistische Klassen gibt, beruhen* — unabhängig von der jeweiligen Produktionsweise — *auf der Ausbeutung des unmittelbaren Produzenten der materiellen Güter.* Marx spricht davon, daß überall dort, wo ein Teil der Gesellschaft das Monopol an den Produktionsmitteln besitzt, der unmittelbare Arbeiter freiwillig oder gezwungenermaßen die Existenzbedingungen für den Eigentümer der Produktionsmittel produzieren muß.

Das gilt auch für die asiatische Produktionsweise, wenngleich in diesem Falle der Staat Eigentümer des entscheidenden Produktionsfaktors — des Bodens — war. Marx sagt: „... so dürfen wir doch darüber nicht vergessen, daß diese idyllischen Dorfgemeinschaften, so harmlos sie auch aussehen mögen, seit jeher die feste Grundlage des orientalischen Despotismus gebildet haben ... wir dürfen nicht vergessen, daß diese kleinen Gemeinwesen durch Kastenunterschiede und Sklaverei befleckt waren ..."[32]

4. In allen Gesellschaften mit antagonistischen Klassen ist ein ständiger Klassenkampf im Gange.

5. Alle vorkapitalistischen Produktionsweisen basieren zum überwiegenden Teil auf der Produktion für den eigenen Bedarf des unmittelbaren Produzenten sowie des Ausbeuters als des Besitzers der Produktionsmittel; nur ein sehr unbedeutender Teil der Produktion nimmt Warenform an. Abgesehen von dem niedrigen allgemeinen Entwicklungsstand der Produktivkräfte spielte hierbei das Fehlen von Landtransportmitteln zur Beförderung von Massengütern eine große Rolle. Einziges Beförderungsmittel war

31 Karl Marx, Einleitung zur Kritik der Politischen Ökonomie, in: MEW, Bd. 13, a. a. O., S. 636.

32 Karl Marx, Die britische Herrschaft in Indien, in: MEW, Bd. 9, a. a. O., S. 132.

das Lasttier. Die Beförderung von Massengütern war nur auf dem Wasserwege möglich, aber auch hier standen nur Fahrzeuge geringen Umfanges und ohne mechanischen Antrieb zur Verfügung. Flußaufwärts mußten sie von Menschen oder Tieren gezogen werden.

Resümierend kann man folgendes sagen. Historisch gesehen, existierten die Produktionsweisen niemals in reiner Form; sie befinden sich in einem Prozeß steter Veränderung, und neben der herrschenden Produktionsweise bestehen Überreste der alten und Keime der künftigen Produktionsweise. Die verschiedenen Produktionsweisen haben bestimmte gemeinsame Züge. So basiert beispielsweise jede Gesellschaft mit antagonistischen Klassen auf der Ausbeutung und ist Schauplatz eines ständigen Klassenkampfes; alle vorkapitalistischen Produktionsweisen basieren auf der Produktion zur Befriedigung des Eigenbedarfs. Heute ist die asiatische Produktionsweise nirgendwo vorherrschend. Das alles zusammengenommen, gab den Orientalisten die Möglichkeit, Argumente für den Standpunkt anzuführen, daß die asiatische Produktionsweise eine Spielart des Feudalismus sei — unseres Erachtens eine unnötige und unrichtige Korrektur der Konzeption von Marx.

*

Wenn wir uns die asiatische (orientalische) Produktionsweise, vorstellen, und in reiner Form, als wissenschaftliche Abstraktion, wie Marx sie darstellte, mit dem klassischen Feudalismus vergleichen, der in Westeuropa existierte, dann wird uns klar, daß es sich um *zwei verschiedene Produktionsweisen* mit unterschiedlichem Überbau handelt.

In der asiatischen Produktionsweise ist der Grund und Boden, das wichtigste Produktionsmittel, *Eigentum des Staates.* Im klassischen Feudalismus ist er *Eigentum der Grundbesitzer — der Feudalherren.* „Nulle terre sans seigneur“ (kein Boden ohne Herrn) lautet das Gesetz des Feudalismus! Der Grund und Boden geht ungeteilt an den ältesten Sohn über (daß der Boden als königliches Lehen galt, das zur Nutzung überlassen wurde und, wenn keine Erben vorhanden waren, an das Königshaus zurückfiel, hatte sehr geringe praktische Bedeutung).

In der asiatischen Produktionsweise, die, nach der Feststellung von Marx, in Dürregebieten existierte, wo die Niederschlagsmengen nicht ausreichten, war die Bevölkerung in nicht sehr ausgedehnten bewässerten Landstrichen konzentriert. Hier bestand kein Mangel an Arbeitskräften. Der bewässerte Boden war sehr teuer. Es ist bezeichnend, daß das Bodenflächenmaß in China — das Mau ($^1/_{16}$ Hektar) — schon seit ältester Zeit Bodenzählungen ermöglichte, bei denen die Besitzer des bearbeiteten Bodens erfaßt wurden.

Im klassischen Feudalismus gibt es genügend Land, aber es mangelt an Arbeitskräften für seine Bearbeitung.

Daher die Raubzüge, die die Feudalherren in benachbarte Gebiete unternahmen, um Bauern und Vieh zur Übersiedlung auf ihr eigenes Land zu erbeuten.

Die Dokumente des Mittelalters zeugen mit aller Deutlichkeit von der unterschiedlichen Bewertung des Bodens und der Arbeitskraft.[33] Beim Übergang von Feudalbesitzungen in die Hände anderer wurde die Besitzung nur etwa so beschrieben: vom Fluß bis zu diesem oder jenem Berg, von der Straße bis zum Wald usw.

Die übergebenen Arbeitskräfte dagegen wurden mit größter Sorgfalt aufgeführt, und zwar nicht nur nach der Anzahl, sondern auch, soweit vorhanden, nach ihrer speziellen

33 In meiner Jugend, als ich Geschichte studierte, hatte ich Gelegenheit, mich mit Dokumenten des ungarischen Mittelalters bekanntzumachen.

Qualifikation: zum Beispiel zwei Schmiede, zwei Stellmacher, zwei Faßbinder usw. In Rußland wurde bekanntlich noch in der ersten Hälfte des 19. Jahrhunderts, wenn von der Position eines Gutsbesitzers die Rede war, nicht nur die Zahl der Deßjatinen seines Bodens, sondern auch die der leibeigenen „Seelen", über die er herrschte, genannt.

In der *asiatischen Produktionsweise* ist der Staat der einzige primäre Besitzer des Mehrproduktes, das von den unmittelbaren Produzenten erzeugt wird — der Grundrente, die in Form der Steuer auftritt. Alle Ausbeuterschichten erhalten ihre nicht auf Arbeit beruhenden Einkünfte durch den Staat.[34]

Im *Feudalismus* ist der Grundeigentümer der unmittelbare Ausbeuter, der sich die Arbeits- und Produktenrente aneignet. Der Staat hat damit praktisch nichts zu tun.

In der *asiatischen Produktionsweise* hat der Staat eine für die Bevölkerung lebenswichtige Funktion: Er baut und reguliert die Bewässerungssysteme. Sie können nur auf großen Flächen angelegt werden, und ohne sie gäbe es in diesen Dürregebieten überhaupt keine landwirtschaftliche Produktion (dasselbe gilt auch für den Schutz vor unerwünschten Überschwemmungen). Hieraus ergibt sich die starke Zentralisation der Staatsgewalt, die oft in Form der „asiatischen Despotie" mit für jeweils eine bestimmte Zeit eingesetzten ablösbaren Beamten auftritt. Der Staat kümmert sich um die Anlage von Lebensmittelvorräten für den Fall von Mißernten. Die bekannte biblische Legende, wonach Joseph dem Pharao den Rat gab, Lebensmittelvorräte im Laufe von sieben fetten Jahren anzulegen, auf die dann sieben magere folgen würden, spiegelt zweifellos die Tatsache wider, daß in Ägypten zur Zeit der Entstehung der Bibel die asiatische Produktionsweise herrschte.

Im *klassischen Feudalismus* übt der Feudalherr selbst fast alle Funktionen des Staates aus, welcher in diesem Fall keinerlei wirtschaftliche Rolle spielt. In ein und derselben Person ist er für seine Bauern der Ausbeuter jeglicher Art: Er beherrscht sie mit Hilfe seiner bewaffneten Abteilungen; er spricht Recht und kann Strafen verhängen, die Untertanen in den Kerker werfen oder zum Tode verurteilen und hinrichten lassen. Jeder Feudalherr ist auf seinen Besitzungen allgewaltig. Der König ist „primus inter pares" — der Erste unter Gleichen. In bestimmten Ländern, so in Deutschland, Polen und Ungarn, wurde der König oder Kaiser (in bestimmten Zeiten) von den Feudalherren gewählt. Seine Macht reichte nur bis an die Grenzen des eigenen Feudalbesitzes und nicht weiter. Wenn der größte Feudalherr König wurde, dann unterwarf er die schwächeren Feudalherren zeitweilig seiner Macht. Aber das bildete die Ausnahme.[35]

Der Feudalstaat — sofern man überhaupt von einem Staat sprechen kann — erfüllte keinerlei wirtschaftliche, administrative oder juristische Funktionen. Das alles lag in den Händen der einzelnen Feudalherren. Sogar die Kriegführung war im Grunde Sache der Feudalherren. Das Heer des Staates war im Prinzip die Summe der Truppen der Feudalherren, die unter eigenem Feldzeichen kämpften. Der König konnte den Krieg erklären, aber die Feudalherren konnten ihm ihre Truppen vorenthalten. Wenn sie erschienen, begann der Krieg, wenn nicht, gab es keinen Krieg.

Wir sehen, daß sich *der Charakter der asiatischen Produktionsweise grundlegend vom*

34 Eine Ausnahme bilden jene Gestalten der indischen Dorfgemeinde, die, wie die Astrologen, Priester usw., nicht in der materiellen Produktion beschäftigt sind. Ihre Einkünfte sind jedoch nicht höher als die des Bauern oder Handwerkers.

35 Nur in der Zeit der Auflösung des Feudalismus, als der „dritte Stand", die aufkommende Bourgeoisie, entstand und Feuerwaffen und Infanterie den Sieg über die feudale Reiterei davontrugen, konnten die europäischen „absoluten Monarchien" entstehen, die sich auf diese Kräfte stützten.

Charakter der feudalen Produktionsweise unterscheidet: Es besteht keinerlei Grund, die Klassifizierung von Marx zu verwerfen und die asiatische Produktionsweise als Spielart des Feudalismus zu bezeichnen.

*

Es bedarf keiner langen Exkursion in die Geschichte, um die Frage zu klären, ob es konkret in der Wirklichkeit eine asiatische Produktionsweise gegeben hat, denn bei dem Streit ging es ja nicht um die Tatsache ihrer historischen Existenz, sondern darum, ob man sie als eine selbständige Produktionsweise oder als eine asiatische Variante des Feudalismus betrachten sollte.

Für die Zweifelnden wollen wir jedoch zwei wichtige Fakten anführen.

a) In zahlreichen Wüstengegenden Afrikas und Asiens wurden vom Sand begrabene Städte gefunden, und die Archäologen entdecken immer neue. Wie hätten in der Wüste Städte, große Tempel, Pyramiden usw. entstehen können (die doch auf eine für den damaligen niedrigen Entwicklungsstand der Produktivkräfte zahlreiche Bevölkerung schließen lassen), wenn es keine Bewässerungssysteme, das heißt keine starke Staatsgewalt gab, die die Wasserwirtschaft schuf und regulierte — das heißt keine asiatische Produktionsweise?

b) In den orientalischen Sprachen gibt es, wie schon bemerkt wurde, das Wort „Grundbesitzer" nicht. Die Sprache ist ein Produkt der Geschichte, das Resultat der ganzen Geschichte eines Volkes. Wie läßt sich das Fehlen dieses Wortes im Orient erklären, wenn dort historisch nicht die asiatische Produktionsweise, sondern der Feudalismus mit Grundeigentümern bestand?

Viel schwieriger ist es, die Existenz der asiatischen Produktionsweise dokumentarisch nachzuweisen. Der Mangel an Quellen für diese weit zurückliegende Zeit führt zu großen Meinungsänderungen unter den Wissenschaftlern. Als Beweis führen wir Aussprüche von Akademiemitglied V. Struve an:

1928 wandte sich V. Struve gegen das Bestehen einer asiatischen Produktionsweise.

1931 wies er nach, daß es in Ägypten in der Antike schon lange eine asiatische Produktionsweise gegeben hatte.

Er erklärte: „... nach Durcharbeitung des ganzen ... Materials gelangte ich ... zu der Auffassung, daß es in Ägypten wirklich irgendeine besondere Formation gegeben hat, die wir nicht feudalistisch nennen können ... Die Arbeit am Bewässerungssystem erhielt diese Urgemeinschaft ... auch nachdem sich aus ihr die sie ausbeutende Oberschicht herausgelöst hatte ... Nur bei Fortbestehen dieser Gemeinschaft war es möglich, jene gesellschaftlichen Arbeiten durchzuführen, die für die Aufrechterhaltung der Bewässerung notwendig waren ... Für die asiatische Produktionsweise ist es charakteristisch, daß die Gemeinschaft gerade wegen der Notwendigkeit der Institution der öffentlichen Arbeiten zur Bewässerung nicht verfiel, sondern sich künstlich erhielt, und es ist interessant, daß sie sich bis in die späteste Zeit hinein, bis zur Ptolemäischen Epoche hielt."[36]

Von der entscheidenden Bedeutung des Wassers in Ägypten zeugt folgendes: „Der Bauer in Ägypten", sagt Struve, „war in vielen Fällen Besitzer des Bodens, aber nicht Besitzer des Wassers, er benutzte es nur. Nehmen wir einen solchen Ausdruck in Ägypten wie den: Um zu kennzeichnen, daß man jemanden unterstellt ist, sagt man, ich befinde

36 Diskussija ob aziatskom sposobe proizvodstva, a. a. O., S. 96.

mich an dem Wasser von dem und dem, ich befinde mich an dem Kanal von dem und dem."[37]

Die letzte Schlußfolgerung V. Struves besteht in folgender Feststellung: „*Wenn man mich fragt, bis zu welchem Augenblick ich in Ägypten die Existenz der asiatischen Produktionsweise sehe, so möchte ich sagen, bis zur römischen Zeit, als die Herrschaft Roms eine andere Formation brachte als die, die bisher bestanden hatte.*"[38]

Später erklärte V. Struve erneut, daß es in Ägypten nicht die asiatische, sondern die auf Sklaverei beruhende Produktionsweise gegeben habe.

Ähnlich ist die Situation auch in bezug auf China. Wir verzichten darauf, irgendwelche Meinungen zu der seinerzeit lebhaft diskutierten Frage anzuführen, ob es in China die asiatische Produktionsweise gegeben habe, weil auch wir, wie die meisten Diskussionsteilnehmer, nicht über die ausreichende Qualifikation dafür verfügen.

China ist ein sehr großes Land; es wird nicht nur von Chinesen bewohnt, sondern auch von einigen anderen Völkerschaften, die sich auf einer niedrigeren Entwicklungsstufe befanden. Seine Geschichte reicht viele tausend Jahre zurück; in dieser Zeit kam es zu Klassenkämpfen, Umstürzen, Eroberungen durch andere Völker usw. Aus diesem Grunde ist es in diesem Falle noch viel schwieriger, die sich stetig verändernden, zersetzenden und miteinander verflechtenden Produktionsweisen zu untersuchen.

Hinzu kommt noch die besondere Schwierigkeit, die Hieroglyphen richtig zu deuten, die vor viertausend Jahren existierten und die damals noch viel komplizierter waren als heute. Unter den chinesischen Wissenschaftlern gibt es große Meinungsverschiedenheiten über die Auslegung sehr alter Hieroglyphen.

Die unterschiedliche Auslegung einer Hieroglyphe führt zu unterschiedlichen Auffassungen über den äußerst wichtigen Umstand, ob es in einer bestimmten Periode der chinesischen Geschichte in einem bestimmten Teil des Landes eine feudale oder irgendeine andere Gesellschaftsordnung gegeben hat.

Wir sind der Meinung, daß die asiatische und die feudale Produktionsweise zwei unterschiedliche Produktionsweisen darstellen und daß die erstgenannte historisch ebenfalls bestanden hat.

*

Wenn wir heute, nach dreißig Jahren, von der Diskussion über die Frage sprechen, ob die asiatische Produktionsweise eine Spielart des Feudalismus ist, so ist jene äußerste Hartnäckigkeit, mit der die Existenz der asiatischen Produktionsweise geleugnet und die These von Marx fehlinterpretiert wurde, unverständlich. Das alles geschah, obgleich in dem von allen kommunistischen Parteien drei Jahre zuvor angenommenen Programm der Kommunistischen Internationale von Ländern mit Überresten der asiatischen Produktionsweise die Rede war.[39]

37 Ebenda, S. 97.

38 Ebenda, S. 99 (meine Hervorhebung — E. V.).

39 Die besonders eifrigen Gegner der Existenz einer asiatischen Produktionsweise stützen sich zu ihrer Rechtfertigung darauf, daß die asiatische Produktionsweise im Programmtext in Anführungszeichen gesetzt ist. Ihrer Meinung nach muß das die Leugnung dieser Produktionsweise bedeuten. Aber warum sollte die asiatische Produktionsweise in dem Programm überhaupt erwähnt werden, wenn dessen Verfasser ihren Überresten nicht eine bestimmte Bedeutung beigemessen hätten? Die Anführungszeichen waren ein Zugeständnis an die Zweifler.

Diese Frage hatte wissenschaftliche und politisch-strategische Bedeutung für China. Die Gegner der asiatischen Produktionsweise erklärten jeden, der die Gesellschaftsordnung Chinas der zwanziger Jahre nicht als gewöhnlichen Feudalismus anerkannte (wozu auch ich gehörte), zum politischen Feind. Sie verbauten damit den Weg zur Klärung wichtiger Fragen.

Es wäre unnütze Zeitverschwendung, wollte man die Argumentation der Gegner der asiatischen Produktionsweise im einzelnen analysieren. Da sie weder die dialektische Methode von Marx begriffen, noch seine wiederholte Mahnung beherzigten, daß jede Verallgemeinerung auf einem vorherigen gründlichen Kennenlernen und Analysieren der konkreten Fakten beruhen muß, läuft ihre Argumentation, die sich auf aus dem Zusammenhang herausgerissene und nicht richtig verstandene Zitate stützt, darauf hinaus, daß Marx ein schlechter Marxist war, daß er den Marxismus nicht begriff.

So behauptete z. B. einer der Diskussionsteilnehmer, E. Iolk, daß „Die Theorie der ‚asiatischen' Produktionsweise den Grundlagen der marxistisch-leninistischen Gesellschaftslehre ... widerspricht ...",[40] und dies ungeachtet der Tatsache, daß Marx im Vorwort des Werkes „Zur Kritik der Politischen Ökonomie" bekanntlich der asiatischen Produktionsweise analoge Bedeutung als Entwicklungsepoche der Menschheit beimißt.

Das war kein rein polemischer Ausfall. Er wiederholte dasselbe in der Zeitschrift „Pod znamenem marksizma": „... die Konzeption von einer besonderen ‚asiatischen' Produktionsweise stellt dem Wesen nach ein antimarxistisches System dar ...".[41] In seiner Diskussionsrede erklärte Iolk: „Die asiatische Produktionsweise ... ist theoretisch unhaltbar, denn sie widerspricht den Grundlagen der marxistisch-leninistischen Lehre von Klasse und Staat."

Diese Behauptung bedeutet so viel wie: Marx hat seine eigene Lehre nicht verstanden.

Um diese offene Verhöhnung von Marx etwas abzuschwächen, unterstellte ihm Iolk, er habe unter „asiatischer Produktionsweise" etwas ganz anderes verstanden. Aber das ist kaum besser!

M. Godes, Hauptreferent der Gegner der asiatischen Produktionsweise in der Diskussion, ging etwas vorsichtiger vor. Er erklärte zu der Äußerung von Marx in dem Vorwort des Werkes „Zur Kritik der Politischen Ökonomie": „... der ganze Kontext und auch die Bedeutung des Vorwortes insgesamt schließen jeden Gedanken daran aus, daß wir es hier mit einer zufälligen Formulierung zu tun haben. Jede in dieser Formel aufgezählte Produktionsweise stellt eine spezifische Gesellschaftsformation dar und nimmt in der Reihe der übrigen einen bestimmten Platz ein, und zwar jeweils denjenigen, auf den Marx sie gestellt hat ...

... Es ist an der Zeit, jede Diskussion darüber, ob Marx die asiatische Produktionsweise in seinen Arbeiten als spezifische Gesellschaftsformation anerkannte, einzustellen. Man kann die Augen nicht vor dem unbestreitbaren Ausspruch von Marx verschließen, selbst dann nicht, wenn man die Theorie von der asiatischen Produktionsweise nicht teilt."[42]

Mit diesen Aussprüchen könnte jeder Marxist einverstanden sein. Aber wie gelangte M. Godes, von dieser richtigen These ausgehend, dennoch zur Leugnung der asiatischen Produktionsweise? Er behauptete, zu Marx' Zeiten seien viele Fakten bezüglich der orien-

40 Diskussija ob aziatskom sposobe proizvodstva, a. a. O., S. 68.

41 Pod znamenem marksizma, 3/1931, S. 133.

42 Diskussija ob aziatskom sposobe proizvodstva, a. a. O., S. 21/22.

talischen Länder noch nicht bekannt gewesen. Und Marx, dem die Forschungen von Morgan noch nicht bekannt gewesen seien, habe daher die Existenz der asiatischen Produktionsweise als Arbeitshypothese entwickelt. „Marx ... hatte einerseits die Vorstellung von den urgesellschaftlichen Verhältnissen und anderseits die Vorstellung von der antiken Gesellschaft mit ihrer starken Klassendifferenzierung; die Lücke in der Marxschen Auffassung vom historischen Prozeß zwang ihn zur Suche nach dem fehlenden Kettenglied."[43]

Die weiteren Thesen von M. Godes unterscheiden sich sehr wenig von den Äußerungen anderer Gegner der asiatischen Produktionsweise. Er gelangte auch zu der Schlußfolgerung, daß „die asiatische Produktionsweise nichts anderes als der Feudalismus ist". Sein Hauptargument ist dasselbe wie im Falle von G. Dubrovskij: die Identität der Bedingungen hinsichtlich der Ausgebeuteten und der Ausbeuter. Die Antwort hierauf wurde, so meinen wir, schon weiter oben gegeben, und zwar beim Vergleich der asiatischen Produktionsweise mit dem Feudalismus.

Die Gegner der asiatischen Produktionsweise sind sich somit in einer Hinsicht einig: darin, daß Marx sich geirrt habe. M. Godes erklärte das damit, daß Marx die Fakten nicht genug gekannt habe, G. Dubrovskij damit, daß Marx nur die kapitalistische Produktionsweise, nicht aber die feudale verstanden habe, und E. Iolk damit, daß Marx den von ihm geschaffenen Marxismus selbst nicht begriffen habe. Und das alles wurde mit Hilfe von Zitaten aus den Werken von Marx bewiesen.

Die Leugnung der Existenz einer asiatischen Produktionsweise in der Vergangenheit wurde von Stalin endgültig sanktioniert, als er sie in seiner Arbeit „Über dialektischen und historischen Materialismus" nicht erwähnte.

Das Problem besteht in folgendem: Haben die jüngsten Forschungen die Unrichtigkeit der „Hypothese" von Marx bewiesen oder nicht? Bestand in der Geschichte irgendwo die asiatische Produktionsweise? Wir sind nicht kompetent genug, um diese Frage *endgültig* zu klären.

Wir meinen, es ist jetzt die Zeit gekommen, daß ernsthafte marxistische Wissenschaftler — Philosophen, Ökonomen und Historiker — erneut diese Frage erörtern und die unseres Erachtens richtige Lehre von Marx und Engels von den Produktionsweisen rehabilitieren sollten.

43 Ebenda, S. 24.

Bibliographie der Veröffentlichungen Eugen Vargas

Bibliographie der Veröffentlichungen Eugen Vargas

Die vorliegende Bibliographie der veröffentlichten Schriften Eugen Vargas kann als die bisher vollständigste angesehen werden. Wichtige Voraussetzungen und Hilfsmittel bei ihrer Erarbeitung waren zwei zu Lebzeiten und mit tätiger Unterstützung Eugen Vargas entstandene Bibliographien[1] sowie die Bibliographie im Anhang zu den 1974 in Moskau erschienenen dreibändigen „Ausgewählten Werken“ Eugen Vargas.[2] Letzterer konnte vor allem die mit größter Sorgfalt zusammengestellte Liste von Eugen Vargas Publikationen in der UdSSR entnommen werden, die sich bis auf die Tagespublizistik erstreckt. Im Jahre 1979 wurde — zeitgleich mit der ersten Auflage unserer „Ausgewählten Schriften 1918—1964“ Eugen Vargas — am Institut für Gesellschaftswissenschaften beim ZK der USAP in Budapest eine weitere aktuelle Bibliographie der Veröffentlichungen Eugen Vargas erarbeitet. Die vorliegende zweite Auflage unserer Ausgabe gibt willkommenen Anlaß zu einer Erweiterung der Bibliographie um ca. 300 Positionen, wobei wir vor allem der Budapester Bibliographie die Aufnahme zahlreicher originärer Artikel verdanken können, die Eugen Varga von 1907 bis 1919 in ungarischen Zeitungen und sonstigen Periodika veröffentlichte. Die Chronologie der Veröffentlichungen aus dieser Schaffensperiode bereichert unsere Kenntnis der Biographie des großen Gelehrten, indem sie den Entwicklungsgang von Vargas wissenschaftlicher Beschäftigung nachzeichnet und seine ursprüngliche Hinwendung zu den Themen widerspiegelt, die ihn bis an das Ende seiner Tage beschäftigen sollten.

In Auswertung von Primärquellen, von Nationalbibliographien des deutschen, englischen, französischen und spanischen Sprachgebietes, von Bibliotheksbeständen sowie nach Durchsicht der wichtigsten Periodika, in denen Eugen Varga veröffentlichte, können über die bloße chronologische Fortschreibung bisheriger Bibliographien hinaus zahlreiche neue Titel und Übersetzungen sowie Ergänzungen und Berichtigungen angeführt werden. Nichtsdestoweniger dürfte sich in Zukunft die Publikationsliste Eugen Vargas noch durch Auffinden so mancher Übersetzung erweitern.

Die originären Veröffentlichungen Eugen Vargas in ungarischer, deutscher oder russischer Sprache sind hier indes in einem Grade erfaßt, welcher dem an näherer Beschäftigung mit dem Gesamtwerk Eugen Vargas Interessierten mit Sicherheit einen gültigen Überblick vermittelt.

Angegeben sind nur Titel, die zweifelsfrei von Varga verfaßt worden sind. Einige Publikationen erschienen unter den Pseudonymen E. Schuster und Eugen Pawlowski; bei den betreffenden Titeln wurde dies vermerkt.

Die Anordnung der Titel ist chronologisch. Innerhalb der einzelnen Jahre werden in alphabetischer Folge zuerst Monographien (gekennzeichnet mit +), sodann Artikel in Büchern und Zeitschriften angeführt. Am Schluß der Bibliographie stehen Veröffentlichungen, deren Erscheinungsjahr nicht zu ermitteln war, sowie von Eugen Varga herausgegebene Publikationen.

Neuauflagen und Nachdrucke sind unabhängig vom Erscheinungsjahr hinter dem Titel der ersten Veröffentlichungen zu finden; sie sind nicht extra numeriert. Erscheinungsort und Verlag werden bei Neuauflagen und Nachdrucken nur angegeben, wenn sie sich verändert haben.

Übersetzungen nach Manuskripten und Veröffentlichungen sowie andere Publikationsformen früherer Schriften Eugen Vargas sind durch „o“ gekennzeichnet. Bei Übersetzungen nach Publikationen wurde der fremdsprachige Titel nicht wörtlich übersetzt, sondern der besseren Übersicht halber der Originaltitel in

1 1. Spisok pečatnych trudov akademika E. S. Vargi s 1919 g., in: E. S. Varga. Problemy sovremennogo kapitalizma. K 80-letiju akademika E. S. Varga. Sbornik statej, Moskva 1959, Izd-vo Akademii nauk SSSR, S. 369—399.
2. Peter Knirsch, Eugen Varga, Berlin (West) 1961 (Bibliographische Mitteilungen des Osteuropa-Instituts an der Freien Universität Berlin, Heft 5).

2 Spisok trudov akademika E. S. Vargi, in: E. S. Varga, Izbrannye proizvedenija. Kapitalizm posle vtoroj mirovoj vojny, Moskva 1974, Izd-vo Nauka, S. 521—554.

Klammern nach dem fremdsprachigen Titel angegeben (was nicht ausschließt, daß die Titel mitunter auch übereinstimmen). Darüber hinaus wurden Zusammenhänge zwischen Originalveröffentlichungen und allen anderen Veröffentlichungen durch einen Pfeil mit den betreffenden Titelnummern kenntlich gemacht. Soweit der Titel einer Übersetzung nicht zu ermitteln war, wurde beim Originaltitel ein Hinweis auf vorliegende Übersetzungen angebracht.

Zahlreiche Artikel erschienen in Periodika (beispielsweise in „Die Kommunistische Internationale", „Internationale Pressekorrespondenz", „Neue Zeit", „Probleme des Friedens und des Sozialismus") oder Einzelveröffentlichungen der Kommunistischen Internationale (z. B. „Jahrbuch für Wirtschaft, Politik und Arbeiterbewegung" oder „Materialien zur Frage des Programms der Kommunistischen Internationale", in Protokollbänden der Kongresse der Kommunistischen Internationale etc.) mit fremdsprachigen Parallelausgaben. In solchen Fällen werden lediglich die Artikel aus der deutschen Ausgabe angeführt. Bei Artikeln, die nur in der russischen Ausgabe oder dort unter einem anderen Titel erschienen sind, wird diese genannt.

Rainer Sämisch

A. Monographien und Beiträge

1907

1. Az önálló vámterület és az osztrák proletariátus. (Das selbständige Zollgebiet und das österreichische Proletariat.)
   In: Szocializmus, 1906—1907, Nr. 18, S. 566—573.
2. Az önálló vámterület kérdéséhez. (Zur Frage des selbständigen Zollgebietes.)
   In: Szocializmus, 1906—1907, Nr. 12, S. 360—367.
3. Rezension zu: Imre Ferenczi, Sztrájk és szociálpolitika (Streik und Sozialpolitik).
   In: Huszadik Század, 1907, Bd. XVI, S. 645—650.
4. Rezension zu: Ferdinand Goldstein, Die Herkunft der Juden, in: Zeitschrift für Länder- und Völkerkunde, Bd. XCI, Nr. 8. In: Huszadik Század, 1907, Bd. XVI, S. 1096—1099.
5. Rezension zu: Adolf Gottstein, Die soziale Hygiene. Ihre Methoden, Aufgaben und Ziele, Leipzig 1907.
   In: Huszadik Század, 1907, Bd. XV, S. 568—570.
6. Rezension zu: Gyula Sebestyén, Tizenegy közlemény (Elf Mitteilungen), in: Ethnografia, a Magyar Néprajzi Társaság Értesitöje, Jg. XVIII.
   In: Huszadik Század, 1907, Bd. XV, S. 432—434.

1908

7. A függetlenségi párt egysége. (Die Einheit der Partei der Unabhängigkeit.)
   In: Szocializmus, 1908—1909, Nr. 8, S. 428—431.
8. A koalició bomlása. (Der Zerfall der Koalition.)
   In: Népszava, Bupapest 17. 12. 1908, S. 2.
9. A termelés. (Die Produktion.)
   In: Szocializmus, 1908—1909, Nr. 12, S. 562—564.
10. Agrárius vámpolitika. (Agrarzollpolitik.)
    In: Népszava, Budapest 2. 2. 1908, S. 2.
11. Az északi sarkról. (Vom Nordpol.)
    In: Szocializmus, 1908—1909, Nr. 12, S. 558—562.
12. Függetlenségi párt és szociáldemokrácia. (Partei der Unabhängigkeit und Sozialdemokratie.)
    In: Szocializmus, 1908—1909, Nr. 7, S. 298—303.
13. Harcos katolicizmus. (Kämpferischer Katholizismus.)
    In: Szocializmus, 1908—1909, Nr. 11, S. 498—506.
14. Jobbágyfelszabaditás Magyarországon. (Die Befreiung der Leibeigenen in Ungarn.)
    In: Népszava, Budapest 25. 12. 1908, S. 30/31.
15. Klerikális szervezkedés. (Klerikale Organisation.)
    In: Népszava, Budapest 11. 2. 1908, S. 1—3.
16. Zürzavar. (Durcheinander.)
    In: Népszava, Budapest 1. 3. 1908, S. 1/2.

1909

17. A transzcendentális módszer phaenomenológiai kritikája. (Die phänomenologische Kritik transzendentaler Methoden.)
    Budapest 1909, Világosság Könyvnyomda, 31 S.

18. A kivándorlás. (Die Auswanderung.)
In: Küzdelem, 1909, Nr. 4, S. 2/3.
19. A munkaerö ára és értéke. (Preis und Wert der Arbeitskraft.)
In: Szocializmus, 1909—1910, Nr. 3, S. 127—129.
20. A pénz mint értékmérö és forgalmi eszköz. (Das Geld als Maß des Wertes und als Umlaufmittel.)
In: Szocializmus, 1910—1911, Nr. 6, S. 263/264.
21. A szociáldemokrata párt kongresszusa. (Der Kongreß der Sozialdemokratischen Partei.)
In: Huszadik Század, 1909, Bd. XIX, S. 484—487.
22. A társadalmi munka mint az értéknagyság alapja. (Die gesellschaftliche Arbeit als Grundlage der Wertgröße.)
In: Szocializmus, 1909—1910, Nr. 2, S. 86—89.
23. A töke össetétele. (Die Zusammensetzung des Kapitals.)
In: Szocializmus, 1909—1910, Nr. 6, S. 275—278.
24. Az érték. (Der Wert.)
In: Szocializmus, 1909—1910, Nr. 1, S. 33—35.
25. Az iparfelügyelök tevékenysége az 1908. évben. (Die Tätigkeit der Industrieinspektoren im Jahre 1908.)
In: Népszava, Budapest 31. 8. 1909, S. 1/2 (1. Teil);
1. 9. 1909, S. 1/2 (2. Teil);
4. 9. 1909, S. 1 (3. Teil).
26. Az iskolaév vége. (Das Ende des Schuljahres.)
In: Népszava, Budapest 22. 6. 1909, S. 1/2.
27. Burzsoá és proletárgyerekek. (Bourgeois- und Proletarierkinder.)
In: Népszava, Budapest 16. 9. 1909, S. 1/2.
28. Éhtifusz és gabonavám. (Hungertyphus und Getreidezoll.)
In: Huszadik Század, 1909, Bd. XIX, S. 563—565.
29. Értéktöbblet és kizsákmányolás. (Mehrwert und Ausbeutung.)
In: Szocializmus, 1909—1910, Nr. 5, S. 230—232.
30. Háboru és béke. (Krieg und Frieden.)
In: Szocializmus, 1910—1911, Nr. 6, S. 246—250.
31. Hozzászólás Pap Dávid "A magyar polgárság az osztályharcban" c. cikkéhez. (Diskussionsbeitrag zum Artikel von Dávid Pap „Das ungarische Bürgertum im Klassenkampf".)
In: Huszadik Század, 1909, Bd. XIX, S. 557—560.
32. Mezögazdasági éhbérek. (Hungerlöhne in der Landwirtschaft.)
In: Népszava, Budapest 2. 10. 1909, S. 1/2.
33. Nagyosztrák törekvések a multban és jelenben. (Großösterreichische Bestrebungen in Vergangenheit und Gegenwart.)
In: Népszava, Budapest 25. 12. 1909, S. 27/28.
34. Osztályok és osztályharc. (Klassen und Klassenkampf.)
In: Küzdelem, 1909, Nr. 7, S. 2/3.
35. Papok az iskolában. (Geistliche in der Schule.)
In: Népszava, Budapest 25. 8. 1909, S. 1/2.
36. Die politische Lage Ungarns.
In: Die Neue Zeit, Stuttgart, 27 (1909), Bd. 2, Nr. 51, S. 876—887.
37. Rezension zu: Michael Gasteiger, Die gelben Gewerkschaften, München 1909, 200 S.
In: Huszadik Század, 1909, Bd. XX, S. 435—437.
38. Rezension zu: Henri George, Vámvédelem vagy szabadkereskedelem. Vizsgálódás a vámkérdésröl, különös tekintettel a munka érdekeire (Zollprotektion oder freier Handel. Eine Untersuchung zur Zollfrage unter besonderer Berücksichtigung der Arbeitslöhne), Budapest 1909, 280 S.
In: Huszadik Század, 1909, Bd. XX, S. 98—100.
39. Rezension zu: Achille Vialatte, L'avenir économique du Japon, Paris 1907, 110 S.
In: Huszadik Század, 1909, Bd. XX, S. 331—333.

1910

40. A dolgozó Magyarország és az agrárvámok. (Das werktätige Ungarn und die Agrarzölle.)
In: Huszadik Század, 1910, Bd. XXII, S. 383—389 (1. Teil);
1911, Bd. XXIII, S. 213—219 (2. Teil).
41. A drágaság. (Die Teuerung.)
In: Népszava, Budapest 25. 12. 1910, S. 33/34.
42. A föld mint termelötenpezö. (Der Boden als Produktivkraft.)
In: Szocializmus, 1909—1910, Nr. 8, S. 370—372.
43. A földjáradékjövedelem. (Das Grundrenteneinkommen.)
In: Szocializmus, 1909—1910, Nr. 10, S. 465—467.
44. A Hétház. (Das Wochenhaus.)
In: Huzsadik Század, 1910, Bd. XXII, S. 524—526.
45. A mezögazdasági termélek ára és értéke. (Preis und Wert der landwirtschaftlichen Produkte.)
In: Szocializmus, 1909—1910, Nr. 9, S. 422—424.
46. A szociológia módszeréhez. (Zur Methodologie der Soziologie.)
In: Huszadik Század, 1910, Bd. XXI, S. 138—140.
47. A történelembölcseletröl. (Über die Geschichtsphilosophie.)
In: Emlékkönyv Alexander Bernát 60. születésnapjára (Erinnerungsband zum 60. Geburtstag von Alexander Bernát), Budapest 1910, Franklin Társulat, S. 130—161.
48. A történelmi materializmus. (Der historische Materialismus.)
In: Uj Korszak, 1910, Nr. 1, S. 9; Nr. 2, S. 9; Nr. 3, S. 7/8, Nr. 4, S. 14; Nr. 6, S. 8/9; 1911, Nr. 2, S. 8; Nr. 3, S. 8; Nr. 4, S. 9/10; Nr. 5, S. 9; Nr. 6, S. 10/11.
49. Az uj népszámlálás. (Die neue Volkszählung.)
In: Huszadik Század, 1910, Bd. XXII, S. 27—34.
50. Értéktöbblet és profit. (Mehrwert und Profit.)
In: Szocializmus, 1909—1910, Nr. 7, S. 331—333.
51. Jegyzetek a szociáldemokrata párt kongresszusához. (Notizen zum Kongreß der Sozialdemokratischen Partei.)
In: Huszadik Század, 1910, Bd. XXI, S. 460—463.
52. Klassenkämpfe in Ungarn.
In: Die Neue Zeit, Stuttgart, 28 (1910), Bd. 1, Nr. 20, S. 708—714.
53. Die Lage des industriellen Proletariats in Ungarn.
In: Die Neue Zeit, Stuttgart, 28 (1910), Bd. 2, Nr. 36, S. 305—317.
54. Les élections en Hongrie et la corruption électorale. (Die Wahlen in Ungarn und die Wahlkorruption.)
In: Mouvement Socialiste, 1910, Bd. 2, S. 39—46.
55. Magyar és külföldi szövetkezetek. (Ungarische und ausländische Genossenschaften.)
In: Huszadik Század, 1910, Bd. XXI., S. 382/383.
56. Osztályok és pártok a magyar parlamentben. (Klassen und Parteien im ungarischen Parlament.)
In: Huszadik Század, 1910, Bd. XXII, S. 527/528.
57. Rezension zu: Otto Bauer, Die Teuerung. Eine Einführung in die Wirtschaftspolitik der Sozialdemokratie, Wien 1910, 100 S.
In: Huszadik Század, 1910, Bd. XXI, S. 580—582.
58. Rezension zu: A. Braun, Lebensmittelteuerung und Gewerkschaftsbewegung, Dresden 1909.
In: Huszadik Század, 1910, Bd. XXI, S. 397/398.
59. Rezension zu: K. Charmatz, Österreichs innere Geschichte von 1848 bis 1907.
In: Huszadik Század, 1910, Bd. XXII, S. 155—157.
60. Rezension zu: Johannes Croner, Die Geschichte der agrarischen Bewegung in Deutschland, Berlin 1900, 269 S.
In: Huszadik Század, 1910, Bd. XXI, S. 392—395.

61. Rezension zu: Joseph Essen, Das Gesetz des abnehmenden Bodenertrages im landwirtschaftlichen Betriebe, in: Archiv für Sozialwissenschaft und Sozialpolitik, 1910, H. 2 und 3.
In: Huszadik Század, 1910, Bd. XXII, S. 317—322.
62. Rezension zu: Karl Kautsky, Vermehrung und Entwicklung in Natur und Gesellschaft, Stuttgart 1910.
In: Huszadik Század, 1910, Bd. XXII, S. 532—538.
63. Rezension zu: Sándor Komáromi, A. drágasag (Die Teuerung); Dr. Károly Bihari, Az élelmiszerek drágasága (Die Teuerung der Lebensmittel); Gyula Zachár, A drágaság okai Budapesten és elháritásuknak módjai (Die Ursachen der Teuerung in Budapest und Möglichkeiten zu ihrer Beseitigung).
In: Huszadik Század, 1910, Bd. XXII, S. 429—433.
64. Rezension zu: Émile Levasseur, L'agriculture suedoise au commencement du XX-e siècle (Die schwedische Landwirtschaft zu Beginn des 20. Jahrhunderts), in: Revue Économique internationale, Nr. 1).
In: Huszadik Század, 1910, Bd. XXII, S. 230—232.
65. Rezension zu: Magyar királyi Földmüvelésügyi Minisztérium. Mezögazdasági munkabérek Magyarországon 1908 (Ungarisches königliches Ministerium für Landwirtschaft. Die landwirtschaftlichen Arbeitslöhne in Ungarn 1908).
In: Huszadik Század, 1910, Bd. XXI, S. 384—388.
66. Rezension zu: Franz Oppenheimer, David Ricardo's Grundrententheorie, Berlin 1909.
In: Huszadik Század, 1910, Bd. XXI, S. 478—481.
67. Rezension zu: Reinach, Histoire générale des religions (Allgemeine Religionsgeschichte), Paris 1909, Picard.
In: Huszadik Század, 1910, Bd. XXII, S. 235/236.
68. Rezension zu: Joseph Solcil/Georges Bonnefoy, Le Livre des Paysans (Das Buch der Bauern), Paris, 436 S.
In: Huszadik Század, 1910, Bd. XXI, S. 687—690.
69. Széchenyi és a modernek. (Széchenyi und die Modernen.)
In: Huszadik Század, 1910, Bd. XXII, S. 215—217.
70. Die ungarischen Wahlen.
In: Die Neue Zeit, Stuttgart, 28 (1910), Bd. 2, Nr. 38, S. 374—381.

1911

71. A drágulás és a közvetitö kereskedelem. (Die Teuerung und der Zwischenhandel.)
In: Szocializmus, 1911—1912, Nr. 2, S. 85—87.
72. A drágaság és a munkabérek emelkedése. (Die Teuerung und die Erhöhung der Arbeitslöhne.)
In: Szocializmus, 1911—1912, Nr. 1, S. 40—42.
73. A drágaság okairól. (Über die Ursachen der Teuerung.)
In: Huszadik Század, 1911, Bd. XXIV, S. 363/364.
74. A kartellek. (Die Kartelle.)
In: Szocializmus, 1911—1912, Nr. 6, S. 273—275.
75. A mi rabszolgaságunk. (Unsere Sklaverei.)
In: Népszava, Budapest 30. 4. 1911.
76. A munkabér magassága. (Die Höhe des Arbeitslohnes.)
In: Szocializmus, 1911—1912, Nr. 5, S. 227—230.
77. A szociáldemokrata párt kongressusa. (Der Kongreß der Sozialdemokratischen Partei.)
In: Huszadik Század, 1911, Bd. XXIII, S. 608—610.
78. A világpiaci drágulás nagysága és oka. (Ausmaß und Ursache der Teuerung auf dem Weltmarkt.)
In: Közgazdasági Szemle, 1911, Nr. 7—8, S. 487—504.

79. Az arany a világpiacon és a fizetési mérleg. (Das Gold auf dem Weltmarkt und die Zahlungsbilanz.)
In: Szocializmus, 1910—1911, Nr. 9, S. 419—421.
80. Az aranytermelés és a drágaság. (Goldproduktion und Teuerung.)
In: Közgazdasági Szemle, 1911, Nr. 9, S. 588—601. (→ 120. 140. 414. 515.)
81. Az uj antiszemitizmus. (Der neue Antisemitismus.)
In: Szabadgondolat, 1911, Nr. 2, S. 71/72.
82. Bankjegyek és papirpénzek. (Banknoten und Papiergeld.)
In: Szocializmus, 1910—1911, Nr. 7, S. 331—333.
83. Bocsánatkéréssel kezdem irásomat. (Ich beginne mein Schreiben mit einer Abbitte.)
In: Szocializmus, 1911—1912, Nr. 4, S. 173—176.
84. Drágulás és agrárpolitika. (Teuerung und Agrarpolitik.)
In: Szocializmus, 1910—1911, Nr. 11, S. 491—499.
85. Gyáriparunk öt évi fejlödése (1901—1906). (Fünfjährige Entwicklung unserer Fabrikindustrie — 1901—1906.)
In: Huszadik Század, 1911, Bd. XXIII, S. 748—750.
86. Internationale und ungarländische Gewerkschaftskongresse in Budapest.
In: Die Neue Zeit, Stuttgart, 29 (1911), Bd. 2, Nr. 48, S. 786—789.
87. Kampf der Budapester Arbeiter gegen Wohnungswucher.
In: Die Neue Zeit, Stuttgart, 29 (1911), Bd. 1, Nr. 12, S. 399—404.
88. Kongreß der Ungarländischen Sozialdemokratischen Partei.
In: Die Neue Zeit, Stuttgart, 29 (1911), Bd. 2, Nr. 31, S. 168—170.
89. Mezögazdasági napszámbérek Magyarországon az 1909. évben. (Landwirtschaftliche Taglöhne in Ungarn im Jahre 1909.)
In: Huszadik Század, 1911, Bd. XXIII, S. 351—353.
90. Mezögazdaságunk reformjai és a kereskedelmi utazók. (Reformen unserer Landwirtschaft und die Handelsreisenden.)
In: Huszadik Század, 1911, Bd. XXIV, S. 363/364.
91. Nemzetközi és magyar szakszervezeti tanácskozás Budapesten. (Beratung von internationalen und ungarischen Gewerkschaften in Budapest.)
In: Huszadik Század, 1911, Bd. XXIV, S. 184—192.
92. Rezension zu: Béla Bosnyak, Oros község társadalmi és gazdasági rajza (Gesellschaftliche und wirtschaftliche Skizze der Gemeinde Oros), Budapest 1911.
In: Szocializmus, 1911—1912, Nr. 4, S. 190—192.
93. Rezension zu: Rudolf Hilferding, Das Finanzkapital, Wien 1910.
In: Huszadik Század, 1911, Bd. XXIV, S. 211—222.
94. Rezension zu: Fr. E. Junge, Amerikanische Wirtschaftspolitik. Ihre ökonomischen Grundlagen, ihre sozialen Wirkungen und ihre Lehren für die deutsche Volkswirtschaft, Berlin 1910.
In: Huszadik Század, 1911, Bd. XXIV, S. 93—97.
95. Rezension u. d. T. "Kormányzóságom története" (Die Geschichte meiner Regierungszeit.)
In: Huszadik Század, 1911, Bd. XXIV, S. 378—380.
96. Rezension zu: Lipót Kovács, A pénz lényege és értékcsökkenésének okai (Das Wesen des Geldes und die Ursachen seiner Wertminderung), Budapest 1911, Lampel, 162 S.
In: Huszadik Század, 1911, Bd. XXIV, S. 626—629.
97. Rezension zu: Angel Marvaud, La question sociale en Espagne, Paris 1910, 475 S. und Paul Roux, La question agraire en Italie, Paris 1910, 267 S.
In: Huszadik Század, 1911, Bd. XXIV, S. 491—497.
98. Rezension zu: Franz Oppenheimer, Theorie der reinen und politischen Ökonomie, Berlin 1910.
In: Huszadik Század, 1911, Bd. XXIII, S. 355—367.
99. Rezension zu: Alfred Weber, Die Standortlehre und die Handelspolitik, in: Archiv für Sozialwissenschaft und Sozialpolitik, Mai 1911.
In: Huszadik Század, 1911, Bd. XXIV, S. 370—374.

100. Rezension zu: Richard Woldt, Der industrielle Großbetrieb, Stuttgart 1911.
In: Huszadik Század, 1911, Bd. XXIII, S. 748—750.
101. Szent István király. (König Istvan Szent.)
In: Népszava, Budapest 24. 12. 1911.
102. Uj forradalom Oroszországban. (Neue Revolution in Rußland.)
In: Huszadik Század, 1911, Bd. XXIV, S. 364.

1912

\+ 103. A drágaság. (Die Teuerung.)
Budapest 1912, Népszava, 56 S.
o+ 104. Az ipartelepülés és Magyarorszaág iparosodásának problémaja. (Das Problem der Industriestandorte und der Industrialisierung in Ungarn.)
Budapest 1912, Pesti Könyvnyomda RT, 30 S. (→ 117. 1394.)
\+ 105. A magyar kartellek. Közgazdasági, szociális és politikai szerepük vázlata. Honnan származnak a milliók? (Die ungarischen Kartelle. Eine Skizze ihrer ökonomischen, sozialen und politischen Rolle. Woher stammen die Millionen?), Budapest 1912, Népszava, 94 S.
Weitere Ausg.: Budapest 1951, 75 S. (ELITE-jegyzet);
Budapest 1956, Szikra, 123 S. (→ 1394.)
106. A háboru gazdasági pusztitásai. (Die wirtschaftlichen Zerstörungen des Krieges.)
In: Szocializmus, 1912—1913, Nr. 1, S. 12—19.
107. A kartellár alakulása. (Die Gestaltung des Kartellpreises.)
In: Szocializmus, 1911—1912, Nr. 8, S. 377—379.
108. A kartellek és a munkáság gazdasági harcai. (Ökonomische Kämpfe zwischen den Kartellen und der Arbeiterschaft.)
In: Szocializmus, 1911—1912, Nr. 9, S. 412—421.
109. A kartellek monopóliuma. (Das Monopol der Kartelle.)
In: Szocializmus, 1911—1912, Nr. 7, S. 330—332.
110. A kereskedelmi mérleg jelentösége. (Die Bedeutung der Handelsbilanz.)
In: Szocializmus, 1911—1912, Nr. 12, S. 561—564.
111. A keresztény-szocializmus. (Der christliche Sozialismus.)
In: Szabadgondolat, 1912, Nr. 1, S. 27—31.
112. A magyar ipar jövöje. (Die Zukunft der ungarischen Industrie.)
In: Huszadik Század, 1912, Bd. XXVI, S. 566—577.
113. A pénzválság. (Die Geldkrise.)
In: Huszadik Század, 1912, Bd. XXIV, S. 413—417.
114. A szociális probléma (Levél a szerkesztöhöz). [Das soziale Problem. (Brief an den Redakteur.)]
In: Huszadik Század, 1912, Bd. XXIV, S. 454/455.
115. A szolgaság és forradalom lélektana. (Psychologie der Knechtschaft und der Revolution.)
In: Népszava, Budapest 25. 12. 1912.
116. Az ideológia. (Die Ideologie.)
In: Szocializmus, 1911—1912, Nr. 11, S. 516—518.
117. Az ipartelepülés és Magyarország iparosodásának problémája. (Das Problem der Industriestandorte und der Industrialisierung in Ungarn.)
In: Közgazdasági Szemle, 1912, Nr. 5, S. 304—313 und Nr. 6, S. 393—411. (→ 104. 1394.)
118. Az osztályok keletkezése. (Die Entstehung der Klassen.)
In: Szocializmus, 1911—1912, Nr. 10, S. 470—472.
119. Egy közgazdasági tragédia. (Eine wirtschaftliche Tragödie.)
In: Huszadik Század, 1912, Bd. XXV, S. 644.
120. Goldproduktion und Teuerung.
In: Die Neue Zeit, Stuttgart, 30 (1912), Bd. 1, Nr. 7, S. 212—220. (→ 80. 140. 414. 515.)

121. Hová tünt a pénz? (Wohin ist das Geld verschwunden?)
In: Szocializmus, 1912—1913, Nr. 2, S. 90—92.
122. Kongreß der ungarländischen sozialdemokratischen Partei.
In: Die Neue Zeit, Stuttgart, 30 (1912), Bd. 2, Nr. 30, S. 119—124.
123. Die Mairevolte des ungarischen Proletariats und ihre Folgen.
In: Die Neue Zeit, Stuttgart, 30 (1912), Bd. 2, Nr. 38, S. 433—441.
124. Mezögazdasági napszámbérek Magyarországon az 1910. évben. (Landwirtschaftliche Tagelöhne in Ungarn im Jahre 1910.)
In: Huszadik Század, 1912, Bd. XXIV, S. 450/451.
125. Osztályellentét és jövedelemmegoszlás. (Klassengegensatz und Einkommensverteilung.)
In: Szocializmus, 1912—1913, Nr. 4, S. 190—192.
126. Rezension zu: Theodor Hertzka, Das soziale Problem, Berlin 1912, Reimer, 357 S.
In: Huszadik Század, 1912, Bd. XXVI, S. 294—301.
127. Rezension zu: Georg Hildebrand, Die Erschütterung der Industrieherrschaft und des Industriesozialismus, Jena 1910, 244 S.
In: Huszadik Század, 1912, Bd. XXVI, S. 439—444.
128. Rezension zu: Landarbeit und Kleinbesitz. Hrsg. von R. Ehrenberg, 1.—6. Lieferung, Rostock, K. Boldt; 7.—11. Lieferung, Berlin, Parey, 860 S.
In: Huszadik Század, 1912, Bd. XXV, S. 397—402.
129. Rezension zu: H. Levenstein, Die Arbeiterfrage, München 1912.
In: Huszadik Század, 1912, Bd. XXVI, S. 842.
130. Rezension zu: Lysis, Contre l'Oligarchie financiére en France, Paris 1908, La Revue, 10. Aufl., 260 S., und zu: Delaisi, La democratie et les financiers. Guerre Sociale, Paris 1911, 205 S.
In: Huszadik Század, 1912, Bd. XXVI, S. 814—819.
131. Rezension zu: Franz Rehbein, Das Leben eines Landarbeiters, Jena 1911, 262 S.
In: Huszadik Század, 1912, Bd. XXV, S. 540/541.
132. Rezension zu: Gyula Rubinek, A drágulás kérdése (Die Frage der Teuerung), Budapest 1911, Patria, 76 S.
In: Huszadik Század, 1912, Bd. XXV, S. 405—407.

1913

133. A Balkán és a monarchia jövöje. (Die Zukunft des Balkan und der Monarchie.)
In: Szabadgondolat, 1913, Nr. 2, S. 48—52.
134. A gazdasági válság és a munkanélküliség. (Die Wirtschaftskrise und die Arbeitslosigkeit.)
In: Szocializmus, 1913—1914, Nr. 2, S. 57—66.
135. A kassai agrárgyülés és Magyarország mezögazdasága. [Die Agrarkonferenz von Kassa (Košice) und die Landwirtschaft Ungarns.]
In: Huszadik Század, 1913, Bd. XXVIII, S. 80—84.
136. A kereszténység megalapitása Magyarországon. (Die Entstehung des Christentums in Ungarn.)
In: Uj Korszak, 1913, Nr. 9, S. 9/10.
137. A magyar ipar jövöjéröl. (Über die Zukunft der ungarischen Industrie.)
In: Huszadik Század, 1913, Bd. XXVII, S. 613—616.
138. A munkabér alakulása és a csökkenö földhozadék. (Die Gestaltung des Arbeitslohnes und der abnehmende Bodenertrag.)
In: Szocializmus, 1912—1913, Nr. 12, S. 568—570.
139. Absolutismus in Ungarn.
In: Die Neue Zeit, Stuttgart, 31 (1913), Bd. 2, Nr. 39, S. 450—454.
140. Goldproduktion und Teuerung.
In: Die Neue Zeit, Stuttgart, 31 (1913), Bd. 1, Nr. 16, S. 557—563. (→ 80. 120. 414. 515.)

141. Kapitalizmus és külpolitika. (Kapitalismus und Außenpolitik.)
In: Uj Korszak, 1913, Nr. 8, S. 8.

142. Malthus tanának cáfolata. (Widerlegung der Malthusschen Lehre.)
In: Szocializmus, 1912—1913, Nr. 8, S. 373—375.

143. Munkabér és jövedelemmegoszlás. (Arbeitslohn und Einkommensverteilung.)
In: Szocializmus, 1912—1913, Nr. 7, S. 324—326.

144. Neue Kämpfe in Ungarn.
In: Die Neue Zeit, Stuttgart, 31 (1913), Bd. 1, Nr. 17, S. 590—597.

145. Rezension zu: A drágaság. A Magyar Közgazdasági Társaság irásos ankétja (Die Teuerung. Schriftliche Umfrage der Ungarischen Ökonomischen Gesellschaft), Budapest 1912, Rózsavölgyi, 454 S.
In: Huszadik Század, 1913, Bd. XXVII, S. 247—249.

146. Rezension zu: Max Adler, Marxistische Probleme. Beitrag zur Theorie der materialistischen Geschichtsauffassung und Dialektik, Stuttgart 1913.
In: Huszadik Század, 1913, Bd. XXVIII, S. 684—686.

147. Rezension zu: Otto Bauer, Der Balkankrieg und die deutsche Weltpolitik, Berlin 1912, Vorwärts, 52 S.
In: Huszadik Század, 1913, Bd. XXVII, S. 250/251.

148. Rezension zu: Compère-Morel, La question agraire et le socialisme en France, Paris 1912, Rivière & Cie, 456 S.
In: Huszadik Század, 1913, Bd. XXVII, S. 116—120.

149. Rezension zu: Gerlich, Die Preisbildung und Preisentwicklung für Vieh und Fleisch am Berliner Markt, Leipzig 1911, Duncker & Humblot, 160 S.
In: Huszadik Század, 1913, Bd. XXVIII, S. 682—684.

150. Rezension zu: Rosa Luxemburg, Die Akkumulation des Kapitals. Ein Beitrag zur ökonomischen Erklärung des Imperialismus, Berlin 1913, Singer, 446 S.
In: Huszadik Század, 1913, Bd. XXVII, S. 521—524.

151. Rezension zu: Schriften der österreichischen Kartell-Enquête. Herausgegeben vom Österreichischen Handelsministerium, Wien.
In: Huszadik Század, 1913, Bd. XXVIII, S. 422—426.

152. Ricardo és Lassalle bértörvénye. (Das Lohngesetz von Ricardo und Lassalle.)
In: Szocializmus, 1912—1913, Nr. 12, S. 568—570.

153. Der Sieg der Reaktion in Ungarn.
In: Die Neue Zeit, Stuttgart, 31 (1913), Bd. 1, Nr. 25, S. 881—886.
Nachdruck in: A magyar munkásmozgalom történerének válogatott dokumentumai 4/a köt., Budapest 1966, Kossuth, S. 681—684.

154. Taktikai botlás vagy osztálytudatos cselekvés. (Taktischer Fehler oder klassenbewußtes Handeln.)
In: Szocializmus, 1912—1913, Nr. 7, S. 308—313.

1914

\+ 155. Tudomány és hit. (Wissenschaft und Glaube.)
Debrecen 1914, Hoffmann-Kronowitz ny., 29 S.

\+ 156. Warum wir auswandern müssen!
Budapest 1914, Népszava, 15 S.

157. A földosztás és a munkanélküliség. (Die Bodenverteilung und die Arbeitslosigkeit.)
In: Népszava, Budapest 7. 6. 1914.

158. A magyar állam pénzügyi politikája a háboru után (Készülö nagyobb tanulmány vázlata). [Die Geldpolitik des ungarischen Staates in der Nachkriegszeit (Skizze einer größeren in Arbeit befindlichen Studie.)]
In: Szocializmus, 1913—1914, Nr. 8, S. 465—472.

159. A magyar munkásmozgalom és a diákok. (Die ungarische Arbeiterbewegung und die Studenten.)
In: Szocializmus, 1913—1914, Nr. 8, S. 414—418.
160. Az ipari termelés a háboru alatt. (Die Industrieproduktion während des Krieges.)
In: Huszadik Század, 1914, Bd. XXX, S. 185—189.
161. Az uj orosz forradalom. (Die neue russische Revolution.)
In: Szocializmus, 1913—1914, Nr. 7, S. 304—309.
162. Földosztás. (Bodenverteilung.)
In: Világszabadság, 30. 5. 1914, 6. 6. 1914 und 13. 6. 1914.
163. Kongreß der ungarländischen sozialdemokratischen Partei.
In: Die Neue Zeit, Stuttgart, 32 (1914), Bd. 1, Nr. 6, S. 192—196.
164. Pénz és hitel a háboruban. (Geld und Kredit im Kriege.)
In: Huszadik Század, 1914, Bd. XXX, S. 196—200.
165. Wanderungen der Arbeiter und des Kapitals.
In: Der Kampf, 1914, Nr. 10, S. 408—411.

1915

\+ 166. Bulgária. Bulgária térképével. (Bulgarien. Mit einer Karte von Bulgarien.)
Budapest 1915, Népszava, 52 S.
\+ 167. Olaszország (Olaszország és Albánia térképével). [Italien (Mit einer Karte von Italien und Albanien.)]
Budapest 1915, Népszava, 104 S. (Háborus nagyhatalmak, Nr. 4).
168. A régi magyar hadiszervezet. (Die alte ungarische Kriegsorganisation.)
In: Népszava, Budapest 1. 5. 1915.
169. A világháboru gazdasági következményei. (Wirtschaftliche Konsequenzen des Weltkrieges.)
In: Huszadik Század, 1915, Bd. XXXI, S. 220—238.
170. Háboru és közgazdaság. (Der Krieg und die Wirtschaft.)
In: Közgazdasági Szemle, 1915, Nr. 3, S. 152—160 und Nr. 4, S. 257—271.
171. Die kapitalistische Entwicklung Ungarns und ihre Hemmungen.
In: Die Neue Zeit, Stuttgart, 33 (1915), Bd. 1, Nr. 6, S. 169—177. (→ 1394.)
172. Német töke Magyarországon. (Deutsches Kapital in Ungarn.)
In: Munkásügyi Szemle, 1915, Nr. 23—24, S. 529—533.
173. Der Plan eines deutsch-österreichisch-ungarischen Zollverbandes.
In: Die Neue Zeit, Stuttgart, 33 (1915), Bd. 2, Nr. 8, S. 241—248.
174. Probleme der Kriegswirtschaft.
In: Die Neue Zeit, Stuttgart, 33 (1915), Bd. 1, Nr. 15, S. 449—461.
175. Rezension zu: Dr. Eduard Pályi, Deutschland und Ungarn, Leipzig, S. Hirzel.
In: Die Neue Zeit, Stuttgart, 33 (1915), Bd. 2, Nr. 20, S. 656.
176. Rezension zu: Schultz, Blut und Eisen; Bleibtreu, Das Heer; Jaurès, La nouvelle armée; Daniels, Geschichte des Kriegswesens; Horzetsky, Feldzüge in Europa seit 1792; Clausewitz, Vom Kriege; Bernhardi, Vom heutigen Kriege; Martinoff, Die Ursachen unserer Niederlage; Barzini, Mukden; Kutschbach, Die Serben im Balkankriege.
In: Huszadik Század, 1915, Bd. XXXI, S. 187—196.

1916

\+ 177. Az imperializmus gazdásagi birálata. (Wirtschaftskritik des Imperialismus.)
Budapest 1916, Politzer, 26 S. (Huszadik Század Könyvtára, Nr. 59).
Ebenso in: Huszadik Század, 1916, Bd. XXXIII, S. 81—104.

178. A munkásság vámpolitikája. (Zollpolitik der Arbeiterschaft.)
In: Népszava, Budapest 23., 24. und 25. 2. 1916.

179. Az Internacionálé és a világháboru. (Die Internationale und der Weltkrieg.)
In: Huszadik Század, 1916, Bd. XXXIV, S. 273—281.

180. Adóteher és jövedelem a háboru után. (Steuerlast und Einkommen in der Nachkriegszeit.)
In: Huszadik Század, 1916, Bd. XXXIV, S. 328—330.

181. Geld und Kapital in der Kriegswirtschaft.
In: Die Neue Zeit, Stuttgart, 34 (1916), Bd. 1, Nr. 26, S. 815—824.

182. Gondolatok a németség hivatásáról. (Gedanken zur Mission des Deutschtums.)
In: Huszadik Század, 1916, Bd. XXXIII, S. 133—135.

183. Kérdés a vámunió hiveihez. (Frage an die Anhänger der Zollunion.)
In: Huszadik Század, 1916, Bd. XXXIII, S. 322—325.

184. Konjunktura-problémák a háboru után. (Konjunkturprobleme in der Nachkriegszeit.)
In: Szocializmus, 1916, Nr. 5, S. 215—222.

185. Miképpen vélekedek a közép-európai közeledés jelszava alatt propagált törekvésröl? (Varga Jenö válasza). [Meine Meinung zu unter der Losung der mitteleuropäischen Annäherung propagierten Bemühungen? (Antwort Eugen Vargas.)]
In: Szocializmus, 1916, Nr. 1, S. 76—79.

186. Rezension zu: Irving Fisher, Die Kaufkraft des Geldes, Berlin 1916, Reimer, 435 S.
In: Huszadik Század, 1916, Bd. XXXIV, S. 431—438.

187. Rezension zu: Kálmán Méhely, A munkáskérdés lényege (Das Wesen der Arbeiterfrage), Budapest 1916, Patria, 104 S.
In: Huszadik Század, 1916, Bd. XXXIV, S. 359—365.

188. Rezension zu: Problems of readjustment after the war, New York — London 1915, Appleton 186 S.
In: Huszadik Század, 1916, Bd. XXXIV, S. 344—346.

189. Rezension zu: Paul Rohrbach, Weltpolitisches Wanderbuch, Leipzig 1916, Langewische, 305 S.
In: Huszadik Század, 1916, Bd. XXXIV, S. 196—199.

190. Rezension zu: Sartorius v. Waltershausen, Das Auslandskapital während des Weltkrieges, Stuttgart 1915, Enke, 53 S.
In: Huszadik Század, 1916, Bd. XXXIII, S. 314—316.

191. Die Überschätzung der wirtschaftlichen Bedeutung des Kapitalexports und des Imperialismus Auszug).
In: Die Neue Zeit, Stuttgart, 34 (1916), Bd. 2, Nr. 17, S. 512—517.

192. Ungarische Sozialdemokraten und Radikale über Mitteleuropa.
In: Die Neue Zeit, Stuttgart, 34 (1916), Bd. 2, Nr. 23, S. 661—667. (→ 1394.)
Übersetzung in: A magyar munkásmozgalom történetének válogatott dokumentumai, Bd. 4/b, Budapest 1969, Kossuth, S. 203—207.

1917

\+ 193. Hogyan lehet munka nélkül megélni? A munka nélküli jövedelem eredete. (Wie kann man sich ohne Arbeit seinen Unterhalt sichern? Der Ursprung arbeitsloser Einkommen.)
Budapest 1917, Népszava, 16 S. (Szocialista agitációs iratok, Nr. 10).
Weitere Aufl.: 1919.
Weitere Ausg.: Kassa (Košice) 1921, Kassai Munkás, 16 S. (Munkáskönyvtár, Nr. 1).

194. A modern kapitalizmus. (Der moderne Kapitalismus.)
In: Huszadik Század, 1917, Bd. XXXV, S. 426—439.

195. A szocializmus békealapja. (Die Friedensgrundlage des Sozialismus.)
In: Szocializmus, 1917—1918, Nr. 2, S. 123—127.
Ebenso in: A magyar munkásmozgalom történetének válogatott dokumentumai (Ausgewählte Dokumente zur Geschichte der ungarischen Arbeiterbewegung), Bd. 4/b, Budapest 1969, Kossuth, S. 337—340.

196. A tisztviselöosztály szerepe a munkásmozgalomban. (Die Rolle der Beamtenklasse in der Arbeiterbewegung.)
In: Szocializmus, 1917—1918, Nr. 3, S. 190—196.
197. A zsidóság szerepe Magyarország közgazdaságában. (Die Rolle der Juden in der Wirtschaft in Ungarn.)
In: Népszava, Budapest 12. 8. 1917.
198. Adókivetés — adóáthárítás. (Steuerbemessung — Steuerverschiebung.)
In: Népszava, Budapest 21. 1. 1917.
199. Az átmeneti gazdaság és a munkásság. (Die Übergangswirtschaft und die Arbeiterschaft.)
In: Szakszervezeti Értesitö, 1917, Nr. 10, S. 58/59.
200. Az átmeneti gazdaság fö problémái. (Die wichtigsten Probleme der Übergangswirtschaft.)
In: Népszava, Budapest 2. 9. 1917.
201. Az ortodox szocializmus vádja. (Die Beschuldigung des Orthodox-Sozialismus.)
In: Huszadik Század, 1917, Bd. XXXVI, S. 274/275.
202. Gondolatok a monarchia jövöjeröl. (Gedanken über die Zukunft der Monarchie.)
In: Szocializmus, 1917—1918, Nr. 1, S. 16—22.
203. Kellemetlen igazságok. (Unangenehme Wahrheiten.)
In: Szocializmus, 1917—1918, Nr. 4, S. 233—237.
204. Margarinforradalom. (Margarinerevolution.)
In: Huszadik Század, 1917, Bd. XXXVI, S. 402/403.
205. Marx tárdsadalmi gazdaságtana. (Die soziale Wirtschaftslehre von Marx.)
In: Szocializmus, 1917—1918, Nr. 6, S. 300—304.
206. Orosz agrárreform — orosz forradalom. (Russische Agrarreform — russische Revolution.)
In: Népszava, Budapest 25. 3. 1917.
207. Rezension zu: Gyula Domány, A háborus valuta (Die Kriegswährung), Budapest 1917, Benkö, 142 S.
In: Huszadik Század, 1917, Bd. XXXVI, S. 243.
208. Rezension zu: Béla Kovácsy, Többtermelés a mezögazdaságban (Mehrproduktion in der Landwirtschaft), Budapest 1916, Patria.
In: Huszadik Század, 1917, Bd. XXXVI, S. 412/413.
209. Rezension zu: The Labour Year-book 1916, London 1916, 704 S.
In: Huszadik Század, 1917, Bd. XXXV, S. 281—283.
210. Rezension zu: Pál Szende, Magyar háborus adópolitika (Die ungarische Steuerpolitik während des Krieges), Budapest 1917, Világ, 138 S.
In: Huszadik Század, 1917, Bd. XXXV, S. 376—379.
211. Szervezett és szervezetlen kapitalizmus. (Organisierter und unorganisierter Kapitalismus.)
In: Szocializmus, 1917—1918, Nr. 1, S. 50—63.
212. Többtermelés és agrárpolitika (Elöadás a Társadalomtudományi Társasag agrárvitájában). [Mehrproduktion und Agrarpolitik (Vortrag in der Agrardiskussion der Gesellschaft für Sozialwissenschaften.)]
In: Huszadik Század, 1917, Bd. XXXV, S. 464—478.

1918

+ 213. Földosztás és földreform Magyarországon. (Landaufteilung und Bodenreform in Ungarn.)
Budapest 1918, Népszava, 79 S. (Munkáskönyvtár, Nr. 23.)
+ 214. A lakásügy mint közgazdasági és szociális probléma. (Die Wohnungsfrage als ökonomisches und soziales Problem.), Budapest 1918, Uj Magayrország, 16 S.
Weitere Ausg.: Budapest 1918 (Huszadik Század Könyvtára, Nr. 65). (→ 1394.)
+ 215. A penz: uralma a békében, bukása a háboruban. (Das Geld: Seine Herrschaft in Friedenszeiten und sein Zusammenbruch während des Krieges.)

Budapest 1918, Népszava, 128 S.
Weitere Ausg.: Budapest 1918, Népszava, 128 S. (Munkáskönyvtár, Nr. 8). (→ 1391. 1394. 1397.)

216. A bolseviki uralom jövökilátásai. (Zukunftsaussichten der Bolschewiki-Macht.)
In: Szabadgondolat, 1918, Nr. 10, S. 226—228.

217. A földreform problémája. (Das Problem der Bodenreform.)
In: Népszava, Budapest 15. 9. 1918.

218. A közgazdaságtan egy uj elméletéröl. (Über eine neue Theorie der Wirtschaftslehre.)
In: Huszadik Század, 1918, Bd. XXXVII, S. 89—94.

219. A lakásügy mint közgazdasági és szociális probléma. (Das Wohnungswesen als wirtschaftliches und soziales Problem.)
In: Huszadik Század, 1918, Bd. XXXVII, S. 321—336.

220. A magyar jegybank kérdése. (Die Frage der ungarischen Notenbank.)
In: Népszava, Budapest 28. 11. 1918.

221. A szén- és vasadó. (Die Kohle- und Eisensteuer.)
In: Népszava, Budapest 17. 2. 1918.

222. A szocializmus és a diákok. (Der Sozialismus und die Studenten.)
In. Szociálpolitikai Szemle és Szabadgondolat, 1918, Nr. 3, S. 10—12.

223. A tökekivándorlás hazug meséje. (Das Lügenmärchen vom Kapitalexport.)
In: Népszava, Budapest 15. 12. 1918.

224. Árszinvonal és munkabér. (Preisniveau und Arbeitslohn.)
In: Munkásügyi Szemle, 1918, Nr. 13—14, S. 345—352.

225. Eladó ország. (Verkäufliches Landesterritorium.)
In: Szocializmus, 1917—1918, Nr. 8, S. 403—406.

226. Földbirtokreform és társadalmi átalakulás. (Bodenreform und soziale Umwälzung.)
In: Népszava, Budapest 22. 9. 1918.

227. Közgazdasági tudnivalók a szakszervezeti harchoz. (Ökonomische Kenntnisse für den Kampf der Gewerkschaften.)
In: A szakszervezeti mozgalom utmutatója (Wegweiser der Gewerkschaftsbewegung), Budapest 1918, S. 77—92.

228. Különvélemény a bankjegyek felhalmozásárol. (Eigene Meinung über die Anhäufung der Banknoten.)
In: Népszava, Budapest 14. 12. 1918.

229. Marx mint szociálpolitikus. (Marx als Sozialpolitiker.)
In: Munkásügyi Szemle, 1918, Nr. 9—10, S. 209—211.

230. Marx munkabérelmélete. (Die Arbeitslohntheorie von Marx.)
In: Népszava, Budapest 5. 5. 1918.

231. Der neueste Sieg der Reaktion in Ungarn.
In: Der Kampf, 1918, Nr. 9, S. 475—480.

232. Oktatásügyi program. (Programm für das Bildungswesen.)
In: Tudás, 1918, Nr. 5, S. 1—2.

233. Pénzszaporodás és árdrágulás. (Geldvermehrung und Teuerung.)
In: Népszava, Budapest 18. 8. 1918.

234. Rezension zu: Friedrich Hertz, Die Produktionsgrundlage der österreichischen Industrie vor und nach dem Krieg, Wien — Berlin, Verlag Fachliteratur.
In: Huszadik Század, 1918, Bd. XXXVIII, S. 74—76.

235. Rezension zu: Bálint Hóman, Magyar pénztörténet 1000—1325 (Geldgeschichte Ungarns 1000 bis 1325), Budapest 1916, Akadémia, 710 S.
In: Huszadik Század, 1918, Bd. XXXVII, S. 306—308.

236. Rezension zu: Ervin Szabó, Imperializmus és tartós béke (Imperialismus und dauerhafter Frieden), Budapest 1917, Pallas, 86 S.
In: Huszadik Század, 1918, Bd. XXXVII, S. 109—111.

237. Schlesinger Károly birálatához. (Zur Kritik von Karoly Schlesinger.)
In: Huszadik Század, 1918, Bd. XXXVII, S. 375.
238. Szabó Ervin. (Ervin Szabó.)
In: Népszava, Budapest 6. 10. 1918.
239. Szocialista ideál és gazdasági lehetöség. (Sozialistisches Ideal und Möglichkeiten der Wirtschaft.)
In: Szociálpolitikai Szemle és Szabadgondolat, 1918, Nr. 4, S. 53—55.
240. Tanulságos visszapillantás. (Lehrreicher Rückblick.)
In: Szocializmus, 1917—1918, Nr. 9, S. 417—422.

1919

\+ 241. A magyar néptanító hivatása. Székfoglaló értekezés. (Die Berufung der ungarischen Volkslehrer. Antrittsvorlesung.)
Debrecen 1919, Debrecen város és a Tiszántúli ref. egyházker. ny., 16 S.
\+ 242. A munkásigazgatás. A munkástanácsok és a szakszervezetek termelési bizottságainak feladatairól. (Die Arbeiterverwaltung. Über die Aufgaben der Produktionskommission des Arbeiterrates und der Gewerkschaften.)
Budapest 1919, Közoktatásügyi Népbiztosság kiadása, 16 S.
\+ 243. A termelés alapelvei a kommunista államban. (Grundprinzipien der Produktion im kommunistischen Staat.)
Budapest 1919, 9 S.
\+ 244. Zem citronov a pomarančov. Krátký nákres historie, uzemia a pomerov Italie od najstarších po najnovšie časy. (Das Land der Zitronen und Orangen. Kurze Skizze der Geschichte, des Territoriums und der Verhältnisse Italiens von der ältesten bis in die jüngste Zeit.)
Vrútky (Rútka) 1919, 40 S.
245. A bankjegyek felülbélyegzése. (Die Überstempelung der Banknoten.)
In: Népszava, Budapest 12. 1. 1919.
246. A gabonaellátás biztositása. (Die Sicherung der Getreideversorgung.)
In: Népszava, Budapest 25. 6. 1919.
Ebenso in: A magyar munkásmozgalom történetének válogatott dokumentumai (Ausgewählte Dokumente zur Geschichte der ungarischen Arbeiterbewegung), Bd. 6/b, Budapest 1960, Kossuth, S. 349/350.
247. A proletárállam anyaggazdálkodása. (Die Materialwirtschaft des Proletarierstaates.)
In: Népszava, Budapest 13. 4. 1919.
Ebenso in: A magyar munkásmozgalom történetének válogatott dokumentumai (Ausgewählte Dokumente zur Geschichte der ungarischen Arbeiterbewegung), Bd. 6/a, Budapest 1959, Kossuth, S. 199—201.
248. A szakszervezetek jövöje. (Die Zukunft der Gewerkschaften.)
In: Szakszervezeti Értesitö, 1919, Nr. 8, S. 58/59.
249. A szakszervezeti vezetök a Népgazdasági Tanácsban. (Gewerkschaftsführer im Volkswirtschaftsrat.)
In: Népszava, 3. 6. 1919.
250. A szocializálás korlátjai. (Die Grenzen der Sozialisierung.)
In: Vörös Ujság, Budapest 10. 4. 1919.
Ebenso in: A magyar munkásmozgalom történetének válogatott dokumentumai (Ausgewählte Dokumente zur Geschichte der ungarischen Arbeiterbewegung), Bd. 6/a, Budapest 1959, Kossuth, S. 180/181.
251. A vidéki termelés szervezése. (Die Organisation der ländlichen Produktion.)
In: Népszava, Budapest 23. 4. 1919.
252. Beszámoló a gazdasági helyzetröl a tanácsok Országos Gyülésén (1919, junius 16.). [Bericht über die Wirtschaftslage auf der Landesversammlung der Räte (16. Juni 1919).]

In: A Tanácsok Országos Gyülésének Naplója (Protokoll der Landesversammlung der Räte). Budapest 1919, S. 24—33.
Ebenso in: A magyar munkásmozgalom történetének válogatott dokumentumai (Ausgewählte Dokumente zur Geschichte der ungarischen Arbeiterbewegung), Bd. 6/b, Budapest 1960, Kossuth, S. 94—105;
Ebenso in: Közgazdasági Szemle, Budapest 1969, Nr. 3, S. 336—348. (→ 1394.)

253. Épitömunka. (Aufbauarbeit.)
In: Népszava, Budapest 5. 6. 1919.

254. Falu és város. (Land und Stadt.)
In: Szociális Termelés, Budapest 13. 7. 1919.

255. Gazdaságos termelés. (Wirtschaftliche Produktion.)
In: Szociális Termelés, Budapest 4. 6. 1919.

256. Haldoklik a kapitalizmus. (Der Kapitalismus liegt im Sterben.)
In: Népszava, 2. 3. 1919.

257. Idöbér, munkateljesitmény és szocializálás. (Zeitlohn, Arbeitsleistung und Sozialisierung.)
In: Népszava, Budapest 9. 3. 1919.

258. Különvélemény a diszázsió és árszinvonal kérdéséhez. (Eigene Meinung zur Frage von Disagio und Preisniveau.)
In: Népszava, Budapest 19. 1. 1919.

259. Munkások és tisztviselök. (Arbeiter und Angestellte.)
In: Vörös Ujság, Budapest 23. 5. 1919.
Ebenso in: A magyar munkásmozgalom történetének válogatott dokumentumai (Ausgewählte Dokumente zur Geschichte der ungarischen Arbeiterbewegung), Bd. 6/a, Budapest 1959, Kossuth, S. 548/549.

260. Ovjuk a proletárállam vagyonát. (Schützen wir das Vermögen des Proletarierstaates.)
In: Vörös Ujság, Budapest 17. 4. 1919.
Ebenso in: A magyar munkásmozgalom történetének válogatott dokumentumai (Ausgewählte Dokumente zur Geschichte der ungarischen Arbeiterbewegung), Bd. 6/a, Budapest 1959, Kossuth, S. 244/245.

261. Régi és uj bürokrácia. (Alte und neue Bürokratie.)
In: Népszava, Budapest 4. 5. 1919.

262. Rezension zu: L. Lóczy, A Magyar Szent Korona Országainak földrajzi, társadalmi, közmüvelödési és közgazdasági leirása (Geographische, soziale, kulturelle und wirtschaftliche Beschreibung der Länder der Ungarischen Heiligen Krone).
In: Huszadik Század, 1919, Bd. XL, S. 97/98.

263. Szociális termelés. (Soziale Produktion.)
In: Szociális Termelés, Budapest 3. 5. 1919.

1920

\+ 264. Die Agrarfrage in der ungarischen proletarischen Revolution.
Reichenberg 1920, Volksbuchh. Runge & Co., 19 S. (→266.)

\+ 265. A magyar tanásköztársági gazdasági szerkezete. (Die Wirtschaftsorganisation der Ungarischen Räterepublik.) Moskva 1920, Central'noe bjuro vengerskoj sekcii pri CK RKP (b), 31 S. (→ 268. 307. 310. 528.)

o+ 266. A tölkérdés a magyar proletásforradalombau. (Die Agrarfrage in der ungarischen proletarischen Revolution.) Ekaterinburg 1920, Central'noe bjuro vengerskoj sekcii pri CK RKP (b), 15 S. (→ 264.)

\+ 267. Koldus-világ. (Die Welt der Armen.)
Moskva 1920, Central'noe bjuro vengerskoj sekcii pri CK RKP (b), 16 S.

o+ 268. Die Wirtschaftsorganisation der Ungarischen Räterepublik. Reichenberg 1920, Volksbuchh. Runge & Co., 20 S.
Weitere Aufl.: 1921.
Weitere Ausg.: Wien 1920, Neue Erde. (→ 265. 307. 310. 528.)

+ 269. Die wirtschaftspolitischen Probleme der proletarischen Diktatur.
Wien 1920, Neue Erde, 138 S.
Weitere Ausg.: Wien 1921, Verlag der Arbeiter-Buchhandlung, 138 S.
Hamburg 1921, C. Hoym Nachf., 158 S. (2. vermehrte und umgearbeitete Auflage). (Bibliothek der Kommunistischen Internationale, Bd. 8.)
Mailand 1921, 162 S. (Italienisch). (→ 353. 367. 368. 373. 491. 1391. 1394. 1397.)

270. Die Agrarfrage.
In: Der 2. Kongreß der Kommunistischen Internationale, Wien 1920, S. 142.

271. Anglija. (England.)
In: Narodnoe chozjajstvo, Moskva 1920, Nr. 12, S. 89/90.

272. Aufhebung der Entente-Blockade gegen Sowjet-Rußland.
In: Kommunismus. Zeitschrift der Kommunistischen Internationale für die Länder Südosteuropas, Wien 1 (1920), Nr. 1/2, S. 2—9.

273. Bor'ba meždu gorodom i derevnej v Germanii. (Der Kampf zwischen Stadt und Land in Deutschland.)
In: Ėkonomičeskaja žizń, Moskva 16. 10. 1920.

274. Centralizacija rukovodstva chozjajstvom — decentralizacija upravlenija. (Zentralisierung der Wirtschaftsführung — Dezentralisierung der Verwaltung.)
In: Ėkonomičeskaja žizń, Moskva 8. 10. 1920.

275. Chozjajstvennyj plan i material'noe chozjajstvo. (Der Wirtschaftsplan und die Materialwirtschaft.)
In: Ėkonomičeskaja žizń, Moskva 13. 9. 1920.

276. Chozjajstvennyj plan, proizvodstvennaja programma, plan raspredelenija. (Wirtschaftsplan, Produktionsprogramm und Verteilungsplan.)
In: Ėkonomičeskaja žizń, Moskva 28. 12. 1920.

277. Ėkonomičeskoe polozenie Anglii. (Die Wirtschaftslage Englands.)
In: Narodnoe chozjajstvo, Moskva 1920, Nr. 11, S. 73—80.

278. Die Frage der Vermögensabgabe.
In: Kommunismus. Zeitschrift der Kommunistischen Internationale für die Länder Südosteuropas, Wien 1 (1920), Nr. 4, S. 10—13.

279. Francija. (Frankreich.)
In: Narodnoe chozjajstvo, Moskva 1920, Nr. 11, S. 85/86.

280. Die internationale Valutakrise.
In: Kommunismus. Zeitschrift der Kommunistischen Internationale für die Länder Südosteuropas, Wien 1 (1920), Nr. 3, S. 38—40.

281. Isčislenie stoimosti proizvodstva v bezdenežnom chozjajstve. (Die Berechnung des Wertes der Produktion in der geldlosen Wirtschaft.)
In: Ėkonomičeskaja žizń, Moskva 18. 11. 1920. (→ 336.)

282. Italija. (Italien.)
In: Narodnoe chozjajstvo, Moskva 1920, Nr. 11, S. 86—88.

283. Kanada. (Kanada.)
In: Narodnoe chozjajstvo, Moskva 1920, Nr. 12, S. 103.

284. Kapitalistische Kolonialpolitik und kommunistische Völkerfreiheit.
In: Kommunismus. Zeitschrift der Kommunistischen Internationale für die Länder Südosteuropas, Wien 1 (1920), Nr. 27, S. 935—941.

285. Das kommunistische Ungarn.
In: Die Kommunistische Internationale, Hamburg 1 (1920), Nr. 2.

286. Linii razvitija i upadka kapitalističeskogo chozjajstva. (Linien der Entwicklung und des Niedergangs der kapitalistischen Wirtschaft.)
In: Narodnoe chozjajstvo, Moskva 1920, Nr. 12, S. 76—79.

287. Militärische und freiwillige Arbeitsdisziplin in Rußland.
In: Kommunismus. Zeitschrift der Kommunistischen Internationale für die Länder Südosteuropas, Wien 1 (1920), Nr. 24, S. 826—832.

288. Nakanune ėkonomičeskogo krizisa v Anglii. (Am Vorabend einer Wirtschaftskrise in England.)
In: Ėkonomičeskaja žizń, Moskva 28. 10. 1920.

289. Naša cel'. (O naučnoj informacii ob ėkonomičeskom položenii drugich stran). [Unser Ziel. (Von der wissenschaftlichen Information über die ökonomische Lage anderer Länder.)]
In: Narodnoe chozjajstvo, Moskva 1920, Nr. 11, S. 71—73.

290. Nedelja krest'janina. (Die Woche des Bauern.)
In: Pravda, Moskva 17. 8. 1920.

291. Nemeckaja Avstrija. (Deutsch-Österreich.)
In: Narodnoe chozjajstvo, Moskva 1920, Nr. 12, S. 96/97.

292. Novoe raspredelenie rabočej nedeli. (Die neue Einteilung der Arbeitswoche.)
In: Ėkonomičeskaja žizń, Moskva 15. 12. 1920.

293. O formach svjazi proletarskogo gosudarstva s kapitalističeskimi stranami. (Über die Form der Beziehungen eines proletarischen Staates zu den kapitalistischen Ländern.)
In: Ėkonomičeskaja žizń, Moskva 7. 11. 1920. (→ 297.)

294. Produktionskrise und Valutakrise.
In: Kommunismus. Zeitschrift der Kommunistischen Internationale für die Länder Südosteuropas, Wien, 1 (1920), Nr. 5, S. 148—151.

295. Stadt und Land.
In: Kommunismus. Zeitschrift der Kommunistischen Internationale für die Länder Südosteuropas, Wien, 1 (1920), Nr. 21, S. 684—688.

296. Steuern — und kein Ende.
In: Kommunismus. Zeitschrift der Kommunistischen Internationale für die Länder Südosteuropas, Wien, 1 (1920), Nr. 30—31, S. 1059—1064.

o 297. Über die Form der Beziehungen eines proletarischen Staates zu den kapitalistischen Ländern.
In: Russische Korrespondenz, Berlin, 1 (1920), Nr. 19—20, S. 1145—1147. (→ 293.)

298. Valutakrise und Lebenshaltung der Arbeiterklasse.
In: Kommunismus. Zeitschrift der Kommunistischen Internationale für die Länder Südosteuropas, Wien 1 (1920), Nr. 7, S. 223—225.

299. Veličajšaja problema Rossii. (Ein sehr großes Problem Rußlands.)
In: Narodnoe chozjajstvo, Moskva 1920, Nr. 12, S. 27.

300. Vengrija. (Ungarn.)
In: Narodnoe chozjajstvo, Moskva 1920, Nr. 11, S. 90.

301. Vengrija. Zarabotnaja plata i ceny vo vremja i posle diktatury. (Ungarn. Löhne und Preise während und nach der Diktatur.)
In: Narodnoe chozjajstvo, Moskva 1920, Nr. 12, S. 97/98.

302. Die wirtschaftlichen und psychologischen Grundlagen der Weltrevolution.
In: Kommunismus. Zeitschrift der Kommunistischen Internationale für die Länder Südosteuropas, Wien, 1 (1920), Nr. 18, S. 555—561.

303. Wirtschaftlicher Verkehr zwischen dem proletarischen Rußland.
In: Kommunismus. Zeitschrift der Kommunistischen Internationale für die Länder Südosteuropas, Wien, 1 (1920), Nr. 8—9, S. 262—269.

304. Die Wirtschaftslage Europas.
In: Kommunismus. Zeitschrift der Kommunistischen Internationale für die Länder Südosteuropas, Wien, 1 (1920), Nr. 12—13, S. 351—361.

305. Zadača ulučšenija krest'janskich urožaev putem lučšej obrabotki zemli. (Die Aufgabe der Verbesserung der bäuerlichen Ernten durch bessere Bodenbearbeitung.)
In: Pravda, Moskva 28. 11. 1920.
306. Die Zerrüttung der industriellen Standortverhältnisse durch den Weltkrieg.
In: Kommunismus. Zeitschrift der Kommunistischen Internationale für die Länder Südosteuropas, Wien, 1 (1920), Nr. 34, S. 1196—1203.

1921

o+ 307. A magyar tanácsköztársasag gazdasági szerkezete. (Die Wirtschaftsorganisation der Ungarischen Räterepublik.)
Berlin 1921, Komm. Párt. Magyar csoportjának kiadása, 31 S. (Kommunista Kisskönyvtár.) (→ 265. 268. 310. 528.)
+ 308. (Unter dem Namen Eugen Pawlowski:) Der Bankrott Deutschlands.
Hamburg 1921, C. Hoym Nachf., 189 S. (→ 405.)
o+ 309. La crise de l'économie capitaliste mondiale. (Die Krise der kapitalistischen Weltwirtschaft.)
Moscou 1921, L'Internationale Communiste, 55 S. (→ 311. 312. 313. 318. 408. 1391. 1394. 1397.)
o+ 310. Hospodářská organisace uherské republiky rad. (Die Wirtschaftsorganisation der Ungarischen Räterepublik.)
Praha 1921, 32 S. (→ 255. 268. 307. 528.)
+ 311. Die Krise der kapitalistischen Weltwirtschaft.
Hamburg 1921, C. Hoym Nachf., 48 S.
Weitere Aufl.: 1921, 64 S.
1922, 147 S. (2. vermehrte und umgearbeitete Auflage). (Bibliothek der Kommunistischen Internationale, Bd. 25.)
(→ 309. 312. 313. 318. 408. 1391. 1394. 1397.)
o+ 312. Krizis kapitalističeskogo mirovogo chozjajstva. (Die Krise der kapitalistischen Weltwirtschaft.)
Moskva 1921, 64 S. (→ 309. 311. 313. 318. 408. 1391. 1394. 1397.)
o+ 313. Krizis mirovogo kapitalizma. (Die Krise der kapitalistischen Weltwirtschaft.)
Moskva 1921, VSNCh, 47 S. (→ 309. 311. 312. 318. 408. 1391. 1394. 1397.)
+ 314. Zusammen mit A. Lozovskij: Mirovoj krizis. Zadači i taktika profsojuzov. (Die Weltkrise. Aufgaben und Taktik der Gewerkschaften.)
Moskva 1921, Otdel pečcati Krasnogo Internacionala Profsojuzov, 77 S.
o+ 315. Die politische und soziale Lage des englischen Weltreiches.
Hamburg 1921, C. Hoym Nachf. (→ 351.)
+ 316. Sozialismus und Kapitalismus in Sowjet-Rußland.
Leipzig — Berlin 1921, Vereinigung internationaler Verlags-Anstalten, 44 S.
Weitere Ausg.: Leipzig 1921, Franke (in Kommission), 44 S. (Kleine Bibliothek der Russischen Korrespondenz, Nr. 62—63.) (→ 357.)
+ 317. Steuerfrage und Steuerpolitik.
Hamburg 1921, C. Hoym Nachf., 24 S. (Flugschriften der Kommunistischen Internationale, Heft 10.) (→ 384. 395.)
o+ 318. Verdens no økonomiske sammenbrudd. (Die Krise der kapitalistischen Weltwirtschaft.)
Kristiania 1921, Det Norske arbiderpartis forlag, 68 S. (→ 309. 311. 312. 313. 408. 1391. 1394. 1397.)
319. A kommunista mozgalom talaja Magyarországon. (Der Boden der kommunistischen Bewegung in Ungarn.)
In: Kassai Munkás, Košice 23. 2. 1921.
Ebenso in: Elöre, New York 3. 4. 1921.
320. Die Agrarfrage im revolutionären Rußland.
In: Russische Korrespondenz, Leipzig, 2 (1921), Nr. 1—2, S. 99—101.

321. Anglija. (England.)
In: Narodnoe chozjajstvo, Moskva 1921, Nr. 3, S. 198—208; Nr. 4, S. 150—158; Nr. 5, S. 177 bis 182; Nr. 6—7, S. 221—228; Nr. 8—9, S. 201—204.

322. Argentina. (Argentinien.)
In: Narodnoe chozjajstvo, Moskva 1921, Nr. 5, S. 201—206.

323. Avstralija. (Australien.)
In: Narodnoe chozjajstvo, Moskva 1921, Nr. 1—2, S. 311—313.

324. Bor̂ba za Dunaj. (Der Kampf um die Donau.)
In: Narodnoe chozjajstvo, Moskva 1921, Nr. 4, S. 147—150.

325. Čechoslovakija. (Die Tschechoslowakei.)
In: Narodnoe chozjajstvo, Moskva 1921, Nr. 1—2, S. 302—305.

326. Diktatur des Proletariats und sozialdemokratischer Sozialisierungsschwindel.
In: Internationale Pressekorrespondenz, Berlin, 1 (1921), Nr. 21, S. 185/186.

327. Doklad o mirovom ėkonomičeskom krizise. (Vortrag über die Krise der Weltwirtschaft.)
In: Bjulleteń Pervogo Meždunarodnogo Kongressa profsojuzov, Moskva 1921, Pressbjuro kongressa, Nr. 921/4, 7 S.

o 328. Ėkonomičeskij bazis imperializma Soedinennych Štatov Severnoj Ameriki. (Die wirtschaftlichen Grundlagen des Imperialismus der Vereinigten Staaten von Nordamerika.)
In: Novyj Mir, Moskva 1921, Bd. 2, Nr. 17, S. 17—25. (→ 364.)

329. Ėkonomičeskoe položenie Japonii. (Die Wirtschaftslage Japans.)
In: Narodnoe chozjajstvo, Moskva 1921, Nr. 8—9, S. 178—188.

330. Ėkonomičeskoe razvitie Soedinennych Štatov. (Die wirtschaftliche Entwicklung der Vereinigten Staaten.)
In: Narodnoe chozjajstvo, Moskva 1921, Nr. 3, S. 165—180.

331. Die Entwicklung der russischen Agrarpolitik.
In: Kommunismus. Zeitschrift der Kommunistischen Internationale für die Länder Südosteuropas, Wien, 2 (1921), Nr. 7—8, S. 209—215.

332. Die Expropriation der Expropriateure.
In: Almanach des Verlages der Kommunistischen Internationale, Hamburg 1921, C. Hoym Nachf., S. 153—161.

333. (Unter xxx:) Die falsche Rechnung.
In: Internationale Pressekorrespondenz, Berlin, 1 (1921), Nr. 11, S. 91/92.

334. Izučenie dejatel'nosti arendatorov. (Untersuchung der Tätigkeit der Pächter.)
In: Ėkonomičeskaja žizń, Moskva 20. 10. 1921.

335. Koncessionnaja lichoradka — opasnaja bolezń. (Das Konzessionsfieber — eine gefährliche Krankheit.)
In: Ėkonomičeskaja žizń, Moskva 19. 4. 1921.

336. Die Kostenberechnung in einem geldlosen Staat.
In: Kommunismus. Zeitschrift der Kommunistischen Internationale für die Länder Südosteuropas, Wien, 2 (1921), Nr. 9—10, S. 290—298. (→ 281.)

337. (Unter xxx:) Die Krise der kapitalistischen Weltwirtschaft.
In: Internationale Pressekorrespondenz, Berlin, 1 (1921), Nr. 1, S. 3/4.

338. Krizis kapitalizma. (Die Krise des Kapitalismus.)
In: Novyj put', Petrograd 1921, Nr. 5—6, S. 123—129.

339. Krizis mirovogo chozjajstva. (Die Weltwirtschaftskrise.)
In: Ėkonomičeskaja žizń, Moskva 1. 2. 1921.

340. Krizis mirovogo kapitalističeskogo chozjajstva. (Die Krise der kapitalistischen Weltwirtschaft.)
In: Narodnoe chozjajstvo, Moskva 1921, Nr. 4, S. 3—9.

341. Krizis prodolžaetsja. (Die Krise dauert an.)
In: Ėkonomičeskaja žizń, Moskva 1. 4. 1921.

342. Linija razvitija i upadka kapitalističeskogo chozjajstva. (Die Linie der Entwicklung und des Niedergangs der kapitalistischen Wirtschaft.)
In: Narodnoe chozjajstvo, Moskva 1921, Nr. 1—2, S. 248—256.
343. Die neue Wirtschaftspolitik Rußlands.
In: Internationale Pressekorrespondenz, Berlin, 1 (1921), Nr. 17, S. 149.
344. Die neue Wirtschaftspolitik Sowjet-Rußlands.
In: Russische Korrespondenz, Leipzig, 2 (1921), Nr. 5, S. 355—358.
345. Die Neuorganisation der russischen Industrie.
In: Internationale Pressekorrespondenz, Berlin, 1 (1921), Nr. 19—20, S. 178.
346. Obščegosudarstvennoe i mestnoe chozjajstvo. (Gesamtstaatliche und örtliche Wirtschaft.)
In: Ėkonomičeskaja žizń, Moskva 4. 3. 1921.
347. Oranžerija i durgie fakty. (Das Gewächshaus und andere Fakten.)
In: Ėkonomičeskaja žizń, Moskva 18. 3. 1921.
348. Die Organisierung der bäuerlichen Landwirtschaft.
In: Russische Korrespondenz, Leipzig, 2 (1921), Nr. 6, S. 483/484.
349. Organizacija promyšlennosti i agrarnyj vopros v Vengerskoj Sovetskoj Respublike. (Die Organisation der Industrie und die Agrarfrage in der Ungarischen Räterepublik.)
In: Krasnaja nov́, Moskva 1921, Nr. 2, S. 72—93.
Übersetzung in: Tájékoztató. Filozófia, Politikai gazdaságtan, Tudományos szocializmus, Budapest 1974, Nr. 1—2, S. 111—128.
350. (Unter d. Namen E. Pawlowsky:) Otto Bauer, der klügste Verteidiger der Bourgeoisie.
In: Internationale Pressekorrespondenz, Berlin, 1 (1921), Nr. 31, S. 275/276.
351. Die politische und soziale Lage des englichen Weltreichs.
In: Die Kommunistische Internationale, Hamburg, 2 (1921), Nr. 15, S. 159—182. (→ 315.)
352. Praktičeskie problemy v oblasti koncessij. (Praktische Probleme auf dem Gebiet der Konzessionen.)
In: Ėkonomičeskaja žizń, Moskva 10. 4. 1921.
o 353. Das Problem der Arbeitsdisziplin und der Arbeitsintensität.
In: Almanach des Verlages der Kommunistischen Internationale, Hamburg 1921, C. Hoym Nachf., S. 166—174. (→ 269.)
354. Das Rätsel Chinas.
In: Internationale Pressekorrespondenz, Berlin, 1 (1921), Nr. 40—41, S. 356/357.
355. Die Schaffung eines einheitlichen Wirtschaftsplanes in Sowjet-Rußland.
In: Russische Korrespondenz, Leipzig, 2 (1921), Nr. 1—2, S. 62—67.
356. Severo-Amerikanskie Soedinennye Štaty. Chozjajstvennoe položenie v 1 polovine 1921 g. (Die Vereinigten Staaten von Nordamerika. Die Wirtschaftslage im 1. Halbjahr 1921.)
In: Narodnoe chozjajstvo, Moskva 1921, Nr. 8—9, S. 209—214.
o 357. Sozialismus und Kapitalismus in Sowjet-Rußland.
In: Russische Korrespondenz, Leipzig, 2 (1921), Nr. 10—11, S. 951—963. (→ 316.)
358. (Unter d. Namen E. Pawlowski:) Der Staatskapitalismus vor und in der Diktatur.
In: Internationale Pressekorrespondenz, Berlin, 1 (1921), Nr. 22, S. 202.
359. Uslovija žizni rabočego klassa v kapitalističeskich stranach. (Die Lebensbedingungen der Arbeiterklasse in den kapitalistischen Ländern.)
In: Narodnoe chozjajstvo, Moskva 1921, Nr. 5, S. 157—165.
360. Vengerskie ženščiny. (Die ungarischen Frauen.)
In: Pravda, Moskva 3. 4. 1921.
361. Der vierte allrussische Sowjetkongreß.
In: Internationale Pressekorrespondenz, Berlin, 1 (1921), Nr. 39, S. 345.
362. Die Wendung in der Wirtschaftspolitik Sowjet-Rußlands.
In: Die Kommunistische Internationale, Hamburg, 2 (1921), Nr. 18, S. 79—91.
363. (Unter xxx:) Wirtschaftliche und soziale Revolution.
In: Internationale Pressekorrespondenz, Berlin, 1 (1921), Nr. 16, S. 137/138.

364. Die wirtschaftlichen Grundlagen des Imperialismus der Vereinigten Staaten von Nordamerika.
In: Die Kommunistische Internationale, Hamburg, 2 (1921), Nr. 17, S. 119—146. (→ 328.)

365. Die Wirtschaftslage Kontinentaleuropas.
In: Die Kommunistische Internationale, Hamburg, 2 (1921), Nr. 14, S. 48—61.

1922

o+ 366. Le déclin du capitalisme. (Die Niedergangsperiode des Kapitalismus.)
Rapport pour le 4-me Congrès mondial de la I Internationale Communiste.
Hamburg 1922, Bureau d'Edition de l'Internationale communiste, 59 S. (→ 371. 372. 374. 385. 410. 437. 1388. 1397. 1401.)

o+ 367. La dictature du proletariat. (Problèmes économiques.) [Die wirtschaftspolitischen Probleme der proletarischen Diktatur.] Trad. d'Alzer Hella et de O. Bournac.
Paris 1922, L'Humanité, 199 S. (Libraire de l'Humanité, Bd. 16.) (→ 269. 368. 373. 491. 1391. 1394. 1397.)

o+ 368. Ėkonomičeskie problemy proletarskoj diktatury. (Die wirtschaftspolitischen Probleme der proletarischen Diktatur.)
Moskva 1922, Ogiz, 145 S. (→ 269. 367. 373. 491. 1391. 1394. 1397.)

+ 369. Die Lage der Weltwirtschaft und der Gang der Wirtschaftspolitik in den letzten drei Jahren.
Hamburg 1922, C. Hoym Nachf., 32 S.

+ 370. Mirovoe chozjajstvo. (Sbornik statej.) [Die Weltwirtschaft. (Aufsatzsammlung.)]
Moskva 1922, RIO-VSNCh, 75 S.

+ 371. Die Niedergangsperiode des Kapitalismus.
Hamburg 1922, C. Hoym Nachf., 54 S. (→ 366. 372. 374. 385. 410. 437. 1388. 1397. 1401.)

o+ 372. Period upadka kapitalizma. (Die Niedergangsperiode des Kapitalismus.) Per. s nem.
Petrograd 1922, Kommunističeskij Internacional, 64 S. (→ 366. 371. 374. 385. 410. 437. 1388. 1397. 1401.)

o+ 373. Problemy ėkonomičeskoj politiki pri proletarskoj diktature. (Die wirtschaftspolitischen Probleme der proletarischen Diktatur.) Perevod s nemeckogo pod red. G. I. Krumina.
Moskva 1922, Ogiz, 145 S. (→ 269. 367. 368. 491. 1391. 1394. 1397.)

o+ 374. The Process of Capitalist Decline. (Die Niedergangsperiode des Kapitalismus.)
Report to the IV. Congress of the Communist International.
Hamburg 1922, 48 S. (→ 366. 371. 372. 385. 410. 437. 1388. 1397. 1401.)

375. Der alte und der neue Pazifismus.
In: Die Kommunistische Internationale, Hamburg, 3 (1922), Nr. 21, S. 54—60.

376. Anglija i Francija v 1 polovine 1922 g. (England und Frankreich in der 1. Hälfte des Jahres 1922.)
In: Narodnoe chozjajstvo, Moskva 1922, Nr. 6, S. 45—55.

377. Argentina. (Argentinien.)
In: Narodnoe chozjajstvo, Moskva 1922, Nr. 5, S. 201—206.

378. Entwicklungstendenzen und Zukunftsaussichten.
In: Internationale Pressekorrespondenz, Berlin, 2 (1922), Nr. 203.

379. Die Genua-Konferenz und die Weltwirtschaftslage im April 1922.
In: Internationale Pressekorrespondenz, Berlin, 2 (1922), Nr. 67, S. 513—522. (→ 1395.)

380. Kak dolžna byt' postroena programma Kommunističeskogo Internacionala.
In: Kommunističeskij Internacional, Petrograd, 3 (1922), Nr. 22, S. 5867—5878.

381. Die Krise Rußlands und die Weltwirtschaftskrise.
In: Internationale Pressekorrespondenz, Berlin, 2 (1922), Nr. 64, S. 498—500.

382. Mirovoe chozjajstvo k 5-j godovščine Rossijskoj revoljucii. (Die Weltwirtschaft am 5. Jahrestag der Russischen Revolution.)
In: Pravda, Moskva 7. 11. 1922.

383. Mirovoe chozjajstvo posle trech let mira. (Die Weltwirtschaft nach drei Friedensjahren.)
In: Krasnyj Internacional profsojuzov, Moskva 1922, Nr. 2, S. 118—135.

o 384. Nalogovyj vopros i nalogovaja politika. (Steuerfrage und Steuerpolitik.)
In: Sbornik ėkonomičeskich statej, Petrograd 1922, S. 17—31. (→ 317. 395.)

o 385. Die Niedergangsperiode des Kapitalismus. (Abschnitt: Entwicklungstendenzen und Zukunftsaussichten aus der gleichnamigen Schrift Hamburg 1922.)
In: Internationale Pressekorrespondenz, Berlin, 2 (1922), Nr. 203, S. 1374—1375. (→ 366. 371. 372. 374. 410. 437. 1388. 1397. 1401.)

386. Položenie mirovogo chozjajstva. (Die Lage der Weltwirtschaft.)
In: Pravda, Moskva 3. 9. 1922.

o 387. Položenie mirovogo chozjajstva v pervuju četvert' 1922 g. (Die Weltwirtschaft im ersten Vierteljahr 1922.)
In: Ėkonomičeskaja žizń, Moskva 19. 8. 1922. (→ 398.)

388. Die Reparationsfrage als Spezialproblem.
In: Internationale Pressekorrespondenz, Berlin, 2 (1922), Nr. 29, S. 230.

389. Rezension zu: Die Krise der kapitalistischen Weltwirtschaft. (Selbstanzeige.)
In: Die Kommunistische Internationale, Hamburg, 3 (1922), Nr. 21, S. 127/128.

390. Die Rolle der Bauernschaft in Verfallsstadium des Kapitalismus.
In: Die Kommunistische Internationale, Hamburg, 3 (1922), Nr. 20, S. 66—71.

391. Rossija i mirovoj rynok. (Rußland und der Weltmarkt.)
In: Ėkonomičeskaja žizń, Moskva 19. 11. 1922.

392. Die russisch-deutschen Handelsvertrags-Verhandlungen.
In: Weg zum Osten, Berlin 1922, Nr. 14—15, S. 3/4.

393. Die russische Getreideanleihe.
In: Internationale Pressekorrespondenz, Berlin, 2 (1922), Nr. 136, S. 868.

394. Soedinennye Štaty v 1921 g. (Die Vereinigten Staaten im Jahre 1921.)
In: Narodnoe chozjajstvo, Moskva 1922, Nr. 4, S. 60—64.

o 395. Steuerfrage und Steuerpolitik.
In: Die Kommunistische Internationale, Hamburg, 3 (1922), Nr. 19, S. 19—29. (→ 317. 384.)

396. Die Vereinigten Staaten. Januar-Februar 1922.
In: Internationale Pressekorrespondenz, Berlin, 2 (1922), Nr. 46, S. 371—378.

397. Der Vertrag zwischen der Russo-Asiatica und Sowjet-Rußland.
In: Internationale Pressekorrespondenz, Berlin, 2 (1922), Nr. 180, S. 1191.

398. Die Weltwirtschaft im ersten Vierteljahr 1922.
In: Internationale Pressekorrespondenz, Berlin, 2 (1922), Nr. 51, S. 403—414. (→ 387. 1395.)

399. (Unter d. Namen Eugen Pawlowski:) Die Weltwirtschaft im Herbst 1921.
In: Die Kommunistische Internationale, Hamburg, 3 (1922), Nr. 19, S. 33—45.

400. Wie soll das Programm der Kommunistischen Internationale beschaffen sein?
In: Die Kommunistische Internationale, Hamburg, 3 (1922), Nr. 22, S. 80—84.

401. Wirtschaft und Wirtschaftspolitik im Juli 1922. Die Konferenzen vom Haag und von London.
In: Internationale Pressekorrespondenz, Berlin, 2 (1922), Nr. 171, S. 1119—1130. (→ 1395.)

402. Wirtschaft und Wirtschaftspolitik im dritten Vierteljahr 1922.
In: Internationale Pressekorrespondenz, Berlin, 2 (1922), Nr. 208 (Sondernummer), S. 1419 bis 1438. (→ 1395.)

403. Wirtschaft und Wirtschaftspolitik im zweiten Vierteljahr 1922.
In: Internationale Pressekorrespondenz, Berlin, 2 (1922), Nr. 144, S. 905—924. (→ 1395.)

404. Die Wirtschafts- und Finanzlage vor Genua.
In: Internationale Pressekorrespondenz, Berlin, 2 (1922), Nr. 40, S. 317/318.

1923

o+ 405. Bankrotstvo Germanii. (Der Bankrott Deutschlands.)
Per. s nem. V. Antropin.
Moskva 1923, 143 S. (→ 308.)

o+ 406. Byt'-li Germanii koloniej? (Deutschland eine Kolonie?) Per. s nem.
Moskva — Petrograd 1923, Gosizdat, 157 S.
Weitere Aufl.: Moskva 1924, Gosizdat, 128 S. (→ 407.)

\+ 407. (Unter d. Namen E. Pawlowski:) Deutschland eine Kolonie?
Berlin 1923, Vereinigung Internationaler Verlagsanstalten, 96 S. (→ 406.)

o+ 408. Krizis mirovogo kapitalističeskogo chozjajstva. (Die Krise der kapitalistischen Weltwirtschaft.)
Per. s nem. i dop. k nem. izd.
Moskva — Petrograd 1923, Gosizdat, 126 S. (→ 309. 311. 312. 313. 318. 1391. 1394. 1397.)

\+ 409. Vor dem Endkampf in Deutschland.
Berlin 1923, Vereinigung Internationaler Verlagsanstalten, 96 S. (→ 441.)

o+ 410. Zakat kapitalizma. (Die Niedergangsperiode des Kapitalismus.)
Per. s nem. E. Uspenskoj, pod red. I. Šubina.
Moskva 1923, Krasnaja nov̆, 45 S. (→ 366. 371. 372. 374. 385. 437. 1388. 1397. 1401.)

411. Arbeitslosigkeit.
In: Jahrbuch für Wirtschaft, Politik und Arbeiterbewegung. 122/23, Hamburg 1923, C. Hoym Nachf., S. 120. (→ 1404.)

412. (Unter d. Namen E. Pawlowski:) Der Bankrott Deutschlands.
In: Internationale Pressekorrespondenz, Berlin, 3 (1923), Nr. 48, S. 1121—1123.

413. (Unter d. Namen E. Pawlowski) Deutschland und das Ende der Entente.
In: Internationale Pressekorrespondenz, Berlin, 3 (1923), Nr. 6, S. 133.

o 414. Dobyča zolota i dorogovizna. (Goldproduktion und Teuerung.)
In: Deńgi i denežnoe obraščenie v osveščenii marksizma, Moskva 1923, S. 1—11 und 83—89. (→ 80. 120. 140. 515.)

415. Entwurf des theoretischen Teils des Programms der K. I. (Die Nachkriegszeit.)
In: Die Kommunistische Internationale, Hamburg, 4 (1923), Nr. 23, S. 114—117. (→ 451.)

416. Es gibt keine „endgültige" Lösung! (Zur Reparationsfrage.)
In: Internationale Pressekorrespondenz, Berlin, 3 (1923), Nr. 71, S. 590.

417. Die Finanzen und die neue Wirtschaftspolitik.
In: Jahrbuch für Wirtschaft, Politik und Arbeiterbewegung. 1922/23, Hamburg 1923, C. Hoym Nachf., S. 414. (→ 1404.)

418. (Unter d. Namen E. Pawlowski:) Goldfriedenslöhne oder Ruin der deutschen Arbeiterklasse.
In: Die Kommunistische Internationale, Hamburg, 4 (1923), Nr. 27, S. 77—82.

419. Die Lage der Weltwirtschaft.
In: Internationale Pressekorrespondenz, Berlin, 3 (1923), Nr. 41, S. 1046—1049.

o 420. Mirovoe chozjajstvo i ėkonomičeskaja politika za 1 četvert' 1923 g. (Wirtschaft und Wirtschaftspolitik im ersten Vierteljahr 1923.)
In: Socialističeskoe chozjajstvo, Moskva 1923, Nr. 4—5, S. 154—179. (→ 432. 1395.)

421. (Unter d. Namen E. Pawlowski:) Die Niederlage des bürgerlichen Deutschlands im Ruhrkampf.
In: Die Kommunistische Internationale, Hamburg, 4 (1923), Nr. 26, S. 96—106.

422. Die Parole der Arbeiter- und Bauernregierung.
In: Internationale Pressekorrespondenz, Berlin, 3 (1923), Nr. 104, S. 884.

423. Položenie krest'jan v kapitalističeskich stranach (doklad na 1-j meždunarodnoj krest'janskoj konferencii.) [Das Joch der Bauern. (Referat, gehalten auf dem I. Weltkongreß der Bauern in Moskva vom 10.—16. Oktober 1923.)]
In: Pravda, Moskva 12. 10. 1923. (→ 439. 445.)

424. Reč' na rasširennom plenume Ispolkoma Kominterna. (Rede auf der erweiterten Plenartagung des Exekutivkomitees der Kommunistischen Internationale.)
In: Pravda, Moskva 14. 6. 1923.
425. Reparationen und interalliierte Schulden.
In: Jahrbuch für Wirtschaft, Politik und Arbeiterbewegung. 1923/24, Hamburg 1923, C. Hoym Nachf., S. 178—193. (→ 1404.)
426. Rezension zu: Jahrbuch der Kommunistischen Internationale. Unter dem Titel: Die Aufgabe des Jahrbuches der Kommunistischen Internationale.
In: Internationale Pressekorrespondenz, Berlin, 3 (1923), Nr. 14, S. 322.
427. Rezension zu: Rasin, Die Finanz- und Wirtschaftspolitik der Tschechoslowakei.
In: Internationale Pressekorrespondenz, Berlin, 3 (1923), Nr. 9, S. 216.
428. Ruhrbesetzung — deutsche und französische Wirtschaft.
In: Internationale Pressekorrespondenz, Berlin, 3 (1923), Nr. 11, S. 242.
429. Die ungarische Räterepublik.
In: Jahrbuch für Wirtschaft, Politik und Arbeiterbewegung. 1922/23, Hamburg 1923, C. Hoym Nachf., S. 1013—1021. (→ 1404.)
430. Vengerskaja revoljucija 1848—49 gg. (1948—1923).
In: K 75-letiju revoljucii 1848—1849 gg. Sbornik statej, Moskva 1923, Krasnaja nov̓, S. 163—186.
431. Die Weltwirtschaft 1922—23.
In: Jahrbuch für Wirtschaft, Politik und Arbeiterbewegung. 1922/23, Hamburg 1923, C. Hoym Nachf., S. 103—113. (→ 1404.)
432. Wirtschaft und Wirtschaftspolitik im ersten Vierteljahr 1923.
In: Internationale Pressekorrespondenz, Berlin, 3 (1923), Nr. 68 (Sondernummer), S. 541—564. (→ 420. 1395.)
433. Wirtschaft und Wirtschaftspolitik im vierten Vierteljahr 1922.
In: Internationale Pressekorrespondenz, Berlin, 3 (1923), Nr. 18 (Sondernummer), S. 125—142. (→ 1395.)
434. Wirtschaft und Wirtschaftspolitik im zweiten Vierteljahr 1923.
In: Die Kommunistische Internationale, Hamburg, 4 (1923), Nr. 28, Beilage, 42 S. (→ 1395.)
435. Zaključatel'noe slovo na 1-j meždunarodnoj krest' janskoj konferencii. (Schlußwort, gehalten auf dem I. Weltkongreß der Bauern in Moskau vom 10.—16. Oktober 1923.)
In: Pravda, Moskva 13. 10. 1923.

1924

\+ 436. Aufstieg oder Niedergang des Kapitalismus.
Hamburg 1924, C. Hoym Nachf., 86 S. (→ 438. 444. 492. 1388.)
o+ 437. The decline of capitalism. (Die Niedergangsperiode des Kapitalismus.)
London 1924, 69 S. (→ 366. 371. 372. 374. 385. 410. 1388. 1397. 1401.)
o+ 438. Essor ou décadence du capitalisme? (Aufstieg oder Niedergang des Kapitalismus?)
Moscou 1924, Édition du Bureau de la Presse de l'Internationale Communiste, 84 S. (→ 436. 444. 492. 1388.)
o+ 439. Das Joch der Bauern. Ein Referat mit Diskussion, gehalten auf dem I. Weltkongreß der Bauern in Moskau vom 10.—16. Oktober 1923. Vorwort von Heinrich Rau.
Berlin 1924, Neues Dorf, 32 S. (Bibliothek des Internationalen Bauernrates, Bd. 3.) (→ 423. 445.)
\+ 440. Mirovoe chozjajstvo i ėkonomičeskaja politika v 1923 g. (Die Weltwirtschaft und die Wirtschaftspolitik im Jahre 1923.)
Moskva 1924, Gosizdat, 264 S.
o+ 441. Nakanune poslednego boja v Germanii. (Vor dem Endkampf in Deutschland.) Per. s nem.
Moskva — Petrograd 1924, Gosizdat, 134 S. (→ 409.)

o+ 442. Obščie osnovy agrarnogo voprosa. (Die allgemeinen Grundlagen der Agrarfrage.) Moskva 1924, Moskovskij rabočij, 64 S. (Očerki po agrarnomu voprosu, t. 1, vyp. 1.) (→ 447. 1396. 1406.)

\+ 443. Plan Dauėsa i mirovoj krizis 1924 goda. Obščij obzor. (Der Dawesplan und die Weltwirtschaftskrise 1924. Allgemeine Übersicht.) Perevel s rukopisi Šul'-Šentel'. Moskva 1924, 127 S. (→ 490.)

o+ 444. Pod-em ili upadok kapitalizma? (Aufstieg oder Niedergang des Kapitalismus?) Moskva 1924, Krasnaja nov̌, 94 S. (→ 436. 438. 492. 1388.)

o+ 445. Položenie krest'janstva v kapitalističeskich stranach. (Das Joch der Bauern.) Moskva 1924, Novaja derevnja, 39 S. (Biblioteka krasnogo internacionala, Nr. 4.) Weitere Ausg.: Chaŕkov 1925, 21 S. (Ukrainisch.) (→ 423. 439.)

\+ 446. (Zusammen mit anderen Verfassern:) V strane viselic. Sbornik statej o Vengerskoj revoljucii. (Im Lande der Galgen. Aufsatzsammlung über die Ungarische Revolution.) Moskva — Gomel' 1924, Molodaja gvardija, 76 S.

447. Die allgemeinen Grundlagen der Agrarfrage. In: Beiträge zur Agrarfrage, Bd. 1, Hamburg 1924, C. Hoym Nachf., S. 1—58. (→ 422. 1405.)

448. Deutschland und Rußland in der Weltwirtschaft. In: Aus der Volkswirtschaft der UdSSR, Berlin, 3 (1924), Nr. 4—5, S. 13—19.

449. Ėkonomičeskie pričiny i posledstvija mirovoj vojny. (Die wirtschaftlichen Ursachen und Folgen des Weltkrieges.) In: Kommunističeskij Internacional, Moskva 1924, Nr. 5—6, S. 41—58.

450. Der englisch-russische Vertrag. In: Aus der Volkswirtschaft der UdSSR, Berlin, 3 (1924), Nr. 9, S. 13—21.

o 451. Entwurf des theoretischen Teils des Programms der Kommunistischen Internationale. In: Materialien zur Frage des Programms der Kommunistischen Internationale, Hamburg 1924, C. Hoym Nachf., S. 29—35. (→ 415.)

452. Germanija i SSSR posle prinjatija plana Dauėsa. (Deutschland und die UdSSR nach der Annahme des Dawesplans.) In: Ėkonomičeskaja žizń, Moskva 21. 10. 1924.

o 453. Lenin. (Lenin.) In: Kommunist, Moskva 1924, Nr. 29, S. 5—20. (→ 454.)

454. Lenin. In: Zeitschrift für Politik, Berlin 1924, S. 320—335. (→ 453.)

455. (Unter d. Namen E. Pawlowsky:) Lenin und der Leninismus. In: Internationale Pressekorrespondenz, Berlin, 4 (1924), Nr. 17 (Sondernummer), S. 188/189.

456. Mirovoe chozjajstvo i ėkonomičeskaja politika kapitalizma v pervuju polovinu 1924 g. (Die Weltwirtschaft und die Wirtschaftspolitik des Kapitalismus im ersten Halbjahr 1924.) In: Pravda, Moskva 9. 9. 1924.

457. Mirovoe chozjajstvo k desjatiletnej godovščine vojny. (Die Weltwirtschaft am zehnten Jahrestag des Kriegsausbruchs.) In: Pravda, Moskva 1. 8. 1924.

458. Die neue Ernte und die Wirtschaftslage der Sowjet-Union. In: Aus der Volkswirtschaft der UdSSR, Berlin, 3 (1924), Nr. 10, S. 13—19.

459. Očerk položenija mirovogo chozjajstva. Tezisy. (Skizze der Weltwirtschaftslage. Thesen.) In: Kommunist, Moskva 1924, Nr. 29, S. 199—214.

o 460. O mirovom ėkonomičeskom položenii (doklad na pjatom vsemirnom kongresse Kominterna.) [Referat des Genossen Varga über die ökonomische Weltlage (auf dem V. Weltkongreß der Kommunistischen Internationale, Moskau 20. 6. 1924.)] In: Pravda, Moskva 21. 6. 1924, S. 3. (→ 461. 466. 527.)

o 461. Položenie mirovogo chozjajstva. [Referat des Genossen Varga über die ökonomische Weltlage (auf dem V. Weltkongreß der Kommunistischen Internationale, Moskau 20. 6. 1924.)] In: Ėkonomičeskaja žizń, Moskva 22., 24., 25. und 26. 6. 1924. (→ 460. 466. 527.)

462. Predvaritel'nyj otvet tov. Miljutinu. (Vorläufige Antwort an den Genossen Miljutin.)
In: Pravda, Moskva 11. 12. 1924. (→ 519.)

463. Privetstvennaja reč' tov. Vargi (na vtorom soveščanii rabkorov pri "Pravde".) [Begrüßungsansprache des Genossen Varga (auf der zweiten Beratung der Arbeiterkorrespondenten der „Pravda".)]
In: Pravda, Moskva 10. 12. 1924.

o 464. Das Problem der Stabilisierung der Mark. (Aus dem Vierteljahresbericht über die Weltwirtschaft für das 4. Vierteljahr 1923.)
In: Internationale Pressekorrespondenz, Wien, 4 (1924), Nr. 7, S. 133/134 und Nr. 8, S. 157—160. (→ 483. 1395.)

465. Rabkor — nositel' buduščej garmonii fizičeskogo i umstvennogo truda (reč' na večere rabkorov "Pravdy" s delegatami 5-go kongressa Kominterna.) [Der Arbeiterkorrespondent als Träger der kommenden Harmonie von körperlicher und geistiger Arbeit (Rede auf einem Abend der Arbeiterkorrespondenten der „Pravda" mit Delegierten des V. Weltkongresses der Kommunistischen Internationale).]
In: Pravda, Moskva 16. 7. 1924.

o 466. Referat des Genossen Varga über die ökonomische Weltlage. (Auf dem V. Weltkongreß der Kommunistischen Internationale, Moskau 20. 6. 1924.)
In: Internationale Pressekorrespondenz, Wien, 4 (1924), Nr. 76, S. 933.
Ebenso in: Der 5. Kongreß der Kommunistischen Internationale, Bd. 1, Hamburg 1925, C. Hoym Nachf., S. 108—131. (→ 460. 461. 527.)

467. Rezension zu: Max Beer, Das England der Gegenwart, Berlin 1924.
In: Internationale Pressekorrespondenz, Wien, 4 (1924), Nr. 45, S. 1103.

468. Rezension zu: Philips Price, Deutschland im Übergang. (Germany in transition), London 1923.
In: Internationale Pressekorrespondenz, Wien, 4 (1924), Nr. 8, S. 171/172.

469. Rezension zu: Pläne und Versuche zur Währungssanierung. Mit Beiträgen von Ernst Wilmersdörfer, Richard Kiliani, F. Gaertner, R. Pharmakides und Martha Braun. — Ludwig Mises und Franz Klein, Die geldtheoretische und geldrechtliche Seite des Stabilisierungsproblems. Unter dem Titel: Schriften zur Währungsfrage.
In: Internationale Pressekorrespondenz, Wien, 4 (1924), Nr. 6, S. 122/123.

470. Rossija i kapitalističeskij mir v 1923 chozjajstvennom godu. (Rußland und die kapitalistische Welt im Wirtschaftsjahr 1923.)
In: Ėkonomičeskaja žizń, Moskva 5. 2. 1924.

471. Der Sinn des Gutachtens der Sachverständigenkommission.
In: Das Forum, Berlin, 8 (1924), S. 51. (→ 472.)

o 472. Der Sinn des Gutachtens der Sachverständigenkommission. (Zur Reparationsfrage.)
In: Internationale Pressekorrespondenz, Wien, 4 (1924), Nr. 18, S. 394—396. (→ 471.)

473. Skol'ko stoila mirovaja vojna. (Was hat der Weltkrieg gekostet?)
In: Pravda, Moskva 27. 7. 1924. (→ 478.)

474. Stremlenie k monopolizacii na mirovom chlebnom rynke. (Das Streben nach Monopolisierung auf dem Weltgetreidemarkt.)
In: Ėkonomičeskaja žizń, Moskva 12. 3. 1924.

475. Ugrožajuščij mirovomu rynku šertsjannoj golod i russkoe ovcevodstvo. (Der dem Weltmarkt drohende Hunger nach Wolle und die russische Schafzucht.)
In: Ėkonomičeskaja žizń, Moskva 20. 3. 1924.

476. Važnost' trebovanija konfiskacii zemli (reč' na pjatom vsemirnom kongresse Kominterna). [Die Bedeutung der Frage der Enteignung des Grund und Bodens. (Rede auf dem V. Weltkongreß der Kommunistischen Internationale).]
In: Pravda, Moskva 9. 7. 1924.

477. (Unter d. Namen E. Pawlowski:) Vor der Kapitulation.
In: Die Kommunistische Internationale, Hamburg, 5 (1924), Nr. 28—30, S. 14—29.

o 478. Was hat der Weltkrieg gekostet?
In: Internationale Pressekorrespondenz, Wien, 4 (1924), Nr. 4, S. 67—69. (→ 473.)

479. Das Weltwirtschaftsjahr 1923.
In: Internationale Pressekorrespondenz, Wien, 4 (1924), Nr. 9, S. 88/89.

480. Wirtschaft und Wirtschaftspolitik im dritten Vierteljahr 1923.
In: Die Kommunistische Internationale, Wien, 4 (1924), Nr. 28, Beilage, 39 S. (→ 1395.)

481. Die Wirtschaft und die Wirtschaftspolitik im III. Vierteljahr 1924.
In: Internationale Pressekorrespondenz, Wien, 4 (1924), Nr. 142 (Sondernummer), S. 1879 bis 1908. (→ 1395.)

482. Die Wirtschaft und die Wirtschaftspolitik im ersten Halbjahr 1924.
In: Internationale Pressekorrespondenz, Wien, 4 (1924), Nr. 112 (Sondernummer), S. 1439 bis 1466. (→ 1395.)

483. Wirtschaft und Wirtschaftspolitik im vierten Vierteljahr 1923.
In: Internationale Pressekorrespondenz, Wien, 4 (1924), Nr. 32, S. 355—378. (→ 464. 1395.)

484. Zaključitel'noe slovo (na 5-om vsemirnom kongresse Kominterna). [Schlußwort (auf dem V. Weltkongreß der Kommunistischen Internationale).]
In: Pravda, Moskva 28. 6. 1924.
Übersetzung in: Der 5. Kongreß der Kommunistischen Internationale, Bd. 1, Hamburg 1925, C. Hoym Nachf., S. 441—451.

485. Značenie i perspektivy mežsojuzničeskoj londonskoj konferencii. (Bedeutung und Aussichten der interalliierten Londoner Konferenz.)
In: Pravda, Moskva 15. 8. 1924.

1925

\+ 486. (Zusammen mit L. Trockij und K. Radek:) K voprosu o stabilizacii mirovogo kapitalizma. (Zur Frage der Stabilisierung des Weltkapitalismus.)
Moskva — Leningrad 1925, Planovoe chozjajstvo, 49 S.

\+ 487. Mirovaja ėkonomika i mirovoj krizis. (Weltwirtschaft und Weltkrise.)
Moskva 1925, Moskovskij rabočij, 96 S.

o+ 488. Mirovoe chozjajstvo i chozjajstvennaja politika v 1925 godu. Obzor zu 1 četvert' goda. (Wirtschaft und Wirtschaftspolitik im 1. Vierteljahr 1925.) Per. s rukopisi Davidovoj pod red. S. Ševerdina.
Moskva 1925, 120 S. (→ 524. 1395.)

o+ 489. Mirovoe chozjajstvo i politika. (Weltwirtschaft und Weltpolitik.) Per. s rukopisi Bronštejna pod red. S. Ševerdina.
Moskva 1925, Moskovskij rabočij, 140 S.

o+ 490. Plan Dauėsa i mirovoj krizis 1924 goda. (Der Dawesplan und die Weltkrise 1924.)
Moskva 1925, Moskovskij rabočij, 126 S. (→ 443.)

o+ 491. Stopansko-političeski problemi na proletarskata diktatura. (Die wirtschaftspolitischen Probleme der proletarischen Diktatur.) Per. ot nem. original. D. Todorov.
Nikolaev 1925, 271 S. (→ 269. 367. 368. 373. 1391. 1394. 1397.)

o+ 492. Zdijsnennja čy zamina kapitaliszmu. (Aufstieg oder Niedergang des Kapitalismus.)
Chaŕkiv 1925, 98 S. (→ 436. 438. 444. 1388.)

493. Die Agrarfrage in Ungarn.
In: Der 5. Kongreß der Kommunistischen Internationale, Bd. 2, Hamburg 1925, C. Hoym Nachf., S. 793.

494. Agrarnyj krizis i stabilizacija kapitalizma. (Die Agrarkrise und die Stabilisierung des Kapitalismus.)
In: Na agrarnom fronte, Moskva 1925, Nr. 5—6, S. 15—25.

495. Der Aufschwung der deutschen Ausfuhr nach der Sowjetunion.
In: Aus der Volkswirtschaft der UdSSR, Berlin, 4 (1925), Nr. 7, S. 9—12.
496. Die Bedeutung des Exports der UdSSR für Deutschland.
In: Aus der Volkswirtschaft der UdSSR, Berlin, 4 (1925), Nr. 2, S. 13—17.
497. Der Dawesplan und die Stabilisierung des Kapitalismus.
In: Die Kommunistische Internationale, Hamburg, 6 (1925), Nr. 4, S. 440—446.
498. Der deutsch-russische Handel.
In: Magazin der Wirtschaft, Berlin 1925, S. 1444.
499. Das deutsch-russische Wirtschaftsabkommen.
In: Aus der Volkswirtschaft der UdSSR, Berlin, 4 (1925), Nr. 10, S. 12—16.
500. Die deutsch-russischen Handelsvertragsverhandlungen und der Export Deutschlands nach der Union.
In: Aus der Volkswirtschaft der UdSSR, Berlin, 4 (1925), Nr. 4, S. 9—13.
501. Dinamičeskie processy v sovremennom mirovom chozjajstve. Po povodu doklada prof. Fal'knera, napeč, v No. 10 „Planovogo chozjajstva". (Dynamische Prozesse in der heutigen Weltwirtschaft. Anläßlich eines Vortrags von Prof. Falkner, abgedruckt in Nr. 10 von „Planovoe chozjajstvo".)
In: Planovoe chozjajstvo, Moskva 1925, Nr. 11, S. 181—198.
502. Einleitung zu: Agrarnoe dviženie v kapitalističeskich stranach. (Die Agrarbewegung in den kapitalistischen Ländern.)
Moskva — Leningrad 1925, Gosizdat, S. 3—6. (→ 1407.)
503. Einleitung zu: Germanskie reparacii i doklad komiteta ėkspertov. (Sobranie dokumentov.) S uvodnymi stat'jami F. A. Rotštejna i E. Vargi. [Die deutschen Reparationen und der Bericht des Expertenausschusses. (Dokumentensammlung.)]
Moskva — Leningrad 1925, Gosizdat, S. 83—97.
504. Ėkonomičeskie posledstvija vzdoroženija zerna. (Die ökonomischen Folgen der Verteuerung des Getreides.)
In: Na agrarnom fronte, Moskva 1925, Nr. 3, S. 78—80.
505. Ėkonomičeskie problemy revoljucii v Kitae. (Ökonomische Probleme der Revolution in China.)
In: Planovoe chozjajstvo, Moskva 1925, Nr. 12, S. 165—183.
o 506. Die Entwicklung der Getreidepreise. (Aus: Wirtschaft und Wirtschaftspolitik im 2. Vierteljahr 1925, Abschnitt „Agrarkrise".)
In: Internationale Pressekorrespondenz, Wien, 5 (1925), Nr. 33, S. 939. (→ 525. 1395.)
507. Fünf Jahre Konzessionspolitik.
In: Aus der Volkswirtschaft der UdSSR, Berlin, 4 (1925), Nr. 11, S. 16.
508. Krizis plana Dauėsa. (Die Krise des Dawesplans.)
In: Pravda, Moskva 21. 8. 1925.
509. K voprosu o „stabilizacii" mirovogo kapitalizma. (Doklad i zaključitel'noe slovo v klube planovych rabotnikov Gosplana SSSR 25 V 1925 g.) [Zur Frage der „Stabilisierung" des Weltkapitalismus (Vortrag und Schlußwort im Klub der Planungsmitarbeiter der Staatlichen Plankommission der UdSSR am 25. 5. 1925.)]
In: Planovoe chozjajstvo, Moskva 1925, Nr. 6, S. 153—168; 186—188.
510. Mirovaja ėkonomika. Obzor za 2-ju četvert' 1925 g. (Die Weltwirtschaft. Übersicht für das 2. Vierteljahr 1925.)
In: Pravda, Moskva 25. 8. 1925.
511. Mirovoe chozjajstvo v 1924 g. (Die Weltwirtschaft im Jahre 1924.)
In: Ėkonomičeskaja žizń, Moskva 17. 3. 1925.
512. Neskol'ko zamečanij (po povodu stat'i tov. Litvinova „Mirovoe chozjajstvo v načale 1925 g."). [Einige Bemerkungen (anläßlich des Artikels des Genossen Litvinov „Die Weltwirtschaft Anfang 1925".)]
In: Pravda, Moskva 23. 6. 1925.

513. O rabote torgpredstva. (Über die Arbeit der Handelsvertretung.)
In: Ėkonomičeskaja žizń, Moskva 25. 3. 1925.

514. Problemy mirovogo agrarnogo krizisa. (Probleme der Weltagrarkrise.)
In: Na agrarnom fronte, Moskva 1925, Nr. 1, S. 14—24.

o 515. Proizvodstvo zolota i dorogovizna. (Goldproduktion und Teuerung.)
In: Osnovnye problemy političeskoj ėkonomii, izd. 3, Moskva 1925, S. 285—295. (→ 80. 120. 140. 414.)

516. Reč' o meždunarodnom položenii na rasširennom Plenume Ispolkoma Kominterna. (Rede über die internationale Lage auf der erweiterten Plenartagung des Exekutivkomitees der Kommunistischen Internationale.)
In: Izvestija, Moskva 2. 4. 1925.

517. Rezension zu: Spektator, England in der Umwälzung, Berlin 1925.
In: Internationale Pressekorrespondenz, Wien, 5 (1925), Nr. 41, S. 1227.

518. Die Tätigkeit der Exekutive und die Weltlage.
In: Der 5. Kongreß der Kommunistischen Internationale, Bd. 1, Hamburg 1925, C. Hoym Nachf., S. 440.

o 519. Vorläufige Antwort an den Genossen Miljutin.
In: Internationale Pressekorrespondenz, Berlin, 5 (1925), Nr. 1, S. 27—30. (→ 462.)

520. Vorwort zu: Maul'ton, G. G. i K. E. Makgvajr, Platežesposobnost' Germanii. Reparacionnyj vopros. (Moulton, H. G. und C. E. McGuire, Die Zahlungsfähigkeit Deutschlands. Die Reparationsfrage.)
Moskva — Leningrad 1925, Gosizdat.

521. Wege und Hindernisse der Weltrevolution.
In: Die Kommunistische Internationale, Hamburg, 6 (1925), Nr. 12, S. 1221—1236.

522. Der Weltkapitalismus an der Jahreswende 1924/1925.
In: Die Kommunistische Internationale, Hamburg, 6 (1925), Nr. 1, S. 70—75.

523. Wirtschaft und Wirtschaftspolitik im IV. Vierteljahr 1924.
In: Internationale Pressekorrespondenz, Wien, 5 (1925), Nr. 21 (Sondernummer), S. 269—299. (→ 1395.)

524. Wirtschaft und Wirtschaftspolitik im I. Vierteljahr 1925.
In: Internationale Pressekorrespondenz, Wien, 5 (1925), Nr. 77, S. 1017—1046. (→ 488. 1395.)

525. Wirtschaft und Wirtschaftspolitik im II. Vierteljahr 1925.
In: Internationale Pressekorrespondenz, Wien, 5 (1925), Nr. 118, S. 1671—1702. (→ 506. 1395.)

526. Wirtschaft und Wirtschaftspolitik im III. Vierteljahr 1925.
In: Internationale Pressekorrespondenz, Wien, 5 (1925), Nr. 151, S. 2237—2274. (→ 530. 1395.)

o 527. Die wirtschaftliche Weltlage (1924).
In: Der 5. Kongreß der Kommunistischen Internationale, Bd. 1, Hamburg 1925, C. Hoym Nachf., S. 108. (→ 460. 461. 466.)

1926

o+ 528. Hospodářská organisace uherské republiky rad. (Die Wirtschaftsorganisation der Ungarischen Räterepublik.)
Praha 1926, 32 S. (→ 255. 268. 307. 310.)

o+ 529. Mirovoe chozjajstvo i chozjajstvennaja politika v 1925 godu. Obzor za 2 četvert' goda. (Wirtschaft und Wirtschaftspolitik im II. Vierteljahr 1925.) Perev. s nemeckoj rukopisi pod red. S. Ševerdina.
Moskva — Leningrad 1926, Moskovskij rabočij, 129 S. (→ 525. 1395.)

o+ 530. Mirovoe chozjajstvo i chozjajstvennaja politika v 1925 g. Obzor za 3 četvert' goda. (Wirtschaft und Wirtschaftspolitik im III. Vierteljahr 1925.) Perev. s nemeckoj rukopisi I. Dikanskogo, pod red. S. Ševerdina.
Moskva — Leningrad 1926, Moskovskij rabočij, 136 S. (→ 526. 1395.)

o+ 531. Mirovoe chozjajstvo i chozjajstvennaja politika v 1925 godu. Obzor za poslednjuju četvert goda. (Wirtschaft und Wirtschaftspolitik im IV. Vierteljahr 1925.) Perev. s rukopisi M. Dikanskogo, pod red. S. Ševerdina.
Moskva — Leningrad 1926, Moskovskij rabočij, 127 S. (→ 559. 1395.)

o+ 532. Mirovoe chozjajstvo i chozjajstvennaja politika v 1926 godu. Obzor za 1 četvert' goda. (Wirtschaft und Wirtschaftspolitik im I. Vierteljahr 1926.) Perevod s rukopisi M. Dikanskogo, pod red. S. Ševerdina.
Moskva — Leningrad 1926, Moskovskij rabočij, 136 S. (→ 560. 1395.)

533. Agrarizacija i industrializacija (Agrarisierung und Industrialisierung.)
In: Na agrarnom fronte, Moskva 1926, Nr. 6—7, S. 15—20.

534. Bauerntum und kommunistische Internationale.
In: Die Bauerninternationale, Berlin 1926, Nr. 1, S. 24.

535. Chozjajstvennoe položenie Germanii. (Die Wirtschaftslage Deutschlands.)
In: Planovoe chozjajstvo, Moskva 1926, Nr. 7, S. 117—127.

536. Chozjajstvennoe položenie Germanii. (Die Wirtschaftslage Deutschlands.)
In: Planovoe chozjajstvo, Moskva 1926, Nr. 11, S. 139—154.

537. Diskussionsbeitrag in: VII. Tagung des erweiterten EKKI, Fünfte Sitzung. Fortsetzung der Diskussion über die internationale Lage und die Aufgaben der Komintern.
In: Internationale Pressekorrespondenz, Berlin, 6 (1926), Nr. 146, S. 2562/2563.

538. Diskussionsbeitrag in: VII. Tagung des erweiterten EKKI. Fünfte Sitzung. Fortsetzung der Diskussion über die internationale Lage und die Aufgaben der Komintern. Ausführlicher Bericht.
In: Internationale Pressekorrespondenz, Berlin, 6 (1926), Nr. 152, S. 2700—2702.

539. Diskussionsbeitrag in: Die Tagung des erweiterten EKKI. Vierte Sitzung. Fortsetzung der Diskussion zum Bericht des Genossen Sinowjew über die Tätigkeit des EKKI.
In: Internationale Pressekorrespondenz, Wien, 6 (1926), Nr. 30, S. 433.

540. Diskussionsbeitrag in: Die Tagung des erweiterten EKKI. Vierte Sitzung. Fortsetzung der Diskussion zum Bericht des Genossen Sinowjew über die Tätigkeit des EKKI. Ausführlicher Tagungsbericht.
In: Internationale Pressekorrespondenz, Wien, 6 (1926), Nr. 36, S. 497/498.

541. Finansovyj krizis i chozjajstvennoe položenie Francii. (Die Finanzkrise und die Wirtschaftslage Frankreichs.)
In: Planovoe chozjajstvo, Moskva 1926, Nr. 2, S. 183—203.

542. Die innere Kaufkraft des französischen Franken.
In: Internationale Pressekorrespondenz, Wien, 6 (1926), Nr. 15, S. 365.

543. Južnaja Amerika. Geografičeski-ėkonomičeskij očerk. (Südamerika. Eine wirtschaftsgeographische Skizze.) Glava iz podgotovljaemoj k pečati knigi.
In: Planovoe chozjajstvo, Moskva 1926, Nr. 6, S. 127—137.

544. Konzessionsmöglichkeiten in der Sowjetunion.
In: Die Volkswirtschaft der UdSSR, Berlin, 5 (1926), Nr. 17, S. 5—9.

545. Krupnaja germanskaja buržuazija predlagaet sojuz social-demokratii. (Die deutsche Großbourgeoisie schlägt der Sozialdemokratie ein Bündnis vor.)
In: Ėkonomičeskaja žizń, Moskva 26. 9. 1926.

546. Das Manifest der Bankiers: Bankkapital gegen Industriekapital.
In: Die Kommunistische Internationale, Hamburg, 7 (1926), Nr. 9, S. 382—387.

547. Der marxistische Sinn der Rationalisierung.
In: Die Internationale, Berlin, 9 (1926), Nr. 14, S. 431—437.

548. Meksika. Politiko-ėkonomičeskij obzor. (Mexiko. Politisch-ökonomischer Überblick.)
In: Planovoe chozjajstvo, Moskva 1926, Nr. 9, S. 137—154.

549. Mirovoe chozjajstvo v 1925 g. (Die Weltwirtschaft im Jahre 1925.)
In: Pravda, Moskva 9. 1. 1926.

550. Das proletarische Deutschland.
In: Die Kommunistische Internationale, Hamburg, 7 (1926), Nr. 3, S. 125—127.

551. Protivorečija germanskogo kapitalizma. (Die Widersprüche des deutschen Kapitalismus.)
In: Bol'ševik, Moskva 1926, Nr. 21—22, S. 81—101.
552. Der Prozeß der ungarischen Sozialdemokraten gegen den Genossen Rakosi.
In: Internationale Pressekorrespondenz, Berlin, 6 (1926), Nr. 92, S. 1499.
533. Reč' na rasširennom plenume IKKI s charakteristikoj meždunarodnogo položenija. (Rede auf der erweiterten Plenartagung des Exekutivkomitees der Kommunistischen Internationale mit einer Charakterisierung der internationalen Lage.)
In: Izvestija, Moskva 23. 2. 1926.
554. Rezension zu: Clara Zetkin, Die Bedeutung der aufbauenden Sowjetunion für die deutsche Arbeiterklasse, 1926. Unter dem Titel: Clara Zetkin, Der Aufbau der Sowjetunion.
In: Internationale Pressekorrespondenz, Berlin, 6 (1926), Nr. 104, S. 1741.
o 555. Skazka o tom kak rabočie stanovjatsja kapitalistami. (Das Märchen von den Arbeitern, die zu Kapitalisten werden.)
In: Mirovoe chozjajstvo i mirovaja politika, Moskva 1926, Nr. 2, S. 88—91. (→ 560. 1395.)
556. Der Überimperialismus und das Gesetz der ungleichmäßigen Entwicklung des Kapitalismus.
In: Die Kommunistische Internationale, Hamburg, 7 (1926), Nr. 6, S. 245—250.
557. Die Union an fünfter Stelle in der deutschen Ausfuhr.
In: Die Volkswirtschaft der UdSSR, Berlin, 5 (1926), Nr. 15—16, S. 5.
558. Die Weltbedeutung des revolutionären Kampfes der englischen Arbeiterschaft.
In: Die Kommunistische Internationale, Hamburg, 7 (1926), Nr. 7, S. 581—599.
559. Wirtschaft und Wirtschaftspolitik im IV. Vierteljahr 1925.
In: Internationale Pressekorrespondenz, Wien, 6 (1926), Nr. 22, S. 295—330. (→ 531. 1395.)
560. Wirtschaft und Wirtschaftspolitik im I. Vierteljahr 1926.
In: Internationale Pressekorrespondenz, Berlin, 6 (1926), Nr. 69, S. 1073—1108, (→ 532. 555. 1395.)
561. Wirtschaft und Wirtschaftspolitik im II. Vierteljahr 1926.
In: Internationale Pressekorrespondenz, Berlin, 6 (1926), Nr. 102, S. 1671—1709. (→ 1391. 1395. 1398.)
562. Wirtschaft und Wirtschaftspolitik im III. Vierteljahr 1926.
In: Internationale Pressekorrespondenz, Berlin, 6 (1926), Nr. 132, S. 2277—2308. (→ 1391. 1395. 1398.)
563. Die wirtschaftliche Lage in Frankreich.
In: Internationale Pressekorrespondenz, Berlin, 6 (1926), Nr. 53, S. 745.
564. Die Wirtschaftslage der Sowjetunion in der deutschen Presse.
In: Die Volkswirtschaft der UdSSR, Berlin, 6 (1926), Nr. 9—10, S. 9—15.
565. Die Wirtschaftslage der Sowjetunion und der deutsche Export.
In: Die Volkswirtschaft der UdSSR, Berlin, 5 (1926), Nr. 1—2, S. 9—13.

1927

\+ 566. Anglija i Germanija. (England und Deutschland.) Perev. s rukopisi pod red. S. Ševerdina.
Moskva — Leningrad 1927, Moskovskij rabočij, 134 S.
\+ 567. Francija. Kolonial'nyj vostok. (Frankreich. Der koloniale Osten.) Perev. s rukopisi pod red. S. Ševerdina.
Moskva — Leningrad 1927, Moskovskij rabočij, 87 S.
568. Agrarnyj vopros na meždunarodnoj ėkonomičeskoj konferencii. (Die Agrarfrage auf der Weltwirtschaftskonferenz.)
In: Pravda, Moskva 29. 5. 1927.
569. Amerikanskij rynok kapitalov. (Der amerikanische Kapitalmarkt.)
In: Ėkonomičeskaja žizń, Moskva 11. 10. 1927.
570. Der Aufschwung der Sowjetunion.
In: Das neue Rußland, Berlin 1927, Nr. 1—2, S. 19.

571. Auslandsanleihen und Reparationsfrage.
In: Die Kommunistische Internationale, Hamburg, 8 (1927), Heft 49, S. 2408—2415.

572. Bankenkrise und Regierungswechsel in Japan.
In: Internationale Pressekorrespondenz, Berlin, 7 (1927), Nr. 46, S. 949/950, (→ 573.)

o 573. Bankovskij krizis v Japonii. (Bankenkrise und Regierungswechsel in Japan.)
In: Mirovoe chozjajstvo i mirovaja politika, Moskva 1927, Nr. 7, S. 150—154. (→ 572.)

574. Die Bedeutung der Weltwirtschaftskonferenz.
In: Internationale Pressekorrespondenz, Berlin, 7 (1927), Nr. 55, S. 1180/1181.

o 575. Bor̀ba na mirovom rynke nefti. (Der Kampf auf dem Weltpetroleummarkt.)
In: Mirovoe chozjajstvo i mirovaja politika, Moskva 1927, Nr. 10—11, S. 259—264. (→ 616. 1395.)

576. Chozjajstvennaja žizń v ėpochu razvitogo kapitalizma. (Das Wirtschaftsleben in der Epoche des entwickelten Kapitalismus.)
In: Ėkonomičeskaja žizń, Moskva 21. 7. 1928.

577. Ėksport kapitala v mirovom chozjajstve. (Der Kapitalexport in der Weltwirtschaft.)
In: Ėkonomičeskoe obozrenie, Moskva 1927, Nr. 9, S. 187—193. (→ 584.)

578. Die ersten zehn Jahre der Niedergangsperiode des Kapitalismus.
In: Die Kommunistische Internationale, Hamburg, 8 (1927), Nr. 45—46, S. 2206—2215. (→ 1388.)

579. Hochkonjunktur und Arbeiterschaft in Deutschland.
In: Die Kommunistische Internationale, Hamburg, 8 (1927), Nr. 35, S. 1705—1711.

580. Internacional'nye monopolii. (Die internationalen Monopole.)
In: Ėkonomičeskoe obozrenie, Moskva 1927, Nr. 4, S. 181—188.

o 581. Issledovanie kon-junktury i teorija krizisov. (Konjunkturforschung und Krisentheorie.)
In: Mirovoe chozjajstvo i mirovaja politika, Moskva 1927, Nr. 12, S. 3—15. (→ 616. 1361. 1371. 1392. 1395. 1396. 1398.)

582. Južnaja Amerika. (Südamerika.)
In: Planovoe chozjajstvo, Moskva 1927, Nr. 6, S. 127—137.

583. K voprosu o regulirovanii mirovogo rynka pšenicy. Meždunarodnaja konferencija v Kanzas-Siti. (Zur Frage der Regulierung des Welt-Weizenmarktes. Internationale Konferenz in Kansas-City.)
In: Ėkonomičeskoe obozrenie, Moskva 1927, Nr. 7, S. 160—165.

o 584. Der Kapitalexport in der Weltwirtschaft.
In: Die Internationale, Berlin, 10 (1927), Nr. 12, S. 363—369. (→ 577.)

o 585. Kapitalističeskij mir i revoljucionnyj Kitaj. (Die kapitalistische Welt und das revolutionäre China.)
In: Mirovoe chozjajstvo i mirovaja politika, Moskva 1927, Nr. 5—6, S. 45—60. (→ 614. 1395.)

586. Meždunarodnaja ėkonomičeskaja konferencija. (Die Weltwirtschaftskonferenz.)
In: Ėkonomičeskaja žizń, Moskva 29. 5. 1927.

587. Meždunarodnyj rynok kapitalov. (Der internationale Kapitalmarkt.)
In: Mirovoe chozjajstvo i mirovaja politika, Moskva 1927, Nr. 10—11, S. 254—258.

588. Meždunarodnyj spičečnyj trest v Germanii. (Der internationale Zündholztrust in Deutschland.)
In: Ėkonomičeskaja žizń, Moskva 11. 5. 1927.

589. Mirovaja bezrabotica. (Die weltweite Arbeitslosigkeit.)
In: Ėkonomičeskaja žizń, Moskva 30. 3. 1927.

590. Mirovaja mašinostroitel'naja promyšlennost'. (Die Maschinenbauindustrie der Welt.)
In: Ėkonomičeskaja žizń, Moskva 7. 7. 1927.

591. Mirovaja neftepromyšlennost'. (Die Erdölindustrie der Welt.)
In: Ėkonomičeskaja žizń, Moskva 1. 11. 1927.

592. Mirovoe chozjajstvo v 1926 g. (Die Weltwirtschaft im Jahre 1926.)
In: Ėkonomičeskaja žizń, Moskva 1. 1. 1927.

593. Obščij obzor mirovogo chozjajstva. (Allgemeine Übersicht über die Weltwirtschaft.)
In: Mirovoe chozjajstvo i mirovaja politika, Moskva 1927, Nr. 8, S. 105—123.

594. Obščij obzor mirovogo chozjajstva. (Allgemeine Übersicht über die Weltwirtschaft.)
In: Mirovoe chozjajstvo i mirovaja politika, Moskva 1927, Nr. 10—11, S. 199—211.

595. Obzor kon-junktury po stranam. (Konjunkturübersicht nach Ländern.)
In: Mirovoe chozjajstvo i mirovaja politika, Moskva 1927, Nr. 5—6, S. 189—200; Nr. 8, S. 124 bis 153; Nr. 10—11, S. 211—250.

o 596. Obzor mirovogo chozjajstva. Mirovoe chozjajstvo za 1 kvartal 1927 g. (Wirtschaft und Wirtschaftspolitik im I. Vierteljahr 1927.)
In: Mirovoe chozjajstvo i mirovaja politika, Moskva 1927, Nr. 4, S. 135—145. (→ 614. 1395.)

597. O tendencijach mirovogo sudochodstva. (Über die Tendenzen der Weltschiffahrt.)
In: Ėkonomičeskaja žizń, Moskva 5. 2. 1927.

598. Pered mirovoj ėkonomičeskoj konferencii. (Vor der Weltwirtschaftskonferenz.)
In: Ėkonomičeskaja žizń, Moskva 4. 5. 1927.

599. Pered novym ugol'nym krizisom. (Vor einer neuen Kohlekrise.)
In: Ėkonomičeskaja žizń, Moskva 17. 8. 1927.

600. Položenie mirovogo chozjajstva. (Die Lage der Weltwirtschaft.)
In: Ėkonomičeskoe obozrenie, Moskva 1927, Nr. 5, S. 187—192.

601. Problema uglja. (Das Kohleproblem.)
In: Ėkonomičeskaja žizń, Moskva 5. 3. 1927.

602. Problemy kapitalizma vo Francii i francuzskaja kommunističeskaja partija. (Probleme des Kapitalismus in Frankreich und die französische kommunistische Partei.)
In: Bol'ševik, Moskva 1927, Nr. 7—8, S. 88—109.

o 603. Puti razvitija ital'janskogo kapitalizma. (Entwicklungswege des italienischen Kapitalismus.)
In: Mirovoe chozjajstvo i mirovaja politika, Moskva 1927, Nr. 8, S. 9—28. (→ 615. 1395. 1398.)

604. Razvitie i perestraivanie proizvodstva iskusstvennogo šelka. (Entwicklung und Rekonstruktion der Kunstseideproduktion.)
In: Ėkonomičeskaja žizń, Moskva 28. 5. 1927.

605. Reparacionnaja problema i novyj konflikt. (Das Reparationsproblem und der neue Konflikt.)
In: Bol'ševik, Moskva 1927, Nr. 22, S. 61—70. (→ 1396.)

606. Restavracija zolota. (Die Wiederherstellung des Goldes.)
In: Ėkonomičeskoe obozrenie, Moskva 1927, Nr. 12, S. 124—130.

607. Rynok chlopka v sezone 1927—1928 gg. (Der Baumwollmarkt in der Saison 1927/1928.)
In: Ėkonomičeskaja žizń, Moskva 27. 9. 1927.

o 608. Soedinennye Štaty kak rukovodjaščaja imperialističeskaja strana. (Die Vereinigten Staaten als führender imperialistischer Staat.)
In: Mirovoe chozjajstvo i mirovaja politika, Moskva 1927, Nr. 7, S. 3—31. (→ 614. 1395. 1398.)

609. Die Strukturwandlung des Kapitalismus in den Vereinigten Staaten.
In: Die Kommunistische Internationale, Hamburg, 8 (1927), Nr. 10, S. 471—480.

o 610. Tamožennaja politika kak sredstvo bor'by za rynki sbyta. (Zollpolitik als Mittel des Kampfes um den Absatz.)
In: Mirovoe chozjajstvo i mirovaja politika, Moskva 1927, Nr. 12, S. 61—69. (→ 616. 1395.)

611. Tekuščie problemy anglijskoj ėkonomiki. (Aktuelle Probleme der englischen Wirtschaft.)
In: Planovoe chozjajstvo, Moskva 1927, Nr. 5, S. 183—193.

o 612. Valjutnyj vopros i problema zolota. (Die Währungsfrage und das Goldproblem.)
In: Mirovoe chozjajstvo i mirovaja politika, Moskva 1927, Nr. 10—11, S. 251—254. (→ 616. 1395.)

613. Wirtschaft und Wirtschaftspolitik im IV. Vierteljahr 1926.
In: Internationale Pressekorrespondenz, Berlin, 7 (1927), Nr. 14, S. 257—294. (→ 1395. 1398.)

614. Wirtschaft und Wirtschaftspolitik im I. Vierteljahr 1927.
In: Internationale Pressekorrespondenz, Berlin, 7 (1927), Nr. 50, S. 1043—1076. (→ 585. 596. 608. 1395. 1398.)

615. Wirtschaft und Wirtschaftspolitik im II. Vierteljahr 1927.
In: Internationale Pressekorrespondenz, Berlin, 7 (1927), Nr. 78, S. 1669—1704. (→ 603. 654. 1395. 1398.)
616. Wirtschaft und Wirtschaftspolitik im III. Vierteljahr 1927.
In: Internationale Pressekorrespondenz, Berlin, 7 (1927), Nr. 110, S. 2397—2435. (→ 575. 581. 610. 612. 1361. 1391. 1395. 1396. 1398.)
617. Zehn Jahre Sowjetwirtschaft.
In: Osteuropa, Berlin — Königsberg, 3 (1927/28), Nr. 2, S. 135—144.

1928

o+ 618. The decline of capitalism. The economics of a period of the decline of capitalism after stabilization. (Die Wirtschaft der Niedergangsperiode des Kapitalismus nach der Stabilisierung.)
London 1928, The Communist International, 96 S. (→ 619. 620. 621. 637. 1361.)
o+ 619. L'économie de la periode du déclin du capitalisme après la stabilisation. (Die Wirtschaft der Niedergangsperiode des Kapitalismus nach der Stabilisierung.)
Paris 1928, Bureau d'Éditions de l'Internationale Communiste, 176 S. (→ 618. 620. 621. 637. 1361.)
o+ 620. Ėkonomika kapitalizma v period zakata posle stabilizacii. (Die Wirtschaft der Niedergangsperiode des Kapitalismus nach der Stabilisierung.)
Moskva — Leningrad 1928, Gosizdat, 133 S. (→ 618. 619. 621. 637. 1361.)
+ 621. Die Wirtschaft der Niedergangsperiode des Kapitalismus nach der Stabilisierung.
Hamburg 1928, C. Hoym Nachf., 139 S. (Probleme der Weltpolitik und der Arbeiterbewegung, Bd. 7.) (→ 618. 619. 620. 637. 1361.)
622. Agrarizacija i industrializacija. (Agrarisierung und Industrialisierung.)
In: Na agrarnom fronte, Moskva 1928, Nr. 6—7, S. 15—20.
623. Az amerikai mezögazdaság. (Die amerikanische Landwirtschaft.)
In: Uj Elöre naptára, 1928, S. 21/22.
624. Bor'ba zu Rurskuju oblast'. (Der Kampf um das Ruhrgebiet.)
In: Pravda, Moskva 11. 1. 1928. (→ 631.)
o 625. Bor'ba za rynki sbyta na mirovom rynke. (Der Kampf um den Absatz auf dem Weltmarkt.)
In: Mirovoe chozjajstvo i mirovaja politika, Moskva 1928, Nr. 2, S. 97—105. (→ 662. 1395.)
626. Ėkonomičeskoe položenie SSSR (doklad na VI kongresse Kominterna). [Die Wirtschaftslage der UdSSR (Referat auf dem VI. Kongreß der Kommunistischen Internationale.)]
In: Pravda, Moskva 3. 9. 1928.
Übersetzung in: Sechster Weltkongreß der Kommunistischen Internationale, Bd. III, Hamburg — Berlin 1929, C. Hoym Nachf., S. 501—527.
627. Ėkonomika Anglii na poroge 1928 g. (Englands Wirtschaft an der Schwelle des Jahres 1928.)
In: Pravda, Moskva 18. 1. 1928.
o 628. Ėksport kapitala i vnešnaja politika. (Kapitalexport und Außenpolitik.)
In: Mirovoe chozjajstvo i mirovaja politika, Moskva 1928, Nr. 2, S. 126—128. (→ 662. 1395.)
629. Genosse Skworzow-Stepanow. Dem Andenken eines alten Marxisten.
In: Internationale Pressekorrespondenz, Berlin, 6 (1928), Nr. 116, S. 2288/2289.
630. Istoričeskoe značenie proletarskoj diktatury v Vengrii. (Die historische Bedeutung der proletarischen Diktatur in Ungarn.)
In: Bol'šaja Sovetskaja Ėnciklopedija, 1 izd., Bd. 10, Moskva 1928, S. 82—89.
o 631. Der Kampf um das Ruhrgebiet.
In: Internationale Pressekorrespondenz, Berlin, 8 (1928), Nr. 5, S. 92/93. (→ 624.)
o 632. Krizis kapitalističeskoj racionalizacii. (Die Krise der kapitalistischen Rationalisierung.)
In: Mirovoe chozjajstvo i mirovaja politika, Moskva 1928, Nr. 5, S. 3—12. (→ 663. 1388. 1395.)

o 633. Meždunarodnye monopolii i boŕba za ceny. (Internationale Monopolbildung und Preiskampf.) In: Mirovoe chozjajstvo i mirovaja politika, Moskva 1928, Nr. 5, S. 86—91. (→ 663. 1395.)

634. Meždunarodnye monopolii i profsojuznaja boŕba. (Die internationalen Monopole und der Gewerkschaftskampf.) In: Krasnyj internacional profsojuzov, Moskva 1928, Nr. 1 (84), S. 17—23.

o 635. Mirovaja ėkonomika v 1927 g. (Die Weltwirtschaft im Jahre 1927.) In: Mirovoe chozjajstvo i mirovaja politika, Moskva 1928, Nr. 1, S. 12—22. (→ 662. 1395.)

636. Načalo krizisa v Soedinennych Štatach. (Beginn der Krise in den Vereinigten Staaten.) In: Pravda, Moskva 12. 1. 1928.

o 637. Das Neue in der Technik und seine ökonomischen Folgen. (Kapitel aus: Die Wirtschaft der Niedergangsperiode des Kapitalismus nach der Stabilisierung.) In: Die Kommunistische Internationale, Hamburg, 9 (1928), Nr. 25—26, S. 1367—1378, (→ 618. 619. 620. 621. 1361.)

638. Novaja faza imperializma i opasnost' vojny. (Die neue Phase des Imperialismus und die Kriegsgefahr.) In: Mirovoe chozjajstvo i mirovaja politika, Moskva 1928, Nr. 10, S. 3—12.

639. Obostrenie imperialističeskich protivorečij i revoljucionnyj vopros (Die Verschärfung der imperialistischen Widersprüche und die revolutionäre Frage.) In: Bol'ševik, Moskva 1928, Nr. 21—22, S. 56—70. (→ 1416.)

640. Obščij obzor mirovogo chozjajstva. (Allgemeine Übersicht über die Weltwirtschaft.) In: Mirovoe chozjajstvo i mirovaja politika, Moskva 1928, Nr. 2, S. 121—125.

641. Obščij obzor mirovogo chozjajstva. (Allgemeine Übersicht über die Weltwirtschaft.) In: Mirovoe chozjajstvo i mirovaja politika, Moskva 1928, Nr. 8—9, S. 185—189.

642. Obščij obzor mirovogo chozjajstva. (Allgemeine Übersicht über die Weltwirtschaft.) In: Mirovoe chozjajstvo i mirovaja politika, Moskva 1928, Nr. 12, S. 113—117.

o 643. Obzor kon-junktury po stranam. (Germanija, Francija, Anglija, SŠA, Italija.) [Konjunkturübersicht nach Ländern. (Deutschland, Frankreich, England, USA, Italien.)] In: Mirovoe chozjajstvo i mirovaja politika, Moskva 1928, Nr. 2, S. 128—155. (→ 662. 1395.)

o 644. Obzor kon-junktury po stranam. (Germanija, Francija, Japonija, Italija, Anglija, SŠA.) [Konjunkturübersicht nach Ländern. (Deutschland, Frankreich, Japan, Italien, England, USA.)] In: Mirovoe chozjajstvo i mirovaja politika, Moskva 1928, Nr. 8—9, S. 190—223. (→ 664. 1395.)

o 645. Obzor kon-junktury po stranam. (Germanija, Soedinennye Štaty, Anglija, Francija i Italija.) [Konjunkturübersicht nach Ländern. (Deutschland, die Vereinigten Staaten, England, Frankreich und Italien.)] In: Mirovoe chozjajstvo i mirovaja politika, Moskva 1928, Nr. 12, S. 117—151. (→ 665. 1395.)

646. Osnovnye problemy kitajskoj revoljucii. (Grundlegende Probleme der chinesischen Revolution.) In: Bol'ševik, Moskva 1928, Nr. 6, S. 17—40.

647. O strukturnom charaktere bezraboticy v voennom kommunizme (reč' na VI kongresse Kominterna). [Über den Strukturcharakter der Arbeitslosigkeit im Kriegskommunismus. (Rede auf dem VI. Kongreß der Kommunistischen Internationale.)] In: Pravda, Moskva 18. 8. 1928.

648. Perechodnyj period ot kapitalizma k socializmu. (Die Übergangsperiode vom Kapitalismus zum Sozialismus.) In: Pravda, Moskva 14. 6. 1928.

649. Politika britanskogo imperializma v Indii. (Die Politik des britischen Imperialismus in Indien.) In: Bol'ševik, Moskva 1928, Nr. 3—4, S. 53—85.

650. Pravil'nyj prognoz. (Eine richtige Prognose.) In: Ėkonomičeskaja žizń, Moskva 8. 1. 1928.

651. Problemy racionalizacii anglijskoj promyšlennosti (Rationalisierungsprobleme der englischen Industrie.) In: Mirovoe chozjajstvo i mirovaja politika, Moskva 1928, Nr. 3, S. 12—18.

652. Problemy Sredizemnogo morja. (Probleme des Mittelmeerraumes.)
In: Mirovoe chozjajstvo i mirovaja politika, Moskva 1928, Nr. 4, S. 15—17.

653. Problemy zolota i valjuty. (Gold- und Währungsprobleme.)
In: Ėkonomičeskaja žizń, Moskva 3. 4. 1928.
Ebenso in: Mirovoe chozjajstvo i mirovaja politika, Moskva 1928, Nr. 1—2, S. 9—16.

o 654. Puti razvitija ital'janskogo kapitalizma. (Der Weg des italienischen Kapitalismus.)
In: Mirovoe chozjajstvo i mirovaja politika, Moskva 1928, Nr. 8, S. 9—28. (→ 603. 615. 1395. 1398.)

655. Reparacionnaja problema. (Das Reparationsproblem.)
In: Mirovoe chozjajstvo i mirovaja politika, Moskva 1928, Nr. 6, S. 54—58.

656. Rezension zu: R. P. Datt. Voprosy indijskoj revoljucii. (R. Palme Dutt, Fragen der indischen Revolution.), Moskva 1927, Gosizdat.
In: Pravda, Moskva 3. 9. 1928.

o 657. Rol' zolota v sovremennoj ėkonomike. (Die gegenwärtige Rolle des Goldes.)
In: Mirovoe chozjajstvo i mirovaja politika, Moskva 1928, Nr. 12, S. 19—23. (→ 665. 1395.)

658. Technika i ėkonomija mirovogo chozjajstva i central'naja oś politiki imperializma. (Technik und Ökonomie der Weltwirtschaft und die zentrale Achse der Politik des Imperialismus.)
In: Kommunističeskaja revoljucija, Moskva — Leningrad 1928, Nr. 16, S. 12—18.

659. Die Übergangsperiode vom Kapitalismus zum Sozialismus. („Kriegskommunismus" und „Neue ökonomische Politik".)
In: Die Kommunistische Internationale, Hamburg, 9 (1928), Nr. 25—26, S. 1466—1473.

o 660. Valjutnyj vopros, zoloto i dviženie kapitala. (Währungsfrage, Gold und Kapitalbewegung.)
In: Mirovoe chozjajstvo i mirovaja politika, Moskva 1928, Nr. 6, S. 121—124. (→ 663. 1395.)

661. Versuche einer Neuregelung der Reparationsfrage.
In: Die Kommunistische Internationale, Hamburg, 9 (1928), Nr. 4, S. 175—183.

662. Wirtschaft und Wirtschaftspolitik im IV. Vierteljahr 1927.
In: Internationale Pressekorrespondenz, Berlin, 8 (1928), Nr. 15, S. 292—331. (→ 625. 628. 635. 643. 1395.)

663. Wirtschaft und Wirtschaftspolitik im I. Vierteljahr 1928.
In: Internationale Pressekorrespondenz, Berlin, 8 (1928), Nr. 48, S. 847—884. (→ 632. 633. 660. 1388. 1395.)

664. Wirtschaft und Wirtschaftspolitik im II. Vierteljahr 1928.
In: Internationale Pressekorrespondenz, Berlin, 8 (1928), Nr. 68, S. 1223—1244. (→ 644. 1395.)

665. Wirtschaft und Wirtschaftspolitik im 3. Vierteljahr 1928.
In: Internationale Pressekorrespondenz, Berlin, 8 (1928), Nr. 126, S. 2495—2528. (→ 645. 657. 1395.)

1929

\+ 666. Problemy mirovogo chozjajstva i mirovoj politiki. (Probleme der Weltwirtschaft und der Weltpolitik.)
Moskva 1929, Izd-vo Kom. Akad., 319 S.

667. Amerikanskij birževoj krach i obščij ėkonomičeskij krizis. Doklad, prenija po dokladu i zaključitel'noe slovo. (Der amerikanische Börsenkrach und die allgemeine Wirtschaftskrise. Vortrag, Diskussion zum Vortrag und Schlußwort.)
In: Problemy ėkonomiki, Moskva 1929, Nr. 12, S. 142—151. (→ 703.)

668. Beitrag in: Novyj ėtap v reparacionnom voprose, Moskva 1929, Kommunističeskaja Akademija, S. 173—183. (→ 1416.)

o 669. Desjat' let krizisa kapitalizma. (10 Jahre Krise des Kapitalismus.)
In: Bol'ševik, Moskva 1929, Nr. 6, S. 10—29. (→ 697.)

670. Gaagskaja konferencija i plan Junga. (Die Haager Konferenz und der Young-Plan.)
In: Mirovoe chozjajstvo i mirovaja politika, Moskva 1929, Nr. 10, S. 10—32.

671. Imperialističeskie bloki v 1928 g. (Die imperialistischen Blocks im Jahre 1928.)
Mirovoe chozjajstvo i mirovaja politika, Moskva 1929, Nr. 1. S. 3—7.
672. Internationaler Börsenkrach — Vorbote der nahenden Wirtschaftskrise.
In: Die Kommunistische Internationale, Hamburg, 10 (1929), Nr. 44, S. 1625—1637. (→ 767.)
673. Kitaj posle pobedy kontrrevoljucii. (China nach dem Sieg der Konterrevolution.)
In: Mirovoe chozjajstvo i mirovaja politika, Moskva 1929, Nr. 3, S. 28—35.
674. Meždunarodnye monopolii v 1928 godu. (Die internationalen Monopole im Jahre 1928.)
In: Mirovoe chozjajstvo i mirovaja politika, Moskva 1929, Nr. 1, S. 88—94.
675. Mirovoe chozjajstvo. (Die Weltwirtschaft.)
In: Ežegodnik mirovogo chozjajstva i mirovoj politiki na 1929 g., Moskva 1929, Izd-vo Kom. Akad., S. 5—18. (→ 1414.)
676. Die Neuregelung der Reparationen im Young-Plan.
In: Die Kommunistische Internationale, Hamburg, 10 (1929), Nr. 26, S. 1471—1484.
o 677. Novyj agrarnyj krizis. (Die neue Agrarkrise.)
In: Mirovoe chozjajstvo i mirovaja politika, Moskva 1929, Nr. 8—9, S. 13—22. (→ 694. 1395.)
678. Novyj reparacionnyj plan. (Der neue Reparationsplan.)
In: Mirovoe chozjajstvo i mirovaja politika, Moskva 1929, Nr. 7, S. 3—11.
679. Obščij obzor mirovogo chozjajstva. (Allgemeine Übersicht über die Weltwirtschaft.)
In: Mirovoe chozjajstvo i mirovaja politika, Moskva 1929, Nr. 3, S. 92—97.
o 680. Obščij obzor mirovogo chozjajstva. (Allgemeine Übersicht über die Weltwirtschaft.)
In: Mirovoe chozjajstvo i mirovaja politika, Moskva 1929, Nr. 8—9, S. 132—143. (→ 694. 1395.)
o 681. Obzor kon-junktury po stranam (Germanija, Anglija, Soedinennye Štaty, Francija, Italija.) [Konjunkturübersicht nach Ländern. (Deutschland, England, die Vereinigten Staaten, Frankreich, Italien.)]
In: Mirovoe chozjajstvo i mirovaja politika, Moskva 1929, Nr. 8—9, S. 143—178. (→ 694. 1395.)
682. Osnovnye problemy organizovannogo kapitalizma. (Grundprobleme des organisierten Kapitalismus.)
In: Problemy ėkonomiki, Moskva 1929, Nr. 9, S. 108—111. (→ 728.)
683. Ot plana Dauėsa do plana Junga. (Vom Dawesplan zum Young-Plan.)
In: Pravda, Moskva 28. 6. 1929.
684. Predvaritel'nyj plan bol'šoj kollektivnoj raboty Kommunističeskoj Akademii „Soedinennye Štaty v period zakata kapitalizma". (Vorläufiger Plan der großen Kollektivarbeit der Kommunistischen Akademie „Die Vereinigten Staaten in der Niedergangsperiode des Kapitalismus".)
In: Mirovoe chozjajstvo i mirovaja politika, Moskva 1929, Nr. 7, S. 122—125.
o 685. Problemy novoj Rumynii. (Probleme des neuen Rumänien.)
In: Mirovoe chozjajstvo i mirovaja politika, Moskva 1929, Nr. 2, S. 3—20. (→ 692. 1395.)
o 686. Problemy obrazovanija monopolij i organizacii kapitalizma. (Probleme der Monopolbildung und der Lehre vom „organisierten Kapitalismus".)
In: Mirovoe chozjajstvo i mirovaja politika, Moskva 1929, Nr. 11—12, S. 3—23. (→ 695. 1388. 1395.)
687. Problemy organizovannogo kapitalizma. (Probleme des organisierten Kapitalismus.)
In: Vestnik Kommunističeskoj Akademii, Moskva 1929, Nr. 35—36, S. 297—299.
688. Aus dem Referat und Schlußwort des Genossen Varga über die Weltwirtschaftslage. (Diskussion in der politischen Kommission des EKKI.)
In: Die Kommunistische Internationale, Hamburg, 10 (1929), Nr. 20, S. 1173—1187.
689. Die Reparationsfrage und die imperialistische Blockbildung.
In: Die Kommunistische Internationale, Hamburg, 10 (1929), Nr. 4, S. 161—172.
690. Rezension: Raboty naučno-issledovatel'skogo instituta po Kitaju. (Arbeiten des China-Forschungsinstituts.)
In: Pravda, Moskva 6. 1. 1929.
691. Sovetskaja Vengrija. (Räte-Ungarn.)
In: Izvestija, Moskva 21. 3. 1929.

692. Wirtschaft und Wirtschaftspolitik im 4. Vierteljahr 1928.
In: Internationale Pressekorrespondenz, Berlin, 9 (1929), Nr. 12, S. 213—244. (→ 685. 1395.)
693. Wirtschaft und Wirtschaftspolitik im 1. Vierteljahr 1929.
In: Internationale Pressekorrespondenz, Berlin, 9 (1929), Nr. 41, S. 973—1004. (→ 1388. 1395.)
694. Wirtschaft und Wirtschaftspolitik im 2. Vierteljahr 1929.
In: Internationale Pressekorrespondenz, Berlin, 9 (1929), Nr. 70, S. 1603—1634. (→ 677. 680. 681. 1395.)
695. Wirtschaft und Wirtschaftspolitik im 3. Vierteljahr 1929.
In: Internationale Pressekorrespondenz, Berlin, 9 (1929), Nr. 107, S. 2521—2560. (→ 686. 1388. 1395.)
696. Die wirtschaftlichen Folgen von Versailles.
In: Moskauer Rundschau, Moskva 1929, Nr. 7.
697. Zehn Jahre Krise des Kapitalismus.
In: Unter dem Banner des Marxismus, Wien — Berlin, 3 (1929), Nr. 2, S. 192—218. (→ 669.)

1930

\+ 698. Konec amerikanskogo „procvetanija". (Das Ende der amerikanischen „Prosperität".)
Moskva — Leningrad 1930, Gosizdat, 96 S.
\+ 699. Mirovoj ėkonomičeskij krizis. (Die Weltwirtschaftskrise.)
Moskva 1930, Moskovskij rabočij, 175 S.
\+ 700. Problema „organizovannogo kapitalizma". (Das Problem des „organisierten Kapitalismus".)
Moskva 1930, Gosizdat, 28 S.
o+ 701. (Zehn Jahre Krise des Kapitalismus.) In japanischer Sprache 1930 herausgegeben von Tsunao Inomata. Botsuraku shihonshugi no daisanki.
702. Akkumulation und Zusammenbruch des Kapitalismus.
In: Unter dem Banner des Marxismus, Wien — Berlin, 4 (1930), Nr. 1, S. 60—95. (→ 718. 767.)
o 703. Amerikanskij birževoj krach i obščij ėkonomičeskij krizis. Doklad t. E. Vargi i diskussija v Institute mirovogo chozjajstva i mirovoj politiki Komakademii. (Der amerikanische Börsenkrach und die allgemeine Wirtschaftskrise. Referat des Genossen E. Varga und Diskussion im Institut für Weltwirtschaft und Weltpolitik der Kommunistischen Akademie.)
In: Ėkonomičeskij krizis v Soedinennych Štatach Severnoj Ameriki, Moskva 1930, S. 3—19 und 65—69. (→ 667.)
704. Ėkonomičeskaja mošč' kapitalističeskich gosudarstv kak baza ich voennoj mošči. (Die wirtschaftliche Macht der kapitalistischen Staaten als Grundlage ihrer militärischen Macht.)
In: Za industrializaciju, Moskva 23. 2. 1930.
Ebenso in: Zapiski sekcii po izučeniju problem vojny pri Komakademii, Moskva 1930, Nr. 1, S. 162—190. (→ 767.)
705. Ėkonomičeskij pochod protiv SSSR. (Der Wirtschaftsfeldzug gegen die UdSSR.)
In: Mirovoe chozjajstvo i mirovaja politika, Moskva 1930, Nr. 11—12, S. 3—14. (→ 706. 749.)
o 706. Ėkonomičeskij pochod protiv SSSR. Doklad v Institute mirovogo chozjajstva i mirovoj politiki 20 nojabrja 1930 g. (Der Wirtschaftsfeldzug gegen die UdSSR. Vortrag im Institut für Weltwirtschaft und Weltpolitik, 20. 11. 1930.)
In: Ėkonomičeskij pochod protiv SSSR. Sbornik, Moskva 1930, S. 5—18. (→ 705. 749.)
707. Die internationale Agrarkrise.
In: Die Kommunistische Internationale, Hamburg, 11 (1930), Nr. 12—13, S. 675—685. (→ 716.)
708. K XVI parts-ezdu. (Zum XVI. Parteitag.)
In: Mirovoe chozjajstvo i mirovaja politika, Moskva 1930, Nr. 6, S. V—XV. (→ 767.)
709. Krisenausdehnung und Preisfall.
In: Die Kommunistische Internationale, Hamburg. 11 (1930), Nr. 4, S. 201—208. (→ 710, 741. (1395.)

o 710. Krizis i padenie cen. (Krise und Preisfall.)
In: Mirovoe chozjajstvo i mirovaja politika, Moskva 1930, Nr. 10, S. 3—24. (→ 709. 741. 1395.)

771. Krizis prodolžaetsja (kon-junkturnyj obzor). [Die Krise hält an. (Konjunkturübersicht.)]
In: Kon-junktura mirovogo chozjajstva, Moskva 1930, Nr. 9, S. 1—5.

o 712. Krizis v SŠA — obščij ėkonomičeskij krizis. (Krise in den Vereinigten Staaten — Krise der Weltwirtschaft.)
In: Mirovoe chozjajstvo i mirovaja politika, Moskva 1930, Nr. 2, S. 3—15. (→ 738. 1388. 1395.)

713. Lenin megjegyzései „A proletárdiktatura gazdasági problémái" cimü könyvemhez. (Lenins Bemerkungen zu meinem Buch „Die wirtschaftspolitischen Probleme der proletarischen Diktatur".)
In: Sarló és Kalapács, 1930, Nr. 1.

714. Mirovoe chozjajstvo. (Die Weltwirtschaft.)
In: Ežegodnik mirovogo chozjajstva i mirovoj politiki na 1930 g., Moskva 1930, Izd-vo Kom. Akad., S. 5—21. (→ 1417.)

715. Mirovoj agrarnyj krizis. (Die Weltagrarkrise.)
In: Moskovskaja pravda, Moskva 27. 3. 1930.

716. Mirovoj agrarnyj krizis. (Die internationale Agrarkrise.)
In: Na agrarnom fronte, Moskva 1930, Nr. 4, S. 9—35. (→ 707.)

717. Mirovoj krizis i ego problemy. Ispravlennaja stenogramma doklada t. Vargi v Institute ėkonomiki LOKA 10 maja 1930 g. (Die Weltkrise und ihre Probleme. Korrigiertes Stenogramm eines Vortrags des Gen. Varga im Institut für Ökonomie der Leningrader Abteilung der Kommunistischen Akademie, 10. 5. 1930.)
In: Problemy marksizma, Leningrad 1930, Nr. 4—6, S. 89—110.

o 718. Nakoplenie i krach kapitalizma. (Die Akkumulation und der Zusammenbruch des Kapitalismus.)
In: Problemy ėkonomiki, Moskva 1930, Nr. 3, S. 31—62. (→ 702. 767.)

719. Navstreču mirovomu ėkonomičeskomu krizisu. (Einer Weltwirtschaftskrise entgegen.)
In: Za industrializaciju, Moskva 4. 1. 1930.

o 720. Novoe obostrenie ėkonomičeskogo krizisa. (Neue Verschärfung der Wirtschaftskrise.)
In: Mirovoe chozjajstvo i mirovaja politika, Moskva 1930, Nr. 11—12, S. 136—153. (→ 741. 1395.)

721. Novoe obostrenie mirovogo krizisa. (Die neue Verschärfung der Weltkrise.)
In: Leningradskaja pravda, Leningrad 22. 11. 1930.

o 722. Obščij obzor mirovogo chozjajstva. (Allgemeine Übersicht über die Weltwirtschaft.)
In: Mirovoe chozjajstvo i mirovaja politika, Moskva 1930, Nr. 3, S. 119—130; Nr. 5, S. 99—110.

o 723. Obzor kon-junktury po stranam. (Übersicht über die Konjunktur nach Ländern.)
In: Mirovoe chozjajstvo i mirovaja politika, Moskva 1930, Nr. 8—9, S. 96—149. (→ 740. 1395.)

o 724. Obzor kon-junktury po stranam. (Übersicht über die Konjunktur nach Ländern.)
In: Mirovoe chozjajstvo i mirovaja politika, Moskva 1930, Nr. 11—12, S. 154—200. (→ 741. 1395.)

o 725. Obzor kon-junktury po stranam. (Germanija, Anglija, Soedinennye Štaty, Francija, Italija.) [Übersicht über die Konjunktur nach Ländern. (Deutschland, England, die Vereinigten Staaten, Frankreich, Italien.)]
In: Mirovoe chozjajstvo i mirovaja politika, Moskva 1930, Nr. 5, S. 111—159. (→ 739. 1395.)

o 726. Obzor kon-junktury po stranam. (Germanija, Francija, Italija, Anglija, Soedinennye Štaty.) (→ 738. 739. 1388. 1395.)
[Übersicht über die Konjunktur nach Ländern. (Deutschland, Frankreich, Italien, England, die Vereinigten Staaten.)]
In: Mirovoe chozjajstvo i mirovaja politika, Moskva 1930, Nr. 3, S. 130—160. (→ 738. 1388. 1395.)

727. Osnovnye problemy mirovogo ėkonomičeskogo krizisa. (Grundprobleme der Weltwirtschaftskrise.)
In: Mirovoe chozjajstvo i mirovaja politika, Moskva 1930, Nr. 5, S. 3—29.

Ebenso in: Mirovoj ėkonomičeskij krizis. Sbornik, Moskva 1930, Izd-vo Kom. Akad., S. 7—39. (→ 1419.)

o 728. Osnovnye problemy „organizovannogo kapitalizma". (Grundprobleme des „organisierten Kapitalismus".)
In: Organizovannyj kapitalizm. Sbornik, Moskva 1930, Izd-vo Kom. Akad., S. 5—17. (→ 682.)

729. Ot svobodnoj torgovli k protekcionizmu. (Vom Freihandel zum Protektionismus.)
In: Kommunističeskij Internacional, Moskva 1930, Nr. 21, S. 19—24.

o 730. Predely pod-ema germanskogo kapitalizma. (Die Schranken des Aufstiegs des deutschen Kapitalismus.)
In: Mirovoe chozjajstvo i mirovaja politika, Moskva 1930, Nr. 3, S. 9—26. (→ 738. 1388. 1395.)

o 731. Rasširenie i uglublenie krizisa. (Die Ausbreitung und Vertiefung der Krise.)
In: Mirovoe chozjajstvo i mirovaja politika, Moskva 1930, Nr. 8—9, S. 3—25. (→ 740. 1395.)

732. Razvitie i perspektivy mirovogo ėkonomičeskogo krizisa. (Entwicklung und Aussichten der Weltwirtschaftskrise.)
In: Bol'ševik, Moskva 1930, Nr. 23—24, S. 36—59.

733. Rezension zu: J. und M. Kuczynski: Der Fabrikarbeiter in der amerikanischen Wirtschaft, Leipzig 1930.
In: Internationale Pressekorrespondenz, Berlin, 10 (1930), Nr. 27, S. 667/668.
Ebenso in: Mirovoe chozjajstvo i mirovaja politika, Moskva 1930, Nr. 4, S. 120/121.

734. Schlußwort zur Diskussion.
In: Organizovannyj kapitalizm. Sbornik, Moskva 1930, Izd-vo Kom. Akad., S. 165—173.

735. Sozialistischer Aufbau — sterbender Kapitalismus.
In: Unter dem Banner des Marxismus, Wien — Berlin, 4 (1930), Nr. 3, S. 293—303.

736. V korne nevernaja ocenka. (Eine grundfalsche Einschätzung.)
In: Za industrializaciju, Moskva 21. 3. 1930.

737. Vvedenie. (Vorwort.)
In: Ežegodnik mirovogo chozjajstva i mirovoj politiki na 1930 g., Moskva 1930, Izd-vo Kom. Akad., S. 5—21.

738. Wirtschaft und Wirtschaftspolitik im 4. Vierteljahr 1929.
In: Internationale Pressekorrespondenz, Berlin, 10 (1930), Nr. 12, S. 265—304. (→ 712. 722. 726. 730. 1388. 1395.)

739. Wirtschaft und Wirtschaftspolitik im 1. Vierteljahr 1930.
In: Internationale Pressekorrespondenz, Berlin, 10 (1930), Nr. 44 (Sondernummer 5), S. 957—996. (→ 722. 725. 1395.)

740. Wirtschaft und Wirtschaftspolitik im 2. Vierteljahr 1930.
In: Internationale Pressekorrespondenz, Berlin, 10 (1930), Nr. 67 (Sondernummer 6), S. 1625 bis 1655. (→ 723. 731. 1395.)

741. Wirtschaft und Wirtschaftspolitik im 3. Vierteljahr 1930.
In: Internationale Pressekorrespondenz, Berlin, 10 (1930), Nr. 94 (Sondernummer 7), S. 2285 bis 2322. (→ 709. 710. 720. 724. 1395.)

742. Die Wirtschaftskrise schlägt in eine allgemein-nationale Krise um.
In: Die Kommunistische Internationale, Hamburg, 11 (1930), Nr. 43, S. 2260—2269.

743. Zapadnaja Evropa i amerikanskij krizis (1929/30 g.) [Westeuropa und die amerikanische Krise (1929/30.)]
In: Partrabotnik, Leningrad 1930, Nr. 2 (50), S. 57—59.

1931

744. Die Agrarkrise und unsere Aufgaben auf dem Lande.
In: Internationale Pressekorrespondenz, Berlin, 11 (1931), Nr. 13, S. 363/364.

745. Avstro-germanskij tamožennyj sojuz. (Die deutsch-österreichische Zollunion.)
In: Mirovoe chozjajstvo i mirovaja politika, Moskva 1931, Nr. 4, S. 3—11.

746. Dal'nejšee uglublenie i obostrenie krizisa. (Eine weitere Vertiefung und Verschärfung der Krise.)
In: Pravda, Moskva 1. 11. 1931.

747. Dal'nejšee uglublenie krizisa. (Eine weitere Vertiefung der Krise.)
In: Mirovoe chozjajstvo i mirovaja politika, Moskva 1931, Nr. 7—8, S. 199—215.

748. Ėkonomičeskij krizis i opasnost' vojny. (Die Wirtschaftskrise und die Kriegsgefahr.)
In: Mirovoe chozjajstvo i mirovaja politika, Moskva 1931, Nr. 6, S. 4—11.

o 749. Ėkonomičeskij pochod protiv SSSR. (Der Wirtschaftsfeldzug gegen die UdSSR.)
In: Vestnik Kommunističeskoj Akademii, Moskva — Leningrad 1931, Nr. 2—3, S. 113—115.
(→ 705. 706.)

750. Kapitalizm v tiskach obostrjajuščegosja krizisa. (Der Kapitalismus unter dem Druck der sich verschärfenden Krise.)
In: Mirovoe chozjajstvo i mirovaja politika, Moskva 1931, Nr. 7—8, S. 10—32.

751. Krizis v Anglii i manifest Mosli. (Die Krise in England und das Manifest von Mosley.)
In: Mirovoe chozjajstvo i mirovaja politika, Moskva 1931, Nr. 2—3, S. 78—85.

752. Krizis vo Francii. (Die Krise in Frankreich.)
In: Leningradskaja pravda, Leningrad 19. 11. 1931.

753. Lohnkürzung und Preisabbau.
In: Internationale Pressekorrespondenz, Berlin, 11 (1931), Nr. 12, S. 327/328.

754. Mirovoj finansovyj krizis. (Die Weltfinanzkrise.)
In: Mirovoe chozjajstvo i mirovaja politika, Moskva 1931, Nr. 10—12, S. 3—36.

755. Na vsech parach k katastrofe. (Mit Volldampf in die Katastrophe.)
In: Leningradskaja pravda, Leningrad 16. 11. 1931.

756. Novyj god krizisa. (Ein neues Krisenjahr.)
In: Mirovoe chozjajstvo i mirovaja politika, Moskva 1931, Nr. 1, S. 3—16.

o 757. Obščij obzor mirovogo chozjajstva. (Allgemeine Übersicht über die Weltwirtschaft.)
In: Mirovoe chozjajstvo i mirovaja politika, Moskva 1931, Nr. 2—3, S. 118—163. (→ 763. 1395.)

o 758. Obščij obzor mirovogo chozjajstva. Obzor kon-junktury po stranam. (Allgemeine Übersicht über die Weltwirtschaft. Übersicht über die Konjunktur nach Ländern.)
In: Mirovoe chozjajstvo i mirovaja politika, Moskva 1931, Nr. 6, S. 114—153, (→ 764. 1395. 1402.)

o 759. Obščij obzor mirovogo chozjajstva. Obzor kon-junktury po stranam. (Germanija, Francija, Italija, Anglija, Soedinennye Štaty.) [Allgemeine Übersicht über die Weltwirtschaft. Übersicht über die Konjunktur nach Ländern. (Deutschland, Frankreich, Italien, England, Vereinigte Staaten.)]
In: Mirovoe chozjajstvo i mirovaja politika, Moskva 1931, Nr. 7—8, S. 157—179. (→ 765. 1395.)

760. Obzor kon-junktury po stranam. (Konjunkturübersicht nach Ländern.)
In: Kon-junktura mirovogo chozjajstva, Moskva 1931, Nr. 5, S. 127—153.

761. Problemy krizisa. (Probleme der Krise.)
In: Mirovoe chozjajstvo i mirovaja politika, Moskva 1931, Nr. 2—3, S. 3—32. (→ 762.)

o 762. Problemy krizisa. (Probleme der Krise.)
In: Partrabotnik, Leningrad 1931, Nr. 7, S. 59—69.
Ebenso in: Problemy mirovogo krizisa kapitalizma, Moskva 1931, S. 157—195. (→ 761.)

763. Wirtschaft und Wirtschaftspolitik im 4. Vierteljahr 1930.
In: Internationale Pressekorrespondenz, Berlin, 11 (1931), Nr. 11 (Sondernummer 1), S. 289—320.
(→ 757. 1395.)

764. Wirtschaft und Wirtschaftspolitik im 1. Vierteljahr 1931.
In: Internationale Pressekorrespondenz, Berlin, 11 (1931), Nr. 43 (Sondernummer 7), S. 1025 bis 1056. (→ 758. 1388. 1395. 1402.)

765. Wirtschaft und Wirtschaftspolitik im 2. Vierteljahr 1931.
In: Internationale Pressekorrespondenz, Berlin, 11 (1931), Nr. 78 (Sondernummer 16), S. 1745 bis 1776. (→ 759. 1395.)

766. Wirtschaft und Wirtschaftspolitik im 3. Vierteljahr 1931.
In: Internationale Pressekorrespondenz, Berlin, 11 (1931), Nr. 106 (Sondernummer 18), S. 2381 bis 2408. (→ 1395.)

1932

\+ 767. Mirovoj ėkonomičeskij krizis i boŕba dvuch sistem. (Die Weltwirtschaftskrise und der Kampf der beiden Systeme.) Moskva 1932, Partizdat, 187 S. (→ 672. 702. 704. 708. 718.)

768. Diskussija po voprosu o problemach mirovogo krizisa. Zaključitel'noe slovo. Institut mirovogo chozjajstva i mirovoj politiki, 29-XII-1931 g., 14-I-1932 g. (Diskussion über Probleme der Weltkrise. Schlußwort. Institut für Weltwirtschaft und Weltpolitik. 29. 12. 1931, 14. 1. 1932.)
In: Problemy mirovogo krizisa, Moskva 1932, Partizdat, S. 198—210.

o 769. Ėkonomičeskie pričiny perevorota v Germanii. (Die ökonomischen Grundlagen des Umsturzes in Deutschland.)
In: Mirovoe chozjajstvo i mirovaja politika, Moskva 1932, Nr. 7—8, S. 8—27. (→ 795. 1395.)

770. Ėkonomičeskij krizis i obostrenie imperialističeskich protivorečij. (Die Wirtschaftskrise und die Verschärfung der imperialistischen Widersprüche.)
In: Leningradskaja pravda, Leningrad 1. 3. 1932.

771. Ėkonomičeskoe položenie v Anglii. (Die wirtschaftliche Situation in England.)
In: Mirovoe chozjajstvo i mirovaja politika, Moskva 1932, Nr. 11—12, S. 175—180.

772. Germanija. (Kon-junktura mirovogo chozjajstva.) [Deutschland. (Die Konjunktur der Weltwirtschaft.)]
In: Mirovoe chozjajstvo i mirovaja politika, Moskva 1932, Nr. 11—12, S. 106—117.

o 773. Japonskij imperializm v centre mirovoj politiki. (Der japanische Imperialismus im Mittelpunkt der Weltpolitik.)
In: Mirovoe chozjajstvo i mirovaja politika, Moskva 1932, Nr. 5, S. 3—39, (→ 794. 1395.)

o 774. Konec stabilizacii i prodolženie krizisa. (Ende der Stabilisierung, Andauern der Krise.)
In: Mirovoe chozjajstvo i mirovaja politika, Moskva 1932, Nr. 11—12, S. 70—84, (→ 796. 1395.)

775. Krach buržuaznych mečtanij. (Das Ende bürgerlicher Träumereien.)
In: Leningradskaja pravda, Leningrad 12. 8. 1932.

776. Krizis prodolžaetsja. Kon-junkturnyj obzor. (Die Krise dauert an. Konjunkturübersicht.)
In: Kon-junktura mirovogo chozjajstva, Moskva 1932, Nr. 9, S. 1—6.

777. Krizis prodolžaetsja. Mirovoj ėkonomičeskij krizis. (Die Krise dauert an. Die Weltwirtschaftskrise.)
In: Kon-junktura mirovogo chozjajstva, Moskva 1932, Nr. 1—2, S. 13—19.

778. Mirovoj agrarnyj krizis. (Die Weltagrarkrise.)
In: Kon-junktura mirovogo chozjajstva, Moskva 1932, Nr. 7—8, S. 4—9.

779. Mirovoj ėkonomičeskij krizis. (Die Weltwirtschaftskrise.)
In: Kon-junktura mirovogo chozjajstva, Moskva 1932, Nr. 1—2, S. 12—19.

780. Novoe obostrenie mirovogo krizisa. (Neue Verschärfung der Weltkrise.)
In: Mirovoe chozjajstvo i mirovaja politika, Moskva 1932, Nr. 1—2, S. 3—29.

781. Novoe obostrenie mirovogo krizisa i perspektivy. Diskussija po voprosu o problemach mirovogo chozjajstva v Institute mirovogo chozjajstva i mirovoj politiki. (Die neue Verschärfung der Weltkrise und die Perspektiven. Diskussion über Probleme der Weltwirtschaft im Institut für Weltwirtschaft und Weltpolitik.)
In: Problemy mirovogo krizisa, Moskva 1932, Partizdat, S. 5—17 und 198—210.

782. Novyj god krizisa. (Ein neues Krisenjahr.)
In: Mirovoe chozjajstvo i mirovaja politika, Moskva 1932, Nr. 1, S. 3—16.

o 783. Obščij obzor mirovogo chozjajstva za 1 kvartal 1932 g. (Allgemeine Übersicht über die Weltwirtschaft für das 1. Vierteljahr 1932.)
In: Mirovoe chozjajstvo i mirovaja politika, Moskva 1932, Nr. 5, S. 40—57. (→ 794. 1395.)

o 784. Obzor kon-junktury po stranam. (Konjunkturübersicht nach Ländern.)
In: Mirovoe chozjajstvo i mirovaja politika, Moskva 1932, Nr. 5, S. 58—88. (→ 794. 1395.)

o 785. Obzor kon-junktury po stranam. (Konjunkturübersicht nach Ländern.)
In: Mirovoe chozjajstvo i mirovaja politika, Moskva 1932, Nr. 9, S. 136—175. (→ 795. 1395.)

786. Predely pod-ema germanskogo kapitalizma. (Die Grenzen des Aufschwungs des deutschen Kapitalismus.)
In: Mirovoe chozjajstvo i mirovaja politika, Moskva 1932, Nr. 3, S. 9—26.

787. Raubzug der Bankherren.
In: Internationale Pressekorrespondenz, Berlin, 12 (1932), Nr. 25, S. 737/738.

788. Razvitie krizisa vo Francii. (Die Entwicklung der Krise in Frankreich.)
In: Mirovoe chozjajstvo i mirovaja politika, Moskva 1932, Nr. 3, S. 38—49.

789. Social-fašisty za intervenciju. (Die Sozialfaschisten sind für die Intervention.)
In: Social-fašizm — organizator intervencii, Moskva 1932, Partizdat, S. 6—14. (→ 1426.)

790. Soedinennye Štaty. (Die Vereinigten Staaten.)
In: Leningradskaja pravda, Leningrad 21. 5. 1932.

791. Spornye voprosy sovremennogo kreditnogo krizisa. (Strittige Fragen der gegenwärtigen Kreditkrise.)
In: Sovremennyj kreditnyj krizis, Moskva 1932, Partizdat, S. 228—235.

792. Vorwort zu: XV let bořby za monopoliju vnešnej torgovli. (15 Jahre Kampf für das Außenhandelsmonopol.)
Moskva 1932, S. 5/6. (→ 1424.)

793. Wirtschaft und Wirtschaftspolitik im 4. Vierteljahr 1931.
In: Internationale Pressekorrespondenz, Berlin, 12 (1932), Nr. 13 (Sondernummer 1), S. 337—364. (→ 1395.)

794. Wirtschaft und Wirtschaftspolitik im 1. Vierteljahr 1932.
In: Internationale Pressekorrespondenz, Berlin, 12 (1932), Nr. 39 (Sondernummer 3), S. 1185 bis 1216. (→ 773. 783. 784. 1395. 1398.)

795. Wirtschaft und Wirtschaftspolitik im 2. Vierteljahr 1932.
In: Internationale Pressekorrespondenz, Berlin, 12 (1932), Nr. 65 (Sondernummer 4), S. 2085 bis 2116. (→ 769. 785. 1395.)

796. Wirtschaft und Wirtschaftspolitik im 3. Vierteljahr 1932.
In: Internationale Pressekorrespondenz, Berlin, 12 (1932), Nr. 95 (Sondernummer 6), S. 3037 bis 3058. (→ 774. 1395.)

1933

o 797. Bankovskij krach i konec zolotogo standarta v SASŠ. (Der amerikanische Bankkrach und das Ende des Goldstandards.)
In: Mirovoe chozjajstvo i mirovaja politika, Moskva 1933, Nr. 5—6, S. 88—97. (→ 819. 1395.)

798. Čem ob-jasnjaetsja neudačnyj ischod Londonskoj konferencii. (Wie sich der mißlungene Ausgang der Londoner Konferenz erklärt.)
In: Bol'ševik, Moskva 1933, Nr. 15—16, S. 97—99.

799. Ėkonomičeskoe položenie Anglii. (Die Wirtschaftslage Englands.)
In: Mirovoe chozjajstvo i mirovaja politika, Moskva 1933, Nr. 11—12, S. 175—180.

o 800. Fašizacija pod maskoj planovogo goskapitalizma. (Faschismus als „planmäßiger Staatskapitalismus" verkleidet.)
In: Mirovoe chozjajstvo i mirovaja politika, Moskva 1933, Nr. 9, S. 101—105. (→ 820. 1395.)

801. Germanskij fašizm u vlasti. (Der deutsche Faschismus an der Macht.)
In: Mirovoe chozjajstvo i mirovaja politika, Moskva 1933, Nr. 4, S. 3—11.

o 802. Germanskij fašizm v tupike. (Der deutsche Faschismus in der Sackgasse.)
In: Mirovoe chozjajstvo i mirovaja politika, Moskva 1933, Nr. 11—12, S. 3—21. (→ 821. 1395.)

803. Indija v sisteme Britanskoj imperii. (Indien im System des britischen Imperiums.)
In: Revoljucionnyj pod-em Indii, Moskva 1933, S. 90—93.

o 804. Istinnoe lico germanskogo fašizma. (Das wahre Gesicht des deutschen Faschismus.)
In: Mirovoe chozjajstvo i mirovaja politika, Moskva 1933, Nr. 9, S. 3—20. (→ 820. 1395.)

o 805. Itogi i perspektivy germanskogo fašizma u vlasti. (Ergebnisse und Perspektiven des deutschen Faschismus.)
In: Mirovoe chozjajstvo i mirovaja politika, Moskva 1933, Nr. 5—6, S. 3—22. (→ 819. 1395.)

806. K probleme infljacii v sovremennom krizise. (Zum Inflationsproblem in der gegenwärtigen Krise.)
In: Bankovskij krach i infljacija v SASŠ, Moskva 1933, Partizdat, S. 141—143.

807. Krach londonskoj konferencii. (Das Scheitern der Londoner Konferenz.)
In: SSSR na mirovoj ėkonomičeskoj konferencii, Moskva 1933, Partizdat, S. 4—11.

808. Krizis i monopolii. (Die Krise und die Monopole.)
In: Krizis, fašizm, ugroza vojny, Moskva 1933, Partizdat, S. 106—129.

o 809. Na poroge 1933 goda. (An der Jahreswende.)
In: Mirovoe chozjajstvo i mirovaja politika, Moskva 1933, Nr. 1, S. 3—12, (→ 818. 1395.)

810. Obzor kon-junktury po stranam. Germanija, SASŠ, Francija. (Konjunkturübersicht nach Ländern. Deutschland, USA, Frankreich.)
In: Mirovoe chozjajstvo i mirovaja politika, Moskva 1933, Nr. 3, S. 141—176.

811. Osnovnye čerty obščego krizisa kapitalizma. (Die Grundzüge der allgemeinen Krise des Kapitalismus.)
In: Obščij krizis kapitalizma, Vyp. 1, Moskva 1933, Partizdat, S. 39—72. (→ 1430.)

812. Das Problem der steigenden chronischen Arbeitslosigkeit.
In: Die Kommunistische Internationale, Basel, 14 (1933), Nr. 14, S. 675—684.

o 813. Proval londonskoj konferencii. (Die verkrachte Londoner Konferenz und das unlösbare Marktproblem.)
In: Mirovoe chozjajstvo i mirovaja politika, Moskva 1933, Nr. 9, S. 62—70. (→ 820. 1395.)

814. Razvitie i perspektivy mirovogo ėkonomičeskogo krizisa. (Entwicklung und Perspektiven der Weltwirtschaftskrise.)
In: Problemy mirovogo krizisa kapitalizma. Sbornik, Moskva 1933, S. 5—37.

815. Rynok pšenicy. (Der Weizenmarkt.)
In: Kon-junktura mirovogo chozjajstva, Moskva 1933, Nr. 10, S. 4—6.

816. Teorija krizisov K. Marksa i ee social-fašistskie izvraščenija. (Die Krisentheorie von K. Marx und ihre sozialfaschistischen Entstellungen.)
In: K pjatidesjatiletiju smerti K. Marksa. 1883—1933. Sbornik, Moskva 1933, Partizdat, S. 167 bis 206. (→ 1427.)

817. Vorwort zu: Reparacionnyj vopros i voennye dolgi. Sbornik. (Die Reparationsfrage und die Kriegsschulden. Sammelband.)
Moskva 1933, S. 3—16.

818. Wirtschaft und Wirtschaftspolitik im 4. Vierteljahr 1932.
In: Internationale Pressekorrespondenz, Berlin, 13 (1933), Nr. 19 (Sondernummer 7), S. 617 bis 644. (→ 809. 1395.)

819. Wirtschaft und Wirtschaftspolitik. Januar-Mai 1933.
In: Rundschau über Politik, Wirtschaft und Arbeiterbewegung, Basel, 2 (1933), Nr. 15 (Sondernummer), S. 461—484. (→ 797. 805. 1395.)

820. Wirtschaft und Wirtschaftspolitik im 2. Vierteljahr 1933.
In: Rundschau über Politik, Wirtschaft und Arbeiterbewegung, Basel, 2 (1933), Nr. 30 (Sondernummer), S. 1109—1132. (→ 800. 804. 813. 1395.)

821. Wirtschaft und Wirtschaftspolitik im 3. Vierteljahr 1933.
In: Rundschau über Politik, Wirtschaft und Arbeiterbewegung, Basel, 2 (1933), Nr. 44 (Sondernummer), S. 1701—1724. (→ 802. 1395.)

1934

o+ 822. The great crisis and its political consequences. Economics and politics 1928—1934.
London 1934, Modern Books, 175 S.
Reprint: New York 1974, H. Fertig, 175 S. (→ 823. 862. 863. 865. 1361. 1388. 1392. 1398.)

\+ 823. Die Große Krise und ihre politischen Folgen. Wirtschaft und Politik 1928—1934.
Moskau — Leningrad 1934, Verlagsgenossenschaft ausländischer Arbeiter in der UdSSR, 224 S. (→ 822. 862. 863. 865. 1361. 1388. 1392. 1398.)

o+ 824. Henri de Man et son plan.
Paris 1934, 70 S. (→ 852. 1388.)

o+ 825. Novi javišča u svitovyj ekonomičnyj krizi. (Neue Erscheinungen in der Weltwirtschaftskrise. — Ukrainisch.)
Moskva 1934, Partizdat, 107 S. (→ 826. 1361. 1392. 1396. 1398.)

\+ 826. Novye javlenija v mirovom ėkonomičeskom krizise. (Neue Erscheinungen in der Weltwirtschaftskrise.)
Moskva 1934, Partizdat, 116 S. (→ 825. 1361. 1392. 1396. 1398.)

\+ 827. (Zusammen mit L. A. Mendel'son und E. L. Chmel'nickaja:) Novye materialy k rabote V. I. Lenina "Imperializm, kak vysšaja stadija kapitalizma". (Neue Materialien zu W. I. Lenins Arbeit „Der Imperialismus als höchstes Stadium des Kapitalismus".) Pod red. E. Vargi, L. Mendel'sona i E. Chmel'nickoj.
Moskva 1934, Partizdat, XXXIII, 38 S.
Weitere Aufl.: 1935, 296 S.
1936, 295 S.
Weitere Ausg.: Ukrainisch, Grusinisch, Japanisch, Italienisch. (→ 975. 1240.)

\+ 828. Ot pervogo tura revoljucij ko vtoromu. (Tezisy i doklad na Naučnoj sessii Instituta mirovogo chozjajstva i mirovoj politiki.) [Vom ersten Turnus der Revolutionen zum zweiten. (Thesen und Referat auf der Wissenschaftlichen Sitzung des Instituts für Weltwirtschaft und Weltpolitik.)]
Moskva 1934, Socėkgiz, 16 S. (→ 850. 851. 860. 1395.)

829. Amerikanskij kapitalizm v tupike (Der amerikanische Kapitalismus in der Sackgasse.)
In: Bol'ševik, Moskva 1934, Nr. 21, S. 48—66.

830. Beitrag in: Die XIII. Plenartagung des EKKI. Fortsetzung der Diskussion.
In: Rundschau über Politik, Wirtschaft und Arbeiterbewegung, Basel, 3 (1934), Nr. 10, S. 360 bis 362.

831. Boŕba Japonii za gegemoniju v Azii. (Der Kampf Japans um die Vorherrschaft in Asien.)
In: Sovremennaja Japonija. Sbornik 2, Moskva 1934, S. 3—25.

832. Ėkonomičeskie itogi pervogo goda politiki Ruzvel'ta. (Die wirtschaftlichen Resultate des ersten Jahres der Roosevelt-Politik.)
In: Mirovoe chozjajstvo i mirovaja politika, Moskva 1934, Nr. 3, S. 73—121. (→ 1396.)

833. Ėkonomičeskoe položenie vo Francii. (Die wirtschaftliche Situation in Frankreich.)
In: Leningradskaja pravda, Leningrad 23. 11. 1934.

834. Fašistskoe ograblenie mass. (Die faschistische Ausplünderung der Massen.)
In: Leningradskaja pravda, Leningrad 12. 3. 1934.

o 835. Germanija na povorote. (Deutschland am Wendepunkt.)
In: Mirovoe chozjajstvo i mirovaja politika, Moskva 1934, Nr. 8—9, S. 159—185. (→ 860. 1395.)

o 836. Germanija pri "novom plane". (Deutschland unter dem „neuen Plan".)
In: Mirovoe chozjajstvo i mirovaja politika, Moskva 1934, Nr. 11, S. 18—38. (→ 861. 1395.)

837. Germanija v 1933 g. (Deutschland im Jahre 1933.)
In: Kon-junktura mirovogo chozjajstva, Moskva 1934, Nr. 2, S. 5—15.

838. Japonija segodnja. (Japan heute.)
In: Leningradskaja pravda, Leningrad 6. 3. 1934.

839. K ocenke kon-junktury mirovogo chozjajstva. Iz doklada na kon-junkturnom soveščanii v NKVT 11-IX-1934 g. (Zur Bewertung der Weltwirtschaftskonjunktur. Aus dem Referat auf der Konjunkturkonferenz des Volkskommissariats für Außenhandel am 11. 9. 1934.)
In: Vnešnjaja torgovlja, Moskva 1934, Nr. 20—21, S. 16—18.

840. Kon-junktura germanskogo narodnogo chozjajstva i podgotovka k vojne. (Die Konjunktur der deutschen Volkswirtschaft und die Kriegsvorbereitung.)
In: Mirovoe chozjajstvo i mirovaja politika, Moskva 1934, Nr. 6, S. 118—128.

841. Kon-junkturnyj obzor po stranam za 1 polugodie 1934 g. Anglija. (Konjunkturübersicht nach Ländern für das 1. Halbjahr 1934. England.)
In: Kon-junktura mirovogo chozjajstva, Moskva 1934, Nr. 9, S. 8—10.

842. Kon-junkturnyj obzor po stranam za 1 polugodie 1934 g. Soedinennye Štaty Ameriki. (Konjunkturübersicht nach Ländern für das 1. Halbjahr 1934. Die Vereinigten Staaten von Amerika.)
In: Kon-junktura mirovogo chozjajstva, Moskva 1934, Nr. 9, S. 5—7.

o 843. Kon-junkturnyj obzor po stranam za 3 kvartal 1934 g. Soedinennye Štaty Ameriky, Anglija, Francija. (Konjunkturübersicht nach Ländern für das 3. Vierteljahr 1934. Vereinigte Staaten von Amerika, England, Frankreich.)
In: Kon-junktura mirovogo chozjajstva, Moskva 1934, Nr. 12, S. 5—12. (→ 861. 1395.)

o 844. Krach bel'gijskogo rabočego banka. (De-Man-Plan und Krach der Arbeiterbank in Belgien.)
In: Mirovoe chozjajstvo i mirovaja politika, Moskva 1934, Nr. 7, S. 59—66. (→ 859. 1395.)

845. Na pleči japonskich rabočich i krest'jan. (Auf dem Rücken der japanischen Arbeiter und Bauern.)
In: Leningradskaja pravda, Leningrad 26. 8. 1934.

846. O japonno-amerikanskich protivorečijach. (Über die japanisch-amerikanischen Gegensätze.)
In: Bol'ševik, Moskva 1934, Nr. 8, S. 58—63.

847. O sovremennom ėtape mirovogo ėkonomičeskogo krizisa. (Über die gegenwärtige Etappe der Weltwirtschaftskrise.)
In: Bol'ševik, Moskva 1934, Nr. 3—4, S. 56—80.

848. Obščij krizis i fašizm. (Allgemeine Krise und Faschismus.)
In: Obščij krizis kapitalizma. Sbornik statej. Vyp. 2-j, Moskva 1934, S. 140—175. (→ 1434.)

849. Ot "Novoj ėry" k novomu upadku. (Von der „Neuen Ära" zum neuen Niedergang.)
In: Leningradskaja pravda, Leningrad 3. 9. 1934.

o 850. Ot pervogo tura revoljucij i vojn ko vtoromu. (Stenogramma doklada na naučnoj sessii Instituta mirovogo chozjajstva i mirovoj politiki 15 ijunja 1934 g.) [Vom ersten Turnus der Revolutionen und Kriege zum zweiten. (Stenogramm des Referats auf der wissenschaftlichen Sitzung des Instituts für Weltwirtschaft und Weltpolitik am 15. 6. 1934.)]
In: Ot pervogo tura revoljucij i vojn ko vtoromu, Moskva 1934, Socėkgiz, S. 3—33. (→ 828. 851. 860. 1395.)

o 851. Ot pervogo tura revoljucij ko vtoromu. Doklad na vtoroj naučnoj sessii Instituta mirovogo chozjajstva i mirovoj politiki 25-VI-1934. (Vom ersten Turnus der Revolutionen zum zweiten. Referat auf der zweiten wissenschaftlichen Tagung des Instituts für Weltwirtschaft und Weltpolitik am 25. 6. 1934.)
In: Mirovoe chozjajstvo i mirovaja politika, Moskva 1934, Nr. 8—9, S. 3—29. (→ 828. 850. 860. 1395.)

852. Der „Plan" Henryk de Mans (Anfang).
In: Die Kommunistische Internationale, Basel, 15 (1934), Nr. 10, S. 839—856, und
Der „Arbeitsplan" von Henryk de Man (Schluß).
In: Die Kommunistische Internationale, Basel, 15 (1934), Nr. 11, S. 929—950. (→ 824. 1388.)

853. Poročnyj krug fašistskoj ėkonomiki. (Der circulus vitiosus der faschistischen Wirtschaft.)
In: Leningradskaja pravda, Leningrad 8. 6. 1934.

854. Problemy sovremennogo ėtapa mirovogo krizisa. (Probleme der gegenwärtigen Etappe der Weltkrise.)
In: Mirovoe chozjajstvo i mirovaja politika, Moskva 1934, Nr. 3, S. 2—14. (→ 855.)

855. Problemy sovremennogo ėtapa mirovogo krizisa. Referat. (Probleme der gegenwärtigen Etappe der Weltkrise. Referat.)
In: Vestnik Komakademii, Moskva 1934, Nr. 2, S. 73—76. (→ 854.)

856. Revoljucionnyj pisatel' sovremennoj Vengrii. (Ein revolutionärer Schriftsteller des heutigen Ungarn.)
In: Pravda, Moskva 25. 4. 1934.

857. Soedinennye Štaty Ameriki. (Die Vereinigten Staaten von Amerika.)
In: Kon-junktura mirovogo chozjajstva, Moskva 1934, Nr. 6, S. 5—20.

858. Wirtschaft und Wirtschaftspolitik im 4. Vierteljahr 1933.
In: Rundschau über Politik, Wirtschaft und Arbeiterbewegung, Basel, 3 (1934), Nr. 18 (Sondernummer), S. 633—660. (→ 1395.)

859. Wirtschaft und Wirtschaftspolitik im 1. Vierteljahr 1934.
In: Rundschau über Politik, Wirtschaft und Arbeiterbewegung, Basel, 3 (1934), Nr. 32 (Sondernummer), S. 1229—1252. (→ 844. 1388. 1395.)

860. Wirtschaft und Wirtschaftspolitik im 2. Vierteljahr 1934.
In: Rundschau über Politik, Wirtschaft und Arbeiterbewegung, Basel, 3 (1934), Nr. 46 (Sondernummer), S. 1909—1936. (→ 828. 835. 850. 851. 1395.)

861. Wirtschaft und Wirtschaftspolitik im 3. Vierteljahr 1934.
In: Rundschau über Politik, Wirtschaft und Arbeiterbewegung, Basel, 3 (1934), Nr. 59 (Sondernummer), S. 2633—2658. (→ 836. 843. 1395.)

1935

o+ 862. La crise économique, sociale, politique. (Die Große Krise und ihre politischen Folgen. Wirtschaft und Politik 1928—1934.)
Paris 1935, Bureau d'Éditions de l'Internationale Communiste, 296 S.
Weitere Ausg.: Paris 1976, Éditions sociales, 367 S. (→ 822. 823. 863. 865. 1361. 1388. 1392. 1398.)

o+ 863. La crisis y suas consecuencias politicas. (Die Große Krise und ihre politischen Folgen. Wirtschaft und Politik 1928—1934.)
Barcelona 1935, Edic. Europa América, 305 S. (→ 822. 823. 862. 865. 1361. 1388. 1392. 1398.)

o+ 864. Dva roky fašizmu v Nimeččyni. (Zwei Jahre Faschismus in Deutschland. — In ukrain. Sprache.)
Kyjiv 1935, 39 S. (→ 874.)

o+ 865. Meždu VI i VII kongressami Kominterna. Ėkonomika i politika 1928—1934. (Die Große Krise und ihre politischen Folgen. Wirtschaft und Politik 1928—1934.)
Moskva 1935, Partizdat, 188 S.
Weitere Ausg.: Kiev 1935, 183 S. (Ukrainisch.) (→ 822. 823. 862. 863. 1361. 1388. 1392. 1398.)

+ 866. Proizvoditel'nye sily buntujut protiv kapitalizma. Planovoe chozjajstvo u nas, "planovyj obman" u nich. (Die Produktivkräfte revoltieren gegen den Kapitalismus. Planwirtschaft bei uns und „geplanter Betrug" bei ihnen.)
Moskva 1935, Partizdat, 32 S.
Weitere Ausg.: Kiev 1936, 56 S. (Ukrainisch.)

867. Bankrotstvo zagnivajuščego kapitalizma (reč' na VII kongresse Kominterna). [Der Zusammenbruch des faulenden Kapitalismus (Rede auf dem VII. Kongreß der Kommunistischen Internationale.)]
In: Leningradskaja pravda, Leningrad 29. 7. 1935.

868. Beitrag in: Der siebente Weltkongress der Kommunistischen Internationale. Die Diskussion zum Bericht des Genossen Dimitrow.
In: Internationale Pressekorrespondenz, Basel, 15 (1935), Nr. 31, S. 371 und Nr. 40, S. 478. (→ 869. 870.)

869. Beitrag in: Der VII. Weltkongreß der Kommunistischen Internationale. Die Debatte zum Bericht des Genossen Dimitrow.
In: Rundschau über Politik, Wirtschaft und Arbeiterbewegung, Basel, 4 (1935), Nr. 38, S. 1805. (→ 868. 870.)

o 870. Beitrag in: Der VII. Weltkongreß der Kommunistischen Internationale. Die Debatte zum Bericht des Genossen Dimitrow. Ausführlicher Bericht.
In: Rundschau über Politik, Wirtschaft und Arbeiterbewegung, Basel, 4 (1935), Nr. 62, S. 2508/2509. (→ 868. 869.)

871. Beitrag in: Der VII. Kongreß der Kommunistischen Internationale. Die Diskussion zum Tätigkeitsbericht des EKKI.
In: Rundschau über Politik, Wirtschaft und Arbeiterbewegung, Basel, 4 (1935), Nr. 34, S. 1664. (→ 872.)

o 872. Beitrag in: Der VII. Weltkongreß der Kommunistischen Internationale. Die Diskussion zum Tätigkeitsbericht des EKKI. Ausführlicher Bericht.
In: Rundschau über Politik, Wirtschaft und Arbeiterbewegung, Basel, 4 (1935), Nr. 42, S. 1928/1929. (→ 871.)

873. Buržuaznye apologety o proizvodstvennoj moščnosti. (Die bürgerlichen Apologeten über die Produktionskapazität.)
In: Za industriju, Moskva 12. 11. 1935.

874. Dva goda fašizma v Germanii. (Zwei Jahre Faschismus in Deutschland.)
In: Bol'ševik, Moskva 1935, Nr. 1, S. 57—77. (→ 864.)

875. Ėkonomičeskoe položenie Anglii i dal'nejšie perspektivy. (Die Wirtschaftslage Englands und die weiteren Aussichten.)
In: Mirovoe chozjajstvo i mirovaja politika, Moskva 1935, Nr. 4, S. 3—15.

o 876. God depressii. Mirovoe chozjajstvo v 1934 g. (Die Weltwirtschaft im Depressionsjahr 1934.)
In: Mirovoe chozjajstvo i mirovaja politika, Moskva 1935, Nr. 2, S. 3—26. (→ 887. 1395.)

877. Ital'janskij fašizm i bor̕ba za Abissiniju. (Der italienische Faschismus und der Kampf um Abessinien.)
In: Bol'ševik, Moskva 1935, Nr. 13, S. 22—42.
Weitere Ausg.: Kiev 1935, 38 S. (Ukrainisch.)

878. Kapitalističeskoe "planirovanie" i social-demokratičeskie obmanščiki. (Die kapitalistische „Planung" und die sozialdemokratischen Betrüger.)
In: Pravda, Moskva 14. 3. 1935.

879. Kon-junktura v SŠA i bezrabotica. (Konjuktur in den USA und Arbeitslosigkeit.)
In: Pravda, Moskva 24. 11. 1935.
Ebenso in: Za industriju, Moskva 24. 11. 1935.

o 880. Kon-junkturnye obzory kapitalističeskich stran za 4 kvartal 1934 g. (Konjunkturübersichten über die kapitalistischen Länder für das 4. Vierteljahr 1934.)
In: Kon-junktura mirovogo chozjajstva, Moskva 1935, Nr. 3, S. 6—14. (→ 887.)

881. "Planovaja" demagogija ėkspluatatorov. Reč' tov. Vargi. Prenija po dokladu tov. Dimitrova. (Die „Planungs"-Demagogie der Ausbeuter. Rede des Gen. Varga. Diskussion zum Referat des Gen. Dimitroff.)
In: Pravda, Moskva 12. 8. 1935. (→ 882.)

o 882. "Planovye" manevry kapitalističeskich apologetov. (Die „Planungs-"manöver der kapitalistischen Apologeten.)
In: Za industriju, Moskva 12. 8. 1935. (→ 881.)

883. Proizvoditel'nye sily buntujut protiv kapitalizma. (Reč' tov. Vargi.) [Die Produktivkräfte revoltieren gegen den Kapitalismus. (Rede des Gen. Varga.)]
In: Pravda, Moskva 29. 7. 1935. (→ 884. 885.)

o 884. Reč' na VII Vsemirnom kongresse Kominterna. (Rede auf dem VII. Weltkongreß der Kommunistischen Internationale.)
In: Krasnaja zvezda, Moskva 29. 7. 1935. (→ 883. 885.)

o 885. Sovremennaja ėkonomika imperializma (iz reči tov. Vargi na VII kongresse Kominterna.) [Die gegenwärtige Wirtschaft des Imperialismus. (Aus der Rede des Gen. Varga auf dem VII. Kongreß der Kommunistischen Internationale.)]
In: Za industriju, Moskva 29. 7. 1935. (→ 883. 884.)

886. Die wachsenden Schwierigkeiten des deutschen Faschismus.
In: Die Kommunistische Internationale, Basel, 16 (1935), Nr. 1, S. 63—84.

887. Wirtschaft und Wirtschaftspolitik im 4. Vierteljahr 1934.
In: Rundschau über Politik, Wirtschaft und Arbeiterbewegung, Basel, 4 (1935), Nr. 9 (Sondernummer), S. 457—484. (→ 876. 1395.)

888. Wirtschaft und Wirtschaftspolitik im 1. Halbjahr 1935.
In: Rundschau über Politik, Wirtschaft und Arbeiterbewegung, Basel, 4 (1935), Nr. 33 (Sondernummer), S. 1613—1642. (→ 1395.)

889. Wirtschaft und Wirtschaftspolitik im 3. Vierteljahr 1935.
In: Rundschau über Politik, Wirtschaft und Arbeiterbewegung, Basel, 4 (1935), Nr. 70 (Sondernummer), S. 2705—2732. (→ 906. 919. 1395.)

1936

\+ 890. Ispanija v Revoljucii. (Spanien in der Revolution.)
Moskva 1936, Socėkgiz, 117 S. (→ 901. 904. 929. 1395.)

\+ 891. Ispanija v cifrach. (Spanien in Zahlen.)
Moskva 1936, Partizdat, 174 S.

\+ 892. Mirovoe chozjajstvo v 1935 g. Obzory i statističeskie pokazateli kon-junktury po stranam i otrasljam. (Die Weltwirtschaft im Jahre 1935. Übersichten und statistische Konjunkturindikatoren nach Ländern und Gebieten.) Moskva 1936, Socėkgiz, 88 S.

o 893. A francia frank devalvációja. (Die Abwertung des französischen Franken.)
In: Sarló és Kalapács, 1936, Nr. 20, S. 6. (→ 898.)

894. Anglija. Ėkonomika i kon-junktura kapitalističeskich stran v 3 kvartale 1936 g. (England. Die Wirtschaft und Konjunktur der kapitalistischen Länder im 3. Quartal 1936).
In: Mirovoe chozjajstvo i mirovaja politika, Moskva 1936, Nr. 12, S. 140—148.

895. Bezrabotica v kapitalističeskom mire. (Die Arbeitslosigkeit in der kapitalistischen Welt.)
In: Pravda, Moskva 10. 12. 1936.

896. Chozjajstvennaja kon-junktura SŠA. (Die Wirtschaftskonjunktur der USA.)
In: Za industriju, Moskva 30. 5. 1936.

897. Desjat' let žurnala (1926—1936 gg.). [Zehn Jahre Bestehen der Zeitschrift (1926—1936).]
In: Mirovoe chozjajstvo i mirovaja politika, Moskva 1936, Nr. 1, S. 5—11.

898. Deval'vacija francuzskogo franka i konec zolotogo bloka. (Die Abwertung des französischen Franken und das Ende des Goldblocks.)
In: Kommunističeskij Internacional, Moskva, 17 (1936), Nr. 16, S. 34—40. (→ 893.)

899. Deval'vacija franka. (Die Abwertung des Franken.)
In: Pravda, Moskva 27. 9. 1936.

900. Ėkonomičeskie protivorečija v fašistskoj Germanii. (Die ökonomischen Widersprüche im faschistischen Deutschland.)
In: Bol'ševik, Moskva 1936, Nr. 20, S. 43—54. (→ 980.)

o 901. España en Revolucion. (Spanien in der Revolution.)
In: Numero especial de la Correspondencia international, 16. 6. 1936. (→ 890. 904. 929. 1395.)

902. Francija. Ėkonomika i kon-junktura kapitalističeskich stran v 3 kvartale 1936 g. (Frankreich. Die Wirtschaft und die Konjunktur der kapitalistischen Länder im 3. Quartal 1936.)
In: Mirovoe chozjajstvo i mirovaja politika, Moskva 1936, Nr. 12, S. 149—156.

903. Die Gestaltung der Lage der Arbeiterklasse. Zum 1. Mai.
In: Rundschau über Politik, Wirtschaft und Arbeiterbewegung, Basel, 5 (1936), Nr. 18, S. 723/724.

o 904. Ispanja v revoljucii. (Spanien in der Revolution.)
In: Mirovoe chozjajstvo i mirovaja politika, Moskva 1936, Nr. 6, S. 5—33. (→ 890. 901. 929. 1395.)

905. Italija. Ėkonomika i kon-junktura kapitalističeskich stran v 3 kvartale 1936 g. (Italien. Die Wirtschaft und die Konjunktur der kapitalistischen Länder im 3. Quartal 1936.)
In: Mirovoe chozjajstvo i mirovaja politika, Moskva 1936, Nr. 12, S. 157—162.

o 906. Italija i Anglija v bor̂be za Abissiniju. (Italien und England im Kampf um Abessinien.)
In: Mirovoe chozjajstvo i mirovaja politika, Moskva 1936, Nr. 12, S. 5—31. (→ 889. 1395.)

907. Ital'janskij fašzim v bor̂be za Abissiniju. (Der italienische Faschismus im Kampf um Abessinien.
In: Bol'ševik, Moskva 1936, Nr. 13, S. 22—42.

908. Kapitalističeskaja ėkonomika. (Die kapitalistische Wirtschaft.)
In: Pravda, Moskva 1. 5. 1936.

o 909. Kapitalističeskoe chozjajstvo na rubeže 1936 g. (Das Wirtschaftsjahr 1935. Rückblick und Ausblick.)
In: Mirovoe chozjajstvo i mirovaja politika, Moskva 1936, Nr. 3, S. 17—41. (→ 928. 1395.)

910. Kapitalističeskoe chozjajstvo v 1936 g. (Die kapitalistische Wirtschaft im Jahre 1936.)
In: Mirovoe chozjajstvo i mirovaja politika, Moskva 1936, Nr. 11, S. 145—150.

911. Kapitalističeskoe voennoe chozjajstvo. (Die kapitalistische Rüstungswirtschaft.)
In: Za industriju, Moskva 12. 2. 1936.

912. Kapitalistischer Ausweg aus der Wirtschaftskrise: Heranreifen der neuen zyklischen Krise.
In: Die Kommunistische Internationale, Strasbourg, 17 (1936), Nr. 4, S. 341—352.

913. Konec Lokarno. (Das Ende von Locarno.)
In: Mirovoe chozjajstvo i mirovaja politika, Moskva 1936, Nr. 4, S. 5—16.

o 914. Konec zolotogo bloka i valjutnaja problema v period obščego krizisa. (Das Ende des Goldblocks und das Valutaproblem in der allgemeinen Krise.)
In: Mirovoe chozjajstvo i mirovaja politika, Moskva 1936, Nr. 11, S. 17—30. (→ 930. 1395. 1396.)

915. Kon-junktura vo Francii i bor̂ba za frank. (Die Konjunktur in Frankreich und der Kampf um den Franken.)
In: Za industriju, Moskva 10. 5. 1936.

916. Kon-junkturnye obzory kapitalističeskich stran. (Konjunkturübersichten über die kapitalistischen Länder.)
In: Mirovoe chozjajstvo i mirovaja politika, Moskva 1936, Nr. 12.

917. Meždunarodnoe ėkonomičeskoe i političeskoe položenie gitlerovskoj Germanii. (Die internationale wirtschaftliche und politische Lage Hitler-Deutschlands.)
In: Kommunističeskij Internacional, Moskva, 17 (1936), Nr. 1, S. 39—52.

918. Die Niederlage der Devalvationsanhänger bei den belgischen Wahlen.
In: Die Kommunistische Internationale, Strasbourg, 17 (1936), Nr. 7, S. 639—641.

o 919. Obščij krizis i chroničeskij izlišek osnovnogo kapitala. (Allgemeine Krise und chronischer Überfluß an fixem Kapital.)
In: Mirovoe chozjajstvo i mirovaja politika, Moskva 1936, Nr. 1, S. 146—155. (→ 889. 1395.)

920. Problemy kapitalističeskoj kon-junktury. (Probleme der kapitalistischen Konjunktur.)
In: Za industriju, Moskva 3. 11. 1936.

921. Revoljucija v ispanii. (Die Revolution in Spanien.)
In: Kommunističeskij Internacional, Moskva, 17 (1936), Nr. 9, S. 22—31.

922. Soedinennye Štaty. Kapitalističeskie strany v 3 kvartale. (Die Vereinigten Staaten. Die kapitalistischen Länder im 3. Quartal.)
In: Mirovoe chozjajstvo i mirovaja politika, Moskva 1936, Nr. 1, S. 181—193.

923. Soedinennye Štaty Ameriki. Ėkonomika i kon-junktura kapitalističeskich stran v 3 kvartale 1936 g. (Die Vereinigten Staaten von Amerika. Die Wirtschaft und Konjunktur der kapitalistischen Länder im 3. Quartal 1936.)
In: Mirovoe chozjajstvo i mirovaja politika, Moskva 1936, Nr. 12, S. 131—139.

924. Sovremennoe položenie kapitalističeskogo chozjajstva. (Die gegenwärtige Situation der kapitalistischen Wirtschaft.)
In: Pravda, Moskva 12. 11. 1936.
925. Die Verschwörung der Feinde des Volkes gegen den Franken.
In: Die Kommunistische Internationale, Strasbourg, 17 (1936), Nr. 7, S. 636—638.
926. Voennaja kon-junktura v Germanii. (Rüstungskonjunktur in Deutschland.)
In: Za industriju, Moskva 16. 5. 1936.
927. Vooruženie i dorogovizna v Germanii. (Die Aufrüstung und die Teuerung in Deutschland.)
In: Mirovoe chozjajstvo i mirovaja politika, Moskva 1936, Nr. 1, S. 170—180.
928. Wirtschaft und Wirtschaftspolitik im 4. Vierteljahr 1935.
In: Rundschau über Politik, Wirtschaft und Arbeiterbewegung, Basel, 5 (1936), Nr. 9 (Sondernummer), S. 329—358. (→ 909. 1395.)
929. Wirtschaft und Wirtschaftspolitik im 1. Vierteljahr 1936.
In: Rundschau über Politik, Wirtschaft und Arbeiterbewegung, Basel, 5 (1936), Nr. 22 (Sondernummer), S. 873—899. (→ 890. 901. 904. 1395.)
930. Wirtschaft und Wirtschaftspolitik im 2. und 3. Vierteljahr 1936.
In: Rundschau über Politik, Wirtschaft und Arbeiterbewegung, Basel, 5 (1936), Nr. 50 (Sondernummer), S. 2025—2054. (→ 914. 1395.)

1937

\+ 931. Portugalija i fašistskaja intervencija v Ispanii. (Portugal und die faschistische Intervention in Spanien.)
Moskva 1937, Partizdat, 32 S.

o 932. A kapitalizmus és a szocializmus termelöeröi. (Die Produktivkräfte des Kapitalismus und des Sozialismus während 20 Jahren.)
In: Sarló és Kalapács, 1937, Nr. 17—20, S. 9—14. (→ 957.)

933. Buržuaznaja demokratija i fašizm. (Die bürgerliche Demokratie und der Faschismus.)
In: Pravda, Moskva 10. 10. 1937.
934. Chozjajstvo kapitalističeskich stran v 1937 g. (Die Wirtschaft der kapitalistischen Länder im Jahre 1937.)
In: Pravda, Moskva 3. 12. 1937.
935. Chroničeskaja massovaja bezrabotica v kapitalističeskich stranach. (Chronische Massenarbeitslosigkeit in den kapitalistischen Ländern.)
In: Pravda, Moskva 24. 8. 1937.
936. Dva desjatiletija kapitalističeskogo i socialističeskogo chozjajstva. (Zwei Jahrzehnte kapitalistische und sozialistische Wirtschaft.)
In: Kommunističeskij Internacional, Moskva, 18 (1937), Nr. 10—11, S. 47—52.
937. Ėkonomičeskaja podgotovka vojny v kapitalističeskich stranach. (Ökonomische Kriegsvorbereitung in den kapitalistischen Ländern.)
In: Pravda, Moskva 31. 7. 1937.
938. Ėkonomičeskie interesy Anglii i SŠA v Kitae. (Die wirtschaftlichen Interessen Englands und der USA in China.)
In: Pravda, Moskva 3. 9. 1937.
939. Ėkonomičeskie perspektivy Anglii. (Die wirtschaftlichen Aussichten Englands.)
In: Kommunističeskij Internacional, Moskva, 18 (1937), Nr. 1, S. 26—32.

o 940. Ėkonomika i kon-junktura kapitalističeskich stran v IV kvartale 1936 g. Anglija, Francija, Germanija i SŠA. (Die Wirtschaft und Konjunktur der kapitalistischen Länder im 4. Quartal 1936. England, Frankreich, Deutschland und die USA.)
In: Mirovoe chozjajstvo i mirovaja politika, Moskva 1937, Nr. 3, S. 90—138. (→ 966. 1395.)

o 941. Ėkonomika i kon-junktura kapitalističeskich stran za pervoe polugodie 1937 g. Anglija, SŠA, Italija. (Die Wirtschaft und die Konjunktur der kapitalistischen Länder im 1. Halbjahr 1937. England, USA, Italien.)
In: Mirovoe chozjajstvo i mirovaja politika, Moskva 1937, Nr. 9, S. 104—129. (→ 967. 1395.)

o 942. Ėkonomika i kon-junktura za pervoe polugodie 1937 g. Francija. (Die Wirtschaft und die Konjunktur im 1. Halbjahr 1937. Frankreich.)
In: Mirovoe chozjajstvo i mirovaja politika, Moskva 1937, Nr. 8, S. 112—120. (→ 967. 1395.)

o 943. Die geniale Fortsetzung und Krönung des „Kapital" von Marx. Zum 20. Jahrestag von Lenins „Imperialismus".
In: Rundschau über Politik, Wirtschaft und Arbeiterbewegung, Basel, 6 (1937), Nr. 19, S. 747/748. (→ 944.)

944. Genial'noe prodolženie i uvenčanie „Kapitala" Marksa. (Die geniale Fortsetzung und Krönung des „Kapital" von Marx.)
In: Pravda, Moskva 24. 4. 1937.

o 945. Itogi i perspektivy. Mirovoe chozjajstvo v 1936 g. (Das Jahr 1936; Rückblick und Ausblick.)
In: Mirovoe chozjajstvo v 1936 g., Ežegodnik, Moskva 1937, Socėkgiz, S. 3—20. (→ 964. 977. 1395. 1440.)

o 946. Kapitalističeskoe chozjajstvo v pervoj polovine 1937 g. (Die kapitalistische Wirtschaft im ersten Halbjahr 1937.)
In: Mirovoe chozjajstvo i mirovaja politika, Moskva 1937, Nr. 8, S. 33—59. (→ 967. 1395.)

947. Massovoe razorenie krest'jan v kapitalističeskich stranach i rost material'nogo i kul'turnogo urovnja krest'jan SSSR. (Die Massenverelendung der Bauern in den kapitalistischen Ländern und das Wachstum des materiellen und kulturellen Niveaus der Bauern der UdSSR.)
In: Socialističeskaja rekonstrukcija sel'skogo chozjajstva, Moskva 1937, Nr. 11—12, S. 217—231.

948. Mirovye ėkonomičeskie krizisy. Vstupitel'naja stat'ja. (Die Weltwirtschaftskrisen. Einführender Beitrag.)
In: Mirovye ėkonomičeskie krizisy 1848—1935 gg., t. 1, Moskva 1937, Ogiz., S. 3—61. (→ 1361. 1392. 1396. 1398. 1441.)

949. Načalo novogo ėkonomičeskogo krizisa v stranach kapitala. (Der Anfang einer neuen Wirtschaftskrise in den Ländern des Kapitals.)
In: Bol'ševik, Moskva 1937, Nr. 23—24, S. 46—63.

950. Nacional'nyj i kolonial'nyj gnet v kapitalističeskich stranach. Svoboda i ravenstvo vsech nacij v Sovetskom Sojuze. (Nationale und koloniale Unterdrückung in den kapitalistischen Ländern. Freiheit und Gleichheit aller Nationen in der Sowjetunion.)
In: Mirovoe chozjajstvo i mirovaja politika, Moskva 1937, Nr. 10—11, S. 72—87.

951. Nakoplenie kapitala i socialističeskoe nakoplenie. Tempy nakoplenija. (Die Akkumulation des Kapitals und die sozialistische Akkumulation. Die Akkumulationsraten.)
In: Mirovoe chozjajstvo i mirovaja politika, Moskva 1937, Nr. 6, S. 5—16.

952. Die neue Wirtschaftskrise in den Vereinigten Staaten.
In: Rundschau über Politik, Wirtschaft und Arbeiterbewegung, Basel, 6 (1937), Nr. 56, S. 2147/2148.

953. Ob ėkonomičeskoj strukture Ispanii. (Über die Wirtschaftsstruktur Spaniens.)
In: Bol'ševik, Moskva 1937, Nr. 4, S. 64—74.

954. Perspektivy kapitalističeskoj ėkonomiki. (Die Aussichten der kapitalistischen Wirtschaft.)
In: Pravda, Moskva 14. 3. 1937.

955. Perspektivy kapitalističeskoj ėkonomiki. (Die Aussichten der kapitalistischen Wirtschaft.)
In: Rabočaja Moskva, Moskva 15. 5. 1937.

o 956. Portugalija i ispanskie sobytija. (Portugal und die spanischen Ereignisse.)
In: Mirovoe chozjajstvo i mirovaja politika, Moskva 1937, Nr. 3, S. 29—47. (→ 966. 1395.)

957. Proizvoditel'nye sily kapitalizma i socializma za 20 let. (Die Produktivkräfte des Kapitalismus und des Sozialismus während 20 Jahren.)
In: Bol'ševik, Moskva 1937, Nr. 16, S. 23—40; Nr. 17, S. 27—67. (→ 932.)

958. Razvitie krizisa v SŠA. (Die Entwicklung der Krise in den USA.)
In: Pravda, Moskva 19. 12. 1937.

959. Razvitie novogo ėkonomičeskogo krizisa. (Die Entwicklung einer neuen Wirtschaftskrise.)
In: Vnešnaja torgovlja, Moskva 1937, Nr. 11—12, S. 10—17.

960. Socializm i kapitalizm za desjat' let. (Die sozialistische und die kapitalistische Entwicklung im letzten Jahrzehnt.)
In: Pravda, Moskva 2. 12. 1937. (→ 962.)

961. Sovremennoe ėkonomičeskoe položenie Germanii. (Die gegenwärtige Wirtschaftslage Deutschlands.)
In: Mirovoe chozjajstvo i mirovaja politika, Moskva 1937, Nr. 9, S. 41—56.

o 962. Die sozialistische und die kapitalistische Entwicklung im letzten Jahrzehnt. (Socializm i kapitalizm za desjat' let.)
In: Rundschau über Politik, Wirtschaft und Arbeiterbewegung, Basel, 6 (1937), Nr. 53, S. 2001/2002. (→ 960.)

963. SŠA vstupajut v novyj ėkonomičeskij krizis. (Die USA treten in eine neue Wirtschaftskrise ein.)
In: Pravda, Moskva 26. 11. 1937.

o 964. 1936 god: itogi i perspektivy. (Das Jahr 1936: Rückblick und Ausblick.)
In: Mirovoe chozjajstvo i mirovaja politika, Moskva 1937, Nr. 3, S. 10—28. (→ 945. 966. 1395. 1440.)

965. Vorwort zu: Mirovye ėkonomičeskie krizisy 1948—1935 gg. (Die Weltwirtschaftskrisen 1848 bis 1935.) Pod obšč. red. E. Vargi; t. 1: Sravnitel'nye materialy po istorii krizisov v važnejšich kapitalističeskich stranach. (Band 1: Vergleichende Materialien zur Geschichte der Krisen in den wichtigsten kapitalistischen Ländern.)
Moskva 1937, Ogiz, S. VII—X. (→ 1441.)

966. Wirtschaft und Wirtschaftspolitik im 4. Vierteljahr 1936.
In: Rundschau über Politik, Wirtschaft und Arbeiterbewegung, Basel, 6 (1937), Nr. 8 (Sondernummer), S. 313—340. (→ 940. 945. 956. 964. 1395. 1440.)

967. Wirtschaft und Wirtschaftspolitik im 1. Halbjahr 1937.
In: Rundschau über Politik, Wirtschaft und Arbeiterbewegung, Basel, 6 (1937), Nr. 35 (Sondernummer), S. 1237—1267. (→ 941. 942. 946. 1395.)

968. Wohin treibt die kapitalistische Welt?
In: Die Kommunistische Internationale, Strasbourg, 18 (1937), Nr. 8. S. 737—744.

969. Zur Pariser Planwirtschaftskonferenz der Amsterdamer Gewerkschaftsinternationale.
In: Rundschau über Politik, Wirtschaft und Arbeiterbewegung, Basel, 6 (1937), Nr. 16, S. 631/632.

970. Zur Wirtschaftslage in den Vereinigten Staaten.
In: Die Kommunistische Internationale, Strasbourg, 18 (1937), Nr. 6, S. 570—576.

1938

o+ 971. Deux systèmes. Économie socialiste et économie capitaliste. (20 Jahre Kapitalismus und Sozialismus.)
Traduit par Alix Guillain de l'allemand.
Paris 1938, Éditions sociales internationales, 414 S. (→ 973. 976. 1010. 1226.)

+ 972. Kapitalističeskij mir na poroge novogo krizisa. (Die kapitalistische Welt vor einer neuen Krise.)
Movka 1938, Gospolitizdat, 54 S.
Weitere Ausg.: Erevan 1938, 24 S. (Armenisch.)
Kiev 1938, 56 S. (Ukrainisch.)
(→ 1361. 1392. 1396.)

o+ 973. Kapitalizm i socializm za 20 let. (20 Jahre Kapitalismus und Sozialismus.)
Moskva 1938, Partizdat, 232 S.
Weitere Ausg.: Kiev 1938, 234 S. (→ 971. 976. 1010. 1226.)

+ 974. Mirovoe chozjajstvo v 1937 g. Sbornik statej. (Die Weltwirtschaft 1937. Aufsatzsammlung.)
Moskva 1938, Gospolitizdat, 104 S.

o+ 975. (Zusammen mit L. Mendelsohn:) New Data for V. I. Lenin's „Imperialism, the Highest Stage of Capitalism".
Moskva (1938), VII, 322 S.
Weitere Ausg.: London 1938, Lawrence & Wishart, VII, 322 S.
New York 1939, VII, 322 S.
New York, 1970, Ams. Press. (→ 827. 1240.)

+ 976. 20 Jahre Kapitalismus und Sozialismus.
Moskau 1938, Verlag für fremdsprachige Literatur, 244 S.
Weitere Ausg.: Strasbourg 1938, Éditions Prométhée, 240 S.
Paris 1938, 244 S.
(→ 971. 973. 1010. 1226.)

977. Anglija — vtoroj očag mirovogo ėkonomičeskogo krizisa. (England — der zweite Herd der Weltwirtschaftskrise.)
In: Voprosy tekuščej politiki, Moskva 1938, Nr. 12, S. 34—38.

978. Chozjajstvo i chozjajstvennaja politika kapitalističeskich stran v 1938 godu. (Wirtschaft und Wirtschaftspolitik der kapitalistischen Länder 1938.)
In: Mirovoe chozjajstvo i mirovaja politika, Moskva 1938, Nr. 7—8, S. 15—34.

979. Demagogija Gitlera i žonglerstvo s ciframi. (Hitlers Demagogie und Jonglieren mit Zahlen.)
In: Kommunističeskij Internacional, Moskva, 19 (1938), Nr. 3, S. 21—36.

o 980. Ėkonomičeskie protivorečija v fašistskoj Germanii. (Die wirtschaftlichen Widersprüche im faschistischen Deutschland.)
In: Fašistskaja Germanija — očag vojny, Moskva 1938, Partizdat, S. 161—164. (→ 900.)

981. Ėkonomičeskij krizis v SŠA — predvestnik novogo mirovogo ėkonomičeskogo krizisa. (Die Wirtschaftskrise in den USA — Vorbote einer neuen Weltwirtschaftskrise.)
In: Mirovoe chozjajstvo i mirovaja politika, Moskva 1938, Nr. 1, S. 10—24.

o 982. Die Entwicklung der Wirtschaftskrise in den kapitalistischen Ländern.
In: Rundschau über Politik, Wirtschaft und Arbeiterbewegung, Basel, 7 (1938), Nr. 21, S. 644.
(→ 998.)

983. Fašistskaja Germanija — ad dlja proletariata. (Das faschistische Deutschland — Hölle für das Proletariat.)
In: Pravda, Moskva 10. 9. 1938.

984. Hitler a számok szélhámosa. (Hitler — der Hochstapler der Zahlen.)
In: Uj Hang, 1938, Nr. 4, S. 65—72.

o 985. Italija pod jarmom fašizma. (Italien unter dem Joch des Faschismus.)
In: Mirovoe chozjajstvo i mirovaja politika, Moskva 1938, Nr. 9, S. 3—25. (→ 1008. 1395.)

986. Kapitalističeskie strany na poroge novogo ėkonomičeskogo krizisa. (Die kapitalistischen Länder vor einer neuen Wirtschaftskrise.)
In: Pravda, Moskva 27. 2. 1938.

o 987. Kon-junktura vo vtorom polugodii 1937 g. Anglija, Francija, Germanija. (Die Konjunktur im 2. Halbjahr 1937. England, Frankreich, Deutschland.)
In: Mirovoe chozjajstvo i mirovaja politika, Moskva 1938, Nr. 3, S. 124—151. (→ 1006. 1395.)

o 988. Kon-junkturnyj obzor za pervoe polugodie 1938 g. SŠA, Anglija, Germanija, Japonija. (Konjunkturübersicht für das 1. Halbjahr 1938. USA, England, Deutschland, Japan.)
In: Mirovoe chozjajstvo i mirovaja politika, Moskva 1938, Nr. 9, S. 87—120.

o 989. Kon-junkturnyj obzor za 1 kvartal 1938 g. Anglija, Francija, Germanija, (Konjunkturübersicht für das 1. Quartal 1938. England, Frankreich, Deutschland.)
In: Mirovoe chozjajstvo i mirovaja politika, Moskva 1938, Nr. 6, S. 101—124. (→ 1007. 1395.)

o 990. Mirovoe chozjajstvo v 1937 g. Itogi i perspektivy. (Die Weltwirtschaft im Jahre 1937: Rückblick und Ausblick.)

In: Mirovoe chozjajstvo i mirovaja politika, Moskva 1938, Nr. 3, S. 29—45. (→ 1002. 1006. 1395. 1444.)

991. Mussolini birodalma. (Das Reich von Mussolini.)
In: Uj Hang, 1938, Nr. 10, S. 57—63.

992. Nekotorye osobennosti sovremennogo krizisa v SŠA. (Einige Besonderheiten der gegenwärtigen Krise in den USA.)
In: Pravda, Moskva 19. 5. 1938. (→ 993.)

o 993. Nekotorye osobennosti sovremennogo krizisa v SŠA. (Einige Besonderheiten der gegenwärtigen Krise in den USA.)
In: Voprosy tekuščej politiki, Moskva 1938, Nr. 12, S. 29—33. (→ 992.)

994. Die neue Wirtschaftskrise.
In: Die Kommunistische Internationale, Strasbourg, 19 (1938), Nr. 1, S. 24—30.

o 995. Obščaja kartina mirovogo chozjajstva v 1 kvartale 1938 g. (Allgemeines Bild der Weltwirtschaft im 1. Quartal 1938.)
In: Mirovoe chozjajstvo i mirovaja politika, Moskva 1938, Nr. 6, S. 26—38. (→ 1007. 1395.)

996. Október. (Oktober.)
In: Uj Hang, 1938, Nr. 10, S. 3—5.

997. Perspektivy urožaja v kapitalističeskom mire. (Die Ernteaussichten in der kapitalistischen Welt.)
In: Pravda, Moskva 22. 7. 1938.

998. Razvitie ėkonomičeskogo krizisa v kapitalističeskich stranach. (Die Entwicklung der Wirtschaftskrise in den kapitalistischen Ländern.)
In: Pravda, Moskva 6. 4. 1938. (→ 982.)

999. Razvitie ėkonomičeskogo krizisa v kapitalističeskich stranach. (Die Entwicklung der Wirtschaftskrise in den kapitalistischen Ländern.)
In: Pravda, Moskva 10. 9. 1938.

1000. Razvitie ėkonomičeskogo krizisa v SŠA. (Die Entwicklung der Wirtschaftskrise in den USA.)
In: Pravda, Moskva 16. 9. 1938.

1001. Socializm kak utopija, kak nauka i kak dejstvitel'nost'. (Der Sozialismus als Utopie, als Wissenschaft und als Wirklichkeit.)
In: Kommunističeskij Internacional, Moskva, 19 (1938), Nr. 10, S. 42—49.

o 1002. 1937 god: Itogi i perspektivy. (Die Weltwirtschaft im Jahre 1937: Rückblick und Ausblick.)
In: Mirovoe chozjajstvo, Ežegodnik, 1937/1938 gg., Moskva 1938, Socėkgiz, S. 3—17. (→ 990. 1006. 1395. 1444.)

1003. Uglublenie ėkonomičeskogo krizisa v Anglii. (Die Vertiefung der Wirtschaftskrise in England.)
In: Pravda, Moskva 27. 9. 1938.

1004. Uglublenie krizisa v Soedinennych Štatach Ameriki. (Die Vertiefung der Krise in den Vereinigten Staaten von Amerika.)
In: Mirovoe chozjajstvo i mirovaja politika, Moskva 1938, Nr. 5, S. 22—32.

1005. Vojna v Kitae i narodnoe chozjajstvo Japonii. (Der Krieg in China und die Volkswirtschaft Japans.)
In: Tichij okean, Moskva 1938, Nr. 1, S. 21—36.

1006. Wirtschaft und Wirtschaftspolitik im 2. Halbjahr 1937.
In: Rundschau über Politik, Wirtschaft und Arbeiterbewegung, Basel, 7 (1938), Nr. 8 (Sondernummer), S. 233—260. (→ 988. 990. 1002. 1395. 1444.)

1007. Wirtschaft und Wirtschaftspolitik im 1. Vierteljahr 1938.
In: Rundschau über Politik, Wirtschaft und Arbeiterbewegung, Basel, 7 (1938), Nr. 27 (Sondernummer), S. 885—903. (→ 989. 995. 1395.)

1008. Wirtschaft und Wirtschaftspolitik im 2. Vierteljahr 1938.
In: Rundschau über Politik, Wirtschaft und Arbeiterbewegung, Basel, 7 (1938), Nr. 41 (Sondernummer), S. 1361—1390. (→ 986. 1395.)

1939

\+ 1009. Trud Lenina "Imperializm, kak vysšaja stadija kapitalizma" i poslevoennyj kapitalizm. V pomošč propagandistu. (Lenins Arbeit „Der Imperialismus als höchstes Stadium des Kapitalismus" und der Nachkriegskapitalismus. Hilfsmittel für den Propagandisten.)
Rostov n. D. 1939, 16 S.

o+ 1010. Two Systems. Socialist Economy and Capitalist Economy. (20 Jahre Kapitalismus und Sozialismus.) Translated from the German by R. Page Arnot.
London 1939, Lawrence & Wishart, 268 S. (Printed in U.S.A.)
Weitere Ausg.: New York 1939, 268 S.
New York 1968, Greenwood Press.
(→ 971. 973. 976. 1226.)

\+ 1011. The USSR as a World Economic Power.
Moscow 1939, Foreign Languages Publishing House, 21 S.

1012. A magyar szociáldemokrácia történelmi felelössége. (Die historische Verantwortung der ungarischen Sozialdemokratie.)
In: Uj Hang, 1939, Nr. 4, S. 19—22.

1013. Demonstracija ėkonomičeskich pobed. (Eine Demonstration ökonomischer Siege.)
In: Socialističeskoe zemledelie, Moskva 30. 7. 1939.

o 1014. 25-letie pervoj imperialističeskoj vojny. (25 Jahre seit Beginn des ersten imperialistischen Krieges.)
In: Mirovoe chozjajstvo i mirovaja politika, Moskva 1939, Nr. 7—8, S. 3—14. (→ 1044. 1045. 1395.)

o 1015. Economy and economic policy in the second halfyear 1938. (Concluded January 31, 1939). [Wirtschaft und Wirtschaftspolitik im zweiten Halbjahr 1938. (Abgeschlossen am 31. Januar 1939.)]
In: World News and Views, London 1939, Nr. 13, 23. 3. 1939. (→ 1027. 1043. 1395.)

o 1016. Einholen und Überholen. (Aus einem Vortrag in der Akademie der Wissenschaften in Moskau, Juni 1939.)
In: Die Kommunistische Internationale, Paris, 20 (1939), Nr. 8, S. 998—1007. (→ 1021.)

1017. Ėkonomičeskoe položenie Japonii i Germanii i vtoraja imperialističeskaja vojna. (Die Wirtschaftslage Japans und Deutschlands und ein zweiter imperialistischer Krieg.)
In: Krasnaja zvezda, Moskva 29. 1. 1939.

1018. Emlékezés Varjas Sándorról. (Erinnerung an Sándor Varjas.)
In: Uj Hang, 1939, Nr. 11, S. 11/12.

1019. Emlékezzünk régiekröl. (Erinnern wir uns an die Alten.)
In: Uj Hang, 1939, Nr. 3, S. 5—8.

1020. Huszonöt év. A világháboru évfordulójára. (Fünfundzwanzig Jahre. Zum Jahrestag des Weltkrieges.)
In: Uj Hang, 1939, Nr. 8. S. 10—19.

1021. K rešeniju zadači dognat' i peregnat' glavnye kapitalističeskie strany v ėkonomičeskom otnošenii. (Zur Lösung der Aufgabe, die kapitalistischen Hauptländer wirtschaftlich einzuholen und zu überholen.)
In: Pravda, Moskva 24. 6. 1939. (→ 1016.)

1022. Der Kapitalismus auf dem Todesweg.
In: Die Kommunistische Internationale, Paris, 20 (1939), Nr. 3, S. 313—320.

1023. Kapitalističeskij mir na rubeže novogo goda. (Die kapitalistische Welt an der Schwelle des neuen Jahres.)
In: Pravda, Moskva 1. 1. 1939.

1024. Kapitalističeskij mir z istekšie 20 let. (Die kapitalistische Welt in den letzten 20 Jahren.)
In: Kommunističeskij Internacional, Moskva, 20 (1939), Nr. 2, S. 14—21.

o 1025. Kapitalističeskoe chozjajstvo v pervoj polovine 1939 g. Soedinennye Štaty Ameriki, Anglija, Germanija, Italija. (Die kapitalistische Wirtschaft im ersten Halbjahr 1939. Vereinigte Staaten von Amerika, England, Deutschland, Italien.)
In: Mirovoe chozjajstvo i mirovaja politika, Moskva 1939, Nr. 9, S. 104—162. (→ 1044. 1395.)

1026. Kapitalizm nakanune pervoj i vtoroj imperialističeskoj vojny. (Der Kapitalismus vor dem ersten und vor dem zweiten imperialistischen Krieg.)
In: Bol'ševik, Moskva 1939, Nr. 13 (Juli), S. 11—22. (→ 1396.)

o 1027. Kon-junktura kapitalističeskich stran za vtoroe polugodie 1938 g. SŠA, Anglija, Germanija. (Die Konjunktur der kapitalistischen Länder im zweiten Halbjahr 1938. USA, England, Deutschland.)
In: Mirovoe chozjajstvo i mirovaja politika, Moskva 1939, Nr. 3, S. 138—170. (→ 1043. 1395.)

1028. Das Land des Sozialismus. Die Sowjetunion als ökonomische Weltmacht.
In: Die Welt. Zeitschrift für Politik, Wirtschaft und Arbeiterbewegung, Stockholm, 1 (1939), Nr. 11, S. 201/202.

o 1029. Mirovoe chozjajstvo v 1938 g. (Die Weltwirtschaft im Jahre 1938.)
In: Mirovoe chozjajstvo i mirovaja politika, Moskva 1939, Nr. 3, S. 53—66.
Ebenso in: Mirovoe chozjajstvo. Ežegodnik 1938/1939 gg., Moskva 1939, Socėkgiz, S. 1—14. (→ 1043. 1395. 1446.)

1030. Novyj ėtap vtoroj imperialističeskoj vojny. (Die neue Etappe des zweiten imperialistischen Krieges.)
In: Mirovoe chozjajstvo i mirovaja politika, Moskva 1939, Nr. 9, S. 21—26.

1031. O genial'noj rabote Lenina "Imperializm, kak vysšaja stadija kapitalizma". (Über Lenins geniale Arbeit „Der Imperialismus als höchstes Stadium des Kapitalismus".)
In: Mirovoe chozjajstvo i mirovaja politika, Moskva 1939, Nr. 1, S. 15—28.

1032. Osnovnaja ėkonomičeskaja zadača SSSR. (Die wirtschaftliche Hauptaufgabe der UdSSR.)
In: Vestnik Akademii Nauk SSSR, Moskva 1939, Nr. 6, S. 1—10.

o 1033. Osobennosti novogo ėkonomičeskogo krizisa. (Die Besonderheiten der Wirtschaftskrise 1937/1939.)
In: Mirovoe chozjajstvo i mirovaja politika, Moskva 1939, Nr. 2, S. 30—41. (→ 1043. 1395.)

1034. Položenie krest'janstva v kapitalističeskich stranach. Sokraščennaja stenogramma doklada na Vsesojuznoj Sel'skochozjajstvennoj vystavke. (Die Lage der Bauern in den kapitalistischen Ländern. Gekürztes Stenogramm des Vortrags auf der Unionslandwirtschaftsausstellung.)
In: Socialističeskoe zemledelie, Moskva 4. 9. 1939.

1035. Problemy voennogo chozjajstva kapitalističeskich stran v sovremennoj imperialističeskoj vojne. (Probleme der Rüstungswirtschaft der kapitalistischen Länder im gegenwärtigen imperialistischen Krieg.)
In: Mirovoe chozjajstvo i mirovaja politika, Moskva 1939, Nr. 12, S. 19—32. (→ 1403.)

o 1036. Put' francuzskogo kapitalizma. (Der Weg des französischen Kapitalismus.)
In: Mirovoe chozjajstvo i mirovaja politika, Moskva 1939, Nr. 4, S. 78—90. (→ 1043. 1395.)

1037. Rezension zu: W. Churchill, Step by Step. 1936—1939, London 1939.
In: Mirovoe chozjajstvo i mirovaja politika, Moskva 1939, Nr. 9, S. 249/250.

1038. Rezension zu: D. Cowie, An Empire Prepared. Foreword by Lord Lloyd, London 1939.
In: Mirovoe chozjajstvo i mirovaja politika, Moskva 1939, Nr. 10, S. 202.

1039. Rezension zu: G. Harrison and F. D. Mitchell, The Home Market. 1939, London 1939.
In: Mirovoe chozjajstvo i mirovaja politika, Moskva 1939, Nr. 10, S. 204—220.

1040. Rezension zu: Simon Haxey, Tory M. P., London 1939.
In: Mirovoe chozjajstvo i mirovaja politika, Moskva 1939, Nr. 10, S. 202—204.

1041. Trud V. I. Lenina "Imperializm, kak vysšaja stadija kapitalizma" i poslevoennyj kapitalizm. (Lenins Arbeit „Der Imperialismus als höchstes Stadium des Kapitalismus" und der Nachkriegskapitalismus.)
In: Pravda, Moskva 24. 1. 1939.

1042. Učenie Lenina ob imperializme (doklad 26. 1. 1939 g. na sessii Otdelenija obščestvennych nauk Akademii nauk SSSR, posvjaščennoj 15-letiju so dnja smerti V. I. Lenina.) [Lenins Lehre vom Imperialismus. (Vortrag vom 26. 1. 1939 auf der Festsitzung der Abteilung Gesellschaftswissenschaften der Akademie der Wissenschaften der UdSSR anläßlich des 15. Todestages von W. I. Lenin.)]
In: Vestnik AN SSSR, Moskva 1939, Nr. 1, S. 54—63.

1043. Wirtschaft und Wirtschaftspolitik im 2. Halbjahr 1938.
In: Rundschau über Politik, Wirtschaft und Arbeiterbewegung, Basel, 8 (1939), Nr. 8 (Sondernummer), S. 225—251. (→ 1015. 1027. 1029. 1033. 1036. 1395.)

1044. Wirtschaft und Wirtschaftspolitik im 1. Halbjahr 1939.
In: Rundschau über Politik, Wirtschaft und Arbeiterbewegung, Basel, 8 (1939), Nr. 44, S. 1257 bis 1284. (→ 1014. 1025. 1045. 1395.)

o 1045. World Economy. Economy and economic policy in the first half of 1939. (Wirtschaft und Wirtschaftspolitik im 1. Halbjahr 1939.)
In: World News and Views, London 1939, Nr. 46, S. 993—996 (Germany); Nr. 47, S. 1005—1008 (Italy); Nr. 48, S. 1018—1020 (Great Britain); Nr. 49, S. 1031/1032 (U.S.); Nr. 50, S. 1043/1044 (U.S.). (→ 1014. 1044. 1395.)

1940

1046. Anglo-amerikanskie protivorečija vo vtoroj imperialističeskoj vojne. (Englisch-amerikanische Gegensätze im zweiten imperialistischen Krieg.)
In: Kommunističeskij Internacional, Moskva, 21 (1940), Nr. 1, S. 32—39.
Ebenso in: Pravda, Moskva 5. 1. 1940. (→ 1053.)

o 1047. Anglo-amerikanskoe protivorečie vo vtoroj imperialističeskoj vojne. (Der englisch-amerikanische Gegensatz im zweiten imperialistischen Krieg.)
In: Mirovoe chozjajstvo i mirovaja politika, Moskva 1940, Nr. 1, S. 81—89. (→ 1052. 1388.)

1048. Boŕba imperialistov za novyj peredel mira. (Der Kampf der Imperialisten um die Neuaufteilung der Welt.)
In: Bol'ševik, Moskva 1940, Nr. 9, S. 9—18. (→ 1055. 1056. 1078.)

o 1049. Economy and economic policy in the year 1939. (Wirtschaft und Wirtschaftspolitik im Jahre 1939.)
In: World News and Views, London 1940, Nr. 19, S. 282—284; Nr. 20, S. 293—296. (→ 1075.)

o 1050. Ėkonomika imperialističeskich stran v 1939 g. (Die Wirtschaft der imperialistischen Länder im Jahre 1939.)
In: V pomošč propagandistu i agitatoru Arktiki. Sbornik, Moskva 1940, izd. Glavsevmorput', S. 167—171. (→ 1051.)

1051. Ėkonomika kapitalističeskich stran v 1939 g. (Die Wirtschaft der kapitalistischen Länder im Jahre 1939.)
In: Pravda, Moskva 1. 1. 1940, S. 4. (→ 1050.)

1052. Der englisch-amerikanische Gegensatz im zweiten imperialistischen Krieg.
In: Die Kommunistische Internationale, Stockholm, 21 (1940), Nr. 1, S. 64—72. (→ 1047. 1388.)

1053. Englisch-amerikanische Gegensätze im zweiten imperialistischen Krieg.
In: Die Welt. Zeitschrift für Politik, Wirtschaft und Arbeiterbewegung, Stockholm, 2 (1940), Nr. 7, S. 160. (→ 1046.)

1054. Der Hunger in Europa.
In: Die Kommunistische Internationale, Stockholm, 21 (1940), Nr. 9, S. 606—613. (→ 1057.)

o 1055. The Imperialist Struggle for a New Redivision of the World.
In: Daily Worker, New York 27. 8. 1940; 28. 8. 1940; 29. 8. 1940; 30. 8. 1940.
Ebenso in: Labour Monthly, London, 22 (1940), Nr. 11. (→ 1048. 1056. 1078.)

1056. Der Kampf der Imperialisten um die Neuaufteilung der Welt.
In: Die Kommunistische Internationale, Stockholm, 21 (1940), Nr. 6, S. 377—388. (→ 1048. 1055. 1078.)

o 1057. Kapitalističeskaja Evropa na poroge goloda. (Das kapitalistische Europa an der Schwelle des Hungers.)
In: Kommunističeskij Internacional, Moskva, 21 (1940), Nr. 8, S. 55—60. (→ 1054.)

1058. Kusza gondolatok Gergely Sándor könyvének olvasáda közben. (Gergely S.: 1414. második kötet. Moszkva, 1940.) [Wirre Gedanken beim Lesen des Buches von Sándor Gergely. (S. Gergely: 1514. Zweiter Band, Moskva 1940.)]
In: Uj Hang, 1940, Nr. 5—6, S. 18—23.

1059. Meždunarodnoe položenie (na konec ijunja). [Die internationale Lage (per Ende Juni.)]
In: Mirovoe chozjajstvo i mirovaja politika, Moskva 1940, Nr. 6, S. 11—18.

1060. Der Monopolkapitalismus im zweiten imperialistischen Krieg.
In: Die Kommunistische Internationale, Stockholm, 21 (1940), Nr. 3—4, S. 216—226.

1061. Nekotorye osobennosti vtoroj imperialističeskoj vojny. (Einige Besonderheiten des zweiten imperialistischen Krieges.)
In: Krasnyj flot, Moskva 23. 3. 1940.

1062. O meždunarodnom položenii. Sokraščennaja stenogramma publičnoj lekcii, pročitannoj v Politechničeskom muzee 29 XI 1940 g. (Über die internationale Lage. Gekürztes Stenogramm einer öffentlichen Vorlesung, gehalten im Polytechnischen Museum am 29. 11. 1940.)
In: Mirovoe chozjajstvo i mirovaja politika, Moskva 1940, Nr. 12, S. 13—20.

1063. Obzor meždunarodnogo položenija (na konec avgusta 1940 g.). [Übersicht über die internationale Lage (per Ende August 1940.)]
In: Mirovoe chozjajstvo i mirovaja politika, Moskva 1940, Nr. 8, S. 6—12.

1064. Obzor meždunarodnych sobytij (sentjabŕ 1940 g.). [Übersicht über die internationalen Ereignisse (September 1940.)]
In: Mirovoe chozjajstvo i mirovaja politika, Moskva 1940, Nr. 9, S. 3—11.

1065. Pečal'nye itogi rumynskogo gospodstva v Bessarabii. (Die traurige Bilanz der rumänischen Herrschaft in Bessarabien.)
In: Bol'ševik, Moskva 1940, Nr. 15—16 (August), S. 43—58.

1066. Rezension zu: J. M. Keynes, How to pay for the War, London 1940.
In: Mirovoe chozjajstvo i mirovaja politika, Moskva 1940, Nr. 6, S. 200—202.

1067. Rezension zu: Lionel Robbins, The Economic Causes of War, London 1939.
In: Mirovoe chozjajstvo i mirovaja politika, Moskva 1940, Nr. 6, S. 199/200.

1068. Učenie Lenina ob imperializmu i vtoraja imperialističeskaja vojna. (Lenins Lehre vom Imperialismus und der zweite imperialistische Krieg.)
In: Mirovoe chozjajstvo i mirovaja politika, Moskva 1940, Nr. 4—5, S. 3—16.

1069. Vlijanie imperialističeskoj vojny v Evrope na chozjajstvo kapitalističeskogo mira v 1939 godu. (Der Einfluß des imperialistischen Krieges in Europa auf die Wirtschaft der kapitalistischen Welt im Jahre 1939.)
In: Mirovoe chozjajstvo i mirovaja politika, Moskva 1940, Nr. 3, S. 53—83.

1070. Voennaja ėkonomika kapitalističeskich stran. (Die Kriegswirtschaft der kapitalistischen Länder.)
In: V pomošč marksistsko-leninskomu samoobrazovaniju, Moskva 1940, Nr. 5—6, S. 35—49. (→ 1071.)

1071. Voennoe chozjajstvo kapitalističeskich stran. (Die Kriegswirtschaft der kapitalistischen Länder.)
In: Krasnaja zvezda, Moskva 6. 3. 1940.
Ebenso in: Moskovskij Bol'ševik, Moskva 1. 3. 1940. (→ 1070.)

1072. Voennyj potencial vojuščich stran. (Das Kriegspotential der kriegführenden Länder.)
In: Propagandist, Moskva 1940, Nr. 22, S. 36—40. (→ 1093.)

1073. Vorbemerkung zum Artikel: S. Chėksi, Kto pravit Angliej. (S. Haxey, Wer regiert England.)
In: Novyj mir, Moskva 1940, Nr. 2—3, S. 304/305.

1074. Vstupitel'noe slovo na obščem sobranii Otdelenija ėkonomiki i prava Akademii nauk SSSR 20 dekabrja 1939 g., posvjaščennom razvitiju marksistskoj-leninskoj teorii v rabotach tovarišča Stalina. (Einführendes Referat auf der Plenarversammlung der Abteilung Wirtschaft und Recht der Akademie der Wissenschaften der UdSSR am 20. 12. 1939, gewidmet der Entwicklung der marxistisch-leninistischen Theorie in den Arbeiten des Genossen Stalin.)
In: Mirovoe chozjajstvo i mirovaja politika, Moskva 1940, Nr. 1, S. 21—23.

1075. Wirtschaft und Wirtschaftspolitik im Jahre 1939.
In: Die Welt. Zeitschrift für Politik, Wirtschaft und Arbeiterbewegung, Stockholm, 2 (1940), Nr. 15, S. 383—395. (→ 1049.)

1941

o+ 1076. Fašistskij novyj porjadok. (Die faschistische Neuordnung.)
Kujbyšev 1941, 12 S. (→ 1087. 1088. 1105. 1106. 1107. 1110.)

\+ 1077. Grabež i nasilie gitlerovcev v okkupirovannych stranach. (Plünderung und Gewalttätigkeit der Hitleristen in den besetzten Ländern.)
Moskva 1941, Gospolitizdat, 16 S.
Weitere Ausg.: Joškar-Ola, Margosizdat.
Taškent (Usbekisch.)
(→ 1083. 1090. 1091. 1119.)

o+ 1078. The Imperialist Struggle for a New Redivision of the World.
London 1941, Labour Monthly, 10 S. (Labour Monthly War Pamphlets, Nr. 1.) (→ 1048. 1055. 1056.)

\+ 1079. Kak germanskij fašizm grabit okkupirovannye strany? (Wie plündert der deutsche Faschismus die okkupierten Länder aus?)
Machačkala 1941, Daggosizdat, 26 S. (Russisch.)
Weitere Ausg.: Tbilisi 1941, 26 S.

\+ 1080. Istoščenie chozjajstvennych resursov Germanii. (Die Erschöpfung der wirtschaftlichen Ressourcen Deutschlands.)
Moskva 1941, Voenizdat, 16 S.
Weitere Ausg.: Vologda, Saratov (Russisch.)
Taškent (Usbekisch.)
(→ 1081. 1082. 1097. 1098. 1102. 1104. 1133.)

\+ 1081. Process istoščenija chozjajstvennych resursov Germanii. (Der Erschöpfungsprozeß der wirtschaftlichen Ressourcen Deutschlands.)
Machačkala 1941, 20 S. (→ 1080. 1082. 1097. 1098. 1102. 1104. 1133.)

\+ 1082. Resursy Germanii istoščajutsja. (Deutschlands Ressourcen erschöpfen sich.)
Kujbyšev 1941, Oblgiz, 31 S.
Weitere Ausg.: Leningrad 1942, Politizdat,
Frunze 1942,
Molotov 1942 (Russisch.)
Weitere Ausg. 1942 in verschiedenen Nationalsprachen: Iževsk, Joškar-Ola, Kazań, Frunze, Ulan-Udė, Tbilisi, Nal'čik, Ordžonikidze, Stalinabad, Erevan. (→ 1080. 1081. 1097. 1098. 1102. 1104. 1133.)

\+ 1083. (Wie der deutsche Faschismus die besetzten Länder ausplündert.)
Machačkala 1941, Daggosizdat, 26 S. (Dagestanisch.)
Weitere Ausg.: Machačkala (Kumykisch und Lesgisch.)
Tbilisi (Georgisch.)
(→ 1077. 1090. 1091. 1119.)

1084. A Magyarországi Szociáldemokrata Párt 50 éves fennállásához. (Zum 50jährigen Bestehen der Sozialdemokratischen Partei Ungarns.)
In: Uj Hang, 1941, Nr. 1, S. 6—20.

1085. Bankrotstvo gitlerovskogo plana molnienosnoj vojny. (Das Scheitern des Hitlerschen Blitzkriegsplans.)
In: Mirovoe chozjajstvo i mirovaja politika, Moskva 1941, Nr. 8, S. 3—8.

1086. Evropa nakanune tret'ej voennoj zimy. (Europa vor dem dritten Kriegswinter.)
In: Kommunističeskij Internacional, Moskva, 22 (1941), Nr. 10—11, S. 31—36.

o 1087. Fašistskij "novyj porjadok" v Evrope i osvoboditel'naja borba ugnetennych narodov. (Die faschistische „Neuordnung" in Europa und der Freiheitskampf der unterdrückten Völker.)
In: Vestnik Akademii nauk SSSR, Moskva 1941, Nr. 11—12, S. 23—48. (→ 1076. 1088. 1105. 1106. 1107. 1110.)

1088. Gitlervoskij "novyj porjadok" v Evrope. (Hitlers „Neuordnung" in Europa.)
In: Mirovoe chozjajstvo i mirovaja politika, Moskva 1941, Nr. 7, S. 3—8. (→ 1076. 1087. 1105. 1106. 1107. 1110.)

1089. Grabitel'skij pochod Gitlera. (Hitlers Raubzug.)
In: Pravda, Moskva 11. 6. 1941.

1090. Kak germanskij fašizm grabit okkupirovannye strany. (Wie der deutsche Faschismus die besetzten Länder ausplündert.)
In: Kommunističeskij Internacional, Moskva, 22 (1941), Nr. 6—7, S. 53—59. (→ 1077. 1083. 1091. 1119.)

1091. Kak germanskij fašizm svirepstvuet v okkupirovannych stranach. (Wie der deutsche Faschismus in den besetzten Ländern wütet.)
In: Mirovoe chozjajstvo i mirovaja politika, Moskva 1941, Nr. 6, S. 17—24. (→ 1077. 1083. 1090. 1119.)

1092. Košmar germanskoj okkupacii. 1. Francija. 2. Pol'ša. (Der Alpdruck der deutschen Okkupation. 1. Frankreich, 2. Polen.)
In: Krasnaja zvezda, Moskva 21. 9. 1941 und 24. 9. 1941.

o 1093. Das Kriegspotential der kriegführenden Länder.
In: Die Welt. Zeitschrift für Politik, Wirtschaft und Arbeiterbewegung, Stockholm, 3 (1941), Nr. 11, S. 329—331. (→ 1072.)

1094. Mošč antigitlerovskoj koalicii. (Die Stärke der Antihitlerkoalition.)
In: V pomošč' fabrično-zavodskim i mestnym komitetam, Sverdlovsk 1941, Nr. 22, S. 9—13.

1095. Na rubeže 1942 g. (An der Schwelle des Jahres 1942.)
In: Mirovoe chozjajstvo i mirovaja politika, Kujbyšev 1941, Nr. 9—10, S. 14—24.

1096. O meždunarodnom položenii. (Über die internationale Lage.)
In: Mirovoe chozjajstvo i mirovaja politika, Moskva 1941, Nr. 3, S. 40—50.

1097. Process istoščenija chozjajstvennych resursov Germanii. (Der Erschöpfungsprozeß der wirtschaftlichen Ressourcen Deutschlands.)
In: Kommunističeskij Internacional, Moskva, 22 (1941), Nr. 8, S. 15—29. (→ 1080. 1081. 1082. 1098. 1102. 1104. 1133.)

1098. Resursy Germanii istoščajutsja. (Deutschlands Ressourcen erschöpfen sich.)
In: Bol'ševik, Moskva 1941, Nr. 24, S. 25—33.
Ebenso in: Pravda, Moskva 20. 12. 1941. (→ 1080. 1081. 1082. 1097. 1102. 1104. 1133.)

1099. Rezension zu: B. Carter, Why Meddle in Europe, New York 1939, 204 S.
In: Mirovoe chozjajstvo i mirovaja politika, Moskva 1941, Nr. 1, S. 139.

1100. Rezension zu: W. Churchill, Blood, Sweat and Tears, New York 1941, 461 S.
In: Mirovoe chozjajstvo i mirovaja politika, Kujbyšev 1941, Nr. 9—10, S. 121.

1101. Social'naja demagogija gitlerizma. (Die soziale Demagogie des Hitlerismus.)
In: Bol'ševik, Moskva 1941, Nr. 22, S. 13—20. (→ 1109.)

1102. Über die wirtschaftlichen Hilfsquellen Deutschlands.
In: Die Welt. Zeitschrift für Politik, Wirtschaft und Arbeiterbewegung, Stockholm, 3 (1941), Nr. 41, S. 1281—1282. (→ 1080. 1081. 1082. 1097. 1098. 1104. 1133.)

1103. Wandlungen des Kapitalismus im Kriege.
In: Die Kommunistische Internationale, Stockholm, 22 (1941), Nr. 3, S. 225—233.

1942

o+ 1104. Chozjajstvennye resursy Germanii istoščajutsja. (Die wirtschaftlichen Ressourcen Deutschlands erschöpfen sich.)
Sverdlovsk 1942, Gospolitizdat, 24 S. (→ 1080. 1081. 1082. 1097. 1098. 1102. 1133.)

o+ 1105. Čto takoe fašistskij "novyj porjadok" v Evrope. (Was die faschistische „Neuordnung" in Europa bedeutet.)
Moskva 1942, Voenizdat, 62 S.
Weitere Ausg.: Baku 1942, 72 S. (Georgisch.)
Moskva 1942, 68 S. (Polnisch.)
Erevan 1943, 96 S. (Armenisch.)
(→ 1076. 1087. 1088. 1106. 1107. 1110.)

o+ 1106. Fašistskij "novyj porjadok" v Evrope. (Die faschistische „Neuordnung" in Europa.)
Moskva 1942, Gospolitizdat, 29 S.
Weitere Ausg.: Moskva — Leningrad 1942, Izd-vo AN SSSR, 47 S.
Kujbyšev 1942, 60 S. (Russisch.)
Moskva 1942, Verlag für fremdsprachige Literatur, 80 S. (Deutsch.), 36 S. (Ungarisch.), 36 S. (Englisch.)
(→ 1076. 1087. 1088. 1105. 1107. 1110.)

o+ 1107. Hitlers „Neuordnung" in Europa. „Theorie" und Praxis.
Moskva 1942, Verlag für fremdsprachige Literatur, 28 S. (→ 1076. 1087. 1088. 1105. 1106. 1110.)

\+ 1108. Oslablenie Germanii i ee armii v chode vojny. (Die Schwächung Deutschlands und seiner Armee im Laufe des Krieges.)
Moskva 1942, Gospolitizdat, 22 S.
Weitere Ausg.: Tbilisi 1942, 32 S. (Georgisch.) (→ 1123.)

o+ 1109. Social'naja demagogija gitlerizma. (Die soziale Demagogie des Hitlerismus.)
Joškar-Ola 1942, Margosizdat, 12 S. (Mari-Sprache.) Koźmodemjansk 1942, 24 S. (Mari-Sprache.) (→ 1101.)

o 1110. Čto takoe fašistskij "novyj porjadok" v Evrope. (Was die faschistische „Neuordnung" in Europa bedeutet.)
In: Novyj mir, Moskva 1942, Nr. 3—4, S. 119—207. (→ 1076. 1087. 1088. 1105. 1106. 1107.)

1111. 25 let sovetskogo chozjajstva. (25 Jahre Sowjetwirtschaft.)
In: Kommunističeskij Internacional, Moskva, 23 (1942), Nr. 10—11, S. 24—31. (→ 1112.)

1112. Ėkonomika socializma za 25 let. (25 Jahre sozialistische Wirtschaft.)
In: Mirovoe chozjajstvo i mirovaja politika, Moskva 1942, Nr. 10, S. 19—33. (→ 1111.)

1113. Gitler vo glave germanskogo razbojnič'ego imperializma. (Hitler an der Spitze des räuberischen deutschen Imperialismus.)
In: Mirovoe chozjajstvo i mirovaja politika, Moskva 1942, Nr. 8, S. 3—9.

1114. Gitlerovskij režim približaetsja k katastrofe. (Das Hitlerregime nähert sich der Katastrophe.)
In: Mirovoe chozjajstvo i mirovaja politika, Moskva 1942, Nr. 1—2, S. 19—28.

1115. Grabitel'skie dochody Gitlera. (Die räuberischen Einnahmen Hitlers.)
In: Pravda, Moskva 11. 6. 1942.

1116. Infljacija i golod v gitlerovskoj Germanii. (Inflation und Hunger in Hitlerdeutschland.)
In: Pravda, Moskva 24. 1. 1942.

1117. Istoščenie ljudskich resursov Germanii. (Die Erschöpfung der Menschenressourcen Deutschlands.)
In: Pravda, Moskva 24. 4. 1942. (→ 1125.)

1118. Istoščenie prodovol'stvennych resursov Germanii. (Die Erschöpfung der Lebensmittelvorräte Deutschlands.)
In: Mirovoe chozjajstvo i mirovaja politika, Moskva 1942, Nr. 5—6, S. 30—42.
Ebenso in: Pravda, Moskva 18. 5. 1942.

1119. Kak gitlerovci grabjat i razorjajut strany okkupirovannoj Evropy. (Wie die Hitlerleute die Länder des besetzten Europa plündern und zerstören.)
In: Propagandist, Moskva 1942, Nr. 11—12, S. 29—34. (→ 1077. 1083. 1090. 1091.)

o 1120. Missliche Ernteaussichten des okkupierten Europa.
In: Die Welt. Zeitschrift für Politik, Wirtschaft und Arbeiterbewegung, Stockholm, 4 (1942), Nr. 32, S. 986/987. (→ 1121.)

1121. Nedorod v Germanii i okkupirovannych stranach. (Mißernte in Deutschland und in den besetzten Ländern.)
In: Pravda, Moskva 10. 7. 1942.

1122. O moral'no-političeskich rezervach v sovremennoj vojne. (Über die moralisch-politischen Reserven im gegenwärtigen Krieg.)
In: Bol'ševik, Moskva 1942, Nr. 23—24, S. 57—65.

1123. Oslablenie Germanii i ee armii v chode vojny. (Die Schwächung Deutschlands und seiner Armee im Laufe des Krieges.)
In: Bol'ševik, Moskva 1942, Nr. 11—12, S. 67—77. (→ 1108.)

1124. Pravitel'stvo Lavalja i položenie Francii. (Die Regierung Laval und die Lage Frankreichs.)
In: Mirovoe chozjajstvo i mirovaja politika, Moskva 1942, Nr. 5—6, S. 24—29.

o 1125. Probleme der deutschen Menschenreserven.
In: Die Welt. Zeitschrift für Politik, Wirtschaft und Arbeiterbewegung, Stockholm, 4 (1942), Nr. 18, S. 553—554. (→ 1117.)

1126. Probleme der Kriegswirtschaft.
In: Die Welt. Zeitschrift für Politik, Wirtschaft und Arbeiterbewegung, Stockholm, 4 (1942), Nr. 21, S. 641—643.

1127. Protivorečija vnutri gitlerovskogo bloka. (Die Gegensätze innerhalb des Hitlerblocks.)
In: Propagandist, Moskva 1942, Nr. 2, S. 17—23.

1128. Razgrom Germanii v pervoj mirovoj vojne. (Deutschlands Niederlage im ersten Weltkrieg.)
In: Pravda, Moskva 29. 7. 1942.

1129. Rückblick und Ausblick.
In: Die Welt. Zeitschrift für Politik, Wirtschaft und Arbeiterbewegung, Stockholm, 4 (1942), Nr. 3, S. 68—70.

1130. Tri goda gitlerovskoj vojny. (Drei Jahre Hitlerkrieg.)
In: Kommunističeskij Internacional, Moskva 23 (1942), Nr. 8—9, S. 8—15.

1131. Umen̈šenie narodnogo bogatstva Germanii za vremja vojny. (Die Verringerung von Deutschlands Volksvermögen während des Krieges.)
In: Mirovoe chozjajstvo i mirovaja politika, Moskva 1942, Nr. 3—4, S. 8—12.

1132. Voennyj potencial SŠA. (Das Kriegspotential der USA.)
In: Pravda, Moskva 18. 6. 1942.

1133. Vozrastajuščee istoščenie resursov gitlerovskoj Germanii. (Wachsende Erschöpfung der Ressourcen Hitlerdeutschlands.)
In: Kommunističeskij Internacional, Moskva 1942, Nr. 3—4, S. 14—24. (→ 1080. 1081. 1082. 1097. 1098. 1102. 1104.)

1134. Zapasy strategičeskogo syrja v Germanii na ischode. (Die Reserven an strategischen Rohstoffen in Deutschland gehen zur Neige.)
In: Pravda, Moskva 12. 5. 1942.

1135. Zatrudnenija germanskoj tjaželoj industrii (Schwierigkeiten der deutschen Schwerindustrie.)
In: Pravda, Moskva 22. 9. 1942.

1136. Železnodorožnaja razrucha v Germanii. (Zerrüttung des Eisenbahnwesens in Deutschland.)
In: Pravda, Moskva 24. 10. 1942.

1943

o+ 1137. Ce que la "mobilisation totale" a donné á l'Allemagne. (Čto dala Germanii total'naja mobilizacija.) Moscou 1943, Éditions en langues étrangères, 20 S. (→ 1140. 1141. 1142. 1143.)

+ 1138. Istoričeskie korni osobennostej germanskogo imperializma. (Die historischen Wurzeln der Besonderheiten des deutschen Imperialismus.) Magadan 1943, 40 S. (→ 1146. 1172. 1173. 1389. 1396. 1397.)

+ 1139. O vozmeščenii uščerba, pričinennogo gitlerovskoj Germaniej Sovetskomu Sojuzu. Stenogramma publičnoj lekcii akademika E. S. Varga, pročitannoj 31 VIII 1943 g. v Kolonnom zale Doma Professional'nych Sojuzov v g. Moskve. (Über die Wiedergutmachung der von Hitlerdeutschland der Sowjetunion verursachten Schäden. Stenogramm eines öffentlichen Vortrags, gehalten von Akademiemitglied E. S. Varga im Säulensaal des Hauses der Gewerkschaften in Moskau am 31. 8. 1943.) Moskva 1943, Lekcionnoe bjuro pri Komitete po delam Vysšej školy pri SNK SSSR, 16 S. (→ 1147. 1154.)

o+ 1140. The results of total mobilization in Germany. (Čto dala Germanii total'naja mobilizacija.) Translated from an article in Pravda for July 22, 1943. o. O. 1943, 31 S. Weitere Ausg.: Moskva 1943 (Italienisch, Rumänisch, Ungarisch.) (→ 1137. 1141. 1142. 1143.)

o+ 1141. Was die „totale Mobilisierung" Deutschland gab. (Čto dala Germanii total'naja mobilizacija.) Moskva 1943, Verlag für fremdsprachige Literatur, 22 S. (→ 1137. 1140. 1142. 1143.)

o 1142. Čto dala Germanii "total'naja mobilizacija"' (Was die „totale Mobilisierung" Deutschland gab.) In: Agitator, Moskva 1943, Nr. 13, S. 16—22. Ebenso in: Vojna i rabočij klass, Moskva, 1 (1943), Nr. 4, S. 14—22. (→ 1137. 1140. 1141. 1143.)

1143. Čto dala Germanii total'naja mobilizacija. (Was die „totale Mobilisierung" Deutschland gab.) In: Pravda, Moskva 22. 7. 1943. (— 1137. 1140. 1141. 1142.)

1144. Gitlerovskaja Germanija na puti k katastrofe. (Hitlerdeutschland auf dem Weg in die Katastrophe.) In: Mirovoe chozjajstvo i mirovaja politika, Moskva 1943, Nr. 10—11, S. 20—26.

1145. Gitlerovskaja Germanija stoit pered katastrofoj. (Hitlerdeutschland steht vor der Katastrophe.) In: Propagandist i agitator Krasnoj Armii, Moskva 1943, Nr. 23, S. 14—20.

1146. Istoričeskie korni osobennostej germanskogo imperializma. (Die historischen Wurzeln der Besonderheiten des deutschen Imperialismus.) In: Bol'ševik, Moskva 1943, Nr. 11—12, S. 39—52. (→ 1138. 1172. 1173. 1389. 1396. 1397.)

1147. O vozmeščenii uščerba gitlerovskoj Germaniej i ee soobščnikami. (Über den Schadenersatz Hitlerdeutschlands und seiner Helfershelfer.) In: Agitator i propagandist Krasnoj Armii, Moskva 1943, Nr. 20, S. 29—34. (→ 1139. 1154.)

1148. Plany poslevoennoj stabilizacii valjuty. (Pläne zur Währungsstabilisierung nach dem Kriege.) In: Vojna i rabočij klass, Moskva, 1 (1943), Nr. 13, S. 3—10. (→ 1155. 1159.)

1149. Rezension zu: H. N. Barnes, The Peoples' Charter, London 1942, 163 S. In: Mirovoe chozjajstvo i mirovaja politika, Moskva 1943, Nr. 8—9, S. 122/123.

1150. Russia and Gold. In: Economist, London 11. 12. 1943, S. 785.

1151. Uchudšenie chozjajstvennogo položenija gitlerovskoj Germanii. (Verschlechterung der Wirtschaftslage Hitlerdeutschlands.) In: Pravda, Moskva 19. 11. 1943.

1152. Vnešnjaja politika Sovetskogo Sojuza vo vtoroj mirovoj vojne. O knige tovarišča Stalina "O Velikoj Otečestvennoj vojne Sovetskogo Sojuza". (Die Außenpolitik der Sowjetunion im zweiten Weltkrieg. Über das Buch des Genossen Stalin „Über den Großen Vaterländischen Krieg der Sowjetunion".) In: Mirovoe chozjajstvo i mirovaja politika, Moskva 1943, Nr. 8—9, S. 21—33.

1153. Voennaja ėkonomika Germanii seŕezno oslabevaet. (Deutschlands Kriegswirtschaft wird ernstlich schwächer.)
In: Pravda, Moskva 28. 6. 1943.

1154. Vozmeščenie uščerba gitlerovskoj Germaniej i ee soobščnikami. (Der Schadenersatz Hitlerdeutschlands und seiner Helfershelfer.)
In: Agitator, Moskva 1943, Nr. 21, S. 19—26.
Ebenso in: Trud, Moskva 24. 7. 1943.
Ebenso in: Vojna i rabočij klass, Moskva, 1 (1943), Nr. 10, S. 4—10. (→ 1139. 1146.)

1944

\+ 1155. Plany poslevoennoj stabilizacii valjuty. (Pläne zur Währungsstabilisierung nach dem Kriege.)
Magadan 1944, 28 S. (V pomošč propagandistu i agitatoru.) (→ 1148. 1159.)

1156. Demografičeskie izmenenija za vremja vojny i ich posledstvija. (Demographische Veränderungen während des Krieges und ihre Folgen.)
In: Mirovoe chozjajstvo i mirovaja politika, Moskva 1944, Nr. 12, S. 1—13.

1157. Koncentracija i centralizacija proizvodstva i kapitala vo vremja vojny. (Die Konzentration und Zentralisation der Produktion und des Kapitals während des Krieges.)
In: Mirovoe chozjajstvo i mirovaja politika, Moskva 1944, Nr. 7—8, S. 9—17.

1158. Meždunarodnyj valjutnyj fond i bank dlja rekonstrukcii i razvitija. (Der Internationale Währungsfonds und die Bank für Wiederaufbau und Entwicklung.)
In: Planovoe chozjajstvo, Moskva, 21 (1944), Nr. 2, S. 69—80.

1159. Plans for post-war currency stabilization. (Plany poslevoennoj stabilizacii valjuty.)
In: Commercial and Financial Chronicle, New York, Nr. 4230, 2. 3. 1944. (→ 1148. 1155.)

1160. Rezension zu: Work — The Future of British Industry. Being a Report by the Conservative Subcommittee on Industry, London 1944, 47 S.
In: Mirovoe chozjajstvo i mirovaja politika, Moskva 1944, Nr. 7—8, S. 89—90.

1161. Vnešnjaja politika Sovetskogo Sojuza po vtoroj mirovoj vojne. (Die Außenpolitik der Sowjetunion nach dem zweiten Weltkrieg.)
In: Mirovoe chozjajstvo i mirovaja politika, Moskva 1944, Nr. 8—9, S. 21—24.

1945

o+ 1162. A földbirtokreform és a közélet demokratizálása. (Die Agrarreform und die Demokratisierung des öffentlichen Lebens.)
Budapest 1945, Magyar-Szovjet Müvelódési Társaság, 16 S. (→ 1164. 1177.)

\+ 1163. A háboru hatása a tökés gazdaságra (Elöadás). [Die Wirkung des Krieges auf die kapitalistische Wirtschaft. (Ein Vortrag.)]
Budapest 1945, Magyar-Szovjet Müvelódési Társaság, 16 S.
Weitere Ausg.: Budapest 1947, Uj Magyar Könyvkiadó. (→ 1170.)

1164. Die Agrarreform und die Demokratisierung des öffentlichen Lebens.
In: Neue Zeit, Moskva, 3 (1945), Nr. 8, S. 7—12.
Weitere Ausg. in: Rinascita, Roma, Dezember 1945, S. 283/284. (Italienisch.) (→ 1162. 1177.)

1165. Chod promyšlennogo cikla posle okončanija vojny v Evrope. (Der Verlauf des industriellen Zyklus nach Kriegsende in Europa.)
In: Mirovoe chozjajstvo i mirovaja politika, Moskva 1945, Nr. 5, S. 23—34.

1166. Problema promyšlennogo cikla posle okončanija vojny. Doklad i prenija. (Das Problem des industriellen Zyklus nach Beendigung des Krieges. Vortrag und Diskussion.)
In: Mirovoe chozjajstvo i mirovaja politika, Moskva 1945, Nr. 2/3, S. 79—81.

1167. Regulirovanie chozjajstva i bezplanovost' v kapitalističeskich stranach vo vremja vojny. (Wirtschaftslenkung und Planlosigkeit in den kapitalistischen Ländern während des Krieges.)
In: Mirovoe chozjajstvo i mirovaja politika, Moskva 1945, Nr. 9, S. 3—13.
Weitere Ausg. in: Analele Româno-Sovietice, Bucureşti 1947, Nr. 7, S. 138/139. (Rumänisch.)

1168. Rešajuščaja rol' gosudarstva v voennom chozjajstve kapitalističeskich stran. (Die entscheidende Rolle des Staates in der Kriegswirtschaft der kapitalistischen Länder.)
In: Mirovoe chozjajstvo i mirovaja politika, Moskva 1945, Nr. 1, S. 11—21.

1946

\+ 1169. Anglo-amerikanskie ėkonomičeskie otnošenija. Stenogramma publičnoj lekcii, pročitannoj 24 janvarja 1946 g. v Moskve. (Die anglo-amerikanischen Wirtschaftsbeziehungen. Stenogramm eines öffentlichen Vortrags, gehalten am 24. 1. 1946 in Moskau.)
Moskva 1946, Izd-vo Pravda, 19 S.
Weitere Ausg.: Moskva 1946, Vsesojuznoe Lekcionnoe bjuro, 17 S.
Vilnius 1947. (Litauisch.) (→ 1171. 1179.)

o+ 1170. Consecientele rasboinului asupra economiei capitaliste. (Die Wirkung des Krieges auf die kapitalistische Wirtschaft.) Conferintă tinută la Budapesta in Octombrie 1945.
Bucureşti 1946, Ed. Partidului communist român, 28 S. (→ 1163.)

o+ 1171. Engelsko-američki ekonomski odnosi. (Anglo-amerikanskie ėkonomičeskie otnošenija.)
Beograd 1946, 31 S. (Politička biblioteka, Nr. 5.) (→ 1169. 1179.)

o+ 1172. Die historischen Wurzeln der Besonderheiten des deutschen Imperialismus. (Istoričeskie korni osobennostej germanskogo imperializma.)
Berlin — Leipzig 1946, Verlag der Sowjetischen Militärverwaltung in Deutschland, 39 S. (→ 1138. 1146. 1173. 1389. 1396. 1397.)

o+ 1173. Istoričeskie korni osobennostej germanskogo imperializma. (Die historischen Wurzeln der Besonderheiten des deutschen Imperialismus.)
Moskva 1946, Voenizdat, 32 S.
Weitere Ausg.: 1946, 42 S. (Rumänisch.) (→ 1138. 1146. 1172. 1389. 1396. 1397.)

\+ 1174. Izmenenija v ėkonomike kapitalizma v itoge vtoroj mirovoj vojny. (Veränderungen in der kapitalistischen Wirtschaft im Gefolge des zweiten Weltkrieges.)
Moskva 1946, Gospolitizdat, 320 S. (→ 1194. 1195. 1197. 1203. 1204. 1205. 1206. 1230.)

\+ 1175. A stabilizáció munkabérpolitikájáról. (Zur Arbeitslohnpolitik der Stabilisierungsphase.)
Budapest 1946, Atheneum, 18 S.

1176. A parasztság és az agrárolló. (Die Bauernschaft und die Agrarschere.)
In: Szabad Nép, Budapest 3. August 1946.

o 1177. Die Agrarreform und die Demokratisierung des öffentlichen Lebens.
In: Neue Welt, Berlin 1946, Nr. 1 (Mai), S. 77—84. (→ 1162. 1164.)

1178. Anglo-amerikancy i svoboda sudochodstva po Dunaju. (Die Anglo-Amerikaner und die Freiheit der Schiffahrt auf der Donau.)
In: Pravda, Moskva 2. 11. 1946.
Weitere Ausg. in: Szabad Nép, Budapest 8. 11. 1946. (Ungarisch.)

o 1179. Anglo-amerikanskie ėkonomičeskie otnošenija. (Die anglo-amerikanischen Wirtschaftsbeziehungen.)
In: Bol'ševik, Moskva 1946, Nr. 3, S. 50—62. (→ 1169. 1171.)

o 1180. L'approche d'une crise économique dans le monde capitaliste. (Približenie ėkonomičeskogo krizisa v kapitalističeskom mire.)
In: Cahiers du communisme, Paris 1946, Nr. 12, S. 1115—1119. (→ 1187. 1201.)

1181. Das englisch-amerikanische Finanzabkommen.
In: Neue Zeit, Moskva, 4 (1946), Nr. 1, S. 5—9.

1182. Infláció — stabilizáció. (Inflation — Stabilisierung.)
In: Társadalmi Szemle, 1946, Nr. 7, S. 481—488.
Weitere Ausg. in: Analele Româno-Sovietice, Bucureşti 1947, Nr. 2, S. 71—80. (Rumänisch.)

1183. "Jó a forint, de kevés van belöle". („Der Forint ist gut, reicht aber nicht aus".)
In: Szabad Nép, Budapest 15. 8. 1946.

1184. Le kell szállitani az iparcikkek árát! (Man soll den Preis der Industriewaren herabsetzen!)
In: Szabad Nép, Budapest 11. 8. 1946.

1185. Nem szabad a látszólagos magasabb forintbérekért feláldozni az értékálló forintot és ezzel veszélyeztetni a magyar demokráciát. (Beszéd az üzemi vezetök nagygyülésén.) [Man darf nicht für scheinbar höhere Forintlöhne den wertbeständigen Forint opfern und die ungarische Demokratie gefährden. (Rede auf der Großversammlung der Betriebsleiter.)]
In: Szabad Nép, Budapest 24. 8. 1946.

1186. Osobennosti vnutrennej i vnešnej politiki kapitalističeskich stran v ėpochu vseobščego krizisa kapitalizma. (Die Besonderheiten der Innen- und Außenpolitik der kapitalistischen Länder in der Epoche der allgemeinen Krise des Kapitalismus.)
In: Mirovoe chozjajstvo i mirovaja politika, Moskva 1946, Nr. 6, S. 8—17.
Weitere Ausg. in: Társadalmi Szemle, Budapest 1946, Nr. 8, S. 567—577. (Ungarisch.)

1187. Približenie ėkonomičeskogo krizisa v kapitalističeskom mire. (Das Herannahen einer Wirtschaftskrise in der kapitalistischen Welt.)
In: Pravda, Moskva 27. 11. 1946. (→ 1180. 1201.)

1188. Rezension zu: L. S. Amery, The Washington Loan Agreements. A Critical Study of American Economic Foreign Policy, London 1946.
In: Mirovoe chozjajstvo i mirovaja politika, Moskva 1946, Nr. 10—11, S. 118—120.

1189. Rezension zu: British Security. A Report by a Chatham House Study Group, London — New York 1946. Unter dem Titel: Oslablennaja Anglija. (Das geschwächte England.)
In: Mirovoe chozjajstvo i mirovaja politika, Moskva 1946, Nr. 10—11, S. 117/118.

1190. Rezension zu: Sir Samuel Hoare, Ambassador on Special Mission, London 1946. Unter dem Titel: "Nevmešatel'stvo" ljuboj cenoj. („Nichteinmischung" um jeden Preis.)
In: Mirovoe chozjajstvo i mirovaja politika, Moskva 1946, Nr. 12, S. 143/144.

1191. Rezension zu: A. Viton, American Empire in Asia?, New York 1943.
In: Mirovoe chozjajstvo i mirovaja politika, Moskva 1946, Nr. 3, S. 36/37.

1192. Szabad és kötött gazdálkodás. (Freie und gebundene Wirtschaft.)
In: Szabad Nép, Budapest 8. 8. 1946.

1193. Zur Welternährungslage.
In: Neue Zeit, Moskva, 4 (1946), Nr. 20, S. 3—6.

1947

o+ 1194. Demokratie neuer Art. (Auszüge aus: Izmenenija v ėkonomike kapitalizma v itoge vtoroj mirovoj vojny.)
Berlin 1947, Verlag Tägliche Rundschau, 22 S. (→ 1174. 1195. 1197. 1203. 1204. 1205. 1206. 1230.)

o+ 1195. Demokratija novogo tipa. Obščestvennyj stroj Jugoslavii, Bolgarii, Pol'ši, Čechoslovakii. (Demokratie neuer Art. Die Gesellschaftsordnung Jugoslawiens, Bulgariens, Polens, der Tschechoslowakei.)
Vologda 1947, 14 S. (→ 1174. 1194. 1197. 1203. 1204. 1205. 1206. 1230.)

+ 1196. "Plan Maršalla" i ėkonomika Anglii i SŠA. Stenogramma publičnoj lekcii, pročitannoj 27 avg. 1947 g. v Moskve. (Der „Marshallplan" und die Wirtschaft Englands und der USA. Stenogramm einer öffentlichen Vorlesung, gehalten am 27. 8. 1947 in Moskau.)
Moskva 1947, Izd-vo Pravda, 23 S.
Weitere Ausg.: Tallin 1948. (Estnisch.)

o+ 1197. A tökés gazdaság a második világháboru után. (Izmenenija v ėkonomike kapitalizma v itoge vtoroj mirovoj vojny.)
Budapest 1947, Szikra, 348 S. (→ 1174. 1194. 1195. 1203. 1204. 1205. 1206. 1230.)

1198. Die von den Amerikanern geplante Knechtung Europas.
In: Neue Zeit, Moskva, 5 (1947), Nr. 48, S. 4—9.

o 1199. Anglo-American Rivalry and Partnership: a Marxist View. (Bor̂ba i sotrudničestvo meždu SŠA i Angliej.)
In: Foreign Affairs, New York 1947, Nr. 7, S. 583—585. (→ 1202.)

1200. Anti-amerikanskie tečenija v anglijskoj politike. (Antiamerikanische Strömungen in der englischen Politik.)
In: Pravda, Moskva 15. 2. 1947, S. 3.

o 1201. The Approach of an Economic Crisis in the Capitalist World. (Približenie ėkonomičeskogo krizisa v kapitalističeskom mire.)
In: Political Affairs (?), März 1947. (→ 1180. 1187.)

1202. Bor̂ba i sotrudničestvo meždu SŠA i Angliej. (Rivalität und Zusammenarbeit zwischen den USA und England.)
In: Mirovoe chozjajstvo i mirovaja politika, Moskva 1947, Nr. 8, S. 3—13. (→ 1199.)

o 1203. Democracy of a new type. (Demokratija novogo tipa.)
In: Labour Monthly, London 1947, Nr. 8, S. 235—242; Nr. 9, S. 276—279. (→ 1174. 1194. 1195. 1197. 1204. 1205. 1206. 1230.)

o 1204. Démocratie d'un type nouveau. (Demokratija novogo tipa.)
In: Démocratie nouvelle, Paris 1947, Nr. 9, S. 463—467. (→ 1174. 1194. 1195. 1197. 1203. 1205. 1206. 1230.)

o 1205. Demokratie neuer Art. (Demokratija novogo tipa.)
In: Neue Welt, Berlin 1947, Nr. 11, S. 33—46. (→ 1174. 1194. 1195. 1197. 1203. 1204. 1206. 1230.)

o 1206. Demokratija novogo tipa (Demokratie neuer Art.)
In: Mirovoe chozjajstvo i mirovaja politika, Moskva 1947, Nr. 3, S. 3—14.
Weiter Ausg. in: Rinascita, Roma 1947, Nr. 6, S. 141—146. (Italienisch.)
(→ 1174. 1194. 1195. 1197. 1203. 1204. 1205. 1230.)

1207. Diskussionsbeiträge in: Diskussija po knige E. Varga "Izmenenija v ėkonomike kapitalizma v itoge vtoroj mirovoj vojny". 7, 14, 21 maja 1947 g. Stenografičeskij otčet. (Diskussion über das Buch „Veränderungen in der kapitalistischen Wirtschaft im Gefolge des zweiten Weltkrieges" von E. Varga vom 7., 14. und 21. Mai 1947. Stenographischer Bericht.)
Moskva 1947, 64 S. (Mirovoe chozjajstvo i mirovaja politika, Priloženie, 1947, no. 11.) (→ 1231. 1232. 1388.)

1208. Ėkonomičeskoe položenie Anglii. (Die Wirtschaftslage Englands.)
In: Pravda, Moskva 20. 4. 1947.
Andere Ausg. in: Rinascita, Roma 1947, Nr. 5, S. 116/117. (Italienisch.)

1209. De Gaulle igazi arcképe. (Das wahre Gesicht De Gaulle's.)
In: Társadalmi Szemle, 1947, Nr. 11, S. 310—313.

1210. The general crisis of capitalism.
In: Labour Monthly, London 1947, Januara, S. 23—28.

1211. Die Genfer Welthandelskonferenz.
In: Neue Zeit, Moskva, 5 (1947), Nr. 20, S. 4—9.

1212. Infljacija i denežnye reformy v kapitalističeskich stranach. (Inflation und Währungsreformen in den kapitalistischen Ländern.)
In: Pravda, Moskva 24. 12. 1947.

1213. Inflaţie şi stabilizare. (Inflation und Stabilisierung.)
In: Analele Români-Sovietice, Bucureşti 1947, Nr. 2, S. 71—80.

1214. K voprosu o demokratii novogo tipa. (Zur Frage der Demokratie neuer Art.)
In: Mirovoe chozjajstvo i mirovaja politika, Moskva 1947, Nr. 5, S. 126.

1215. Der Marshallplan und die bevorstehende Wirtschaftskrise in den USA.
In: Neue Zeit, Moskva, 5 (1947), Nr. 39, S. 4—8. (→ 1218. 1229.)
1216. Der Marshallplan und die Wirtschaftskrise in England.
In: Neue Zeit, Moskva, 5 (1947), Nr. 42, S. 3—7.
1217. Neft' na Bližnem Vostoke. (Das Erdöl im Nahen Osten.)
In: Pravda, Moskva 19. 5. 1947.
1218. Predstojaščij ėkonomičeskij krizis SŠA i plan Maršalla. (Die bevorstehende Wirtschaftskrise in den USA und der Marshallplan.)
In: Pravda, Moskva 5. 8. 1947.
Weitere Ausg. in: Sovetskaja Litva v. 7. 8. 1947. (→ 1215. 1229.)
1219. Reakcija i katoličeskaja cerkov'. (Die Reaktion und die katholische Kirche.)
In: Bol'ševik, Moskva 1947, Nr. 13, S. 36—48. (→ 1220.)
o 1220. Reaktionen og den katolske Kirke. (Reakcija i katoličeskaja cerkov'.)
In: Tiden, Stockholm 1947, Nr. 9—10, S. 334—351. (→ 1219.)
1221. Rezension zu: Henri de Kerillis: J'Accuse de Gaulle, New York 1946, 270 S. Unter dem Titel: Podlinnoe lico de Gollja glavy francuzskoj reakcii. (Das wahre Gesicht de Gaulles, des Hauptes der französischen Reaktion.)
In: Mirovoe chozjajstvo i mirovaja politika, Moskva 1947, Nr. 5, S. 116—118.
1222. Rezension zu: E. Mantoux, The Carthaginian Peace — or the Economic Consequences of Mr. Keynes, London — New York — Toronto 1946. Unter dem Titel: Lžeprorok Kejns. (Der falsche Prophet Keynes.)
In: Mirovoe chozjajstvo i mirovaja politika, Moskva 1947, Nr. 7, S. 92—94.
1223. Rezension zu: Trevor Evans, Bevin of Britain, London 1946. Unter dem Titel: Put' Reformista. (Der Weg eines Reformisten.)
In: Mirovoe chozjajstvo i mirovaja politika, Moskva 1947, Nr. 12, S. 106/107.
1224. Socializm i kapitalizm za tridcat' let. (Dreißig Jahre Sozialismus und Kapitalismus.)
In: Mirovoe chozjajstvo i mirovaja politika, Moskva 1947, Nr. 10, S. 3—24.
1225. Vorwort zu: I. I. Gol'dštejn i P. Levina, Germanskij imperializm. (Der deutsche Imperialismus.) Pod obščej red. i s predisl. E. Vargi.
Moskva 1947. (→ 1450.)

1948

o+ 1226. Dos sistemas, economía socialista y economía capitalista. (20 Jahre Kapitalismus und Sozialismus.)
Buenos Aires (1948), 281 S.
Weitere Ausg.: Roma 1948. (Italienisch.) (→ 971. 973. 976. 1010.)
\+ 1227. Marxism and the general crisis of capitalism. With an introduction by B. T. Ranadive.
Bombay 1948, People's Publishing House, 68 S.
1228. „A tőke" — Marx halhatatlan müve — magyar forditásban. („Das Kapital" — das unsterbliche Werk von Marx — in ungarischer Übersetzung.)
In: Szabad Nép, Budapest 6. 6. 1948.
o 1229. The Coming Economic Crisis in the United States and the Marshall Plan. (Predstojaščij ėkonomičeskij krizis SŠA i plan Maršalla.)
In: Communist, Bombay 1948, Nr. 4. (→ 1215. 1218.)
o 1230. Democracy of a new type. (Demokratija novogo tipa.)
In: Communist, Bombay 1948, Nr. 3 und 4.
(→ 1174. 1194. 1195. 1197. 1203. 1204. 1205. 1206.)
o 1231. Diskussionsbeiträge in: Diskussion über das Buch „Veränderungen in der kapitalistischen Wirtschaft im Gefolge des zweiten Weltkrieges" von E. Varga, 1. Beiheft zur Sowjetwissenschaft, Berlin (1948), S. 6—12, 20, 22, 24, 25, 28, 31, 66, 80, 81, 84, 86, 87, 100, 109, 111, 117—127.
(→ 1207. 1232. 1388.)

o 1232. Diskussionsbeiträge in: Soviet Views on the Post-War World Economy. An official critique of Eugene Varga's „Changes in the Economy of Capitalism resulting from the Second World War". Translated by Leo Gruliow, etc., Washington 1948, Public Affairs Press, 125 S. (Current Soviet Thought Series.) (→ 1207. 1231. 1388.)

1233. Nyugatnémet pénzreform — a tőkések érdekében. (Westdeutsche Währungsreform — im Interesse der Kapitalisten.)
In: Szabad Nép, Budapest 23. 6. 1948.

1234. Weizen und Politik.
In: Neue Zeit, Moskva, 6 (1948), Nr. 17, S. 11—13.

1949

o 1235. Against reformist tendencies in works on imperialism. (Protiv reformistskogo napravlenija v rabotach po imperializmu.)
In: Communist, Bombay 1949, Nr. 4, S. 108—122. (→ 1236. 1237. 1239.)

o 1236. Az imperializmusról szóló munkában megnyilvánuló reformata irányzat ellen. (Protiv reformistskogo napravlenija v rabotach po imperializmu.)
In: Társadalmi Szemle, 1949, Nr. 6—7, S. 101—411. (→ 1235. 1237. 1239.)

o 1237. Gegen die reformistische Richtung in der Betrachtung des Imperialismus. (Protiv reformistskogo napravlenija v rabotach po imperializmu.)
In: Neue Welt, Berlin 1949, Nr. 9, S. 32—42. (→ 1235. 1236. 1239.)

1238. Piśmo v redakciju (po povodu klevetničeskich razmyšlenij zarubežnoj pečati o naučnoj diskusii po voprosam mirovoj ėkonomiki.) [Brief an die Redaktion (anläßlich der verleumderischen Erfindungen der Auslandspresse über eine wissenschaftliche Diskussion zu Fragen der Weltwirtschaft).]
In: Pravda, Moskva 15. 3. 1949.

1239. Protiv reformistskogo napravlenija v rabotach po imperializmu. (Gegen die reformistische Richtung in der Betrachtung des Imperialismus.)
In: Voprosy ėkonomiki, Moskva 1949, Nr. 3, S. 79—88.
Weitere Ausg. in: Nouvelle Critique, Paris 1949, Nr. 8. (Französisch.)
(→ 1235. 1236. 1237.)

1950

o+ 1240. (Zusammen mit L. Mendelsohn:) Données complémentaires á „L'imperialisme" de Lénine. (Novye materialy k rabote V. I. Lenina „Imperializm, kak vysšaja stadija kapitalizma".)
Paris 1950, Éditions sociales, 392 S. (→ 827. 975.)

1241. A Marshall-terv: a nyomor és véradó terve. (Der Marshallplan: Plan des Elends und der Blutsteuer.)
In: Szabad Nép, Budapest 8. 6. 1950.

o 1242. A mankanélküliség növekedése a tőkésországokban. (Zunahme der Arbeitslosigkeit in den kapitalistischen Ländern.)
In: Magyar-Szovjet Közgazdasági Szemle, Budapest 1950, Nr. 2, S. 159—166. (→ 1244.)

1243. Ėkonomika kapitalističeskich stran pod udarom monopolij SŠA. (Die Wirtschaft der kapitalistischen Länder unter dem Druck der USA-Monopole.)
In: Pravda, Moskva 10. 5. 1950.

1244. Rost bezraboticy v stranach kapitalizma. (Zunahme der Arbeitslosigkeit in den kapitalistischen Ländern.)
In: Pravda, Moskva 19. 3. 1950. (→ 1242.)

1245. Upadok anglijskogo imperializma. (Der Verfall des englischen Imperialismus.)
In: Voprosy ėkonomiki, Moskva 1950, Nr. 4, S. 48—71. (→ 1246. 1248.)

o 1246. Der Verfall des englischen Imperialismus. (Upadok anglijskogo imperializma.)
In: Neue Welt, Berlin 1950, Nr. 16, S. 57—82. (→ 1245. 1248.)

1951

o+ 1247. (Zusammen mit L. Mendelsohn:) Novye materialy k rabote V. I. Lenina „Imperializm, kak vysšaja stadija kapitalizma". (Neue Materialien zu W. I. Lenins Arbeit „Der Imperialismus als höchstes Stadium des Kapitalismus".) Pod. red. E. Vargi, L. Mendel'sona i E. Cheml'nickoj. Shanghai 1951. (Chinesisch.)

o+ 1248. Zmierzch imperializmu angielskiego. (Upadok anglijskogo imperializma.)
Warszawa 1951, 46 S. (→ 1245. 1246.)

1249. Anglo-amerikanskaja boŕba za neft' na Bližnem Vostoke. (Der anglo-amerikanische Kampf um das Erdöl im Nahen Osten.)
In: Pravda, Moskva 22. 10. 1951.

1952

o 1250. Az angol gazdaság az amerikai barátság szoritásában. (Englands Wirtschaft unter dem Druck der amerikanischen „Freundschaft".)
In: Szabad Nép, Budapest 3. 12. 1952.

1251. Ėkonomika Anglii v tiskach amerikanskoj „družby". (Englands Wirtschaft unter dem Druck der amerikanisch „Freundschaft".)
In: Pravda, Moskva 25. 11. 1952.

1953

\+ 1252. Osnovnye voprosy ėkonomiki i politiki imperializma (posle vtoroj mirovoj vojny.) [Grundfragen der Ökonomik und Politik des Imperialismus (nach dem zweiten Weltkrieg).]
Moskva 1953, Gospolitizdat, 576 S.
Weitere Aufl.: 1957, 548 S.
Weitere Ausg.: Riga 1958, 502 S. (Lettisch.)
Tokio 1954, 785 S. (Japanisch.)
Peking 1954, 733 S. (Chinesisch.)
Belgrad 1960, 336 S. (Serbokroatisch.)
Ferner Tschechisch, Koreanisch.
(→ 1255. 1256. 1257. 1271. 1272. 1273. 1325. 1393.)

1253. Čto sulit „novaja" torgovaja politika amerikanskich monopolij. (Was die „neue" Handelspolitik der amerikanischen Monopole verheißt.)
In: Pravda, Moskva 23. 5. 1953.

1254. Krizisnye javlenija v ėkonomike SŠA. (Krisenerscheinungen in der Wirtschaft der USA.)
In: Pravda, Moskva 18. 8. 1953.

1954

o+ 1255. Az imperializmus gazdaságának és politikájának fö kérdései (a második világháboru után). [Osnovnye voprosy ėkonomiki i politiki imperializma (posle vtoroj mirovoj vojny).]
Budapest 1954, Szikra, 651 S. (→ 1252. 1256. 1257. 1271. 1272. 1273. 1325. 1393.)

o+ 1256. Osnovni vuprosy na ikonomikata i politikata na imperializma (sled vtorata svetovna vojna). [Osnovnye voprosy ėkonomiki i politiki imperializma (posle vtoroj mirovoj vojny).] Sofija 1954, 715 S. (→ 1252. 1255. 1257. 1271. 1272. 1273. 1325. 1393.)

o+ 1257. Podstawowe zagadnienia ekonomiki i polityki imperializmu (po drugiej wojnie światowej). [Osnovnye voprosy ėkonomiki i politiki imperializma (posle vtoroj mirovoj vojny).] Warszawa 1954, 572 S. (→ 1252. 1255. 1256. 1271. 1272. 1273. 1325. 1393.)

1258. Delo narodov Evropy (podderžka vengerskim narodom sovetskich predloženij o sozdanii sistemy kollektivnoj bezopasnosti v Evrope). [Sache der Völker Europas. (Das ungarische Volk unterstützt die sowjetischen Vorschläge über die Schaffung eines Systems der kollektiven Sicherheit in Europa.)]
In: Trud, Moskva 20. 7. 1954.

o 1259. Ėkonomičeskij krizis v Soedinennych Štatach. (Die Wirtschaftskrise in den Vereinigten Staaten.)
In: Otvety na voprosy trudjaščichsja, Moskva 1954, Nr. 50, S. 45—55. (→ 1260. 1261. 1262. 1263. 1266. 1268. 1269. 1270.)

o 1260. Gazdasági válság as Egyesült Államokban. (Ėkonomičeskij krizis v Soedinennych Štatach.)
In: Szabad Nép, Budapest 30. 1. 1954. (→ 1259. 1261. 1262. 1263. 1266. 1268. 1269. 1270.)

o 1261. Gazdasági válság az Egyesült Államokban. (Ėkonomičeskij krizis v Soedinennych Štatach.)
In: Szabad Nép, Budapest 12. 6. 1954. (→ 1259. 1260. 1262. 1263. 1266. 1268. 1269. 1270.)

1262. K ėkonomičeskomu krizisu v SŠA. (Zur Wirtschaftskrise in den USA.)
In: Pravda, Moskva 28. 1. 1954. (→ 1259. 1260. 1261. 1263. 1266. 1269. 1270.)

1263. Krizisnye javlenija v ėkonomike SŠA i ich vlijanie na drugie kapitalističeskie strany. (Krisenerscheinungen in der Wirtschaft der USA und ihr Einfluß auf andere kapitalistische Länder.)
In: Meždunarodnaja žizń, Moskva 1954, Nr. 1, S. 40—60. (→ 1259. 1260. 1261. 1262. 1266. 1268. 1269. 1270.)

o 1264. La nécessité et la possibilité de la coexistence pacifique. (Über die friedliche Koexistenz der beiden Systeme.)
In: France Nouvelle, Paris 23. 10. 1954, Nr. 462, S. 6/7. (→ 1265. 1267.)

o 1265. Om de to systemers fredelige sameksistens. (Über die friedliche Koexistenz der beiden Systeme.)
In: Vär vei til Fred, demokrati og socialisme, Stockholm (?) 1954, Nr. 7—8, S. 14—23. (→ 1264. 1267.)

o 1266. Only a slight recession?
In: Canadian Tribune, Toronto 12. 7. 1954, Nr. 885, S. 6 und 11. (→ 1259. 1260. 1261. 1262. 1963. 1268. 1269. 1270.)

1267. Über die friedliche Koexistenz der beiden Systeme.
In: Neue Zeit, Moskva, 12 (1954), Nr. 41, S. 4—9. (→ 1264. 1265.)

o 1268. Válságjelenségek az Egysült Államok gazdaságaban és ezek hatása a többi tökésországra. (Krizisnye javlenija v ėkonomike SŠA i ich vlijanie na drugie kapitalističeskie strany.)
In: Anyag- és Adatszolgáltatás, Budapest 1954, Nr. 10, S. 32—46. (→ 1259. 1260. 1261. 1262. 1263. 1266. 1269. 1270.)

o 1269. Varga on a Crisis in the United States.
In: The Current Digest of the Soviet Press, Ann Arbor, Mich., 10. 3. 1954, Nr. 4, S. 16/17. (→ 1259. 1260. 1261. 1262. 1263. 1266. 1268. 1270.)

1270. Die Wirtschaftskrise in den Vereinigten Staaten.
In: Neue Zeit, Moskva, 12 (1954), Nr. 23, S. 8—13.
Ebenso in: Der Außenhandel, Berlin 1954, Nr. 25, S. 564—567. (→ 1259. 1260. 1261. 1263. 1266. 1268. 1269.)

1955

o+ 1271. Grundfragen der Ökonomie und Politik des Imperialismus (nach dem zweiten Weltkrieg). [Osnovnye voprosy ėkonomiki i politiki imperializma (posle vtoroj mirovoj vojny).] Berlin 1955, Dietz Verlag, 740 S. (→ 1252. 1255. 1256. 1257. 1272. 1273. 1325. 1393.)

o+ 1272. Probleme fundamentale ale economici şi politici imperialismului (după cel de-al doilea război mondial). [Osnovnye voposy ėkonomiki i politiki imperializma (posle vtoroj mirovoj vojny.)] Bucureşti 1955, 643 S. (→ 1252. 1255. 1256. 1257. 1271. 1273. 1325. 1393.)

o+ 1273. Základné otázky ekonomiky a politiky imperializmu (po druhej svetovej vojne). [Osnovnye voprosy ėkonomiki i politiki imperializma (posle vtoroj mirovoj vojny).] Bratislava 1955, 461 S. (→ 1252. 1255. 1256. 1257. 1271. 1272. 1325. 1393.)

1956

1274. Ein altes Märchen unter neuem Namen (Über den sogenannten Volkskapitalismus). In: Neue Zeit, Moskva, 14 (1956), Nr. 20, S. 3—6.

1275. Der Atlantikblock, wie er leibt und lebt. In: Neue Zeit, Moskva, 14 (1956), Nr. 6, S. 4—8.

o 1276. Despre economie capitalismului postbelic. (Ob ėkonomike poslevoennogo kapitalizma.) In: Luptă de clasă, Bucureşti 1956, Nr. 4, S. 78—100. (→ 1279. 1281. 1282. 1284. 1285.)

1277. Eine ungeschickte Verteidigung des „Volkskapitalismus". In: Neue Zeit, Moskva, 14 (1956), Nr. 26, S. 6—9.

1278. Geschichte und Politik. Antwort an Herrn Ernest Salter. In: Neue Zeit, Moskva, 14 (1956), Nr. 9, S. 12—14.

o 1279. A háború utáni kapitalizmus gazdaságáról. (Ob ėkonomike poslevoennogo kapitalizma.) In: Társadalmi Szemle, Budapest 1956, Nr. 4, S. 84—111. (→ 1276. 1281. 1282. 1284. 1285.)

1280. Influence des transformations démographiques sur les besoins de capitaux. In: Cahiers de l'institut de Science Économique Appliquée, Paris 1956, Série F, Nr. 3, S. 53—64.

1281. Ob ėkonomike poslevoennogo kapitalizma. (Über die Ökonomik des Nachkriegskapitalismus.) In: Kommunist, Moskva 1956, Nr. 4, S. 13—32.
Weitere Ausg. in: Économie et politique, Paris 1956, Nr. 24. (Französisch.) Wissen und Tat, 1956, Nr. 6. (Deutsch.)
(→ 1276. 1279. 1282. 1284. 1285.)

o 1282. Die Ökonomik des Nachkriegskapitalismus. (Ob ėkonomike poslevoennogo kapitalizma.) In: Weg und Ziel, Wien 1956, Nr. 6, S. 445—450. (→ 1276. 1279. 1281. 1284. 1285.)

1283. Semidesjatiletie so dnja roždenija Bela Kuna. (Siebzigster Geburtstag Béla Kuns.) In: Pravda, Moskva 21. 2. 1956.

o 1284. Über die Ökonomik des Nachkriegskapitalismus. (Ob ėkonomike poslevoennogo kapitalizma.) In: Die Presse der Sowjetunion, Berlin 1956, Nr. 54, S. 1274—1283. (→ 1276. 1279. 1281. 1282. 1285.)

o 1285. Varga's analysis of the world economic situation. In: The Current Digest of the Soviet Press, Ann Arbor, Mich., 4. 7. 1956, Nr. 21, S. 3—8. (→ 1276. 1279. 1281. 1282. 1284.)

1957

o 1286. A „kommunizmus válsága" — nem létezik. (Nikakogo „krizisa kommunizma" net.) In: Nemzetközi Szemle, Budapest 1957, Oktober, S. 51—71. (→ 1289. 1290. 1294. 1295. 1296. 1297.)

o 1287. A mai imperializmus politikai ideológiájának néhány vonásáról. (O nekotorych čertach političeskoj ideologii sovremennogo imperializma.) In: Nemzetközi Szemle, Budapest 1957, Nr. 1, S. 35—52. (→ 1298. 1301.)

1288. Der amerikanische „Volkskapitalismus". In: Österreichische Volksstimme, Wien 28. 5. 1957.

o 1289. Es gibt keine „Krise des Kommunismus". (Nikakogo „krizisa kommunizma" net.) In: Kultur und Leben, Moskva 1957, Nr. 7—8, S. 61—70.

Ebenso in: Die Presse der Sowjetunion, Berlin 1957, Nr. 119, S. 2554—2556. (→ 1286. 1290. 1294. 1295. 1296. 1297.)

o 1290. Everything is fine in Russia. (Nikakogo „krizisa kommunizma" net.)
In: Fortune, Chicago 1957, Juli, S. 119, 218—222, 224, 227/228, 230—231. (→ 1286. 1289. 1294. 1295. 1296. 1297.)

1291. Der Gemeinsame Markt ist keine Lösung für die Wirtschaftsschwierigkeiten.
In: Neue Zeit, Moskva, 15 (1957), Nr. 10, S. 11/12.

o 1292. A mai kapitalizmus és szocializmus fejlődési tendenciáiról. (O tendencijach razvitija sovremennogo kapitalizma i socializma.)
In: Társadalmi Szemle, Budapest 1957, Nr. 6, S. 7—24. (→ 1299.)

1293. Kommunist objects to Fortune's editing of Varga article.
In: The Current Digest of the Soviet Press, Ann Arbor, Mich., 16. 10. 1957, Nr. 36, S. 3—5.

o 1294. Nie ma żadnego „kryzysu kommunizmu". (Nikakogo „krizisa kommunizma" net.)
In: Zeszyty teoretyczno-polityczne, Warszawa 1957, Nr. 9—10, S. 106—126. (→ 1286. 1289. 1290. 1295. 1296. 1297.)

1295. Nikakogo „krizisa kommunizma" net. (Es gibt keine „Krise des Kommunismus".)
In: Kommunist, Moskva 1957, Nr. 10, S. 100—112.
Ebenso in: Kul'tura i žizń, Moskva 1957, Nr. 7—8, S. 61—69.
Übersetzung in Hindi in: Naja pacht, Lakhnau 1958, Nr. 3, S. 125—128. (→ 1286. 1289. 1290. 1294. 1296. 1297.)

o 1296. Non vi è nessuna „crisi del communismo". (Nikakogo „krizisa kommunizma" net.)
In: Rinascita, Roma, 14 (1957), Nr. 9, S. 450—456. (→ 1286. 1289. 1290. 1294. 1295. 1297.)

o 1297. Nu exista nici un fel de „criză a communismului". (Nikakogo „krizisa kommunizma" net.)
In: Luptă de clasă, București 1957, Nr. 8, S. 51—68. (→ 1286. 1289. 1290. 1294. 1295. 1296.)

1298. O nektorych čertach plitičeskoj ideologii sovremennogo imperializma. (Über einige Züge der politischen Ideologie des modernen Imperialismus.)
In: Kommunist, Moskva 1957, Nr. 4, S. 30—45. (→ 1287. 1301.)

1299. O tendencijach razvitija sovremennogo kapitalizma i socializma. (Über die Entwicklungstendenzen des gegenwärtigen Kapitalismus und Sozialismus.)
In: Mirovaja ėkonomika i meždunarodnye otnošenija, Moskva 1957, Nr. 4, S. 36—48. (→ 1292.)

1300. Die Sowjetwirtschaft — Behauptungen und Tatsachen.
In: Weg und Ziel, Wien 1957, Nr. 10, S. 832—847.

o 1301. Über einige Züge der politischen Ideologie des modernen Imperialismus. (O nekotorych čertach političeskoj ideologii sovremennogo imperializma.)
In: Die Presse der Sowjetunion, Berlin 1957, Nr. 61, S. 1349—1353. (→ 1287. 1298.)

1302. Vierzig Jahre Aufstieg des Sozialismus und Niedergang des Kapitalismus.
In: Neue Zeit, Moskva, 15 (1957), Nr. 45. (→ 1305.)

1958

+ 1303. O buduščem lejboristskom pravitel'stve Anglii. (Über die künftige Labourregierung Englands.)
Moskva 1958, IMĖMO AN SSSR, 16 S. (Informacionnye zapiski i soobščenija.)

o+ 1304. Problems of the post-war industrial cycle and the new crisis of overproduction. (Problemy poslevoennogo promyšlennogo cikla i novyj krizis pereproizvodstva.)
New York 1958, International Arts and Sciences Press, 27 S. (→ 1306. 1313. 1315. 1316. 1317.)

o 1305. A szocializmus fejlődésének és a kapitalizmus hanyatlásának 40 esztendeje. (Vierzig Jahre Aufstieg des Sozialismus und Niedergang des Kapitalismus.)
In: MSZMP KB Külügyi Osztály Tájékoztatója, Budapest 1958, Nr. 3. (→ 1302.)

o 1306. A ciklikus válság. (Problemy poslevoennogo cikla i novyj krizis pereproizvodstva.)
In: MSZMP KB Külügyi Osztály Tájekoztatója, Budapest 1958, Nr. 12. (→ 1304. 1313. 1315. 1316. 1317.)

o 1307. A Szovjetunió hétéves népgazdaságfejlesztési terve és a tökésországok dolgozói. (Semiletnyj plan razvitija narodnogo chozjajstva SSSR i trudjaščiesja kapitalističeskich stran.)
In: Pártélet, Budapest 1959, Nr. 2, S. 62—68. (→ 1319. 1339.)

1308. Az amerikai válságjelenségekröl. (Über die amerikanischen Krisenerscheinungen.)
In: Uj Szó, Budapest 11. 2. 1958. (→ 1310.)

1309. Beitrag in: The Western economy and its future as seen by Soviet economists, ed. by Richard G. Stolt.
Montreal 1958, International Film & Publications Co., 102 S.

o 1310. Crisis hits the USA.
In: Marxist Review, Toronto 1958, Nr. 162 (August-September), S. 13—15.
Ebenso in: World News, London, 5 (1958), Nr. 9, S. 135/136.
Ebenso in: Communist Review, 1958, S. 198.

o 1311. (Fälschungen über eine Krise in der sowjetischen Wirtschaft. — In Hindi.)
In: Naja Pacht, Lakhnau 1958, Nr. 3, S. 125—128.

1312. Gazdasági válság, tizenegymillió munkanélküli az Egysült Államokban. (Die Wirtschaftskrise. 11 Millionen Arbeitslose in den USA.)
In: Népszabadság, Budapest 18. 5. 1958, S. 3.

o 1313. A háboru utáni ipari ciklus problémája és az uj túltermelési válság. (Problemy poslevoennogo promyšlennogo cikla i novyj krizis pereproizvodstva.)
In: Közgazdasági Szemle, Budapest 1958, Nr. 8—9, S. 795—815. (→ 1304. 1306. 1315. 1316. 1317.)

1314. Marks i kapitalizm ego vremeni. (Marx und der Kapitalismus seiner Zeit.)
In: Mirovaja ėkonomika i meždunarodnye otnošenija, Moskva 1958, Nr. 3, S. 3—13.

o 1315. Probleme des industriellen Nachkriegszyklus und die neue Überproduktionskrise. (Problemy poslevoennogo promyšlennogo cikla i novyj krizis pereproizvodstva.)
In: Sowjetwissenschaft/Gesellschaftswissenschaftliche Beiträge, Berlin 1958, Nr. 10, S. 1173 bis 1194. (→ 1304. 1306. 1313. 1316. 1317.)

1316. Problemy poslevoennogo promyšlennogo cikla i novyj krizis pereproizvodstva. Glava iz rukopisi knigi avtora "Problemy političeskoj ėkonomiki kapitalizma". (Probleme des industriellen Nachkriegszyklus und die neue Überproduktionskrise. Ein Kapitel aus dem Manuskript des Buches des Autors „Probleme der politischen Ökonomie des Kapitalismus".)
In: Kommunist, Moskva 1958, Nr. 8, S. 140—157. (→ 1304. 1306. 1313. 1315. 1317.)

1317. Problemy poslevoennogo promyšlennogo cikla i novyj krizis pereproizvodstva. (Probleme des industriellen Nachkriegszyklus und die neue Überproduktionskrise.)
In: Mirovaja ėkonomika i meždunarodnye otnošenija, Moskva 1958, Nr. 6, S. 18—35.
Weitere Ausg. in: Estudos sociaes, Rio de Janairo 1958, Nr. 2, S. 154. (Portugiesisch.)
Rinascita, Roma 1958, Nr. 8, Beilage, S. 1—6. (Italienisch.)
Auszugsweise in: Mondo economico, Milano 1958, Nr. 40, S. 24—28. (Italienisch.)
New Age, New Delhi 1958, Nr. 8, S. 50—66; Nr. 9, S. 15—22. (Englisch.)
(→ 1304. 1306. 1313. 1315. 1316.)

1318. Ein schwarzes Jahr für den Imperialismus.
In: Neue Zeit, Moskva, 16 (1958), Nr. 1, S. 6—9.

1319. Semiletnij plan razvitija narodnogo chozjajstva SSSR i trudjaščiesja kapitalističeskich stran. (Der Siebenjahrplan der Entwicklung der Volkswirtschaft der UdSSR und die Werktätigen der kapitalistischen Länder.)
In: Kommunist, Moskva 1958, Nr. 18, S. 53—62.

1320. Schlußwort in: Obsuždenie doklada akademika E. S. Varga "Problemy poslevoennogo cikla i novyj ėkonomičeskij krizis pereproizvodstva". (Diskussion zum Vortrag von Akademiemitglied E. S. Varga „Probleme des Nachkriegszyklus und die neue ökonomische Überproduktionskrise".)
In: Mirovaja ėkonomika i meždunarodnye otnošenija, Moskva 1958, Nr. 7, S. 151.

1321. Vorwort zur chinesischen Ausgabe von: Mirovye ėkonomičeskie krizisy, Bd. 1.
Peking 1958, S. 1—24. (→ 1441.)
1322. Vorwort zur tschechischen Ausgabe von: Osnovnye voprosy ėkonomiki i politiki imperializma, 2. Aufl.
Praha 1958, S. 1—4. (→ 1252.)
1323. Vorwort zur ungarischen Ausgabe von: Osnovnye voprosy ėkonomiki i politiki imperializma, 2. Aufl.
Budapest 1958, Kossuth, S. 5—9. (→ 1441.)
1324. Eine zyklische Krise.
In: Neue Zeit, Moskva, 16 (1958), Nr. 24, S. 6—8.
Weitere Ausg. in: World News, London, 5 (1958), Nr. 27, S. 423/424. (Englisch.)

1959

o+ 1325. Problemas fundamentales de la economía y de la política del imperialismo, después de la segunda guerra mundial. [Osnovnye voprosy ėkonomiki i politiki imperializma. (Posle vtoroj mirovoj vojny.)] Tradución des russo: M. B. Dalmacio.
Buenos Aires 1959, Editorial Cartago, 417 S. (→ 1252. 1255. 1256. 1257. 1271. 1272. 1273. 1393.)
o 1326. A munkatermelékenység és a hétéves terv. (Proizvoditel'nost' truda i semiletnij plan.)
In: Korunk, Kolozsvár 1959, Nr. 4. (→ 1337.)
o 1327. A válság és a munkásosztály. (Die Krise und die Arbeiterklasse.)
In: Kanadai Magyar Munkás, 1959, Nr. 24. (→ 1328. 1333. 1334.)
o 1328. Crisis and the working class. (Die Krise und die Arbeiterklasse.)
In: East Europe, New York 1959, Nr. 10, S. 53—56. (→ 1327. 1333. 1334.)
1329. Dva mira. (Zwei Welten.)
In: Pravda, Moskva 7. 11. 1959, S. 4.
1330. Der Kapitalismus im 20. Jahrhundert.
In: Neue Zeit, Moskva, 17 (1959), Nr. 49.
1331. Kapitalizm XX veka. (Der Kapitalismus des zwanzigsten Jahrhunderts.)
In: Kommunist, Moskva 1959, Nr. 17, S. 36—52. (→ 1340. 1343. 1344. 1345. 1347. 1349.)
1332. Eine Kraftprobe. Gedanken über den Stahlstreik in den USA.
In: Neue Zeit, Moskva, 17 (1959), Nr. 48, S. 15—17.
1333. Die Krise und die Arbeiterklasse.
In: Probleme des Friedens und des Sozialismus, Berlin, 2 (1959), Nr. 8, S. 43—48. (→ 1327. 1328. 1334.)
o 1334. Die Krise und die Arbeiterklasse.
In: Hinter dem eisernen Vorhang, München 1959, Nr. 12, S. 53—56. (→ 1327. 1328. 1333.)
1335. "Obščij rynok" i mirovoj kapitalističeskij rynok. (Der „Gemeinsame Markt" und der kapitalistische Weltmarkt.)
In: Mirovaja ėkonomika i meždunarodnye otnošenija, Moskva 1959, Nr. 7, S. 110—112.
1336. O korennoj predposylke industrializacii. (Über eine grundlegende Voraussetzung der Industrialisierung.)
In: Sovremennyj vostok, 1959, Nr. 3, S. 54/55.
1337. Proizvoditel'nost' truda i semiletnij plan. (Die Arbeitsproduktivität und der Siebenjahrplan.)
In: Mirovaja ėkonomika i meždunarodnye otnošenija, Moskva 1959, Nr. 3, S. 23—33. (→ 1326.)
o 1338. Der Siebenjahrplan zur Entwicklung der Volkswirtschaft der UdSSR und die Werktätigen der kapitalistischen Länder. (Semiletnij plan razvitija narodnogo chozjajstva SSSR i trudjaščiesja kapitalističeskich stran.)
In: Sowjetwissenschaft/Gesellschaftswissenschaftliche Beiträge, Berlin 1959, Nr. 4, S. 387—398. (→ 1319.)
1339. Wichtige Merkmale der kapitalistischen Weltwirtschaft 1958.
In: Neue Zeit, Moskva, 17 (1959), Nr. 5, S. 10—13.

1960

o+ 1340. Twentieth century capitalism. (Kapitalizm XX veka.) Reprinted from English translation in Problems of economics, May, 1960 of an article in Mirovaia ekonomika i mezhdunarodnye otnosheniia, no. 1, 1960.
New York 1960, International Arts and Sciences Press, 15 S. (→ 1331. 1342. 1343. 1344. 1345. 1347. 1349.)

o 1341. A dollárválság — az Egysült Államok világpolitikájának válsága. (Die Krise des Dollars: Krise der amerikanischen Weltpolitik.)
In: Dokumentumok, Budapest 7. 12. 1960.
Ebenso (gekürzt) in: Népszabadság, Budapest 21. 12. 1960. (→ 1346.)

o 1342. A XX. század kapitalizmusa. (Az elöadás röviditett szöge.) (Kapitalizm XX veka.)
In: Nemzetközi Szemle, Budapest 1960, Nr. 2, S. 58—72. (→ 1331. 1340. 1343. 1344. 1345. 1347. 1349.)

o 1343. A XX. század kapitalizmusa. (Elöadás s SZUTA Közgazdaság tudomány, Filozofiai és Jogi Osztályának ülésén.) [Kapitalizm XX veka. (Doklad na zasedanii Otdelenija Ėkonomičeskich, Filosofskich i Pravovych nauk AN SSSR.)]
In: Közgazdasági Szemle, (Teil I und II), Budapest 1960, Nr. 3, S. 261—276; Nr. 4, S. 405—409. (→ 1331. 1340. 1342. 1344. 1345. 1347. 1349.)

o 1344. Der Kapitalismus des zwanzigsten Jahrhunderts. (Kapitalizm XX veka.)
In: Sowjetwissenschaft/Gesellschaftswissenschaftliche Beiträge, Berlin 1960, Nr. 3, S. 262—281. (→ 1331. 1340. 1342. 1343. 1345. 1347. 1349.)

o 1345. Kapitalizm dvadcatogo veka. (Der Kapitalismus des zwanzigsten Jahrhunderts.)
In: Mirovaja ėkonomika i meždunarodnye otnošenija, Moskva 1960, Nr. 1, S. 34—59. (→ 1331. 1340. 1342. 1343. 1344. 1347. 1349.)

1346. Die Krise des Dollars: Krise der amerikanischen Weltpolitik.
In: Neue Zeit, Moskva, 18 (1960), Nr. 48, S. 8—11. (→ 1341.)

o 1347. Krisentheorie in der Krise. Varga reitet sein Steckenpferd. (Auszugsweise Übersetzung von „Kapitalizm XX veka“.)
In: Ost-Probleme, Bonn, 12 (1960), Nr. 7, S. 215—219. (→ 1331. 1340. 1342. 1343. 1344. 1345. 1349.)

1348. Neujahrsgedanken.
In: Neue Zeit, Moskva, 18 (1960), Nr. 1, S. 3.

o 1349. Varga Analyzes Evolution and Trends of Capitalism. The Capitalism of the 20th Century. (Kapitalizm XX veka.)
In: The Current Digest of the Soviet Press, Ann Arbor, Mich., Nr. 4, 24. 2. 1960, S. 3—9. (→ 1331. 1340. 1342. 1343. 1344. 1345. 1347.)

o 1350. Mitarbeit an: Grundlagen des Marxismus-Leninismus. Lehrbuch. (Osnovy marksizma-leninizma. Učebnoe posobie.)
Berlin 1960, Dietz Verlag, 839 S. (→ 1351.)

1351. Mitarbeit an: Osnovy marksizma-leninizma. Učebnoe posobie. (Grundlagen des Marxismus-Leninismus. Lehrbuch.)
Moskva 1960. (→ 1350.)

1961

\+ 1352. Kapitalizm dvadcatogo veka. (Der Kapitalismus des zwanzigsten Jahrhunderts.)
Moskva 1961, Gospolitizdat, 148 S. (→ 1359. 1360. 1361. 1362. 1377. 1388. 1393. 1399.)

o 1353. A marxista válságelmélet és a konjunkturakutatás. (Marksistskaja teorija krizisov i izučenie konjunktury.)
In: Dokumentumok, Budapest 17. 5. 1961. (→ 1355. 1357.)

1354. "Kapital" K. Marksa i sovremennyj kapitalizm. (Das „Kapital" von Karl Marx und der moderne Kapitalismus.)
In: Kommunist, Moskva 1961, Nr. 17, S. 24—37.
Weitere Ausg. in: The Marxist Quarterly, 1962, Nr. 2. (Englisch.)
(→ 1361. 1363. 1371. 1392. 1398.)

1355. Marksistskaja teorija krizisov i izučenie kon-junktury. (Die marxistische Krisentheorie und das Studium der Konjunktur.)
In: Mirovaja ėkonomika i meždunarodnye otnošenija, Moskva 1961, Nr. 3, S. 93—103. (→ 1353. 1357.)

o 1356. Die marxistische Krisentheorie und das Studium der Konjunktur. (Marksistskaja teorija krizisov i izučenie kon-junktury.)
In: Wirtschaftswissenschaft, Berlin 1961, Nr. 6, S. 910—923. (→ 1353. 1355. 1357.)

o 1357. (Die marxistische Krisentheorie und das Studium der Konjunktur — in japanischer Sprache.)
In: Keizai Hyoron, Tokio 1961, Nr. 7, S. 104—114. (→ 1353. 1355. 1356.)

1358. Položenie rabočich v stranach kapitala uchudšaetsja. (Die Lage der Arbeiter in den Ländern des Kapitals verschlechtert sich.)
In: Pravda, Moskva 5. 10. 1961.

1962

o+ 1359. A XX. század kapitalizmusa. (Kapitalizm dvadcatogo veka.)
Budapest 1962, Kossuth Könyvkiadó, 207 S. (→ 1352. 1360. 1361. 1362. 1377. 1388. 1393. 1399.)

o+ 1360. Der Kapitalismus des zwanzigsten Jahrhunderts. (Kapitalizm dvadcatogo veka.)
Berlin 1962, Verlag Die Wirtschaft, 116 S. (→ 1352. 1359. 1361. 1362. 1377. 1388. 1393. 1399.)

+ 1361. Sovremennyj kapitalizm i ėkonomičeskie krizisy. Izbrannye trudy. (Der gegenwärtige Kapitalismus und die Wirtschaftskrisen. Ausgewählte Arbeiten.)
Moskva 1962, Izd-vo AN SSSR, 507 S.
Weitere Aufl.: 1963.
(→ 581. 620. 826. 865. 948. 972. 1174. 1352. 1254. 1371.)

o+ 1362. Twentieth century capitalism. (Kapitalizm dvadcatogo veka.) Translated from the Russian by George C. Hanna.
Moscow 1962, Progress Publishers, 154 S.
Weitere Aufl.: 1963.
Weitere Ausg.: London 1963, Lawrence & Wishart, 156 S. (Printed in the U.S.S.R.)
New York 1972, Arno Press, 156 S.
(→ 1352. 1359. 1360. 1361. 1377. 1388. 1393. 1399.)

o 1363. Das „Kapital" von Karl Marx und der moderne Kapitalismus. ("Kapital" K. Marksa i sovremennyj kapitalizm.)
In: Sowjetwissenschaft/Gesellschaftswissenschaftliche Beiträge, Berlin 1962, Nr. 4, S. 352—368.
(→ 1354. 1361. 1371. 1392. 1398.)

1364. Präsident Kennedy und die Stahlmagnaten.
In: Neue Zeit, Moskva, 20 (1962), Nr. 20, S. 10—12.

1365. Der schwarze Montag an der New-Yorker Börse.
In: Neue Zeit, Moskva, 20 (1962), Nr. 24, S. 13—15.

1366. Suche nach einem Ausweg aus einer ausweglosen Lage. Über kardinale Wirtschaftsprobleme der USA.
In: Neue Zeit, Moskva, 20 (1962), Nr. 32, S. 4—7.

1367. Teoretičeskie problemy ėkonomiki "Obščego rynka". (Theoretische Probleme der Ökonomik des „Gemeinsamen Marktes".)
In: Mirovaja ėkonomika i meždunarodnye otnošenija, Moskva 1962, Nr. 10, S. 49—59.
(→ 1370. 1372. 1378. 1381. 1386. 1387. 1393. 1399.)

1368. Ursprüngliche Akkumulation im 20. Jahrhundert oder die Geschichte eines Räuberbarons.
In: Neue Zeit, Moskva, 20 (1962), Nr. 15, S. 10/11.

1963

1369. Beitrag in: Problemy sovremennogo kapitalizma i rabočij klass. (Probleme des modernen Kapitalismus und die Arbeiterklasse.) Pod red. A. A. Arzumanjana i A. M. Rumjanceva.
Praha 1963, Verlag „Probleme des Friedens und des Sozialismus". (→ 1374.)

o 1370. Theoretische Probleme der Ökonomik des „Gemeinsamen Marktes". (Teoretičeskie problemy ėkonomiki "Obščego rynka".)
In: Sowjetwissenschaft/Gesellschaftswissenschaftliche Beiträge, Berlin 1963, Nr. 2, S. 175—187.
(→ 1367. 1372. 1378. 1381. 1386. 1387. 1393. 1399.)

1964

o+ 1371. A jelenkori kapitalizmus és a gazdasági válságok. Válogatott müvek. (Sovremennyj kapitalizm i ėkonomičeskie krizisy. Izbrannye trudy.)
Budapest 1964, Kossuth Könyvkiadó, 367 S. (→ 1361.)

\+ 1372. Očerki po problemam politėkonomii kapitalizma. (Beiträge zu Problemen der politischen Ökonomie des Kapitalismus.)
Moskva 1964, Politizdat, 303 S.
Weitere Aufl.: 1965.
(→ 1367. 1370. 1373. 1378. 1381. 1386. 1387. 1393. 1399.)

o 1373. A kapitalizmus gazdasági alaptörvényének kérdése és a marxizmus. (Der Marxismus und das ökonomische Grundgesetz des Kapitalismus.)
In: Társadalmi Szemle, Budapest 1964, Nr. 12, S. 15—31. (→ 1372. 1378. 1381. 1386. 1387. 1393. 1399.)

o 1374. Beitrag in: Probleme des modernen Kapitalismus und die Arbeiterklasse. (Problemy sovremennogo kapitalizma i rabočij klass.) Hrsg. v. A. A. Arsumanjan und A. M. Rumjanzew.
Berlin 1964, Dietz Verlag, S. 324—332. (→ 1369.)

1375. Nekotorye mysli ob otstavanii Anglii na sovremennom ėtape. (Einige Gedanken über das Zurückbleiben Englands in der gegenwärtigen Etappe.)
In: Meždunarodnye otnošenija. Politika. Diplomatija XVI-XX veka. Sbornik k 80-letiju akademika I. M. Majskogo.
Moskva 1964, Nauka, S. 84—88.

1376. Die Weltmachtposition der Vereinigten Staaten im Sinken.
In: Neue Zeit, Moskva, 22 (1964), Nr. 8, S. 4—7.

1965

o+ 1377. Le capitalisme du XX siècle. (Kapitalizm dvadcatogo veka.)
Moscou 1965, Éditions du Progrès, 138 S. (→ 1352. 1359. 1360. 1361. 1362. 1388. 1393. 1399.)

o+ 1378. Tanulmányok a kapitalizmus politikai gazdaságtanának problémáiról. (Očerki po problemam politėkonomii kapitalizma.)
Budapest 1965, Kossuth Könyvkiadó, 289 S. (→ 1372. 1373. 1381. 1387. 1399.)

1379. Osnovnye sdvigi v strukture vosproizvodstva obščestvennogo produkta Anglii. (Grundlegende Strukturveränderungen in der Reproduktion des gesellschaftlichen Produkts in England.)
In: Mirovaja ėkonomika i meždunarodnye otnošenija, Moskva 1965, Nr. 9, S. 77—87.

1380. Social'nye uslovija plodorodija. (Soziale Bedingungen der Fruchtbarkeit.)
In: Vozrastajuščee plodorodie, Moskva 1965, Izd-vo Znanie, S. 8—18.

1967

o+ 1381. Essais sur l'économie politique du capitalisme. (Očerki po problemam politėkonomii kapitalizma.) Moscou 1967, Éditions du Progrès, 395 S. (→ 1372. 1378. 1387. 1399.)

\+ 1382. Varga Jenö a nagy népi demokrácia gazdasági kérdéseiröl. (1945—1948). [Eugen Varga über ökonomische Fragen der ungarischen Volksdemokratie. (1945—1948.)] Dokumente, eingel. von Eva Szabó.
Párttörténeti Közlemények, Budapest, 13 (1967), Nr. 1, S. 121—130. (→ 1383. 1384. 1385.)

1383. A végleges stabilizáció fö irányelvei. (1946. április 13.) [Die Hauptprinzipien der endgültigen Stabilisierung. (13. April 1946.)]
In: Párttörténeti Közlemények, Budapest, 13 (1967), Nr. 1, S. 126—128. (→ 1382.)

1384. Elöadás a Magyar Kommunista Párt Politikai Bizottságának ülésén. (1945. október 1.) [Vortrag auf der Sitzung des Politischen Komitees der Ungarischen Kommunistischen Partei. (1. Oktober 1945.)]
In: Párttörténeti Közlemények, Budapest, 13 (1967), Nr. 1, S. 123—125. (→ 1382.)

1385. Megjegyzések az ötéves terv elsö vázlatához. (1948). [Bemerkungen zum ersten Entwurf des Fünfjahrplanes. (1948.)]
In: Párttörténeti Közlemények, Budapest, 13 (1967), Nr. 1, S. 128—130. (→ 1382.)

o 1386. Über die asiatische Produktionsweise. (Aus: Očerki po problemam politėkonomii kapitalizma.) In: Jahrbuch für Wirtschaftsgeschichte, Berlin 1967, Teil IV, S. 181—204. (→ 1372. 1378. 1381. 1387. 1399.)

1968

o+ 1387. Politico-economic problems of capitalism. (Očerki po problemam politėkonomii kapitalizma.) Moscow 1968, Progress Publishers. (→ 1372. 1378. 1381. 1399.)

1969

o+ 1388. Die Krise des Kapitalismus und ihre politischen Folgen. Hrsg. u. eingel. v. Elmar Altvater. Frankfurt a. M. — Wien 1969, Europäische Verlagsanstalt/Europa-Verlag, 437 S. (→ 371. 436. 578. 663. 693. 695. 738. 764. 823. 852. 859. 1052. 1231. 1360.)

1970

o+ 1389. Der deutsche Imperialismus. Die historischen Wurzeln seiner Besonderheiten. (Istoričeskie korni osobennostej germanskogo imperializma.)
Berlin (West) 1970, Oberbaumverlag, 45 S. (Theorie und Praxis, Bd. 3.) (→ 1138. 1146. 1172. 1173.)

1974

o+ 1390. Économie politique du Socialisme — Essais sur l'économie politique du Capitalisme. Moscou 1974, Progrès.

o+ 1391. Izbrannye proizvedenija. Načalo obščego krizisa kapitalizma. (Ausgewählte Werke. Der Beginn der allgemeinen Krise des Kapitalismus.)
Moskva 1974, Nauka, 447 S. (→ 215. 312. 373. 561. 562.)

o+ 1392. Izbrannye proizvedenija. Ėkonomičeskie krizisy. (Ausgewählte Werke. Die Wirtschaftskrisen.) Moskva 1974, Nauka, 432 S. (→ 581. 826. 865. 948. 972. 1174. 1354.)

o+ 1393. Izbrannye proizvedenija. Kapitalizm posle vtoroj mirovoj vojny. (Ausgewählte Werke. Der Kapitalismus nach dem zweiten Weltkrieg.)
Moskva 1974, Nauka, 556 S. (→ 1252. 1352. 1372.)

1976

o+ 1394. A proletárdiktatura gazdaságpolitikája: Válogatott irások 1912—1922. (Ausgewählte Werke. Erster Band. 1912—1922. Die Wirtschaftspolitik der proletarischen Diktatur.)
Budapest 1976, Kossuth Könyvkiadó, 371 S. (→ 104. 105. 171. 192. 214. 215. 252. 264. 312. 367. 368. 373. 491.)

1977

o+ 1395. Wirtschaft und Wirtschaftspolitik. Vierteljahresberichte 1922—1939. (Reprint.) Herausgegeben von Jörg Goldberg. Band 1—5.
Westberlin 1977, verlag das europäische buch, 2136 S.
— Band 1: Vorworte, Inhaltsverzeichnis, Wirtschaftskonferenzen 1922. 212 S.
— Band 2: Internationale Pressekorrespondenz 1922—1924. 292 S.
— Band 3: Internationale Pressekorrespondenz 1925—1928. 526 S.
— Band 4: Internationale Pressekorrespondenz 1929—1932. 556 S.
— Band 5: Rundschau über Politik, Wirtschaft und Arbeiterbewegung 1933—1939. 550 S.
(→ unter den betr. Jahren. Aus Platzgründen hier keine Verweiszahlen.)

1978

o+ 1396. A nagy válság. Válogatott irások. 1924—1943. (Die große Krise. Ausgewählte Werke. 1924—1943.)
Budapest 1978, Kossuth Könyvkiadó, 496 S. (→ 442. 581. 605. 826. 832. 914. 948. 972. 1026. 1138. 1174.)

1979

o+ 1397. Ausgewählte Schriften 1918—1964. Erster Band. Der Beginn der allgemeinen Krise des Kapitalismus.
Berlin 1979, Akademie-Verlag, 448 S.
Weitere Aufl.: 1981. (→ 215. 269. 311. 371. 738. 1172.)

o+ 1398. Ausgewählte Schriften 1918—1964. Zweiter Band. Die Wirtschaftskrisen.
Berlin 1979, Akademie-Verlag, 500 S.
Weitere Aufl.: 1981. (→ 561. 562. 613. 614. 615. 616. 794. 823. 826. 948. 972. 1174. 1363.)

o+ 1399. Ausgewählte Schriften 1918—1964. Dritter Band. Der Kapitalismus nach dem zweiten Weltkrieg.
Berlin 1979, Akademie-Verlag, 429 S.
Weitere Aufl.: 1981. (→ 1352. 1372.)

1400. A kapitalizmus gazdasági tana. (Az Agitátorképző Iskolán 1919-ben tartott kilenc elóadís.) [Die Wirtschaftslehre des Kapitalismus. (Neun Vorträge, gehalten an der Schule für Agitatorenbildung im Jahre 1919.)
In: Tájékotató (Filozófia, Politikai gazdaságtan, Tudományos szocializmus), Budapest 1919, Nr. 1, S. 89—174.

Erscheinungsjahr unbekannt

o+ 1401. La decadencia del capitalismo. (Die Niedergangsperiode des Kapitalismus.)
Madrid o. J., Impr. Argis, 76 S. (→ 366. 371. 372. 374. 385. 410. 437. 1388. 1397.)

o+ 1402. La teoría de las crisis de Marx y los problemas de la crisis actual. (Die Krisentheorie von Marx und die Probleme der gegenwärtigen Krise.)
Montevideo o. J., Edit. Cosirulataon, 43 S. (→ 758. 764.)

o+ 1403. Shihonshugi shokoku ni okeru kezai no shomondai. (Problemy voennogo chozjajstva kapitalističeskich stran v sovremennoj imperialističeskoj vojne.)
Tokio o. J., Minami Manshū Tetsudō Kabushiki Kaisha. Tōkyō Shisha. Chōsashitsu. (→ 1035.)

B. Von Varga herausgegebene Veröffentlichungen

1404. Jahrbuch für Wirtschaft, Politik und Arbeiterbewegung, 1922/1923.
Hamburg (1923), C. Hoym Nachf. (→ 411. 417. 425. 429.)

1405. Beiträge zur Agrarfrage, Bd. 1.
Hamburg 1924, C. Hoym Nachf., 398 S. (→ 447. 1406.)

o 1406. Očerki po agrarnomu voprosu. (Beiträge zur Agrarfrage.) Pod red. E. Vargi.
Moskva 1924—1926. Vyp. 1—5, Moskovskij rabočij. (→ 442. 1405.)

o 1407. Agrarnoe dviženie v kapitalističeskich stranach. (Materialien über den Stand der Bauernbewegung in den wichtigsten Ländern.)
Moskva — Leningrad 1925, Gosizdat, 112 S. (→ 502. 1408.)

1408. Materialien über den Stand der Bauernbewegung in den wichtigsten Ländern.
Hamburg 1925, C. Hoym Nachf., 175 S. (→ 1407.)

1409. Mirovoe chozjajstvo i mirovaja politika. (Weltwirtschaft und Weltpolitik.) Zeitschrift.
Moskva. Redaktionsmitglied 1926—1947.

o 1410. Les partis social-démocrates. Leur rôle dans le mouvement ouvrier international d'aujourd'hui. (Die sozialdemokratischen Parteien. Ihre Rolle in der internationalen Arbeiterbewegung der Gegenwart.)
Paris 1926, Internationale Communiste, 302 S. (→ 1411. 1412.)

1411. Die sozialdemokratischen Parteien. Ihre Rolle in der internationalen Arbeiterbewegung der Gegenwart.
Hamburg 1926, C. Hoym Nachf., 318 S.
Weitere Aufl.: 1928. (→ 1410. 1412.)

o 1412. Social-demokratičeskie partii. Ich rol' v sovremennom meždunarodnom rabočem dviženii. (Die sozialdemokratischen Parteien. Ihre Rolle in der internationalen Arbeiterbewegung der Gegenwart.)
Moskva — Leningrad 1927, Moskovskij rabočij, 255 S. (→ 1410. 1411.)

1413. Ežegodnik mirovogo chozjajstva i mirovoj politiki 1928. (Jahrbuch für Weltwirtschaft und Weltpolitik 1928.) Pod red. E. Vargi i dr.
Moskva 1928.

1414. Ežegodnik mirovogo chozjajstva i mirovoj politiki na 1929 g. (Jahrbuch für Weltwirtschaft und Weltpolitik für 1929.) Pod red. E. Vargi i dr.
Moskva 1929, Izd-vo Kom. Akad., 823 S. (→ 675.)

1415. E. S. Gorfinkel', SSSR v sisteme mirovogo chozjajstva. (Die UdSSR im System der Weltwirtschaft.)
Moskva 1929, Izd-vo Kom. Akad., 351 S.

1416. Novyj ėtap v reparacionnom voprose. (Die neue Etappe in der Reparationsfrage.) Kollektivnaja rabota E. Varga, V. Gorfinkel', T. Louf-Bochena, A. Romanskogo, I. Fajngara. Sbornik statej pod redakciej E. Varga.
Moskva 1929, Izd-vo Kom. Akad., 184 S. (→ 639. 668.)

1417. Ežegodnik mirovogo chozjajstva i mirovoj politiki na 1930 g. (Jahrbuch für Weltwirtschaft und Weltpolitik für 1930.) Pod red. E. Vargi i dr.
Moskva 1930, Izd-vo Kom. Akad., 715 S. (→ 714.)

1418. L. Mad'ar, Očerki po ėkonomike Kitaja. (L. Magyar, Essays über die Wirtschaft Chinas.)
Moskva 1930, Izd-vo Kom. Akad., 306 S.

1419. Mirovoj ėkonomičeskij krizis. Sbornik. (Die Weltwirtschaftskrise. Ein Sammelband.) Pod red. E. Vargi, Vojtinskogo, Gercenštejna i Ju. Gol'dštejna.
Moskva 1930, Izd-vo Kom. Akad., 337 S. (→ 727.)

1420. Problemy Kitaja. (Probleme Chinas.) Zeitschrift.
Moskva 1930—1935.

1421. Imperializm i vseobščij krizis kapitalizma. Učebnik dlja vuzov. (Der Imperialismus und die allgemeine Krise des Kapitalismus. Hochschullehrbuch.) Pod red. E. Vargi. Moskva 1932, 256 S.

1422. Kon-junktura mirovogo chozjajstva. (Die Konjunktur der Weltwirtschaft.) Zeitschrift.
Moskva 1932—1935.

1423. Mirovoj ėkonomičeskij krizis. Očerki po stranam. (Die Weltwirtschaftskrise. Länderübersichten.) Red. E. S. Varga.
Moskva 1932, 349 S.

1424. XV let bořby za monopoliju vnešnej torgovli. (Sbornik statej.) [15 Jahre Kampf für das Außenhandelsmonopol. (Aufsatzsammlung.)]
Moskva 1932, 296 S. (→ 792.)

1425. "Razoruženie" — podgotovka vojny. (Die „Abrüstung" — eine Vorbereitung zum Kriege.) Doklad i vystuplenija v Inst. MCh i MP. Pod red. Dm. Bucharceva, E. Vargi i P. Lapinskogo.
Moskva 1932, 216 S.

1426. Social-fašizm — organizator intervencii. (Der Sozialfaschismus als Organisator der Intervention.) Pod red. E. Vargi, Bela Kun i O. Gopner.
Moskva 1932, Partizdat, 109 S. (→ 789. 1430.)

1427. K pjatidesjatiletiju so dnja smerti K. Marksa 1883—1933. Sbornik. (Zum 50. Todestag von Karl Marx. 1883—1933. Sammelband.) Pod red. E. Vargi i E. Chmel'nickoj.
Moskva 1933, Partizdat, 56 S. (→ 816.)

1428. Kolonial'nye problemy. Sb. 1. (Die Kolonialprobleme. 1. Sammelband.) Red. E. Varga i dr.
Moskva 1933, 258 S.

1429. Obščij krizis kapitalizma. Vyp. 1. (Die allgemeine Krise des Kapitalismus, Ausg. 1.) Pod red. E. Vargi i L. Mendel'sona.
Moskva 1933, Partizdat, 293 S. (→ 811. 1436.)

o 1430. Social-fašizm — organizator intervencii. (Der Sozialfaschismus als Organisator der Intervention. — Ukrainisch.) Zbirka za red. E. Vargi, Bela Kuna i S. Gopner.
Chaŕkiv 1933, 106 S. (→ 1426.)

1431. Kolonial'nye problemy. Sb. 2. (Die Kolonialprobleme. 2. Sammelband.) Red. E. Vargi i dr.
Moskva 1934, 259 S.

1432. Lenin i problemy sovremennogo imperializma. (Lenin und die Probleme des heutigen Imperialismus.) Sbornik pod red. E. Vargi, E. Chmel'nickoj i Itkinoj.
Moskva 1934, 342 S.

1433. Mirovoj ėkonomičeskij krizis. Statističeskij material o sovremennoj kon-junkture kapitalističeskich stran. (Die Weltwirtschaftskrise. Statistisches Material über die gegenwärtige Konjunktur der kapitalistischen Länder.) Pod red. E. Vargi, E. Chmel'nickoj i A. Arutjunjana.
Moskva 1934, 44 S.

1434. Obščij krizis kapitalizma. Sbornik statej. (Die allgemeine Krise des Kapitalismus. Aufsatzsammlung.) Pod red. E. Vargi i L. Mendel'sona. Vyp. 2-j.
Moskva 1934, 175 S. (→ 848.)

1435. Tichij okean. Politiko-social'no-ėkonomičeskij žurnal. (Der Stille Ozean. Zeitschrift für Politik, soziale und wirtschaftliche Fragen.)
Moskva 1934—1938.

o 1436. Zahal'na kriza kapitalizmu. (Obščij krizis kapitalizma.) Zbirnyk stattej za red. E. Varga i L. Mendel'nona.
Kyjiv 1934, Partvidav, 288 S. (→ 1429.)

1437. Germanskij fašizm u vlasti. Sbornik. (Der deutsche Faschismus an der Macht. Sammelband.) Pod red. E. Vargi, F. Gekkerta i E. Chmel'nickoj.
Moskva 1935, 175 S.

1438. Kolonial'nye problemy. Sb. 3. (Die Kolonialprobleme. 3. Sammelband.) Red. E. Varga i dr.
Moskva 1935, 212 S.

1439. Ispanija v cifrach. (Spanien in Zahlen.)
Moskva 1936, Partizdat, 174 S.

1440. Mirovoe chozjajstvo v 1936 g. Ežegodnik. (Die Weltwirtschaft im Jahre 1936. Jahrbuch.) Pod red. E. Vargi.
Moskva 1937, Socėkgiz, 323 S. (→ 945. 964. 966.)

1441. Mirovye ėkonomičeskie krizisy 1848—1935 gg. T. 1: Sravnitel'nye materialy po istorii krizisov v važnejšich kapitalističeskich stranach. (Die Weltwirtschaftskrisen 1848—1935. Band 1: Vergleichsmaterialien zur Geschichte der Krisen in den wichtigsten kapitalistischen Ländern.) Pod obšč. red. E. Vargi.
Moskva 1937, Ogiz, 807 S.
Weitere Ausg.: Peking 1958. (Chinesisch.)
Budapest 1958. (Ungarisch.)
Weitere Ausgaben in verschiedenen Sprachen.
(→ 948. 965. 1321. 1323. 1361. 1392. 1396. 1398.)

1442. Novye materialy k rabote V. I. Lenina "Novye dannye o zakonach razvitija kapitalizma v zemledelii. Vyp. 1. Kapitalizm i zemledelie v SŠA." (Neue Materialien zu W. I. Lenins Arbeit „Neue Daten über die Entwicklungsgesetze des Kapitalismus in der Landwirtschaft. 1. Folge. Kapitalismus und Landwirtschaft in den Vereinigten Staaten von Amerika".) Razrabotano R. Levinoj. Pod red. E. Varga.
Moskva 1937, Partizdat, 356 S.
Weitere Ausg.: Ukrainisch.

1443. SSSR i strany kapitalizma. Politiko-ėkonomičeskij obzor. (Die UdSSR und die Länder des Kapitalismus. Politische und wirtschaftliche Übersicht.) Pod red. L. Mechlisa, E. Vargi i V. Karpinskogo. Moskva 1937, Partizdat, 105 S.
Weitere Aufl.: 1937, 80 S.
Weitere Ausg.: Erevan 1938, 146 S. (Armenisch.)
Tbilisi 1938, 128 S. (Georgisch.)
Aščhabad 1938, 106 S. (Turkmenisch.)
Alma-Ata 1938, 108 S. (Usbekisch.)

1444. Mirovoe chozjajstvo. Ežegodnik 1937/38 gg. (Die Weltwirtschaft. Jahrbuch 1937/38.) Pod obščej red. E. Vargi.
Moskva 1938, Socėkgiz, 580 S. (→ 990. 1002. 1006.)

1445. Vooruženija kapitalističeskich stran. Sbornik. (Die Rüstungen der kapitalistischen Länder. Sammelband.) Pod red. E. Vargi.
Moskva 1938, Voenizdat, 138 S.

1446. Mirovoe chozjajstvo. Ežegodnik. 1938/1939 gg. (Die Weltwirtschaft. Jahrbuch 1938/1939.) Pod obščej red. E. Vargi.
Moskva 1939, Socėkgiz, 575 S. (→ 1029.)

1447. Mirovye ėkonomičeskie krizisy, t. III, Ak. I. Trachtenberg: Denežnye krizisy (1821—1938). [Die Weltwirtschaftskrisen, Bd. III, Akademiemitglied I. Trachtenberg: Die Geldkrisen (1821 bis 1938.)] Red. E. Vargi.
Moskva 1939, Finizdat, 894 S.

1448. Vooruženija kapitalističeskich stran. (Die Rüstungen der kapitalistischen Länder.) Pod red. E. Vargi.
Moskva 1939, Voenizdat, 267 S.

1449. Istoščenie ėkonomičeskich resursov fašistskoj Germanii. (Die Erschöpfung der wirtschaftlichen Ressourcen des faschistischen Deutschland.) Pod red. E. Vargi.
Moskva 1943, Gospolitizdat, 158 S.

1450. I. I. Gol'dštejn i P. Levina. Germanskij imperializm. (Der deutsche Imperialismus.) Pod obščej red. i s predisl. E. Vargi.
(Moskva) 1947, 477 S. (→ 1225.)

1451. I. M. Lemin, Borba dvuch napravlenij v meždunarodnych otnošenijach. Stenogramma publičnoj lekcii, pročitannoj 30 okt. 1947 g. (I. M. Lemin, Der Kampf zweier Richtungen in den internationalen Beziehungen. Stenogramm einer öffentlichen Vorlesung, gehalten am 30. 10. 1947.) Red. E. Vargi.
Moskva 1947, Izd-vo Pravda, 31 S.

1452. Voprosy ėkonomiki. (Fragen der Wirtschaft.) Zeitschrift.
Moskva. Redaktionsmitglied 1948—1956.

1453. Mirovaja ėkonomika i meždunarodnye otnošenija. (Weltwirtschaft und internationale Beziehungen.) Zeitschrift.
Moskva. Redaktionsmitglied 1957—1961.

1454. L. A. Mendel'son, Teorija i istorija ėkonomičeskich krizisov i ciklov. (Theorie und Geschichte der Wirtschaftskrisen und -zyklen.) Pod redakciej E. S. Varga, I. A. Trachtenberga i A. A. Arzumanjana.
Moskva 1959, Socėkgiz, Bd. 1: 692 S.; Bd. 2: 766 S.

Sachregister

Personenregister

Erschienen im Akademie-Verlag, 108 Berlin, Leipziger Str. 3—4
Lektor: Rainer Sämisch

Lizenznummer: 202 · 100/300/81
Einband und Schutzumschlag: Dietmar Kunz
Gesamtherstellung: VEB Druckerei „Thomas Müntzer", 582 Bad Langensalza
Bestellnummer: 753 470 4 (6486/I—III) · LSV 0306
Printed in GDR
EVP 58,— M für Band 1 bis 3

Kolibri 360 GmbH
Ferdinand-Jühlke-Straße 7
99095 Erfurt, Deutschland
produktsicherheit@kolibri360.de